新闻传播专业“十四五”规划教材

U1019701

传播法教程

罗斌◎著

中国传媒大学出版社
·北京·

自序

对于新闻传播学而言，21 世纪（尤其是近十年）最大问题之一就是网络传播对传播生态的颠覆式改变导致几乎所有的教材都面临着内容更新问题。“新闻传播法”课程面临的问题更为迫切，因为其需要考虑体系问题。

自 20 世纪 90 年代开始，因为专业教师的缺乏，新闻传播法规和伦理被糅合为一门课程即“新闻法规与伦理”，这种安排的理由可能还有：法规和伦理尽管分别属于对新闻传播行为的他律和自律，但都有“律”的要素。因此，许多学者也将两部分内容糅合或并列在一本教材中。

法学与伦理学是根本性质不同的学科，传播法学与传播伦理学也分属不同的学科领域，其规范手段与后果均有本质不同。将本质不同的内容合并成一门课程，不利于系统性讲授两部分知识内容，也使两部分内容难以体系化，还导致该课程不堪重负……这些问题，无疑对两个学科领域品质的提升形成障碍。认识到此问题后，教育部早在 2009 年颁布的“新闻传播学课程编码”中，规定“新闻（传播）法规”课程编码为 8601025，“新闻（媒介）伦理”为 8601035，即提示将两部分内容分别设置课程。

显然，继续将传播法规与传播伦理内容合并在一门课中，既不符合学科规律，也不符合教育部关于新闻传播学课程设置的相关精神。随着形势发展及全国新闻传播学院引进一部分受过系统法学训练的老师，目前，许多具备传播法和传播伦理两种师资的新闻传播学院，已将传播法与传播伦理分别开课。

但传播法与传播伦理分别开课会产生新的问题，即课程体系问题，其关键原因在于：在以“新闻传播”“大众传播”为基础核心概念的范畴内，尚未建立起比较成熟的体系，而面临传播生态的根本变化，又要建构新的体系。当然，现实的问题是，尽管极个别以“新闻传播”为基础概念的教材已将内容进行了扩展，但仍然难于摆脱“新闻传播法”概念范畴的窠臼，并在许多方面陷入逻辑问题。

基于前述问题，本教材以新传播生态为基础，适应“用户生产内容”（UGC）的时代，而相关“新闻传播”“大众传播”的法学知识，只是其中部分内容——这是本教材的着力点之一。

本教材第二个努力方向是建构一个科学的、适合中国国情的传播法学知识体系。

此前，新闻传播法学体系建构困难的原因，除了与传播伦理混合而在体量上难以形成体系，还包括：第一，主观上，许多教师在教学内容中受英美教材影响较大，与我国成文法体系有矛盾之处。英美法作为案例法，主要特征就是问题解决出发型，不关注或不太关注部门法分野，其传播法教材内容排列本身同样是问题解决出发型思维。目前国内已有的20多部此类教材或教材式专著，其一级目录（章）的设置标准，问题与部门法两套标准共存，这与英美相关教材是一致的。然而，我国作为成文法国家，继承大陆法系传统，法学学科分类是典型的部门法。因此，以英美国家传播法教材为标准，本来就存在参照系问题。第二，客观上，（新闻）传播法具有公法与私法结合的特征。尽管传播法作为一个独立的学科领域在新闻传播学界得到承认，但在法学界并未得到承认，至少未清晰地将其作为一个独立的学科领域对待，更不用说作为一个法律部门或学科。在法学界看来，传播法没有统一、完整、系统的法典，不是一个独立的法律部门；其既调整平等主体之间的因信息传播而产生的法律关系即民商事法律关系，也调整不平等主体、如政府与自然人之间的法律关系，甚至还调整刑事法律关系和宪法法律关系，内容复杂、体系庞大，包含私法和公法的内容——这是传播法体系化的主要障碍之一。

鉴于上述问题，本人多年来一直致力于传播法学体系建构的研究。传播法学知识体系恰如“四梁八柱”构筑的框架，以民法为比照，如果只有民法体系的概述型教材，而没有对其所属的物权法、合同法、人格权法、婚姻家庭法、继承法和侵权法这些分体系内容进行进一步的构建，民法不可能成为一个部门法——传播法缺少的就是这种对分体系的“进一步”建构。鉴于此，本人在国家社会科学基金项目“传播侵权研究”和“传播犯罪的趋势、类型及立法司法研究”的基础上，出于建构传播法分体系的考虑，形成了两本专著即《传播侵权研究》（国家图书馆出版社2018年出版）和《传播犯罪研究》（中国社会科学出版社2022年出版）——而其相关内容经过修改、充实、更新，成为本教材“民事传播法”“刑事传播法”的框架基础。因此，对于本教材而言，以部门法为标准组织传播法学体系，以中国传播法问题为主要对象，希望是读者可以明显感觉到的、区别于其他相关教材的最大特色。

当然，鉴于本人的功力问题，希望本教材是传播法学领域的抛砖引玉之作。

另外，本教材也同时在以下方面进行努力：

一、知识性与学理性兼顾

法学之所以能成为体系，就是因为其不是零散的法律的堆积，而是有理论、原则、规则与概念的层级性架构。传播法学体系庞大，涉及众多法律制度，如果没有理论、原理、原则的指导，零散的知识难以消化；而一旦掌握其理论、原理、原则，则可以举一反三，融会贯通，可以在法律有漏洞的情况下解决问题，找到答案。因此，本教材在尽量顾全传播法知识的基础上，努力追求学理性指导：第一，在行政传播法、民事传播法和刑事传播法的第一章，均阐述相应部门法的原则、法律责任的构成或成立要件；第二，在重要的具体问题上，不仅讲实定法，也辅之以来源、原理、原则与规则。

二、以建构中国特色的传播法体系为目标，中国法律制度为主体，兼顾比较法

基于解决中国传播法问题，本教材以我国法律制度为基础，以建构中国特色传播法学体系为目标。同时，在必要时，也对相关国外重要法律制度进行简介，进行比较研究。这部分比较法内容，加之上述原理性、原则性内容，可以照应研究生层次的需求。

三、教材内容以法律制度为主体，个别内容源自规范性文件

本教材是传播法学的教材，以传播立法、司法与执法中法律问题为对象，所以不仅在体系上遵从成文的部门法传统，而且以法律制度为研究框架和主要内容。但考虑到我国国情，集中体现政策精神的规范性文件不仅对部门规章发挥了细化作用，在某些领域还弥补了漏洞，甚至发挥着法律的调整功能，所以一些内容涉及规范性文件，但均予标明。

四、适应本科与研究生教学的共同需要

本科教材应该是知识性教材，概念、规则与原则都需要明确；研究生教材则主要针对原则与理论。传播法教材编写需要考虑的特殊问题是，学生大都没有法学、法律基础，对概念和规则的明确性要求更高。本教材写作中，各个章节内容，既考虑概念界定与法律规则的阐述，又考虑原则与理论的阐述，努力使本教材能适合高年级本科生、专业研究生和学术研究生共同使用。

关于本教材的学习方法，由于传播法学内容广博，体系庞大，学生在学习过程中应当注意：第一，要特别重视第一章的内容，因为它是传播法学总的原则性内容。第二，要重视每一编的第一章，掌握理论、原则与规则，可融会贯通。如前所述，在本

教材第二编到第四编的第一章，均有相应部门法的原则、法律责任的构成或成立要件，掌握了这些原理、原则，就如同掌握了开门的钥匙，即使法律制度有变，也能保证在面对传播法领域的具体问题时不会偏离大方向。这一点对新闻传播专业的学生尤其重要。如果运用每一编第一章的理论、原则与规则仍不能解决问题，就回到第一编第一章，用传播法学总的原则和宪法原则去领会。第三，可以将每编中相关联或对应的问题串起来，进行比较，以求在大的法律背景和综合法律体系下对知识融会贯通，加强对问题的精深理解。

鉴于教材出版过程中的不确定性、时间因素及其他客观原因，以上草述为序，抱未请本领域先贤大家赐序之憾。

传播法内容广博，疆界广袤，体系庞大，唯愿与同仁共耕之，与学生共乐之。

罗　斌

2023 年 8 月 20 日于北京

/// 目 录 ///

第三编 民事传播法

第四编 刑事传播法

导 论

任何一种学问，如果只研究个别问题，既不可能发现更广泛的问题关联，也不可能发展出新的原则，更不可能以比较的方式发现各国相关制度在功能、价值方面的一致与不同。因此，体系至关重要。但一种学问能形成体系，不仅在于其内容的庞大、范畴的清晰、理论与概念的丰富，还在于其内在价值的统一性。

传播法学是内容复杂、体系庞大的研究领域：从新闻传播学学科看，其涉及传统媒体和网络媒体传播的各个历史阶段、各种方式、各个角度；从法学学科看，其横跨宪法、民法、行政法、刑法与法制史等部门法。因此，传播法学建构科学体系的难度非常大。

一、我国传播法学研究的历史源流

传播法学不是无源之水、无本之木，有其历史渊源和传承。

（一）20世纪以“新闻传播”为核心的“新闻传播法学”研究

从20世纪80年代初到20世纪末，我国新闻传播法学研究的焦点领域主要为新闻法立法研究、新闻传播侵权问题研究、新闻媒体与司法关系的研究；到21世纪初，《新闻传播法教程》[①]和《新闻传播法学》[②]两本教材面世，其内容结构上有很大共通性，可以说是新闻传播法学研究产生的真正系统的、适用于教学领域的成果，也基本上宣告我国新闻传播法学体系有了公认的参照。

（二）21世纪初兴起的“大众传播法学”及其体系建构

1. 21世纪初国外大众传播（媒）法学（教材）体例的引介

在新闻传播法学研究继续深入进行的同时，相关学者的研究领域已经进入“大众传播”，其成果首先是国外教材的引进与翻译，主要有美国唐·R. 彭伯（Don R.

① 魏永征 . 新闻传播法教程［M］. 1版 . 北京：中国人民大学出版社，2002.

② 孙旭培 . 新闻传播法学［M］. 上海：复旦大学出版社，2008.

Pember）的《大众传媒法》（*Mass Media Law*）、[①] 韦恩·奥弗贝克（Wayne Overbeck）的《媒介法原理》（*Principles of Media Law*）[②] 和 T. 巴顿·卡特（T. Barton Carter）等合著的《大众传播法》（*Mass Communication Law*，影印本）[③]（见表 1）。

表 1　国外大众传播（媒）法学（教材）体例对照表

章＼教材	《大众传媒法》	《媒介法原理》	《大众传播法》
一	美国的法律制度	美国的司法制度	第一修正案
二	宪法第一修正案——自由的含义	自由的传统	诽谤和大众传播
三	宪法第一修正案——当代问题	现代事前限制	隐私和大众传媒
四	诽谤：案件成立	书面诽谤与口头诽谤	淫秽表达的限制
五	诽谤：证明过错	隐私权	基于国家安全对新闻媒体的限制
六	诽谤：抗辩和赔偿	版权和商标	新闻自由与公正审判的冲突
七	侵犯隐私——滥用与侵扰	公正审判与新闻自由冲突	采集新闻和信息的自由
八	侵犯隐私——公开隐私性信息和错误暴露隐私	新闻记者的特权	记者拒证权、传票、藐视法庭的适用、调查、逮捕
九	信息采集：档案与会议	信息自由	商业言论的管制
十	保护消息来源 / 判处藐视法庭罪权	淫秽与法律	有线电视和新技术
十一	新闻自由与公正审判	电子媒介的管制	网络法
十二	新闻自由 / 公正审判——被封闭的司法程序	媒介所有权	
十三	对淫秽材料和其他色情材料的管制	广告与法律	
十四	版权	学生新闻自由	
十五	广告管理		
十六	电讯管制		

美国《大众传媒法》表面上每章都是以类型化问题命名的。然而，如果从成文法系部门法的角度来看，其涉及宪法（第一、二、三、十、十一和十二章）、民法（第四章到第八章）、行政法（第九、十三到十六章）、刑法（第十章）内容，但存在以下两个主要问题：一是比较凌乱，宪法和行政法的内容跨越式排列；二是刑法的内容比较单薄。总之，《媒介法原理》《大众传播法》《大众传媒法》的内容大同小异。

---

① 彭伯．大众传媒法［M］．张金玺，赵刚，译．北京：中国人民大学出版社，2005.

② 奥弗贝克．媒介法原理［M］．周庆山，等译．北京：北京大学出版社，2011.

③ 卡特．大众传播法［M］．影印本．北京：法律出版社，2004.

2. 国内大众传播法学体系建构的主要成果

21世纪初，国内较早出现的传播法学体系成果是《大众传播法论》，其十一章内容分别是，西方传播法法哲学思想、国家安全与传播、名誉权、知情权、隐私权、肖像权、接近使用媒体权、淫秽色情出版物、著作权、网络传播法规与网络法治、广告自律与广告法规[①]——从框架上看，其尚属我国传播法学体系探索期成果。

紧接着《大众传播法论》面世的是专著《传播法——解决信息不对称及相关问题的法律》(以下简称《传播法》)和教材《大众传播法学》：前者内容事实上非常靠近"传播法"的范畴；后者对传播法体系与内容进行了探讨，并认为新闻法、媒介法均为传播法的特别法[②]——此二成果基本代表了目前我国传播法体系建构的状况，其架构见表2。

表2 《大众传播法学》与《传播法》章节对照表

上编 / 章	《大众传播法学》	《传播法》	下编 / 章	《大众传播法学》	《传播法》
一	表达自由	概述	九	出版法律制度	公民表达自由法
二	政务信息公开和国家秘密	传播法的演进	十	广播电视法律制度	市场信息传播法
三	大众传播与司法	传播权利（一）	十一	电影法律制度	公共信息传播法
四	色情、暴力与其他有害内容的限制	传播权利（二）	十二	音像制品、电子出版物法律制度	大众传播法
五	大众传播与人格权	传播义务	十三	互联网法律制度	出版法
六	大众传播与商务信息	传播责任	十四	广告法律制度	电影法
七	大众传播与著作权	传播侵权	十五		广播电视法
八	大众媒介产业	传播犯罪	十六		音像法
			十七		网络法
			十八		舆论监督法
			十九		立法公开法
			二十		政府信息公开法
			二十一		司法公开法
			二十二		涉外传播法

由上表可见，《大众传播法学》和《传播法》体系建构的共同特点是：分为上下两编，其中上编解决基础理论性问题及关于传播侵害社会利益的违法、犯罪和侵害私益的侵权；下编则以媒介类型法律制度为基础，建构章节内容；尽管《传播法》以专著

① 吴飞. 大众传播法论［M］. 杭州：浙江大学出版社，2004.
② 雷润琴. 传播法——解决信息不对称及相关问题的法律［M］. 北京：北京大学出版社，2005：27-28.

形式出版，但仍具有浓厚的教材味道。它们的不同点在于：第一，前者以“大众传播”为基本概念；而后者以“传播”为基本概念；第二，前者没有传播法制史的内容，后者上编力图抽象出传播法律关系，并含有传播法制史的内容；第三，前者的上编主要基于大众传播所侵害的类型化客体或对象的标准进行分章，下编则主要基于媒介类型法律制度标准分章，后者在上、下编中的分类各有两个标准，上编是基础理论性问题和传播侵权、传播犯罪两个类型化问题，下编是类型化问题和媒介类型法律制度。

整体上，研究内容超越了“新闻传播法”范畴的《大众传播法学》和《传播法》，其所建构的体系本质上是“大众传播法学”的体系，而不是“传播法学”的体系。

（三）从“大众传播法学”到“传播法学”的历史跨越

1.“新闻传播法学”→“大众传播法学”→“传播法学”的历史演进有内在必然性

即使在传统媒体的背景下，我国新闻传播法学者关于“新闻侵权”的许多论著都涉及非新闻传播活动导致的侵权行为，如文学作品、学术批评侵权。另外，广告传播的行政规制、政府信息公开（知情权）的研究，也都在新闻传播法学者的视野之内。一些以“新闻传播法”为基础概念的教材，也超越了“新闻传播法”，甚至“大众传播法”的范畴，而跨入“传播法学”领域。

2. 从研究领域和研究热点上看，传播生态的变化促进了从“大众传播法学”到“传播法学”的历史演进

目前“传播法学”的内涵与外延，已经不是“新闻传播法学”“大众传播法学”的内涵与外延可以涵盖的，因为网络传播彻底改变了传播生态：（1）从传播者看，从以（媒体）机构传播者为主，演进为以自然人传播者为主；（2）从传播方式与信息接收者来看，从单向传播演进为双向或多向传播，而信息接收者随之从“受众”演进为“用户”；（3）从传播内容来看，其主要由机构媒体生产（PGC）演进为机构媒体与用户生产（UGC）并举，主要类型由新闻信息演进为多种信息，主要形式从以新闻体裁为主演进为多样态体裁。

网络传播极大地拓展了“传播法学”的研究领域，目前的研究重心涉及网络环境下的传播权、传播（媒）准入及运营管理、未成年人传播管理、突发事件的传播管理、色情传播规制、网络知识产权、个人信息与隐私保护、平台法律规制、“人工智能”的法律地位，以及传播犯罪（如传播型寻衅滋事罪、非法经营罪等 50 多种罪名）。[①] 从研究热点上看，“传播法学”的特征更甚于“大众传播法学”的特征，表现在从隐私保

① 罗斌 . 传播犯罪研究［M］. 北京：中国社会科学出版社，2022：8-9.

护到个人信息保护的转换及《民法典》[①]相关条款的研究上。

总之，我国传播法学由新闻传播法学演进、扩展而来，从新闻传播法学→大众传播法学→传播法学的历史性跨越已成为现实。当然，这三个领域的学术研究与体系建构在时间上是交叉进行而非截然分开的，即迭代进行，尤其是新闻传播中的法律问题，至今仍是我国传播法学界的重点研究对象。总体上，传播法学的研究领域，已经延伸到包括宪法、行政法、民法、刑法、法制史在内的相关部门法领域，其框架已初步明确。

二、传播法学体系建构：部门法为标准

传播法体系庞大、内容复杂，具有私法和公法结合的特征，其内容跨越数个法律部门：既调整平等主体之间的因信息传播而产生的法律关系即民商事法律关系，也调整不平等主体如政府与自然人之间的法律关系，甚至还调整刑事法律关系和宪法法律关系。

（一）传播法学体系建构以部门法为标准的原因

1. 部门法是成熟的法学知识组织与学习体系

部门法是博大精深的法学经过千百年演进而成的知识组织与学习体系，也可以说是法律适用即司法行为准则体系。尽管目前不可避免地存在领域法即跨部门法的立法现象，如《个人信息保护法》的立法，但以部门法为标准组织传播法学体系，仍然是自然而必须的选择。事实上，也没有任何其他方法能比此方法更系统、更逻辑性地将涉及传播行为的法律制度、法学原则与规则组织起来。这种教材内容组织体系，不仅更利于学习者，也能使研究者清楚地意识到所研究问题的方位。

2. 有利于传播法学分体系的建构

在传播法学的体系建构中，纵然细节性、个别性问题的研究是建筑“大楼”必需的砖石，但体系恰如“四梁八柱”构筑的框架。以民法来比照，如果只有关于民法体系的概述型教材，而没有对其所属的物权法、合同法、人格权法、婚姻法、继承法和侵权法这些分体系内容进行进一步的构建，民法不可能成为一个部门法——传播法学目前比较薄弱的就是这种对分体系的“进一步”建构。传播法主要涉及法制史、法理学、宪法学、行政法学、民法学、刑法学这几个部门法，可以部门法为标准建构传播法学的分体系，这样在内容上既有法学理论与法律制度的支撑，也有司法实践的佐证，

---

① 本教材中，我国的正式立法均使用简称，如《中华人民共和国民法典》称为《民法典》；域外法律于书名号中均标明国名。下不赘述。

比较丰满，且在结构上有成熟的参照。

3. 有利于对相关传播法焦点问题的总体把握

传播法体系庞大，所涉问题繁杂。如果不从体系上进行把握，对具体法律问题的认识无疑会带有片面性；如果从整体上判断，即根据理论、原则、规则去判断，则会有比较全面、客观、理性的认识。如对新闻报道、舆论监督的法治环境的认识，如果单从人格权侵权纠纷的司法实践来看，我国近年来媒体的胜诉率高达 73.94%①——似乎新闻传播民事诽谤诉讼对舆论监督的威胁已基本消除。然而，如果再从行政传播法和刑事传播法涉及新闻舆论监督的法律制度及司法实践来看，可能会有全面、客观的结论。

（二）传播法学的体系框架②

我国传播法学研究中，涉及的主要是宪法、行政法、民商法、刑法、传播法制史等，我国传播法学研究内容博大精深，逻辑关系和体系框架如图 1 所示。

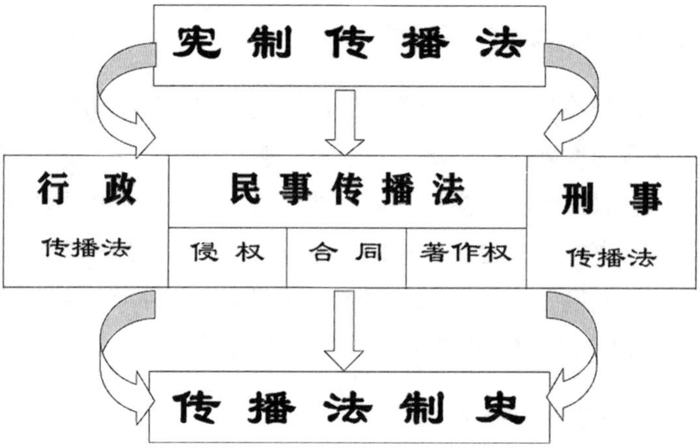

图 1 传播法学的体系框架图

（三）本教材的体系结构③

本教材的体系结构如下：宪制传播法被置于第一编，因其对以下各编起指导作用，各个部门法均须在宪法精神与规定上进行立法与司法、执法。行政法律制度在我

① 罗斌，石晨钊，敖玉连．我国新闻诽谤诉讼责任要件法律适用研究——基于 2014—2020 年 330 起终审案例的量化分析［J］．新闻记者，2021（6）：39-52.

② 本教材涉及诸多法律制度名称，为精简文字，除非必要，均略去其制定或颁布主体。

③ 由于篇幅等原因，传播法制史和宪制传播法部分的记者拒证权内容未列入；民事传播法中，传播合同部分未进行探讨。

国对传播发挥着比民事法律和刑事法律更为直接、细致的作用，可以说传播者的任何传播行为都受到规制，故被置于第二编。刑事传播法与行政传播法均属对传播的公法规制，理论上应顺序连接，但刑事责任是最严厉的责任，其对违法传播行为发挥最大的威慑和遏制功能，但适用频率最低，而民事传播法适用范围更广，故刑事传播法被置于民事传播法之后，即被置于最后一编。

三、传播法学的研究对象、任务

（一）传播法学的研究对象

1. 传播法学的研究对象

无论是传播法还是传播法学，其概念界定的前提均为“传播”概念的界定。在传播法学界研究传统中，传播指传播者利用媒体，面向不特定人群和特定多数人进行的传播事实、传递信息、交流情感或者表述立场、观点和见解等的行为，不涉及人际传播与组织传播——这是传播法中狭义的传播，强调必须使用现代传播媒介直接展现信息内容，即直接传播。

然而，如果将传播法学的研究对象限定于传播信息的“行为”上，则过于狭隘，也不符合传播法学界研究现状。事实上，随着信息传播技术的发展，传播法学研究对象扩展到以下方面：（1）类传播，它包括：个人信息处理中除传播（提供、公开、泄露）之外的收集、存储、使用、加工、传输等行为（对此类行为的研究已突破传统传播法学，不涉及人际传播与组织传播的限制）；以网页快照、缩略图替代原作品或内容的传播；在网络服务提供者的网络产品或者服务中插入链接、强制进行目标跳转；为传播提供纯粹服务或技术帮助的行为——这些间接传播方式，或是直接传播不可缺少的准备，或是直接传播的替代，属广义的传播，即“类传播”。（2）反传播，指抑制、防止、阻止传播的行为，包括：对违法传播后果的技术防止与阻止行为（如个人信息删除），对竞争者的网络产品或者服务实施不兼容的技术措施——这些行为，是对传播的逆向破坏即“反传播”，但也是广义传播法学的研究对象。（3）媒体行政规制，比如媒体市场准入及产权制度、媒体日常运营规制（设备及人员管理）、媒体职业规制等，这些均为非“信息传播”行为，但也一直在传播法学的范畴之内。

随着网络传播技术的发展，一些原本不在传播法学范畴内的问题，因与传播法学的研究对象有交集而进入传播法学的范围，如以虚假交易欺骗消费者的“刷单”行为，已成为常见的、典型的虚假宣传，而虚假宣传早为传播法学界关注。申言之，传播法（学）的研究对象当然以信息“传播”为中心，但不拘泥于信息“传播”概念，其研究对象与范畴一直在扩展。

事实上，“信息法（学）”“媒体（介）法（学）”“网络法（学）”也存在上述相关问题，如果严格地限于基础概念，那么无论是“信息法（学）”“媒体（介）法（学）”“网络法（学）”，其目前的研究范畴均与其基础概念不相符。比如，“信息法（学）”也研究“传播”行为的法律规范、相关媒体管理的法律，而不是仅仅针对静态的“信息”进行规范；“媒体（介）法（学）”“网络法（学）”也研究信息“传播”行为的规范及相关法律问题。因此，基于不同视角的“传播法学”“信息法（学）”“媒体（介）法（学）”，尽管分别侧重于传播、信息、媒体（介），但鉴于“三位一体”的性质，其有交集实属自然。

2. 传播法学的研究重心

传播法学属于“交叉学科”，这个说法在一定程度上有合理性，但并不确切。

要科学地界定“传播法学”，首先需要理解其上位概念“法学”。对“法学”的定义，可以说考验了千百年来法学界的智慧。我国学界通常认为，“法学”的研究范畴或对象包括以下三个方面：一是法律规范的形成、效力的规律，包括法理学、法哲学、立法学所探讨的法律概念、结构、功能和实现方式等内容；二是法律规范的理解和适用，主要包括各个部门法中法律规范的解释及司法中的具体适用；三是法律的价值引领[①]——总之，法学的研究范围主要是法律问题。

同样，传播法学的研究范畴也包括上述三个方面，简单而言，其主要研究信息传播过程中产生的法律问题，这决定了传播法学的特点：作为法学研究的领域和分体系，其出发点是传播、归宿是传播，但思维与逻辑过程必须是法律的、法学的。申言之，传播法是调整信息传播过程中产生的各种社会关系（包括宪法、行政法、民法、刑法法律关系）的法律规范；传播法学则研究信息传播过程中产生的法律问题及学科或者学科领域的体系建构。正如证券法是调整证券发行、交易过程中产生的法律关系的法律，没人将其归为金融学或经济学；医事法学研究解决的是医疗过程中产生的法律问题，但没人将其归为医学——研究领域的特殊性不能抹杀其学科的根本属性。

（二）传播法学的任务

传播法学的第一大任务是研究传播领域的立法、司法和执法问题，尤其是承担指导司法的“实践任务”，即法教义学（以本国立法条文和司法案例中的法规构成的实定法秩序为基础，通过体系化解释，形成的法的知识与理论体系）[②]任务，这是因为：在成文法国家，法律不仅有模糊之处，也会有漏洞，而且经常会落后于社会生活与时代；由于大量传播领域的立法，不同部门法和同一部门法，甚至同一部法律中，都会

① 王利明. 法学方法论［M］. 北京：中国人民大学出版社，2021：1–2.
② 凌斌. 什么是法教义学：一个法哲学追问［J］. 中外法学，2015，27（1）：224–244.

有矛盾之处需要协调，这种需求日益增加；此外，由于公平、平等原则等正义理念的要求，需要消除传播纠纷价值评价矛盾。因此，司法裁判的方向、依据是传播法教学的核心内容。

传播法学的第二大任务是构建、完善本学科领域的知识体系——体系化，这是与法教义学相关又超出其范围的任务。作为“对知识予以加工处理的一种结果或者产物”①，体系是指具有一定逻辑的系统构成。实定法永远落后于社会生活，而传播法学不仅在法教义学的框架内给立法和司法提供具体问题的答案，还可以从传播法律制度之间或法律规范中，抽象出法律思想、价值标准、原则，并发现“意义脉络”，将该“意义脉络”固定或相对固定，② 最终将其具体化在立法、司法与研究、教育中，这就需要完成传播法学的体系化：将任何时点已经获得的知识以整体的方式全部表现出来，将整体中的各个部分用逻辑予以联系。③ 总之，体系是一个学科成熟的标志，是奠定学科地位的基础，是学科（领域）的生命。内容广博、范畴庞大、疆界广袤的传播法学也应有自己的体系。

（三）传播法学与信息法学的关系

信息法学不是一个部门法，依法学学者的观点，其是调整在信息活动中产生的各种社会关系的法律规范的总称。④ 关于信息法学的体系，20 世纪末就有学者探讨，到 21 世纪初，相对完整的信息法学体系的架构被提出，认为信息法学应包括信息基本法、公民信息自由法、商业信息法、大众传播法与公共信息立法、政府信息保护法、信息产权法、网络信息法、国际信息法。⑤ 也有学者认为，信息法体系应当有六部分：信息产权法、信息交易法、信息保护法、信息公开法、信息管理法（档案法）、信息安全法。⑥

可见，传播法学与信息法学是高度交集关系，共同研究的领域远多于分别研究的领域。当然，在各自学科内，即使在共同研究领域，可能侧重点与角度也有所不同，比如，知识产权法是这两个学科领域的共同研究范围，但传播法学主要研究著作权法律制度，而信息法学则对著作权法、专利法、商标法一并重视。

---

① 姚辉．民法学方法论研究［M］．北京：中国人民大学出版社，2020：56.
② 拉伦茨．法学方法论［M］．黄家镇，译．北京：商务印书馆，2020：548-549.
③ 梁迎修．方法论视野中的法律体系与体系思维［J］．政法论坛，2008（1）：61-67.
④ 张守文，周庆山．信息法学［M］．北京：法律出版社，1995：5；朱庆华，颜祥林，袁勤俭．信息法教程［M］．北京：高等教育出版社，2017：7.
⑤ 周庆山．信息法［M］．北京：中国人民大学出版社，2021：23.
⑥ 齐爱民．论信息法的地位与体系［J］．华中科技大学学报（社会科学版），2006（1）：39-44.

（四）传播法学与网络法学的关系

网络法学的探讨在我国似乎紧跟信息法学的步伐，但其也不是一个部门法，而是解决与互联网相关的法律问题的学科领域。法学学者认为，广义网络法的调整对象包括在网络虚拟空间中网络环境平台上的活动和行为所引发的各种法律关系。[①] 近年来，法学界认为，网络法应当主要包括三类研究对象：一是关于网络本身的建设、维护、运行、管理等活动和行为的规范；二是以网络为工具的行为引发的行政、民事（侵权与合同）、刑事法律关系的规范；三是以网络为空间的行为引发法律关系的规范，即网络传播引发的法律关系的调整规范——前述第二种类型的部分法律规范和第三种类型的行为规范属于传播法，也是传播法学的研究对象。可见，网络法学是与传播法学有交叉研究对象的一个学科领域。

传播法学与网络法学当然有不同的研究对象，比如：传统媒体传播的法律规制、新闻传播法、人格权侵害问题都是传播法的重要组成部分或重点关注领域，但不在网络法的范畴；而网络法中的电子签名法、电子商务法，[②] 传播法学界也未见有成果涉猎。

综上，尽管从学科属性看，传播法学与信息法学、网络法学在研究对象上有许多交叉与重合，但传播法学有自己的历史渊源，这决定了其在研究对象及范围上有自己的特色。

四、传播法学的基础理论、基本原则与规则

传播是人的天性和本能，从人际传播、组织传播到大众传播，从单向传播到双向、多向传播，从身体传播到利用工具的传播，传播成为人类社会生存的基本方式，并推动着人类社会前进。所以，信息流动关乎基本人权和人类文明，而信息传播甚至形成庞大的产业。然而，从古代社会到当代文明社会，传播也被公认会侵害人的基本权利，扰乱社会秩序，甚至危害集体、国家的利益。因此，在古罗马时期，就有针对侵害他人名誉的传播而设立的“侵辱之罪”；在世界各国历史上，针对侵扰社会（统治）秩序、侵害国家利益的传播的法律制裁，同样源远流长、不胜枚举。

传播之利的保护与促进，传播之害的遏制与规制，是传播法的任务，也体现在传播法（学）的基础理论、基本原则与规则之中。

---

① 蒋坡．论网络法的体系框架［J］．政治与法律，2003（3）：54-60.

②《电子商务法》第二条第三款规定：“金融类产品和服务，利用信息网络提供新闻信息、音视频节目、出版以及文化产品等内容方面的服务，不适用本法。”

（一）传播法学的基础理论

1. 我国传播法学的基础理论

作为整体法秩序的一部分，关于传播的法律制度与规范当然受法律思想即基础理论的引领，而且，这些思想、原则（如表达自由、言论自由、出版自由等）还得以规定在宪法（包括我国《宪法》）中的第一位阶，由此其实现正当化、统一化，从而有利于法律的解释甚至法律漏洞的填补，这有利于传播法学体系的建构。

我国是社会主义国家，马克思主义的新闻出版（言论）自由理论当然是指导我国传播法学的基础理论。

在《评普鲁士最近的书报检查令》一文中，马克思在批判普鲁士书报检查制度的基础上，阐述了“新闻出版法”的本质：“新闻出版法是对自由投的信任票……应当认为没有关于新闻出版的立法就是从法律自由中取消新闻出版自由，因为法律上所承认的自由在一个国家中是以法律形式存在的……因此，新闻出版法就是对新闻出版自由在法律上的认可。”①

当然，所有的自由都是要受到限制的，关于“新闻出版法”应当如何处理新闻出版自由与违法的关系，马克思认为：“新闻出版法只是同那些作为例外情况的新闻出版界的违法活动发生冲突，这种例外情况违反它本身的常规，因而也就取消了自己。新闻出版自由是在反对自身的侵犯即新闻出版界的违法行为中作为新闻出版法得到实现的……”② 显然，依照马克思的理解，新闻出版法必须有对违法新闻出版行为法律后果的规定，因此，新闻出版法含有对新闻出版的合理限制及相关利益平衡，但这种限制与平衡不能从根本上阻碍新闻出版自由。

马克思新闻出版（言论）自由理论，是在批判继承以真理发现为中心的出版自由理论和作为民主基础与条件的言论自由理论过程中形成的，并将之发扬光大。新闻出版只是传播的类型与途径之一，但马克思主义的新闻出版自由理论的精神实质也成为传播自由（freedom of communication）的精神实质，即传播自由实质上是新闻出版自由理论的延续和扩展。在网络传播环境下，信息自由流动的观点同样继承了新闻出版自由的精神，即使是在著作权法领域，该原则也得到尊奉。

2. 西方传播法学的基础理论

一是以真理发现为中心的传播（出版）自由（freedom of communication）理论。

---

① 马克思，恩格斯 . 马克思恩格斯全集（第 1 卷）[M]. 中共中央马克思恩格斯列宁斯大林著作编译局，编译 . 北京：人民出版社，1995：175–176.

② 马克思，恩格斯 . 马克思恩格斯全集（第 1 卷）[M]. 中共中央马克思恩格斯列宁斯大林著作编译局，编译 . 北京：人民出版社，1995：175–176.

400多年前弥尔顿“自由地认识、抒发己见，并根据良心做自由的讨论，这才是一切自由中最重要的自由”①（认识真理、发表意见及讨论的自由）的观点，成为后世各国宪法言论表达自由的核心观念与基石。出版自由理论的主要观点包括三点。（1）人民的出版自由是与生俱来的权利，不可以任何理由剥夺。（2）人是理性的，能够辨别是非与真伪。在“观点的公开市场”中，真理可以在各种观点的竞争中接受检验、自我完善；人能够凭借理性辨别虚假的、错误的观点，完成“自我修正”。而限制言论自由即妨碍真理本身，唯有保障言论自由，才能使真理战胜谬误。（3）出版自由使人民可以了解国家事务，监督政府行为，防止政府损害人民利益。可见，在弥尔顿的“出版自由理论”中，主要强调“观点”的自由市场，着重于观点、意见的自由，而且主要针对政府——这种思想也是“传播自由”的灵魂。

二是作为民主基础与条件的言论自由理论。其强调：公民对社会议题进行公开自由的讨论是保证参与民主的条件，因此，批评、建议的自由和发表反对意见的自由，无论如何不受欢迎，甚至可能违反常理，但在民主社会中都必不可少。较早阐述这种理论的是17—18世纪的荷兰哲学家斯宾诺莎，他指出：“在民主政治中，没人把他的天赋权利绝对地转付他人，以致对于事务再也不能发表意见。”②美国政治学家科恩则对作为民主条件的言论自由进行了深入充分的研究，他认为：“在一个社会中把言论自由限制到什么程度，也就在同样程度上限制了民主，因为言论自由直接影响到民主的参与广度和深度……”③

可见，在民主条件论那里，言论自由与民主的重要性是并肩的，二者相互保障。所以，哈耶克说：“民主本身不是自由，但它是保障自由最为重要的手段。”④

（二）传播法学的基本原则

与基本理论不同，作为实现法律思想与价值的指导性标准，基本原则具有立法与司法的具体化功能，主要适用于某个部门法。由于需要被具体化，其不具备普遍意义上的功能而只在部门法中适用，甚至它们之间可能互补，也可能产生矛盾而相互限制，因此其功能只能在一定程度、一定领域内实现。传播法的基本原则也是如此。

1. 传播权事先限制的具体危险原则

该原则主要适用于行政法与刑法领域，涉及国家和社会安全的案件，并主要针对政治性言论的传播。该原则的精神实质并非抽象的危险，而是具体的危险。具体来说，

---

① 弥尔顿.论出版自由［M］.吴之椿，译.北京：商务印书馆，1958：52.
② 斯宾诺莎.神学政治论［M］.温锡，译.北京：商务印书馆，1963：219.
③ 科恩.论民主［M］.聂崇信，等译.北京：商务印书馆，1994：141-142.
④ 哈耶克.法律、立法与自由［M］.邓正来，等译.北京：中国大百科全书出版社，2000：273.

政治言论是否应当受到限制，主要取决于该言论发表时的客观环境及其性质，一般的价值判断不应视为煽动性言论。① 只有当其对于国家利益产生明显而即刻的危险，才能构成限制的正当性理由。该原则衍生的规则是，（1）关于学术观点传播，原则上不应予以限制；（2）关于社会问题观点传播，可适用合理的限制；（3）关于商业传播和纯粹私人问题的传播，即使在未得到司法确认的情况下予以限制，也不会对公共利益和他人利益产生影响，因此可适用严格限制。

传播权事先限制本身受到"具体性"的限制，不仅缘于信息类型及特性，还缘于政府信息与司法工作以公开为常态、不公开为例外的原则：既然公开是常态、原则，不公开是偶然，对传播的限制就必须依据具体的而非抽象的原因，否则，就很难束缚公权力的恣意使用而保证原则的公开。

总体而言，在公法领域，该原则体现的是对传播权的谨慎限制。

2. 传播权与人格权益平衡原则

在民事领域，传播权主要受限于人格权益。尽管与言论自由、新闻自由、出版自由有相当重合的传播权（自由）在各国宪法中都得到突出强调，但在我国《宪法》中，其与人格权具有相同的"基本权利"的地位，而且，公民在行使自由和权利的时候，不得损害国家的、社会的、集体的利益和其他公民的合法的自由和权利。② 因此，可以说传播权与人格权益平衡原则是《宪法》延伸的原则。在欧美国家，此原则有充分体现：在英美法系，当（新闻）传播影响他人人格权益时，可行使真实性抗辩、权威信息来源抗辩、公正评论抗辩等。在美国，当普通受害人人格权益受到侵害时，其只需证明被告的过失即可得到赔偿（以下详述）。在 20 世纪 50 年代的德国，因新闻界的反对和政治原因，过分强调人格权益保护的修订《德国民法典》、增设具体人格权的努力失败，而司法界为保护公民人格权，以一般人格权对名誉、隐私等进行保护。③ 在我国《民法典・人格权编》中，行为人因公共利益进行新闻报道、舆论监督而影响他人名誉，不承担民事责任，但在三种情况 ④ 下应当承担民事责任——如此，公法干预私法，从而使宪法平衡（言论）传播自由和人格权益的思想得以体现。

总体而言，在私法领域，该原则体现的是对传播权的有限免责。

---

① 汪进元. 基本权利的保护范围：构成、限制及其合宪性［M］. 北京：法律出版社，2013：192.

② 参见我国《宪法》第五十一条。

③ 德国联邦司法部 1958 年曾制定《德国民法典人格和名誉保护改革法草案》。周云涛. 论宪法人格权和民法人格权——以德国法为中心的考察［M］. 北京：中国人民大学出版社，2012：109.

④ 这三种情况分别是，捏造、歪曲事实；对他人提供的严重失实内容未尽到合理核实义务；使用侮辱性言辞等贬损他人名誉。参见《民法典・人格权编》第一千零二十五条。

（三）传播法学的基本规则

与适用于部门法的原则相比，规则的适用范围更小，主要适用于部门法内某个领域。如在传播法领域，适用于人格权与著作权的“合理使用”规则，人格权益纠纷中的“公众人物规则”，个人信息保护正当合理必要原则和知情同意规则，著作权纠纷领域的“避风港规则”。另外，传播侵权领域还有归责体系：适用于精神性人格权的过错归责，适用于著作权领域的无过错归责和过错推定归责，适用于个人信息保护的过错推定归责，适用于侵害消费者生命健康的广告侵权的无过错归责，适用于证券市场虚假陈述纠纷的无过错和过错推定归责——上述规则在相关领域居于“原则”地位，但在整个传播法体系中属于“规则”层级，适用范围小于前述原则，且在不同国家有不同的效力及影响。

五、传播法学方法论

法学（律）方法是法学研究者在法学研究活动中的思维方式及认知手段，有广义和狭义之解：前者包括研究、分析、制定法律和适用法律，以及研究法律适用的方法，是一切法律人用以认识和研究法律现象的方法，涉及法律人从事的一切理性思维活动；后者指法律适用的方法。

法学方法本身也在发展。近代以来，法学方法论呈现出扬弃式发展脉络：从自然法学派到历史法学派，再到概念法学、自由法学、目的法学、利益法学和英美的实证主义法学，在此过程中，机械的概念法学被扬弃，价值判断越来越得到重视，自然法学派复兴；而最近数十年，法律论证理论兴起……上述不同理论在从不同角度丰富法学方法论的同时，使法学研究的三种维度受到日益广泛的认同：实证维度、形式维度和人文维度。

关于传播法学的研究方法，其研究对象主要是法律问题：立法、司法问题及法律的价值引领问题。“对象决定方法”，而且，我国是成文法国家，故传播法学的研究方法主要包括广泛认可的司法三段论、法律解释及价值判断。

（一）司法三段论

司法三段论即利用小前提→大前提→连接的逻辑论证与推理，寻找法律答案的过程：小前提即法律事实，其必须是有法律意义的事实，是依据证明规则确定的事实。

作为裁判依据（规则）的大前提，主要是法律规范。在成文法系，这种法律规范必须具备准确、有效、适当的特征。当作为法律事实的小前提和作为法律规范的大前提被确定后，实现二者之间的连接就是必然的步骤，连接的主要方法是确定法律关系，即根据法律规范建立权利义务关系：将权利主体、客体、行为、各种民事权利与义务等要素进行整合，形成一个脉络，从而实现司法三段论中大小前提的有效连接。此方法的分析过程为：案件的法律事实→法律关系→法律规范→裁判结果。

（二）法律解释

作为法学方法论体系重要组成部分的法律解释，无论在法律适用还是法学研究中，都是必不可少的。作为法学的分支，传播法学的主要研究方法之一也是法律解释，其任务是确定现行法律制度的标准意义，即确定其规范性意义。法律解释主要包括：文义解释，系统（法律的意义脉络）解释、目的解释、扩张解释和限缩解释、合宪性解释、当然解释、历史解释等方法。在具体语境中，可以综合选择使用。例如，《民法典·人格权编》第一千零二十五条中，[①]对“行为人”的解释，如果仅指“大众传媒”“新闻单位”，则显然不符合文义。从系统解释角度看，在《民法典·人格权编》第一千零二十八条中，立法者用了“媒体报道”一词，这就说明：如果立法者认为“行为人”仅指新闻媒体，则应该使用“新闻媒体”或“新闻单位”，而不会用“行为人”这一意指采取民事法律行为、具有民事权利、承担民事义务、具有普遍意义的民事主体概念。从目的解释角度看，应当根据客观的文本呈现的意义进行客观目的论的解释，而不能根据立法者主观意旨，而且遵守同类事项与事物相同处理，即法律未对概念、术语的各项内容进行分类处理的，可认为该概念、术语包含了所有类型，如做不同评价，则不符合同等意义上的正义理念，属评价矛盾。前述《民法典·人格权编》第一千零二十五条中的“行为人”，法律并未对其做出“新闻媒体”“自媒体”“自然人”等类别划分，那就不应该将其限缩解释为“新闻媒体”而排除“自媒体”“自然人”。

（三）价值判断

价值判断，指司法裁判活动中，根据一定的价值取向发现法律、解释法律、确定法律事实并进行论证，判断争议中的法律利益，实现实质正义的活动。价值判断是法学研究不能回避的问题与方法，是法学方法论的特色，是将法学与自然科学区分开来的最终界限。

法学方法论之所以强调价值判断与引领，原因首先是诸多完整的法律规范都以实现特定的价值观为目的，如《民法典·人格权编》第一千零一十九条第二款“未经肖像权人同意，肖像作品权利人不得以发表、复制、发行、出租、展览等方式使用或者

---

① 该条规定：“行为人为公共利益实施新闻报道、舆论监督等行为，影响他人名誉的，不承担民事责任，但是有下列情形之一的除外：（一）捏造、歪曲事实；（二）对他人提供的严重失实内容未尽到合理核实义务；（三）使用侮辱性言辞等贬损他人名誉。”

公开肖像权人的肖像”的规定，就表明了立法者对于人格权高于著作财产权的价值选择。其次，有些法律规范本身，非常明显需要价值判断。最后，并非所有法律概念的全部特征符合法律事实，而且概念本身也未必清晰地界定特征性要素，即涵摄模式[①]不能在全部场合适用，这时，价值判断可弥补三段论的不足，发挥引领社会行为的功能。

综上，由于涉及宪法规定的基本权利，价值判断在传播法学中尤为重要，而且非常复杂，所谓“每一项法律规范都是一种价值判断，这构成了法律思想史上一个富有魅力、令人神往的永恒主题”[②]。

① 涵摄模式是近代以来成文法系中的一种代表性法律思维模式，意指将某个具体案件置于法律规范的事实构成之下的思维过程，其要求针对案件事实寻找最具体、接近的法律规范，而非抽象的法律原则。

② 黄文艺.法学是一门什么样的科学［J］.法制与社会发展，2001（3）：31-40.

PART 1

第一编
宪制传播法

第一章　传播权及其规范

本章主要探讨传播权的内涵、外延及其规范。作为学术概念，传播权与宪法制度中相关的公民基本权利如表达自由、言论自由、出版自由、新闻自由等有密切关联，故探讨传播权内涵、外延及其权能之前，需要阐明它们之间的关系。

第一节　传播权

传播权的产生源于人类信息传播技术的发展。传播权与表达自由、言论自由、出版自由和新闻自由之间存在相关性，但也有区别。

一、传播权的产生与发展

传播伴随着人类历史，也推动着人类文明史。在语言产生之前，身体姿势与动作的传播未将人与动物区分开；口语的产生使人从根本上区别于动物，文明随之出现，但这只是口述文明史阶段，该时期大部分人类活动与成就，都因人类传播的原始性即行为信息无法积累和继承而消失在“史前”。

文字的出现使人类真正进入文明史，历史的进程加快；而木版印刷、金属印刷的出现，标志着媒介文明史阶段来临。但这个时期，印刷和出版基本上是国王、皇帝或政府的特权，因此只是传播自由的启蒙期。

传播权第一个阶段的来临，是由伴随着工业革命而出现的报纸和电子媒介（广播、电视）推动的，人类自此进入大众传媒即传统媒体时代：知识、思想、观点传播的地域和时间限制在一定程度上被克服，信息传播在人类生存与发展中的地位进一步提高，（与传播权相关的）表达自由、言论自由、新闻自由、出版自由的概念在这个时期出现。在传统媒体时代，尽管公民传播权在一定程度上可以通过新闻自由和出版自由实现，即可以“通过新闻传媒表达思想、发表见解”[①]，但新闻媒体由政府等公权力机构、

① 蔡定剑 . 宪法精解［M］. 北京：法律出版社，2006：252.

大资本、利益集团及少数公民创办、掌控，借助报纸、广播、电视表达思想和见解，对于广大公民而言仍是一件“难得且奢侈”的事情。[①] 因此，所谓的新闻自由是一种“委托的自由”“间接的自由”，而出版自由也只能在极小部分人中实现。总之，此阶段的传播权实质上可用“委托传播权”来概括。

传播权第二个阶段的来临，源于互联网的出现与普及，使人类真正进入信息时代：知识、思想、观点等信息以几何级速度增长、传播，不仅社会发展主要依靠信息传播，而且媒介可以被普通公民拥有和利用，从而实现直接传播。联合国教科文组织大会 2019 年召开的会议宣布 9 月 28 日为“普遍获取信息国际日”，提倡建设具有如下特点的互联网：立足人权；开放；人人可及；得益于多利益攸关方的参与（ROAM 原则）。[②] 以上述“人人可及”阐述的不仅是普遍的信息获取权，而且是普遍的信息传播权。然而，网络媒体发展初期，由于网站的创办需要大量资金，自由使用媒体依然困难，直到社交媒体、自媒体普及，拥有移动互联网终端（如手机）的公民与团体才掌握大众传播工具，从而直接进行传播。[③] 这个阶段是实现传播权的第二个阶段。

回顾媒介史，其展示出两大特征：一是每一种媒介都是对之前某种媒介或其某种传播功能进行补充和完善的“补救性媒介”；[④] 二是作为传播工具和传播权得以实现的以技术为前提的媒介，其发展史是一个由精英掌控向平民扩散的历程，使传播的自由度越来越大。

人类文明迈进信息时代，传播是人类日常生活行为，并成为人类社会的生存和发展方式，正如施拉姆所言：“我们的传播行为证明我们完全是人。”[⑤] 既然传播是人类社会的生存和发展方式，人类已经不可能离开传播，媒介也已经因廉价而普及，所谓“旧时王谢堂前燕，飞入寻常百姓家”，由此，传播权、传播自由已成为人的基本权利。

二、涉及传播权（自由）的宪法基本权利概念

在宪法制度中，与传播相关的公民基本权利包括表达自由、言论自由、出版自由和新闻自由。但通过媒介进行传播的自由与权利——传播权或传播自由概念的内涵与外延，既不能完全以传统大众媒介时代产生的、涵盖范围很广但权利主体仅为自然人即公民的表达自由、言论自由来表述，又不能完全靠以纸质媒体为工具的出版自由来

① 江登琴．传统延伸抑或新兴媒介：自 1982 年宪法以来言论自由的发展［J］．江汉大学学报（社会科学版），2012，29（5）：14–20.

② 斯特姆劳．世界表达自由和媒体发展趋势 2017/2018 年全球报告［R/OL］．（2018–04–10）［2020–12–20］．https：//news.un.org/zh/story/2018/04/1005691.

③ 当然，在目前的信息传播系统中，媒体依然是大众获取新闻和消息的主要渠道，而普通民众仍依靠专业而尽责的新闻媒体提供的优质、权威信息。

④ 莱文森．数字麦克卢汉［M］．何道宽，译．北京：社会科学文献出版社，2001：16.

⑤ 施拉姆．传播学概论［M］．陈亮，等译．北京：新华出版社，1984：39.

表述，更不能以涵盖范围相对狭小、权利主体事实上为公权力、实力集团或社会精英的新闻自由来表述。而且，目前对上述概念，学术界均没有一个确定统一的观点，相关争议更多体现在内容和属性上。

（一）言论自由

从实现渠道与特征看，关于言论自由有三种界定。第一种是“口语化言论自由说”，即强调言论自由口语化、公开化的特点，“是公民以口语的形式，在法律规定或认可的前提下，公开发表意见、交流思想、传播信息、教授知识而不受干涉、约束和惩罚的自主性状态”①。第二种是“口语与文字言论自由说”，即认为言论自由包括口语与书面的表达，但书面表达的言论自由不应当包括出版自由，许多国家的宪法（包括我国）将言论自由和出版自由并列，说明两者不是包容关系。②第三种是“泛言论自由说”，即“言论”不仅指传统意义上以声音和文字体现的语言，还包括许多形式的象征性语言，如形体动作、图像、绘画、雕像、音乐等，“因而经常被作为‘表达自由’或‘见解自由’的同义词”③。至于这种延展与扩张的原因，有学者认为，“宪法只规定公民的言论自由与出版自由，但在司法实践和学者的著述中，对于其他形式和新出现形式的表达意见的自由多引用言论自由条款来保障或说明”④。

关于言论自由的客体，《布莱克法律词典》将言论自由定义为“宪法所赋予的表达思想和意见，不受政府限制，由宪法第一修正案保障的权利”⑤。传统上，我国学界相对主流的观点认为，言论自由主要是针对政治与社会问题发表意见的自由。但自 20 世纪 90 年代始，学者开始对狭义的“政治权利说”提出批评，认为公民言论自由的内容“包括政治言论、商业言论、学术言论、艺术言论、宗教言论等多种具体类型。政治言论自由，可视为政治权利，然而其在日常生活中只占言论范畴的一个部分”⑥，这就是广义的言论自由说。

言论自由的主体是公民，法人、非法人组织、社会团体不是此项权利的主体。

综上，言论自由是公民公开以口头、书面（文字和图画）、声音等方式，在公共场所，或通过网络、电视、报纸等媒体发表意见、交流思想、传播信息、教授知识的，涉及政治、商业、学术、艺术、体育、娱乐宗教等领域的自由。应强调：第一，言论自由是公开表达的自由而非“隐私性”自由，这使其与通信自由区别开来；第二，言论自由包括声音、文字、图像等形式的出版自由，但与包括动作表达的表达自

① 甑树青 . 论表达自由［M］. 北京：社会科学文献出版社，2000：41.
② 马岭 . 言论自由、出版自由、新闻自由的主体及其法律保护［J］. 当代法学，2004（1）：60-67.
③ 张千帆 . 宪法学导论——原理与应用［M］. 北京：法律出版社，2014：519.
④ 侯健 . 舆论监督权与名誉权问题研究［M］. 北京：北京大学出版社，2002：14.
⑤ BRYAN A G. Black’s law dictionary［M］. New York：Thomson Ruters Co.，2019：807.
⑥ 许崇德 . 宪法［M］. 北京：中国人民大学出版社，1999：163.

由相区别；第三，言论自由以“政治言论”自由为重要组成部分，还包括对其他领域发表意见、交流思想、传播信息、教授知识的自由，但言论自由以观点表达为主要内容，不涉及日常生活内容。

（二）出版自由

关于实现出版自由的途径，《现代汉语词典》中对“出版”的解释为，“把书刊、图画、音像制品等编印或制作出来，向公众发行”；[①] 国务院《出版管理条例》中，出版物指报纸、期刊、图书、音像制品、电子出版物等；[②] 法律上的“出版”指“作品的复制、发行”。[③] 在2020年《著作权法》修订之前，复制是针对有形作品如书刊、图画、音像制品的印刷、复印、拓印、录音、录像、翻录、翻拍，并不包含“数字化”方式；2020年《著作权法》修订后，“数字化”也成为复制的方式，出版在法律上正式延伸进信息网络。而且在实践中，随着网络技术的发展，数字化作品被纳入“出版物”范畴。当然，这种出版物需要具有编辑、制作、加工等出版特征。[④] 这样，法律上的出版自由也包括通过信息网络向公众提供网络出版物的自由。[⑤]

出版自由的客体包括文字、图画、音乐、舞蹈等形体动作、雕像等，或其组合，其内容可涉及政治、经济、军事、外交、体育、健康、生活等广泛的领域，既可以是观点，也可以是事实、知识。

各国宪法规定的出版自由的主体是公民即自然人，如根据我国《宪法》第三十五条的规定，中华人民共和国“公民”有言论、出版、集会、结社、游行、示威的自由。

据此，出版自由即公民对有形作品如书刊、图画、音像制品的印刷、复印、拓印、录音、录像、翻录、翻拍及数字化，以纸质媒介及信息网络提供出版物即发行的自由。

出版自由可以是言论自由的一种途径或类型，但前者的内容广泛，后者主要是观点的表达，且包括以口语进行表达的自由，因此，二者并非从属关系。

（三）新闻自由

新闻传播媒体（报纸、期刊、广播、电视和互联网）是实现新闻自由的工具与渠道。“新闻自由”概念出现时，尚未出现互联网，但目前，互联网已日渐成为新闻传播的主渠道。

关于新闻的定义，国内外新闻界有多种。我国新闻界主要有“报道说”“信息

---

① 中国社会科学院语言研究所词典编辑室．现代汉语词典［M］．6版．北京：商务印书馆，2012：187.

② 参见《出版管理条例》第二条第三款。

③ 参见《著作权法》第六十三条。

④ 参见《网络出版服务管理规定》第二条。

⑤ 对通过信息网络向公众提供作品是否可界定为出版的问题，学术界存在争议。

说”“事实说”“意识说”，[①] 目前一般认同“新近发生的事实的报道”[②] 这一定义，但“信息说”的观点正在被强化。可见，无论是学术界还是词典的定义，新闻不包括意见和评论，新闻自由的客体应当是“新闻信息”。

宪法的基本权利主体是自然人而不是法人或非法人组织，所以各国宪法规定的新闻自由的主体是公民即自然人。由于网络传播的发展、自媒体的普及，新闻自由主体在一定程度上实现了宪法意义上的回归，但有组织的新闻媒体和职业传播者在新闻传播中仍然占据重要地位。

新闻自由与言论自由也是一种交叉关系，言论自由可以通过新闻自由而实现，但新闻自由与言论自由是有区别的。第一，前者的主体实际是新闻媒体和公民；后者的主体主要是公民即自然人。第二，前者主要内容是事实或信息，讲究客观性；而后者则包括了事实、观点和意见，侧重主观性。第三，新闻自由的实现途径主要是媒体，而言论自由的实现不仅靠媒体，还包括其他途径如口头表达等。因此，法律将言论自由与新闻自由分别规定，是因为其将言论自由与新闻自由视为两种不同性质的基本权利。[③]

新闻自由与出版自由也是交叉关系。新闻自由中有一部分属于出版自由，如大多数以新闻为主要内容的报纸的出版。而从历史上看，出版自由是新闻自由的前提。但新闻自由与出版自由的区别也很明显。（1）实现工具或途径不同。部分出版自由与新闻自由没有关系，如学术作品、教材、生活类的报刊、书籍等的出版就与新闻无关；而新闻自由中除了与出版自由重合的部分即新闻性报刊的出版外，其他媒体如电视、广播、网络传播新闻的方式，与出版有明显区别。（2）内容不同。新闻自由的主要内容是新闻，而出版自由的主要内容则包括新闻在内的广泛领域。（3）主体不同。新闻自由的主体主要是制度性的组织——新闻媒体和公民，而出版自由的主体主要是公民。

必须指出的是，在这里新闻自由是有条件的自由。

（四）表达自由

学界认为，广义的表达自由除言论（含讲学）自由、出版（含著作）自由、新闻自由、艺术表现自由之外，还包括集会自由、结社自由、游行自由、示威自由、请愿自由和信息自由（知情权）；最广义的表达自由还应包括加入政党和参加政党活动的选举与投票的自由等。[④] 另外，表达自由还可分为积极表达的自由和消极表达的自由：前者是一种积极的表现行为；后者是一种消极的不作为表现，如不佩戴有特殊意义的

① 童兵，陈绚．新闻传播学大辞典［M］．北京：中国大百科全书出版社，2014：1.

② 中国大百科全书新闻学科和出版学科编辑委员会．中国大百科全书·新闻出版［M］．北京：中国大百科全书出版社，1990：395.

③ 甑树青．论表达自由［M］．北京：社会科学文献出版社，2000：180.

④ 黄惟勤．互联网上的表达自由——保护与规制［M］．北京：法律出版社，2011：4-7.

徽章和装饰等。

表达自由的主体是自然人，客体主要为观点、意见、情感，也包括信息、消息。所以，表达自由在学界通常被定义为公民通过言语、文字、声音、图画、动作、穿着等传播载体表达思想和情感的自由，包括言论与出版自由、新闻自由、集会与结社自由、游行与示威自由和接近使用媒体自由等，① 其目的可以是表述立场、观点和见解，表达或交流情感，传播事实、传递信息等。《公民权利和政治权利国际公约》第 19 条第 2 款的内容，就是有关表达自由的规定。②

显然，表达自由的内涵和外延要大于言论自由。言论自由更加强调言语、观点或意见的表达，而在新媒体时代，人们表达意见和观点的方式更加多元，不仅仅限于语言，网络上的符号、图片、视频等都可以成为表达意见的方式。因此，采取"表达自由"的提法更加契合当前的媒体环境。③

表达自由包括言论自由、出版自由、新闻自由、集会自由、结社自由、游行示威自由等，所以表达自由是上述自由的一个上位概念。

据学者统计，世界上以宪法或宪法性文件明文规定公民表达方面的基本权利和自由的国家共有 102 个，有关公民表达方面的基本权利和自由的不同称谓共有 41 种。④ 在众多的类似称谓中，使用次数最多的是言论自由（freedom of speech），其次便是带有"表达"字样的称谓。⑤ 上述概念都是法律概念。

三、传播权（自由）的内涵与外延

传播权指自然人或法人、非法人组织创办或利用媒体，在不违反法律的前提下，面向不特定人群和特定多数人进行的传播事实，获取和传递信息，交流情感或者表述立场、观点和见解等的权利。传播自由是自然人或法人、非法人组织利用媒体，在不违反法律的前提下，面向不特定人群和特定多数人进行的传播事实，传递信息，交流情感或者表述立场、观点和见解等的自由。

传播权与媒介密不可分，因为传播的物质基础是媒介。媒介对于公民的重要性得到普遍承认，借助媒体进行传播的自由也得到国际公约的确认。《公民权利和政治权利

① 邱小平. 表达自由——美国宪法第一修正案研究［M］. 北京：北京大学出版社，2005：1–2.

② 该条规定："人人有权持有主张，不受干涉。人人有自由发表意见的权利；此项权利包括寻求、接收和传递各种消息和思想的自由，而不论国界，也不论口头的、书写的、印刷的、采取艺术形式的或通过他所选择的任何其他媒介。"我国 1998 年已签署《公民权利和政治权利国际公约》，但全国人大目前尚未确认。

③ 罗楚湘. 网络空间的表达自由及其限制——兼论政府对互联网内容的管理［J］. 法学评论，2012，30（4）：15–23.

④ 甑树青. 论表达自由［M］. 北京：社会科学文献出版社，2000：8–10.

⑤ 黄惟勤. 互联网上的表达自由——保护与规制［M］. 北京：法律出版社，2011：2.

国际公约》第 19 条对表达自由的规定和《世界人权宣言》第 19 条，[①] 均承认通过媒介进行传播的自由。

传播权是学术概念，与传播自由自然不是一个概念，但在相当程度上重叠，故如无特殊说明，本教材以下内容以“传播权”为核心概念。

（一）传播权界定

传播权的实现渠道有明显的特征，即需要借助媒介，包括纸媒（报纸、杂志、书籍等）、广播、电视、互联网等各种传播媒体等。

凡经媒体传播的，包括言语、文字、图像、声音等形式在内的，涉及政治、经济、学术、艺术、体育及日常生活等各领域的信息、意见、立场观点、思想、情感、知识等，都是传播权的客体。

从经济成本上看，法人和其他社会组织是传统媒体及网站的通常掌控主体，因此是传播权主体；而网络传播技术发展至今，自然人也可掌控自媒体，作为传播权主体，其数量远超法人和其他社会组织，也就是说：传播权的主体包括自然人、法人及非法人团体等组织。

（二）传播权（自由）与表达自由、言论自由、出版自由、新闻自由的关系

世界各国的宪法并未明确规定“传播权”或“传播自由”，因此它们是学术概念，而不像言论自由、出版自由、新闻自由、表达自由那样是法律概念，但它们有密切关联。

1. 传播权（自由）与表达自由

表达自由可以通过传播来实现，但表达并不只是通过传播媒介来实现，还包括口头表达、形体表达、动作表达、集会、结社、游行示威等；而且表达自由还可以通过不作为来实现。所以，传播权（自由）是表达自由的下位概念。

2. 传播权（自由）与言论自由

在传播途径上，言论自由可以通过传播来实现，但言论可以是口头的即不经传播工具进行。从权利主体看，言论自由的主体只能是自然人，而传播权主体可以是自然人，也可以是法人及非法人组织。从内容上看，言论自由并不关注日常生活琐事，而传播权的内容指向几乎所有信息。所以，传播权（自由）与言论自由是交叉关系。

---

① 该条宣告：“人人有权享有主张和发表意见的自由；此项权利包括持有主张而不受干涉的自由，通过任何媒介和不论国界寻求、接收和传递消息和思想的自由。”

3. 传播权（自由）与出版自由、新闻自由

无论是途径、主体还是内容，传播权（自由）均包含了出版自由、新闻自由，所以，传播权（自由）是后者的上位概念。

综上，从学术（理论）看，传播权（自由）虽与表达自由、言论自由、出版自由、新闻自由概念紧密关联，但其作为新传播技术与传播生态演进的产物，与后者在主体、内容、实现渠道等方面不同。因此，无论在实践中还是理论上，传播权（自由）都有独立存在的必要性。

第二节　传播权的权能、依据及保护

传播权与表达自由、言论自由、出版自由、新闻自由紧密关联，尤其是作为传播权下属概念的出版自由、新闻自由。因此，传播权的权能、保护与限制，均可以上述概念为依据。

一、传播权的权能

在宪法制度框架内，完整的传播权权能应该包括创办媒体、获取传播设备及互联网通信自由权，传播权自由，信息接近权，批评权，保护信息来源权。

（一）创办媒体、获取传播设备及互联网通信自由权

一是传统媒体创办权。目前，世界上大部分国家的宪法制度规定了注册登记制而非审批制为特征的纸媒自由创办权及出版自由权。但事实上，即使法律上没有障碍，报纸和期刊也绝非普通公民有能力创办的。广播、电视的创办更是如此，因为频率和频道资源涉及公共利益，且投资巨大、技术复杂，所以广播、电视的创办需要经过审批，但世界上多数国家的规定支持多元化。

二是互联网接入权。互联网接入权既是贸易事项，又是网络时代的基本权利议题，因为对传播基础设施的获得直接决定传播权的实现程度，而且，对互联网技术和设备的获得意味着国家应保障符合其发展水平的互联网连接权利，并适当照顾弱势群体的权利。有鉴于此，互联网的接入自由应保障接入成本公平合理且可负担。该权利也为我国《网络安全法》所确认，而且强调“促进网络接入普及”是国家的义务。①

① 《网络安全法》第十二条规定：“国家保护公民、法人和其他组织依法使用网络的权利，促进网络接入普及，提升网络服务水平，为社会提供安全、便利的网络服务，保障网络信息依法有序自由流动。”

三是互联网通信权。《公民权利和政治权利国际公约》第 19 条第 2 款规定表达自由权利可拓展至“任何其他媒介”。随着互联网时代的到来，互联网通信权已在世界范围内被视为基本权利，而且从言论自由中派生出了“互联网上的言论自由”或者“互联网自由”这一新型的人权。[①] 2010年，中国政府发布的《中国互联网状况白皮书》全文出现六处对公民“网上言论自由”的阐述，其第三部分提出，“中国政府……依法保障公民在互联网上的言论自由，保障公众的知情权、参与权、表达权和监督权”[②]，其重点是对公民的互联网上的言论自由的确认和保障，而且将“互联网上的言论自由”与我国《宪法》规定的公民的知情权、参与权、表达权和监督权这四种基本权利并列。因此，作为传播权的权能或内涵，作为基本权利的“互联网自由”的出现，表明我国公民的言论自由发展到一个新的历史阶段。

四是新媒体创办（使用）权。信息传播技术的进步、移动智能终端的普及，使普通公民的媒体创办（使用）权得以实现。虽然普通公民可以创办的媒体主要是依托网络平台的社交媒体，但其具备文字、声音、图像的媒体传播功能，所以传统媒体时代存在的普通公民“媒体创办权”问题已经淡化。当然，由于依附于平台媒体，这种近乎“零代价”的媒体创办权也会受到限制，而且，在违反相关协议和管理规定的情况下，这种媒体创办权可能会被取消。

（二）传播自由权

由于媒介技术的原因，目前世界各国宪法对传播自由的规定，集中于新闻自由和出版自由领域，且大都有不得剥夺此类自由的表述。如《德国基本法》第 5 条、《西班牙王国宪法》第 20 条第 2 款、《荷兰宪法》第 7 条、《瑞典出版自由法》第 1 章第 2 条……俄罗斯、法国、意大利、日本、罗马尼亚、南斯拉夫等国的宪法也有此类规定。

我国《宪法》第三十五条也确立了公民有言论、出版等传播自由。

（三）信息接近权

目前，对于“信息接近权”中的“信息”，绝大多数国家理解为政府掌握的信息，其中不仅包括具有新闻价值的信息，还包括其他信息，原因是，此类信息往往牵涉公共利益、国计民生，如果不能获取此类信息，传播权就会大打折扣。信息接近权在许多国家的宪法中得以明确，如《德国基本法》第 5 条、《俄罗斯宪法》第 29 条、《瑞典出版自由法》第 2 章第 1 条。我国《政府信息公开条例》规定了以公开为原则、不公

---

① 高一飞．互联网时代的媒体与司法关系［J］．中外法学，2016，28（2）：486-517.

② 中国国务院新闻办公室．中国互联网状况白皮书［R/OL］．（2010-06-08）［2021-10-06］．http://politics.people.com.cn /GB/1026 /11813615.html.

开为例外的方针，而且公开是针对所有公民。

当然，也有国家将新闻传播中的信息接近权，即新闻媒体与记者对新闻信息的获取权专门进行规定，而此类信息不仅是政府掌握的信息，还可以是非政府机构乃至个人掌握的信息。如《克罗地亚宪法》第 38 条规定："记者有报道和接触新闻权。"

（四）批评的权利

宪法上的公民批评权主要针对公权力。批评权不仅可以通过媒介实现，也可以通过口头等方式实现，而且此权利也内含在表达自由、言论自由、出版自由、新闻自由概念中，但许多国家仍然特别规定了批评权，而且有些国家对通过媒介行使批评的权利予以特别规定，如危地马拉的宪法明确规定了传播媒体的批评权，"出版物中包含对公职官员和职员履行其任务中的行为的揭发、批评和归罪，不构成罪行或错误"。

（五）保护信息来源权

保护信息来源权指传播者未经信息提供者本人同意或法律明确规定，不可以任何方式透露、披露信息提供者身份或能够推知其身份的信息的权利，包括作者不予署名，传播者不予透露、披露信息提供者身份，及信息提供者身份被透露、披露后的求偿的权利。在这些权利中，比较重要的是新闻传播者的拒证权，其指在司法活动中新闻传播者享有的如下权利：拒绝出庭作证，拒绝提供消息来源和可导致消息来源暴露的信息、材料等，免于侦查机关搜查与扣押等权利。这些权利，是基于职业的特殊性、稳定性和公共利益的原因而享有的拒证权的一种。①

保护信息来源的权利经常涉及刑事诉讼和民事诉讼中的证明活动，即其可以体现为诉讼中的特权。但一些国家已将该权利提高到宪法层次上进行规定，如《瑞典出版自由法》第 3 章、②《葡萄牙宪法》第 38 条第 3 款。③

综上，通过媒介实现的传播权对人类的生存和发展具有重要意义，这已成为现代社会共识。人类社会的制度变革、经济发展、科技进步、社会稳定，在很大程度上都离不开信息、言论的自由传播和广泛交流，可以说，人类社会前进的每一步都与传播权密不可分。

---

① 罗斌，宋素红. 记者拒证权适用范围研究——以两大法系代表性国家为对象的比较法考察［J］. 新闻与传播研究，2011，18（3）：77-84，112-113.

② 参见《瑞典出版自由法》第 3 章第 1 至 5 条。

③《葡萄牙宪法》第 38 条第 3 款规定："出版自由包括报刊撰稿人有依法接触消息来源、保护职业独立与秘密，以及推选编辑委员会的权利。"

二、传播权的立法模式和依据

世界各国关于保障传播权的立法，主要有三种模式。第一种，作为法典的宪法本身对传播权进行详细规定，如葡萄牙和希腊宪法中关于传播权的内容有约 300 字，土耳其宪法中甚至有 1,000 余字。第二种，以属于宪法制度的单行法对传播权进行详细规定，以美国和欧洲国家为代表。如美国宪法第一修正案确立了言论、出版自由的原则，后有 1966 年《信息自由法》及各州通过的《阳光法案》《记者保护法》。欧洲国家的如瑞典、法国的《出版自由法》。第三种，以其他层次法律进行补充规定。我国属于这种类型（以下详述）。

（一）传播权的宪法制度依据

首先，我国《宪法》确立了公民的言论自由、出版自由，① 也确立了公民的批评建议权。需要特别指出，我国公民行使批评建议权的渠道多为“舆论监督”：指公民或机构针对公权力或其他社会组织的涉及公共利益的事务，通过公众舆论形成一致意见，促使被监督对象沿着法制和社会生活公共准则的方向运作的权利。② 关于“舆论监督”，通常认为源自《宪法》第二十七条第二款的规定和国家机关接受批评建议的义务，③ 以及《宪法》第四十一条规定的批评和建议权——该规定特别强调批评权的主体是“公民”，对象是“国家机关和国家工作人员”。④ 尽管依照《宪法》和《立法法》的规定，我国法院没有适用《宪法》条款进行判决的权力，但在司法实践中，“舆论监督”经常在判决理由中成为法官说理的依据，《宪法》规定的相关基本权利实际上仍然在间接适用。

其次，我国的宪法制度中对区域新闻自由、出版自由进行了明确。在《香港特别行政区基本法》和《澳门特别行政区基本法》中，除了规定香港和澳门居民有言论、出版自由外，还特别规定其有新闻自由。由此可见：在我国（有关区域性）的宪法制度中，新闻自由与出版自由是不同的概念。

最后，我国《宪法》还确立了学术传播权、文学艺术传播权。⑤ 尽管有关条款使用的是“研究”“创作”的自由权，但传播是题中之义。

---

① 我国《宪法》第三十五条规定：“中华人民共和国公民有言论、出版、集会、结社、游行、示威的自由。”

② 成美，童兵 . 新闻理论简明教程［M］. 北京：中央广播电视大学出版社，1986：255–261.

③ 该款规定：“一切国家机关和国家工作人员必须依靠人民的支持，经常保持同人民的密切联系，倾听人民的意见和建议，接受人民的监督，努力为人民服务。”

④ 该条规定：“中华人民共和国公民对于任何国家机关和国家工作人员，有提出批评和建议的权利；对于任何国家机关和国家工作人员的违法失职行为，有向有关国家机关提出申诉、控告或者检举的权利，但是不得捏造或者歪曲事实进行诬告陷害。”

⑤《宪法》第四十七条规定：“中华人民共和国公民有进行科学研究、文学艺术创作和其他文化活动的自由。”

（二）传播权的其他正式立法依据

第一，在作为民法基本法的《民法典》中，确立了对新闻报道、舆论监督的相对免责。《民法典》第九百九十九条、第一千零二十五条和第一千零二十六条，是专门对新闻报道、舆论监督的民事责任进行相对免除的特别条款（下述），是公法（宪法制度）直接渗透私法的体现，在世界各国民法制度中独树一帜。

第二，在涉及特别权益保护的个别正式立法中，确立新闻媒体的批评权和舆论监督。如《食品安全法》第十条规定了新闻媒体的舆论监督权；①《消费者权益保护法》第六条明确了公民和大众传播媒介的舆论监督权。②

（三）传播权的行政法律制度依据

传播权在我国行政法规和部门规章中也有体现。关于创办媒体的权利，《电信条例》进行了规定，明确只要具备相应的条件，就可以以公司法人的身份从事增值电信业务即创办网站。③

关于出版自由。根据我国《出版管理条例》第五条，公民依法行使出版自由的权利，各级人民政府应当予以保障；根据《出版管理条例》第二十三条，公民可以在出版物上自由表达自己对国家事务、经济和文化事业、社会事务的见解和意愿，自由发表自己从事科学研究、文学艺术创作和其他文化活动的成果。这里《出版管理条例》规定的出版自由是“在出版物上”的表达自由。

关于新闻记者的采访权。在新闻出版总署 2009 年 10 月 15 日起正式施行的《新闻记者证管理办法》中有明确规定。④

三、传播权的保护与促进

（一）传播权的保护

1. 传播权的制度性保护与救济——违宪审查

任何权利都有被国家、集体或个体侵害或阻碍实现的可能，这就需要救济，没有

---

① 该条规定：“新闻媒体应当开展食品安全法律、法规以及食品安全标准和知识的公益宣传，并对食品安全违法行为进行舆论监督。有关食品安全的宣传报道应当真实、公正。”

② 该条第三款规定：“大众传播媒介应当做好维护消费者合法权益的宣传，对损害消费者合法权益的行为进行舆论监督。”

③ 参见《电信条例》第十三条。

④《新闻记者证管理办法》第五条规定：“新闻记者持新闻记者证依法从事新闻采访活动受法律保护。各级人民政府及其职能部门、工作人员应为合法的新闻采访活动提供必要的便利和保障。任何组织或者个人不得干扰、阻挠新闻机构及其新闻记者合法的采访活动。”

救济就没有权利，即使是宪法制度规定的权利也是如此。

作为宪法层次的传播权与传播自由，要实现对其的保护，应该在宪法层次上规定，即适用违宪审查制度。所谓违宪审查制度是特定的国家机关根据特定的程序或者方式，针对违反宪法的行为或者规范性、非规范性文件进行审查和处理的制度，包括违宪判定和违宪制裁两个最基本的环节。违宪审查通常有以下三种模式：（1）专门机构行使违宪审查权，包括宪法法院或宪法委员会模式，前者以德国、俄罗斯为代表，后者以法国为代表；（2）立法机构行使违宪审查权，以英国为代表；（3）普通法院行使违宪审查权，以美国为代表。目前，世界上越来越多的国家采用宪法法院模式。

从我国《宪法》及《立法法》的规定来看，我国的违宪审查是第二种，即立法机构（全国人大及其常委会）行使模式。对我国包括传播（言论表达）在内的违宪审查的状况，有观点认为，我国目前尚未建立实质性的违宪审查制度，现有的《宪法》保障是一种“含义较广的宪法监督制度”①。也有观点认为，我国的违宪审查是“准违宪审查，即虽非正式违宪审查但可以等同于实质性违宪审查”②。目前比较一致的观点是，我国的违宪审查尚未全面、充分开展。

2. 我国传播权的行政与司法保护

目前，我国对传播权的保护主要通过行政渠道的直接干预和司法诉讼的间接支持来实现。（1）公民传播权的行政保护，通常是在公民的其他人身权利受到严重侵害时，党和政府通过行政或党务程序进行的。21 世纪初开始的一系列诽谤官员案即如此。如“重庆彭水诗案”。③（2）新闻传播权的行政保护。由于我国新闻传播行政授权的法律层级较低，而且未形成机制性保护制度，普通公民传播权受侵害时，由行政渠道解决处理。如辽宁省铁岭市西丰县警察进京抓记者案。④总之，传播权的行政保护可能是直接的、高效的，但没有固定的保障机构、程序，所以缺乏制度的刚性。

我国没有宪法诉讼，《宪法》的解释权由全国人大及其常委会享有，法院和法官无权解释，在裁决文书中也不能引用《宪法》条款。但事实上，一些民事判决，认定有偿删帖（消除不良影响）的合同因“侵犯公民的言论自由”而无效；⑤根据《网络诽谤司法解释》第七条，有当事人以营利为目的通过信息网络有偿提供删除信息服务，扰乱市场秩序，被判决构成非法经营罪。⑥上述司法实践，客观上保护了公民的传播权。

① 林广华 . 违宪审查制度比较研究［M］. 北京：社会科学文献出版社，2004：170.

② 程洁 . 中国的准违宪审查制度初探［J］. 政法论坛，2018，36（3）：3–13.

③ 刘伟 . 重庆彭水诗案——一公务员编写短信针砭时弊被刑拘［N］. 南方都市报，2006–10–19（5）.

④ 刘万永 . 报道涉及县委书记负面　当地警方进京抓记者［N］. 中国青年报，2008–01–07（4）.

⑤ 参见北京市第一中级人民法院（2014）一中民终字第 1677 号民事判决书。

⑥ 参见《网络诽谤司法解释》第七条。

（二）传播权的促进

所谓对传播权的促进，即对传播行为的物质及精神鼓励与支持，包括各种资金、财物的支持、奖励及各种荣誉称号的授予。我国《宪法》第二十条中对个人学术传播的“奖励”规定、第二十二条中对传媒业“发展”的规定和第四十七条中对科研、文化传播的“鼓励和帮助”，都是明确促进传播权的依据。

事实上，传播权（言论自由）的促进制度及措施，广泛存在于现代国家，例如国家资助科学研究的开展和研究成果的发表，资助文学艺术的发展，奖励某种出版物等。[①] 在我国，由国家资助，针对新闻、出版活动的全国性奖项有中国新闻奖、中国出版政府奖、中国广播影视大奖；由国家资助，针对科学研究进行资助的有国家社会科学基金、国家自然科学基金，以及国家各部委和各省相应级别的基金……上述奖项与基金对传播权有巨大的促进作用。

第三节　传播权的限制

人类历史的经验证明：对公民权利的最大威胁往往来自公权力的侵害，而现代各国宪法主要通过对公权力的限制以维护公民的传播权。美国和日本是典型的例证。美国宪法第一修正案规定：“国会不得制定法律，确立某种宗教信仰或禁止信仰自由，剥夺言论出版自由，剥夺人民和平集会以鸣不平、请求政府救济的权利。”而《日本宪法》第 21 条从另一个角度进行规定：“保障集会、结社和言论、出版及其他一切表达的自由。不得对之进行审查。”

然而，任何社会都存在一些被政府和主流价值观认定为“有害言论”的信息，传播自由绝非可以任意行使的权利，任何国家都不可能对信息传播不加规制与限制，正如其他基本权利行使一样，都要受到法律的规制。

针对传播权的消极规范包括限制和惩罚，惩罚包括行政处罚（如罚款、行政拘留、没收传播工具）、刑事处罚（相关罪名下的刑罚），甚至还有民法上的惩罚（惩罚性赔偿）。由于这些惩罚在各部门法内有具体的规定或依据，本教材将分别探析。

一、限制传播权的理由与依据

传播权不是绝对的权利与自由，它受到国家利益、公共利益和他人合法权益的限制。

---

① 侯健 . 表达自由法制中的管理性权力［J］. 比较法研究，2008（2）：1–12.

（一）对传播自由的正当限制理由[①]

第一，维护国家（安全）利益，即涉及国家统一、主权和领土完整和政权稳定的利益；而国家安全指"一国法律确认和保护的国家权益有机统一性、整体性免受任何势力侵害的一种状况"[②]。结合当前我国社会发展实际，传播权基于国家利益必须止步于以下行为：（1）危害国家统一、主权和领土完整；（2）危害国家政权稳定；（3）泄露国家秘密、危害国家安全或损害国家荣誉或利益；（4）其他危害国家利益的行为。

第二，维护公共利益（秩序）。现代社会，公共秩序作为公共利益的具体体现，应该得到充分尊重和遵守，传播权也不例外。在网络时代，网络传播虽然为公众表达意见、宣泄情绪等提供了便利渠道，但其内含的强大社会动员能力亦容易导致"群体极化"[③]，从而导致严重威胁或侵害社会公共秩序的情况发生。因此，基于公共秩序缘由限制网络表达自由获得了国际社会的普遍认可。传播权基于公共利益必须止步于以下行为：（1）侵害公共安全的行为；（2）妨害、破坏市场经济秩序的行为；（3）扰乱公共秩序的行为；（4）妨害司法秩序的行为；（5）妨害社会伦理道德的行为。

第三，维护他人人格尊严等权益。人格尊严通常被认为是作为所有法律权利基础的一种"元权利"，一切关于基本人权的规定都是由它引申而来的。[④]也正是因为人格尊严的上述至高宪法地位，公民在行使传播权时必须对其予以足够的尊重和维护，超越此界限即构成对他人权利和自由的违反。具体来说，传播权基于公共利益必须止步于以下行为：侵害个体人身权益、民主权益和财产权益的行为。

（二）限制传播权的国际公约

对传播自由的限制与表达自由并不矛盾，没有任何一个国家将表达自由作为完全不加干涉的自由。即使是《公民权利和政治权利国际公约》，其第 19 条第 3 款也有对传播权的限制，[⑤]并在第 20 条进一步规定："一、任何鼓吹战争的宣传，应以法律加以禁止。二、任何鼓吹民族、种族或宗教仇恨的主张，构成煽动歧视、敌视或强暴者，应以法律加以禁止。"《欧洲人权公约》第 10 条和《美洲人权公约》第 13 条第 2 款也

---

① 邓炜辉 . 网络表达自由的国家保障义务——兼评"法释〔2013〕21 号"对网络言论的刑罚规制［J］. 甘肃政法学院学报，2015（1）：123-132.

② 吴庆荣 . 法律上国家安全概念探析［J］. 中国法学，2006（4）：62-68.

③ 美国学者凯斯・桑斯坦认为，"群体极化"指"团体成员一开始即有某些偏向，在商议后，人们朝偏向的方向继续移动，最后形成极端的观点"。桑斯坦 . 网络共和国——网络社会中的民主问题［M］. 黄维明，译 . 上海：上海人民出版社，2003：47.

④ 周伟 . 宪法基本权利原理・规范・应用［M］. 北京：法律出版社，2006：36.

⑤ 该款规定，"本条第二款所规定的权利的行使带有特殊的义务和责任，因此得受某些限制，但这些限制只应由法律规定并有下列适用条件：（甲）尊重他人的权利或名誉；（乙）保障国家安全或公共秩序，或公共卫生或道德"。

都有类似的规定。

另一方面，欧洲人权法院对民族、种族、宗教仇恨言论及其煽动者，对民主秩序造成威胁的言论，篡改历史的言论，修正主义，宽恕恐怖主义、战争犯罪的言论，甚至对国家官员的侮辱性言论都做出过相关判决，表明表达自由应当受到合理限制的观点。①

（三）限制传播权的宪法等法律依据

作为体现于言论自由、新闻自由与出版自由中的权利，传播权的限制模式主要包括以下几个方面。

一是在宪法中对传播权进行限制。《德国基本法》第 5 条第 2 款对言论自由做出了限制，规定所有的权利要受到一般法律的限制，这些一般法律包括体现保护未成年人和尊重公民个人权利的法律。值得强调的是，《德国基本法》规定：限制本身必须有限度，且决不允许触动基本权利与自由的核心。法国 1789 年国民议会通过的《人权宣言》第 11 条规定："自由传递思想和意见是人类最宝贵的权利之一，因此，各个公民都有言论、著述和出版自由，但在法律规定的情况下，应对此项滥用自由担负责任。"

二是宪法对传播权的限制仅进行宣示性规定，实质性限制由行政法律制度承担。我国《宪法》第五十一条明确规定："中华人民共和国公民在行使自由和权利的时候，不得损害国家的、社会的、集体的利益和其他公民的合法的自由和权利。"但该条并未包括限制的基本形式。根据《立法法》等相关宪法性法律的规定，国家在某些特定情形下对表达自由予以限制必须遵循法律的相对保留原则，比如限制内容涉及国家主权、犯罪和刑罚等。我国对传播权的限制主要体现于行政法规、部门规章甚至规范性文件中，包括传媒市场准入、产权制度、媒体运营、内容管理及传播职业管理等。

二、限制传播权的方式

（一）根据限制的主体

对传播权进行限制的主体，主要有公权力机关和私权主体：前者主要是行政主体；后者主要是网络时代的平台。行政主体的限制主要通过行政立法和执法，而平台私权主体的限制目前主要有两种方式。

第一种是法律直接对平台授权或赋责，如德国。作为西方民主国家中第一个对网络危害性言论进行专门立法规制的国家，网络言论在德国受到立法的严格限制。《德国多媒体法》在三个主要方面对网络传播的规范产生影响：第一，它加强了 ISP（Internet

---

① 何志鹏，姜晨曦．网络仇恨言论规制与表达自由的边界［J］．甘肃政法学院学报，2018（3）：20–31.

Serivce Provider）对非法内容传播的责任，比如说对有关纳粹复兴内容的传播，ISP 有责任“技术性地阻止其传播”；第二，它通过法令设定特定的“网络警察”监控危害性内容的传播；第三，它将在网上传播对儿童有害或法西斯复兴内容的言论视为一种犯罪。为此，许多评论家将德国称为“在全球传播界对于网络最不友好的国家”①。

第二种是对平台既不授权也不赋责，而是通过法律免责，鼓励平台进行言论限制。如《美国通信规范法案》第 230 条规定：“互联网平台无须为第三方使用者张贴的言论内容负法律责任；当互联网平台基于善意封锁和屏蔽冒犯性内容，其对自我规制的手段与结果不负法律责任。”② 由此规定，美国网络平台言论审查大行其道。如 2021 年 1 月 8 日晚，美国社交平台推特发布声明，称特朗普当天发布的两条推文“可能会让不同的听众有不同的解读，其中就包括煽动暴力。在仔细审查了特朗普推特账号近期推文及相关内容，尤其是这些内容在推特线上线下的接收与解读反应后，由于存在进一步煽动暴力的风险，我们永久性地封禁该账号”③。而马斯克收购推特不久，就封禁一批记者账号。④ 目前，美国平台删除内容、封闭账号是日常业务行为。

（二）根据限制的对象

这可分为针对言论内容的限制及非针对言论内容的限制，即所谓的“双轨理论”。（1）限制言论内容的限制，是指限制某一种类型的内容或某一观点的言论，目的是“防止社会大众由于知悉言论所表达的思想或讯息可能产生的影响，而限制这种言论自由”⑤，例如，限制色情网站的接触、检查特定政治或宗教观点的出版物等。（2）非针对言论内容的限制，限制言论表达的方法、渠道、强度，这也可能造成针对内容限制的效果。例如：报纸版面数量和发行地域限制，广播电视的频道辐射地域范围。

（三）根据限制的时间

宪法学将各国不同的法律限制方式分为预防制和追惩制两种。（1）预防制。事前限制，即所有的传播行为在传播以前要受国家机关的干预和审查。英、美、法、德、意、俄、日等国都先后实行过对出版物的事先审查制，但现在都已废止；日本历史上延续多年的出版、传播业特许经办制，二战后被彻底废除；法国拿破仑三世时期的出

---

① 邢璐．德国网络言论自由保护与立法规制及其对我国的启示［J］．德国研究，2006（3）：34-38，79.

② 资料来源：47 U. S. C. § 230（b）（c）（2000）。

③ 2021 年 1 月 8 日下午，特朗普发布了一条给支持者的推特，称“把票投给我，投给美国优先，投给让美国再次伟大的 7500 万美国爱国者……”之后，他又发布了第二条推特，称“向所有问过我的人回应：我不会参加 1 月 20 日的就职典礼”。熊超然．推特公司发表声明：特朗普个人推特账号已被永久封禁［EB/OL］．（2021-01-09）［2022-12-16］.https://www.guancha.cn/internation/2021_01_09_577283.shtml.

④ 南博一．美媒多名科技记者推特账号遭封禁，推特及马斯克均未回应［EB/OL］．（2022-12-16）［2022-12-23］.https://m.thepaper.cn/newsDetail_forward_21191802.

⑤ 林来梵．宪法审查的原理与技术［M］．北京：法律出版社，2009：303.

版保证金制度，也早已成为历史。但美国相关州适用的普通法中，“禁口令”并未完全绝迹。（2）追惩制。事后限制，即所有的言论与出版不受事前的审查，都事先被假定为可以行使，只有在表达言论后构成违法的才依法定程序予以制裁的制度。英国、美国等世界上的大多数国家都实行这种制度。（3）预防制和追惩制混合适用，即对不同类型的传播分别适用预防制和追惩制，如我国对报刊实行追惩制，对广播电视和部分类型网络信息实行全过程监控即预防制。

三、传播权限制的原则

（一）合宪性原则

宪法是国家的根本大法，宪法制度规定的基本人权应当得到充分保障。政府规制传播行为，要求符合宪法精神与价值，不能侵害公民的表达自由等基本权利，这是宪法所保障的公民权利的基本内容。国家限制传播权主要因为它与其他权益相冲突，国家限制的目的必须出于对同等级以及更高法益价值的保障和维护，对低位阶的权利不得以损害传播权为代价，即如果是不属于基本人权的社会利益不得予以保护。

（二）合法性原则

法律应当规定对传播权明确、具体的限制原则。基本权利只受法律的限制，因而立法是保障的基础。如果法律关于传播权的规定含糊不清，限制的事项未指明范畴、种类和性质，就会为侵犯言论自由创造条件。

对传播权、表达自由、出版自由的剥夺，只能依据法律。所以，合法性这一原则要求，无论是在传统媒体，还是在自媒体和网络空间，政府对表达自由进行限制或对表达自由的滥用进行处罚，必须依照法律来实施。当然，这里的法律特指全国人大及其常委会依法制定的具有普遍约束力的基本法律，也就是说，只有全国人大及其常委会制定的法律，才能成为剥夺传播权、表达自由的依据。

（三）合目的、合比例原则

合目的原则就是要符合公共利益。① 对自媒体和网络空间的限制，应当有民主社会所必需的、符合公共利益的根据。由于不同国家和地区政治、经济、社会、文化传统、宗教和历史的差异，其对公共利益的理解和确定有较大的不确定性，而各国、各民族的公共道德的弹性更是巨大，因此，“政府必须合理、谨慎和诚信地行使其限制表达自由的权力，不应以微不足道的政府或社会利益为借口，对自我实现和社会发展具

① 宋全成．自媒体发展中的表达自由、政府规制及其限度［J］．南京社会科学，2017（11）：99–106.

有重要价值的表达自由进行限制”[1]。

合比例原则即限制言论自由的程度应与言论自由可能造成的损害成比例。在现实中，对传播权的限制必然会涉及利益衡量问题，按照合比例原则限制网络表达自由可依次从妥当性、必要性以及均衡性三个方面加以考察。[2]传播权作为基本权利，也应当以保障为主、限制为辅。限制传播权必须是确实需要限制言论自由的情况下，应将对传播权的损害限制在“最小范围内”；在存在多种限制手段时，应尽可能采取损害较小的形式，即对言论自由、新闻自由、出版自由的限制均不得侵害其本质内容。

（四）分类处理原则

分类处理有确立传播权限制标准的意味，但由于作为法典的《宪法》本身不可能规定得如此详尽，因此可在其他宪法性制度中确立，以增强可操作性。

在传播法领域，以言论的价值高低为标准，一般认为传播内容可分为“低价值言论”和“高价值言论”，[3]其中，“低价值言论”在传播内容中主要体现为淫秽及猥亵性言论、粗俗性言论、诽谤性言论以及挑衅性言论等，由于这些言论通常具有直接侵害他人正当利益或社会公共利益的危险性，欠缺表达意见本身所承载的各种价值，因此，原则上这些“受到准确定义并严格限制的言论类型之禁止和惩罚从来不被认为产生任何宪法问题”[4]。而除此之外，对于那些“高价值言论”，由于其不仅不具有侵犯性、危害性，甚至还具有追求真理或者含有交流价值的思想等，因而应当受到宪法言论自由的严格保护，即国家原则上不得对“高价值言论”进行限制。

“低价值言论”和“高价值言论”的划分过于简单，操作性较差；然而，如果将传播内容区分为淫秽及猥亵性言论、侮辱及诽谤性言论等类型，又超出宪法的调整范畴，不可避免地落入行政法、民法或刑法这三大部门法的领域。[5]因此，适中的类型化应该是根据公言论（涉及公共利益）和因私表达（涉及私人利益）的区别，具体分为学术表达、政治表达、社会表达、商业表达与纯粹私人表达。（1）关于学术表达，原则上不应予以限制。（2）关于政治表达，可适用较宽松的限制，并可适用“明显且即刻

---

① 王四新．限制表达自由的原则［J］．北京行政学院学报，2009（3）：77–80.

② 邓炜辉．网络表达自由的国家保障义务——兼评“法释〔2013〕21号”对网络言论的刑罚规制［J］．甘肃政法学院学报，2015（1）：123–132.

③ 陈明辉．言论自由条款仅保障政治言论自由吗［J］．政治与法律，2016（7）：74–85.

④ 张千帆．美国联邦宪法［M］．北京：法律出版社，2011：384.

⑤ 当然，这些内容并非全部是部门法的考量范畴。如美国对于“淫秽”标准的界定，至20世纪90年代，其司法实践中先后适用了“希克林标准”“罗思标准”和“米勒标准”等，即有法理的思考。对于侮辱及诽谤性言论的限制，国家必须区别针对“事实陈述”和“意见表达”适用不同的限制规则的观点，无疑，这也具有法理性，而并不仅仅是民法调整的问题。

危险规则”（clear and present danger test）。[①] 如果“仅仅是扬言使用武力或者其他暴力行为，但是，没有具体实施或者不存在危险发生的现实可能性和即刻性，政府就不应该事前禁止，也不应该事后惩罚”[②]。（3）关于社会表达，可适用合理的限制。（4）关于商业表达，应适用较严格的限制。（5）关于纯粹私人表达，应适用严格的限制。

关键词

传播权	言论自由	表达自由
新闻自由	出版自由	传播权权能
互联网接入权互联网通信权	信息接近权	
舆论监督	传播权限制的分类处理原则	

思考题

1. 为什么说在大众传播时代新闻自由是一种委托的自由？
2. 简述广义上言论自由的特点。
3. 简述表达自由与言论自由的区别与联系。
4. 简述传播权（自由）与言论自由、新闻自由、出版自由的关系。
5. 在我国，舆论监督有哪些法律依据？
6. 我国可采取哪些措施对传播权进行保护？
7. 简述传播权限制的理由与依据。
8. 简述传播权限制的原则。

① 该规则最先是由美国大法官 Jr.Holmes 于 1919 年在“Schenck v. U.S.”案中提出，此后广泛应用于世界各国政治言论自由的限制实践中。

② 汪进元. 基本权利的保护范围：构成、限制及其合宪性［M］. 北京：法律出版社，2013：192.

第二章　传媒与司法的关系

司法公开与司法独立是司法公正的基础，公开意味着接受社会监督，然而公开往往会对司法独立产生影响。

如果说，在传统媒体时代传媒与司法的关系主要体现在传统新闻媒体与司法的关系上，“传媒与司法”中的“传媒”，主要指新闻媒体即机构，那么在网络传播时代，在互联网、自媒体和社交媒体已基本普及，传播生态根本改变的情况下，“传媒”不仅指传统新闻媒体，还指网络媒体，包括自媒体（即公众），因此，“传媒与司法”的关系不仅体现在新闻媒体与司法的关系中，还体现在作为传播主体的公民与司法的关系中，即整个社会舆论与司法的关系中，因此，“舆论与司法”的表述更准确。换句话说，媒体、传播对司法机关的影响程度正在进一步加深，后者已经没有能力将媒体或传播拒之门外。

因传统与习惯的原因，本章仍遵循“传媒与司法”的表述。

第一节　传媒与司法关系的理论

司法公开与透明对社会民主化、法治化有重要作用，而在推动司法公正透明的过程中，媒体传播是关键环节，因此传播（媒）与司法首先应当表现为一种正相关的友好互动关系。然而，司法行为与媒体传播行为基于不同的理念，有不同的运行规律，所以现实情况是，它们有时是友好合作的伙伴，有时是相互角力的对手，并存在相互抑制的负相关关系，“当它们各自认为自己的‘领地’被对方侵入时，矛盾和冲突就不可避免了”[①]。

一、传媒与司法关系的宪法性质

如上章所述，紧密关联传播权（自由）的言论自由、出版自由、新闻自由、知情

① 张志铭．传媒与司法的关系——从制度原理分析［J］．中外法学，2000（1）：60-72.

权、监督权、参与权和批评建议权，与司法独立一同被列入我国的宪法制度。静态上看，传播与司法各有其不同的价值取向，构成宪法价值中和谐的一面。但在动态的司法实践中，由于二者的价值取向与逻辑起点不同，就形成了冲突：一方面，在宪法规定的公民言论自由权和批评建议权下，公民有知悉案件审理情况并发表议论的权利；另一方面，在宪法规定的独立审判权下，法院（官）为了公共利益或者特定当事人的利益（如隐私和商业秘密），可以对传播者进行信息封闭——总之，传播与司法之间的和谐是宪法性质上的和谐，两者之间的冲突是宪法性质上的冲突。这种矛盾与冲突，固然在民法、刑法制度内有所反映，但在源头与根本性质上是宪法领域内的矛盾与冲突。[①]

传播行为形成的法律关系在民法、行政法与刑法领域均有体现，而且民法、行政法与刑法均有义务保障公民的宪法基本权利，但作为部门法，其对传播权的保障是配合性的、间接的，而不是本位的、直接的。所以，对传播权与独立审判权的本位的、直接的保护，应当在宪法框架内进行；传播与司法之间的冲突也应当在宪法框架内、通过违宪审查机制解决，否则，宪法规定的基本权利有降格为部门法权利的可能。

二、传媒与司法公开

（一）司法公开的历史背景

现代司法制度中公开审判的确立经历了一个历史过程：在前资本主义社会，司法程序采取秘密形式，中世纪欧洲宗教裁判所是最重要的司法机关，其审判特征就是在包括当事人也不知情的情况下审理案件，定案证据、审理过程、判决理由均不告知当事人。中国明朝的厂卫制度也是如此，从羁押到审讯、执行，均在秘密状态下进行。神秘化的司法体系、擅断专横的审判（法）官，使整个社会处于恐怖和威吓之中。

在推翻封建专制、建立资本主义制度的过程中，资产阶级高扬公开审判的大旗，冲击秘密司法制度，并将其成果固定于各个历史时代的各种法律中。1787 年的《美国宪法修正案》、1808 年的《法国刑事诉讼法典》、1948 联合国大会通过的《世界人权宣言》第 10 条、1966 年联合国大会通过的《公民权利和政治权利国际公约》第 14 条，都规定了司法公开。

（二）司法公开的法理依据

司法公开首先保护的是当事人的知情权。国家有关司法工作的方针、政策、法律、法规及其司法解释，司法工作的职权、任务及工作程序、办事规范，以及司法工作的

① 由于我国没有宪法诉讼，冲突的结果主要体现在民事诉讼与刑事诉讼中。

相关程序、过程等，均为民众应当知晓的司法信息。

司法公开还保护了公众的批评建议权、司法监督权和参与权。在民主国家，民主权利是国家的每个公民影响国家意志形成的权利，是公民得以用权利制约权力、实现公民权利与国家权力之间平衡的主要武器。公民对审判活动的内容、程序、结果有了全面、清楚的了解，才可以感受到法官的公正，司法公开可以唤起人们对审判的尊崇和信仰，能更广泛地吸收群众参与国家管理。①

需要强调，言论自由是载入宪法的公民基本权利，而媒体发表司法评论是言论自由的一部分，是民主社会实行法治的基础，因此，理论上，媒体自由发表司法评论的权利高于司法权力，其本质与依据是公民权利高于国家权力。司法独立与言论自由虽然都是民主社会的重要体现，当两者进行平衡时，后者应当被放在第一位；司法部门可以强制当事人履行其裁判结果，但司法行为不属于媒体不能评论和报道的特殊行为，司法部门不应限制当事人及其他公民通过媒体对其公正性表示怀疑。

另外，司法公开可防止司法专横，增强裁判公正性，从而提高判决公信力和权威性。

（三）我国司法公开的法律依据

司法公开是人类优秀的法律文化成果，是实现程序公正的必要保障，也为我国社会主义法律制度所吸收、确认。我国《宪法》第一百二十五条规定：“人民法院审理案件，除法律特别规定的以外，一律公开进行。”《人民法院组织法》第七条、《刑事诉讼法》第十一条和第一百九十六条、《民事诉讼法》第十条和第一百四十八条、《行政诉讼法》第六条等，都对宪法审判公开原则予以具体化。除此之外，最高人民法院和最高人民检察院也制定了一系列法律文件，以落实司法公开。

三、新闻传播（媒）是司法公开的逻辑延伸

现当代社会，传播不只通过新闻媒体，但新闻媒体的特点与功能，使其成为传播与司法之间得以建立的关系中的重要环节，成为冲突的焦点。

（一）新闻传播的特点使其成为司法公开的主要方式及渠道

首先，新闻传播的广泛性使司法公开的范围越来越广。在没有新闻传播的情况下，司法公开的范围取决于法庭的空间大小及人际传播能力，司法公开的局限性显而易见。由于科学技术的发展，媒介的触角可及全球，每个人都可以成为新闻媒体的受众，在

① 崔英楠，刘风景．公开审判制度的理论与实践［J］．中国社会科学院研究生院学报，2003（3）：100-107，112.

此情况下，司法审判间接公开的范围得以极大地扩展，从而把旁听席展示给社会大众。

其次，新闻传播的时间灵活性使公众随时可以了解审判情况。电视、广播的跟踪报道和循环报道，网络媒体的海量存储，使节奏紧张、居住分散的现代社会的公众可以最大限度地实现知情权和监督权，弥补其没有时间去旁听庭审的缺憾。

最后，新闻传播的专业性使司法公开的物质困难得以解决。法院虽有普法和提高公民法治意识的义务，但由于设施和技术所限，其必须借助现代大众传媒，借助职业化的传播者和先进的传播设备，以弥补其场所和设施的有限性。尽管网络传播使法院在设备上的短板得以补齐，许多法院具备并完善了“自媒体”，但在传播的专业性方面，其与专业新闻媒体、职业传播者相比，仍然不在一个层次上。

（二）审判向新闻媒体公开已成为社会共识

上文已经论述到，公开审判思想自产生起就包含着舆论监督的目的，而随着社会进步，新闻媒体已成为公众实现知情权的主要渠道，审判向新闻媒体公开成为社会共识。

不仅新闻学界，法学界普遍观点也是法院公开审判的案件，允许群众旁听，也允许新闻记者采访、报道。[①] 此观点的典型表达为：“除法律规定的情况外，审理过程应当向群众公开，向社会公开……所谓向社会公开，是指允许新闻记者对庭审过程作采访，并允许其对审理过程作报道，将案件向社会披露。”[②] 当然，也有学者将司法公开分为直接公开和间接公开两种方式：“直接公开，是公民直接到法庭旁听；间接公开，是通过到庭记者的新闻报道使民众了解情况。”[③]

总之，尽管目前“传媒与司法”的关系已经成为整个社会舆论与司法的关系，但新闻传播已经不是司法公开可有可无的方式，而是司法公开的有效途径及手段，是司法公开的要件和必然逻辑延伸。而新闻媒体也通过记者旁听审判、记者采访司法案件、公开发表报道和评论，来推动司法公开。

四、传媒与司法冲突的产生及其原因

传媒与司法是两个相对独立的运行领域，相互交汇时存在产生冲突的现实可能性。司法一方面要面向社会公开，另一方面又需要隔绝各种公共权力、社会势力、社会情绪对法官的指令、干扰和影响；而媒体任何不适当的介入、任何有倾向性的报道和评

---

① 柴发邦 . 民事诉讼法［M］. 北京：北京大学出版社，2000：89；常怡 . 民事诉讼法学［M］. 北京：中国政法大学出版社，1996：82；章武生 . 民事诉讼法新论［M］. 北京：法律出版社，2002 ：114；卞建林 . 媒体监督与司法公正［J］. 政法论坛，2000（6）：120–126.

② 江伟 . 民事诉讼法［M］. 北京：高等教育出版社，北京大学出版社，2000：64.

③ 龙宗智 . 上帝怎样审判［M］. 北京：中国法制出版社，2000：198.

论，都有可能给法官造成先入为主的偏见，或对法官形成公众舆论的压力，使其做出有失法律公正的判决，其原因是，传媒运行规律与诉讼程序原则不同。

首先，从对素材（证据）的了解上看，新闻价值取向决定了新闻媒体从受众心理出发，倾向于对重大的、疑难的、有趣味性的案件进行报道，以吸引受众眼球，形成轰动效应。而法官的正确判决需要基于对案件事实的正确、全面的认知上，基于对证据材料的全面了解与把握上。所以说，诉讼制度的刚性决定了法庭调查对案件事实的把握一般比新闻采访要全面、深入。

其次，从程序上看，新闻报道的现场同步性、及时性是其基本要求，在诉讼报道中，只要采访到有关案件信息，哪怕是一鳞半爪，媒体也会迫不及待地将其传播出去，甚至发表评论。而审判则不然，法官不走完所有审判程序不能做出裁判。这就使得法官的裁判一般比记者的判断更客观、理智。

最后，从对素材（证据）的取舍上看，新闻媒体的报道与评论多从公众道德、情感出发，并符合主流政治立场，其奉行的是“新闻真实”。诉讼则不同，其对证据的取舍与法律适用的提出是基于法律价值的“法律真实”。

五、媒体传播影响司法独立的极端情况——“媒体审判”

（一）“媒体审判”“舆论审判”“传播审判”的概念与本质

“媒体审判”（trail by media）一词发端于美国，由“报纸审判”（trail by newspaper）演变而来，指在报道中以煽情方式表达倾向性意见，形成一边倒的舆论环境，使整个社会（区）陷入冲动与偏见之中，对审判（主要是陪审员）产生巨大的心理压力，使他们不得不屈从于这种压力和影响，有意无意地沿着新闻媒体表达的意见进行审判。

传播法学界对“媒体审判”也有界定，但大多是传统媒体时代的定义。其中的“媒体”也主要指传统新闻媒体。

在新媒体环境下，“媒体审判”指传统媒体传播与网络传播结合，形成强大社会舆论，超越司法程序，对案件事实进行片面性、倾向性甚至虚假报道，抢先对涉案人员及案件事实或细节做出定性、定罪、定刑以及胜诉或败诉等结论，通过影响陪审员或法官独立审判，使裁判结果在不同程度上失去应有的公正性，对法院审判权和当事人的公民权利造成双重侵犯——在此意义上，“舆论审判”“传播审判”与“媒体审判”是同义词。

从运行功能视角看，“媒体审判”“舆论审判”“传播审判”使得司法独立和新闻自由的天平过分倾斜，有悖于法治精神，并导致司法与媒体传播冲突极端化。从裁判结果上看，“媒体审判”通常指在强大的传播影响下，法官或法院做出了错误裁判，而不是指在媒体传播影响下进行纠偏或纠错。如“聂树斌案”和“辱母杀人案”，法庭均在媒体和社会舆论的强大压力下进行了改判，但这不是“媒体审判”。在此意义上，“媒体审判”“舆论审判”“传播审判”均是贬义词。

通常，判断标准包括两个方面。（1）法院是否纠正受到“媒体审判”“舆论审判”“传播审判”实质影响或左右的裁判结果，或将案件发回重审。这在英美法系国家经常出现，如美国的谢帕德案。[①]（2）是否有其他证据证明法院或法官受到舆论影响或左右。如“药家鑫案”，审理该案的西安中级人民法院过于关注舆论走向，竟然在开庭时向旁听者发放调查问卷，以调查统计公众对药家鑫应处以何种刑罚的态度和意见。[②]

（二）发生“媒体审判”“舆论审判”“传播审判”的制度与心理原因

“媒体审判”或“舆论审判”“传播审判”的首要原因是陪审制度。在现代陪审制度中，一般由陪审员对事实进行裁决，由法官对被告人进行法律适用；法官与陪审团各司其职，二者不能互相替代。陪审团在刑事审判中对被告人是否有罪裁决的公正性，基于陪审团成员对案件全面的了解和判断的理智与客观。如果陪审团成员的判断是基于偏见，那么案件的审理就不可能公正进行。但陪审团成员受舆论影响的可能性是客观存在的，尤其在传播媒介的触角无所不及的信息时代。

“媒体审判”或“舆论审判”“传播审判”的另一大原因是舆论对法官的压力。司法机关很难漠视传媒舆论的直接或间接影响，许多诉讼程序是在媒体舆论的推动下发动的，公之于世的纠纷使司法机关经常被动地将其纳入诉讼轨道。由于大众媒体往往可以通过多种方式调动全社会的力量，比如刺激政府部门、联系民间组织等。所以，传媒的作用就不仅仅是提供一种信息，更重要的是对司法机关形成一种压力或动力。[③]

---

① 在该案中，谢帕德是一位执业医生，被控谋杀他的已怀孕的太太。审判在一个高大的礼堂中进行，礼堂里挤满了民众和记者。审理期间，报纸在头版督促法院关押谢帕德，还刊登其夫人生前就说过丈夫是“一个双面人”“有杀人的癖好”“有婚外情”等。在法庭上，法官不许可被告要求异地审判及更换陪审团的要求，且安排记者坐在被告席后，使被告人无法与律师交谈……结果，谢帕德被判杀害妻子的罪名成立。在他入狱 12 年及 3 次上诉失败后，1966 年联邦最高法院以他没有获得公平审判为由，判决谢帕德无罪，其关键理由之一是，法律的正当程序赋予了刑事案件的被告获得不受外界干扰的公正陪审团审理的权利，而一审法院对关于审判的舆论缺乏控制，也没有警告发布不当报道的新闻记者。Shepherd v. Florida，341 U.S. 50（1951）。

② 纪莉，刘晶晶 . 论“媒介审判”在中国的跨文化旅行及其概念变异［J］. 江汉论坛，2012（11）：132–136.

③ 顾培东 . 论对司法的传媒监督［J］. 法学研究，1999（6）：17–29.

第二节　域外媒体与司法的关系

意大利有学者将世界各国处理媒体与司法关系的规则划分为三种模式：美国的保护言论自由模式、英国的保护司法模式、大陆法系国家的保护个人模式。[①] 而我国有学者则将世界各国处理媒体与司法关系的规则分为三种模式：英国通过缄口令直接限制媒体模式、美国的司法自我约束模式、大陆法系国家的信息控制模式。[②] 上述三种分类，角度不同，但如果从其表述上看，均过于绝对化。事实上，世界各国处理媒体与司法关系的模式可分为三种：对媒体非常宽松型，以欧洲国家为代表；对媒体相对宽松型，以美国为代表；对媒体相对严格型，以英国为代表。

一、英美法系——美国媒体与司法的关系

（一）20 世纪美国媒体与司法的关系

20 世纪，美国司法与传媒的关系的发展大致可分为两个阶段。第一个阶段是 20 世纪 70 年代中期以前，主要以博弈为特征。为确保审判不受大众舆论的干预，美国法院采取以下多种措施：延期审理案件直到有偏见的危险消除；更换审判地点；筛选陪审员；警诫或隔离陪审员。另外，美国司法界还采取以下程序性措施控制审判：隔绝证人或至少警告他们在作证前不能听从传媒对诉讼的报道；命令重新审理；发布限制性命令，禁止案件所有当事人向传媒做出带有倾向性的陈述。[③]

第二个阶段是 20 世纪 70 年代中期以后。首先，“藐视法庭罪”对新闻媒体几乎不再使用；对新闻媒体的限制性命令制度已不再发挥作用。在 1951 年的“谢佛诉佛罗里达案”中，联邦最高法院确立的“禁口令”（gag order）基本止步于 1976 年“内布拉斯加新闻协会诉斯图尔特案”[④]。法官随后将限制对象转向律师等诉讼参与人。其次，

---

① RESTA G. Trying cases in the media：a comparative overview［J］. Law & contemporary problems，1999，71（3）：31.

② 高一飞 . 互联网时代的媒体与司法关系［J］. 中外法学，2016，28（2）：486-517.

③ 卡特 . 大众传播法概要［M］. 黄列，译 . 北京：中国社会科学出版社，1977：136.

④ 在该案中，被告被控谋杀其邻居一家 6 人。法官为避免媒体大肆报道此案引起群情激愤而影响审判，下令该州所有媒体不得刊登涉及案件细节的消息。该禁令引起该州新闻协会的不满，遂提起诉讼。州新闻协会在几经败诉之下上诉至联邦最高法院。联邦最高法院认为：如果说对新闻媒体的事后惩罚是“从负面影响”了言论自由，那么就公开审理案件事先限制则是对言论自由的“冻结”。而且，一旦新闻媒体丧失监督权，公众不能了解司法的运作，将会产生更大的不公与恶果。联邦法院在判决意见中还提出了发出禁令时应考虑的几个因素：第一，新闻报道的性质及程度（范围）如何？第二，如果对新闻报道不加限制，有无其他可减轻不当后果的方法？第三，禁口令能否真正达到期望的目的？ Nebraska Press Association v.Stuart，247U.S.539（1976）。

审判走向开放，记者有权在法庭采访，而且记者接近案件证据和文件的范围越来越广，当然法官也经常予以拒绝；法庭对电子采访设备的开放度越来越高，然而，联邦法院系统拒绝电子设备的采访。同时，法官、律师、新闻媒体走向合作。[①]

（二）21 世纪以来美国司法与传媒的良性关系的继续发展及相关问题

21 世纪初，美国司法限制记者采访的主要手段是限制法庭采访和对诉讼文书进行封闭，这些措施主要体现在涉及明星的案件、涉及国家和公共安全的刑事案件、知识产权案件、强奸或性骚扰案件、非暴力轻罪刑事案上。在反对法官封闭诉讼及诉讼文书的抗争中，美国新闻界往往借助记者组织，其中，出版自由记者委员会的角色非常重要。[②] 同时，美国司法的整体开放度表现出进一步提高的趋势。

首先，联邦法院向媒体的开放度继续提高。过去 50 年里，联邦最高法院与传媒的关系始终处在摇摆的状态中，表现为两种矛盾的需求，即最高法院与公众保持适当距离的同时也寻求与社会公众交流，但总体上，最高法院在不断采取措施加大公开力度。[③]（1）关于记者席位。最高法院旁听席的记者席位原本只有 6 个，现在扩大到了 30 个。（2）目前，最高法院网站对于法院新闻的发布以及公众了解最高法院均产生了革命性的影响；联邦法院已向公众提供大法官的演讲稿副本、裁判意见的副本以及法庭口头辩论的笔录等。另外，联邦法院系统从 2011 年 7 月 18 日起在 14 个联邦地区法院试点摄像机进法庭，但仅限于民事案件，并且必须征得主审法官和当事人同意。[④]

其次，美国法院对新媒体的态度审慎开放。2009 年 5 月，美国地方法院法官托马斯·马丁（Thomas Marten）给记者西尔维斯特（Sylvester）发出了在审理过程中直接发布推特实时更新的许可令，标志着记者在法庭上使用社交媒体正式获得了法官认可。目前，无论是州法院系统还是禁止庭审直播的联邦法院系统，都可以经过法官的许可或者默许而让记者使用微博进行庭审直播。[⑤] 同时，美国法院裁判文书上网已比较普遍。在联邦法院系统，裁判文书公开有立法强制要求，联邦最高法院和上诉法院的裁判文书均会网上公开。在州法院系统，除初审法院外，其裁判文书已经基本实现上网。[⑥]

最后，网络（社交）媒体对陪审员有影响。随着网络，尤其是社交媒体的普及，陪审团实施的不端行为概括为五类：利用社交网络同当事人一方进行不当接触、泄露陪审团商议过程、自行搜索案件相关信息、在自媒体等网络上发表意见、在互联网上

---

① PEMBER D. Mass media law［M］. New York：Mc Graw Hill Companies，2003：431–432.

② 罗斌 . 美国司法与传媒关系动向［J］. 人民司法，2014（19）：10–14.

③ HOWARD A E D. 美国联邦最高法院与传媒的关系［N］. 罗静深，施蕾，译 . 人民法院报，2017–06–09（8）.

④ 龙飞 . 美国联邦法院试点“摄像机进法庭”［N］. 人民法院报，2011 –11 –11（8）.

⑤ RUSHMANN A. Courtroom coverge in 140 characters［J］. The new media & the law，2009（33）：28.

⑥ 胡夏冰 . 理性地看待判决书上网［N］. 法制日报，2006–01–05（7）.

匿名指控和评论案件。由于互联网在家庭的普及以及在移动设备上的出现，类似的问题会出现得越来越多，也会越来越严峻。[①]

总之，21 世纪以来，美国司法与传媒的关系整体上仍延续了 20 世纪 70 年代中期以来的良好发展趋势，虽然这种趋势下不可避免地伴随着若干杂音。

二、英美法系——英国媒体与司法的关系

作为英美法的源发国，英国实行陪审制，所以对媒体传播影响陪审员的担忧与前述美国相同。作为世界著名的对媒体“苛刻”的国家，新闻特许制度、经济保证金制度、事先审查制度、皇家出版法庭，是其历史背景。

（一）英国司法对媒体的惩处、限制与信息封闭

1. 对新闻报道的惩罚与限制

1981 年英国的《禁止藐视法庭法》第 1 条规定：“对正在进行中的司法程序进行任何形式的误导或发表有失公正的评论都构成藐视法庭罪。”这就是所谓的“严格责任规则”。严格责任的藐视法庭是一个广义的定义，记者在无意中进行的案件报道都可能使其遭到起诉；如果被定罪，违法者将被处以最高数额不受限制的罚金或两年监禁。[②]

《禁止藐视法庭法》还对新闻报道做了以下限制性规定：（1）该法第 4 条第 2 款规定，关于正在进行的诉讼程序或任何其他未决或迫近状态下的诉讼程序，当似乎有必要采取措施以避免对相关司法程序造成损害时，法院在其认为有必要的一段时间之内，可以命令推迟对相关诉讼程序或诉讼程序某一部分的报道；（2）该法第 11 条规定，法院进行诉讼期间，在法院要求对相关人员的姓名或其他事项予以保密的情况下，只要法院认为它这样做是必要的，就可以发出指令，要求禁止公开与相关诉讼有关的姓名或事项，违反上述条款，可构成藐视法庭罪。

对于刑事案件，英国的《刑事法庭规则》对新闻报道进行了具体限制，根据该法第 8 条的规定，对于犯罪案件，只能简略地报道犯罪嫌疑人的姓名、地址、涉嫌犯罪、犯罪概要、辩护人及法官的姓名、有无交纳保证金、开庭时间、法院的决定这 9 项内容；除非法院许可，否则必须等审判结束，才可以仔细报道。

司法实践中，英国法院不公开信息主要是考虑过早公开信息可能会影响司法公正、影响弱势方利益、影响后续司法程序的案件。[③]

---

① COYLE C L，VAUGHN H. Socialnetworking：communication revolution or evolution ？［J］.Bell labs technical journal，2008（13）：14.

② 斯皮尔伯利 . 媒体法［M］. 周文，译 . 武汉：武汉大学出版社，2004：344.

③ 孙军工，朱健 . 英国法院怎样和媒体打交道［N］. 人民法院报，2016-01-15（8）.

2. 20 世纪禁止庭审内的直播和电视报道

英国法院早年对庭审直播、转播一直采取禁止态度，一些现代化的采访工具，如录音、录像、摄影设备一般不允许带入法院。[①] 1925 年的《刑事司法法》第 41 条规定禁止录播法院的诉讼过程，否则就会招致藐视法庭罪的指控；1981 年的《禁止藐视法庭法》禁止旁听人员使用录音机，只有法官有同意使用录音机的权力。

（二）英国司法对传媒的宽容及关系的改善

英国司法对传媒虽然总体上严厉，但两者之间仍存在相互尊重。

1. 英国法官很少对新闻媒体判处藐视法庭罪

《禁止藐视法庭法》虽然是法官对付记者的利器，但该法同时还规定了对新闻媒体的保护条款，使新闻媒体在下列情况下可以免责。（1）“合理注意”条款可使新闻媒体免责。《禁止藐视法庭法》第 3 条规定：“……如果出版商已尽合理注意义务而仍不知道也没有理由怀疑有关的诉讼正在进行，不构成藐视法庭罪。”（2）《禁止藐视法庭法》对藐视法庭行为的界定并不明确，使区分新闻自由和藐视法庭很困难。该法第 4 条第 1 款规定：“媒体如果只是公正、精确、善意地报道一个公开诉讼程序”，其行为不构成严格责任规则下的藐视法庭罪。（3）《禁止藐视法庭法》第 5 条还对新闻媒体讨论公共事务订立了保护条款，规定新闻媒体只要善意地报道案件或其他有益于公共利益者的内容，即使有妨害诉讼程序或对陪审员造成偏见的危险，且这种后果只是附随性时，就不构成藐视法庭罪。（4）《禁止藐视法庭法》规定的构成藐视法庭罪的另一个条件是必须造成“现实的实质性危险”，这种危险是指“与诉讼程序有关的司法过程不仅受到了阻碍或损害，而且其受到阻碍或损害的性质必须达到严重的程度”，法官评价新闻报道在审判过程中是否产生这种危险时，必须考虑以下情况：一是相关报道行为可能引起陪审员注意的可能性，这涉及相关出版物是否在可能产生陪审员的地域发行过；二是报道进行时对普通受众的可能影响，这涉及相关报道的重要性和新颖性；三是在审判期间相关报道对陪审员的残余影响。[②]

正因上述规定，英国不得评论未决案件原则受到挑战，1979 年“《泰晤士报》诉英国案”后，不得评论未决案件的原则也很少再得到适用；[③]“缄口令”基本废止；司法实践中，法院经常将“媒体审判”作为上诉或改判理由，以代替对媒体直接限制和

---

① 卞建林，焦洪昌 . 传媒与司法［M］. 北京：中国人民公安大学出版社，2006：153.

② 斯皮尔伯利 . 媒体法［M］. 周文，译 . 武汉：武汉大学出版社，2004：336.

③ 陈弘毅 . 从英、美、加的一些重要判例看司法与传媒的关系［M］// 北京大学法学院 . 司法公正与权利保障 . 北京：中国法制出版社，2001：159- 160.

处罚。①

2. 法院给媒体提供了许多报道便利

英国最高法院处理与媒体关系的经验为英国各级法院树立了榜样。其设有独立的新闻办公室，向媒体提供的便利包括以下三个方面。第一，向媒体和公众提供庭审电视直播服务。官方网站还提供视频回看功能，上传官网的视频保存一年。第二，向媒体和公众提供判决概要。官方网站提供判决概要，篇幅大概两页纸。判决书写好之后，法官助理撰写该案概要，然后送新闻办公室从新闻角度把关，使之适合媒体使用。第三，向媒体记者预报庭审信息。②

3. 英国法院对新媒体的接纳

2010 年 12 月 20 日，英格兰和威尔士首席大法官伊格尔爵士发布《关于在英格兰及威尔士的法庭内适用推特等社交媒体实时文字报道庭审情况的临时性指导意见》，宣布将有条件地允许记者在法庭旁听过程中通过推特等网络工具对法庭审理进行文字直播。12 月 21 日，英国利兹刑事法庭在审理一宗谋杀案时，法庭上的记者获准使用微博进行实时报道，这是英国法庭历史上首次批准使用“微博报道”。③

2011 年 2 月，英国最高法院制定了《在法庭内使用微博等实时文字通信工具的指导意见》，该意见规定，除法庭禁止报道的案件之外，公众可以在保证设备安静且不影响法庭秩序的情况下，在法庭内使用微博。

英国法院裁判文书上网也比较成熟。最高法院裁判的全部案件判决书，都可根据案件编号或案件名称关键词，在“已决案件”板块查询。最高法院成立之前的判决，可以在上议院网站查询。在英格兰和威尔士，各级法院没有单独的网站，有关信息由英国司法机构网站统一发布（www.judiciary.gov.uk）。其中，裁判文书主要在“媒介”板块发布，包括上诉法院 2009 年至今的全部裁判文书（附下级法院裁判文书）都已上网。除该网站外，还可在英国及爱尔兰法律信息研究院、判例汇编联合委员会等网站上查询裁判文书。④

三、大陆法系——德国媒体与司法关系

德国是传统、典型的大陆法系国家，无陪审团制度，没有英美法系国家对舆论左

① 宋素红，罗斌 . 英国传媒与司法关系的另一面［J］. 新闻记者，2006（7）：57–59.
② 孙军工，朱健 . 英国法院怎样和媒体打交道［N］. 人民法院报，2016–01–15（8）.
③ 马晶 . 英国法官首次允许微博直播庭审［N］. 新京报，2010–12–23（8）.
④ 最高人民法院司改办 . 裁判文书公开的域外经验［N］. 人民法院报，2013–11–22（5）.

右陪审员的担心，与英美法系国家相比，其新闻媒体与司法的关系有很大不同。

（一）新闻自由是德国宪法规定的最高原则之一

经过对纳粹政权钳制新闻自由并将新闻媒体作为愚民宣传工具的痛定思痛，德国1949年公布的《宪法》特别重视新闻自由。该法第5条规定："（1）任何人都有以文字、书面及图片发表意见的权利，并有不受限制获取信息的权利。新闻自由及广播与电影自由受保障，不得实行检查制度。（2）对前款规定的自由，只能由法律为保障青少年及个人名誉时加以限制。"

（二）德国社会并不认为舆论干涉司法是其值得重视的问题

德国法官是独立审判的，不受任何组织与个人影响，同时需要对所审判案件承担责任。德国司法界认为："一方面，法官不能因为公共舆论的要求而过于严厉地惩处某一被告，在这件事情上无论是谁发起这场运动都无关紧要，哪怕是政府发动的；另一方面，法官并非生活在一个自我封闭、与外界隔离的世界里，如何协调这二者的关系，那是他自己的事。"① 因此，在德国，通常没有人谈论法官的独立性问题，因为它是不言而喻的社会共识。

（三）新闻媒体报道与评论案件的自由空间

德国法学界及司法界均对新闻舆论监督持开放态度。首先，德国联邦宪法法院一贯认为，新闻自由不仅是报道的自由，还是评论的自由。其次，德国法学界与司法界共同认为，新闻媒体无论对正在审理中的案件还是对已判决的案件均有报道、评论权。最后，对于司法公开的问题，德国联邦宪法法院在判例中表明，虽然德国宪法并未明文规定司法公开，但它是法治国家的基本司法制度。②

（四）德国司法对新闻媒体的开放度

德国的《联邦新闻法的标准草案》第4条第1款规定："联邦任何机构都有提供新闻机构的代表（一般是记者）相关信息、满足其履行公共任务所需信息的义务。可能造成使现行未定的程序加快、困难、迟误或危害时，或抵触保密规定、侵犯重大公益或值得保护的私人利益，或已达到过分的程度时，不在此限。"

如大多数欧洲国家一样，德国最高法院的所有裁判文书都在网上公开，高等法院的裁判文书部分公开上网，初审法院裁判文书公开上网的数量较少。

德国虽然没有限制媒体报道的"禁口令"制度，但对向媒体提供信息进行了限

---

① 宋冰编．程序、正义与现代化［M］．北京：中国政法大学出版社，1998：17.

② 宋冰编．程序、正义与现代化［M］．北京：中国政法大学出版社，1998：26.

制。《德国刑法典》第353条d款主要是关于审前保密的规定，[①]其适用于媒体记者在内的所有公民，主要是法院公职人员，但其针对对象主要是"公文"或需要保密的案件信息。

德国禁止对案件审判过程进行直播。《德国法院组织法》第169条规定："在法庭上进行的程序，包括宣布判决和判令，都是公开的。禁止无线电和电视传送以及后来传播其内容用的录音和拍照。"

四、《马德里原则》

鉴于司法独立与新闻自由之间冲突的复杂性，一些国际性组织在其制定的文件中做出了明确的价值取舍。其中最具代表性的是1999年1月18日至20日在西班牙马德里由国际法学家委员会和法官独立中心等机构主办的会议制定的《关于新闻媒体与司法独立关系的基本原则》（以下简称《马德里原则》），其主要内容如下：1.在不违反无罪推定原则的前提下，媒体有职责和权利将庭审前、庭审中和庭审后的案件向公众报道，并可同时对司法活动进行评论；2.对司法活动进行报道评论的权利不受任何限制，除非是在调查、侦查期间为维护犯罪嫌疑人、被告人的利益，并基于国家保密法的规定，才能对媒体的权利进行限制；3.新闻媒体可以有对法庭进行现场直播或录音录像的权利，在允许直播时，新闻媒体享有本文件中所规定的各项权利；4.任何对文件的限制使用都必须由法律严格规定，且只能由法官行使这项权力，在刑事诉讼中限制使用必须满足下列目的之一。（1）防止对犯罪嫌疑人、被告人形成严重的偏见；（2）防止对证人、陪审员或受害人造成严重伤害或施加不当影响；5.本文件赋予新闻媒体的权利只是最低标准，不得据此降低现行的保护言论自由的更高标准。[②]

第三节　我国媒体与司法的关系

我国媒体与司法的关系，与西方媒体与司法的关系有很大不同，其原因如下：一是我国的法官与西方法官产生程序不同，保障制度不同；二是主流新闻媒体"喉舌"的性质，决定其对审判的影响不是直接的，也不是主要的。我国司法机关包括人民法

---

① 《德国刑法典》第353条d款规定："有下列行为之一的，处1年以下自由刑或罚金刑。1.违反法律禁令，将不予公开的法院审理活动或与案件有关的公文非法公开的；2.违反法院根据法律所赋予的缄默义务，将从非公开审理的案件中或从与案件有关的公文中知悉的事实非法予以公开的；3.将刑事诉讼、行政罚款程序或惩戒程序的起诉书或其他公文，在未公开讨论或诉讼程序结束前，全部或重要部分公布于众的。"

② 此次会议与会者是来自22个国家的40位法学家和新闻媒体代表。张泽涛，李登杰.冲突与平衡：在司法独立与新闻监督之间［M］// 陈光中，江伟.诉讼法论丛（第5卷）.北京：法律出版社，2000：34.

院和人民检察院，由于传媒与司法的关系主体体现在传媒与法院的关系上，且司法舆情也主要聚集于法院审判，故本节主要探讨传媒、舆情与法院审判的关系。

一、我国司法公开现状

（一）20 世纪以来我国司法对社会公开的历程

第一阶段是 1998—2008 年期间的选择性公开阶段。1998 年 4 月 15 日，时任最高人民法院院长肖扬在全国法院系统教育整顿工作会议上提出："公开审理案件，除允许公众自由参加旁听外，逐步实现电视和广播对审判活动的现场直播，允许新闻机构以对法律自负其责的态度如实报道。"这个表态被视为人民法院落实公开审判原则，增强司法透明度的标志性转折点。在 2000 年，最高人民法院出台了《裁判文书公布管理办法》，并决定从当年起有选择地向社会公布裁判文书。2007 年元月，最高人民法院在《关于为构建社会主义和谐社会提供司法保障的若干意见》中指出："加强司法民主建设，增加司法透明度。健全公开审判制度，做到立案公开、庭审公开、裁判结果公开、执行过程公开。"

第二阶段是 2008—2013 年期间的全面、规范化公开启动阶段。最高人民法院 2009 年《关于司法公开的六项规定》确立了依法公开、及时公开、全面公开的原则，规定了立案公开、庭审公开、执行公开、听证公开、文书公开、审务公开，即"六项公开"内容，进一步落实公开审判的宪法原则，扩大了司法公开范围，拓宽了司法公开渠道。

第三阶段是 2013—2018 年的"公开为原则、不公开为例外"阶段。此阶段，我国法院对新闻媒体在内的社会各界的司法公开力度再上新台阶。最高人民法院 2013 公布的《关于推进司法公开三大平台建设的若干意见》，不仅要求裁判文书上网，还要求法院以视频、音频、图文、微博等方式适时公开庭审过程，并明确提出"以公开为原则，以不公开为例外"。同时，最高人民法院修正《关于人民法院在互联网公布裁判文书的规定》（以下简称《互联网公布裁判文书规定》），要求自 2014 年 1 月 1 日起，各级法院生效裁判文书统一在中国裁判文书网公布，与修正前相比，新规定最大的变化是，将符合条件的裁判文书上网要求由"可以"改为"应当"；将生效裁判文书"上网审批"改为"不上网审批"。这样，相关裁判文书上网已是各级人民法院的法定职责。在互联网公布裁判文书和直播录播庭审，使我国人民法院在司法公开及与新闻媒体关系的处理上，进入新的境界。

第四阶段是2018年至今的"实质性公开"阶段。最高人民法院2018年公布的《关于进一步深化司法公开的意见》提出"实质公开"，在全面公开，公开为原则、不公开为例外的基础上，围绕人民群众司法需求，依法及时公开当事人和社会公众最关注、最希望了解的司法信息，切实将司法公开重心聚焦到服务群众需求和保障公众参与上来。针对社会公众提出的“选择性上网问题”，强调加大裁判文书全面公开力度，严格不上网核准机制，杜绝选择性上网问题。

（二）我国司法界所属媒体的主动传播

目前，庭审直播是人民法院经常采用的司法公开形式，包括传统媒体即广播电视和新媒体的庭审直播。

2009 年 4 月，最高人民法院发布《关于进一步加强民意沟通工作的意见》，要求加大庭审网络直播力度；2010 年 11 月发布《关于人民法院直播录播庭审活动的规定》，将网络庭审直播录播纳入庭审直播的范围；2010 年 11 月发布《关于人民法院在互联网公布裁判文书的规定》，首次对人民法院在互联网公布裁判文书做出全面而具体的规定；2013 年以来，我国法院深化了司法公开，建成了实现审判流程公开、裁判文书公开、执行信息公开的三大平台。尤其是于 2014 年元月开通的中国裁判文书网，对促进司法公开具有关键意义。另外，各级人民法院分别开通了官方微博、微信和新闻客户端，最高人民法院还建立中国法院庭审直播网，均是利用新媒体加强司法公开的有力举措。

（三）我国司法对新闻媒体采访处理中的主要问题

在新闻传播整个过程中，我国司法界对报道环节无权干预和处理，所以，其对新闻媒体采访处理中的主要问题出现在采访环节。

1.《法庭规则》中对采访庭审的限制问题

我国人民法院对记者采访庭审和在法庭上使用录音录像设备，经历了一个肯定—否定—有限肯定的过程，体现出法院在此问题上的摇摆。

1979 年颁布的《法庭试行规则》对记者采访庭审原则上持肯定态度，其规定：“公开审判的案件，允许新闻记者采访。记者凭人民法院发出的采访证进入法庭，可以记录、录音、录像、摄影和转播。”法院对记者专门发“采访证”，使其区别于普通民众。

1993 年颁布的《法庭规则》原则上否定了记者的庭审采访权。其规定：“新闻记者旁听应遵守本规则。未经审判长和独任审判员许可，不得在庭审过程中录音、录像和摄影。”——记者与民众一样，进入法庭属于“旁听”。

1999 年颁布的《关于严格执行公开审判制度的若干规定》（以下简称《规定》）则对记者采访庭审持有限肯定态度，其规定：“依法公开审理的案件，经人民法院许可，新闻记者可以记录、录音、录像、摄影、转播庭审实况。”

2015 修改、2016 年 5 月生效的新《法庭规则》延续了上述规定的精神。(1) 根据其第十七条的规定，“对庭审活动进行录音、录像、拍照或使用移动通信工具等传播庭审活动”是原则上禁止的行为，但“媒体记者经许可实施第一款第四项规定的行为，应当在指定的时间及区域进行，不得影响或干扰庭审活动”。(2) 根据其第十一条的规定，“依法公开进行的庭审活动，具有下列情形之一的，人民法院可以通过电视、互联网或其他公共媒体进行图文、音频、视频直播或录播：①公众关注度较高；②社会影响较大；③法治宣传教育意义较强。”——需要注意：这里的传播主体不是新闻媒体，而是“人民法院”，当然，法院自己的媒体毕竟有限，尤其是通过电视进行传播，只能与新闻媒体协调，但其中透露出的法院自我掌控传播的意识非常强烈。(3) 根据第三条第三款的规定，“有新闻媒体旁听或报道庭审活动时，旁听区可以设置专门的媒体记者席”。——这里，是“可以”为记者设置专用旁听席，而不是“应该”，记者的地位与普通旁听人员本质上没有区别。

2. 对采访庭审的限制与管理的问题：关于法庭上记者的席位

(1) 根据新《法庭规则》第三条第三款“旁听区可以设置专门的媒体记者席”的规定，记者的席位被设置在旁听区。(2) 根据 2009 年《最高人民法院关于人民法院接受新闻媒体舆论监督的若干规定》第三条规定：“对于公开审判的案件，新闻媒体记者和公众可以旁听。审判场所座席不足的，应当优先保证媒体和当事人近亲属的需要。”——记者比除当事人近亲属外的其他普通旁听人员有优先旁听权。

二、我国的司法舆情

虽然司法机关在司法公开方面进行了一系列努力，但近年来一系列新闻热点事件将司法机关推上舆论的风口浪尖，而热点的形成、传播及影响无不与新媒体环境息息相关。

（一）新媒体环境下的我国司法舆情

新媒体环境下，司法舆情表现出与传统媒体环境下不同的特征，主要是有以下几点。

第一，从数量上看，涉法舆情热点事件频发。在成为公共热点的事件中，涉法类事件占相当比例。个别年度，在有关机构统计的影响较大的热点事件中，涉法类占 31.7%。[①] 单单 2013 年，涉法舆情事件就有李天一案、曾成杰案、冀中星案、杨达才案、唐慧案，以及上海法官集体嫖娼事件、湖北法官“开房门”事件。近年的雷洋案、

① 谢耘耕. 中国社会舆情与危机管理报告（2013）[M]. 北京：社会科学文献出版社，2013：3-4.

于欢案、“伊利谣言案”、相关性骚扰案、江歌案等，舆情密集程度之高超过往年。当前，涉法舆情事件舆论焦点主要有三类：一是案件本身，二是司法机关的裁判活动，三是司法人员个人行为。当然，一个舆情热点也可能兼具以上两种或三种情形，如湖南曾成杰案，案件本身的社会影响、司法机关的办案行为等要素皆有。在舆情发展过程中，舆情焦点也会发生转变，特别是对于社会关注度高的案件，司法机关的一举一动无不牵动着公众的神经，稍有不慎就可能取代当事人和案件本身而成为舆论风暴的中心。

第二，从影响看，负面舆论居多，对司法机关形成很大压力。司法机关除了在少数案件如薄熙来案件的审理中，因通过微博全程直播庭审内容而广获好评，在刘涌案、彭宇案、邓玉娇案、许霆案、药家鑫案、李昌奎案、吴英案、李天一案、于欢案等案件的审理中，法院均受到质疑、批评。这些涉法舆情对司法机关形成了很大压力。

第三，从传播机制上，涉法舆情事件影响范围广、持续时间长。首先，一些事件，尽管发生在地方，但借助网络的巨大传播力，便能迅速成为全国关注的事件，如 2013 年云南省大关县一起官员奸淫幼女案，虽只是偏远地区的一起普通案件，却成为影响全国的舆论热点。其次，相对于一般舆论热点，涉法舆情事件的热度持续时间一般较长，因为不同于一般社会事件，案件从案发、侦查到判决、执行有一个过程。有的案件则因为未得到公众所期待的“结果”而很难“退烧”，比如聂树斌案、彭宇案等。

（二）当前我国司法舆论环境的成因

上述司法舆情的成因，除前述司法本身（司法工作问题及司法公开不到位，司法人员媒介素养欠缺）外，还有新闻传播规律的不同，

首先，新媒体的深刻影响。传播技术的发展催生了新与旧、现代与传统媒体类型的划分，其影响一是改变了传播格局和社会舆论生态、公众参与方式，人人都可以成为记者，人人都可以成为新闻发言人。自媒体的“自”特性，为普通公民提供了自由发言的宽阔空间，而自媒体对司法等公共议题的经常性关注越来越频繁地影响并生成社会舆论。一些粉丝达数百万甚至上千万的网络大 V 对案件信息及其观点的传播，对司法舆情也起到推波助澜的作用。[①] 二是改变了舆论特征。互联网成为社会舆论的集散地，手机成为独特的舆论放大器，社交网络聚合起原本松散的群体，微博、微信成为公民参政议政的重要工具，由此新媒体下的舆论呈现出迥异于传统舆论的特征：舆论主体的匿名性与参与渠道的广泛性、传播空间的无界性与意见汇聚的实时性、议题生成的自发性与舆论发展的不确定性、价值观念的多元性与价值取向的批判性、意见

① 某网络大 V 一条题为“死磕聂树斌案”的微博，发表于 2013 年 2 月 22 日，截止到 2015 年 12 月 17 日，被转发 60 万次，评论 5 万条。高一飞 . 互联网时代的媒体与司法关系［J］. 中外法学，2016，28（2）：486-517.

表达的失范性与群体行为的极化性。①

其次，案件当事人的原因。由于司法威信不高或一些腐败现象等客观原因，当事人面临诉讼尤其是其感觉裁判不公或有裁判不公的可能时，其普遍认为媒体对司法的监督具有较大影响力，诉诸媒体成为重要选择。学者认为，产生这个结果的原因一是媒体的低“门槛”与亲和力，二是媒体的影响力与公众的信任度。②可见，在公众眼中，媒体传播是可以阻却司法不公的最有效的方式与重要渠道。

三、我国“媒体审判”“舆论审判”对司法独立的消极影响与潜在影响

应当说，司法舆情对于人民法院的审判工作有很大的正面作用，这集中体现在近年来一批冤假错案的昭雪或纠错上：“聂树斌案”“呼格吉勒图案”③“念斌案”“于欢案”……都是如此。然而，汹涌的司法舆情也不可避免地产生一系列副作用，包括“媒体审判”或“舆论审判”。

（一）我国“媒体审判”或“舆论审判”对司法独立与公正的影响

20 世纪 90 年代，国内有 3 个典型案例：“四川夹江打假案”“河南张金柱案”“湖南赵湘杰案”，从上述案件开始，舆论对司法机关的影响显现。在 21 世纪的“刘涌案”“邓玉娇案”“许霆案”“李昌奎案”“吴英案”“李天一案”“唐慧案”“药家鑫案”等众多热点案件中，同样能看到舆论的影响力甚至能直接改变判决本身，法官不得不违心地做出错误的事实认定和法律适用。其结果是司法独立的原则在案中被抛弃，当事人的正当程序权利得不到保障。总之，“媒体审判”不仅对罪刑法定、无罪推定以及司法公正等基本法律原则造成破坏，损害司法权威，更使得当事人难以获得基于法律事实与逻辑推理而进行的公正的司法审判，根本损害当事人获得公正审判的权利。

（二）我国“媒体审判”或“舆论审判”影响司法独立的特征

第一，我国传播（媒）影响司法独立有体制性。新闻价值取向、报道的现场及时性等自身规律决定我国新闻媒体影响司法独立的“天然性”。但与西方国家情况不同的是，我国的主流新闻媒体不是商业报纸，更不是私营报纸，而是隶属于各级党政机关部门的机关报，是其“喉舌”。在此情况下，新闻媒体干涉审判有时带有“权威性”。

---

① 范秀敏 . 新媒体时代加强网络舆情引导和管理的对策建议［J］. 求知，2015（3）：42–44.

② 姚广宜 . 中国媒体监督与司法公正问题研究［M］. 北京：中国政法大学出版社，2013：106 .

③ “呼格吉勒图案”的昭雪过程中，新华社内蒙古分社高级记者汤计曾写出 5 篇内参，引起新华社《瞭望》新闻周刊的关注并对此进行报道，从而使此案迅速成为国内众多媒体关注的焦点。怀若谷 . 新华社记者 5 篇内参助呼格吉勒图翻案［EB/OL］.（2014–12–16）［2018–16–20］. http://news，xinhua net.com/local/2014–12/16/c_127306786.htm.

第二，我国传播（媒）影响司法独立的间接性。我国法官与西方法官产生程序的不同及新闻媒体的机关报地位和“喉舌”性质，决定了传播（媒）、舆论对审判的影响力不是直接起作用的，当然，不能否认传播（媒）对法官的直接影响，但其绝非关键性影响。

由于上述原因，有观点认为，我国传播（媒）对司法独立的“负面影响是微乎其微的……从严格意义上讲，在目前状况下讨论新闻自由对公平审判权的影响，确实为时过早……从马克思主义哲学基本原理来分析，是只看到了事物的次要矛盾而忽视了主要矛盾，犯了本末倒置的错误”[①]。

（三）《人民陪审员法》相关规定对媒体与司法关系的潜在影响

2018 年 4 月 27 日，《人民陪审员法》生效。根据《人民陪审员法》，人民陪审员参加三人合议庭审判案件，对事实认定、法律适用，独立发表意见，行使表决权；人民陪审员参加七人合议庭审判案件，对事实认定，独立发表意见，并与法官共同表决，对法律适用，可以发表意见，但不参加表决——合议庭评议案件，实行少数服从多数的原则，[②] 即在上述规定前提下，人民陪审员的表决权与法官相同。可见，因为在三人合议庭中拥有对法律适用的表决权，现在我国人民陪审员的权限比美国陪审员的权限大，其受舆论影响而产生“舆论审判”的可能性已具备法律基础。

关键词

知情权　　媒体审判　　舆论监督　　审判公开
藐视法庭罪　　禁口令庭审直播

思考题

1. 如何理解新闻传播是司法公开的内在要求？
2. 简析传媒与司法产生冲突的原因。
3. 简述英美法系与大陆法系在处理媒体与司法关系时的差异。
4. 简述新媒体环境下我国司法舆情的特征与成因。
5. 我国存在“舆论审判”吗？结合实例谈谈你的看法。

---

① 张剑秋，韩阳 . 再谈传媒与司法的关系［J］. 河北法学，2003（4）：32-34.
② 参见《人民陪审员法》第二十一、二十二条。

2 PART 第二编 行政传播法

第三章　行政传播法原则与行政合法、违法成立条件

行政法律关系与民事法律关系的重要区别：第一，行政法律关系的主体虽然是平等的，但不具有对称性，即行政主体与行政相对人（传播者）之间有管理和被管理、命令与服从的关系；第二，行政法律关系的内容即权利义务是法定的而不是约定的，行政法律关系的主体即行政主体及行政相对人（传播者）不能自由选择自己的权力（利）和义务，因此，行政主体必须严格按照法律的规定进行行政执法，其行为须遵守行政法的基本原则，其合法性有严格的要件；而对行政相对人因行政违法实施行政处罚，也必须有严格的成立条件。

第一节　行政传播法的原则

行政传播法即涉及传播的行政法律规范，行政法所需遵循的基本原则和一般原则（基本规则），行政传播法同样需要遵循：前者高度抽象并体现行政法的基本理念，是产生其他原则和规则的基础规范，对行政立法和行政执法均发挥指导作用，具有在行政法律规范内的普适性、基本性特征；后者则对前者进行解释或补充，但要在前者指导或内涵下。

关于行政法的基本原则，学界有不同观点：有观点认为是行政法治原则，包括行政合法性原则、行政合理性原则和行政应急性原则；① 有观点将行政法的基本原则分为实体性基本原则和程序性基本原则，前者包括依法行政原则、尊重和保障人权原则、越权无效原则、信赖保护原则、比例原则，后者包括正当程序原则、公开原则、公正原则和公平原则；② 有观点认为包括依法行政原则、信赖保护原则、比例原则等。③ 上述观点中，行政合法性原则和行政合理性原则是广受认同的基本原则，尽管近年来有

---

① 罗豪才，湛中乐．行政法学［M］．4 版．北京：北京大学出版社，2016：29.

② 姜明安．行政法与行政诉讼法［M］．北京：北京大学出版社，高等教育出版社，2011：67–83.

③ 马怀德．行政法与行政诉讼法［M］．北京：中国法制出版社，2000：38.

受质疑的现象，[①] 但其仍然是行政法学界的通说。

关于行政法的一般原则即基本规则，学界一般认为包括比例原则，信赖保护原则和公开、公正、公平原则。

这里需要强调的是，行政法的基本原则和一般原则是行政主体所需遵守的原则，而非针对行政相对人（传播者）。

一、行政传播法的基本原则

（一）合法性原则

行政合法性原则，一般理解为合法行政主体的行为需要有法律依据，严格符合法律规定，并且保证相关法律得以实施。进一步而言，该原则要求：所有行政权力都必须有法律的授权才能存在；所有行政权力的行使都必须依据法律，遵守法律；所有行政权力的委托及其运用，都必须有法律依据，合乎法律精神与要旨。任何违反上述原则的行政行为，非经法律认可，均须宣告无效。[②] 还有观点强调：违反行政法律规范的行为，自始无效；而且，一切违法行政主体，都必须承担相应的法律责任。[③]

行政合法性原则包括以下要素。

1. 法律保留

行政主体必须恪守分权原则，不得超越法律制定行政法律规范或者实施行政行为，减损公民的权利，增加公民的义务。行政主体在宪法和法律规定的框架下，可以制定法律规范，但是，包括我国在内的许多国家都对行政主体的法律规范制定权予以保留。比如，我国《立法法》第八条就列举了诸多只能由全国人民代表大会及其常务委员会制定法律的事项，[④] 对这些事项，包括国务院在内的各级行政主体不得制定法律规范。同时，《立法法》第九条还对绝对保留和相对保留的事项进行了明确，其中，言论、出版属于绝对保留的事项，对其剥夺，只能制定法律。[⑤] 这里需要注意的是，《立法法》规定，对公民的言论、出版权的“剥夺”须制定法律，而对“限制”没有进行规定。

---

① 如认为行政合法性原则和行政合理性原则过于模糊、空泛，虽有普遍性、指导性，但缺乏制度性、实操性；行政合法性原则和行政合理性原则只针对行政主体，不能指导行政相对人等。

② 罗豪才．行政法学［M］．北京：中国政法大学出版社，1996：58.

③ 应松年．行政法教程［M］．北京：中国政法大学出版社，1988：40–42.

④《立法法》第八条规定：“下列事项只能制定法律……（五）对公民政治权利的剥夺、限制人身自由的强制措施和处罚……”

⑤《立法法》第八条规定：“本法第八条规定的事项尚未制定法律的，全国人民代表大会及其常务委员会有权作出决定，授权国务院可以根据实际需要，对其中的部分事项先制定行政法规，但是有关犯罪和刑罚、对公民政治权利的剥夺和限制人身自由的强制措施和处罚、司法制度等事项除外。”

但根据法无授权不可为的原则，对言论、出版的“限制”，行政主体同样不得施行。

2. 法律优先

法律优先有以下含义：第一，国家立法机关制定的法律，在位阶与效力上高于行政机关制定的法律规范；第二，行政机关制定的法律规范及其行政行为，不得与国家立法相冲突或抵触，否则无效。在我国，国务院制定的行政法规及各部委制定的部门规章，不得违背全国人民代表大会及其常务委员会制定的法律，否则无效。第三，行政机关制定的法律规范，须接受立法机关的审查，而立法机关有义务对其进行审查。

3. 司法保障

当立法与执法不能保护公民的正当权益时，司法救济是保障公民权益的最后一道防线。司法对一切公民权益敞开保护之门，对所有行政行为进行裁判。同样，属于基本权利的公民言论、出版自由权，也可以且应当受司法保护与救济。我国虽然没有宪法诉讼，但有行政诉讼，对具体行政行为可以提起诉讼。当然，由于特殊国情，我国公民理论上可提起行政诉讼的涉传播行政行为（主要与对自媒体的限制和封号相关）。

（二）合理性原则

行政合理性原则的基础是法律有滞后性，存在漏洞，法律不可能对社会生活各个细节进行无遗漏的规范。随着经济、社会的发展，行政机关需承担的社会管理和服务职责愈加繁杂，而法律本身需要弹性，不可能提前对所有行政职责和行为进行规定，比如，关于平台使用人工智能及层出不穷的应用软件传播的问题，不仅全国人大及其常委会制定的基本法律没有规范，即使是行政法规层次的国务院的《电信条例》也没有条款涉及，但对其必须进行规范，这就需要行政主体在管理时遵循合理性原则。

学界认为，行政裁量是行政合理性原则适用的领域。[①] 因为在广阔复杂的社会背景下，由于经济社会的高速发展及信息技术的日新月异，立法无力及时跟上社会生活的变化，只能授权或者默许行政主体在没有法律规范的领域进行裁量，这既赋予行政主体一定的自由裁量权，也造成其滥权的可能，此时，只能以合理性原则对行政权力进行控制。

行政合理性原则在学界是一个内涵、外延都有争议的概念，但其应当符合公平、正义价值观的基本内涵。在适用该原则时，行政目的（公共利益）[②]、道德理念、政策

① 罗豪才，湛中乐．行政法学［M］．4 版．北京：北京大学出版社，2016：31；任中杰．行政法与行政诉讼法［M］．北京：中国政法大学出版社，1997：41.

② 城仲模．行政法之一般法律原则（一）［M］．台北：三民书局，1997：362.

导向和客观规律通常被认为是主要考量因素。[①]但是，上述因素都存在一定的模糊性或不合理性。由于合理性原则与合法性原则在行政领域的共存及补充关系，合理性原则应当具备以下三方面因素。首先，符合法治理念。行政主体须充分理解并恪守我国《宪法》规定的“建设社会主义法治国家”的规定，将法治奉为圭臬，在法治理念下选择行政规则，而不能受法外因素左右。其次，符合实体法律规定与精神。比如，《个人信息保护法》将个人行踪作为敏感个人信息进行保护，行政机关就只能在特殊情况下使用，在特殊情况不存在时必须恢复完整、正常的保护。最后，符合程序法规则，即正当程序原则。行政主体的资格不仅需要合法，其行为也要符合法律规定的程序步骤及形式要求。

需要强调的是，合理性原则尽管比合法性原则有弹性，但仍然是行政行为需要遵循的法律原则。

二、行政传播法的一般原则

行政法的一般原则是在行政法部分领域起指导作用，适用于部分行政行为和行政诉讼的原则，其对基本原则进行解释与补充，使比较抽象的原则更具适用性、可操作性。行政传播法领域同样适用这些原则。

（一）比例原则

比例原则源于19世纪的德国，被称为行政法中的“帝王条款”。[②]行政法学界对该原则有比较成熟的界定。有学者认为，比例原则是指“行政机关在采取某项措施时，必须权衡公共利益目标的实现和个人或组织合法权益的保障，若为了实现公共利益目标而可能采取对个人或组织权益不利的措施时，应当将不利影响限制在尽可能小的范围和限度之内，而且要保持二者之间适度的比例”[③]。

比例原则的重心在于行政相对人的利益或负担，它“是一种目的和手段之间的考量，简而言之，是就国家一切措施之目的和为达到目的所采取手段而产生对人民负担间的考量”。[④]所以，该原则有三个要求：（1）适当性，即目的的正当性，应当符合行政行为的目的及明确而不模糊的公共利益，而必须排除行政主体本身的利益及其主观意志；（2）必要性，即为达到正当目的而必须影响或损害行政相对人的合法利益，才能采取相关措施；如果有其他不影响、损害或较小影响、损害行政相对人的合法利益

---

① 胡建淼，江利红．行政法学［M］．4版．北京：北京大学出版社，2022：62；关保英．行政法学（上）［M］．北京：法律出版社，2013：191–193.

② 陈新民．中国行政法学原理［M］．北京：中国政法大学出版社，2002：45.

③ 罗豪才，湛中乐．行政法学［M］．4版．北京：北京大学出版社，2016：34.

④ 于安．德国行政法［M］．北京：北京大学出版社，1999：29–32.

的措施或途径，则必须采取此类措施，并先予实施。（3）均衡性，指措施、行为与目的之间相称，对行政相对人损害最小，惩罚与行政违法后果成比例。比如，行政相对人通过自媒体或社交媒体所传播的内容，如果侵害了公共利益，但只是建议型、牢骚型或批评型，那么履行了行政程序的删帖可能是符合比例原则的，而封号或限号则可能是违反比例原则的。

（二）信赖保护原则

诚实信用是民法的“帝王条款”，在行政法中也同样适用。行政法的信赖保护原则指行政主体的行政行为不可轻易变更或撤销；如果变更或撤销，须补偿或赔偿行政相对人基于对行政主体权威的信赖而做出一定行为所造成的损失。该原则能成为行政法一般原则有以下原因：基于公共利益的考量；基于行政主体权权威性的考量；基于行政相对人合法权益的考量。

信赖保护原则适用的前提包括行政主体有预先的行政行为（行政立法或其他具体行政行为）；行政相对人（传播者）对此行为产生信赖而为的一定行为；行政相对人的行为导致的可能失去的利益是合法利益。比如，我国相关法律允许商业网站在取得新闻信息服务许可证的前提下转载新闻信息，如果行政主体之后禁止相关网站转载新闻信息，则依赖转载取得流量收入或广告收入的商业网站应该得到补偿或赔偿。

（三）公开原则

公开原则是现代法治原则，是立法、司法和行政需要共同遵循的原则。“阳光是最好的防腐剂”，公廾不仅可以保障公民的知情参与权，预防或减少行政主体的寻租等腐败行为，还可以强化行政主体与公民之间的互动，从而保证行政行为的科学性、合理性。公开不仅针对抽象行政行为，也针对具体行政行为。在我国，《政府信息公开条例》规定各级行政主体应当及时、准确地公开政府信息，并且强调公开是原则，不公开是例外；[①]其还将可以公开的政府信息分为政府主动公开的信息和依申请公开的信息，前者内容甚为广泛。[②]根据该条例第二十三条，我国行政机关应当主动公开的政府信息可以通过两类传播途径传播：一是政府自己的媒体等传播途径，包括公报、政府网站或者其他互联网政务媒体、新闻发布会；二是新闻媒体，包括报刊、广播、电视等。

当然，出于公共利益及个体合法利益的考虑，我国《政府信息公开条例》第十四条和第十五条也规定了不予公开的政府信息，包括四类：依法确定为国家秘密；法律、

---

① 《政府信息公开条例》第五条规定：“行政机关公开政府信息，应当坚持以公开为常态、不公开为例外，遵循公正、公平、合法、便民的原则。”

② 参见《政府信息公开条例》第二十条和二十一条。

行政法规禁止公开；公开后可能危及国家安全、公共安全、经济安全、社会稳定；公开会对第三方合法权益造成损害，涉及商业秘密、个人隐私等。

另外，我国《行政处罚法》和《行政许可法》也分别规定了公开原则。①

（四）效率原则

效率原则指行政行为应当在最短时间内、以最小的行政成本（经济和人力成本），取得最大的社会效益的原则。我国《宪法》第二十七条对行政机关在内的所有国家机关都提出了“不断提高工作质量和工作效率”的要求;《行政许可法》第六条提出了“实施行政许可，应当遵循便民的原则，提高办事效率，提供优质服务”的要求。为落实《宪法》等法律的要求，国务院早在2004年在《全面推进依法行政实施纲要》中就提出“提高办事效率，提供优质服务”的要求。

第二节 涉传播行政行为的合法要件与违法后果

与传统媒体时代不同，网络时代，行政主体的行政规制行为涉及每个拥有网络终端的公民。在我国，由于特殊的国情，行政主体管理着亿万传播者，基于建设社会主义法治国家的要求，其行政行为更需要在法律框架内进行。因此，相关行政行为的合法性需要有明确的判断标准，其违法后果也需要行政法的规范。

行政行为的合法要件不能偏离行政法的基本原则，只有合乎行政法基本原则的行为，才可能构成行政行为的合法性，因此，涉传播行政行为的合法性要件也需要遵循行政法的基本原则。

一、涉传播行政行为的合法要件

（一）涉传播行政主体合法

1. 涉传播行政主体合法的基本要求

涉传播行政主体合法，指对传播行为进行管理的行政主体具有法律明确规定的主体资格，并能够以自己的名义独立承担法律责任。这里，法律明确规定与独立承担法律责任是两个必备要件，缺一不可。第一，行政行为原则上由行政机关实施，但实施行政行为的行政机关并不一定具备行政主体资格，这主要体现在行政机关的内设机构

① 参见《行政处罚法》第五条和《行政许可法》第五条。

和派出机构。比如，目前公安机关内部的网警机构承担着相应的网络管理职能，但其上级公安机构才具备行政主体资格。第二，存在行政行为的法律授权组织。第三，行政主体可能委托其他主体行使行政职权。

具体而言，行政主体合法包括以下几方面要求。

第一，行政主体资格合法。无论是行政机关还是法律授权组织或委托组织，均需依法成立。这里，不仅要求相关组织的成立有法律依据，而且其成立程序必须合法。另外，其必须有行政主体资格。在我国，网络信息管理部门、电信管理部门、新闻出版管理部门、广播电视电影管理部门是相关媒体的主管部门，是当然合法的传播管理行政主体。同时，公安机关、气象部门、证券管理监督机构（我国的证监会属行业组织而非行政机关）等，作为合法的行政机构或行使行政职权的授权机构，依据相关法律规范对相关信息传播进行管理，也是经法律授权的涉传播行政主体。

目前，网络平台是否具有网络信息审查的行政主体资格，是行政传播法领域一大问题。根据2017年《互联网信息内容管理行政执法程序规定》的规定，互联网信息内容管理部门只有国家互联网信息办公室和地方互联网信息办公室。① 而根据2020年3月实施的《网络信息内容生态治理规定》和2022年6月《互联网用户账号信息管理规定》的规定，网络信息内容服务平台对网络用户的传播内容有管理权、依法处置权及保存记录、向有关主管部门报告的义务，② 其中，处置权包括警示整改、限制功能、暂停更新、暂停使用、关闭账号、禁止重新注册、终止提供服务，③ 即我国网信部门将部分内容审核等管理权限委托网络平台等互联网企业。而且，根据《行政诉讼法》的相关规定，行政行为包括法律、法规、规章授权的组织的行政行为，④ 所以，网络平台似乎可以成为行政主体。

然而，网络平台究竟是否据此自然拥有行政主体资格，尚需分类确定：（1）当网络平台行使"警示整改"权时，由于"警示整改"不属于行政处罚，其可能成为行政行为；（2）当网络平台行使"限制功能、暂停更新、关闭账号"权时，由于"限制功能、暂停更新、关闭账号"在性质上属于《行政处罚法》规定的"限制开展生产经营活动、责令停产停业、责令关闭"的行政处罚，⑤ 而该法规定的三种可以行使行政处罚权的机构包括行政机关；法律、法规授权的具有管理公共事务职能的组织；⑥ 行政机关依照法律、法规、规章的规定，在其法定权限内书面委托依法成立并具有管理公共事

① 参见《互联网信息内容管理行政执法程序规定》第二条。

② 参见《网络信息内容生态治理规定》第十条。

③ 参见《网络信息内容生态治理规定》第三十四条和《互联网用户账号信息管理规定》第十五条、第十七条。

④ 参见《行政诉讼法》第二条第二款

⑤ 参见《行政处罚法》第九条。

⑥ 参见《行政处罚法》第十九条。

务职能的组织。[①]上述三种组织不包括网络平台，第一，《网络信息内容生态治理规定》《互联网用户账号信息管理规定》不属于法律和行政法规，特别法优于普通法，上位法优于下位法，《行政处罚法》与《行政诉讼法》相比是特别法，与部门规章相比是上位法，因此，《网络信息内容生态治理规定》《互联网用户账号信息管理规定》的授权并不能使互联网企业成为合法的信息传播管理行政主体。第二，网络平台在性质上属于营利性企业法人，而非管理公共事务职能的组织。第三，网信部门既没有给予网络平台载明委托的具体事项、权限、期限等内容的委托书，也没有将委托书向社会公布，而且，网络平台并未以委托行政机关名义实施行政处罚。[②]

如前所述，《美国通讯规范法案》则采取了另一种路径，其第 230 条规定："互联网平台无须为第三方使用者张贴的言论内容负法律责任；当互联网平台基于善意封锁和屏蔽冒犯性内容，其对自我规制的手段与结果不负法律责任"。[③]显然，美国法律并没有为平台设定内容审查的行政义务，但通过免责这一途径，使互联网平台、科技公司既不必为用户发布的内容担责，又有了对内容审查的权限。

但我国网络平台作为特殊的个人信息处理者，根据《个人信息保护法》的授权，可对严重违反法律和行政法规处理个人信息的平台内的产品或服务提供者停止服务，[④]这种特定情况下，网络平台应当具备行政主体资格。

第二，委托合法。行政委托指行政机关委托行政机关以外的社会公权力组织或私权利组织行使其行政职能，办理某种行政事务。[⑤]现代社会，由于行政事务增加，行政职能扩张，而行政机关由于受人员、经费等条件所限，本身难以完成相关行政职能，只能通过行政委托完成相关行政任务。近年来，由于信息技术的发展和传播生态的改变，传播已经成为民众日常工作与生活的组成部分，甚至成为基本生存与发展的条件，传播无处不在，无时不在，因此，政府行政机关本身不可能对传播进行全面有效的管理，委托有能力的机构进行管理成为必须。但这种委托需符合以下条件：委托者有合法的委托权限；被委托者有进行管理的能力，且与公共利益不能有明显的利益冲突或冲突的危险；委托需有法定形式和具体任务。

第三，人员合法。人员合法指涉传播行政行为的人员必须有公职身份，有法定的资格和职务。比如行政机关内部人员的公务员身份，被授权机构和被委托机构内从事网络内容审查的网络编辑资格。

涉传播行政主体合法，是涉传播行政行为合法的前提。行政主体不合法，相关行政行为自然没有合法的基础。

① 参见《行政处罚法》第二十条。
② 参见《行政处罚法》第二十一条。
③ 参考资料：47 U. S. C. § 230（b）（c）（2000）。
④ 参见我国《个人信息保护法》第五十八条。
⑤ 姜明安. 行政法与行政诉讼法［M］. 北京：北京大学出版社，高等教育出版社，2011：121.

2. 涉政府信息公开案件中的相关主体资格

在涉及信息传播的案件中，前述网络信息管理部门、电信管理部门、新闻出版管理部门、广播电视电影管理部门、公安机关、气象部门、证券管理监督机构等，是相应案件的被告或被申请人。而在政府信息公开行政案件中，相关主体资格有特殊规定。此类案件主要分为两种。

第一种是行政诉讼案件。在 2011 年《最高人民法院关于审理政府信息公开行政案件若干问题的规定》中，被告有三类：（1）主动进行政府信息公开的机关；（2）依信息公开申请而做出答复的机关；（3）在对外发生法律效力的文书上署名的机关。[①]

第二种是行政复议案件。在司法部 2021 年 12 月《关于审理政府信息公开行政复议案件若干问题的指导意见》中，被申请人有两类：（1）主动进行政府信息公开的机构，包括政府机关或者派出机构，以及法律、法规授权的具有管理公共事务职能的组织；（2）收到政府信息公开申请的行政机关或者派出机构。[②]

（二）涉传播行政主体有合法权限

行政行为奉行越权无效原则，所谓“法无授权不可为”，所有行政主体的行政行为，无论是行政立法还是行政执法行为，均需要法律的明确授权并在相应权限内做出；一切超越法定权限的行政行为均为无效行为，不具备公定力、拘束力和执行力。我国《行政诉讼法》第五十四条列举了 6 种违法情形，其中“超越职权”是其中一种。

从学理上看，“超越职权”是指行政执法主体及其工作人员做出的具体行政行为，超越了法律、法规规定的权限范围，或者实施了根本无权实施的具体行政行为。其主要有以下几种情况：超越地域范围，超越时间界限，超越级别权限，超越部门权限，超越法定权限。

（三）涉传播行政行为内容合法、适当

行政主体的行为合法、适当，是行政行为合法的核心。现代行政主体的存在本身是为了公共利益，但行政主体及其执行人员并不一定会自然追求公共利益，保证其为实现法的目的及公共利益而实施行政行为，是行政法存在的目的。

涉传播行政主体行为内容合法、适当的具体要求如下。

1. 合乎行政法的精神和目的

首先，行政主体的行为不能违背我国《宪法》精神及其规定，尤其是保障《宪法》

① 参见 2011 年《最高人民法院关于审理政府信息公开行政案件若干问题的规定》第四条。
② 参见司法部 2021 年 12 月《关于审理政府信息公开行政复议案件若干问题的指导意见》第五条。

规定的言论、出版自由等公民基本权利是基本精神，限制该权利则必须正当、合理、必要。依法行政是建设社会主义法治国家的核心之一，而奉行《宪法》精神及其规定，则是建设社会主义法治国家的标志与前提。其次，行政主体的行为需要以实现行政法的目的为宗旨。行政法的终极目的是维护社会公共利益，所以偏离这一目标的行为均为违法行为。

2. 行政行为的内容要明确

行政行为需要依照法律规定的幅度、范围、界限。比如，2020 年国家互联网信息办公室《网络信息内容生态治理规定》要求互联网平台建立网络谣言处置制度，应当对网络谣言进行明确界定，否则平台的处置不会产生理想的效果。当法律没有界定明确的界限和范围时，要以公共利益为准绳，不侵害行政相对人的合法利益。

3. 行政行为的内容应当适当、公正、公平

适当要求行政行为具备可执行性。《网络信息内容生态治理规定》要求互联网平台承担内容审查职责，因为作为平台的网络企业拥有一定素质的审查人员，而一般的网站很难具备这种条件。公正、公平，要求行政行为不仅要充分保护行政相对人（传播者）的合法权益，而且在涉及两方及两方以上行政相对人时，一视同仁，不能有偏颇。

（四）涉传播行政行为程序合法

行政程序指行政主体实施行政行为时所需遵守的一系列步骤、方式、手续及时限等空间与时间有机结合的连续过程。①行政程序制度一般包括回避制度、听证制度、信息公开制度、说明理由制度、审裁分离制度等。

程序合法、程序公正，是现代法治的基础要求与标志。程序以其刚性规则，不仅保障行政行为的效率和行政相对人的参与权、监督权，更重要的是，其给予行政相对人充分的机会进行申辩，使行政主体在法定的时空内实施行政行为，最大限度地保持公平、公正而不偏私。随着网络传播终端的普及，涉传播行政行为的触角延伸到社会各个角落，影响到亿万行政相对人（传播者），其是否遵守正当程序、遵守正当程序的程度，也是衡量社会主义法治文明的标尺。

任何行政行为在符合一般性程序规则的基础上，都应当符合与行为性质相适应的程序规则，所谓“不同类型的案件应当有不同类型的程序”。涉传播行政行为主要包括行政命令、行政许可、行政监督检查、行政强制、行政裁决、行政处罚等，其在学理上又可分为羁束行政行为和裁量行政行为、依职权行政行为与依申请行政行为、要

① 姜明安 . 行政法与行政诉讼法［M］. 北京：北京大学出版社，高等教育出版社，2011：333.

式行政行为与非要式行政行为。尽管我国尚未制定普遍适用的行政程序法，但在做出相关命令、决定、裁决或强制措施前，说明身份、听取意见和申辩，是必经程序。

除了传统媒体管理部门在实施相关行政行为过程中有相应的程序，2023 年 6 月 1 日起施行的国家网信办《网信部门行政执法程序规定》，其第三条确立了“处罚与教育相结合，做到事实清楚、证据确凿、依据准确、程序合法”总原则，并规定了回避程序、管辖制度、行政处罚程序（立案、调查取证、听证、行政处罚决定和送达、执行和结案程序）。

二、涉传播行政行为的违法后果

（一）涉传播行政行为无效及行政复议、行政诉讼

1. 涉传播行政行为无效的情形

行政行为无效，指因行政行为有明显、重大违法情形而不产生法律效力。（1）超越职权实施行政行为。只有明显超越职权的行为才能产生行为无效的法律后果。如证监会因某媒体传播非证券市场经济信息而处罚该媒体；新闻出版管理机构对广播电视媒体进行管理或处罚。我国媒体市场基本实行条块分割管理，但随着媒体融合的深入，传统媒体也普遍进行网络传播，网信管理部门也可在法定权限内对新闻出版或广播电视电影等媒体的网络传播行为进行管理，这种情况不属超越职权。（2）明显违反实体法律规定，或者在法律没有规定的情况下给行政相对人施加不必要的义务或负担。比如，实名制是我国目前对网络用户使用各种应用软件的普遍要求，但如果进一步要求平台等收集网络用户的住址、身份等个人信息，则属于明显违法。（3）明显违反程序法律规定。程序是刚性的，所以，在绝大多数情况下，违反程序的情形比较容易判断。比如，《网络信息内容生态治理规定》第三十六条，如果平台在相关重点环节发布违法内容，网信部门应首先进行约谈、警告、责令限期改正等前置程序，拒不改正则可责令暂停信息更新，如果网信部门越过前置程序，直接责令平台暂停信息更新，则属程序违法。

另外，行政行为的实施严重威胁行政相对人或第三人的生命健康安全或其财产利益，或者行政行为根本无法予以实施时，也属行政行为无效。

无效行政行为，自始无效。

2. 对涉传播行政行为的行政复议、行政诉讼

行政相对人可通过三种渠道维护自己的合法权益：第一，不受该行为拘束，不履行相关义务，且不负法律责任；第二，向相关行政主体或其上级行政主体提出行政复

议，或向人民法院提起行政诉讼，要求宣布相关行政行为无效；第三，相关行政行为被宣布无效后，行政相对人可申请国家赔偿。

根据《网信部门行政执法程序规定》的规定，“当事人对行政处罚决定不服，可以依法申请行政复议或者提起行政诉讼”①。其说明：行政复议并不是行政诉讼的前置程序，行政相对人可以选择行政复议，或者直接向人民法院提起行政诉讼，或者不服行政复议的决议，再向人民法院提起行政诉讼。而“快播公司”行政处罚案走的是行政复议到行政诉讼的程序。②

（二）涉传播行政行为的撤销

行政行为的撤销，指行政行为在违法或不适当的情况下，由行政主体做出撤销决定而失去法律效力。行政行为撤销与无效的区别在于：前者并非自始无效，其可自被撤销之后无效，也可回溯至相关行政行为发生之日；另外，行政行为不当也是撤销的条件。

行政行为撤销，可由行政主体或行政主体的上级行政机关做出；也可由行政相对人向人民法院起诉，由人民法院裁定。但人民法院只审理行政行为的合法性，不受理基于行政行为“适当”性问题的诉讼。比如，《网络信息内容生态治理规定》第六条规定的都是法律法规禁止传播的内容，而第七条规定的是应当“防范和抵制”的道德与社会风气方面的内容，属于“适当”性的范畴。如果网信部门依照第六条的规定对平台予以处罚，平台可以提起行政诉讼，要求撤销处罚行为；如果网信部门依照第七条的规定对平台予以处罚，平台则不可以通过提起行政诉讼要求撤销处罚行为。

行政行为撤销，如果是因行政主体过错导致，行政相对方应得到相关行政主体的赔偿。

---

① 参见《网信部门行政执法程序规定》第四十九条第一款。

② 深圳市快播科技有限公司（以下简称快播公司）成立于2007年。其因推出支持多种视频格式的视频播放器且视频内容可以在用户之间分享而受到追捧。2014年3月，深圳市市场监督管理局经查证发现，快播公司未经许可，通过网络传播腾讯已具有信息网络传播权的《北京爱情故事》等24部影视剧作品，非法经营额8,671.6万元。同年6月，深圳市市场监督管理局对快播公司开出2.6亿元“天价罚单”。快播公司不服上述处理决定，在法定期限内向广东省版权局申请行政复议，焦点为2.6亿元罚款是否合法、有没有损害公共利益等问题。2014年9月11日，广东省版权局做出《行政复议决定书》，维持深圳市市场监督管理局的行政处罚决定。快播公司诉至法院，请求判令撤销《行政处罚决定书》。深圳市中级人民法院做出（2014）深中法知行初字第2号行政判决，驳回快播公司的诉讼请求。快播公司向广东省高级人民法院提出上诉。广东高院终审判决：驳回上诉，维持原判。参见深圳市中级人民法院做出的（2014）深中法知行初字第2号行政判决书和广东省高级人民法院（2016）粤行终492号行政判决书。

第三节　传播行为行政违法的成立条件

违法包括违反宪法、民事违法、刑事违法（犯罪）、行政违法，其成立条件有相对应性，但有本质不同。其中，行政违法成立条件与刑事违法成立条件有密切关联。本节的行政违法指行政相对人的传播行为违反行政法律规范，而非行政主体行政行为违法。

一、行政违法成立条件对刑事违法成立条件的借鉴

目前，我国关于行政违法行为成立条件未明确，关于违法阻却事由也未规定，[①]造成执法实践的混乱。然而，行政不法与刑事不法在理论、原则和成立条件上，均有高度一致性，故前者可借鉴后者的成立条件。

行政处罚与刑事处罚的关系，在典型的大陆法系国家可以找到答案。

行政处罚肇始于有行政法母国之称的法国。1810 年实施的《法国刑法》将犯罪区分为重罪、轻罪和违警罪，其中重罪和轻罪由法院处罚，违警罪由警察机关处罚；之后，其他行政机关也取得了对违反行政义务者的处罚权限。这就是行政处罚的最初起源。[②]

1952 年实施的《德国违反秩序惩罚法》是从警察处理的轻微违法案件发展起来的。二战后，在重建法制的过程中，德国立法者对刑法中的全部轻微犯罪加以整理，正式开始了违反秩序法与刑法的分野。20 世纪 70 年代中期颁布的《德国州法典》清除了所有违反规定的行为、使用罚金刑和 6 个月以下监禁刑，这些大部分被转入《违反秩序惩罚法》。[③]所以，《德国违反秩序惩罚法》是从刑法中分离出来的，用以解决罪与非罪之间行为的一种法律制度。该法处罚方法仅有罚款一种，但其适用原则也与刑法总则的规定大同小异。其第 1 条就规定："违反秩序行为是违法的和应受谴责的，是法律规定的事实构成得到实现并为该法律准予罚款处罚的行为。"该规定中，应受行政处罚行为的成立要件与应受刑罚处罚行为的成立要件相同，包括该当（符合）性、违法性以及有责性三个判定标准。同时，该法明确规定"法无明文规定不处罚"（第 3 条）原则以及"故意与过失"（第 10 条），其内容、法治精神与《德国刑法典》一致。另外，因违反秩序行为被追究责任的人，在诉讼程序中享有《德国刑事诉讼法》与其

① 熊樟林，孟星宇．概念行政法学的传统、挑战及重估——以应受行政处罚行为的成立要件为例［J］．北京行政学院学报，2013（6）：84-89.

② 王扬名．法国行政法［M］．北京：中国政法大学出版社，1988：174 -175.

③ 王世洲．罪与非罪之间的理论与实践——关于德国违反秩序法的几点考察［J］．比较法研究，2000（2）：185-190.

他法律规定的各种诉讼权利……总之，“该法第一部分和第二部分在实体法总则和程序法方面基本上与德国刑法和刑事诉讼法相一致，因此，可以清楚地看到这部法律与刑事法律之间的关系”[①]。

可见，大陆法系国家的行政处罚虽然在处罚主体、处罚对象、处罚性质、处罚手段等方面有别于刑罚制度，但其来源于刑罚的事实是明确的。

我国法律规范也如此，行政违法行为与刑事犯罪存在大量类型上的重合，前者实际上是作为后者的补充而存在的，而我国《刑法》也确立了大量以行政违法为前提的罪名，[②]如拒不履行信息网络安全管理义务罪、侵害公民个人信息罪、虚假广告罪、非法经营罪等。因此，总体来说，我国有关现行法律规范呈现出“一般行政违法——严重行政违法——刑事违法”的梯度。[③]我国《行政处罚法》与《治安管理处罚法》是行政处罚的主要基础法律：前者《总则》部分，规定了处罚法定（第四条）与公开（第五条）、救济（第七条）原则；后者作为行政处罚特别法，其第二条“尚不够刑事处罚的，由公安机关依照本法给予治安管理处罚”的规定，[④]则直接说明了行政处罚与刑事处罚的承继关系。

总之，行政处罚源于刑罚，产生于刑事立法的非犯罪化运动，系从传统的刑法中脱胎而出，而应受行政处罚行为与应受刑罚处罚行为的成立条件如出一辙，并无不同，[⑤]且成为成文法国家和地区判定受行政处罚行为的标准。所以，行政相对人（传播者）行政违法的成立条件完全可以借鉴刑法有关犯罪的成立条件。[⑥]而犯罪的成立条件，在通行的三阶层犯罪论体系中为构成要件的符合性、行为违法性与有责性。

二、传播行为行政违法构成要件的符合性

犯罪成立三阶层体系中的“构成要件”指的是违法或犯罪类型，是违法或犯罪第一层次的“成立条件”，即判断相关行为是否符合行政法或刑法规定的违法或犯罪的类型，是否具备了构成要件所要求的要素及其内在联系，其内容“是说明行为对法益

---

① 王世洲．罪与非罪之间的理论与实践——关于德国违反秩序法的几点考察［J］．比较法研究，2000（2）：185-190.

② 陈瑞华．行政不法事实与犯罪事实的层次性理论——兼论行政不法行为向犯罪转化的事实认定问题［J］．中外法学，2019，31（1）：76-93.

③ 石珍，戴乔．跨越楚河汉界：刑罚理论在行政处罚论域中的扩张适用［J］．重庆文理学院学报（社会科学版），2013，32（6）：52-61.

④ 该条规定：“扰乱公共秩序，妨害公共安全，侵犯人身权利、财产权利，妨害社会管理，具有社会危害性，依照《中华人民共和国刑法》的规定构成犯罪的，依法追究刑事责任；尚不够刑事处罚的，由公安机关依照本法给予治安管理处罚。”

⑤ 熊樟林．论《行政处罚法》修改的基本立场［J］．当代法学，2019，33（1）：101-111.

⑥ 刘晓源，李良万．应受行政处罚行为构成要件的反思与重构——从“三要件”到“三阶层”［J］．福建江夏学院学报，2017，7（1）：53-63.

的侵犯性的客观要素”[①]，这些要素主要包括行为、行为客体和因果关系，[②]当然，也包括行为主体的类型、工具、途径、对象等。

构成要件的符合性作为一种形式性判断，其前提是构成要件要素的完备与明确，即违法行为界定清晰，否则，司法与执法将出现诸多问题。以谣言传播行为构成要件的符合性为例。我国《治安管理处罚法》第二十五条的（一）和（三）项[③]处罚的是谣言传播型扰乱公共秩序的违法行为，与刑法制度中虚假信息传播犯罪罪状相比，其相关条款中构成要件要素高度模糊。第一，关于“散布谣言”，存在以下问题：（1）行为含义不明确。“散布”的含义，即使不能界定传播方式，但应该确定传播范围：针对不特定对象的传播当然是“散布”，针对特定对象传播时，如何界定？（2）行为对象即“谣言”内容不确定。关于“谣言”的理解，在《治安管理处罚法》第二十五条中，无论是险情、疫情、警情，还是“投放虚假的爆炸性、毒害性、放射性、腐蚀性物质或者传染病病原体”，以及“扬言放火、爆炸、投放危险物质”，均围绕突发事件，所以，理论上这里“谣言”的内容也应以突发事件的虚假信息为主，但法律毕竟没有明确；（3）“散布谣言”与“谎报险情、疫情、警情”的关系。如果二者是并列关系，则“谣言”内容可做广义理解；如果后者是对前者的说明，则“谣言”仅限于险情、疫情、警情。第二，“扬言实施放火、爆炸、投放危险物质”中，关于“扬言”的含义，通过大众传播自然认定为“扬言”，但小范围内如数人一起喝酒，酒后的“扬言”是否符合此处的构成要件中的行为要素？

三、传播行为行政违法中的违法性

行为违法性有两层含义：一是违反法律规范即形式违法；二是对法益的侵害（包括实际侵害和侵害的危险），即实质违法。

（一）行政违法从“行为犯”向“结果犯”的理论转向

20世纪，我国行政法学界主流观点认为行政犯是一种单纯的不服从，并不意味着像刑事犯那样发生了某种有害结果。[④]有学者明确指出：“行政违法行为一般属于‘行为犯或举动犯’，法律并不要求发生特定的结果，只要实施了行为就构成行政违法行

① 张明楷．刑法学（上）［M］．北京：法律出版社，2016：96.

② 周光权．刑法总论．［M］．北京：中国人民大学出版社，2016：69.

③ 该条规定：“有下列行为之一的，处五日以上十日以下拘留，可以并处五百元以下罚款；情节较轻的，处五日以下拘留或者五百元以下罚款：（一）散布谣言，谎报险情、疫情、警情或者以其他方法故意扰乱公共秩序的……（三）扬言实施放火、爆炸、投放危险物质扰乱公共秩序的。”

④ 张明楷．行政刑法辨析［J］．中国社会科学，1995（3）：94-117.

为，这与刑法理论中一般所要求的犯罪行为必须具有危害后果的要件不同。”[①]

然而，即使是在20世纪，我国司法界也有不同观点，认为不能笼统地说危害结果不是应受行政处罚行为的构成要件，危害结果亦可能会成为选择性构成要件。[②]学界也有观点认为，危害结果虽不是应受行政处罚行为的必备要件，在某些特殊情况下法律也会将一种具体的危害结果作为构成特定行政违法的条件。[③]

近年来，我国学界对应受行政处罚行为的成立条件，主流观点已转向，认为只有相对人行为同时符合该当性、违法性以及有责性这三个条件时，才能够成立行政处罚。[④]这种转向已经对立法发生影响，但有待厘清的问题是“违法性”是仅指实际侵害，还是包括了危险或威胁即抽象的侵害。

（二）我国法律中行政违法的规定及其问题

实践中，我国行政违法并不强调违法行为后果，许多可能但未引起危害后果的违法行为也受到行政处罚，其重要原因之一是没有确立一般性的行政违法成立条件。

从法律上看，根据《行政处罚法》第四条第二款[⑤]和《治安管理处罚法》第五条第一款[⑥]中对“社会危害程度”的强调，违法性即结果条件也的确是包括治安管理处罚在内的所有行政处罚的必备条件。问题是“社会危害程度”中，“危害”的字面意思包括危险与（实际）侵害，其比刑法中的“严重扰乱社会秩序”和“造成严重后果”的内涵与外延要广，而且，警方执法中也不可能将司法解释确立的扰乱公共秩序的内容奉为标准，所以，实践中行政机关对绝大部分行政违法行为的处罚，主观上大多体现在对危险与威胁的判断上。[⑦]

根据《行政处罚法》，违法行为轻微并及时改正，没有造成危害后果的，不予行政处罚。[⑧]尽管该规定只针对行政处罚，而“行政违法”并不等于“行政处罚”，但行政违法后果通常是行政处罚，因此，《行政处罚法》的上述规定可作为行政违法的重要参照。

仍以谣言传播为例，符合前述传播内容、主体、途径、工具和对象的行为，才构成行政法上谣言传播构成要件符合性，但并不是充分要件，因为谣言传播行为还有

---

① 杨解君．秩序・权力与法律控制——行政处罚法研究［M］．成都：四川大学出版社，1995：80.

② 江必新．论应受行政处罚行为的构成要件［J］．法律适用，1996（6）：3-6.

③ 杨小君．行政处罚研究［M］．北京：法律出版社，2002：164-165．

④ 熊樟林．论《行政处罚法》修改的基本立场［J］．当代法学，2019，33（1）：101-111；张豪．行政处罚构成要件的理论与实践分析［J］．西部学刊，2019，99（9）：64-66；刘晓源，李良万．应受行政处罚行为构成要件的反思与重构——从“三要件”到“三阶层”［J］．福建江夏学院学报，2017，7（1）：53-63.

⑤ 该款规定：“设定和实施行政处罚必须以事实为依据，与违法行为的事实、性质、情节以及社会危害程度相当。”

⑥ 该款规定：“治安管理处罚必须以事实为依据，与违反治安管理行为的性质、情节以及社会危害程度相当。”

⑦ 熊樟林．行政违法真的不需要危害后果吗［J］．行政法学研究，2017（3）：33-43.

⑧ 参见《行政处罚法》第三十三条第一款。

一个危害结果的问题。[①] 如 2013 年安徽省砀山境内发生致 10 人死亡的重大交通事故，一网民在微博发布的信息为“事故造成 16 人死亡”，公安机关对其做出行政拘留 5 日的处罚，引发公众质疑，[②] 关键就是该谣言造成了什么后果。而在立法上，《治安管理处罚法》第二十五条缺乏对情节“较轻”“较重”的说明，在具体处罚标准方面也比较难于操作。[③]

四、传播行为行政违法中的有责性

违法或犯罪论体系中的有责性，指对符合构成要件、具备违法性的行为进行非难的可能性，主要指主观过错。

我国法律未对行政违法的一般性过错进行明确，但《行政处罚法》做出了明确规定：“当事人有证据足以证明没有主观过错的，不予行政处罚。法律、行政法规另有规定的，从其规定。”[④] 过错包括过失和故意，但对特殊信息，法律要求并不一致。以谣言传播为例，《治安管理处罚法》第二十五条第一款中关于谣言传播的主观要素，无论是散布谣言，谎报险情、疫情、警情，还是以其他方法扰乱公共秩序的，均要求“故意”，而没有过失。

关键词

合法性原则　合理性原则　比例原则　信赖保护原则
公开原则　效率原则　行政主体　行政程序
构成要件的符合性 违法性 有责性

思考题

1. 行政传播法的原则是什么？
2. 行政传播法合法性原则的内涵是什么？
3. 涉传播行政主体合法的基本要求是什么？
4. 涉传播行政主体行为内容合法、适当的要求是什么？
5. 涉传播行政行为程序合法的基本要求是什么？
6. 传播行为行政违法的成立条件是什么？

---

① 罗斌，宋素红．谣言传播违法与犯罪的成立条件——基于行政法与刑法相关制度比较的视角［J］．新闻与传播研究，2020（27）：21–40，126.

② 张东锋．网民错发事故死亡人数被拘，警方一度认定造谣［N］．南方都市报，2013-08-30（12）.

③ 黎慈．网络谣言的法律规制及其完善［J］．理论导刊，2014（1）：103–106.

④ 参见《行政处罚法》第三十三条第二款。

第四章　传媒市场准入与相关产权制度

传媒市场准入及相关产权制度，不仅涉及传媒经济，而且事关言论自由、出版自由的实现。我国的传媒市场准入及其产权制度，经过数十年演进，在传统媒体内部，报刊与广播电视迥异，电视与电影有根本不同；即使在互联网媒体方面，一般性互联网服务与互联网新闻信息服务、出版服务、专网及定向传播服务的准入也有很大区别。①

第一节　互联网传播服务市场准入及相关产权制度

网络（network）与互联网（internet）是不同的概念，"网络"指由计算机或者其他信息终端及相关设备组成的按照一定的规则和程序对信息进行收集、存储、传输、交换、处理的系统。②而互联网通常指计算机的国际联网。

我国一般性互联网服务市场准入比较宽松，但在新闻信息服务、出版服务、网络视听服务和专网服务等特殊敏感领域，在主体资质与股权制度上实行特别管理。

一、一般性互联网传播服务市场的准入

互联网传播业务在我国属于电信业务。电信业务分为基础电信业务和增值电信业务，前者指提供公共网络基础设施、公共数据传送和基本话音通信服务的业务；后者指利用公共网络基础设施提供的电信与信息服务业务。显然，互联网传播业务属于后者。

我国对电信业务经营实行许可制度。根据《电信条例》第七条，经营电信业务，必须取得国务院信息产业主管部门或者省级电信管理机构颁发的电信业务经营许可证。所以，在我国从事互联网传播业务需要经过行政许可。

---

① 如前所述，本教材中传播主要是面对大众及特定多数人的信息传播，因此，电子商务所涉及的媒体准入不在述及范围。

② 参见《网络安全法》第七十六条。

在我国，经营基础电信业务的公司，国有股权或者股份不少于51%。[①]可见，国有控股是基础电信业务的最重要特色。作为增值电信业务的互联网传播业务，主要是信息服务，也分为经营性和非经营性两类：经营性互联网信息服务，是指通过互联网向上网用户有偿提供信息或者网页制作等服务活动；非经营性互联网信息服务，是指向上网用户无偿提供上述服务活动。[②]

根据《电信条例》第十三条和《互联网信息服务管理办法》第六条，从事一般性互联网信息传播服务的公司并没有国有控股的规定。[③]从事新闻、出版、教育、医疗保健、药品和医疗器械等专业互联网信息服务，在申请经营许可或者履行备案手续前，应当依法经有关主管部门审核同意。[④]

二、互联网专业服务的市场准入与相关产权制度

（一）互联网专业服务简述

1. 互联网新闻信息传播

互联网新闻信息传播包括通过互联网站、应用程序、论坛、博客、微博客、公众账号、即时通信工具、网络直播等形式向社会公众传播新闻信息，其服务类型包括互联网新闻信息采编发布服务、转载服务、传播平台服务。[⑤]

互联网新闻信息传播的管控首先是对于信息内容的管控。根据2017年修订的《互联网新闻信息服务管理规定》第二条，这里的新闻信息，包括有关政治、经济、军事、外交等社会公共事务的报道、评论，以及有关社会突发事件的报道、评论——该界定删掉了修订前规定中的“是指时政类新闻信息”的表述，即无论是否时政类新闻信息，只要与“社会公共事务”相关，或者是“社会突发事件”，即属“互联网新闻信息”，而其他一般性社会新闻信息，如一般性的诉讼案件及社会新闻，并不在管制范围内。

上述互联网新闻信息服务单位包括互联网站、应用程序、论坛、博客、微博客、

---

①《电信条例》第十条中规定的经营基础电信业务的其他条件为：（二）有可行性研究报告和组网技术方案；（三）有与从事经营活动相适应的资金和专业人员；（四）有从事经营活动的场地及相应的资源；（五）有为用户提供长期服务的信誉或者能力；（六）国家规定的其他条件。

② 参见《电信条例》第九条。

③ 我国也在逐步对外放开增值电信业务。2019年1月25日，英国电信宣布已成为第一家获得中国工业和信息化部颁发的全国许可证的国际电信公司。其获得的两个增值许可证分别为中国全国性IP–VPN许可证和中国全国互联网服务提供商（ISP）许可证，这使英国电信的中国通信有限公司能够直接与其在中国的客户签订合同，并以人民币收费。马婧．英国电信宣布成首家在中国获全国性牌照的国际电信公司［N］．新京报，2019–01–26（5）．

④ 参见《互联网信息服务管理办法》第五条。

⑤ 采编发布服务，是指对新闻信息进行采集、编辑、制作并发布的服务；转载服务，是指选择、编辑并发布其他主体已发布新闻信息的服务；传播平台服务，是指为用户传播新闻信息提供平台的服务。

公众账号、即时通信工具、网络直播等。截至 2022 年 9 月 30 日，经各级网信部门审批的我国互联网新闻信息服务单位总计 3,451 家，共计 13,449 个许可服务项，具体服务形式包括：互联网站 1,908 个，应用程序 3,166 个，公众账号 8,187 个，论坛 101 个等。①

2. 网络出版服务

“网络出版”在学界是有争议的概念。有学者认为通过互联网传播作品不构成出版，这是因为通过互联网传播属于“向公众传播”行为，且还被解释为属于《伯尔尼公约》中的“有线传播”，而《伯尔尼公约》将有线传播和（无线）广播这类“向公众传播”行为排除出了“出版”范围。②

法律上，“出版”指“作品的复制、发行”。③在 2020 年我国《著作权法》修订之前，复制是针对有形作品的印刷、复印、拓印、录音、录像、翻录、翻拍，并不包含“数字化”方式；2020 年修订后的《著作权法》对复制权的界定包含了“数字化”方式，出版在法律上正式延伸进信息网络。

3. 互联网视听节目服务

所谓互联网视听节目服务，是指制作、编辑、集成并通过互联网向公众提供视音频节目，以及为他人提供上载传播视听节目服务的活动。④

4. 专网及定向传播视听节目服务

专网及定向传播视听节目服务，是指以电视机、各类手持电子设备等为接收终端，向公众定向提供广播电视节目等视听节目服务活动，其传输通道包括局域网络、互联网虚拟专网或者互联网等信息网络，传输形式包括交互式网络电视（IPTV）、专网手机电视、互联网电视等，服务类型包括内容提供、集成播控、传输分发等。⑤

（二）互联网专业服务市场准入及产权制度

互联网专业服务准入与相关产权制度简介见表 4-1。

---

① 中共中央网络安全和信息化委员会办公室 . 互联网新闻信息服务单位许可信息［R/OL］.（2022-10-27）［2022-12-24］. http://www.cac.gov.cn/2022-10/27/c_1668498907296219.htm.

② 王迁 . 论通过互联网传播作品不构成“出版”［J］. 上海师范大学学报（哲学社会科学版），2019，48（1）：5-16.

③ 参见《著作权法》第六十三条。

④ 参见《互联网视听节目服务管理规定》第二条。

⑤ 参见《专网及定向传播视听节目服务管理规定》第二条。

表 4–1　互联网专业服务准入与相关产权制度对照

准入及股权网络传播类型		准入资格	股权	业务范围
互联网新闻信息	一类资质	1. 新闻单位（含其控股的单位）或新闻宣传部门主管的单位。①“新闻单位”指经国家有关部门依法批准设立的报刊社、广播电台、电视台、通讯社和新闻电影制片厂；新闻宣传部门包括各级宣传部门、网信部门、广电部门等② 2. 获批《互联网新闻信息服务许可证》	1. 新闻单位（含其控股的单位）或新闻宣传部门主管单位“控股”：出资额、持有股份占企业资本总额或股本总额 50% 以上，或不足 50%，但依其出资额或持有股份已足以对企业决议产生重大影响③ 2. 特殊管理股制度；④外资不得介入互联网新闻信息服务单位	1. 采编、转载、传播平台 2. 登载本单位或超出本单位已刊登播发的新闻信息、提供时政类电子公告服务、向公众发送时政类通信信息 3. 非公有资本不得介入采编业务
	二类资质	企业法人		1. 转载、传播平台 2. 转载新闻信息、提供时政类电子公告服务、向公众发送时政类信息
网络出版		1. 图书、音像、电子、报纸、期刊出版单位和其他单位（主要是企业法人） 2. 获批《网络出版服务许可证》	1. 中外合资经营、中外合作经营和外资经营的单位不得单独从事网络出版服务，但其可与网络出版服务单位进行项目合作，并应事前报国家新闻出版行政部门审批⑤ 2. 特殊管理股制度⑥	1. 原创数字化作品 2. 与已出版的图书、报刊、音像制品、电子出版物等内容相一致的数字化作品；将上述作品通过选择、编排、汇集等方式形成的网络文献数据库等数字化作品 3. 其他

---

①《互联网新闻信息服务管理规定》第六条第二款。

② 参见《互联网新闻信息服务许可管理实施细则》第五条第二款。

③ 参见《互联网新闻信息服务许可管理实施细则》第五条第二款。

④ 参见《互联网新闻信息服务管理规定》第六条第三款。所谓“特殊管理股”，是通过特殊股权结构设计，让股权占有者在股权中涉及管理事务时，始终保有最大决策权和控制权。这一特殊股权分配制度最主要的特点就是，能用很少的股份来获得对企业的执行管理权或一票否决权。国际上通行的“特殊管理股”制度有两种模式：一是金股制，政府只持有一股金股，不干涉日常运营，也没有收益权或其他表决权，但在某些特殊事项上享有独此一份的否决权；二是一股多权制，即每股享有若干表决权，也称多权股，这种股票通常是向特定的原始股东发行，以保证原始股东对公司的控制权。由于特殊管理股的实施比较复杂，牵涉多方利益，全方位推进还需较长时间。

⑤ 参见《网络出版服务管理规定》第九、十条。

⑥ 参见《网络出版服务管理规定》第二十二条。

续表

准入及股权网络传播类型	准入资格	股权	业务范围
网络视听节目	1. 具备法人资格 2. 从事广播电台、电视台形态服务和时政类视听新闻服务，应持有《广播电视播出机构许可证》或《互联网新闻信息服务许可证》；从事主持、访谈、报道类视听服务，应持有《广播电视节目制作经营许可证》和《互联网新闻信息服务许可证》 3. 获批《信息网络传播视听节目许可证》	国有控股	非公资本不得介入以下业务： 1. 时政类视听新闻节目首发服务； 2. 时政和社会类视听节目的主持、访谈、评论服务； 3. 自办新闻、综合视听节目频道服务； 4. 自办专业视听节目频道服务； 5. 重大政治、军事、经济、社会、文化、体育等活动、事件的实况视音频直播服务
专网及定向传播视听节目	1. 内容服务经营者，应当是经国务院广播电影电视主管部门批准设立的地（市）级以上广播电视播出机构或者中央新闻单位等机构。集成播控服务经营者，应当是经国家广播电视总局批准设立的省级以上广播电视播出机构；交互式网络电视（IPTV）传输服务、专网手机电视分发服务经营者，应当是工业和信息化部批准的具有合法基础网络运营资质的单位① 2. 获批《信息网络传播视听节目许可证》	国有独资或者国有控股。外商独资、中外合资、中外合作机构，不得从事专网及定向传播视听节目服务②	1. 内容提供服务 2. 集成播控服务 3. 交互式网络电视（IPTV）传输服务、专网手机电视分发服务

第二节　传统媒体市场准入与产权制度

传统媒体主要指纸质媒体、广播电视和电影，其与网络媒体在市场准入、产权制度方面有很大不同。当然，在个别方面也表现出相似性。

一、报刊及内部资料创办资格

报纸，是指有固定名称、刊期、开版，以新闻与时事评论为主要内容，每周至少

① 参见《专网及定向传播视听节目服务管理规定》第六条。
② 参见《专网及定向传播视听节目服务管理规定》第六条。

出版一期的散页连续出版物。[①] 期刊又称杂志，是指有固定名称，用卷、期或者年、季、月顺序编号，按照一定周期出版的成册连续出版物。[②]

我国对报刊出版申请实行审批制。报纸或期刊出版单位出版报纸须经新闻出版行政部门批准，持有国内统一连续出版物号，获取《报纸出版许可证》或《期刊出版许可证》。

（一）报刊创办资格

设立出版单位，除资金、人员、场所等条件外，对创办单位还有两个关键要求。第一，要有出版单位，如报社、期刊社、图书出版社、音像出版社和电子出版物出版社等；不设立报社或期刊社的单位，编辑部视为出版单位。[③] 第二，要有符合国务院出版行政主管部门认定的主办单位及其主管机关，包括国家机关、军队系统和大型国有企业，并不包括集体单位和个人。第三，根据《报纸出版管理规定》第九条和《期刊出版管理规定》第九条，创办报刊均需报新闻出版总署审批。

（二）报刊经营业务的社会资本准入

尽管社会资本不可创办报刊，但其可以进入报刊从事非采编业务的经营。自 20 世纪 70 年代末，我国报刊业经历了多种经营、社会资本进入、新闻采编与经营分开、非时政报刊大规模转制几个阶段。第一阶段，多种经营起步。20 世纪 70 年代末，部分报刊单位实行“事业单位、企业化管理”，开展经营活动，揭开了我国新闻传播业即传统媒体多种经营序幕。第二阶段，社会资本少量进入。到 20 世纪 90 年代，社会资本“暗渡陈仓”，进入多家报刊。[④] 第三阶段，新闻采编与经营分开，社会资本有限进入及媒体组建企业合法化。2003 年国务院办公厅《文化体制改革试点中支持文化产业发展的决定》规定：新闻单位事业单位的性质不变，但广告、发行、印刷、传输等经营部分可以剥离出来，组建企业，前提是国家绝对控股，可吸收社会资本。2005 年年底中共中央、国务院《关于深化文化体制改革的若干意见》规定：党报、党刊、电台、电视台、通讯社、重点新闻网站和时政类报刊及少数承担政治性、公益性出版任务的出版单位属于公益性文化事业单位；一般出版单位和文化、艺术生活、科普类报刊社，以及新华书店、电影制片厂、电视剧制作单位，则一律转企；该文件还就转制原则重申：“坚持国有独资或国有绝对控股，实行特许经营或许可证管理。”上述法律及政策，在实质上认可部分新闻媒体企业化的同时，确立了两个原则：一是新闻采编与经营分

---

① 参见《报纸出版管理规定》第二条。

② 参见《期刊出版管理规定》第二条。

③ 参见《报纸出版管理规定》第二条和《期刊出版管理规定》第二条。

④ 中宣部新闻调研小组．中国报业总量结构效益调查［M］．北京：新华出版社，1996：13.

开，即社会资本不能染指新闻采编业务；二是在引进社会资本时，国有资本必须控股51% 以上。在政策鼓励下，一批报社转制为企业。2005 年，中国保险报社整体改制为中国保险报业股份有限公司；2007 年，辽宁出版集团有限公司改为辽宁出版传媒股份有限公司，同年底在上海证券交易所上市。2012 年 9 月，全国 3,388 种应转制非时政类报刊有 3,271 种转制，占 96.5%。①

二、广播电台、电视台的创办资格

广播电台、电视台是指采编、制作并通过有线或者无线的方式播放广播电视节目的机构。②

（一）广播电视频率专用指配

频率是广播电视赖以存在和运营的基础。我国由国务院广播电视行政部门负责指配广播电视专用频段的频率，并核发频率专用指配证明。而设立广播电视发射台、转播台、微波站、卫星上行站，应持国务院广播电视行政部门核发的频率专用指配证明，向国家或者省级无线电管理机构办理审批手续，领取无线电台执照。③

（二）广播电台、电视台的创办资格

与报刊创办相同的是，我国广播电台、电视台的设立，也要依据相关行政规制部门制定的全国广播电台、电视台的设立规划。

根据《广播电视管理条例》，设立广播电台、电视台，除了应当具备专业人员、技术设备、资金保障、必要场所、明确的频道定位和确定的传输覆盖范围、传输覆盖方式和技术参数符合国家广播电视传输覆盖网规划等条件处，④ 最突出的特点是，只有县级以上人民政府广播电视行政部门才有资格设立广播电台、电视台（其中教育电视台可以由设区的市、自治州以上人民政府教育行政部门设立），其他任何单位和个人不得设立广播电台、电视台，如此，广播电视的地区行政垄断格局形成。而且，国家禁止设立外资经营、中外合资经营和中外合作经营的广播电台、电视台。⑤ 由此可见，除教育台外，其他广播电台和电视台是广播电视行政规制部门的下属（事业）单位。

广电行政规制部门对经批准设立的广播电台、电视台颁发《广播电视播出机构许

① 魏永征，周丽娜．新闻传播法教程［M］.7 版．北京：中国人民大学出版社，2022：313–316.
② 参见《广播电视管理条例》第八条第二款。
③ 参见《广播电视管理条例》第十八、十九条。
④ 参见《广播电视管理条例》第九条、《广播电台电视台审批管理办法》第六条。
⑤ 参见《广播电视管理条例》第十条。

可证》，并同时对批准开办的每套广播电视节目颁发《广播电视频道许可证》。

（三）广播电视节目制作经营许可

除依法设立的广播电台、电视台外，设立广播电视节目制作经营机构或从事广播电视节目制作经营活动应当取得《广播电视节目制作经营许可证》。① 申请该许可证者应当符合国家有关广播电视节目制作产业发展规划、布局和结构，并具备独立法人资格，及有不少于 3 名的具备广播电视及相关专业简历的主要管理人员等条件。②

取得《广播电视节目制作经营许可证》的机构应严格按照许可证核准的制作经营范围开展业务。广播电视时政新闻及同类专题、专栏节目只能由广播电视播出机构制作。③

（四）电视剧制作经营许可

电视剧是广播电视节目中的特殊内容，我国对其制作经营实行特殊许可。

电视剧合法制作机构有三类：持有《广播电视节目制作经营许可证》的机构；地市级（含）以上电视台（含广播电视台、广播影视集团）；持有《摄制电影许可证》的电影制片机构。而且，这三类机构均须事先另行取得《电视剧制作许可证》。④

为保证上述双证管理的有效性，国家还实行以下制度。一是播出控制制度。广播电视播出机构不得播放未取得《广播电视节目制作经营许可证》机构制作的和未取得发行许可的电视剧、动画片。二是制作备案公示制度。国产剧、合拍剧拍摄制作须备案公示，并一律由国务院广播影视行政部门负责。符合上述电视剧制作条件的制作机构方有资格申请公示。⑤

（五）广播电视经营的社会资本准入

与报刊业类似，尽管主办单位和主管单位不包括私人资本，但其可以进入广播电视业从事非采编业务的经营。

自 20 世纪末，我国广播电视业经历了多种经营、社会资本进入、新闻采编与经营分开、电视剧制作单位企业化、制播分离几个阶段，而其组建上市公司也早于纸质媒体，先后有“东方明珠”（1992 年）、“中视传媒”（1997 年）、“电广传媒”（1999 年）、“歌华有线”（2001 年）等上市。21 世纪以来，社会资本进入广播电视的进程加快：2004 年 2 月，国家广电总局《关于促进广播影视产业发展的意见》要求“除新闻

---

① 参见《广播电视管理条例》第三十一条。

② 参见《广播电视节目制作经营管理规定》第六、七条。

③ 参见《广播电视节目制作经营管理规定》第二十一条。

④ 参见《广播电视节目制作经营管理规定》第十七、十八条。

⑤ 参见《电视剧内容管理规定》第十条。电视剧发行与播出的审批许可参见第五章第五节的内容。

宣传以外的社会服务类、大众娱乐类节目，特别是影视剧的制作经营从现有体制逐步分离出来，按照产业发展的方向和现代产权制度、现代企业制度的要求组建公司……”确认了新闻采编与经营分开的方针；2005 年年底，中共中央、国务院《关于深化文化体制改革的若干意见》也确认电影制片厂、电视剧制作单位一律转企的方向；2009 年 8 月，国家广电总局的《关于认真做好广播电视制播分离改革的意见》，除规定制播分离改革重点、对象（节目类型）及可以上市融资的政策外，还规定：电台、电视台必须确保控股权、重大事项决策权、资产配置控制权、主要领导干部任免权。

三、电影产业市场准入

电影，是指运用视听技术和艺术手段摄制、以胶片或者数字载体记录、由表达一定内容的有声或者无声的连续画面组成、符合国家规定的技术标准、用于电影院等固定放映场所或者流动放映设备公开放映的作品。①

从法律规定的资格条件上看，电影是我国传媒市场中准入条件最为宽松的。根据《电影产业促进法》第七条第四款，国家鼓励公民、法人和其他组织依法开发电影形象产品等衍生产品。这里，“公民”列于法人和其他组织之前，原因是电影产业投入高、风险大，需要私人资本的投入及导演、演员创造性才能的发挥。

外资在我国电影业的准入与其他传播有显著不同。（1）个人禁止在我国境内从事电影摄制活动，其必须以法人等组织形式与我国法人、其他组织合作摄制电影，且须经国务院电影主管部门批准。但我国法人、其他组织不得与损害我国国家尊严、荣誉和利益，危害社会稳定、伤害民族感情的境外组织合作，也不得聘用有上述行为的个人参加电影摄制。合作摄制电影符合创作、出资、收益分配等方面比例要求的，该电影视同境内法人、其他组织摄制的电影。②（2）法律未禁止中外合资经营、中外合作经营和外资经营单位在我国境内独立从事电影摄制活动，这与一般性互联网传播服务业务类似。

第三节　我国传媒市场准入与产权制度的特点

目前，我国媒体传播业的准入格局整体上是多种所有制并行，但传统媒体与网络媒体有明显不同，不同的传统媒体和网络媒体也各有不同。

---

① 参见《电影产业促进法》第二条第二款。

② 参见《电影产业促进法》第十四条。

一、传统媒体准入基于维护政治制度稳定，采编业务严控，经营基本放开

我国传统媒体行业准入与产权制度的第一目的，就是维护社会主义公有制度及执政党的地位，并促进传媒业的发展。四十多年改革开放进程中，传媒市场准入及产权制度总体上表现出放宽趋势，但传统主流新闻媒体事业单位的法律性质始终未变，创办权牢牢掌握在国有资本手中，采编业务保持绝对主导。即使在改革中对经营领域以及节目制作的某些方面实行开放政策，但我国仍坚持由国家绝对控股的方针。

然而，我国传统媒体在法律上坚持公有制主体地位、保留主要新闻采编事业化编制的同时，经过多种经营→社会资本进入→市场化的发展进程，20 世纪末的广播电视、21 世纪初的纸媒在经营领域逐步进入多种所有制共同发展的阶段，允许多元化投资主体的存在，培育传媒的产权交易市场，与我国传媒业产权改革的建立“归属清晰、权责明确、保护严格、流转顺畅的现代产权制度”以及建立“符合现代企业制度要求、体现文化企业特点的资产组织形式和经营管理模式”的总体目标是吻合的。

二、网络传播准入较宽松，但业务领域需根据与政治稳定的关系来确定

我国网络传播媒体明确私人资本可以进入。近年来，以不具备一级新闻资质的、私营资本控制的网络平台为主体的“转载”业务，构筑起“渠道为王”的传播局面；加之内容生产多元化，专业生产内容（PGC：Professional Generated Content）与用户生产内容（UGC：User Generated Content）模式并存，传播生态发生巨大变化。

但我国网络传播法律制度上的准入条件，也是根据与维护政治稳定的关系密切程度来确定的。如禁止非公资本进入或介入时政类新闻的采编、制作、首发；对于转载，则允许介入。然而，即使是转载领域，由于视听内容在传播效果和影响力方面更大，因此非公资本也不可单独进入，必须与国有资本联合进行，并且不允许所占比例超过 49%，而且境外资本绝对不允许进入。[①]

三、就媒体整体格局而言，电影准入最为宽松

从法律规定的资格条件上看，公民、法人和其他组织都是进行电影活动的合法主

---

① 李丹林 . 新媒体资本准入制度：传媒产业立法的核心［J］. 南京社会科学，2018（1）：111–118.

体，而且公民排列在首位，这与电影业的性质有关。而且，外资可以境外组织身份与我国相关组织合作，或者以境内组织即中外合资经营、中外合作经营和外商独资企业的形式，在我国从事电影摄制。所以，电影是我国传媒市场中准入条件最为宽松的。

关键词

互联网信息服务	互联网新闻信息	网络出版
网络视听节目	专网及定向传播视听节目	三网融合
出版	报纸	期刊
电视	电影	内部资料性出版物
制播分离		

思考题

1. 在我国从事互联网新闻信息服务业务，需要具备哪些条件？
2. 简述从事网络出版业务的条件。
3. 简述从事专网及定向传播视听节目服务单位的条件。
4. 在我国要设立出版单位需要具备哪些条件？
5. 在我国设立广播电台、电视台应当具备哪些资质？
6. 为什么我国对广电准入要求严格，而电影的准入基本开放？
7. 从时间纬度简述我国传媒市场准入与产权制度演进的各阶段。
8. 我国传媒市场准入与产权制度有哪些特点？

第五章　传媒安全与运营的行政规制

我国传媒行政规制的一大特点是，在总体国家安全观的指导下，以运营安全为前提，以网络安全为重心，将国家利益、公共利益和个体利益的保护融为一体。

本章主要基于媒体、产品或服务的类型，梳理媒体安全与运营的行政规制，其中，网络安全的行政规制是网络运营行政规制的特别组成部分，而且多部法律名称含“安全”概念，故成单节；传统媒体运营安全问题安排在一般行政规制中。

第一节　网络安全的行政规制

网络安全的法律界定是，“通过采取必要措施，防范对网络的攻击、侵入、干扰、破坏和非法使用以及意外事故，使网络处于稳定可靠运行的状态，以及保障网络数据的完整性、保密性、可用性的能力”[①]。其从网络系统运行的稳定及数据安全角度上对网络安全予以界定，内涵、外延并不清晰，但可从制度、设备、技术与信息、数据安全这几个层面理解，其目的是维护网络空间主权和国家安全、社会公共利益，保护公民、法人和其他组织的合法权益，促进经济社会信息化健康发展。[②]

20 世纪末，我国开始以法律制度对网络安全进行规范，其中，以“安全”为主题和关键词的法律制度主要包括：《全国人民代表大会常务委员会关于维护互联网安全的决定》（2000）、《网络安全法》（2017）、《数据安全法》（2021）、《计算机信息系统安全保护条例》（1994）、《计算机信息网络国际联网安全保护管理办法》（1997）、《关键信息基础设施安全保护条例》（2021）、《汽车数据安全管理若干规定》（2021）、《网络安全审查办法》（2022）、《数据出境安全评估办法》（2022）……在其他法律法规如《个人信息保护法》《电信条例》等中，还有涉及网络及信息安全的专章或专节。至今，我国已形成以《网络安全法》为龙头，以正式立法、行政法规和部门规章为主体的网络安全保护法律体系。

本节主要从国家主权、公共利益、社会及信息系统安全的角度，梳理网络安全的

① 参见《网络安全法》第七十六条第二项。

② 参见《网络安全法》第一条。

原则性、宏观性和基础性制度。①

一、网络安全的原则性要求与运营者的“主体责任”

我国网络安全的原则性要求，主要规定在《网络安全法》和《互联网信息服务管理办法》中确定的网络服务运营者（网络的所有者、管理者和网络服务提供者）针对社会与国家的一般性义务，主要是网络安全义务；至于网络运营者的主体责任，则主要规定于部门规章和规范性文件中，是网络运营者一般性义务的细化或补充。

（一）网络安全的原则性要求即网络运营者的一般性义务

1. 行政相对人需要履行的法定义务

为保障网络免受干扰、破坏或者未经授权的访问，防止网络数据泄露或者被窃取、篡改，根据《网络安全法》，网络运营者有以下一般性义务：制定内部安全管理制度和操作规程，确定网络安全负责人；采取防范、监测、记录（留存网络日志不少于六个月）、数据分类、重要数据备份和加密等技术措施；②不得超越经许可或者备案的经营范围提供服务，在其网站主页的显著位置标明其经营许可证编号或者备案编号。③

另外，网络运营者还有网络产品、服务符合强制性国家标准的要求的义务，网络关键设备和网络安全专用产品强制性国家标准及安全认证、检测义务，与用户签订协议并要求用户提供真实身份信息的义务，制定与启动网络安全事件应急预案并向主管部门报告的义务，配合维护国家安全、网络安全及侦查犯罪活动的义务，保护网络用户个人信息的义务，④以及消除违法信息和对传播违法信息停止服务的义务等。⑤

2. 行政相对人和特殊网络服务合同当事人针对网络用户的特别权利与义务

与网络用户签订服务协议及要求网络用户提供真实身份信息的义务，既是网络运营者作为行政相对人的义务，又是作为服务合同当事人的权利。网络运营者为用户办理网络接入、域名注册、电话入网、即时通信等服务，均有义务与用户签订协议。与之同时，还应当要求用户提供真实身份信息，否则应拒绝为其提供相关服务。⑥

---

① 由于网络安全也是网络运营行政规制的一部分，本节局部内容会涉及网络传播的日常管理，后者的内容也涉及或影响网络安全，但侧重于网络日常运营的行政规制。关于传播或处理的信息、数据内容的管理，尽管也涉及网络安全，但主要在第六章详述。

② 参见《网络安全法》第二十一条。

③ 参见《互联网信息服务管理办法》第十一、十二条。

④ 参见《网络安全法》第二十二条至二十八条。

⑤ 参见《网络安全法》第四十七、四十八条。

⑥ 参见《网络安全法》第二十四条。

需要说明，我国网络实名制是“前台自愿、后台实名”。国家互联网信息办公室在一系列部门规章和规范性文件中，均有此要求。截至目前，我国网络实名制已基本落实。

作为网络监管机关的行政相对人，同时也是网络服务合同的一方当事人，网络运营者承担保护网络用户个人信息等义务。

（二）网络运营者的主体责任（权利）

2016 年 4 月，习近平总书记在网络安全和信息化工作座谈会上的讲话中，首次提出“网上信息管理，网站应负主体责任”①。2018 年 4 月，习近平在全国网络安全和信息化工作会议上进一步强调：“要压实互联网企业的主体责任，决不能让互联网成为传播有害信息、造谣生事的平台。”从此，我国互联网监管策略将互联网平台的“主体责任”作为抓手，此概念也从政策概念向法律概念转化。

然而，网络运营者的“主体责任”在近年实施的诸多部门规章和规范性文件中的解释并不一致：在法律文件中，它是“法律概念”；在规范性文件中，它是“政策概念”。在提及网络运营者“主体责任”的文件中，法律层级最高的行政法规《关键信息基础设施安全保护条例》和一部规范性文件未予解释，部门规章中均为原则性规定，比较笼统；而规范性文件，尤其是《互联网跟帖评论服务管理规定》的解释则比较全面，既有原则性规定，也有操作层面的措施。②总体而言，上述文件所勾勒出来的“主体责任”，囊括了网络安全原则下关于网络运营者一般性义务的所有要求。

然而，如果从执行层面或者网络用户角度，网络运营者的“主体责任”主要内容是，有依法依约采取信息发布审核、删除信息、警示提醒、限期改正、限制账号功能、暂停使用、关闭账号、禁止重新注册等处置措施的权利，并向有关主管部门报告。③可见，对于监管者而言，它是作为行政相对人的“义务”；对于网络用户而言，它是一种权利。当然，由于网络运营者并非行政主体，其对于网络用户的权利是合同权利。

二、网络信息系统（设施）运行安全的规制

网络（计算机）信息系统指由计算机及其相关的和配套的设备、设施（含网络）

---

① 习近平在网络安全和信息化工作座谈会上的讲话［EB/OL］.（2016-04-26）［2022-12-08］. http://www.xinhuanet.com/newmedia/2016-04/26/c135312437.html.

②《互联网跟帖评论服务管理规定》第五条对“主体责任”的要求是，对注册用户进行真实身份信息认证；建立健全用户信息保护制度；跟帖评论先审后发制度；对“弹幕”跟帖在同一平台和页面同时提供对应的静态版内容；建立审核管理、实时巡查、应急处置等信息安全管理制度；开发相关新技术，提升垃圾信息处置能力；配备审核编辑队伍；配合有关主管部门开展监督检查工作，提供必要的技术、资料和数据支持。

③ 参见《网络信息内容生态治理规定》第八条、《互联网信息服务算法推荐管理规定》第七条、《互联网直播服务管理规定》第七条、《区块链信息服务管理规定》第十六条、《互联网视听节目服务管理规定》第十八条。

构成的，按照一定应用目标和规则对信息进行采集、加工、存储、传输、检索等处理的人机系统。①关于其安全的法律保障，经历了不断完善的阶段。

（一）网络（计算机）信息系统安全运行制度的初建

1994年国务院颁布实施的《计算机信息系统安全保护条例》，确立了以下制度：网络（计算机）信息系统安全等级制，国际联网备案制，运输、携带、邮寄计算机信息媒体等的海关申报制，案件报告制，计算机信息系统安全专用产品销售许可证制，公安部门对计算机信息系统保护工作的指导、监督制。②

（二）网络（计算机）信息系统安全运行制度的完善

2000年，国务院颁布实施的《电信条例》明确了危害电信网络安全和信息安全的行为包括：删除、修改电信网的功能、数据和应用程序；窃取或者破坏他人信息；故意制作、复制、传播计算机病毒或者以其他方式攻击电信设施等。《电信条例》要求电信业务经营者应当建立健全内部安全保障制度，实行安全保障责任制。③

2000年，国务院颁布实施的《关键信息基础设施安全保护条例》，明确了运营者对关键信息基础设施④有如下义务：安全保护措施与关键信息基础设施同步、建设、使用制，网络安全保护责任制，专门安全管理机构及人员安全背景审查制，安全检测和风险评估制，重大网络安全事件或重大网络安全威胁报告制，网络产品和服务采购中的优先采购、安全审查和签订安全保密协议制，运营者合并、分立、解散等情况的及时报告制。⑤

三、国际联网的安全规制

计算机信息网络国际联网，是指一国计算机信息网络为实现信息的国际交流，同其他国家或地区⑥的计算机信息网络相连接。在国际联网中，计算机信息网络分两类。（1）互联网络指直接进行国际联网的计算机信息网络；互联单位指负责互联网络运行的单位。（2）接入网络指通过接入互联网络进行国际联网的计算机信息网络；接入单

① 参见《计算机信息系统安全保护条例》第二条。
② 参见《计算机信息系统安全保护条例》第九至十六条。
③ 参见《电信条例》第五十七条。
④ 所谓关键信息基础设施，指公共通信和信息服务、能源、交通、水利、金融、公共服务、电子政务、国防科技工业等重要行业和领域的，以及其他一旦遭到破坏、丧失功能或者数据泄露，可能严重危害国家安全、国计民生、公共利益的重要网络设施、信息系统等。参见《关键信息基础设施安全保护条例》第二条。
⑤ 参见《关键信息基础设施安全保护条例》第十二至二十一条。
⑥ 我国大陆（内地）与台湾、香港、澳门地区的计算机信息网络的联网，参照国际联网执行。参见《计算机信息网络国际联网管理暂行规定》第十六条。

位指负责接入网络运行的单位。①

在我国，计算机信息网络国际联网的安全保护管理工作由公安部计算机管理监察机构负责。而国际联网有三个层次的相关制度。

第一是国际出入口信道及法定管理单位。在我国，必须使用国家公用电信网提供的国际出入口信道进行国际联网，不得自行建立或者使用其他信道进行国际联网。我国已建成的国际互联网络分别由邮电部门、工信部门、教育部门和中国科学院管理。②

第二是接入网络需通过互联网络进行国际联网，且需审批。无论从事国际联网的经营活动还是非经营活动，接入单位均应向互联单位的主管部门（单位）申请领取《国际联网经营许可证》，并具备企业法人或者事业法人资格，以及相应的信息网络装备以及人员、安全保密管理制度、长期服务能力等条件。③

第三是用户需通过接入网络进行国际联网。我国任何类型用户（法人、自然人等）的国际联网均须通过接入网络进行，经接入单位同意后办理登记手续。④其他途径的国际联网为非法，公安机关可责令停止联网、给予警告，并处 1,5000 元以下的罚款。⑤

四、互联网域名的行政规制

域名指互联网上识别和定位计算机的层次结构式的字符标识，与该计算机的 IP 地址相对应。⑥我国 2002 年 8 月 1 日公布了对域名相关管理及服务进行规范的《中国互联网络域名管理办法》，并于 2004 年和 2017 年进行了两次修订。目前，我国工业和信息化部（以下简称“工信部”）对域名服务实施监督管理。

（一）域名管理

域名根服务器及其运行机构、域名注册管理机构和域名注册服务机构的设立，实行许可制，⑦分别由工信部和住所地级通信管理局审批，申请者须在我国境内设立，是依法设立的法人，另需良好的信用记录、场地、资金、环境、专业人员和技术能力、网络与信息安全管理制度、应急处置预案用户个人信息保护能力、长期服务能力等条件。⑧

① 参见《计算机信息网络国际联网管理暂行规定》第三条。
② 参见《计算机信息网络国际联网管理暂行规定》第六、七条。
③ 参见《计算机信息网络国际联网管理暂行规定》第八、九条。
④ 参见《计算机信息网络国际联网管理暂行规定》第十条。
⑤ 参见《计算机信息网络国际联网管理暂行规定》第十四条。
⑥ 参见《互联网域名管理办法》第五十五条第一项。
⑦ 域名根服务器，指承担域名体系中根节点功能的服务器（含镜像服务器）。域名根服务器运行机构，指依法获得许可并承担域名根服务器运行、维护和管理工作的机构。域名注册管理机构，指依法获得许可并承担顶级域名运行和管理工作的机构。域名注册服务机构，指依法获得许可、受理域名注册申请并完成域名在顶级域名数据库中注册的机构。参见《互联网域名管理办法》第五十五条第四至七项。
⑧ 参见《互联网域名管理办法》第九至十二条。

（二）域名服务

互联网域名服务（以下简称“域名服务”），是指从事域名根服务器运行和管理、顶级域名（指域名体系中根节点下第一级域的名称）运行和管理、域名注册、域名解析等活动。

我国域名注册服务原则上实行“先申请先注册”；域名注册管理机构建立域名注册保留字制度。[①] 同时，域名中不得含有我国传播法律制度中禁止的内容。由于“先申请先注册”的原则，域名被抢注的情况时有出现。而国外一般采用竞价拍卖的方式来出售域名。

域名持有者注册申请域名，必须通过域名注册服务机构，并提供真实、准确、完整的身份信息。[②] 域名可转让，受让人应当遵守域名注册的相关要求。

域名解析也称域名指向、服务器设置、域名配置以及反向 IP 登记等，即把域名解析成网站空间 IP，让人们通过注册的域名可以方便地访问网站，是域名服务的重要内容之一。域名解析服务应依法记录并留存；不得将域名解析指向他人 IP 地址，不得提供违法域名跳转。[③]

五、互联网用户账号信息的行政规制

互联网用户账号信息，指互联网用户在互联网信息服务中注册、使用的名称、头像、封面、简介、签名、认证信息等用于标识用户账号的信息。[④] 根据 2022 年 8 月 1 日起施行的《互联网用户账号信息管理规定》，互联网用户注册、使用互联网用户账号和互联网信息服务提供者管理互联网用户账号信息的原则是，遵守法律法规，遵循公序良俗，诚实守信，不得损害国家安全、社会公共利益或者他人合法权益。

（一）互联网账号信息的注册和使用

个人用户注册、使用账号信息，含有的职业信息应是其真实职业信息；机构用户注册、使用账号信息，应当与其名称、标识、性质、经营范围和所属行业等一致或符合。[⑤] 用户注册互联网应用服务账号，不仅须提供真实姓名，还应当提供移动电话号码、身份证件号码或统一社会信用代码等真实身份信息，相关网络服务提供者应进行

---

① 参见《互联网域名管理办法》第二十五、二十六条。

② 参见《互联网域名管理办法》第三十条。

③ 域名跳转指对某一域名的访问跳转至该域名绑定或者指向的其他域名、IP 地址或者网络信息服务等。参见《互联网域名管理办法》第五十五条第十项。

④ 参见《互联网用户账号信息管理规定》第二十三条。

⑤ 参见《互联网用户账号信息管理规定》第七条。

认证。[①]

互联网用户注册、使用的账号名称，不得有下列情形。（1）违法内容。主要是《网络信息内容生态治理规定》第六条、第七条规定的违法及应当防范抵制的内容。（2）含有可能使公众受骗或者产生误解的内容。主要是假冒、仿冒、捏造及恶意关联政党、党政军机关、企事业单位、人民团体、国家（地区）、国际组织、新闻机构的名称与标识（或者擅自使用“新闻”“报道”等具有新闻属性的名称、标识等），以及国家行政区域、机构所在地、标志性建筑物等重要空间的地理名称、标识等；故意夹带二维码、网址、邮箱、联系方式等，或者使用同音、谐音、相近的文字、数字、符号和字母等。[②]

为方便公众监督，互联网信息服务提供者应当在互联网用户账号信息页面，展示合理范围内的该账号互联网协议（IP）地址归属地信息，或展示公众账号的运营主体、注册运营地址等信息。[③]该规定主要是为了净化网络生态、捍卫网络秩序。而各大社交平台在个人主页等位置展示账号 IP 属地的相关通知中，称目的是“维护真实有序的讨论氛围，减少冒充热点事件当事人、恶意造谣、蹭流量等不良行为”[④]。目前，各平台及网站对 IP 属地的展示，国内是标示省（市、区），国外是标示国家。

（二）互联网账号信息管理

互联网用户账号信息管理主体责任属于互联网信息服务提供者，其除需履行前述一般性安全义务外，还有依法依约采取警示提醒、限期改正、限制账号功能、暂停使用、关闭账号、禁止重新注册等处置措施权利。[⑤]

六、网络安全审查制度

根据 2022 年 2 月 15 日起施行的《网络安全审查办法》，网络安全审查办公室设在国家互联网信息办公室。

并非所有的网络产品、服务及运营者都是网络安全审查的对象，网络安全审查的对象和业务包括：关键信息基础设施运营者采购网络产品和服务；网络平台运营者影响或者可能影响国家安全的数据处理活动；掌握超 100 万用户个人信息的网络平台运

---

① 参见《互联网用户账号信息管理规定》第九条。

② 参见《互联网用户账号信息管理规定》第八条。

③ 参见《互联网用户账号信息管理规定》第十二、十三条。

④ 头条安全中心 . 今日头条关于在个人主页等位置展示账号 IP 属地的公告［EB/OL］.（2022-04-15）［2022-12-12］.https://www.toutiao.com/article/7086502017057260045/？ channel=&source=search_tab.

⑤ 参见《互联网用户账号信息管理规定》第十七条。

营者赴国外上市。[①]

网络安全审查重点评估以下风险因素：产品和服务供应渠道的可靠性，因为政治、外交、贸易等因素导致供应中断的风险，以及供应中断可能带来的关键信息基础设施被非法控制、遭受干扰或者破坏的风险；核心、重要数据或者大量个人信息被窃取、泄露、毁损以及非法利用、非法出境的风险；上市存在的上述设施及数据、信息被外国政府影响、控制、恶意利用的风险等。[②]

七、数据安全规制

数据是指任何以电子或者其他方式对信息的记录。数据安全是指通过采取必要措施，确保数据处于有效保护和合法利用的状态，以及具备保障持续安全状态的能力。[③]数据安全必须兼顾数据开发利用，同时保护个人、组织的合法权益。

（一）数据安全指导及宏观职责

我国在总体国家安全观的指导下，由中央国家安全领导机构负责数据安全的决策和议事协调，国家网信部门负责统筹协调网络数据安全和相关监管工作，公安机关、国家安全机关、工业等部门，依法在各自职责范围内承担数据安全监管职责。[④]

（二）数据安全制度具体内容

我国数据安全制度包括分级保护制度（含国家核心数据严格管理制和地区、行业重要数据具体目录制），数据安全风险评估、报告、信息共享、监测预警和应急处置机制，数据安全审查制度，出口管制制度，投资、贸易对等制度。[⑤]

数据处理（包括数据的收集、存储、使用、加工、传输、提供、公开等）者有以下义务：建立健全全流程数据安全责任制度（明确数据安全负责人和管理机构），数据处理以及研发符合社会公德伦理，重要数据处理进行风险评估，数据处理应合法、正当并符合目的、范围的限制原则，建立健全安全漏洞补救制度和安全事件应急处置制度。[⑥]

国家机关为履行法定职责收集、使用数据，应在法定职责范围内依照法定条件和程序进行，并予以保密；国家机关委托他人建设、维护电子政务系统，处理政务数据，

---

① 参见《网络安全审查办法》第二、七条。
② 参见《网络安全审查办法》第十条。
③ 参见《数据安全法》第三条。
④ 参见《数据安全法》第五、六条。
⑤ 参见《数据安全法》第二十一到二十五条。
⑥ 参见《数据安全法》第二十七到三十六条。

应经严格的批准程序，并监督受托方履行保密义务。国家制定政务数据开放目录，构建政务数据开放平台，并遵循公正、公平、便民的原则，及时、准确、依法公开政务数据。①

（三）数据出境的安全规制

数据出境的安全规制是数据安全的重要环节和核心内容之一。根据2022年9月1日起施行的《数据出境安全评估办法》，数据处理者向境外提供在境内运营中收集和产生的重要数据和个人信息时，须进行事前评估和持续监督、风险自评估与安全评估。

1. 需要出境安全评估的情形

数据处理者有以下情形，须进行出境安全评估：（1）向境外提供重要数据（一旦遭到篡改、破坏、泄露或者非法获取、非法利用等，可能危害国家安全、经济运行、社会稳定、公共健康和安全等的数据）；（2）关键信息基础设施运营者和处理100万人以上个人信息的数据处理者向境外提供个人信息；（3）自上年1月1日起累计向境外提供10万人个人信息或者1万人敏感个人信息的数据处理者向境外提供个人信息；（4）国家网信部门规定的其他情形。② 由此可见，数据出境的安全评估比网络安全审查的对象起点低，要求更严格。

2. 出境风险自评估的重点事项

出境风险自评估的重点事项如下：（1）数据出境和境外接收方处理数据的目的、范围、方式等的合法性、正当性、必要性；（2）出境数据的规模、范围、种类、敏感程度及可能对国家安全、公共利益、个人或者组织合法权益带来的风险；（3）境外接收方承诺承担的责任义务，及其管理和技术措施、能力等能否保障出境数据的安全；（4）数据出境中和出境后各种风险及个人维权渠道是否通畅；（5）与境外接收方拟订的数据出境相关合同等法律文件是否充分约定了数据安全保护责任义务；（6）其他事项。③

3. 网信部门等对数据出境安全的行政评估事项

除上述自评估中的相关事项，还须进行以下评估：（1）同等条件的评估，即境外接收方所在国家或者地区的数据安全保护政策法规、网络安全环境、数据保护水平是否达到我国法律规定和强制性国家标准的要求；（2）遵守中国法律、行政法规、部门

① 参见《数据安全法》第三十八到四十二条。
② 参见《数据出境安全评估办法》第四条。
③ 参见《数据出境安全评估办法》第五条。

规章情况；(3) 其他事项。[①]

4. 数据处理者与境外相关组织签订法律文件明确约定数据安全保护责任义务

数据处理者与境外接收方拟订的数据出境相关合同等法律文件必须包含下列内容：(1) 数据出境的目的、方式和范围，境外接收方处理数据的用途、方式等；(2) 数据在境外保存地点、期限，以及达到保存期限、完成约定目的或者法律文件终止后出境数据的处理措施；(3) 出境数据再转移的约束性要求；(4) 境外接收方在实际控制权或者经营范围发生实质性变化，或者所在国家发生法律和网络安全环境变化及其他不可抗力情形导致难以保障数据安全时，应采取的安全措施；(5) 违约的补救措施、违约责任和争议解决方式；(6) 出境数据遭到各种风险时，妥善开展应急处置和保障个人维权的途径和方式。[②]

八、汽车数据的安全规制

汽车数据，包括汽车设计、生产、销售、使用、运维等过程中涉及的个人信息数据和重要数据，是特别重要、敏感的数据，所以国家互联网信息办公室、国家发展和改革委员会、工业和信息化部、公安部、交通运输部联合发布了《汽车数据安全管理若干规定（试行）》(2021 年 10 月 1 日起施行)。汽车数据中的个人信息主体主要指车主、驾驶人、乘车人、车外人员，相关个人信息包括车辆行踪轨迹、音频、视频、图像和生物识别特征等信息；相关重要数据包括：军管区、国防科工单位以及县级以上党政机关等重要敏感区域的地理信息、人员流量、车辆流量等数据；车辆流量、物流等经济运行数据；汽车充电网的运行数据；包含人脸信息、车牌信息等的车外视频、图像数据；涉及数量超过 10 万人的个人信息；其他数据。[③]

（一）汽车数据处理原则

由于汽车数据涉及个人行踪、个人生物识别信息（指纹、声纹、人脸、心律）等敏感个人信息，其处理应遵守包括增强行车安全、智能驾驶、导航等直接服务于个人的目的，以及充分的必要性原则，[④] 具体而言，包括：(1) 车内处理原则，非确有必要不向车外提供；(2) 默认不收集原则，即每次驾驶时默认设定为不收集状态，由驾驶人确定是否收集；(3) 精度范围适用原则，根据所提供功能服务对数据精度的要求确

---

① 参见《数据出境安全评估办法》第八条。
② 参见《数据出境安全评估办法》第九条。
③ 参见《汽车数据安全管理若干规定（试行）》第三条。
④ 参见《汽车数据安全管理若干规定（试行）》第九条第二款。

定摄像头、雷达等的覆盖范围、分辨率；（4）脱敏处理原则，即匿名化、去标识化。[①]

（二）汽车数据处理的知情同意及告知事项

我国将汽车数据涉及的信息视为敏感个人信息，规定其处理要遵守单独同意的规则，[②]其知情同意及告知在遵守《个人信息保护法》《数据安全法》相关规定的前提下，还要求汽车数据处理者（开展汽车数据处理活动的组织，包括汽车制造商、零部件和软件供应商、经销商、维修机构以及出行服务企业等）应当通过显著方式告知个人以下事项：（1）需要处理的包括车辆行踪轨迹、驾驶习惯、音频、视频、图像和生物识别特征等在内的个人信息的种类；（2）收集各类个人信息的具体情境；（3）停止收集的方式、途径；（4）查阅、复制其个人信息以及删除车内、请求删除已经提供给车外的个人信息的方式和途径。[③]告知用户的显著方式包括：用户手册、车载显示面板、语音、汽车使用相关应用程序等。

如果因保证行车安全需要，无法征得个人同意采集到车外个人信息且向车外提供的，应匿名化处理，包括删除或对人脸信息等进行局部轮廓化处理等。[④]

（三）汽车数据存储及处理的风险评估

汽车数据中的重要数据必须存储在境内，其处理参照重要数据的处理规则，必须进行风险评估，并向省级网信部门和有关部门报送风险评估报告。[⑤]

（四）汽车数据处理者处理重要数据及数据出境的安全规制

汽车数据处理者开展重要数据处理活动及向境外提供数据时，除应遵循前述数据出境安全管理规则外，还应当在每年 12 月 15 日前向省级网信部门和有关部门报送的年度汽车数据安全管理情况中，报告汽车数据安全事件处置情况及与汽车数据相关的用户投诉和处理情况。[⑥]

第二节　网络传播平台与技术服务的行政规制

使用不同的网络信息传播技术提供不同产品与服务的网络运营者，在日常运营中

---

① 参见《数据出境安全评估办法》第六条。
② 参见《数据出境安全评估办法》第九条第一款第三项。
③ 参见《汽车数据安全管理若干规定（试行）》第七条。
④ 参见《汽车数据安全管理若干规定（试行）》第八条第二款。
⑤ 参见《汽车数据安全管理若干规定（试行）》第十、十一条。
⑥ 参见《汽车数据安全管理若干规定（试行）》第十三条第六款和第十四条第四款。

各有不同程序性要求。本节以网络平台和网络技术服务为分类依据，对其日常规制及程序性要求进行梳理。这里需要说明的是，网络安全规制本就是网络行政规制的一部分，因此，本节个别部分也不可避免地会涉及相关内容。

一、网络信息内容服务平台的行政规制①

（一）网络信息内容服务平台的一般行政规制

网络信息内容服务平台，是指提供网络信息内容传播服务的网络信息服务提供者。②关于网络信息内容服务平台的行政规制，上节所述关于《网络安全法》规定的网络安全的基本原则、关键信息系统的安全规则等，均适用于这种进行传播服务的平台，同时，此类平台还应承担信息发布、跟帖评论的审核及版面页面生态管理的义务。③

由于平台本身强大的资金、人才及算法技术背景，法律对其特殊服务提出特别的运营要求：使用算法推荐技术推送信息时，应建立健全人工干预和用户自主选择机制；开发未成年人模式的产品和服务；建立用户账号信用管理制度；建立便捷投诉举报途径；编制网络信息内容生态治理工作年度报告。④

（二）网络信息内容服务使用者的行政规制

网络信息内容服务使用者，指使用网络信息内容服务的组织或者个人。⑤网络信息内容服务使用者的行政规制，除遵守传播内容的一般法律要求外，还有以下特别要求。（1）积极性要求。网络群组、论坛社区板块建立者和管理者应当履行管理责任，依据法律法规、用户协议和平台公约等，规范群组、板块内信息发布等行为。⑥（2）消极性要求。禁止通过发布、删除信息以及其他干预信息呈现的手段侵害他人合法权益或者谋取非法利益；⑦禁止利用新技术、新应用从事违法活动，实施流量造假、流量劫持以及虚假注册账号、非法交易账号、操纵用户账号等违法行为，破坏网络生态秩序；⑧禁止违法违规开展网络商业营销活动。⑨

---

① 2020 年 3 月 1 日起实施的《网络信息内容生态治理规定》主要规制网络信息内容生产者、网络信息内容服务平台与使用者，其对网络信息内容生产者的规范实质上是对传播内容的规范，故置于第六章。

② 参见《网络信息内容生态治理规定》第四十一条第二款。

③ 参见《网络信息内容生态治理规定》第八、九条。

④ 参见《网络信息内容生态治理规定》第十二到十七条。

⑤ 参见《网络信息内容生态治理规定》第四十一条第三款。

⑥ 参见《网络信息内容生态治理规定》第十九条。

⑦ 参见《网络信息内容生态治理规定》第二十二条。

⑧ 参见《网络信息内容生态治理规定》第二十三、二十四条。

⑨ 参见《网络信息内容生态治理规定》第二十二条。

二、网络算法推荐的行政规制

应用算法推荐技术，是指利用生成合成类、个性化推送类、排序精选类、检索过滤类、调度决策类等算法技术向用户提供信息。①

（一）算法推荐信息服务规范

由于算法推荐技术对信息内容的抓取、干预、用户画像及舆论引导功能都非常强大，其除应尽《网络安全法》框架下的基本义务外，还应遵守如下特别规范。（1）设置积极有益型算法模型。算法模型不得诱导违反法律或违背伦理道德，其推荐服务规则应当公开。（2）保护网络用户合法权益，包括不得以违法和不良信息关键词等方式建立负面用户标签库（并据以推送信息）；建立完善人工干预和用户自主选择机制；综合运用内容去重、打散干预等策略，并优化检索、排序、推送、展示等规则的透明度和可解释性，避免对用户产生不良影响。（3）完善识别违法和不良信息特征库的入库标准、规则和程序。（4）禁止干预信息呈现，影响网络舆论，或者规避监督管理。此类手段包括利用算法虚假注册账号、非法交易账号、操纵用户账号，或者虚假点赞、评论、转发，以及屏蔽信息、过度推荐、操纵榜单或者检索排序、控制热搜或者精选等。②

（二）算法推荐服务提供者的用户权益保护义务

算法推荐作为网络信息传播的新技术、新形态，其在保护网络用户权益时应尽特别义务。（1）告知义务。以“显著方式”告知用户其提供算法推荐服务的情况，以“适当方式”公示算法推荐服务的基本原理、目的意图和主要运行机制等。（2）向用户提供自主选择机制，包括便捷的关闭算法推荐服务的选项，或者选择或者删除针对其个人的用户标签的功能。（3）针对弱势群体的特殊义务。向未成年人提供服务的，必须开发使用适合未成年人使用的模式；向老年人提供服务的，应充分考虑老年人办事特点，提供智能化适老服务，并对涉电信网络诈骗信息进行监测、识别和处置。（4）针对劳动者的特殊义务。应保护劳动者取得劳动报酬、休息休假等合法权益，建立完善平台订单分配、报酬构成及支付、工作时间、奖惩等相关算法。（5）针对消费者的义务。不得根据消费者的偏好、交易习惯等特征，利用算法在交易价格等交易条件上实施差别待遇等违法行为。（6）建立便捷有效的申诉与投诉机制义务。③

---

① 参见《互联网信息服务算法推荐管理规定》第二条。

② 参见《互联网信息服务算法推荐管理规定》第七至十五条。

③ 参见《互联网信息服务算法推荐管理规定》第十六至二十二条。

三、区块链信息服务的行政规制

作为法律概念的区块链信息服务，是指基于区块链技术或者系统，通过互联网站、应用程序等形式，向社会公众提供信息服务。[①] 根据2019年2月15日起施行的《区块链信息服务管理规定》，国家网信部门负责全国区块链信息服务的监督、管理、执法工作。

（一）区块链信息技术的应用场景

目前而言，区块链技术主要有五大应用场景：数字货币，金融资产交易结算，数字政务，存证防伪，数据服务。其中，与网络信息传播服务有关的领域主要在：（1）存证防伪。在知识产权领域，通过区块链技术的数字签名和链上存证，可以对文字、图片、音视频等进行确权，同时覆盖确权、交易和维权三大场景。（2）数据服务。其边缘存储（计算）可解决中心化数据存储（计算模式）不能解决的海量数据问题；其不可篡改和可追溯机制成为大数据、深度学习、人工智能等一切数据应用的基础；可以在保护数据隐私的前提下解决“数据垄断”和“数据孤岛”问题，实现数据流通价值。[②]

（二）区块链信息服务提供者的义务

区块链信息服务提供者除尽到《网络安全法》框架下的基本义务外，还应遵守如下特别规范。（1）制定并公开管理规则和平台公约，与区块链信息服务使用者签订服务协议。（2）安全评估。区块链信息服务提供者开发上线新产品、新应用、新功能时，应报国家网信部门进行安全评估。（3）备案。通过国家网信部门区块链信息服务备案管理系统履行备案手续；完成备案后，在其对外提供服务的互联网站、应用程序等上的显著位置标明备案编号。[③]

四、互联网信息深度合成服务的行政规制

深度合成技术，是指利用深度学习、虚拟现实等生成合成类算法制作文本、图像、音频、视频、虚拟场景等网络信息的技术。

---

① 参见《区块链信息服务管理规定》第二条。

② 国家互联网信息办公室．区块链技术的五大应用场景［R/OL］．（2019-11-06）［2022-11-18］．http://www.cac.gov.cn/2019-11/06/c_1574572443976601.htm.

③ 参见《区块链信息服务管理规定》第六至十八条。

（一）深度合成技术应用场景

深度合成技术包括但不限于:（1）生成或者编辑文本内容的技术，含篇章生成、文本风格转换、问答对话等;（2）生成或者编辑语音和非语音内容的技术，前者指文本转语音、语音转换、语音属性编辑等，后者指音乐生成、场景声编辑等;（3）生成或者编辑图像、视频内容中生物特征和非生物特征的技术，前者含人脸生成、人脸替换、人物属性编辑、人脸操控、姿态操控等，后者指图像生成、图像增强、图像修复等;（4）生成或者编辑数字人物、虚拟场景的技术，包括三维重建、数字仿真等。①上述技术，从最基础的文字合成到元宇宙的关键底层技术三维重建，基本涵盖了目前深度合成技术在互联网领域中的应用场景。

（二）深度合成技术服务提供者的义务

深度合成技术从图像合成技术（PS）发展而来，可满足用户需求、改进用户体验。然而，该技术一出生就仿佛带着原罪，席卷着伤害、侮辱和虚假，②③不仅被不法分子用于制作、复制、传播违法甚至虚假新闻信息，侵害他人名誉等人格权益，还侵害公众利益，甚至危害社会稳定和国家安全。

依据 2023 年 1 月生效的《互联网信息服务深度合成管理规定》，深度合成服务提供者和技术支持者除应履行一般性网络安全义务外，还应履行以下特别义务:（1）提示义务，提供人脸、人声等生物识别信息编辑功能的，应当提示深度合成服务使用者告知被编辑的个人，并取得其单独同意；④（2）安全评估义务，提供生成或者编辑以下信息的模型、模板等工具的，应当自行或者委托专业机构开展安全评估人脸、人声等生物识别信息。⑤（3）针对可能导致公众混淆或者误认的内容与服务的显著标识义务，这些内容与服务包括文本生成或编辑服务、显著改变个人身份特征的编辑服务、沉浸式拟真场景等生成或者编辑服务等。⑥

---

① 参见《互联网信息服务深度合成管理规定》第二十三条。

② 2017 年，一个名为“deepfakes”的外国网友使用 AI 技术，将《神奇女侠》的扮演者盖尔·加朵的脸，换到了色情影片女主角身上。郭荣荣 . AI“换脸”风险几何？专家：未经他人同意制作发布将违法［EB/OL］.（2019-09-11）［2023-11-21］. http://news.jcrb.com/jszx/201909/t20190911_2047567.html.

③ 肖飒法律团队 . 换脸？合成？新规重拳整治乱象［EB/OL］.（2022-12-15）［2023-11-21］.https://k.sina.com.cn/article_3962947301_ec35c6e501901bmyw.html.

④ 参见《互联网信息服务深度合成管理规定》第十四条。

⑤ 参见《互联网信息服务深度合成管理规定》第十五条。

⑥ 参见《互联网信息服务深度合成管理规定》第十六、十七条。

第三节 网络传播产品服务的行政规制

除基于网络平台与技术的行政规制制度，我国基于网络传播信息产品的类型，对网络新闻信息、网络出版物及网络视听产品的日常管理及程序性要求也进行了规范。各类网络传播产品运营者除履行上述网络服务运营的一般性安全及行政规制义务外，还要针对特殊业务，在重点环节履行（本节所述）相应义务。

一、互联网新闻信息服务的行政规制

网络新闻信息服务运营者除应取得《互联网新闻信息服务许可证》外，还要接受以下特别规制。

第一，互联网新闻信息公众账号的审核与规制。用户开设公众账号的，互联网新闻信息传播平台应当审核其账号信息、服务资质、服务范围等，并向所在地省、自治区、直辖市互联网信息办公室分类备案。① 另外，（一类资质）新闻单位、新闻网站开设的公众账号可以发布、转载时政类新闻，取得互联网新闻信息服务资质的（二类资质）非新闻单位开设的公众账号可以转载时政类新闻。其他公众账号未经批准不得发布、转载时政类新闻。②

第二，合法转载互联网新闻信息。互联网新闻信息服务提供者转载新闻信息，应当转载中央新闻单位或省、自治区、直辖市直属新闻单位等国家规定范围内的单位发布的新闻信息，不得歪曲、篡改标题原意和新闻信息内容，并保证新闻信息来源可追溯；还应当遵守著作权相关法律法规的规定，保护著作权人的合法权益。③

第三，对互联网新闻信息新应用功能需进行安全评估，主要针对具有新闻舆论属性或社会动员能力的应用功能，其投入使用前应报国家或省级互联网信息办公室进行互联网新闻信息服务安全评估。④

第四，网络新闻信息服务运营者有特别记录义务。其应对网络用户的以下内容记录备份并保存 60 日，以备国家机关查询：（1）互联网新闻信息服务提供者应当记录信息内容及其发布时间、互联网地址或者域名；⑤（2）（互联网接入服务提供者）应当记

① 参见《互联网新闻信息服务管理规定》第十四条第三款。
② 参见《即时通信工具信息服务发展管理暂行规定》第七条。
③ 参见《互联网新闻信息服务管理规定》第十五条。
④ 参见《互联网新闻信息服务管理规定》第十七条第二款。
⑤ 互联网出版服务及电子公告服务提供者也有此义务，下不赘述。

录上网用户的上网时间、用户账号、互联网地址或者域名、主叫电话号码等信息。[①]

二、网络出版运营的行政规制

网络出版运营者除应取得《网络出版服务许可证》并合法使用外，还应接受以下规制。

第一，重大选题预先备案制。网络出版服务单位出版涉及国家安全、社会安定等重大选题内容时，应办理备案手续。未经备案的重大选题内容，不得出版。[②]

第二，网络游戏出版严格审批制。网络游戏出版前，必须向所在地省级出版行政主管部门提出申请，经审核同意后，报国家新闻出版广电总局审批。[③]

第三，网站域名注册证明、相关服务器存放在中华人民共和国境内。[④]此要求主要出于网络出版物的特殊性及网络安全的考虑。

第四，网络出版物实行标识管理。利用信息网络从事出版物发行业务的，应在其网站主页面或者从事经营活动的网页醒目位置，公开出版物经营许可证和营业执照登载的有关信息或链接标识；[⑤]出版物载明电子出版物制作、出版单位的名称、地址，专用书号或国内统一连续出版物号及条码，著作权人名称以及出版日期等其他有关事项。在出版物的首页或版权记录页等显著位置应显示电子出版物专用标识。[⑥]

三、互联网视听节目服务的行政规制

互联网视听节目服务运营者应取得《信息网络传播视听节目许可证》；通过信息网络向公众传播的影视剧类视听节目，电影电视剧类节目和其他节目，应当符合国家有关广播电影电视节目的管理规定，必须取得《电视剧发行许可证》《电影公映许可证》。[⑦]

互联网视听节目服务单位应当按照许可或备案的事项开展互联网视听节目服务，并在播出界面的显著位置标注国务院广播电影电视主管部门批准的播出标识、名称、《信息网络传播视听节目许可证》或备案编号。[⑧]

---

① 参见《互联网信息服务管理办法》第十四条。但此规定与《个人信息保护法》可能有冲突，因为个人网络行踪属敏感个人信息，依新法优于旧法、上位法优于下位法原则，上述相关规定应当修订。

② 参见《网络出版服务管理规定》第二十六条。

③ 参见《网络出版服务管理规定》第二十七条。

④ 参见《网络出版服务管理规定》第十二条第七款。

⑤ 参见《出版物市场管理规定》第二十二条第二款第五项。

⑥ 参见《网络出版服务管理规定》第二十九条。

⑦ 参见《互联网视听节目服务管理规定》第十七条。

⑧ 参见《互联网视听节目服务管理规定》第十四条。

互联网视听节目服务单位播出的时政类视听新闻节目，应当是地（市）级以上广播电台、电视台制作、播出的节目和中央新闻单位网站登载的时政类视听新闻节目，不允许个人上载时政类视听新闻节目。任何单位和个人不得转播、链接、聚合、集成非法的广播电视频道、视听节目网站的节目。[①]

四、专网及定向传播视听节目服务运营的行政规制

专网及定向传播视听节目服务单位应履行以下特别义务。

内容提供服务单位负责建设和运营内容提供平台，组织、编辑和审核节目内容，[②]其播出的节目应当经过集成播控平台统一集成后提供给用户。

集成播控服务单位负责集成播控平台的建设和运营，负责对内容提供服务单位播出节目的统一集成和播出监控，并负责电子节目指南（EPG）、用户端、计费、版权等管理。集成播控服务单位应当建立健全安全播控管理制度。[③]

传输分发服务单位应当遵守广播电影电视主管部门有关安全传输的管理规定，建立健全安全传输管理制度，保障网络传输安全。在提供传输分发服务前，应当查验集成播控服务单位的《信息网络传播视听节目许可证》。[④]

第四节　出版物运营的行政规制

我国对纸媒出版物内容的程序性管理，总体上是事后管理。在经营性业务中，教科书、境外出版物及境外资本是管理、监控的重心。

一、报刊等出版物日常运营的行政规制

报刊出版过程中，程序性问题的规范非常细致，其中，报刊出版单位变更名称、合并或者分立，以及报纸变更名称、主办单位、主管单位，需要审批；[⑤]备案包括变更备案、休刊备案和注销登记备案。另有出版发行质量管理以及审读、评估和核验制度。

---

① 参见《互联网视听节目服务管理规定》第十七条。
② 参见《专网及定向传播视听节目服务管理规定》第十八、十九条。
③ 参见《专网及定向传播视听节目服务管理规定》第二十至二十二条。
④ 参见《专网及定向传播视听节目服务管理规定》第二十三条。
⑤ 参见《报纸出版管理规定》第十六至十八条和《期刊出版管理规定》第十七、十八条。

（一）对报刊出版质量等业务的行政规制

第一是标识管理。报纸出版时须在每期固定位置标示以下版本记录：报纸名称；报纸出版单位、主办单位、主管单位名称；国内统一连续出版物号；总编辑（社长）姓名；出版日期、总期号、版数、版序；报纸出版单位地址、电话、邮政编码；报纸定价（号外须注明“免费赠阅”字样）；印刷单位名称、地址；广告经营许可证号；国家规定的涉及公共利益或者行业标准的其他标识。① 期刊的标识分封底、版权页和封面。（1）封底或版权页上须刊载的版本记录内容与报纸相同。领取国际标准连续出版物号的期刊须同时刊印国际标准连续出版物号；期刊须在封面的明显位置刊载期刊名称和年、月、期、卷等顺序编号，不得以总期号代替年、月、期号。（2）期刊封面其他文字标识不得明显于刊名。期刊的外文刊名须是中文刊名的直译；外文期刊封面上必须同时刊印中文刊名；少数民族文种期刊封面上必须同时刊印汉语刊名。

第二是版本类型管理。一个国内统一连续出版刊号只能出版一种版本的报纸或期刊：出版报纸地方版、少数民族文字版、外文版等不同版本（文种）的报纸，视同创办新报纸，须办理审批手续；不得以不同开版出版；所有版须作为一个整体出版发行。②

第三是文种类型等管理。报纸的文种管理主要涉及专版、专刊、增期与号外，除其内容应与报纸宗旨、业务范围一致外，还要求：（1）专版、专刊的刊头字样不得明显于报纸名称。（2）出版增期应按变更刊期办理审批手续；增期的开版、文种、发行范围、印数应与主报一致，并随主报发行。（3）因重大事件可出版号外；出版号外须在报头注明“号外”字样，号外连续出版不得超过3天。③ 期刊文种管理主要涉及增刊及合订本：（1）每种期刊每年最多可以出版两期增刊。增刊内容、开本和发行范围必须与正刊一致；增刊须刊印增刊许可证编号，并在封面注明“增刊”。（2）期刊合订本须按原期刊出版顺序装订，并在其封面明显位置标明期刊名称及“合订本”字样。④

另外，我国对报刊出版实施事后审读、出版质量评估、出版年度核验制度。报纸出版单位应依规将从事报纸出版活动的情况向新闻出版行政部门提出书面报告。

（二）图书、期刊、音像制品和电子出版物重大选题备案制度

重大选题备案制度是事后审读制度的例外。

---

① 参见《报纸出版管理规定》第三十一条。
② 参见《报纸出版管理规定》第三十二至三十三条、《期刊出版管理规定》第三十三条。
③ 参见《期刊出版管理规定》第三十四至三十六条。
④ 参见《期刊出版管理规定》第三十四至三十五条。

所谓重大选题，指涉及国家安全、社会稳定等方面内容选题。① 对列入备案范围内的重大选题，图书、期刊、音像制品、电子出版物出版单位在出版之前，须报国家新闻出版署备案方能出版发行；编辑制作出版反映党和国家领导人生平、业绩、工作和生活经历的重大题材作品，在备案前还应统筹规划、归口审批，按照中央和国家有关文件要求办理立项手续。

二、出版物发行的行政规制

报刊准入资质与经营资质不同：前者主要规定创办传媒的资格问题；后者主要解决报刊印刷②、发行与进口出版物等印刷品的经营环节的资格问题。

（一）出版物发行资质及其申请

我国法人有资格从事出版物批发业务，且经营场所面积不少于50平方米；③零售、出租业务的资质比批发业务低：不要求有法人资格，经营场所没有面积要求。④

在我国，只有公司法人可以从事中小学教科书发行业务，且应当具备与其经营品种和规模相适应的储运能力、发行网络、信息管理系统、风险防控机制和突发事件处置能力及从事出版物批发业务五年以上的资历，并应取得国家新闻出版部门批准的中小学教科书发行资质（证书）。⑤

外资在我国可以从事出版物发行业务：针对允许设立发行业务的中外合资经营企业、中外合作经营企业、外资企业，⑥ 地方商务主管部门征得出版行政主管部门同意后，进行审批。⑦ 另外，我国允许香港特别行政区、澳门特别行政区永久性居民中的中国公民在内地设立从事出版物零售业务的个体工商户，无须经过外资审批。⑧

① 其包括：（1）有关党和国家重要文件、文献的选题；（2）有关现任、曾任党和国家领导人讲话、著作、文章及其工作和生活情况的选题，有关现任党和国家主要领导人重要讲话学习读物类的选题；（3）涉及中国共产党历史、中华人民共和国历史上重大事件、重大决策过程、重要人物的选题；（4）涉及国防和军队建设及我军各个历史时期重大决策部署、重要战役战斗、重要工作、重要人物的选题；（5）集中介绍党政机构设置和领导干部情况的选题；（6）专门或集中反映、评价“文化大革命”等历史和重要事件、重要人物的选题；（7）专门反映国民党重要人物和其他上层统战对象的选题；（8）涉及民族宗教问题的选题；（9）涉及中国国界地图的选题；（10）反映香港特别行政区、澳门特别行政区和台湾地区经济、政治、历史、文化、重要社会事务等的选题；（11）涉及苏联、东欧等社会主义时期重大事件和主要领导人的选题；（12）涉及外交方面重要工作的选题。参见《图书、期刊、音像制品、电子出版物重大选题备案办法》第二、三条。

② 关于出版物印刷的管理，参见《印刷业管理条例》，本教材不做梳理。

③ 参见《出版物市场管理规定》第七条。

④ 参见《出版物市场管理规定》第九条、《出版物市场管理规定》第十三条。

⑤ 参见《出版物市场管理规定》第十一条。

⑥ 参见《出版管理条例》第三十九条。

⑦ 参见《出版物市场管理规定》第十四条。

⑧ 参见《出版物市场管理规定》第四十一条。

（二）发行商的运营义务

出版单位可以发行本出版单位出版的出版物。发行非本出版单位出版的出版物的，须按照从事出版物发行业务的有关规定办理审批手续。[①] 内部发行的出版物不得发行。

从事出版物发行业务的单位和个人在发行活动中，不得损害消费者的合法权益的同时，并不得有下列行为：（1）发行违法违禁出版物；（2）超出核准的经营范围经营，擅自更改出版物版权页，涂改、变造、出租、出借、出售或者以其他任何形式转让出版物经营许可证和批准文件。[②]

（三）网络发行平台的管理

注册地省级出版行政主管部门负责出版物发行网络交易平台的备案，此类平台应接受出版行政主管部门的指导与监督。

网络发行交易平台服务提供者的义务包括这样几点。（1）经营主体身份审查义务。对经营主体身份进行审查，核实其营业执照、出版物经营许可证，并留存证照复印件或电子文档备查。（2）交易风险防控机制建立义务。包括保留平台内经营主体的交易记录两年；对从事各类违法出版物发行采取制止措施，并及时向所在地出版行政主管部门报告。[③]

（四）中小学教材发行管理

中小学教科书出版单位应在规定时间内依法向有发行资质的中小学教科书发行单位足量供货。发行单位必须遵守下列规定。（1）按教育行政部门和学校规定时间完成发行任务，确保“课前到书，人手一册”。（2）不得擅自征订、搭售教学用书目录以外的出版物；不得将中小学教科书发行任务向他人转让和分包；不得涂改、倒卖、出租、出借中小学教科书发行资质证书；不得违反规定收取发行费用。（3）做好中小学教科书的调剂、添货、零售和售后服务等相关工作；（4）应于发行任务完成后 30 个工作日内向国家和所在地省级出版行政主管部门书面报告发行情况。[④]

三、出版物进口及其发行的行政规制

我国对出版物进口业务实行严格的许可管理，由经过国务院出版行政主管部门审

① 参见《出版物市场管理规定》第二十五条。
② 参见《出版物市场管理规定》第二十二条。
③ 参见《出版物市场管理规定》第二十六条。
④ 参见《出版物市场管理规定》第二十八条。

批、依法设立的出版物进口经营单位经营。审批后还应当依照对外贸易法律、行政法规的规定办理相应手续。设立出版物进口经营单位，除有一般性人员、资金、场所等条件外，还特别强调“进口出版物内容审查能力”条件。[①]

出版物内容审查主要由进口经营单位负责，但国务院出版行政主管部门和省级以上出版行政主管部门可直接进行内容审查：前者无法判断其进口的出版物是否含有违法违禁内容的，可请求省级以上出版行政主管部门进行内容审查。[②]

出版物进口经营单位应当将拟进口的出版物目录报省级以上出版行政主管部门备案；省级以上出版行政主管部门发现有禁止进口的或者暂缓进口的出版物的，应当及时通知出版物进口经营单位并通报海关，禁止进口或通关。[③]

第五节　广播电视运营的行政规制

如果说我国对纸媒内容的行政监管整体上是事后管理，对广播电视播出则是事先、全程管理。在电视剧的审查方面，从制作许可、拍摄备案公示到发行审查许可，尤为严格。

一、广播电视日常运营及安全的行政规制

广播电视运营的基础性要求是设备的安全认定原则、许可证管理原则[④]和时段、频率、频段的专有原则，以及节目预告制度。

广播、电视的播出安全是日常运营的重点管理内容，除记录制度（以录音、录像等方式对本单位播出、传输、发射的节目信号的质量和效果进行记录，并保存一周以上）[⑤]、节目事前审核制度[⑥]、事中监听监看及消除或停播制度[⑦]外，还有如下制度。

（一）重要保障期管理制度

重要保障期（重要节假日、国家和各级政府重要会议、国内外重大事件、重要赛事期间）前，安全播出责任单位应当制定预案，做好安全防范和技术准备；重要保障

① 参见《出版管理条例》第四十二条。
② 参见《出版管理条例》第四十五条。
③ 参见《出版管理条例》第四十六条。
④ 参见《广播电视管理条例》第十二、十三条。
⑤ 参见《广播电视安全播出管理规定》第十一条第三款。
⑥ 参见《广播电视安全播出管理规定》第十五条。
⑦ 参见《广播电视安全播出管理规定》第十五、第四十三条。

期过程中，落实预案的措施、要求，加强值班和监测，并做好应急准备；重要节目和重点时段，主管领导应当现场指挥；不得进行例行检修或者有可能影响安全播出的施工。①

（二）应急管理制度

广播电视安全播出突发事件分为破坏侵扰事件、自然灾害事件、技术安全事件、其他事件四类；级别分为特别重大（特大）、重大、较大三级。发生安全播出突发事件时，安全播出责任单位应当遵循下列处置原则：（1）节目信号受到侵扰或者发现异常信号时，应当立即切断异常信号传播，并在可能的情况下倒换正常信号；（2）发现无线信号受到干扰时，应当立即报请所在地政府无线电管理部门排查干扰；（3）发生危及人身安全或者设施安全的突发事件时，应当在保证人身安全、设施安全的情况下，采取措施尽快恢复播出；（4）恢复节目信号播出应遵循“先中央、后地方；先公益、后付费”的原则。②

二、电视剧发行与播出行政规制③

（一）电视剧发行审查许可

我国国产剧、合拍剧、引进剧均实行内容审查和发行许可制度，未取得发行许可的电视剧，不得发行、播出和评奖。国务院广播影视行政部门设立电视剧审查委员会和电视剧复审委员会；省级广播影视行政部门也设有相应的审查机构。④

已经取得电视剧发行许可证的电视剧，应当按照审查通过的内容发行和播出。变更剧名、主要人物、主要情节和剧集长度等事项的，应重新送审。⑤

（二）重大革命和历史题材影视剧制作的行政规制

凡反映中国、中国共产党和中国人民解放军历史重大事件，描写担任党和国家重要职务的党政军领导人及其亲属生平业绩，以历史正剧形式表现中国历史发展进程重要历史事件、历史人物的电影、电视剧，均属于重大革命和历史题材影视剧。⑥

此类题材影视剧制作应经过二审：第一，剧本经省级广电部门和党委宣传部门初

---

① 参见《广播电视安全播出管理规定》第二十五至二十八条。
② 参见《广播电视安全播出管理规定》第三十一、三十二条。
③ 电视剧制作管理参见第四章第二节的相关内容。
④ 参见《电视剧内容管理规定》第十五、十六条。
⑤ 参见《电视剧内容管理规定》第二十八条。
⑥ 参见《国家广播电影电视总局关于调整重大革命和历史题材电影、电视剧立项及完成片审查办法的通知》（规范性文件）第二条。

审通过后，报国家广电总局重大革命和历史题材影视创作领导小组（以下简称“领导小组”）审批。[①]第二，领导小组负责相关影视剧创作的组织指导、剧本立项把关和完成片审查。领导小组下设电影组和电视剧组。

（三）电视剧播出行政规制

国务院广播影视行政部门可以对全国电视台播出电视剧的总量、范围、比例、时机、时段等进行宏观调控。

电视台在播出电视剧前，应当核验依法取得的《电视剧发行许可证》，并对电视剧的内容进行播前审查或重播重审；发现问题应当及时经所在地省级广播影视行政部门报请国务院广播影视行政部门处理。[②]

电视剧播出时，应当在每集片首标明《电视剧发行许可证》编号，在每集片尾标明电视剧制作许可证编号。应当依法完整播出，不得侵害相关著作权人的合法权益。[③]

第六节　电影业运营的行政规制

我国对电影业准入虽然宽松，但对电影内容审查依然严格：实行电影剧本（梗概）备案和电影片审查制度；未经备案的电影剧本（梗概）不得拍摄，未经审查通过的电影片不得发行、放映、进口、出口。

一、电影剧本（梗概）备案

电影制片单位和影视文化单位摄制电影片，应在拍摄前将电影剧本（梗概）送国家广电总局或省级广电部门备案。联合摄制电影片的，应由其中一个单位提前办理备案手续。[④]

制片单位向广电总局或属地省级广电部门备案；广电部门如在20个工作日内未提出意见的，制片单位可按备案的电影剧本（梗概）进行拍摄。审查机构如对备案电影剧本（梗概）有修改意见或不同意拍摄，应在20个工作日内书面通知制片单位；如电影剧本要另请相关主管部门和专家评审，应延长20个工作日，并书面告知制片单位。[⑤]

---

① 参见《国家广播电影电视总局关于调整重大革命和历史题材电影、电视剧立项及完成片审查办法的通知》第三条第一、四、五款。

② 参见《电视剧内容管理规定》第三十、三十一条。

③ 参见《电视剧内容管理规定》第三十三、三十四条。

④ 参见《电影剧本（梗概）备案、电影片管理规定》第五条。

⑤ 参见《电影剧本（梗概）备案、电影片管理规定》第七条。

电影剧本（梗概）没有复审制度。

二、电影片审查

我国广电部门行使电影片审查权，审查程序包括初审和复审。

对提交混录双片及相关材料或者标准拷贝（数字节目带）及相关材料的，委员会自收到材料之日起分别在20个工作日、10个工作日内做出审查决定。审查合格的，发给《影片审查决定书》和《电影片公映许可证》。审查不合格或需要修改的，应在《影片审查决定书》中做出说明，并通知制片单位。

实行属地审查的省级广电部门应进行电影片审查，审查合格的，颁发《影片审查决定书》和《送审标准拷贝技术鉴定书》；审查不合格经修改后再次送审的，审查期限重新计算。①

制片单位对电影片审查决定不服的，可以自收到《影片审查决定书》之日起30个工作日内向广电总局电影复审委员会提出复审申请；制片单位对省级广电部门的审查决定有异议的，可以向国家广电总局电影审查委员会申请重审。②

三、电影发行与放映的行政规制

（一）电影发行主体与放映许可

从事电影发行的企业，须经国务院电影主管部门或所在地省级电影主管部门批准。电影放映分固定场所放映与流动放映两种：经县级电影主管部门批准的企业、个体工商户，可以在电影院等固定放映场所从事电影放映活动；流动放映应向县级电影主管部门备案。③

负责电影发行、放映活动审批的电影主管部门，对符合条件的企业及个人，予以批准后颁发《电影发行经营许可证》或者《电影片公映许可证》。④

（二）电影放映者的义务⑤

电影院设施、设备应当符合国家标准，并安装计算机售票系统，还应履行以下义务：境内法人、其他组织所摄制电影的放映时长不得低于年放映电影时长的三分之二；

---

① 参见《电影剧本（梗概）备案、电影片管理规定》第十八条。
② 参见《电影剧本（梗概）备案、电影片管理规定》第十九条。
③ 参见《电影产业促进法》第二十四、二十六条。
④ 参见《电影产业促进法》第二十五条。
⑤ 参见《电影产业促进法》第二十九至三十五条。

发现进行录音录像的，予以制止并要求其删除；电影开始放映至电影放映结束前，不得放映广告；如实统计电影销售收入，向公众和相关行政部门提供真实准确的统计数据；在境内举办涉外电影节（展），须经国务院电影主管部门或者省级电影主管部门批准。

第七节 传播型不正当竞争与垄断的行政规制

由于媒体准入及产权性质的原因，我国传统媒体很难形成基于市场的竞争，也谈不上基于市场的垄断。而网络产业市场化及近年来信息传播技术的日新月异，使我国经济法领域对传播业的规制，主要是对网络产业不正当竞争与垄断行为的规制，相关法律制度则体现出一定程度的跟进性、探索性。

一、传播型不正当竞争行为

不正当竞争行为，是指经营者在生产经营活动中，违反本法规定，扰乱市场竞争秩序，损害其他经营者或者消费者合法权益的行为。经营者，是指从事商品生产、经营或者提供服务（以下所称商品包括服务）的自然人、法人和非法人组织。[①]

（一）传播型混淆行为

根据《反不正当竞争法》，混淆行为的目的是，“引人误认为是他人商品或者与他人存在特定联系”，其包括：擅自使用有一定影响（指具有一定的市场知名度）的相同或近似标识（含商品名称、包装、装潢等）、企业名称（简称、字号等）、社会组织名称（简称等）、姓名（笔名、艺名、译名等）、域名主体部分、网站名称、网页等。[②]

根据《最高人民法院关于适用〈中华人民共和国反不正当竞争法〉若干问题的解释》（以下简称《反不正当竞争法解释》），传播型混淆行为，主要指使用媒体将上述要素用于广告宣传、展览以及其他商业活动，[③]使不特定或众多信息接收者误认为活动与商品或他人存在特定联系。

（二）虚假商业宣传

虚假商业宣传，指经营者以新闻、广告等形式，对其商品性能、功能、质量、销

---

① 参见《反不正当竞争法》第二条。

② 参见《反不正当竞争法》第六条。

③ 参见《反不正当竞争法解释》第十条。

售状况、用户评价、曾获荣誉等作虚假或者引人误解的传播，以及通过组织虚假交易等方式进行虚假或者引人误解的传播，以欺骗、误导消费者。

《反不正当竞争法解释》对“引人误解的宣传”规定了三种典型行为：片面或对比性宣传；将科学上未定论的观点、现象等当作定论事实用于宣传；使用歧义性语言进行宣传。①

虚假广告只是虚假宣传的表现形式之一。目前，通过网络传播以虚假交易欺骗消费者的“刷单”行为，②也成为常见、典型的虚假宣传：其通常发生于电商平台，行为人通过 App 软件，在接到电商平台客户的刷单任务后雇用“刷手”，在并无真实交易和体验的情况下下单指定商品或服务，虚构交易以提升销量及发布虚假图文评价。③

（三）披露商业秘密

商业秘密，包括技术信息、经营信息等商业信息。构成商业秘密，前提有三：不为公众所知悉；具有商业价值；经权利人采取相应保密措施。④

由于商业秘密的价值，披露行为对商业秘密的侵犯一般仅向特定人，鲜有对多数人的披露，但在特定领域学术期刊中的传播，是否导致此类信息失去“不为公众所知悉”的特征，存在争议。

对商定秘密的判断，除了权利人采取相应保密措施这一条件外，信息是否足够保密，或者使用正常手段可“普遍知悉”，也是重要条件。尤其是后者，其意味着以商业秘密公开后的后果作为判断依据，即一旦公开，是否必然导致广泛传播而失去商业价值。换句话说，即使商业秘密通过某种大众媒体传播，如果未被或不容易被该领域的专家以及潜在的竞争对手所知，则仍视为“不为公众所知悉”；反过来，即使未向公众披露，只要该相关信息已为该领域的专家以及潜在的竞争对手所知，就难以成为秘密。如此，“相关领域”是判断公开有效性的关键因素。

（四）商业诋毁

商业诋毁即编造、传播虚假信息或者误导性信息，损害竞争对手的商业信誉、商品声誉。

商业诋毁的成立条件如下：第一，必须是行为人针对竞争对手所为，即行为人与

---

① 参见《反不正当竞争法解释》第十七条。

② “刷单”行为还可能构成非法经营罪和诈骗罪。

③ 此类行为中，一般由电商平台的“店主”对其上架的商品做相应标记，由通过微信群、QQ 群联系并支付费用的“刷手”下单购买相关商品。下单后，“店主”将通过在其他网站上购买的低廉商品或购买空包等方式获取的物流单号填录到其作为“店主”的平台订单中，形成完整的网络购物运输流程，最后由“刷手”确认收货，使电商平台误认为存在真实交易，在该商品页面自动增加交易次数，并将交易金额转入“店主”店铺账号。

④ 参见《反不正当竞争法》第九条第四款。

受害人均为经营者。在编造者与传播者分开的情况下，诋毁的对象或是编造者的竞争对手，或是传播者的竞争对手。无论何种情况，原告应当举证证明其为该商业诋毁行为的特定损害对象。① 第二，必须是故意，过失不成立诋毁。在编造与传播之关系上，编造是前提，传播是核心，编造者不必是传播者，传播者也不必是编造者，只要传播的是编造的信息即可；如果传播者不是编造者，其也必须出于故意，方成立诋毁。第三，所编造、传播的信息，或是完全虚假，或具误导性，或二者兼具，如对与他人商标等标识高度近似的标识进行诋毁。典型者如甘肃酒泉九眼泉食品有限责任公司与酒泉市瀚森瑞达商贸有限责任公司商业诋毁纠纷案。②

与商业诋毁对应的犯罪行为是侵害商业信誉、商品声誉罪，但该罪犯罪主体是一般主体，即未必是经营者针对竞争对手的行为。

（五）妨碍、破坏其他经营者合法提供的网络产品或者服务（反传播型不正当竞争行为）

2017 年修订的《反不正当竞争法》增加了“互联网专条”即目前的第十二条，③ 该条列举了三种妨碍、破坏其他经营者合法提供的网络产品或者服务正常运行的行为，其主要目的是争夺网络流量、交易机会，客观上还会降低客户黏性。

1. 未经其他经营者同意，在其合法提供的网络产品或者服务中，插入链接，强制进行目标跳转

最高人民法院第 45 号指导案例，即“百度诉奥商案”，可能是此项规定的来源。④ 但此类行为，以客户端软件中的强制跳转功能使用最为普遍：只要用户的网络终端安装了行为人客户端软件，则无论用户使用何种客户端软件观看何种内容，均会被强制跳转至行为人客户端软件产品中的内容。

---

① 参见《反不正当竞争法解释》第十九条。

② 2018 年 6 月，原告公司发现瀚森瑞达公司法定代表人在其微信朋友圈发送“郑重声明”：“由老味道饮料厂生产的杏香园牌杏皮茶现有非常严重的产品质量问题，我厂要求市场全部撤回，请各店方务必重视，立即联系配货人员无条件将产品如数退回……”该声明经在微信朋友圈传播对九眼泉公司的商誉造成不良影响。法院认定：该声明中的杏香园牌杏皮茶与九眼泉公司享有商标专用权的“杏香源”注册商标仅一字之差，且读音一致，形成高度近似足以造成公众误解，其行为构成对九眼泉公司商誉的诋毁。法院判决：瀚森瑞达公司在原微信朋友圈范围内消除影响并赔偿九眼泉公司经济损失。参见甘肃省高级人民法院（2019）甘民终字第 591 号民事判决书。

③ 学界对此条规定有异议，如认为其与《反不正当竞争法》列举的其他不正当竞争行为交叉重叠，而面对互联网领域花样翻新的不正当竞争行为，该条规定又往往无能为力……暴露出立法无法适应实践发展的困境及结构性缺陷。李杨．反不正当竞争法基本原理［M］．北京：知识产权出版社，2022：312–319.

④ 该案中，三被告青岛奥商网络技术有限公司、中国联合网络通信有限公司青岛市分公司、中国联合网络通信有限公司山东省分公司，在百度公司网站的搜索结果页面强行增加广告，导致在联通青岛公司所提供的网络接入服务区域内出现与用户搜索结果无关的广告页面强行弹出的现象，使大量用户误以为原告故意设置广告。该案终审判决被告构成不正当竞争。参见山东省高级人民法院（2010）鲁民三终字第 5–2 号民事判决书。

然而，该项规定存在以下问题。(1)“其他经营者”究竟是平台，还是受害经营者，并未明确。而且，如果“其他经营者”根本未意识到流量侵害，或者客户端软件的开发与推广者并不是“其他经营者”，将难以启动行政处罚程序，即使启动也难以确定行政处罚对象。(2)链接是互联网的基本功能和价值所在，如果以经营者单方意志或利益为标准，相当于赋予了经营者禁止他人“插入链接”的权利，最重要的是削弱了用户的选择权——可能正因如此，最高人民法院司法解释就确立了以用户同意为中心的认定方法规定：一是将未经用户同意而直接发生的目标跳转，也认定为“强制进行目标跳转”；二是仅插入链接。目标跳转由用户触发的，人民法院将综合考虑插入链接的具体方式、是否具有合理理由以及对用户利益和其他经营者利益的影响等因素，再认定该行为是否属于“强制进行目标跳转”。①

2. 误导、欺骗、强迫用户修改、关闭、卸载其他经营者合法提供的网络产品或服务

任何场景下的误导、欺骗和强迫都可能是违法的，并且是违反用户意志的，因此该项规定争议最少。目前，此类违法行为的主要目的是争夺网络流量和交易机会。如果平台强迫用户修改、关闭、卸载其他经营者提供的网络产品或者服务，必然以此类产品和服务不合法为前提，那么，不合法的裁判者和裁判程序如何，也是需要明确的问题。

3. 恶意对其他经营者合法提供的网络产品或者服务实施不兼容

该项规定引发的争议最大，因为在互联网技术中，兼容与不兼容是产品开发者的权利，只要不强迫用户修改、关闭、卸载其他经营者提供的网络产品或者服务，不兼容就属于自由竞争的范围。比如，苹果的 iOS 系统和 Android 系统都是合法产品，两者之间却是合法的不兼容，互相也未曾要求对方兼容。而且，“恶意”也难以证明和判断。因此，该项规定存在解释问题。

(六)混合型不正当竞争行为

混合型不正当竞争，不仅指上述竞争行为的混合，而且指存在竞争关系的双方或

① 参见《反不正当竞争法解释》第二十一条。

多方经营者均有不正当竞争行为，如2010年“3Q大战”。[①]

二、不正当竞争行为的行政处罚

经营者的合法权益受到不正当竞争行为损害，可向法院申请民事赔偿。[②]行政处罚中，除责令停止违法行为以外，对各种不正当竞争行为的处罚各不相同，见表5–1。

表5–1 传播型不正当竞争行政处罚对照[③]

处罚类型 不正当竞争行为	财产罚	限业禁业罚
混淆行为	没收违法商品。违法经营额五万元以上的，可以并处违法经营额五倍以下的罚款；没有违法经营额或者违法经营额不足五万元的，可以并处二十五万元以下的罚款	情节严重的，吊销营业执照
虚假商业宣传（含虚假广告）	处二十万元以上一百万元以下的罚款，或广告费用三倍以上五倍以下的罚款；情节严重的，处一百万元以上二百万元以下的罚款，或广告费用五倍以上十倍以下的罚款	可以吊销营业执照；由广告审查机关撤销广告审查批准文件、一年内不受理其广告审查申请
披露商业秘密	没收违法所得，处十万元以上一百万元以下的罚款；情节严重的，处五十万元以上五百万元以下的罚款	
商业诋毁	处十万元以上五十万元以下的罚款；情节严重的，处五十万元以上三百万元以下的罚款	
妨碍、破坏其他经营者合法提供的网络产品或者服务	处十万元以上五十万元以下的罚款；情节严重的，处五十万元以上三百万元以下的罚款	

由上表可见，不正当竞争行为的行政处罚以财产罚为主；对混淆行为和虚假商业

① 在著名的2010年“3Q大战”即腾讯科技（深圳）有限公司、深圳市腾讯计算机系统有限公司诉北京奇虎科技有限公司、奇智软件（北京）有限公司不正当竞争一案中，最高人民法院终审认定被告存在三种不正当竞争行为:（1）被告“扣扣保镖”破坏原告QQ软件及其服务的安全性、完整性，使原告丧失增值业务的交易机会及广告收入，从而构成不正当竞争;（2）在安装了被告的QQ软件的电脑上运行“扣扣保镖”后，该软件自动对QQ进行“体检”，然后显示“在QQ的运行过程中，会扫描您电脑里的文件（腾讯称之为‘安全扫描’），为避免您的隐私泄露，您可禁止QQ扫描您的文件”等用语——被告此行为属捏造、散布虚伪事实，构成商业诋毁;（3）被告的“扣扣保镖”通过篡改QQ的功能界面，取代原告QQ软件的部分功能以推销自己的产品，构成不正当竞争。而在双方商业大战中，原告也存在“二选一”的反制行为，即在安装“360软件”的电脑终端下架QQ，要求用户在“360软件”与QQ之间进行选择。参见最高人民法院（2013）民三终字第5号判决书。

② 赔偿可按实际损失→侵权所获利益→惩罚性赔偿（一倍以上五倍以下）标准确定赔偿数额。赔偿数额还应当包括经营者为制止侵权行为所支付的合理开支。因混淆行为和侵犯商业秘密的民事赔偿，依上述标准仍难以确定数额，可由人民法院根据侵权行为的情节判决给予权利人五百万元以下的赔偿。

③ 参见《广告法》第五十五条。

宣传的处罚比较严厉，特别规定了限业禁业处罚。

三、网络信息内容服务平台的反垄断行政规制

（一）我国传播业垄断规制的重点

根据我国《反垄断法》的规定，经营者垄断行为有三种：达成垄断协议；滥用市场支配地位；具有或者可能具有排除、限制竞争效果的经营者集中。[①]我国传播业领域的垄断行为，突出表现为第二种和第三种。事实上，这是两种紧密关联的垄断行为，而目前法律规制的重点，在于第二种即滥用市场支配地位；规制的对象主要是互联网平台。

规制滥用市场支配地位，首先需要认定经营者具有市场支配地位。根据国家市场监督管理总局 2019 年《禁止滥用市场支配地位行为暂行规定》，认定互联网新经济业态经营者是否有市场支配地位，可以考虑相关行业竞争特点、经营模式、用户数量、网络效应、锁定效应、技术特性、市场创新、掌握和处理相关数据的能力及经营者在关联市场的市场力量等因素。[②]

（二）我国平台垄断规制的重点及方向

近年来，我国平台经济高速发展，在整合技术、数据及资本，为经济社会发展做出巨大贡献的同时，其经济领域的不正当竞争及垄断行为也频频发生，包括数据垄断、“二选一”、屏蔽封杀等。这种垄断源于平台、数据、技术（算法）的数字市场三维结构框架，加上资本的力量，超越了以控制价格为主的传统市场力量，形成了更牢固的市场固化结构。其中，算法等技术力量虽然作为传统反垄断法中的市场支配地位认定要素，但长期以来被虚置化，致使平台技术巨头市场支配地位的认定难度增大，给以传统工业经济为基础框架而生成的反垄断法律制度带来挑战。

而由国家相关部门主导的反垄断法修改活动中，考虑到平台结构的特殊性，一直有以专章或专条的形式对数字经济反垄断的相关问题予以规定的建议。2021 年 1 月，司法部首次讨论修订《反垄断法（草案）》时，本条被表述为“国家支持数字经济健康发展。数字经济领域经营者应当公平参与市场竞争，不得实施排除、限制竞争的行为”。后在 2021 年 9 月提交的全国人大法工委审议的新《反垄断法（草案）》中，数字经济专条被修改为“经营者不得利用数据和算法、技术、资本优势以及平台规则等从事本法禁止的垄断行为”，只是将其置于《反垄断法（草案）》的第十条第二款。

---

① 参见《反垄断法》第三条。

② 参见《禁止滥用市场支配地位行为暂行规定》第十一条。

而2022年全国人大常委会将此规定单独成条，即置于《反垄断法》第九条，更体现出这一平台经济反垄断“专条”的重要性。同时，原《反垄断法》第十七条改为第二十二条，增加一款，作为第二款：“具有市场支配地位的经营者不得利用数据和算法、技术以及平台规则等从事前款规定的滥用市场支配地位的行为。”如此，我国反平台垄断的基础法律条款正式具备。

平台的反垄断条款主要针对三大要素问题：“技术”要素问题，主要体现在大型平台与中小企业有“算法”差距；“资本优势”则是指数字平台在资本的支撑下开展跨行业经营与扼杀式并购，通过掌握流量入口干预市场正常发展；“平台规则”问题则多体现于屏蔽封禁、自我优待等。这些要素被纳入反垄断法的正式文本，使平台反垄断审查与执法具备针对性。2022年12月26日，市场监管总局对学术平台中国知网（中国国家知识基础设施，英文名称China National Knowledge Infrastructure，简称CNKI）的处罚，为首例适用新《反垄断法》对大型内容服务（传播）平台的处罚，[①] 标志着我国对传播业垄断行为的治理迈开了第一步。

然而，“交易金额”“控制流量的能力”等认定平台经济领域经营者具有市场支配地位的重要考虑因素，及平台“自我优待”行为的表现形式和正当理由，仍有待明确。

关键词

网络安全	关键信息基础设施	国际联网
域名	互联网用户账号信息	数据
汽车数据	网络信息内容服务平台	网络算法推荐
区块链信息服务	互联网信息深度合成服务	一类资质
二类资质	网络出版物标识	集成播控服务单位
版本管理	文种管理	标识管理
重大选题	重要保障期	重大革命和历史题材影视剧

① 市场监管总局认定中国知网滥用在中国境内中文学术文献网络数据库服务市场的支配地位，通过签订并实施独家合作协议，要求学术期刊出版单位、高校只能向当事人提供学术文献数据，并以不公平的高价销售中文学术文献网络数据库服务，排除、限制了相关市场竞争，侵害了用户的合法权益，破坏了良好的学术生态，影响了中文学术文献网络数据库服务市场的规范健康创新发展，违反《反垄断法》第二十二条第一款第（一）项、第（四）项禁止的“以不公平的高价销售商品”和“没有正当理由，限定交易相对人只能与其进行交易”的规定，构成滥用市场支配地位行为。而且，该平台排除、限制竞争的主观意图和实际危害明显，情节较为严重、持续时间较长，社会反映强烈。市场监管总局根据《反垄断法》第五十七条、第五十九条规定和《行政处罚法》第五条、第三十二条规定，责令其停止违法行为（1. 停止独家合作行为，不得限制学术期刊出版单位、高校等与其他竞争性平台开展学术资源合作。2. 不得实施不公平的高价行为，应以公平、合理、无歧视的价格在中国境内销售中文学术文献网络数据库服务）外，还对中国知网处以2021年度中国境内销售额17.52亿元5%的罚款，计8,760万元。国市监处罚〔2022〕87号《国家市场监督管理总局行政处罚决定书》[EB/OL].（2022-12-26）[2023-1-10].https://www.samr.gov.cn/xw/zj/202212/t20221226_352396.html.

电影剧本（梗概）备案　电影公映许可证　不正当竞争
商业秘密　虚假宣传　商业诋毁
垄断行为

思考题

1. 网络安全的主要内容及基本原则是什么?
2. 互联网用户账号信息管理的基本要求是什么?
3. 数据出境的条件是什么?
4. 我国网络运营服务者在行政法上应尽到的共同义务是什么?
5. 网络算法推荐服务提供者对用户有哪些义务?
6. 区块链信息服务提供者对用户有哪些义务?
7. 互联网信息深度合成服务提供者对用户有哪些义务?
8. 简述我国互联网新闻信息行政规制的主要内容。
9. 简述我国网络出版运营行政规制的主要内容。
10. 简述我国互联网视听节目运营行政规制的主要内容。
11. 简述我国专网及定向传播行政规制的主要内容。
12. 简述我国出版物运营行政规制内容。
13. 简述我国出版发行资质的管理。
14. 简述我国对进口出版物的管理。
15. 广播电视运营中有哪些原则性要求?
16. 广电运营与纸媒运营在行政规制上有什么区别?
17. 简述广播电视播出应急管理制度。
18. 简述我国对电影内容审查的两大手段。
19. 我国电影放映者应尽到哪些义务?
20. 简述商业诋毁的成立条件。
21. 简述《反不正当竞争法》“互联网专条”的价值与问题。
22. 简述我国媒体传播业反垄断规制的重点和方向。

第六章　传播内容的行政规制

传播内容是我国传播行政规制中非常重要、涉及面非常广泛的管理领域，其可充分说明我国传播行政规制的特点。

我国传播内容的行政规制部门，包括国家新闻出版总署、国家广播电影电视总局、国务院互联网信息办公室和各级公安部门；对特殊传播内容的管理，甚至涉及各级气象行政部门及行使行政职权的相关行业协会。

本章第一节概括传播内容的一般规制，主要包括我国各类传播内容的原则性、积极性和消极性的一般要求及其处罚；其他各节则探讨对国家、社会有重大影响的特殊传播内容的行政规制，包括涉密传播、政府信息传播、网络煽动性传播及网络谣言（含网络滋事）、涉未成年人传播、淫秽色情内容传播、突发事件传播的行政规制。

第一节　传播内容的原则性规制

我国各类传播媒体传播内容的法定原则性要求大同小异，但网络传播与电影传播中均以法律形式对道德层面的要求进行规定。本节内容主要涉及媒体行业规则的要求，对违反内容传播要求的治安管理的处罚，将在本章以下各节中梳理。

一、各类媒体传播内容的原则性规制

我国报刊出版的法律规范出台较早，根据这些规范，出版活动必须坚持为人民服务、为社会主义服务的方向，坚持以马克思列宁主义、毛泽东思想、邓小平理论和“三个代表”重要思想为指导，贯彻落实科学发展观，传播和积累有益于提高民族素质、有益于经济发展和社会进步的科学技术和文化知识，弘扬民族优秀文化，促进国际文化交流，丰富和提高人民的精神生活。[①] 其他各类媒体也有相关类似规

① 参见《出版管理条例》第三条、《报纸出版管理规定》第三条和《期刊出版管理规定》第三条。

定，[1] 其共同构成我国各类媒体传播内容的原则性、积极性的一般要求。

任何传播信息不得含有下列内容：反对宪法确定的基本原则；不得危害网络安全，不得利用网络从事危害国家安全、荣誉和利益，煽动颠覆国家政权、推翻社会主义制度，煽动分裂国家、破坏国家统一，宣扬恐怖主义、极端主义，宣扬民族仇恨、民族歧视或者侵害民族风俗、习惯，宣扬邪教、迷信，传播暴力、淫秽色情信息或者教唆犯罪，编造、传播虚假信息扰乱经济秩序和社会秩序，侵害他人名誉、隐私、知识产权和其他合法权益，危害社会公德或者民族优秀文化传统等。[2] 除此之外，还有规定禁止侵害未成年人合法权益、淫秽色情内容传播的各类媒体的专门规范。[3] 上述这些规定，构成我国各类媒体传播内容的原则性、消极性的一般要求，其内容可总结为：禁止违宪、危害国家安全、危害公共安全、危害社会秩序和伦理道德、侵害他人合法权益。简单而言，可用"禁止违法"概括。

二、网络传播内容的原则性规制

2020 年 3 月 1 日起施行的《网络信息内容生态治理规定》，将网络传播内容分为鼓励类正面信息、禁止类违法信息和防范抵制类不良信息。其中，禁止类违法信息作为法律标准，与我国各类传播内容的原则性、消极性的一般要求无异；[4] 鼓励类正面信息是从政治角度提的要求，事实上可视为前述原则性、积极性一般要求的具体化；[5] 防范抵制类不良信息则是有时代特色的道德层面的要求，其根据网络传播内容与特点，列举以下内容：使用夸张标题，内容与标题严重不符的；炒作绯闻、丑闻、劣迹等的；不当评述自然灾害、重大事故等灾难的；带有性暗示、性挑逗等易使人产生性联想的；展现血腥、惊悚、残忍等致人身心不适的；煽动人群歧视、地域歧视等的；宣扬低俗、庸俗、媚俗内容的；可能引发未成年人模仿不安全行为和违反社会公德行为、诱导未成年人不良嗜好等的。[6] 这些行为与信息，在传统媒体传播中也存在，但在网络传播中比较突出，而且大都难以在法律层面进行规制，如"标题党"现象，故列入防范抵

① 参见《网络出版服务管理规定》第三条、《互联网视听节目服务管理规定》第六条、《专网及定向传播视听节目服务管理规定》第四条、《互联网直播服务管理规定》第三条、《互联网文化管理暂行规定》第五条、《广播电视管理条例》第三条、《电视剧审查管理规定》第十九条、《电视剧内容管理规定》第四条、《电影产业促进法》第三条、《电影剧本（梗概）备案、电影片管理规定》第十二条的规定。

② 参见《网络安全法》第十二条和《出版管理条例》第二十五、二十六条。

③ 参见《出版管理条例》第二十五条、《广播电视管理条例》第三十二条、《电信条例》第五十六条、《互联网信息服务管理办法》第十五条、《网络出版服务管理规定》第二十五条，《互联网视听节目服务管理规定》第十七条、《互联网文化管理暂行规定》第十六条、《电影产业促进法》第十六条和第二十条、《电视剧内容管理规定》第五条、《电影剧本（梗概）备案、电影片管理规定》第十三条的规定。

④ 参见《网络信息内容生态治理规定》第六条。

⑤ 参见《网络信息内容生态治理规定》第五条。

⑥ 参见《网络信息内容生态治理规定》第七条。

制类不良信息。

三、报刊等出版物和广播电视传播内容原则性规制：真实性、全面、客观与公正要求

（一）真实性要求及核实义务

针对出版物内容不真实致使公民、法人或者其他组织的合法权益受到侵害的情形，《报纸出版管理规定》《期刊出版管理规定》明确了新闻出版管理机关的相关具体责任：报刊刊载虚假或者失实报道，损害公共利益的，新闻出版总署或者省、自治区、直辖市新闻出版行政部门可以责令该报纸出版单位更正。[①] 由此可见，更正不仅是报刊的民事责任方式的表现，也是其行政义务，但前提是虚假或者失实报道损害公共利益。

与报刊传播内容一样，广播电视节目内容的第一要求也是真实。[②]

另外，根据规定，报刊转载、摘编互联网上的内容，必须按照有关规定对其内容进行核实，并在刊发的明显位置标明下载文件网址、下载日期等。[③] 虽然截至目前，对报刊转载、摘编其他报刊的内容并未明确规定核实义务，但根据前述真实性要求，这种情况下报刊也应当履行一定注意义务。

（二）全面、客观、公正要求

除了真实性的法律要求，对于报刊传播内容，相关行政规章还规定了全面、客观、公正的要求。[④] 对于新闻传播而言，全面、客观、公正并不是很容易界定的概念，故未具体规定。

广播电视传播内容也有公正的要求。[⑤]

另外，广播电台、电视台应当使用规范的语言文字，推广全国通用的普通话。[⑥]

四、电影传播内容的原则性规制

2006 年实施的《电影剧本（梗概）备案、电影片管理规定》根据电影传播的规律，规定了三类消极性规制。（1）政治性规制。不得贬损革命领袖、英雄人物、重要

---

① 参见《报纸出版管理规定》第二十六条、《期刊出版管理规定》第二十六条。
② 参见《广播电视管理条例》第三十四条。
③ 参见《报纸出版管理规定》第二十七条、《期刊出版管理规定》第二十八条。
④ 参见《报纸出版管理规定》第二十六条、《期刊出版管理规定》第二十六条。
⑤ 参见《广播电视管理条例》第三十四条。
⑥ 参见《广播电视管理条例》第三十六条。

历史人物形象，以及恶意贬损人民军队、警察和司法形象。（2）道德性规则。包括不得违背、曲解历史，贬低他国文明和风俗习惯；不得夹杂、展现淫秽色情情节和庸俗低级内容，以及肮脏低俗的台词、歌曲、背景音乐及声音效果等；不得夹杂刻意表现违法犯罪嚣张气焰的凶杀、暴力、恐怖等内容，具体展示犯罪行为细节，暴露特殊侦查手段；不得宣扬消极、颓废的人生观、世界观和价值观，刻意渲染、夸大民族愚昧落后或社会阴暗面的；不得过分表现酗酒、吸烟及其他陋习。（3）涉法性规制。包括不得鼓吹宗教极端主义；不得宣扬破坏生态环境，虐待动物，捕杀、食用国家保护类动物；不得违背相关法律、法规精神。① 上述要求基于电影制作特点，主要集中于政治与道德层面。

五、违反传播内容原则性要求的行政处罚

（一）限制传播即限业或禁业类等处罚

对违反网络传播内容规定的内容生产者，相关法律制度授权网络信息内容服务平台可采取警示整改、限制功能、暂停更新、关闭账号等处置措施，及时消除违法信息内容。② 网络信息内容服务平台违反相关规定的，网信部门依据职责可进行约谈，给予警告，责令限期改正；拒不改正或者情节严重的，责令暂停信息更新；对严重违反相关规定的网络信息内容服务平台、网络信息内容生产者和网络信息内容使用者依法依规实施限制从事网络信息服务、网上行为限制、行业禁入等惩戒措施。③

对经营性互联网信息服务提供者，可停业整顿直至吊销经营许可证；对非经营性互联网信息服务提供者，可责令暂时关闭网站直至关闭网站。④

对传统媒体传播内容的处罚也大致相同，如对网络传播的限期停业整顿、吊销许可证之类的限业禁业处罚。⑤

（二）罚款

最常用的行政处罚还有罚款，这是各类媒体传播违反前述内容原则性要求都会施予的行政处罚。当然，依据不同媒体和不同情形，罚款额度相差较大（见表 6–1）。⑥

---

① 参见《电影剧本（梗概）备案、电影片管理规定》第十四条。

② 参见《网络信息内容生态治理规定》第三十四条。

③ 参见《网络信息内容生态治理规定》第三十六到三十九条。

④ 参见《互联网信息服务管理办法》第二十条。

⑤ 参见《出版管理条例》第六十二条、《广播电视管理条例》第四十九条、《电影产业促进法》第四十七条。

⑥ 该条规定："……尚不构成犯罪的，由公安机关、国家安全机关依照《中华人民共和国治安管理处罚法》《计算机信息网络国际联网安全保护管理办法》等有关法律、行政法规的规定予以处罚……" 而依据《中华人民共和国治安管理处罚法》，对不同的违法信息传播行为，分别有 500 元、1,000 元和 3,000 元为上限的罚款。

表 6-1 违反传播内容原则性要求的行政罚款对照

《计算机信息网络国际联网安全保护管理办法》第二十条	对个人可以并处 5,000 元以下的罚款，对单位可以并处 15,000 元以下的罚款
《互联网信息服务管理办法》第二十条	500 元以下、1,000 元以下和 3,000 元以下
《互联网新闻信息服务管理规定》第二十四、二十五条	处 20,000 元以上 30,000 元以下罚款
《出版管理条例》第六十二条	违法经营额 10,000 元以上的，并处违法经营额 5 倍以上 10 倍以下的罚款；违法经营额不足 10,000 元的，可以处 50,000 元以下的罚款
《内部资料性出版物管理办法》第二十二条	由县级以上地方人民政府新闻出版行政部门责令改正，停止违法行为，根据情节轻重，给予警告，处 1,000 元以下的罚款；以营利为目的从事下列行为的，处 30,000 元以下罚款
《广播电视管理条例》第四十九条	10,000 元以上 50,000 元以下的罚款
《电影产业促进法》第五十条	由县级以上人民政府电影主管部门责令停止违法活动，没收电影片和违法所得；违法所得 50,000 元以上的，并处违法所得 3 倍以上 5 倍以下的罚款；没有违法所得或者违法所得不足 50,000 元的，可以并处 150,000 元以下的罚款。
《互联网视听节目服务管理规定》第二十四条	30,000 元以下罚款

第二节 涉密传播与政府信息传播的行政规制

涉密传播指涉及国家秘密、商业秘密的传播；①政府信息传播，是指行政机关依照法律规定在公开政府信息过程中的传播。

传播行为中，保守国家秘密与公开政府信息是紧密关联的问题，如何平衡二者的关系也是传播中的难题。

一、涉密传播的行政规制

（一）国家秘密与保密义务主体

国家秘密是关系国家安全和利益，依照法定程序确定，在一定时间内只限一定范围的人员知悉的事项，是涉及国家安全和利益的事项，泄露后可能损害国家在政治、

① 本节内容不涉及商业秘密问题。

经济、国防、外交等领域的安全和利益的事项。[①]国家秘密包括国家事务重大决策、国防建设和武装力量活动、外交和外事活动、国民经济和社会发展、科学技术、维护国家安全活动和追查刑事犯罪中的秘密事项，及经国家保密行政规制部门确定的其他秘密事项。国家秘密的密级分为绝密、机密、秘密三级：其泄露会使国家安全和利益分别遭受特别严重损害、严重损害和（一般）损害。[②]

我国《保守国家秘密法》的原则与特色如下。一是全民保密，一切国家机关、武装力量、政党、社会团体、企业事业单位和公民都有保守国家秘密的义务，因此，任何传播者，无论是机构传播者还是自然人传播者，均为保守国家秘密的法定义务主体；二是将涉及前述相关内容的政党秘密事项列入国家秘密。

（二）传播保密制度

关于专用间谍器材和传播信息系统的管理，任何自然人和组织均应遵守“四不”原则：不得非法持有、使用国家安全主管部门专用间谍器材；[③]不得将涉密计算机等存储设备接入互联网；不得在任何公共信息网络进行信息交换；不得使用非涉密计算机处理国家秘密信息。[④]

关于自然人涉密传播的管理，须遵守“三禁”规则：禁止一切形式的非法获取和持有；禁止在任何公共信息网络传递；禁止在私人交往和通信中涉及。[⑤]

关于网络运营商、服务商涉密传播的保密义务如下：一是配合义务，指信息网络运营商应配合相关国家机关对泄密案件进行调查；二是报告与处置义务，即发现网络传播的信息涉及国家秘密时立即停止传输，保存记录并向有关部门报告，并根据相关部门的要求删除涉密信息。[⑥]

以下为军事设施的传播规则。我国《军事设施保护法》将军事设施分为军事禁区和军事管理区两类。（1）对军事禁区，禁止此类区域单位以外的人员、车辆、船舶进入，且禁止对禁区进行摄影、摄像、录音、勘察、测量、描绘和记述。另外，使用军事禁区的摄影、摄像、录音、勘察、测量、描绘和记述资料，应当经军区级以上军事机关批准。[⑦]（2）对军事管理区，禁止此类区域管理单位以外的人员进入，对此类区域进行摄影、摄像等，必须经过军事管理区管理单位批准。

---

① 参见《保守国家秘密法》第二条、第九条。
② 参见《保守国家秘密法》第十条。
③ 参见《反间谍法》第二十五条。
④ 参见《保守国家秘密法》第二十四条。
⑤ 参见《保守国家秘密法》第二十六条。
⑥ 参见《保守国家秘密法》第二十八条。
⑦ 参见《中华人民共和国军事设施保护法》第十五、二十条。

（三）新闻传播保密制度

1992 年 10 月 1 日施行的《新闻出版保密规定》（规范性文件）确定的新闻传播保密工作原则是，既保守国家秘密又有利于新闻传播工作正常进行。[①] 具体而言，新闻传播遵守的规则是，新闻出版单位和提供信息的单位对可能涉密信息有自审、送审与标记义务；[②] 对确需公开报道、出版的涉密信息，新闻出版单位应向有关主管部门建议解密，或采取删节、改编、隐去等保密措施，并经有关主管部门审定；[③] 采访涉秘密会议或其他活动，应当经主办单位批准，主办单位应当指明哪些内容不得公开报道、出版，并对拟报道内容进行审定；[④] 新闻从业人员离岗离职应交回所有涉密材料、文件，并在法定或协定的保密期限内履行保密义务；[⑤] 个人拟向我国新闻出版单位提供涉密信息，应事先经本单位或其上级机关审定，拟向境外新闻出版机构提供无论是否涉密的信息，均应当事先经过本单位或其上级机关审定。[⑥]

这里要说明的是，《新闻出版保密规定》对被采访者的义务也进行了规定，但由于该文件只是规范性文件，没有法律效力，故记者的相关权利也未得到确定。而且，该文件系 1992 年施行，对体制外的自然人和网络传播涉密新闻信息并未规定，但应依据《保守国家秘密法》进行。

（四）违反传播保密制度的处罚

我国《保守国家秘密法》对违反保密制度行为的治安管理行政处罚的规定，并不具体。但是，《反间谍法》对尚不构成犯罪的非法使用专用间谍器材的行政处罚则比较具体：泄露有关反间谍工作的国家秘密的，由国家安全机关处十五日以下行政拘留；非法持有属于国家秘密的文件、资料和其他物品，由国家安全机关予以警告或者处十五日以下行政拘留。[⑦]

对于涉军事设施秘密传播的处罚，也比较具体：对军事禁区、军事管理区非法进行摄影、摄像、录音、勘察、测量、描绘和记述，不听制止的，适用《治安管理处罚法》第二十三条的处罚，处警告或者二百元以下罚款；情节较重的，处五日以上十日以下拘留，可以并处五百元以下罚款。[⑧]

---

① 参见《新闻出版保密规定》第三条。
② 参见《新闻出版保密规定》第七、八条。
③ 参见《新闻出版保密规定》第九条。
④ 参见《新闻出版保密规定》第十条。
⑤ 参见《新闻从业人员职务行为信息管理办法》第八条。
⑥ 参见《新闻出版保密规定》第十四、十五条。
⑦ 参见《反间谍法》第三十一、三十二条。
⑧ 参见《中华人民共和国军事设施保护法》第四十三条。

二、政府信息传播的行政规制

（一）政府信息公开与传播

政府信息，是指行政机关在履行行政管理职能过程中制作或者获取的，以一定形式记录、保存的信息。[①] 根据2019年修订的《政府信息公开条例》，行政机关公开政府信息，应当坚持以公开为常态、不公开为例外，遵循公正、公平、合法、便民的原则，并且应当及时、准确地公开政府信息。[②] 当然，行政机关发现影响或者可能影响社会稳定、扰乱社会和经济管理秩序的虚假或者不完整信息时，应当发布准确的政府信息予以澄清。

政府信息公开的方式分依申请公开和主动公开，前者一般只针对公民、法人或者其他组织个人，不涉及传播问题；后者则涉及传播问题。

政府信息公开的媒体虽然包括行政机关自己的媒体（政府公报、政府网站或者其他互联网政务媒体、新闻发布会）以及专业性新闻机构，然而，根据《政府信息公开条例》，各级人民政府"应当"加强依托政府门户网站公开政府信息的工作，利用统一的政府信息公开平台集中发布主动公开的政府信息，[③] 因此，政府门户网站事实上成为政府信息传播的主要媒体。值得注意的是，依照上述规定，新闻媒体传播政府信息只是相对性权利，因为政府只是"可以"而非"应当"通过新闻媒体传播政府信息，主动权显然在行政主体手中。

除此之外，行政机关可以设立公共查阅室、资料索取点、信息公告栏、电子信息屏等场所、设施，公开政府信息。

（二）政府信息公开制度

关于政府信息公开的范围，由于政府信息遵循"公开为常态、不公开为例外"的原则，理论上不予公开的政府信息不多，包括：（1）国家秘密，法律、行政法规禁止公开的政府信息，以及公开后可能危及国家安全、公共安全、经济安全、社会稳定的政府信息。（2）公开会对第三方合法权益造成损害的政府信息，包括商业秘密、个人隐私等。（3）行政机关的内部事务信息。[④] 根据《政府信息公开条例》，行政机关应主动公开15类政府信息，均涉及公众利益调整、需要公众广泛知晓或者需要公众参与决策。[⑤]

---

① 参见《政府信息公开条例》第二条。

② 参见《政府信息公开条例》第五、六条。

③ 参见《政府信息公开条例》第二十三、二十四条。

④ 参见《政府信息公开条例》第十三至十六条。

⑤ 参见《政府信息公开条例》第二十条。

行政机关应当依照《保守国家秘密法》以及其他法律、法规和国家有关规定，对拟公开的政府信息进行审查；并建立健全政府信息管理动态调整机制，对因情势变化可公开的信息予以公开。[①]

（三）政府信息公开中的救济及法律责任

公民、法人或者其他组织认为行政机关在政府信息公开工作中侵犯其合法权益的，可以向上一级行政机关或者政府信息公开工作主管部门投诉、举报，也可以依法申请行政复议或者提起行政诉讼。[②]

未建立健全政府信息公开有关制度、机制的，不依法履行政府信息公开职能，不及时更新公开的政府信息内容、政府信息公开指南和政府信息公开目录，由上一级行政机关责令改正；情节严重的，对负有责任的领导人员和直接责任人员依法给予处分。[③]

第三节 网络煽动、网络谣言、网络滋事的行政规制

煽动性传播包括煽动分裂国家、颠覆国家政权、损害国家荣誉和利益的行为，煽动恐怖主义、极端主义，亵渎宗教或煽动从事邪教、会道门活动，煽动民族仇恨、民族歧视，加之近年来频繁出现的“网络谣言”“网络滋事”，均成为行政规制与处罚的对象。本节对上述行为的行政规制及处罚的梳理，主要基于治安管理的角度。

一、煽动恐怖主义、极端主义的传播

恐怖主义，是指通过暴力、破坏、恐吓等手段，制造社会恐慌，危害公共安全，侵犯人身财产，或者胁迫国家机关、国际组织，以实现其政治、意识形态等目的的主张和行为。[④]

极端主义，从认识论而言，指人们往往片面而非全面看待事物或行为，同时往往在处理事物时会通过偏激的方式来解决；从政治及法律角度来看，是指为了达到个人或者小部分人的某些目的，而不惜一切后果地采取极端手段对公众或政治领导集团进行威胁。

---

① 参见《政府信息公开条例》第十七条。
② 参见《政府信息公开条例》第五十一条。
③ 参见《政府信息公开条例》第五十二、五十三条。
④ 参见《反恐怖主义法》第三条。

（一）涉及宣扬恐怖主义、极端主义或者煽动实施恐怖活动、极端主义活动的传播行为

此类传播行为包括：（1）宣扬恐怖主义、极端主义或者煽动实施恐怖活动、极端主义活动的；（2）制作、传播、非法持有宣扬恐怖主义、极端主义物品的；（3）为宣扬恐怖主义、极端主义或者实施恐怖主义、极端主义活动提供信息、资金、物资、劳务、技术、场所等支持、协助、便利的。①

（二）传播极端主义行为

此类传播行为包括：（1）歪曲、诋毁国家政策、法律、行政法规，煽动、教唆抵制人民政府依法管理的；（2）煽动、胁迫群众损毁或者故意损毁居民身份证、户口簿等国家法定证件以及人民币的；（3）煽动、胁迫他人以宗教仪式取代结婚、离婚登记的；（4）煽动、胁迫未成年人不接受义务教育的。②

（三）新闻媒体等单位或个人编造、传播虚假恐怖事件信息或不当传播涉恐信息行为

《反恐怖主义法》规定的此类编造、传播虚假恐怖事件信息的行为只能是故意行为，而不包括新闻媒体的不当报道行为，包括报道、传播可能引起模仿的恐怖活动的实施细节及恐怖事件中残忍、不人道的场景；未经批准，报道、传播现场应对处置的工作人员、人质身份信息和应对处置行动情况。③其与前述宣扬、煽动恐怖主义活动有很大不同，与《治安管理处罚法》第二十五条处罚的“恐怖谣言”也有不同：后者主要指散布谣言，谎报险情、疫情、警情或者以其他方法故意扰乱公共秩序的，以及扬言实施放火、爆炸、投放危险物质扰乱公共秩序的。

二、煽动从事邪教、会道门及其他迷信活动的传播

根据 1999 年 10 月 9 日最高人民法院、最高人民检察院《关于办理组织和利用邪教组织犯罪案件具体应用法律若干问题的解释（一）》（以下简称《邪教案件解释（一）》）第一条的规定，“邪教组织”是指冒用宗教、气功或者其他名义建立，神化首要分子，利用制造、散布迷信邪说等手段蛊惑、蒙骗他人，发展、控制成员，危害社会的非法组织。与宗教组织相比，因其无固定组织名称、活动场所、信仰，且具有反

---

① 参见《反恐怖主义法》第八十条。
② 参见《反恐怖主义法》第八十一条。
③ 参见《反恐怖主义法》第九十条。

社会的、反道德的邪恶特征，故称其为邪教组织。

“会道门”是封建迷信活动组织的概括性称呼。“迷信”指相信神灵鬼怪等超自然事物的存在。

根据 2001 年 5 月 10 日最高人民法院、最高人民检察院《关于办理组织和利用邪教组织犯罪案件具体应用法律若干问题的解释（二）》（以下简称《邪教案件解释（二）》）第一条第一款的规定，制作、传播邪教宣传品，宣扬邪教包括下列情形：（1）制作、传播邪教传单、图片、标语、报纸、书刊、光盘、录音、录像带；（2）制作、传播宣扬邪教的 DVD、VCD、CD 光盘；（3）利用互联网制作、传播邪教组织信息；（4）在公共场所悬挂横幅、条幅，或者以书写、喷涂标语等方式宣扬邪教；（5）其他制作、传播邪教宣传品的行为。

三、煽动民族仇恨、民族歧视

煽动民族仇恨和民族歧视[①]的核心在于基于某种民族身份而进行的煽动憎恨或区别对待行为。仇恨言论是指在仇恨意图的指引下，基于民族、种族、国籍、性别和宗教等身份特征所为的引发群体间歧视和仇恨的一种言论类型。[②]可见，煽动民族仇恨和民族歧视也是仇恨言论的一种类型。

对煽动民族仇恨、民族歧视，或者在出版物、计算机信息网络中刊载民族歧视、侮辱内容的处罚：处十日以上十五日以下拘留，可以并处一千元以下罚款。[③]

四、网络谣言

所谓谣言，通常认为是没有事实依据的消息或指一种缺乏事实依据，或未经证实，公众一时难以辨别真伪的传闻或舆论。法律（公法）意义上的“谣言”可界定为：以突发事件（险情、疫情、灾情、警情、恐情等）等信息为主要内容，扰乱、侵害社会秩序或国家安全的事实性信息，其与“虚假信息”在大部分场合可以替代使用。[④]网络谣言（不包含虚假恐怖信息）本质上属于谣言的一种，只是传播渠道有别于传统的谣言，通常认为是通过社交网络、网络论坛、电子邮箱等渠道传播的、缺乏事实根据或未经证实的不实内容。

网络谣言的产生有其特定的社会及信息技术背景：科学知识的欠缺、社会信息管

① 民族仇恨和民族歧视的界定参见第二十二章第一节的相关内容。

② 徐俊．网络仇恨言论治理的平台责任研究［J］．汕头大学学报（人文社会科学版），2017，33（9）：93-97.

③ 参见《治安管理处罚法》第四十七条。

④ 罗斌，宋素红．谣言传播违法与犯罪的成立条件——基于行政法与刑法相关制度比较的视角［J］．新闻与传播研究，2020，27（5）：21-40，126.

理的漏洞、公权力威信的下降、媒体及群众法治观念的淡漠、商业利益的驱动、网络推手与网络水军的活跃等原因和背景，分别为谣言传播提供了信任基础、可乘之机、经济动因和催化剂。

《治安管理处罚法》第二十五条列举的网络谣言只有两种：(1) 散布谣言，谎报险情、疫情、警情或者以其他方法故意扰乱公共秩序的；(2) 扬言实施放火、爆炸、投放危险物质扰乱公共秩序的。

五、网络滋事

近年来，网络上威胁将侵害他人人格权益及财产权益，或者损害公权力机关及国家形象、荣誉的传播行为，以《治安管理处罚法》第二十六条第四款"寻衅滋事"的条款进行处罚，成为一种现象。目前，网络寻衅滋事主要有三种类型。

第一种是恐吓他人的网络寻衅滋事。对在网络上侮辱他人或者捏造事实诽谤他人的行为，以《治安管理处罚法》第四十二条[①]第二款的规定进行处罚；恐吓他人，也应依据该法第四十二条第五款的规定进行处罚。但目前，对此行为多依据罚款和拘留都较严重的《治安管理处罚法》第二十六条第四款，以"寻衅滋事"进行处罚。

第二种是针对公权力机关，主要是公安机关的网络寻衅滋事。目前，对辱骂、诽谤、贬低国家机关而不构成犯罪的网民，依据《治安管理处罚法》第二十六条第四款，以"寻衅滋事"进行处罚成为一种现象。

第三种是针对国家荣誉、形象的网络寻衅滋事。有一种网络言论，不针对特定个人、法人或国家机关，而是针对国家荣誉、形象和权威进行侮辱、毁谤或贬低。对此类传播，《治安管理处罚法》并没有具体的条款予以规制，只能依据《治安管理处罚法》第二十六条第四款的"寻衅滋事"相关规定进行处罚。

---

① 该条规定，"有下列行为之一的，处五日以下拘留或者五百元以下罚款；情节较重的，处五日以上十日以下拘留，可以并处五百元以下罚款：(一) 写恐吓信或者以其他方法威胁他人人身安全的；(二) 公然侮辱他人或者捏造事实诽谤他人的；(三) 捏造事实诬告陷害他人，企图使他人受到刑事追究或者受到治安管理处罚的；(四) 对证人及其近亲进行威胁、侮辱、殴打或者打击报复的；(五) 多次发送淫秽、侮辱、恐吓或者其他信息，干扰他人正常生活的；(六) 偷窥、偷拍、窃听、散布他人隐私的"。

六、煽动性传播及网络谣言、网络滋事的处罚

煽动性传播及网络谣言、网络滋事的具体处罚详见表 6–2。

表 6–2 煽动性传播及网络谣言、网络滋事的处罚对照

违法传播行为 \ 法律及处罚内容		法律	处罚
煽动恐怖主义极端主义	煽动恐怖主义、极端主义	《反恐怖主义法》第八十条	处十日以上十五日以下拘留，可以并处一万元以下罚款
	以传播极端主义而实施的相关行为	《反恐怖主义法》第八十一条	处五日以上十五日以下拘留，可以并处一万元以下罚款
	新闻媒体等单位或个人编造、传播虚假恐怖信息	《反恐怖主义法》第九十条	处五日以上十五日以下拘留，可以并处一万元以下罚款
煽动从事邪教、会道门及其他迷信活动的传播		《治安管理处罚法》第二十七条	处十日以上十五日以下拘留，可以并处一千元以下罚款；情节较轻的，处五日以上十日以下拘留，可以并处五百元以下罚款
煽动民族仇恨、民族歧视		《治安管理处罚法》第四十七条	处十日以上十五日以下拘留，可以并处一千元以下罚款
网络谣言	公然侮辱他人或者捏造事实诽谤他人	《治安管理处罚法》第四十二条	五日以下拘留或者五百元以下罚款；情节较重的，处五日以上十日以下拘留，可以并处五百元以下罚款
	散布谣言，谎报险情、疫情、警情	《治安管理处罚法》第二十五条	五日以上十日以下拘留，可以并处五百元以下罚款；情节较轻的，处五日以下拘留或者五百元以下罚款
网络滋事		《治安管理处罚法》第二十六条（四）	处五日以上十日以下拘留，可以并处五百元以下罚款；情节较重的，处十日以上十五日以下拘留，可以并处一千元以下罚款

第四节 涉未成年人传播内容的行政规制

未成年人指未满十八周岁的公民。[①] 从目前世界各国的情况来看，青少年网络伤害主要包括四种：网络欺凌、网络侵扰、网络成瘾、网络色情。针对上述情况。我国主要针对未成年人视听节目、个人信息保护及涉未成年人广告进行规制。

① 参见《未成年人保护法》第二条。

一、涉未成年人传播内容的原则性要求及处罚

未成年人的身心健康，小则涉及家庭幸福，大则关系社会稳定甚至国家未来，因此，我国鼓励新闻、出版、信息产业、广播、电影、电视、文艺等单位和作家、艺术家、科学家以及其他公民，创作或者提供有利于未成年人健康成长的作品。出版、制作和传播专门以未成年人为对象的内容健康的图书、报刊、音像制品、电子出版物以及网络信息等，国家给予扶持。①

涉未成年人传播内容的消极性要求，主要涉及以下内容。(1)隐私保护。未成年人隐私保护是其人格权益保护中的重中之重，任何组织或者个人不得披露未成年人隐私。对未成年人犯罪案件，不仅未成年人的姓名、住所、照片、图像禁止各种形式公开、披露，甚至可能推断出该未成年人的资料也禁止传播。②(2)名誉保护。国家有关机关办理未成年人遭受性侵害的刑事案件，及新闻媒体传播此类案件时，应当避免对被害人的二次伤害，保护被害人的名誉。③(3)身心健康保护。禁止传播危害未成年人身心健康内容的任何出版物和信息。④

二、未成年人的网络保护和个人信息保护

(一)未成年人的网络保护

任何单位和个人不得利用通信、计算机网络等方式提供前款规定的危害未成年人身心健康的内容及其信息。

未成年人的网络保护，除了网络素养教育，还有以下几个方面。

第一，网络沉迷的预防与干预。(1)对网络终端的要求。为未成年人提供的智能终端产品等网络服务设施的制造者、销售者，应安装未成年人网络保护软件，或者以显著方式告知此类软件安装渠道和方法。⑤(2)学校的义务。学校应统一管理未成年人带入学校的手机等智能终端产品；未经学校允许，未成年学生不得将手机等智能终端产品带入课堂。⑥(3)监护人的义务。未成年人的父母或者其他监护人应当在未成年人使用的智能终端产品上安装未成年人网络保护软件、选择适合未成年人的服务模

① 参见《未成年人保护法》第三十二条。
② 参见《未成年人保护法》第一百零三条、第一百一十条。
③ 参见《未成年人保护法》第四十九条、第一百一十条第一款。
④ 参见《未成年人保护法》第五十至五十三条。
⑤ 参见《未成年人保护法》第六十九条。
⑥ 参见《未成年人保护法》第七十条。

式和管理功能，并合理安排未成年人使用网络的时间。[①]（4）网络服务提供者的义务。不得向未成年人提供诱导其沉迷的产品和服务；以未成年人为服务对象的在线教育网络产品和服务，不得插入网络游戏链接，不得推送广告等与教学无关的信息；应当针对未成年人使用其服务设置相应的时间、权限、消费管理等功能。[②]（5）网络游戏的管理。国家建立统一的未成年人网络游戏电子身份认证系统，网络游戏服务提供者应当要求未成年人以真实身份信息注册并登录网络游戏。网络游戏产品实行分类管理，并作出适龄提示，不得让未成年人接触不适宜的游戏或游戏功能；不得在每日二十二时至次日八时向未成年人提供网络游戏服务。[③]

第二，网络欺凌的预防与干预。对未成年人的网络欺凌包括侮辱、诽谤、威胁或者恶意损害形象等行为。遭受网络欺凌的未成年人及其父母或者其他监护人有权通知网络服务提供者采取删除、屏蔽、断开链接等措施。网络服务提供者接到通知后，应当及时采取必要的措施制止网络欺凌行为，防止信息扩散。[④]

第三，危害未成年人身心健康信息的防止与处理。任何组织或者个人不得传播含有危害未成年人身心健康的信息。网络服务提供者发现用户发布、传播可能影响未成年人身心健康的信息且未作显著提示的，应当作出提示或者通知用户予以提示；并应当立即停止传输相关信息，采取删除、屏蔽、断开链接等处置措施，保存有关记录，并向网信、公安等部门报告；发现用户利用其网络服务对未成年人实施违法犯罪行为的，应当立即停止向该用户提供网络服务，保存有关记录，并向公安机关报告。[⑤]

（二）未成年人的个人信息保护

依据我国《个人信息保护法》，未成年人个人信息属敏感个人信息，受特殊保护。但该法中未成年人年龄要求为不满 14 周岁。根据网信办 2019 年《儿童个人信息网络保护规定》，网络运营者须设置专门的儿童个人信息保护规则和用户协议，指定专人负责儿童个人信息保护，[⑥]在遵守一般性处理原则与规则的同时，在以下两个原则上应当特别注意。

1. 同意方式与通知的内容

网络运营者收集、使用、转移、披露儿童个人信息的，应当以显著、清晰的方式告知儿童监护人，并应当征得儿童监护人的单独同意。网络运营者征得同意时，应当

---

① 参见《未成年人保护法》第七十一条。
② 参见《未成年人保护法》第七十三、七十四条。
③ 参见《未成年人保护法》第七十五条。
④ 参见《未成年人保护法》第七十七条。
⑤ 参见《未成年人保护法》第八十条。
⑥《儿童个人信息网络保护规定》第八条。

同时提供拒绝选项，并明确告知《个人信息保护法》要求的相关事项，同时，还应当告知以下事项：儿童个人信息存储的地点、期限和到期后的处理方式；儿童个人信息的安全保障措施；拒绝的后果；更正、删除儿童个人信息的途径和方法。①

2. 安全保障原则

网络运营者应当采取加密等措施存储儿童个人信息，确保信息安全。网络运营者对其工作人员应当以最小授权为原则，严格设定信息访问权限，控制儿童个人信息知悉范围。工作人员访问儿童个人信息的，应当经过儿童个人信息保护负责人或者其授权的管理人员审批，记录访问情况，并采取技术措施，避免违法复制、下载儿童个人信息。②

三、未成年人节目的行政规制

根据《未成年人节目管理规定》（2019 年 4 月 30 日起施行，2021 年 10 月修订），未成年人节目包括未成年人作为主要参与者或者以未成年人为主要接收对象的广播电视节目和网络视听节目。

（一）涉未成年人节目内容的原则性要求

未成年人节目不仅应符合国家关于传播内容的原则性要求，还应遵守未成年人传播内容的原则性要求。③同时，制作及传播机构应当根据不同年龄段未成年人身心发展状况，制作、传播相应的未成年人节目，并采取明显图像或者声音等方式予以提示。④

《未成年人节目管理规定》列举了 16 种对未成年人节目的禁止内容，但有例外：在以科普、教育、警示为目的制作、传播节目，且确有必要出现相关内容的，应当避免过分展示，采取明显图像或者声音等方式予以提示，并对相应画面、声音进行技术处理。⑤

（二）涉未成年人节目制作的要求

第一，未成年人参与相关节目制作的要求。（1）监护人同意。邀请未成年人参与节目制作，应当事先经其法定监护人同意。不得以恐吓、诱骗或者收买等方式迫

① 《儿童个人信息网络保护规定》第九、十条。
② 《儿童个人信息网络保护规定》第十三、十五条。
③ 参见《未成年人节目管理规定》第八条。
④ 参见《未成年人节目管理规定》第十一条。
⑤ 参见《未成年人节目管理规定》第九条。

使、引诱未成年人参与节目制作。[①]（2）节目内容限制。不得制作、传播利用未成年人或者未成年人角色进行商业宣传的非广告类节目。制作、传播未成年人参与的歌唱类选拔节目、真人秀节目、访谈脱口秀节目，应符合国务院广播电视主管部门的要求。[②]

第二，未成年人节目内容对隐私、心智及情感保护的要求。（1）隐私保护。未成年人节目制作过程中，不得泄露或者质问、引诱未成年人泄露个人及其近亲属的隐私信息，不得要求未成年人表达超过其判断能力的观点。[③]（2）心智保护。邀请未成年人参与节目制作，其服饰、表演应当符合未成年人年龄特征和时代特点，不得诱导未成年人谈论名利、情爱等话题。未成年人节目不得宣扬童星效应或者包装、炒作明星子女。[④]（3）情感保护。未成年人节目应当严格控制设置竞赛排名，不得设置过高物质奖励，不得诱导未成年人现场拉票或者询问未成年人失败退出的感受；不得就家庭矛盾纠纷采访未成年人，不得要求未成年人参与节目录制和现场调解，避免未成年人目睹家庭矛盾冲突和情感纠纷；不得以任何方式对未成年人进行品行、道德方面的测试。[⑤]

第三，未成年人节目专家评估与社会评价。该要求是广播电视播出机构、网络视听节目服务机构作出节目调整、改进的重要依据。[⑥]

（三）涉未成年人节目播出的具体要求

第一，频率频道、网络专区专用制。网络视听节目服务机构应当以显著方式在显著位置对所传播的未成年人节目建立专区，专门播放适宜未成年人收听收看的节目。未成年人专门频率频道、网络专区不得播出未成年人不宜收听收看的节目。[⑦]

第二，播前审查制与播出监控制。播出机构应建立未成年人保护专员制度，安排有未成年人保护工作经验或者教育背景的人员负责未成年人节目、广告播前审查。未成年人节目播出中，应至少每隔 30 分钟在显著位置发送易于辨认的休息提示信息。[⑧]

第三，播出时段及国产动画片的播出管理要求。（1）对所有广播电视节目的要求：在法定节假日和学校寒暑假每日 8：00 至 23：00，以及其他时间每日 15：00 至 22：00，所有广播电视节目应当适宜包括未成年人在内的所有人群收听收看。由于我

---

① 参见《未成年人节目管理规定》第十二条。
② 参见《未成年人节目管理规定》第十条。
③ 参见《未成年人节目管理规定》第十三条。
④ 参见《未成年人节目管理规定》第十四条。
⑤ 参见《未成年人节目管理规定》第十五条。
⑥ 参见《未成年人节目管理规定》第二十六、二十七条。
⑦ 参见《未成年人节目管理规定》第十九条。
⑧ 参见《未成年人节目管理规定》第二十、二十一、二十二条。

国尚未实行节目分级管理，此项规定只是原则性规定。（2）对未成年人专门频率频道的要求：全天播出未成年人节目的比例应当符合国务院广播电视主管部门的要求，在每日17：00至22：00应当播出国产动画片或者其他未成年人节目，不得播出影视剧以及引进节目；每日播出或者可供点播的国产动画片和引进动画片的比例应当符合相关规定。①

第四，含有未成年人形象、信息的节目的删除、屏蔽、断开链接。网络用户上传含有未成年人形象、信息的节目且未经未成年人法定监护人同意的，未成年人的法定监护人有权通知网络视听节目服务机构采取删除、屏蔽、断开链接等必要措施。网络视听节目服务机构接到通知并确认其身份后应当及时采取相关措施。②

四、涉未成年人出版物违法内容的行政处罚

涉及未成年人出版物违法内容，主要从两方面加以禁止：一是禁止以未成年人为对象的出版物含有诱发未成年人违法犯罪和渲染暴力、色情、赌博、恐怖活动等内容；二是禁止向未成年人出售、出租含有上述内容的读物、音像制品或者电子出版物（见表6–3）。③

表6–3　涉未成年人传播违法内容处罚对照

违法传播行为 \ 法律及处罚内容			法律	处罚
行业处罚	违反未成年人网络保护的行为	1. 网络服务提供者未履行预防和干预未成年人网络沉迷义务；发现用户发布、传播可能影响未成年人身心健康的信息未履行相关义务 2. 其他任何组织或者个人的行为：网络欺凌行为	《未成年人保护法》第一百二十七条	由公安、网信、电信、新闻出版、广播电视、文化和旅游等有关部门按照职责分工责令改正，给予警告，没收违法所得；违法所得一百万元以上的，并处违法所得一倍以上十倍以下罚款；没有违法所得或者违法所得不足一百万元的，并处十万元以上一百万元以下罚款；对直接负责的主管人员和其他责任人员处一万元以上十万元以下罚款；拒不改正或者情节严重的，并可以责令暂停相关业务、停业整顿、关闭网站、吊销营业执照或者吊销相关许可证

① 参见《未成年人节目管理规定》第二十三条。

② 参见《未成年人节目管理规定》第二十四、二十五条。

③ 参见《预防未成年人犯罪法》第三十、三十一条。

续表

<table>
<tr><th colspan="3">法律及处罚内容
违法传播行为</th><th>法律</th><th>处罚</th></tr>
<tr><td rowspan="6">行业处罚</td><td rowspan="3">违反涉未成年人出版物内容及传播的禁止性规定</td><td>向未成年人出售、出租上述出版物；影剧院、录像厅等各类演播场所，放映有前述内容的节目</td><td>《未成年人保护法》第一百二十一条</td><td>由新闻出版、广播电视、电影、网信等部门责令限期改正，给予警告，没收违法所得，可以并处十万元以下罚款；拒不改正或者情节严重的，责令暂停相关业务，停产停业或者吊销营业执照，吊销相关许可证；违法所得一百万元以上的，并处违法所得一倍以上十倍以下的罚款；没有违法所得或者违法所得不足一百万元的，并处十万元以上一百万元以下罚款</td></tr>
<tr><td>向未成年人出售、出租上述出版物，或者利用通讯、计算机网络等方式提供上述危害未成年人身心健康内容及其信息</td><td>《预防未成年人犯罪法》第五十三条</td><td>没收读物、音像制品、电子出版物和违法所得，并处以罚款</td></tr>
<tr><td>影剧院、录像厅等各类演播场所，放映有前述内容的节目</td><td>《预防未成年人犯罪法》第五十四条</td><td>有关主管部门没收违法播放的音像制品和违法所得，处以罚款，并对直接负责的主管人员和其他直接责任人员处以罚款；情节严重的，责令停业整顿或者吊销营业执照</td></tr>
<tr><td rowspan="3">违反制作、传播涉未成年人节目的规定</td><td>违反制作、传播含有未成年人节目内容消极规定</td><td>《未成年人节目管理规定》第三十二条、《广播电视管理条例》第四十九条</td><td>由广播电视行政部门责令停止制作、播放，收缴其节目载体，并处一万元以上五万元以下的罚款；情节严重的，吊销许可证</td></tr>
<tr><td>违反播出时段及国产动画片的播出管理要求</td><td>《未成年人节目管理规定》第三十三条、《广播电视管理条例》第五十条</td><td>由广播电视行政部门责令停止违法活动，给予警告，没收违法所得，可以并处二万元以下的罚款；情节严重的，吊销许可证</td></tr>
<tr><td>违反节目内容及播出规范要求</td><td>《未成年人节目管理规定》第三十四条</td><td>由广播电视行政部门责令限期改正，给予警告，可以并处三万元以下的罚款</td></tr>
<tr><td>治安处罚</td><td colspan="2">制作、运输、复制、出售、出租淫秽的书刊、图片、影片、音像制品等淫秽物品或者利用计算机信息网络、电话以及其他通信工具传播淫秽信息</td><td>《治安管理处罚法》第六十八条</td><td>处十日以上十五日以下拘留，可以并处三千元以下罚款；情节较轻的，处五日以下拘留或者五百元以下罚款</td></tr>
</table>

第五节 淫秽色情内容传播的行政规制

淫秽物品不仅毒害社会风气，而且容易诱发犯罪，危害极大。世界各国为保护公民尤其是青少年的身心健康，维护社会治安，对包括淫秽出版物的各种淫秽物品及其传播，均进行查禁；但对色情内容的规制，则各不相同。

一、“淫秽”“色情”内容的认定

（一）“淫秽”与色情的学理解释

“淫秽”（obscenity）在美国的权威界定是“由于提及或描绘性及排泄功能而导致道德厌恶或社会禁忌的品性、性质或状态”[①]。美国联邦最高法院在20世纪70年代的一起案例中，对“淫秽物品”确立了三步检验法：第一步，引发适用当代社会标准的普通人所确认荒淫的性欲；第二步，以一种公开、冒犯（挑逗）、由普通法具体规定的方式描绘性行为；第三步，缺乏严肃的文学、艺术、政治或科学价值。[②]

我国法学理论将“淫秽”界定为“具有破坏善良风俗、旨在使那些易受不道德性关系影响的人，以及能够得到具有上述内容出版物的人淫荡、堕落的一种性质。任何物品的淫秽性不在于它本身确定的特性，而在于它对读者或观众思想的影响。判断某一物品是否淫秽的标准是不确定的，要从整体上考虑它的主要目标是否在于引发淫欲，并且实质上是否超出了通常所需要的表述限度。判断的标准应以理智的成年人为参照”[③]。

“色情”（pornography）在《现代汉语词典》中的解释为：男女之情，[④]是一个中性词——因此，色情出版物也不具备法律意义上的否定性。在美国，色情作品受宪法第一修正案中言论自由的保护，除非其被认定为淫秽物品。

（二）行政法与刑法对“淫秽物品”和“色情出版物”的界定

我国最早对“淫秽物品”进行界定的法律文件是1985年国务院发布的《关于严禁淫秽物品的规定》（行政法规，已失效），其第二条规定了“淫秽物品”的范围：具体描写性行为或露骨宣扬色情淫荡形象的录像带、录音带、影片、电视片、幻灯片、照片、图画、书籍、报刊、抄本，印有这类图照的玩具、用品，以及淫药、淫具——其大部分为传播法范围内的出版物。但该规定第三条将“夹杂淫秽内容的有艺术价值的文艺作品，表现人体美的美术作品，有关人体的生理、医学知识和其他自然科学作品”，排除在淫秽物品的范围之外。

在有效的法律文件中，“淫秽物品”和“色情出版物”的内涵演进如下。

---

① GARNER B A. Black's law dictionary［M］. New York：Thomson Reuters Co.，2019：1295.

② 资料来源：Miller v. California，413U.S.15，93 S.Ct.2607（1973）。

③ 薛波 . 元照英美法词典［M］. 北京：法律出版社，2003：993.

④ 中国社会科学院语言研究所词典编辑室 . 现代汉语词典［M］. 6 版 . 北京：商务出版社，2012：1123.

1. 区分“淫秽出版物”和“色情出版物”

1988年12月生效的国家新闻出版署《关于认定淫秽及色情出版物的暂行规定》（部门规章），对“淫秽出版物”和“色情出版物”进行了具体界定。淫秽出版物是指在整体上宣扬淫秽行为，具有下列内容之一，挑动人们的性欲，足以导致普通人腐化堕落，而又没有艺术价值或者科学价值的出版物：（1）淫亵性地具体描写性行为、性交及其心理感受；（2）公然宣扬色情淫荡形象；（3）淫亵性地描述或者传授性技巧；（4）具体描写乱伦、强奸或者其他性犯罪的手段、过程或者细节，足以诱发犯罪的；（5）具体描写少年儿童的性行为；（6）淫亵性地具体描写同性恋的性行为或者其他性变态行为，或者具体描写与性变态有关的暴力、虐待、侮辱行为；（7）其他令普通人不能容忍的对性行为的淫亵性描写。[①] 而色情出版物是指在整体上不是淫秽的，但其中一部分有前述规定的七种内容，对普通人特别是未成年人的身心健康有毒害，而缺乏艺术价值或者科学价值的出版物。[②] 可见，淫秽出版物和色情出版物在此文件中的区别并不明显，大概以是否能“导致普通人腐化堕落”为界限。

而且，该暂行规定将不属于“淫秽出版物”和“色情出版物”的一些“可疑作品”进行了具体列举：（1）夹杂淫秽、色情内容而具有艺术价值的文艺作品；（2）表现人体美的美术作品；（3）有关人体的解剖生理知识、生育知识、疾病防治和其他有关性知识、性道德、性社会学等的自然科学和社会科学作品。[③]

2.“诲淫性”概念的提出

“诲淫性”概念最早在1990年7月由最高人民法院、最高人民检察院印发的《关于办理淫秽物品刑事案件具体应用法律的规定》中提出，其界定“淫秽物品”是指“诲淫性的音、像、书、画等物品”[④]。同年11月，全国人民代表大会常务委员会在对“淫秽物品”的界定中，也提出了“诲淫性”概念，其认为：淫秽物品，是指具体描绘性行为或者露骨宣扬色情的诲淫性的书刊、影片、录像带、录音带、图片及其他淫秽物品。[⑤] 而且，全国人民代表大会常务委员会再次界定：有关人体生理、医学知识的科学著作不是淫秽物品；包含有色情内容的有艺术价值的文学、艺术作品不被视为淫秽物品。全国人民代表大会常务委员会还授权国务院有关主管部门规定淫秽物品的种类和目录。

---

① 参见国家新闻出版署《关于认定淫秽及色情出版物的暂行规定》第二条。
② 参见国家新闻出版署《关于认定淫秽及色情出版物的暂行规定》第三条。
③ 参见国家新闻出版署《关于认定淫秽及色情出版物的暂行规定》第四条。
④ 参见最高人民法院、最高人民检察院《关于办理淫秽物品刑事案件具体应用法律的规定》第九条（一）。
⑤ 参见全国人民代表大会常务委员会《关于惩治走私、制作、贩卖、传播淫秽物品的犯罪分子的决定》第八条。

3. 刑事法律制度对“淫秽物品”的正式界定

2002 年 12 月 28 日《中华人民共和国刑法修正案（四）》实施，其第三百六十七条对“淫秽物品”及其范围进行了正式界定：本法所称淫秽物品，是指具体描绘性行为或者露骨宣扬色情的诲淫性的书刊、影片、录像带、录音带、图片及其他淫秽物品。有关人体生理、医学知识的科学著作不是淫秽物品；包含有色情内容的有艺术价值的文学、艺术作品不视为淫秽物品。

综上，我国相关法律制度对“淫秽物品”的界定有以下特征：一是强调“诲淫性”，即引导、宣传淫荡内容；二是强调“具体”描绘性行为或“露骨”宣扬色情；三是强调淫秽与色情作品的区别，即有关人体生理、医学知识的科学著作“不是”淫秽物品，包含有色情内容的有艺术价值的文学、艺术作品“不被视为”淫秽物品。

二、对“淫秽”和“色情”内容传播的行政禁止与限制

对“淫秽”和“色情”内容传播的限制，我国相关行政法律制度有细微不同：（1）在网络传播中，对淫秽和色情内容均予禁止，如《互联网视听节目服务管理规定》第十六条（七）、《互联网信息服务管理办法》第十五条（七）、《网络出版服务管理规定》第二十四条（七）；（2）在传统媒体传播中，纸媒和广播电视的相关法律均禁止淫秽内容，未提及色情内容，如《出版管理条例》第二十五条（七）、《广播电视管理条例》第三十二条（六）、《电视剧内容管理规定》第五条（七）、《广播电视广告播出管理办法》第八条（五）、《广播电视节目制作经营管理规定》第二十二条（七）；（3）在有关电影的法律规定中，则对淫秽和色情内容均予禁止，如《电影剧本（梗概）备案、电影片管理规定》第十四条（三）规定应删剪修改夹杂淫秽色情的内容。

当然，对于未成年人节目的管理，除健康、科学的性教育之外的涉性话题、画面，都是禁止的内容。[①]

三、对“淫秽”和“色情”内容传播的行政处罚

根据处罚主体即行政处罚机构的不同，我国对“淫秽”和“色情”内容传播的处罚有两种：行业行政处罚和治安管理处罚。（如表 6-4）

① 参见《未成年人节目管理规定》第九条（二）。

表 6-4 “淫秽”和“色情”内容传播行政处罚对照

违法传播行为 \ 法律及处罚内容		法律	处罚
行业行政处罚	网络传播淫秽与色情内容	《互联网信息服务管理办法》第十五条（七）、第二十条	对经营性互联网信息服务提供者责令停业整顿直至吊销经营许可证；对非经营性互联网信息服务提供者，由备案机关责令暂时关闭网站直至关闭网站
	互联网视听节目传播色情内容	《互联网视听节目服务管理规定》第十六条、第二十四条	由县级以上广播电影电视主管部门予以警告、责令改正，可并处 3 万元以下罚款；情节严重的，根据《广播电视管理条例》第四十九条的规定予以处罚
	网络出版服务中传播淫秽与色情内容	《网络出版服务管理规定》第二十四条（七）、第五十一条	由出版行政主管部门责令删除相关内容并限期改正，没收违法所得；违法经营额 1 万元以上的，并处违法经营额 5 倍以上、10 倍以下罚款；违法经营额不足 1 万元的，可以处 5 万元以下罚款；情节严重的，责令限期停业整顿或者由国家新闻出版广电总局吊销《网络出版服务许可证》，由电信主管部门依据出版行政主管部门的通知吊销其电信业务经营许可或者责令关闭网站
	报刊传播淫秽内容	《出版管理条例》第二十五条、第六十二条	由出版行政主管部门责令限期停业整顿，没收出版物、违法所得；违法经营额 1 万元以上的，并处违法经营额 5 倍以上、10 倍以下的罚款；违法经营额不足 1 万元的，处 5 万元以下罚款；情节严重的，由原发证机关吊销许可证
	内部资料性出版物传播淫秽内容	《内部资料性出版物管理办法》第十三条、第二十二条	新闻出版行政部门责令改正、停止违法行为，根据情节轻重给予警告，处 1 千元以下罚款；对以营利为目的的相关行为处 3 万元以下罚款
	广播电视节目（含电视剧）传播淫秽内容	《广播电视管理条例》第三十二条、第四十九条	由县级以上人民政府广播电视行政部门责令停止制作、播放、向境外提供，收缴其节目载体，并处 1 万元以上、5 万元以下的罚款；情节严重的，吊销相关许可证
治安管理处罚	制作、运输、复制、出售、出租淫秽书刊、图片、影片、音像制品等淫秽物品或利用信息网络、电话及其他通信工具传播淫秽信息	《治安管理处罚法》第六十八条	处十日以上、十五日以下拘留，可以并处 3 千元以下罚款；情节较轻的，处五日以下拘留或者 5 百元以下罚款
	组织播放淫秽音像	《治安管理处罚法》第六十九条	处十日以上、十五日以下拘留，并处 5 百元以上、1 千元以下罚款

由上表可见，《治安管理处罚法》的处罚对象并不包含色情内容，而新闻出版和广播电视管理机构的行政处罚中，对色情与淫秽的法律界定尚未完全区分开。

第六节　突发事件信息传播的行政规制

突发事件是指突然发生，造成或者可能造成严重社会危害，需要采取应急处置措施予以应对的自然灾害、事故灾难、公共卫生事件和社会安全事件。按照社会危害程度、影响范围等因素，前三类事件可分为特别重大、重大、较大和一般四级。[①]突发公共事件的传播，有政府媒体与新闻媒体两类。

一、突发事件预警及发布、报道的一般行政规制

（一）突发事件发布主体及法定传播渠道

在我国，突发事件发布主体是履行统一领导或者组织处置突发事件的人民政府，其应统一、准确、及时发布有关突发事件事态发展和应急处置工作的信息。[②]

突发公共事件的信息发布渠道并不限于政府自办媒体，其信息发布形式主要包括授权发布、散发新闻稿、组织报道、接受记者采访、举行新闻发布会等。[③]可见，新闻传播是我国主要的突发事件法定传播渠道之一。但除了与气象信息、食品安全（事故）信息、恐怖事件信息有关的法律强调了新闻媒体传播，其他突发公共事件主要强调官方发布或传播。

（二）编造、传播有关突发事件虚假信息的行政处罚

违反本法规定，编造并传播有关突发事件事态发展或者应急处置工作的虚假信息，或者明知是有关突发事件事态发展或者应急处置工作的虚假信息而进行传播的，责令改正，给予警告；造成严重后果的，依法暂停其业务活动或者吊销其执业许可证；负有直接责任的人员是国家工作人员的，还应当对其依法给予处分；构成违反治安管理行为的，由公安机关依法给予处罚。[④]

二、气象信息传播的行政规制

气象信息传播有三个环节：（1）气象预报，包括公众气象预报、灾害性天气警报

① 参见《突发事件应对法》第三条。
② 参见《突发事件应对法》第五十三条。
③ 参见《国家突发公共事件总体应急预案》（规范性文件）3.4。
④ 参见《突发事件应对法》第六十五条。

和气象灾害预警信号；[①]（2）气象预报发布，指气象预报向社会无偿公开的过程；（3）气象预报传播，指将已发布的气象预报进行转播、转载的过程。

我国对公众气象预报和灾害性天气警报实行统一发布：各级气象主管机构所属气象台站是唯一发布主体，其他任何组织或个人不得向社会发布。[②]

气象信息传播主（媒）体包括新闻出版、广播电视、信息网络等。传播气象预报的媒体和单位应当与当地气象主管机构所属的气象台建立获取最新气象预报的机制，确保气象预报及时准确传播。[③]但不是所有的新闻媒体都承担传播气象信息的职责，只有各级广播、电视台站和省级人民政府指定的报纸，应当安排专门的时间或者版面，每天播发或者刊登公众气象预报或者灾害性天气警报。[④]

气象信息传播的要求包括以下内容。（1）及时、准确。[⑤]（2）媒体应安排固定的时间和频率、频道、版面、页面，及时传播最新气象预报。广播、电视播出单位改变气象预报节目播发时间安排的，须事先征得有关气象台站的同意；对国计民生可能产生重大影响的灾害性天气警报和补充、订正的气象预报，应当及时增播或者插播。（3）媒体必须使用气象台站提供的适时气象信息传播气象预报和灾害性天气警报，并标明发布时间和气象台站的名称。[⑥]（4）灾害性天气警报和气象灾害预警信号解除时，媒体应当及时更新。[⑦]

三、地震信息传播的行政规制

我国对地震防震减灾工作，实行预防为主、防御与救助相结合的方针。防震的工作之一是预报，而预报直接涉及相关信息的传播。

由于地震破坏的严重性及相关虚假信息可能带来的社会恐慌及社会生活秩序的混乱，我国对地震预报发布采取统一发布制度。

统一发布的第一层要求是由政府发布：（1）全国范围内的地震长期和中期预报意

① 公众气象预报是指面向社会公众发布的天气现象：云、风向、风速、气温、湿度、气压、降水、能见度等气象要素预报，以及日地空间天气现象、太阳活动水平、地磁活动水平、电离层活动水平、空间粒子辐射环境、中高层大气状态参数等空间天气要素预报。灾害性天气警报和气象灾害预警信号是指台风、暴雨、暴雪、寒潮、大风、沙尘暴、低温、高温、干旱、雷电、冰雹、霜冻、大雾、霾、道路结冰等气象灾害预警信息，以及太阳耀斑、太阳质子事件、日冕物质抛射、磁暴、电离层暴等空间天气灾害预警信息。参见《气象预报发布与传播管理办法》第三条。

② 参见《气象法》第二十二条。

③ 参见《气象预报发布与传播管理办法》第五条。

④ 参见《气象法》第二十四条。

⑤ 参见《气象灾害防御条例》第四十条。

⑥ 参见《气象法》第二十五条。

⑦ 参见《气象预报发布与传播管理办法》第八条。

见，[①] 由国务院发布；省、自治区、直辖市行政区域内的地震长期和中期预报、地震短期预报和临震预报，由省、自治区、直辖市人民政府发布；（2）省级行政区域内的地震预报意见，由省级人民政府按照国务院规定的程序发布。

统一发布的第二层要求是，除发表本人或者本单位对长期、中期地震活动趋势的研究成果及进行相关学术交流外，任何单位和个人不得向社会散布地震预测意见及其评审结果。[②] 也不得向国（境）外提出地震预测意见。[③]

发生地震谣传时，防震减灾工作主管部门应当协助人民政府迅速予以平息和澄清。[④]

地震震情、灾情和抗震救灾等信息按照国务院有关规定实行归口管理，统一、准确、及时发布。[⑤]

新闻媒体刊登或者播发地震预报消息，必须以国务院或者省、自治区、直辖市人民政府发布的地震预报为准。[⑥] 新闻媒体应当根据抗震救灾指挥部提供的情况，按照规定及时向公众发布震情、灾情等有关信息，并做好宣传、报道工作。[⑦]

四、突发公共卫生事件传播的行政规制

在我国，国家建立传染病疫情信息公布制度。国务院卫生行政部门定期公布全国传染病疫情信息。省、自治区、直辖市人民政府卫生行政部门定期公布本行政区域的传染病疫情信息。传染病暴发、流行时，国务院卫生行政部门负责向社会公布传染病疫情信息，并可以授权省、自治区、直辖市人民政府卫生行政部门向社会公布本行政区域的传染病疫情信息。公布传染病疫情信息应当及时、准确。[⑧] 可见，传染病疫情信息公布主体是各级政府及相关卫生行政部门。

《传染病防治法》和《突发公共卫生事件应急条例》均未对传染病疫情的相关新闻传播进行规范，相关报道须依据突发事件预警及发布、报道的一般规定。

---

① 地震预报包括下列类型：（1）地震长期预报，是指对未来 10 年内可能发生破坏性地震的地域的预报；（2）地震中期预报，是指对未来一二年内可能发生破坏性地震的地域和强度的预报；（3）地震短期预报，是指对 3 个月内将要发生地震的时间、地点、震级的预报；（4）临震预报，是指对 10 日内将要发生地震的时间、地点、震级的预报。

② 参见《防震减灾法》第二十九条。

③ 参见《地震预报管理条例》第六条。

④ 参见《破坏性地震应急条例》第十五条。

⑤ 参见《防震减灾法》第五十二条。

⑥ 参见《地震预报管理条例》第十四条。

⑦ 参见《破坏性地震应急条例》第三十二条。

⑧ 参见《传染病防治法》第三十八条和《突发公共卫生事件应急条例》第二十五条。

五、食品安全（事故）信息传播的行政规制

食品安全信息分为三个层次。第一，食品安全风险警示，由国务院食品药品监督管理部门会同国务院有关部门向社会公布。[①] 第二，国家建立统一的食品安全信息平台，实行食品安全信息统一公布制度。[②] 对日常可能误导消费者和社会舆论的食品安全信息，县级以上食品药品监督管理部门应当立即组织有关部门、专业机构进行核实、分析，并及时公布结果。[③] 第三，对食品安全事故，食品药品监督管理部门应当会同卫生行政、质量监督、农业行政等部门，基于调查处理进行信息发布，以防止或者减轻社会危害。[④]

我国法律规定新闻媒体除日常应开展食品安全法律、法规以及食品安全标准和知识宣传外，还负有对食品安全违法行为进行舆论监督的职责，并要求有关食品安全的宣传报道应当真实、公正。[⑤]

六、核安全与核事故信息传播的行政规制

核事故，是指核设施内的核燃料、放射性产物、放射性废物或者运入运出核设施的核材料所发生的放射性、毒害性、爆炸性或者其他危害性事故，或者一系列事故。[⑥] 我国 2018 年实施的《核安全法》对此类特殊的突发公共安全事件的信息传播实施严格控制。

我国核安全相关信息的发布也分三个层次：第一，核安全总体信息发布主体是国务院有关部门及核设施所在地省级政府指定的部门，其发布内容是与核安全有关的行政许可，以及核安全有关活动的安全监督检查报告、总体安全状况、辐射环境质量和核事故等信息；第二，由核设施单位公开本单位核安全管理制度和相关文件、核设施安全状况、流出物和周围环境辐射监测数据、年度核安全报告等信息；[⑦]第三，由省级人民政府指定的部门在核事故应急响应过程中将必要的信息及时告知当地公众。对依法公开的核安全信息，应当通过政府公告、网站以及其他便于公众知晓的方式，及时向社会公开。[⑧]

---

① 参见《食品安全法》第二十二条。
② 参见《食品安全法》第一百一十八条。
③ 参见《食品安全法》第一百二十条。
④ 参见《食品安全法》第一百零五条。
⑤ 参见《食品安全法》第十条。
⑥ 参见《核安全法》九十三条。
⑦ 参见《核安全法》六十三、六十四条。
⑧ 参见《核安全法》六十四、六十五条。

有关核事故的新闻由国务院授权的单位统一发布[①]，即在国务院授权的单位统一发布之前，其他新闻媒体无权传播。

七、恐怖事件信息传播的行政规制

根据2018年修订的《反恐怖主义法》，恐怖事件是指正在发生或者已经发生的造成或者可能造成重大社会危害的恐怖活动。[②]

恐怖事件的发生、发展和应对处置信息，由恐怖事件发生地省级反恐怖主义工作领导机构统一发布；跨省发生的恐怖事件，由指定的省级反恐怖主义领导机构统一发布。[③]

除禁止编造、传播虚假恐怖信息外，下列不当新闻传播也被禁止：可能引起模仿的恐怖活动的实施细节和恐怖事件中残忍、不人道的场景；在恐怖事件的应对处置过程中现场的工作人员、人质身份信息和应对处置行动情况。[④]

八、突发事件违法传播行政处罚对照表

突发事件违法传播行政处罚具体见表6–5。

表6–5 突发事件违法传播行政处罚对照表

法律及处罚 / 信息类型	法律	处罚
气象信息传播[⑤]	《气象法》第三十八条和《气象灾害防御条例》第四十六条	1. 专业行政处罚：由有关气象主管机构按照权限责令改正，给予警告，可以并处五万元以下的罚款； 2. 治安管理处罚：由治安管理机构给予处罚：五日以上、十日以下拘留，可以并处五百元以下罚款；情节较轻的，处五日以下拘留或者五百元以下罚款
地震信息传播	《地震预报管理条例》第十八条至第二十条；《防震减灾法》第八十八条	1. 行政纪律处分：依法给予行政处分和纪律处分[⑥]； 2. 治安管理处罚（同上）[⑦]

① 参见《核电厂事故应急管理条例》第二十三、二十八条。

② 参见《反恐怖主义法》第三条。

③ 参见《反恐怖主义法》第六十三条。

④ 参见《反恐怖主义法》第九十条。

⑤ 主要针对四种传播行为：（1）非法向社会发布公众气象预报、灾害性天气警报的；（2）广播、电视、报纸、电信等媒体向社会传播公众气象预报、灾害性天气警报，不使用气象主管机构所属的气象台站提供的适时气象信息的；（3）广播、电视、报纸、电信等媒体未按要求播发、刊登灾害性天气警报和气象灾害预警信号的；（4）传播虚假的或者通过非法渠道获取的灾害性天气信息和气象灾害灾情的。

⑥ 针对从事地震工作的专业人员擅自向社会散布地震预测意见、地震预报意见及其评审结果，以及向国（境）外提出地震预测意见的行为。

⑦ 针对向社会散布地震预测意见、地震预报意见及其评审结果，或在地震灾后过渡性安置、地震灾后恢复重建中散布谣言，扰乱社会秩序的行为。

续表

法律及处罚 信息类型	法律	处罚
突发公共卫生事件传播	《突发公共卫生事件应急条例》第五十二条	治安管理处罚（同上）
食品安全事故信息传播	《食品安全法》第一百四十一条	1. 行政纪律处分：针对媒体编造、散布虚假食品安全信息，由有关主管部门依法给予处罚，并对直接负责的主管人员和其他直接责任人员给予处分； 2. 治安管理处罚（同上）
核安全与核事故信息传播	《核安全法》第八十八条	核设施营运单位的相关责任未按照规定公开相关信息的，由国务院核安全监督管理部门责令改正；拒不改正的，处十万元以上、五十万元以下的罚款。对于其他信息传播主体的责任，未明确规定
恐怖事件信息传播	《反恐怖主义法》第九十条	1. 针对新闻媒体，由公安机关处二十万元以下罚款，并对其直接负责主管人员和其他直接责任人员，处五日以上、十五日以下拘留，可以并处五万元以下罚款； 2. 个人有前面规定行为的，由公安机关处五日以上、十五日以下拘留，可以并处一万元以下罚款

第七节　传播侵害著作权的行政规制

著作权即版权，是作者或未参与创作的其他法定权利主体（自然人、法人或者非法人组织）对作品（即文学、艺术和科学领域内具有独创性并能以一定形式表现的智力成果）所享有的人身权和财产权。

著作权是民事权利，对著作权的侵害首先导致对权利人的民事责任，[①] 而在破坏市场秩序、损害公共利益的情况下，还会导致行政处罚；更严重者，还会导致刑事责任。[②]

一、涉著作权传播侵害的法定类型

《著作权法》规定了 8 种不仅应当承担民事责任，而且（如果同时损害公共利益）会受到行政处罚的侵权行为，可分为五类：第一类，侵害著作权或专有出版权，指未经著作权人或专有出版权人许可，复制、发行，通过信息网络等方式向公众传播其作

① 关于著作权的客体、主体、权能（内容）、权利限制、侵权责任等内容，参见本书第十六章。
② 关于侵害著作权的刑事责任即侵犯著作权罪，参见本书第二十二章第二节。

品，或出版其图书的；第二类，侵害邻接权，[①] 指未经表演者、录音录像制作者或广播组织者许可，通过信息网络等方式向公众传播其表演或相关录音录像制品，复制、发行相关录音录像制品，或者播放、复制、通过信息网络向公众播放广播、电视的；第三类，避开或者破坏技术措施的侵权行为，指未经著作权人或邻接权人许可，故意避开或者破坏技术措施，或者故意制造、进口或者向他人提供相关装置、部件、技术服务的；第四类，删除或者改变权利管理信息的侵权行为，指未经著作权人或邻接权人许可，故意删除或者改变作品、版式设计、表演、录音录像制品或者广播、电视上的权利管理信息，知道或者应当知道相关权利管理信息未经许可被删除或者改变仍然向公众提供的；第五类，制作、出售假冒他人署名的作品的。[②]

另外，根据《信息网络传播权保护条例》，尽管有法定许可或合理使用的依据，但在提供他人作品过程中有违法行为，同时损害公共利益的，除承担相应民事责任外，著作权行政规制部门可施加相应行政处罚：(1) 违反法定许可中的附带要求，指为扶助贫困通过信息网络向农村地区提供作品等过程中，超过规定范围，或未在提供前公告作品等名称和作者、表演者、录音录像制作者的姓名（名称）以及报酬标准，或未按照公告标准支付报酬，或在权利人不同意传播的情况下未立即删除的；(2) 违反其他要求，指未指明作品、表演等的名称或者作者、表演者、录音录像制作者的姓名（名称），或者未支付报酬，或者未采取技术措施防止他人复制等侵权行为的；(3) 通过信息网络提供他人的作品、表演、录音录像制品，获得经济利益的。[③]

需要强调，损害公共利益是著作权侵害行政处罚成立的前提。在此类行政处罚中，有没有损害公共利益往往成为焦点问题。侵权行为人往往以其侵犯的对象是特定著作权人的著作权，属民事侵权行为进行抗辩，主张没有损害公共利益；而相关行政部门往往以侵权行为人侵害多个著作权人权益或遭多人投诉为依据，并结合涉案作品的传播广度、数量等，认定侵权行为不仅侵害特定权利人利益，而且扰乱文化产品市场秩序——“快播案”的行政处罚即如此。[④]

二、对侵害著作权的行政处置

根据我国《著作权法》规定，国家著作权主管部门负责全国的著作权管理工作；

---

① 又称相关权（related rights），是在对他人作品进行传播的过程中，因付出组织性和经营性投入或独创性劳动，使原作品具备新的表现形式而被法律赋予的权利，故为传播性权利。我国《著作权法》规定了四种邻接权：出版者权、表演者权、录音录像制作者权和广播电台电视台播放权（广播组织权）。

② 参见《著作权法》第五十三条。

③ 参见《信息网络传播权保护条例》第十八、十九条。

④ 参见深圳市中级人民法院（2014）深中法知行初字第 2 号行政判决书和广东省高级人民法院（2016）粤行终 492 号行政判决书。

县级以上地方主管著作权的部门主管本行政区域的著作权管理工作。所谓“著作权主管部门”，指国家版权局和地方各级版权局。其中，国家版权局可以查处在全国有重大影响的侵权行为。[①] 但是，市场监管部门、广播电视行政管理部门也可在职权范围内对侵权行为人的相关行为进行依法处罚。[②]

（一）对著作权侵害的调查

主管著作权的部门对涉嫌侵犯著作权、与著作权有关的权利的行为进行查处时，享有询问权、现场检查权、相关资料（与涉嫌违法行为有关的合同、发票、账簿等）查阅复制权、查封或扣押权。[③]

（二）对著作权侵害的行政处罚

根据我国《著作权法》规定，主管著作权的部门在查处前述相关行为时，罚款以外的措施包括责令停止侵权行为，予以警告，没收违法所得，没收、无害化销毁处理侵权复制品以及主要用于制作侵权复制品的材料、工具、设备等。[④]

另外，在查处相关违反《著作权法》的网络传播行为时，如果网络服务提供者无正当理由拒绝提供或者拖延提供涉嫌侵权的服务对象的姓名（名称）、联系方式、网络地址等资料，著作权行政管理部门有权予以警告；情节严重的，没收主要用于提供网络服务的计算机等设备。[⑤]

对违反《著作权法》的前述行为，违法经营额五万元以上的，可以并处违法经营额一倍以上、五倍以下的罚款；没有违法经营额、违法经营额难以计算或者不足五万元的，可以并处二十五万元以下的罚款。

关键词

网络信息内容生态治理规定	国家秘密	全民保密
政府信息	煽动性传播	网络谣言
寻衅滋事	未成年人节目	网络沉迷
网络欺凌	淫秽物品	色情
突发事件	气象信息	食品安全信息

① 参见《著作权法实施条例》第三十七条。
② “快播案”就是由深圳市市场监督管理局做出的罚款决定。参见广东省高级人民法院（2016）粤行终 492 号行政判决书。
③ 参见《著作权法》第五十五条。
④ 参见《著作权法》第五十三条。
⑤ 参见《信息网络传播权保护条例》第二十五条。

核事故　　恐怖事件　　著作权

思考题

1. 我国对传播内容积极性和消极性的一般要求是什么？
2. 网络信息的积极性和消极性要求有哪些？
3. 简述报刊等出版物和广播电视传播内容原则性的规制。
4. 在对涉密内容进行传播时，媒体及媒体人应当遵循哪些规则？
5. 相较于传统媒体时代，政务新媒体的出现对政府信息传播带来了哪些利弊？
6. 煽动性传播包括哪些类型？
7. 网络寻衅滋事分为哪几大类？
8. 简述涉未成年人传播内容的积极性要求与消极性要求。
9. 涉未成年人节目播出有哪些具体的要求？
10. 网络服务提供者有哪些预防和干预网络沉迷的义务？
11. 简述“淫秽出版物”与“色情出版物”的区别。
12. 我国气象信息传播的要求是什么？
13. 我国食品安全信息的传播与其他突发事故的传播有何不同？
14. 简述违反我国《著作权法》规定、可受行政处罚的行为类型。

第七章　经济信息传播的行政规制

经济信息包括广告、金融等领域的信息。其中，广告信息是商品经营者或者服务提供者传播自己的商品或者服务的经济类信息，其面对广大消费者；金融信息是经济类信息中非常敏感而重要的信息，尤其是证券期货信息，对金融市场有非常重要的影响，而且涉及亿万投资者，与广告一样，也会影响社会稳定。

第一节　广告传播的一般规制

作为商业宣传的一种，法律意义上的广告，指商品经营者或者服务提供者通过一定媒介和形式直接或者间接地介绍自己所推销的商品或者服务的商业活动。[①]

在我国，规范广告的法律包括行政法、民法和刑法，由于民法和刑法调整广告行为的条款很少，相关司法案件也不多，故对广告发挥主要规范作用的是行政法。我国《广告法》中，绝大多数条款也是行政法条款，所以该法是比较典型的行政法。当然，《食品安全法》《药品管理法》《产品质量法》《反不正当竞争法》等法律中也有对相关广告行为的规范；而目前，行政法规《广告管理条例》和部门规章《广告法实施细则》《广播电视广告播出管理办法》以及《互联网广告管理暂行办法》，则是专门的广告法律规范。

一、广告传播活动的主体

广告传播活动的主体有四类：广告主，指为推销商品或者服务，自行或者委托他人设计、制作、发布广告的自然人、法人或者其他组织；广告经营者，指接受委托提供广告设计、制作、代理服务的自然人、法人或者其他组织；广告发布者，指为广告主或者广告主委托的广告经营者发布广告的自然人、法人或者其他组织；广告代言人，指广告主以外的，在广告中以自己的名义或者形象对商品、服务作推荐、证明的自然

① 参见《广告法》第二条第一款。

人、法人或者其他组织。

容易混淆的概念是广告发布者与其工作人员，即网站、广播电台、电视台、报刊出版单位是广告发布者，其中从事广告业务的机构及人员，并非广告发布者。

二、广告传播内容的一般规制

（一）广告内容的积极要求

广告内容总原则是真实、合法，以健康的表现形式表达广告内容；不得含有虚假或者引人误解的内容，不得欺骗、误导消费者。广告主应当对广告内容的真实性负责。[①] 在此原则下，具体要求包括以下几点。

广告内容的第一准则是准确、清楚、明白，其涵盖法律、行政法规规定的对商品的性能、功能、产地、用途、质量、成分、价格、生产者、有效期限、允诺等或者对服务的内容、提供者、形式、质量、价格、允诺的表示。[②]

广告内容还必须与事实相符。首先，广告内容中的数据、统计资料、调查结果、文摘、引用语等引证内容，应当真实、准确，并表明出处。其次，广告内容所涉事项取得行政许可的，应与许可内容相符。再次，引证内容有适用范围和有效期限的，应当明确表示。[③] 最后，广告中涉及专利产品或者专利方法的，应当标明专利号和专利种类，[④] 且具有可识别性，能够使消费者辨明其为广告。

另外，大众传播媒介不得以新闻报道形式变相发布广告。通过大众传播媒介发布的广告应当显著标明“广告”，与其他非广告信息相区别，不得使消费者产生误解。[⑤] 此处，《广告法》使用的是“大众传播媒介”概念，由于在传播学中此概念仅指机构传播者单向、不间断地向不特定人群传播，因此，交互式但可面向大众进行的传播媒介如微博，可能不属于此条规制的范围。但《互联网广告管理暂行办法》中，互联网应用程序被列入互联网广告使用的媒介。

（二）广告内容的消极要求[⑥]

第一，禁止使用国家标志。这些标志包括国旗、国歌、国徽，军旗、军歌、军徽和国家机关及其工作人员的名义、形象。“国家级”等用语也在禁止使用之列。

---

① 参见《广告法》第三、四条。
② 参见《广告法》第八条。
③ 参见《广告法》第十一条。
④ 参见《广告法》第十二条。
⑤ 参见《广告法》第十四条。
⑥ 分别参见《广告法》第九、十、十三条。

第二，禁止侵害弱势群体。广告宣传中，不得损害未成年人和残疾人的身心健康。

第三，禁止贬低性比较。广告宣传中，不得与其他生产经营者的商品或者服务进行比较或贬低，也不得使用“最高级”“最佳”之类的词语。

三、虚假广告的界定与处罚

《广告法》第二十八条对两种方式的“虚假广告”进行了解释。一是从性质上进行界定，规定广告“以虚假或者引人误解的内容欺骗、误导消费者的，构成虚假广告”[①]。其特点是规定“以引人误解的内容欺骗、误导消费者”，而上述特殊商品广告传播的内容要求中，大都从防止“以引人误解的内容欺骗、误导消费者”的角度进行规定。二是进行列举式规定。[②]

广告主、广告经营者、广告发布者发布虚假广告，欺骗、误导消费者，使消费者的合法权益受到损害的，除承担民事责任外，还应该承担行政处罚。（1）罚款。情节一般的，如广告费用明确，处广告费用三倍以上、五倍以下的罚款；广告费用无法计算或者明显偏低的，处二十万元以上、一百万元以下的罚款。两年内有三次以上违法行为或者有其他严重情节的，处广告费用五倍以上、十倍以下的罚款，广告费用无法计算或者明显偏低的，处一百万元以上、二百万元以下的罚款。（2）限业或禁业。可以暂停广告发布业务、吊销营业执照（包括医疗机构执业许可证）、吊销广告发布登记证件。[③]

四、特殊商品广告的规制

（一）禁止性广告

广告法律制度中，特别重视的商品是药品和医疗器械。特殊药品和特殊医疗器械（包括麻醉药品、精神药品、医疗用毒性药品、放射性药品等特殊药品，药品类易制毒化学品，以及戒毒治疗的药品、医疗器械）不得作广告。[④]

---

① 参见《广告法》第二十八条第一款。

② 被列举的虚假广告包括：（1）商品或者服务不存在的；（2）商品的性能、功能、产地、用途、质量、规格、成分、价格、生产者、有效期限、销售状况、曾获荣誉等信息，或者服务的内容、提供者、形式、质量、价格、销售状况、曾获荣誉等信息，以及与商品或者服务有关的允诺等信息与实际情况不符，对购买行为有实质性影响的；（3）使用虚构、伪造或者无法验证的科研成果、统计资料、调查结果、文摘、引用语等信息作证明材料的；（4）虚构使用商品或者接受服务的效果的；（5）以虚假或者引人误解的内容欺骗、误导消费者的其他情形。参见《广告法》第二十八条第二款。

③ 参见《广告法》第五十五条。

④ 参见《广告法》第十五条。

另外，基于对患者生命健康负责及净化社会风气、反对封建迷信，有关治疗恶性肿瘤、肝病、性病或者提高性功能的药品、食品、医疗器械的医疗广告，以及姓名解析、运程分析、缘分测试、交友聊天等声讯服务，都禁止播出。①

（二）限制性广告

处方药只能在国务院卫生行政部门和国务院药品监督管理部门共同指定的医学、药学专业刊物上作广告，②并应显著标明“本广告仅供医学药学专业人士阅读”；非处方药广告应当显著标明“请按药品说明书或者在药师指导下购买和使用”。③

酒类广告是广播电视广告收入的重要品种，但会产生诸多社会问题。对此，除禁止在以未成年人为主要传播对象的频率、频道、节（栏）目中播出酒类广告外，对烈性酒类商业广告进行以下限制：广播电台每套节目每小时播出不得超过 2 条；电视台每套节目每日播出不得超过 12 条，其中 19：00 至 21：00 之间不得超过 2 条。④

（三）特别规范性广告

《广告法》等法律还针对保健食品广告，婴儿乳制品、饮料和其他食品广告，农药、兽药、饲料和饲料添加剂广告，烟草广告，酒类广告，教育、培训广告，招商等有投资回报预期的商品或者服务广告，房地产广告，农作物种子、林木种子、草种子、种畜禽、水产苗种和种养殖广告，根据其具体情况进行了具体规范。⑤

五、广告行为的一般规制

《广告法》除特别规定新闻采编人员不得从事广告业务外，⑥还进行如下规范。

（一）关于广告代言（推荐）的行为规范

广告主或者广告经营者使用他人名义或者形象进行广告宣传的，应当事先取得其同意；使用无民事行为能力人、限制民事行为能力人的名义或者形象的，应当事先取得其监护人的同意，而且，两者均须经过书面同意。⑦

---

① 参见《广播电视广告播出管理办法》第九条。另外，治疗恶性肿瘤、肝病、性病或者提高性功能的药品、食品、医疗器械的广告，在 2015 年生效的《广告法》和同年修订的《药品管理法》中并未禁止，考虑到法律位阶及生效时间，此规定应无效。

② 参见《广告法》第十五条。

③ 参见《广告法》第十六条。

④ 参见《广播电视广告播出管理办法》第二十四条。

⑤ 参见《广告法》第十八至二十七条。

⑥ 参见《广告法》第二十九条。

⑦ 参见《广告法》第三十三条。

为保护消费者合法权益，广告代言人的责任应进一步强化，代言活动也应更加严格规范：（1）广告代言人不得为其未使用过的商品或者未接受过的服务作推荐、证明；（2）不得利用不满十周岁的未成年人作为广告代言人；（3）在虚假广告中作推荐、证明受到行政处罚未满三年的自然人、法人或者其他组织，不得作为广告代言人。①

（二）基于广告媒介的行为规制

户外广告不得利用交通安全、消防设施及标志；不得在国家机关、文物保护单位、风景名胜区等的建筑控制地带设置。②

关于电子广告，目前主要是向公众的计算机终端和移动通信设备发送，《广告法》规定了两种禁止行为：一是不得向公众住宅、交通工具等发送广告；二是不得以电子信息方式向其发送广告，以电子信息方式发送广告的，应当明示发送者的真实身份和联系方式，并向接收者提供拒绝继续接收的方式。③

（三）对于与医疗、药品等相关的广告行为的规制

关于医疗养生类节目和医药广告，对此类节目的制作主体、备案管理、嘉宾聘请、直接或间接发布广告，以及药品播出的时长和方式，均有具体规范。④

内容审核是医疗、药品广告发布的重要前置程序。发布者发布医疗、药品、医疗器械、农药、兽药和保健食品广告，应当在发布前向广告审查机关提交有关证明文件，对广告内容进行审查；未经审查，不得发布。⑤

第二节　互联网和广播电视广告传播的规制

无论是传统媒体还是互联网媒体，其广告传播均须遵守《广告法》的规定。然而，在我国，法律没有对纸质媒体广告进行特别规范，而互联网广告和广播电视广告，则分别有专门的法律制度针对其特点进行规范。

---

① 参见《广告法》第三十八条。
② 参见《广告法》第四十二条。
③ 参见《广告法》第四十三条。
④ 参见新广电发〔2016〕156号《国家新闻出版广电总局关于进一步加强医疗养生类节目和医药广告播出管理的通知》第二、三条。
⑤ 参见《广告法》第四十六、四十七条。

一、互联网广告的行政规制

互联网广告，是指利用网站、网页、互联网应用程序等互联网媒介，以文字、图片、音频、视频或者其他形式，直接或者间接地推销商品或者服务的商业广告活动。[①] 由于互联网技术的发展及法律制度的滞后，互联网已成为侵害消费者权益广告的重灾区。

我国对互联网广告的法律规制，始于竞价排名导致的“魏则西事件”。竞价排名指客户为自己的网站页面购买在搜索引擎中的关键字排名，所展示的搜索结果是根据用户的付费情况人为干预的结果，而搜索引擎服务商按点击数量（或时间段）对它们进行收费，其实质是广告服务，但其列入广告管理则经历了一个过程。司法实践中，对于竞价排名是否为广告，裁判结果也相互矛盾。有判决认为竞价排名属于广告，[②] 也有判决否认其广告性质。[③] “魏则西事件”中，由国家网络信息管理办公室、国家工商总局、国家卫生计生委联合成立的调查组给出“相关关键词竞价排名结果客观上对魏则西选择就医产生了影响，竞价排名机制影响了搜索结果的公正性和客观性，必须整改”的结论。[④] 随后，2016 年 7 月 4 日，国家工商行政规制总局令第 87 号公布的《互联网广告管理暂行办法》成为我国互联网广告法律规制的开端，其第三条明确规定互联网广告包括“推销商品或者服务的付费搜索广告”。但学界也有观点认为，竞价排名作为广告的性质仍未被明确规定。[⑤] 我国有部分地区的地方性法规中明确了竞价排名属于广告，[⑥] 因此，其广告性质应明确规定。

《互联网广告管理暂行办法》未解决以下问题:（1）以互联网直播等方式直接或者间接地推销商品或者服务的商业广告、跨境电商广告，未被纳入互联网广告范畴;（2）广告发布者定义模糊;（3）平台经营者责任不明确;（4）以竞价排名、经验分享、附加购物链接等形式推销商品、服务的，未规定应显著标明“广告”。

2023 年 2 月 25 日国家市场监督管理总局令第 72 号公布、2023 年 5 月 1 日起施行的《互联网广告管理办法》在相当程度上解决了上述问题：对“互联网广告”和“互联网广告发布者”的概念进行了重新界定，并细化了广告主责任、弹窗广告规范、平

---

① 参见《互联网广告管理办法》第二条第一款。

② 参见北京市第一中级人民法院（2012）一中民终字第 9625 号民事判决书。

③ 参见北京市海淀区人民法院（2013）海民初字第 1147 号民事判决书。

④ 魏则西事件调查处理结果［EB/OL］.（2016-05-10）［2022-3-20］. http://www.lc123.net/xw/rd/2016-05-10/363340.html.

⑤ 靳澜涛 . 商业模式失控的罪与罚——百度公司竞价排名行为的法律定性与规制［J］. 长沙民政职业技术学院学报，2017，24（1）：53-54.

⑥ 2022 年新修订的《上海市消费者权益保护条例》第二十二条第三款明确规定“经营者通过互联网媒介，以竞价排名等互联网广告形式推销商品、服务的，应当依法显著标明广告字样”。

台的违法广告制止义务，新增了误导点击广告，影响用户正常使用网络、含有链接的互联网广告，网络直播广告的行为规范。两个法律文件主要内容对比如表 7–1。

表 7–1 《互联网广告管理暂行办法》《互联网广告管理办法》主要内容对照

法律内容 / 对照要点	《互联网广告管理暂行办法》	《互联网广告管理办法》
“互联网广告”定义	通过网站、网页、互联网应用程序等互联网媒介，以文字、图片、音频、视频或者其他形式，直接或者间接地推销商品或者服务的商业广告（第三条）	增加了“在中华人民共和国境内”；第二款删除了具体的互联网广告形态的规定，但规定法律、行政法规、部门规章、强制性国家标准以及国家其他有关规定要求“应当展示、标示、告知的信息属于非广告信息”（第二条）
“互联网广告发布者”的界定	为广告主或者广告经营者推送或者展示互联网广告，并能够核对广告内容，决定广告发布的自然人、法人或者其他组织，是互联网广告的发布者（第十一条）	将发布定义为“利用互联网为广告主或者广告主委托的广告经营者发布广告的自然人、法人或者其他组织”（第四条）
变相发布广告形式	未明确	以介绍健康、养生知识等形式发布医疗、药品、医疗器械、保健食品、特殊医学用途配方食品广告（第八条）；对以竞价排名、知识介绍、体验分享、消费测评等形式推销商品或者服务，并附加购物链接等购买方式的“软广告”进行规制（第九条）
广告主责任	互联网广告主应当对广告内容的真实性负责；广告主发布互联网广告需具备的主体身份、行政许可、引证内容等证明文件，应当真实、合法、有效；广告主可以通过自设网站或者拥有合法使用权的互联网媒介自行发布广告，也可以委托互联网广告经营者、广告发布者发布广告；互联网广告主委托互联网广告经营者、广告发布者发布广告，修改广告内容时，应当以书面形式或者其他可以被确认的方式通知为其提供服务的互联网广告经营者、广告发布者（第十条）	新增“广告主自行发布互联网广告的，广告发布行为应当符合法律法规的要求，建立广告档案并及时更新”（第十三条第四款）
弹窗广告规范	在互联网页面以弹出等形式发布的广告，应当显著标明关闭标志，确保一键关闭（第八条）	以弹出等形式发布互联网广告，广告主、广告发布者应当显著标明关闭标志，确保一键关闭，不得有下列情形:（一）没有关闭标志或者计时结束才能关闭广告;（二）关闭标志虚假、不可清晰辨识或者难以定位等，为关闭广告设置障碍;（三）关闭广告须经两次以上点击;（四）在浏览同一页面、同一文档过程中，关闭后继续弹出广告，影响用户正常使用网络;（五）其他影响一键关闭的行为（第十条）

续表

对照要点 \ 法律内容	《互联网广告管理暂行办法》	《互联网广告管理办法》
误导点击广告规范	无	不得以下列方式欺骗、误导用户点击、浏览广告:(一)虚假的系统或者软件更新、报错、清理、通知等提示;(二)虚假的播放、开始、暂停、停止、返回等标志;(三)虚假的奖励承诺;(四)其他欺骗、误导用户点击、浏览广告的方式(第十一条)
针对未成年广告类型的限制	无	在针对未成年人的网站、网页、互联网应用程序、公众号等互联网媒介上不得发布医疗、药品、保健食品、特殊医学用途配方食品、医疗器械、化妆品、酒类、美容广告，以及不利于未成年人身心健康的网络游戏广告(第十二条)
互联网平台防范、制止违法广告的义务	程序化购买广告中的媒介方平台经营者、广告信息交换平台经营者以及媒介方平台成员，对其明知或者应知的违法广告，应当采取删除、屏蔽、断开链接等技术措施和管理措施，予以制止(第十五条)；未参与互联网广告经营活动的“互联网信息服务提供者，对其明知或者应知利用其信息服务发布违法广告的，应当予以制止”(第十七条)	(一)记录、保存利用其信息服务发布广告的用户真实身份信息，自信息服务提供行为终了之日起不少于三年;(二)对广告内容进行监测、排查，发现违法广告应采取通知改正、删除、屏蔽、断开发布链接等必要措施予以制止，并保留相关记录;(三)建立有效的投诉、举报受理和处置机制，设置便捷的投诉举报入口或者公布投诉举报方式，及时受理和处理投诉举报;(四)不得以技术手段或者其他手段阻挠、妨碍市场监督管理部门开展广告监测;(五)配合市场监督管理部门调查互联网广告违法行为，并根据市场监督管理部门的要求，及时采取技术手段保存涉嫌违法广告的证据材料，如实提供相关广告发布者的真实身份信息、广告修改记录以及相关商品或者服务的交易信息等;(六)依据服务协议和平台规则对利用其信息服务发布违法广告的用户采取警示、暂停或者终止服务等措施(第十六条)
关于互联网广告不正当竞争或影响用户正常使用网络的行为规范	互联网广告活动中不得有下列行为:(一)提供或者利用应用程序、硬件等对他人正当经营的广告采取拦截、过滤、覆盖、快进等限制措施;(二)利用网络通路、网络设备、应用程序等破坏正常广告数据传输，篡改或者遮挡他人正当经营的广告，擅自加载广告;(三)利用虚假的统计数据、传播效果或者互联网媒介价值，诱导错误报价，谋取不正当利益或者损害他人利益(第十六条)	利用互联网发布、发送广告，不得影响用户正常使用网络，不得在搜索政务服务网站、网页、互联网应用程序、公众号等的结果中插入竞价排名广告。 未经用户同意、请求或者用户明确表示拒绝的，不得向其交通工具、导航设备、智能家电等发送互联网广告，不得在用户发送的电子邮件或者互联网即时通信信息中附加广告或者广告链接(第十七条)
含链接互联网广告的规范	无	发布含有链接的互联网广告，广告主、广告经营者和广告发布者应当核对下一级链接中与前端广告相关的广告内容(第十八条)

续表

对照要点＼法律内容	《互联网广告管理暂行办法》	《互联网广告管理办法》
网络直播广告规范	无	通过互联网直播方式推销商品或者服务，构成商业广告的，应当依法承担广告主的责任和义务；直播间运营者接受委托提供广告设计、制作、代理、发布服务的，应当依法承担广告经营者、广告发布者的责任和义务；直播营销人员接受委托提供广告设计、制作、代理、发布服务的，应当依法承担广告经营者、广告发布者的责任和义务；直播营销人员以自己的名义或者形象对商品、服务作推荐、证明，构成广告代言的，应当依法承担广告代言人的责任和义务（第十九条）
市场监管部门职权	现场检查权；询问调查权；要求涉嫌违法当事人限期提供有关证明文件权；查阅、复制与涉嫌违法广告有关的合同、票据、账簿、广告作品和互联网广告后台数据，采用截屏、页面另存、拍照等方法确认互联网广告内容权；责令暂停发布可能造成严重后果的涉嫌违法广告	查阅、复制方式新增、录屏、录音、录像；新增“查封、扣押与涉嫌违法广告直接相关的广告物品、经营工具、设备等财物”的权利

二、广播电视广告的管制

广播电视广告也是我国广告法律法规关注的重点广告领域。自20世纪80年代前期开始，国家有关部门公布了一系列行政法规、部门规章及规范性文件：1997年国务院行政法规《广播电视管理条例》生效，国家广播电影电视总局2004年1月1日起施行《广播电视广告播放管理暂行办法》（失效），直到2009国家广播电影电视总局《广播电视广告播出管理办法》实施，我国广播电视广告才有了比较系统、完整的法律规范。

广播电视广告的播出行为规范中，广播电视节目，尤其是电视剧中插播广告行为，已被禁止；①广告时段比例、尊重观众生活习惯曾经是观众长期反映的问题，目前在法律上已经基本得到解决。②

① 参见《广播电视广告播出管理办法》第十四至十七条

② 参见《广播电视广告播出管理办法》第十五、十六条，第二十条。

第三节　证券期货市场信息传播的行政规制

证券期货信息传播包括媒体传播与义务人披露。涉及证券期货信息传播的法律规范有很多，正式立法包括《刑法》《证券法》《公司法》《证券投资基金法》；行政法规有《证券公司监督管理条例》《证券、期货投资咨询管理暂行办法》；部门规章有《关于加强证券期货信息传播管理的若干规定》（1997 年实施，2022 年修订）、《上市公司信息披露管理办法》（2007 年实施，2021 年修订）。

一、证券期货信息传播媒体及传播者的限制与要求

（一）证券期货信息及其传播媒体的限制

证券期货信息通常有三类。第一类是宽泛意义上的“证券期货信息”，指与证券期货市场相关，可能会对市场产生影响的信息，包括有关证券期货的法律文件及其他政策性信息，交易所、上市公司等按照法定程序发布的信息，有关证券期货市场的研究、报道等信息、分析、预测，及提供具体投资建议的分析文章、评论、报告等信息。① 第二类是发行人、上市公司及其他信息披露义务人依法必须披露的信息，即“信息披露文件”，包括招股说明书、募集说明书、上市公告书、定期报告和临时报告等。② 第三类是证券期货交易的即时行情。上述第二类信息属于第一类信息中第三项即“交易所、上市公司等按照法定程序发布的信息”，其范围远远小于第一类宽泛意义上的证券期货信息。

证券期货信息的传播，包括出版物、电话信息服务台和寻呼台、广播电视服务、计算机信息服务，必须经相关主管部门特别批准才能开展。③

对于第一类宽泛意义上的证券期货信息，下列传播媒体依照本规定可以刊发和传播：经新闻出版署批准公开发行的综合类、证券期货类、经济类报刊，各类通讯社，经广播电影电视部批准设立的广播电台、电视台、有线台，经邮电部门批准设立的电话信息服务台、寻呼台，依法登记注册的计算机信息服务公司等其他传播媒体。④

对于第二类信息即依法须披露的信息，由于其特殊性，对披露媒体有一定限制。

① 参见《关于加强证券期货信息传播管理的若干规定》第三条。
② 参见《上市公司信息披露管理办法》第五条。
③ 参见《关于加强证券期货信息传播管理的若干规定》第五条。
④ 参见《关于加强证券期货信息传播管理的若干规定》第二条。

根据中国证监会2020年9月11日公布《具备证券市场信息披露条件的媒体名单》，下列媒体可从事证券市场信息披露业务《金融时报》《经济参考报》《中国日报》《中国证券报》《证券日报》《上海证券报》《证券时报》，以及其依法开办的互联网站：www.financialnews.com.cn，www.jjckb.cn，www.chinadaily.com.cn，www.cs.com.cn，www.zqrb.cn，www.cnstock.com，www.stcn.com。①

对于第三类信息即证券交易即时行情，此类信息的权益由证券交易依法享有，未经证券交易所许可，任何单位和个人不得发布。②

（二）对证券期货信息专业传播者——证券、期货投资咨询人员的要求

证券期货信息的传播者，除证券期货类报刊和从事证券期货的新闻采编人员外，③专业传播者是证券、期货投资咨询人员，俗称“证券分析师”。在我国，从事证券、期货投资咨询业务的人员必须取得证券、期货投资咨询从业资格并加入一家有从业资格的证券、期货投资咨询机构后，方可从事证券、期货投资咨询业务。④而申请取得证券、期货投资咨询从业资格，必须具备大学本科以上学历，通过中国证监会统一组织的证券、期货从业人员资格考试，具有从事相关业务两年以上的经历。⑤

二、证券期货信息传播规制

（一）证券期货信息传播的原则

传播证券期货信息，必须坚持依法、客观、准确、完整和公正的原则。禁止任何单位和个人制造和传播证券期货市场虚假信息。⑥

（二）证券期货信息传播的规则

证券期货专业报刊、经济类报刊刊发分析并预测证券、期货市场的行情走势及提供具体投资建议的文章等时，必须审查撰稿人的执业资格，撰稿人不能提供证明文件时，其稿件不得刊发；还必须署上作者的真实单位和真实姓名。综合类报刊开设证券期货专刊、专版或刊发上述信息，需要经新闻出版署审批。⑦

---

① 国家新闻出版署．具备证券市场信息披露条件的媒体名单［EB/OL］．（2020-9-11）［2022-11-29］．http://www.csrc.gov.cn/csrc/c101950/c1047981/content.shtml.

② 参见《证券法》第一百零九条第二款。

③ 证券期货信息采编人员的资格要求参见本书第九章第一节的内容。

④ 参见《证券、期货投资咨询管理暂行办法》第十二条。

⑤ 参见《证券、期货投资咨询管理暂行办法》第十三条。

⑥ 参见《关于加强证券期货信息传播管理的若干规定》第四条。

⑦ 参见《关于加强证券期货信息传播管理的若干规定》第七条。

电台、电视台不得向任何机构和个人出租节目时间开办证券期货节目；不得与个人合办证券期货节目；聘请个人作证券期货节目主持人播发预测证券、期货市场行情趋势信息时，必须对其执业资格进行审查。播发分析并预测证券、期货市场及个股、期货品种或合约的行情走势，提供具体投资建议的分析文章、评论、报告等信息时，必须标明被聘主持人或作者的真实单位和真实姓名。①

网络信息服务公司聘请人员主持或传播分析并预测证券、期货市场的行情走势，提供具体投资建议的文章等信息时，被聘者或撰稿人必须有证券期货投资咨询业务执业资格。在其产品（软件）中刊载上述咨询报告时，报告撰稿人必须署上真实姓名，并且是具有执业资格的咨询人员。②

证券、期货投资咨询人员在报刊、电台、电视台或者其他传播媒体上发表投资咨询文章、报告或者意见时，必须注明其所在证券、期货投资咨询机构的名称和个人真实姓名，并对投资风险作充分说明。③

证券经营机构、期货经纪机构编发的供本机构内部使用的证券、期货信息简报、快讯、动态以及信息系统等，不得向社会提供。公众媒体不得刊发股票承销商、上市推荐人及其所属证券投资咨询机构为客户撰写的投资价值分析报告。④

三、证券期货信息披露规制

证券、期货信息的“披露”，指发行人、上市公司及其他信息披露义务人⑤依照相关法律规定对招股说明书、募集说明书、上市公告书、定期报告和临时报告等文件的披露。披露执行（义务）人为发行人及上市公司的董事、监事、高级管理人员。

（一）披露原则

及时、依法、真实、准确、完整，简明清晰，通俗易懂，不得有虚假记载、误导性陈述或者重大遗漏，是证券期货信息披露的法定基本要求。⑥该要求显然高于对证券期货信息传播的一般性要求。

另外，信息披露义务人应当同时向所有投资者公开披露信息。在境内、外市场发行证券及其衍生品种并上市的公司在境外市场披露的信息，应当同时在境内市场披露。

---

① 参见《关于加强证券期货信息传播管理的若干规定》第九、十条。

② 参见《关于加强证券期货信息传播管理的若干规定》第十二条。

③ 参见《证券、期货投资咨询管理暂行办法》第二十二条。

④ 参见《证券、期货投资咨询管理暂行办法》第二十六条。

⑤ 信息披露义务人指上市公司及其董事、监事、高级管理人员、股东、实际控制人，收购人，重大资产重组、再融资、重大交易有关各方等自然人、单位及其相关人员，破产管理人及其成员，以及法律、行政法规和中国证监会规定的其他承担信息披露义务的主体。参见《上市公司信息披露管理办法》第六十二条第二项。

⑥ 参见《证券法》第七十八条。

披露执行人应保证披露信息的真实、准确、完整、及时、公平，且在内幕信息依法披露前，任何知情人不得公开或者泄露该信息，不得利用该信息进行内幕交易。①

（二）披露的媒体及渠道规制

对于依法必须披露的信息，2020年修订之前的《证券法》第七十条要求，“应当在国务院证券监督管理机构指定的媒体发布”，而中国证监会制定的《公开发行证券的公司信息披露内容与格式准则》对年度与半年度报告的内容与格式进行了规定，上市公司需要披露的信息文件需要在中国证监会指定的一种报纸上刊登，因此披露成本较高。

2020年修订的《证券法》规定，依法披露的信息“应当在证券交易场所的网站和符合国务院证券监督管理机构规定条件的媒体发布”，② 为优化、扩大此类信息披露媒体的范围提供了法律依据。2021年修订的《上市公司信息披露管理办法》在此方面的修改则是跨越性的，即信息披露文件的全文在网站（包括证券交易所的网站和符合中国证监会规定条件的报刊依法开办的网站）披露即可；而只有定期报告、收购报告书等信息披露文件的摘要必须在纸媒（符合中国证监会规定条件的报刊）和证券交易所的网站披露。③ 上市公司的披露成本大幅度降低。

（三）披露内容规制

凡是对投资者投资决策有重大影响的信息，均应当披露，其包括两类。

经常性事项包括上市公司及其控股股东、实际控制人、董事、监事、高级管理人员等作出的公开承诺；信息披露文件包括定期报告、临时报告、招股说明书、募集说明书、上市公告书、收购报告书等。④

非经常性事项包括：股东或者实际控制人股权变动；法院裁决禁止控股股东转让其所持股份，或其股份被质押、冻结、司法拍卖、托管、设定信托或者被依法限制表决权等，或者出现被强制过户风险；拟进行重大资产或者业务重组等。⑤ 上述事项主要涉及上市公司的股东、实际控制人的变化，当发生以上事件时，应当主动告知上市公司董事会，并配合上市公司履行信息披露义务。

---

① 参见《上市公司信息披露管理办法》第二至四条。

② 参见《证券法》第八十六条。

③ 参见《上市公司信息披露管理办法》第八条第一、二款。

④ 参见《上市公司信息披露管理办法》第六、七条。

⑤ 参见《上市公司信息披露管理办法》第三十九条。

关键词

广告主　　广告发布者　　广告经营者
虚假广告　　互联网广告　　内容核对义务
证券期货信息　　证券期货信息披露

思考题

1. 在我国，广告传播行为需要遵循哪些原则?
2. 在广告行为中，各主体应该如何依法进行广告活动?
3. 概括虚假广告与违法广告的区别，并比较两者受到的行政规制。
4. 在进行互联网广告行为时，应当遵循哪些规范?
5. 在司法实践中，竞价排名是一种广告吗? 谈谈你的看法。
6. 简述我国关于广播电视冠名的规范。
7. 广播电视在传播医疗广告时应当注意哪些事项?
8. 我国对网络媒体在证券期货信息的传播中有哪些要求?
9. 我国规定证券信息要求披露哪些内容?

第八章　个人信息处理的行政规制

根据《民法典》第一千零三十四条，个人信息是“以电子或者其他方式记录的能够单独或者与其他信息结合识别特定自然人的各种信息，包括自然人的姓名、出生日期、身份证件号码、生物识别信息、住址、电话号码、电子邮箱、健康信息、行踪信息等”。我国对“个人信息”与“数据”有明确的法律区分，但在许多国家，这两个概念通用，如《欧盟通用数据保护条例》中的“数据”，与我国的“个人信息”概念接近。本章中，这两个概念通用。

个人信息的保护是国家网络安全保护的重要组成部分，是《网络安全法》第四章“网络信息安全”部分的主体内容，2021 年 11 月 1 日起施行的我国《个人信息保护法》体现了国家对个人信息行政保护的充分重视。

我国《个人信息保护法》规范的信息处理行为不限于传播行为，其包括个人信息的收集、存储、使用、加工、传输、提供、公开、删除等，[①] 因此，个人信息行政保护也涵盖这些环节。另外，我国《个人信息保护法》是基于国情，在借鉴国外相关法律的基础上制定的，故本章在梳理我国个人信息行政保护制度时，将结合国外相关法律进行探讨。[②]

第一节　个人信息处理的原则

我国《个人信息保护法》有三重目的：保护个人信息权益，规范个人信息处理活动，促进个人信息合理利用。[③] 在上述三重目的下，该法制定了国际公认的原则。

---

① 参见《个人信息保护法》第四条第二款。

② 虽然个人信息权益具有基本人权属性，且在许多国家未被定性为民事权益，但主流观点认为其本质上是一种叠加了人身安全、人格尊严、财产和诸多精神要素的新型综合性民事权益，故其权能内容在“传播侵害个人信息权益”一章中探讨。

③ 参见《个人信息保护法》第一条。

一、合法、正当、必要和诚信原则

根据《个人信息保护法》的规定，处理个人信息应当遵循合法、正当、必要和诚信原则，不得通过误导、欺诈、胁迫等方式处理个人信息。[①]

合法、正当、必要和诚信原则是根据我国《宪法》人权保障和行政法的基本理念、原则而规定的个人信息处理基本原则中的首要原则。

合法原则，指个人信息处理者[②]对个人信息进行处理时，应当遵循法律要求，以合法的方式和程序，不得使用误导、欺诈、胁迫等方式。此处的"合法"，不仅要求在形式上符合法律、法规、部门规章、司法解释、地方性法规、强制性标准，[③]在实质上也要符合正当性和必要性。显然，《欧盟通用数据保护条例》中的合法性是一个内涵与外延比较广泛的概念，包括了信息主体的同意、正当性与必要性、法定义务、公共利益、官方身份等，但其强调"合法性只限于满足条件内的处理"。

正当原则，指个人信息处理者对个人信息进行处理时，目的与方式都是正当的，而非误导、欺诈、胁迫等方式，也不能导致违法和犯罪。该原则也是世界各国个人信息保护法律制度的共认原则。《欧盟通用数据保护条例》也规定，"对于个人数据，应遵循下列规定：对涉及数据主体的个人数据，应当以合法的、公正的和透明的方式进行处理"[④]。其他国家也有类似规定，如《日本个人信息保护法》规定："鉴于个人信息是在尊重个人之人格的理念下得到慎重处理的信息，因而必须实现个人信息的正当处理。"[⑤]《韩国个人信息保护法》规定："个人信息处理者应当明确处理个人信息的目的，并限于其目的之必要范围内合法、正当地收集最低限度的个人信息。"[⑥]实践中，一些应用软件在用户注册或办理特别业务（银行转账）时强制收集住户脸部信息，都是胁迫行为，最高人民法院《关于审理使用人脸识别技术处理个人信息相关民事案件适用法律若干问题的规定》对此进行了明确规定。[⑦]

必要原则，指必须收集才能达到目的，且信息处理行为与正当目的直接相关。该原则是行政法比例原则在个人信息处理中的要求与体现。

诚信原则，指信息处理者应当如实告知信息处理行为的目的、范围、方式等，不以误导、欺诈等方式进行相关行为。

---

① 参见《个人信息保护法》第五条。

② 个人信息处理者，是指在个人信息处理活动中自主决定处理目的、处理方式的组织、个人。参见《个人信息保护法》第七十三条第一款。

③ 程啸．个人信息保护法的理解与适用［M］．北京：中国法制出版社，2021：79.

④ 参见《欧盟通用数据保护条例》第 5 条第 1 款（a）。

⑤ 参见《日本个人信息保护法》第 3 条。

⑥ 参见《韩国个人信息保护法》第 3 条第 1 款。

⑦ 参见《关于审理使用人脸识别技术处理个人信息相关民事案件适用法律若干问题的规定》第四条。

二、目的限制原则

根据我国《个人信息保护法》的规定，处理个人信息应当具有明确、合理的目的，并应当与处理目的直接相关，采取对个人权益影响最小的方式。[①] 该原则要求信息处理者以清晰、明确而不含糊的言辞表述处理目的；而且目的必须是合理的，即在合法的基础上不过分影响信息主体的权益。

目的限制原则是个人信息处理中的“帝王条款”，其从某种角度上是必要原则的延伸，有三层含义：第一，目的特定，即信息处理行为符合特定目的；第二，方式、手段特定，与特定目的相吻合；第三，对个人权益影响最小，这也是比例原则的要求。

对该原则，《欧盟通用数据保护条例》规定：“个人数据的收集应当具有具体的、清晰的和正当的目的，对个人数据的处理不应当违反初始目的。根据第 89 条第 1 款，因公共利益、科学或历史研究、统计目的而进一步处理数据，不被视为违反初始目的。”[②]《日本个人信息保护法》使用的是目的“特定”的表述，其规定：“个人信息处理者在处理个人信息时，应当尽可能地将使用该个人信息的目的特定。个人信息处理者变更使用目的的，不得超出足以合理地认为与变更前的使用目的具有关联性之范围。”[③]《韩国个人信息保护法》被通俗地表述为“必要范围”，其规定：“个人信息处理者应当在处理个人信息目的之必要范围内适当地处理个人信息，不能将其用于目的之外的其他用途。”[④]

至于“与处理目的直接相关”，要求信息处理行为与目的密切相关，不脱离甚至违背目的。在欧盟，为确保信息处理目的与初始目的相容，数据控制商应当考虑以下因素：个人数据收集时的目的与计划进一步处理的目的之间的所有关联性；个人数据收集时的语境，特别是数据主体与控制者之间的关系；[⑤]个人数据的性质，特别是特定类型的个人数据是否符合安全原则的规定，或者与刑事定罪和刑事违法相关的个人数据是否符合第 10 条的规定；进一步处理可能造成的结果；是否采取了加密与匿名化等适当保护措施。[⑥]

---

① 参见我国《个人信息保护法》第六条第一款。

② 参见《欧盟通用数据保护条例》第 5 条第 1 款（b）。

③ 参加《日本个人信息保护法》第 15 条。

④ 参见《韩国个人信息保护法》第 3 条第 2 款。

⑤ 在《欧盟通用数据保护条例》中，控制者指决定个人数据处理目的与方式的自然人或法人、公共机构、规制机构或其他实体；处理者指为数据控制者处理个人数据的自然人或法人、公共机构、规制机构或其他实体。我国《个人信息保护法》中的信息处理者包括了欧盟的控制者和处理者。

⑥ 参见《欧盟通用数据保护条例》第 6 条第 4 款。该条例第 10 条规定，“处理和犯罪定罪与违法相关的个人数据，或处理第 6 条第 1 款规定的与安全措施相关的个人数据，只有如下情形才能被允许：当个人数据处理为官方机构控制，或者由欧盟或成员国的法律授权进行处理，并且采取了恰当的措施保障数据主体的权利与自由。任何犯罪定罪的全面性登记只能由官方机构进行”。

根据我国《个人信息保护法》第六条第二款，收集个人信息，应当限于实现处理目的的最小范围，不得过度收集个人信息，即“个人信息最小化原则”，其事实上是第一款目的限制原则的延伸，其含义为：如果不收集相关个人信息也能达到目的，则不可收集；收集的个人信息仅供能实现收集的目的。

三、公开透明原则

根据我国《个人信息保护法》的规定，处理个人信息应当遵循公开透明原则，公开个人信息处理规则，明示处理的目的、方式和范围，向信息主体提供充分的可据此做出决定的信息。[①] 公开透明原则主要是为保证信息主体的知情同意权。

第一，基本要求如下。（1）语言要求。个人信息处理者与信息主体的沟通应当以简洁、透明、易懂和容易获取的形式，以清晰和平白的语言来提供；对于针对儿童的所有信息，尤其应当如此。（2）形式要求。信息原则上应当以书面或其他形式提供，包括在合适的情况下通过电子方式提供。若信息主体的身份可通过其他途径得到证实，那么处理者可以口头方式提供相关信息。（3）机器可读性。当提供给信息主体的信息是图标且以电子化的方式提供时，它们必须是机器可读的。[②]

第二，信息处理者需要提供给信息主体的信息内容。我国《个人信息保护法》对为实现透明性原则规定的内容相对概括，即个人信息处理者在处理个人信息前，应当以显著方式、清晰易懂的语言，真实、准确、完整地向个人告知相关事项。[③]《欧盟通用数据保护条例》中，信息控制者在准备获取和获取个人数据时，应当为数据主体提供“初步信息”和“进一步信息”。（1）初步信息即控制者的相关信息，如控制者的身份与详细联系方式；数据保护官的详细联系方式；处理个人数据的目的和法律基础；控制者或第三方的正当利益；相关个人数据的类型；个人数据的接收者或者接收者的类型；控制者期望将数据转移到第三国或国际组织的事实、欧盟委员会作出或未作出充分决定的事实，所采取的适当保障措施的参考资料、获取它们备份的方式，或者获取它们的地址。（2）进一步信息即数据主体的权利与义务，包括个人数据将被储存的期限，以及确定此期限的标准；数据主体的权利（访问权、更正权、删除权、限制或反对相关处理权、数据携带权、撤回权及相关同意权、申诉权）；缔结相关合同的必要性，数据主体是否有责任提供个人数据，以及未提供此类数据的可能后果；自动化决策（包括用户画像）的相关逻辑及预期后果。[④]

---

① 参见我国《个人信息保护法》第七条。

② 参见《欧盟通用数据保护条例》第 12 条第 1、7 款。

③ 参见我国《个人信息保护法》第十七条。

④ 参见《欧盟通用数据保护条例》第 13 条、第 14 条。

第三，信息处理者给信息主体提供信息内容的时限要求。我国《个人信息保护法》未规定信息处理者为信息主体提供信息的期限。根据《欧盟通用数据保护条例》，当信息控制者主动获取信息主体信息时，应当在获得个人数据后的合理期限（通常一个月）以内提供信息；或应当在其与数据主体第一次沟通时提供信息；如果个人数据被披露给另一个接收者，那么最晚应当在个人数据被第一次披露时提供信息。① 当信息主体向信息控制者提出信息申请时，个人信息处理者对信息主体提出的信息请求不应无故拖延，任何情形下应当在收到请求后一个月内提供信息，如果请求具复杂性和多样性，可再延长两个月，否则信息主体有司法救济权。②

第四，信息处理者给信息主体提供信息的收费。个人信息处理者对信息主体的所有交流与行为都应当是免费的。当数据主体的请求明显不具备正当理由或超过必要限度时，数据控制者可以结合提供信息、交流或相应行动的行政花费，收取一定的合理费用，或者拒绝请求，但数据控制者有责任证明数据主体的请求明显毫无根据或过分。③

四、质量原则

根据我国《个人信息保护法》的规定，处理个人信息应当保证个人信息的质量，避免因个人信息不准确、不完整对个人权益造成不利影响。④ 这就是个人信息处理的质量原则或称准确性原则。

该原则要求信息处理者应当及时更新个人信息；信息主体发现自己的信息不完整、不准确甚至错误时，有权要求信息处理者进行更新、完善和改正。

根据《欧盟通用数据保护条例》的相关规定，个人数据应当是准确的，如有必要，必须及时更新；必须采取合理措施确保不准确的个人数据，即违反初始目的的个人数据及时得到删除或更正。⑤《日本个人信息保护法》也有类似规定。⑥

五、责任原则与安全原则

根据我国《个人信息保护法》的规定，个人信息处理者应当对其个人信息处理活

① 参见《欧盟通用数据保护条例》第 14 条第 3 款。
② 参见《欧盟通用数据保护条例》第 12 条第 3、4 款。
③ 参见《欧盟通用数据保护条例》第 12 条第 5 款。
④ 参见我国《个人信息保护法》第八条。
⑤ 参见《欧盟通用数据保护条例》第 5 条第 1 款（d）。
⑥ 参见《日本个人信息保护法》第 19 条。

动负责，并采取必要措施保障所处理的个人信息的安全。①

责任原则指个人信息处理者作为信息掌控者和利益获取者，应采取技术和组织措施，对处理他人信息的合法性、正当性、必要性、目的有限性、公开透明性和信息质量负责，并承担因信息处理所导致的所有法律责任，包括行政责任、民事责任甚至刑事责任。

安全原则又被称为保密原则，指个人信息处理者处理他人信息应当保证相关信息不向外泄露、篡改和丢失。根据《欧盟通用数据保护条例》的相关规定，处理过程中应确保个人数据的安全，采取合理的技术手段、组织措施，避免数据未经授权即被处理或遭到非法处理，避免数据发生意外毁损。②

第二节　个人信息处理的规则

个人信息保护的规则是个人信息保护原则在个人信息处理具体领域、阶段的体现，或者是针对特殊信息处理者和特殊个人信息处理的可操作性的具体规范。其中，知情同意规则是核心关键规则。

一、个人信息处理的许可（合法性）规则

世界各国关于个人信息处理的合法性的条件大同小异。我国《个人信息保护法》列举了两种许可。（1）同意许可，即取得信息主体的同意。（2）法定许可，为订立、履行个人作为一方当事人的合同所必需，或者按照依法制定的劳动规章制度和依法签订的集体合同实施人力资源管理所必需；为履行法定职责或者法定义务所必需；为应对突发公共卫生事件，或者紧急情况下为保护自然人的生命健康和财产安全所必需；为公共利益实施新闻报道、舆论监督等行为，在合理的范围内处理个人信息；依照本法规定在合理的范围内处理个人自行公开或者其他已经合法公开的个人信息；法律、行政法规规定的其他情形。这七项许可不需要取得个人同意，③属法定许可，符合其中之一即可。

而《欧盟通用数据保护条例》中，满足如下任何一项条件时，处理即合法：数据主体已经同意对其个人数据进行处理；处理对于完成某项数据主体所参与的契约是必要的，或者在签订契约前数据主体请求进行相关数据处理；数据控制商履行其法定义

① 参见我国《个人信息保护法》第九条。
② 参见《欧盟通用数据保护条例》第5条第1款（f）。
③ 参见我国《个人信息保护法》第十三条。

务所必需；保护数据主体或另一自然人的核心利益所必需；数据控制者为公共利益或基于官方权威而履行某项任务；对于数据控制者或第三方所追求的正当利益是必要的，但不包括为实现数据主体的优先性利益或基本权利与自由（特别是儿童的优先性利益或基本权利与自由）而需要保护的数据。[①]《欧盟通用数据保护条例》与我国《个人信息保护法》不同之处在于：其未规定关于自行公开或其他已经合法公开信息处理的合法性；其规定了为公共利益实施信息处理的豁免，但没有具体规定为实施新闻报道、舆论监督等行为在合理的范围内处理个人信息的合法性。[②]但在第九章，其将新闻报道列为“特定处理情形”，就“表达自由与信息处理”关系规定对相关信息处理的豁免和克减，并强调“成员国应当通过制定法律调和符合本条例制定的个人数据保护权、表达自由权、信息权，包括调和为了新闻目的和学术、艺术或文学表达目的而进行的处理的”。这里，学术、艺术、文学与新闻报道是在同一位置进行保护的。[③]

二、个人信息处理的知情同意规则

知情同意规则也被称为“告知同意规则”，作为公开透明原则的具体要求，其指信息处理者处理个人信息时，除法定的特殊情况外，应将相关情况充分、及时向信息主体告知，并取得其同意，否则为违法。该规则作为个人信息处理中的核心规则，涉及自然人的人格尊严与人格自由等权益，所以，它是个人信息处理行为合法与否的基本判断标准。

（一）知情同意规则的基本内容

由于个人信息处理以信息主体同意为原则，知情同意规则在合法性原则与规则中占有不可替代的关键地位。我国《个人信息保护法》的相关内容为：同意的方式为自愿、明确和单独同意（第十四条）；同意的撤回权及其法律效力（第十五条）；告知的方式与语言（第十七条）；告知的例外（第十八条）；个人信息处理者需要转移个人信息时的告知（第二十二条）；个人信息处理者向其他个人信息处理者提供其处理的个人信息时的告知（第二十三条）；取得信息主体单独同意时的信息公开（第二十五条）；公共场所安装图像采集、个人身份识别设备收集个人图像、身份识别信息的使用范围及例外（第二十六条）；在合理范围内处理个人自行公开或者其他已经合法公开的个人信息的原则及条件（第二十七条）。

---

① 参见《欧盟通用数据保护条例》第 6 条第 1 款。
② 参见《欧盟通用数据保护条例》第 6 条。
③ 参见《欧盟通用数据保护条例》第 85 条。

（二）同意的成立条件

我国《个人信息保护法》仅规定了信息主体同意必须是自愿和明确的，属原则性要求。

根据《欧盟通用数据保护条例》，同意必须具备以下条件。（1）数据控制者承担证明责任，即需要证明数据主体已经同意对其个人数据进行处理。（2）同意内容的有限性、明确性及语言的清晰性。如果数据主体的同意是在涉及其他事项的书面声明的情形下作出的，请求获得同意应当完全区别于其他事项，并且应当以一种容易理解的形式使用清晰和平白的语言。（3）撤回权的明确性及简单性。撤回权应当在数据主体表达同意之前被告知，对于基于同意的处理，其合法性不受影响。撤回同意应当和表达同意一样简单。（4）同意自愿性的判断。判断同意是否是自由作出的，应当最大限度地考虑是否要求数据主体同意履行契约之外所不必要的个人数据处理。①

可见，欧盟对同意的规定比较详细、具体，而且，其对涉及未成年人数据处理的同意条件进行了特别规定。（1）儿童个人数据处理的合法年龄是 16 周岁。如果儿童不满 16 周岁，只有对儿童具有父母监护责任的主体同意或授权，相关数据处理才是合法的。（2）欧盟成员国的法律可以降低儿童个人数据处理年龄要求，但不得低于 13 周岁。（3）数据控制者应当采取合理努力，包括技术措施，确保数据处理中儿童监护人已经授权或同意。② 而我国和韩国对未成年人的年龄要求为不满 14 周岁。③

（三）告知的事项

告知是知情同意的前提，没有充分、及时的告知，就不可能有自愿前提下的同意。

对于普通个人信息的处理，我国《个人信息保护法》规定用“显著、清晰易懂的语言”“真实、准确、完整”地告知下列事项：个人信息处理者的名称或者姓名、联系方式；个人信息的处理目的、处理方式，处理的个人信息种类、保存期限；个人行使本法规定权利的方式和程序；法律、行政法规规定应当告知的其他事项。④

（四）涉及自动化决策的告知

自动化决策，也称“用户画像”，指通过计算机程序自动分析、评估个人的行为习惯、兴趣爱好、工作表现、经济状况、健康、信用状况、行为方式、位置或行踪等，并进行决策的活动。⑤ 目前，这种信息处理手段在相当程度上使用人工智能技术。

---

① 参见《欧盟通用数据保护条例》第 7 条。
② 参见《欧盟通用数据保护条例》第 8 条。
③ 参见我国《个人信息保护法》第三十一条和《韩国个人信息保护法》第 22 条第 2 款。
④ 参见我国《个人信息保护法》第十七条。
⑤ 参见我国《个人信息保护法》第七十三条第二款、《欧盟通用数据保护条例》第 4 条第 4 款。

对于自动化决策，欧盟规定数据主体有反对权。如果信息主体同意，或者法律规定对使用该技术手段豁免，则数据控制者应当采取适当措施保障数据主体的正当权益和自由，包括对自动化决策的异议权和观点表达权等基本权利；① 而且应当告知数据主体自动化决策（包括用户画像）的相关逻辑及预期后果。② 我国《互联网信息服务算法推荐管理规定》规定了算法推荐服务提供者相关行为规范及对信息主体的义务，其中第十六规定了信息处理者的告知义务，③ 但未规定信息主体有反对权。

需要强调的是，知情同意规则的遵守是信息处理者的基本义务，而不是信息处理者的免责条件；信息处理者不仅需要对已履行相关告知并取得同意的义务承担证明责任，在发生其他违法处理个人信息情况时，仍需要为其他违法行为承担法律责任。

三、公共场所收集个人信息的规则

根据我国《个人信息保护法》的规定，在公共场所安装图像采集、个人身份识别设备，应当为维护公共安全所必需，遵守国家有关规定，并设置显著的提示标识。所收集的个人图像、身份识别信息只能用于维护公共安全的目的，不得用于其他目的。④

“公共安全”的目的本身比较笼统，因为所有的公共场所都可能涉及公共安全问题。为此，《韩国个人信息保护法》对公共场所处理个人信息则进行了明确、具体的规定。（1）可处理的情形。下列情况以总统令形式规定即可处理：法律规定有具体允许的情形；为预防和调查犯罪所必要；为设施安全和管理及火灾预防所必要；为交通管制所必要；收集、分析和提供交通信息所必要。其他情形须以总统令形式规定方可在公共场所处理个人信息。（2）特别禁止的情形，指在不特定多数人使用的浴室、厕所、汗蒸室、更衣室等可能显著侵害个人隐私的场所内部，设置、运营固定型影像信息处理设备（但是作为总统令规定的设施，监狱、精神保健设施等依法拘禁或对他人采取保护措施的设施除外）。（3）程序。计划设置、运营固定型影像信息处理设备的公共机关负责人或其他个人，应当依据总统令规定的程序，召开听证会、说明会等，征求有关专家和利害关系人的意见等；而且，影像信息处理设备运营者应以信息主体容易认知的形式，设置包含安装目的和场所、拍摄范围和时间、管理负责人联系方式的告知牌。⑤

---

① 参见《欧盟通用数据保护条例》第 22 条。

② 参见《欧盟通用数据保护条例》第 13 条、14 条。

③ 参见《互联网信息服务算法推荐管理规定》第十六条。

④ 参见我国《个人信息保护法》第二十七条。

⑤ 参见《韩国个人信息保护法》第 25 条。

四、敏感个人信息处理规则

敏感个人信息指其传播或其他处理方式易致信息主体人身或财产权益受到侵害或威胁，从而比普通个人信息受到法律更严格保护的信息。

（一）敏感个人信息的内涵与外延

关于敏感个人信息的界定，各国大同小异。我国《个人信息保护法》规定其包括生物识别、宗教信仰、特定身份、医疗健康、金融账户、行踪轨迹等信息，以及不满十四周岁未成年人的个人信息。显然，这种界定是基于内容与信息主体的年龄两个角度作出的。

《欧盟通用数据保护条例》并未对“敏感个人信息（数据）”进行概念上的界定，但其列举了保护程度高于普通个人信息的三类信息：需要经承担监护责任的主体同意或授权处理才是合法的儿童个人信息；原则上禁止处理、特殊情况下方可处理的显示种族或民族背景、政治观念、宗教或哲学信仰或工会成员的个人数据、基因数据，为了特定识别自然人的生物性识别数据，以及和自然人健康、个人性生活或性取向相关的数据；与违法、犯罪或司法定罪相关的个人信息。[①] 但这些数据并非绝对不可处理，其在特定条件下可处理，如：经儿童监护人同意；经数据主体同意，对保护数据主体的核心利益是必要的，对控制者履行责任以及行使其特定权利是必要的；具有政治、哲学、宗教或工会目的的非营利机构在正当性活动中所进行的处理；对于提起、行使或辩护法律性主张或者法院在其所有的司法活动中所进行的必要处理；在公共健康领域等对实现实质性的公共利益是必要的；对于实现科学或历史研究目的及统计目的是必要的；采取了与其期望目的所相称的处理，尊重数据保护权的核心要素，并且对数据主体的基本权利与利益采取了合适与特定的措施；个人数据处理为官方机构控制，或者由欧盟或成员国的法律授权。上述特定条件下的处理，均须采取恰当的措施以保障数据主体的权利与自由。

另外，日本、韩国和巴西的相关法律也对敏感个人信息进行了界定，其中，日本法律中的“敏感个人信息”指含有为避免本人在人种、宗教信仰、社会身份、病历、犯罪经历、因犯罪而被害的事实及其他方面遭受歧视、偏见而需要在处理上予以特别注意的个人信息；[②] 韩国法律中的“敏感信息”指思想与信念、工会组织和政党的加入与退出、政治性见解、健康、性生活等相关信息，以及除此之外可能会明显侵害信息

① 参见《欧盟通用数据保护条例》第 8、9、10 条。
② 参见《日本个人信息保护法》第 2 条第 2 款。

主体私生活的，由总统令规定的信息；[1]巴西法律中的“敏感数据”包括种族或族裔出身、宗教信仰、政治观点、工会隶属关系或宗教、哲学或政治组织、健康或性生活数据、遗传或生物特征数据。[2]

总之，相比之下，我国未把各国普遍认同的政治观点、性生活（取向）作为敏感个人信息；至于犯罪经历，各国处理方式不同。

（二）敏感个人信息的处理规则

第一，特定目的和充分必要性、严格保护措施规则。特定目的即信息处理需要严格遵守目的有限性原则，只用于特定甚至单一目的而处理有限信息，即行为与目的有直接关联。比如，医疗机构只能为特定医疗行为处理相关信息；疫情期间政府处理的个人健康信息只能用于疫情管理而不能用于其他方面。充分必要性指相关信息处理对于特定目的不可或缺，只有处理相关信息才能达到目的。信息处理者须提供充分证据证明处理的必要性。严格保护措施主要体现在分类保护及相关特别技术措施上。

第二，单独同意规则。敏感个人信息的处理不能与普通个人信息的处理一并征求信息主体的意见，各类敏感个人信息必须分开征求信息主体的意见。单独同意一方面能引起信息主体对个人敏感信息的高度重视，另一方面能增加信息处理者的义务与责任。

第三，书面同意规则。书面同意意味着必须取得信息主体的签名，信息处理者才能处理。书面同意是单独同意的最好形式，事实上是书面的单独同意。

第四，必要性和权益影响的告知规则。必要性告知指信息处理者必须把处理敏感个人信息的必要性单独告诉信息主体，让信息主体来决定是否同意相关信息处理。权益影响告知指处理敏感个人信息的有利和不利影响都要告知信息主体。处理敏感个人信息，通常都会给信息主体带来不利影响，因此必然要告知信息主体。

五、国家机关处理个人信息的规则

我国在《个人信息保护法》中统一规范非国家机关和国家机关的信息处理行为。但是，国家机关与其他信息处理者不同：后者与信息主体是平等关系，如果因信息处理引发纠纷，性质是民事纠纷；前者与信息主体在信息处理中是管理与被管理、命令与服从的关系，如在信息处理中发生纠纷，信息主体可提起行政复议或行政诉讼。

依照我国《个人信息保护法》的规定，国家机关为履行法定职责处理个人信息，应当依照法律、行政法规规定的权限、程序进行，不得超出履行法定职责所必需的范

① 参见《韩国个人信息保护法》第 23 条。
② 参见《巴西通用数据保护法》第 5 条。

围和限度。[①] 尽管如此，国家机关为履行法定职责处理个人信息依然有其特殊性。

依照我国《个人信息保护法》的规定，履行法定职责、法定义务及应对突发公共卫生事件是法定许可的信息处理行为，行政机关进行信息处理无须取得个人同意。[②] 行政机关履行法定职责的原生义务，使其实施信息处理时通常无须取得信息主体的同意。而非国家机关只有在订立、履行个人合同，按照劳动规章制度和集体合同实施人力资源管理，为履行法定义务，在紧急情况下为保护自然人的生命健康和财产安全，为公共利益实施新闻报道、舆论监督等行为，在合理的范围内处理个人自行公开或者其他已经合法公开的个人信息等情况下，才无须取得个人信息主体的同意。

但法律未明确的是，国家机关处理敏感个人信息时，是否需要信息主体的单独同意。从逻辑解释的角度，《个人信息保护法》第二章中，第一节是一般规定，第二节是关于敏感个人信息的特殊规则，第三节是政府机关处理个人信息的特殊规则。第二节和第三节是平行关系，这样，行政机关处理敏感个人信息时并无优越地位，也需要遵循单独同意的规定。因此，国家机关处理敏感个人信息的听证、说明程序，是目前的焦点问题。

依照我国《个人信息保护法》的规定，国家机关为履行法定职责处理个人信息，原则上应当履行告知义务，但有两种例外：一是有需要保密的情形，二是告知将妨碍其履行法定职责的情形，[③] 前者是特殊情形，后者则是弹性条款。

第三节　个人信息跨境提供的规制

个人信息跨境提供（流动），指一国境内的个人信息流出国境，并被其他国家、地区或国际组织的个人信息处理者所下载、收集、加工、存储、使用、提供或传播等，包括跨境传输与跨境访问。

在网络时代，个人信息跨境提供（流动）成为可能且愈加频繁。在促进信息自由流动、商业开发与利用，便利网络服务商及亿万网络用户的同时，跨境提供（流动）也可能对个人信息主体的合法权益和国家政治、经济甚至国防安全构成重大威胁，为平衡信息自由流动与个人信息权益保护、国家安全之间的冲突，各国相关法律都以专章或专节对个人信息跨境提供（流动）进行规范。

---

① 参见我国《个人信息保护法》第三十四条。
② 参见我国《个人信息保护法》第十三条。
③ 参见我国《个人信息保护法》第三十五条。

一、个人信息跨境提供（流动）的模式

（一）以美国为代表的积极鼓励型

美国一直致力于信息、数据的自由跨境流动，反对数据本地化。对外，奥巴马政府时期签订的《跨太平洋伙伴关系协定》（TPP，特朗普政府退出了该协定）规定，缔约方不得将要求受约束的组织和个人使用该缔约方领土内的计算设施或者将设施置于其领土之内作为在其领土从事经营的条件；2018 年签署的《美国—墨西哥—加拿大协议》（USMCA）采纳了上述规定；《美韩自由贸易协定》（KORUS FTA）中，将反数据本地化规则修改为“避免对跨境的电子信息流施加或维持不必要的障碍”。

对内，美国 2018 年 2 月通过了《澄清域外合法使用数据法案》（Clarifying Lawful Overseas Use of Data Act），即《云法案》（CLOUD Act），其采用“数据控制者标准”划定管辖范围，无论网络服务提供者的通信、记录或其他信息是否存储在美国境内，均应当按《存储通信法案》（Stored Communications Act）所规定的义务要求保存、备份、披露通信内容、记录内容或其他信息，只要上述通信内容、记录内容或其他信息为该服务提供者所拥有（possession）、监管（custody）或控制（control），都可以成为调取数据的来源。①

可见，美国一方面鼓励数据跨境自由流动，另一方面对境内数据采取严格适用属地管辖原则，形成了“自由流动”和“长臂管辖”双重特征的跨境数据流动模式。当然，《云法案》允许“符合资格的外国政府”在与美国政府签订行政协定后，向美国境内的组织直接发出调取数据的命令。在签订《云法案》相关的双边协议过程中，美国设立的一项条件就是取消数据本地化政策。

（二）以欧盟为代表的有限输出型：同等保护原则下的充分性条件

由于《欧盟通用数据保护条例》的基本理念是将数据权益作为一项基本人权，并规定了一套相关法律权利。欧盟允许个人数据在欧盟成员国之间自由流动，对向欧盟成员国之外的流动以“同等保护”为原则，以“充分性条件”为标准，有以下要求。

第一，同等保护的原则要求。控制者和处理者只有满足《欧盟通用数据保护条例》，才能对个人数据进行转移，即合法数据转移的前提是第三国或地区及国际组织的数据处理达到欧盟数据保护的水平。②

第二，基于“充分性条件”的许可。如果当欧盟委员会作出认定相关的第三国、

---

① 刘云 . 中美欧数据跨境流动政策比较分析与国际趋势［J］. 中国信息安全，2020（11）：75-78.

② 参见《欧盟通用数据保护条例》第 44 条。

第三国中的某区域或一个、多个特定部门、国际组织具有充分的数据保护水平，即可以将个人数据转移到该第三国或国际组织而不需要特定授权。评估保护程度的充分性应当特别考虑如下因素：法治对人权与基本自由的尊重，包括关于公共安全、国防、国家安全、刑法和公共机构访问个人数据的一般性与部门性立法，以及此类立法的实施、数据保护规则、职业规则和安全措施，对数据主体的司法救济；在国际组织是主体的情形中，第三国国内存在一个或多个有效运作的独立监管机构，以保证数据保护规则的实施；第三国或国际组织已经作出的国际性承诺，以及参加多边或地区性的体系，特别是由数据保护相关的体系所引起的其他责任——在评估上述充分性条件后，欧盟委员会可以通过制定实施性法案，进行后续的监督审查，并动态调整是否继续许可相关数据的跨境提供。①

第三，达不到“充分性条件”时的安全保障：标准合同与约束性企业规则。达不到“充分性条件”时，数据控制者和处理者提供适当的安全保障措施，也可进行数据跨境业务。（1）以标准合同（standard contract）对跨境转移的个人信息进行保护，始于1995年欧盟《个人数据保护指令》，后在《欧盟通用数据保护条例》中得以延续。②这类合同既包括欧盟委员会制定的数据保护标准条款，也包括控制者或处理者与境外控制者、处理者、第三国或国际组织的个人数据接收者之间签订的合同。（2）以约束性企业规则对跨境转移的个人信息进行保护，主要适用于进行联合经济活动的企业或一系列经济主体的所有相关成员，包括其雇员，且明确赋予数据主体以可执行的权利，且此类规则既包括内部约束力，也包括外部约束力。③

第四，达不到“充分性条件”时的特殊许可。为执行国际司法互助协议及国际条约；④数据主体被明确告知不存在充分保护或适当安全措施的预期风险后仍然明确表示同意预期的数据转移；转移对于履行数据主体与控制者之间的合同或者履行数据主体在签订契约前所提出的要求是必要的；控制者和另一自然人或法人之间签订或履行合同时，转移对于实现数据主体的利益是必要的；为实现公共利益是必要的；对于确立、行使或辩护法律性主张是必要的；当数据主体基于身体性或法律性原因无法表达同意时，为保护其或其他人的关键利益是必要的。⑤

总之，欧盟的跨境数据流动总体特征是同等保护原则下满足“充分性条件”标准的法定许可再加上安全保障、标准合同模式。许多国家都借鉴了欧盟模式。如日本、⑥

① 参见《欧盟通用数据保护条例》第45条。
② 参见《欧盟通用数据保护条例》第46条第2、3款。
③ 参见《欧盟通用数据保护条例》第47条。
④ 参见《欧盟通用数据保护条例》第48条。
⑤ 参见《欧盟通用数据保护条例》第49条。
⑥ 参见《日本个人信息保护法》第24条。

韩国个人信息的跨境流动模式与具体规则，均与欧盟近似。[①]

（三）以俄罗斯为代表的本地化处理模式

以俄罗斯为代表的国家强调信息国家安全，要求涉及其公民个人信息处理的本地化。

俄罗斯的《个人信息保护法》区分了为个人数据提供充分保护的国家和不提供个人数据保护的国家，如果数据接收方位于法律仅提供“不充分保护”的国家，则要求满足某些条件。[②] 2015 年 9 月 1 日生效的俄罗斯第 242-FZ 号联邦法第 2 条规定：“在个人数据收集期间，包括通过因特网，运营人应确保使用位于俄罗斯联邦境内的数据库以记录、系统化、积累、存储、澄清（更新或修改）和取回俄罗斯联邦公民的个人数据。”这意味着任何存储俄罗斯国民信息的组织，无论是国内外公司、客户还是社交媒体用户，都必须将该数据移至俄罗斯服务器，但并未禁止个人信息的跨境流动。[③]

二、我国个人信息跨境提供（流动）规则

我国《个人信息保护法》明确个人信息跨境提供（流动）的同等保护原则精神，在相当程度上借鉴了欧盟的相关规定，并参考了俄罗斯模式中的相关条款。

（一）个人信息跨境提供（流动）的条件：同等保护标准[④]

从我国《个人信息保护法》文字表述来看，“业务等需要”“确需”，是个人信息跨境转移的前提，体现了我国对这一行为的谨慎。

我国《个人信息保护法》不仅以“个人信息处理者应当采取必要措施，保障境外接收方处理个人信息的活动达到本法规定的个人信息保护标准”之要求，明确了同等保护标准与原则，在此前提下，还规定了个人信息跨境转移的手续性、程序性和形式：通过国家网信部门组织的安全评估；经专业机构进行个人信息保护认证；按照国家网信部门制定的标准合同与境外接收方订立合同——上述条件满足其一即可。其中，根据由国家互联网信息办公室发布的、2023 年 6 月 1 日生效的《个人信息出境标准合同办法》，个人信息处理者通过订立标准合同的方式向境外提供个人信息的，应当同时符合下列情形：非关键信息基础设施运营者；处理个人信息不满 100 万人；自上年 1 月 1 日起累计向境外提供个人信息不满 10 万人；自上年 1 月 1 日起累计向境外提供敏

---

① 参见《韩国个人信息保护法》第 28 条。

② 参见《俄罗斯个人信息保护法》第 12 条。

③ 俄乌战争后由于俄罗斯与国际互联网断网，其个人信息的跨境流动已名存实亡。

④ 参见我国《个人信息保护法》第三十八条。

感个人信息不满 1 万人。[①] 同时，向境外提供个人信息前应当开展个人信息保护影响评估。

另外，我国缔结或者参加的国际条约、协定对向境外提供个人信息的条件等有规定的，按照其规定执行。

（二）个人信息跨境提供（流动）的告知同意及国际司法协助

由于个人信息的跨境转移会给信息主体带来更大的风险和权益保护的不利，告知同意更显其重要性。不仅国内个人信息处理中要告知同意的内容，而且需要告知个人向境外接收方行使本法规定权利的方式和程序等事项。最重要的是，要与处理敏感个人信息一样，取得信息主体的单独同意。[②]

我国根据缔结或者参加的国际条约、协定，在国际司法协助等国际往来中，遵守平等互惠原则。如果其他国家或地区在个人信息保护方面对我国采取歧视性的禁止、限制或者其他类似措施的，我国采取对待措施。[③]

第四节　个人信息处理者的义务

个人信息处理者义务内容的具体性、实操性，对实现个人信息权益具有关键作用，因而最能体现个人信息行政保护的水平。我国《个人信息保护法》中个人信息处理者的义务是基于合法性、正当性、必要性原则和责任原则规定的，共 9 条。[④]

一、个人信息处理者的基本义务与安全措施

我国个人信息处理者的基本义务包括技术措施与其他措施：前者有加密、去标识化等措施；后者包括内部管理制度和操作规程，对个人信息实行分类管理，确定个人信息处理的操作权限，对从业人员进行安全教育和培训，制定个人信息安全事件应急预案。[⑤] 表 8–1 为我国与欧盟个人信息处理者基本义务的简介。

---

① 参见我国《个人信息出境标准合同办法》第四条。

② 参见我国《个人信息保护法》第三十九条。

③ 参见我国《个人信息保护法》第四十一条和四十三条。

④《欧盟通用数据保护条例》中对个人数据分为一般性责任、数据安全、数据保护影响评估与提前咨询、数据保护官、行为准则与认证，共 20 条；《日本个人信息保护法》对个人信息处理者的义务分 3 节即个人信息处理者等的义务、假名加工信息处理者等的义务、匿名加工信息处理者等的义务，共 25 条。

⑤ 参见我国《个人信息保护法》第五十一条。

表 8-1 我国与欧盟个人信息处理者基本义务简介

处理者义务＼国家与地区	中国	欧盟
基本义务与措施的考虑因素	处理目的、处理方式、个人信息的种类以及对个人权益的影响、可能存在的安全风险等①	最新水平、实施成本、处理的性质、处理的范围、处理的语境与目的，以及处理给自然人权利与自由带来的伤害可能性与严重性②
基本措施分类	未规定	控制者的基本义务和处理者的基本义务
控制者的基本义务	未规定	1. 通过设计的数据保护，以保证相关法律和目的有限原则和处理范围最小化原则得以遵守； 2. 公认的数据保护，其适用于收集的个人数据的数量、处理的限度，储存的期限以及可访问性，此类措施必须确保如果没有他人介入，个人数据不能为不特定数量的自然人所访问③
处理者的基本义务	未规定	只有在收到控制者书面指示时才可以处理的个人数据；确保雇员履行保密义务；采取数据安全的相关措施；通过合适的技术与组织手段帮助控制者履行责任，以便数据主体能够行使其权利；结合处理的性质和处理者所能得到的信息，帮助控制者履行法定责任；服务结束后的个人数据删除或返还义务；给控制者提供能够证明其已遵循法定义务的信息，以便于控制者或控制者委任的审计员进行审计和核查④
基本安全措施	信息实行分类管理、个人信息安全事件应急预案、定期合规审计	个人数据的匿名化和加密；保持处理系统与服务的保密性、公正性、有效性以及重新恢复的能力；应急预案；常规性地测试、评估与评价技术性与组织性手段有效性的流程⑤
日常处理活动记录内容	未规定	1. 控制者、共同控制者、控制者的代表、数据保护官的姓名、详细联系方式； 2. 处理目的； 3. 数据主体的类型以及个人数据类型描述； 4. 个人数据已被披露或将被披露给的接收者类型； 5. 将个人数据转移到第三国或国际组织的记录，以及适当保障措施的记录； 6. 删除不同种数据类型的预计期限； 7. 技术性与组织性安全措施的一般性描述⑥
处理者委托他人处理的责任	未规定	自己聘任的处理者不能完成控制者任务时，由控制者委托的处理者向控制者承担责任⑦

在《欧盟通用数据保护条例》中，其他措施被称为“组织措施”，其与技术措施同

① 参见我国《个人信息保护法》第五十一条。
② 参见《欧盟通用数据保护条例》第 24 条。
③ 参见《欧盟通用数据保护条例》第 25 条。
④ 参见《欧盟通用数据保护条例》第 28 条第 3 款。
⑤ 参见《欧盟通用数据保护条例》第 32 条。
⑥ 参见《欧盟通用数据保护条例》第 32 条第 1–2 款。
⑦ 参见《欧盟通用数据保护条例》第 28 条第 4 款。

样应当考虑处理的性质、范围、语境与目的，以及对自然人权利与自由所带来的风险。①

二、个人信息保护负责人制度

个人信息保护负责人在欧盟国家被称为“数据官”，最早源于1977年《德国联邦数保护据法》；之后，其他欧洲国家相继在相关法律中引入该制度。2018年的《欧盟通用数据保护条例》对该制度进行了细化。（见表8–2）

表8–2　我国个人信息保护负责人制度与欧盟数据官制度简介

国家与地区 / 内容	中国⑤	欧盟⑥
名称	个人信息保护负责人	数据官
设置条件与机构	1. 以处理个人信息为主要业务，从业人员超过200人； 2. 处理超过100万人的个人信息，或预计12个月内处理超过100万人的个人信息； 3. 处理超过10万人的敏感个人信息④	1. 处理者是公共机构或公共实体； 2. 核心处理活动天然性地需要大规模处理； 3. 核心处理活动包含对某种敏感个人数据的大规模处理和对定罪和违法相关的个人数据的处理； 4. 代表某类控制者或处理者的协会等实体
设置方式	未规定	1. 单独设置； 2. 共同委任
资格条件	未规定	1. 需要具有数据保护法律与实践的专业知识，以及完成所规定任务的能力； 2. 是控制者或处理者聘用的基于服务合同的职员
联系方式	信息处理者公开联系方式，并将其姓名、联系方式报送相关部门	由控制者或处理者公布数据保护官的详细联系方式，并向监管机构报告
职责及保障	未规定	1. 可介入所有与个人数据保护的事项； 2. 控制者和处理者应提供其履行职责的必要资源，并确保其不会收到任何关于履行此类责任的指示。可以直接向控制者或处理者的最高管理层报告； 3. 不能因完成其任务而被解雇； 4. 负有保密义务； 5. 可以兼职，但控制者或处理者应当保证任何此类任务和责任不会导致利益冲突
基本任务	未规定	1. 对控制者、处理者及相关雇员进行告知，提供建议； 2. 确保《欧盟通用数据保护条例》及其他法律得到遵守，培训职员； 3. 对数据保护提供影响评估及其他相关建议； 4. 和监管机构合作，充当监管机构联系人

① 参见《欧盟通用数据保护条例》第24条第1款。

② 参见我国《个人信息保护法》第五十二条。

③ 参见《欧盟通用数据保护条例》第37–39条。

④ 参见我国《信息安全技术 个人信息安全规范》第十一条。

三、个人信息保护影响评估制度

个人信息保护影响评估制度属于事先预防性的安全保护制度，主要针对重要、特殊、敏感的个人信息处理活动，欧盟称之为“数据保护影响评估”，其考虑因素、评估过程、评估结果与我国都有不同，最重要的是，其设置了评估的法定结果——提前咨询。（见表 8–3）

表 8–3 我国和欧盟个人信息保护影响评估制度简介

国家与地区 内容	中国	欧盟
考虑因素	未规定	处理的性质、范围、语境与目的①
前置程序	未规定	向数据官咨询②
必须进行影响评估的信息处理行为	1. 处理敏感个人信息； 2. 利用个人信息进行自动化决策； 3. 委托处理个人信息、向其他个人信息处理者提供个人信息； 4. 向境外提供个人信息； 5. 其他对个人权益有重大影响的个人信息处理活动	1. 对与自然人相关的个人因素进行系统性与全面性的评价，此类评价建立在自动化处理——包括用户画像——基础上的，并且其决策对自然人产生法律上的影响或类似重大影响； 2. 以大规模处理的方式处理敏感数据或者和与违法相关的个人数据； 3. 以大规模的方式系统性地监控某个公众可以访问的空间③
评估内容	1. 个人信息的处理目的、处理方式等是否合法、正当、必要； 2. 对个人权益的影响及安全风险； 3. 所采取的保护措施是否合法、有效，并与风险程度相适应④	1. 对计划的处理操作和处理目的的系统性描述，以及——如果适用的话——对控制者所追求的正当利益的描述； 2. 对和目的相关的处理操作的必要性与相称性分析； 3. 对给数据主体权利与自由带来的风险的评估； 4. 结合数据主体和其他相关个人的权利与正当利益，采取的计划性风险应对措施，包括保障个人数据保护和证明遵循本条例的安全保障、安全措施和机制⑤
评估听证	未规定	在合适的情形下，如果其不影响保护商业、公共利益或处理操作的安全性，控制者应当咨询数据主体或数据主体代表对于其预期处理的观点⑥

① 参见《欧盟通用数据保护条例》第 35 条第 1 款。
② 参见《欧盟通用数据保护条例》第 35 条第 2 款。
③ 参见《欧盟通用数据保护条例》第 35 条第 3 款。
④ 参见我国《个人信息保护法》第五十六条第一款。
⑤ 参见《欧盟通用数据保护条例》第 35 条第 7 款。
⑥ 参见《欧盟通用数据保护条例》第 35 条第 9 款。

续表

国家与地区 内容	中国	欧盟
评估结果	原则性要求有个人信息保护影响评估报告和“处理情况”记录，且保存至少三年①	提前咨询： 1. 当数据保护影响评估表明处理会带来高风险，则控制者应当在处理之前咨询监管机构； 2. 当监管机构认为预期的处理将违反本法律，特别是当控制者无法识别或减小风险时，监管机构通常应当在收到咨询请求的 8 周以内向控制者以及——在适用的情况下——处理者提供书面建议②
对评估结果的监督	未规定	控制者应当核查评估处理是否符合数据保护影响评估，至少当处理操作带来的风险存在变化时，应进行核查③

四、个人信息处理突发事件的补救

个人信息处理突发事件的补救是个人信息保护的事后措施与制度，突发事件包括泄露、篡改、丢失，其中，泄露的发生频率较高。（见表 8-4）

表 8-4　我国和欧盟个人信息处理中突发事件补救制度简介

国家与地区 内容	中国	欧盟
事件类型	泄露、篡改、丢失	泄露
通知主体	信息处理者	信息控制者
通知分类	未规定	向监管机构报告和向数据主体告知
通知内容	1. 发生或者可能发生泄露、篡改、丢失的个人信息种类、原因和可能造成的危害； 2. 个人信息处理者采取的补救措施和个人可以采取的减轻危害的措施； 3. 个人信息处理者的联系方式④	1. 向监管机构报告：（a）个人数据泄露的性质、相关数据主体的类型和大致数量，以及涉及个人数据的类型与大致数量；（b）数据保护官的姓名与详细联系方式，或者可以获取更多信息的其他联系方式；（c）个人数据泄露的可能后果；（d）控制者应对个人数据泄露已经采用或计划采用的措施，包括减少负面影响的措施⑤ 2. 向数据主体告知：前述 1（b）（c）（d）内容⑥
通知时间	未规定	可分阶段

① 参见我国《个人信息保护法》第五十六条第二款。
② 参见《欧盟通用数据保护条例》第 36 条第 1–2 款。
③ 参见《欧盟通用数据保护条例》第 35 条第 11 款。
④ 参见我国《个人信息保护法》第五十七条第一款。
⑤ 参见《欧盟通用数据保护条例》第 33 条第 3 款。
⑥ 参见《欧盟通用数据保护条例》第 34 条第 2 款。

续表

内容 \ 国家与地区	中国	欧盟
不向信息主体告知的条件	个人信息处理者采取措施能够有效避免信息泄露、篡改、丢失造成危害[①]	1. 控制者已采取技术与组织措施，并且相关措施已使用，特别是已经采用使未被授权访问的个人无法辨识个人数据的措施，如加密； 2. 控制者已经采取后续措施，保证给数据主体的权利与自由带来的高风险不再有发生的可能； 3. 告知将需要付出不相称的努力。此时，应存在公告机制或类似措施来承担控制者的告知义务，并且与控制者告知相比，这种措施的告知效果应当至少相同
不向信息主体告知的救济	监管机构认为可能造成危害，有权要求个人信息处理者通知个人[②]	监管机构在考虑了个人数据泄露可能带来的高风险的可能性后，可以要求其告知[③]

五、个人信息保护中的平台特别义务

互联网平台又被称为网络平台，指通过网络信息技术，使相互依赖的双边或多边主体在特定载体提供的规则下共同创造价值的商业组织形式。[④] 网络平台包括社交平台、电子商务平台、应用软件分发平台，或者上述类型的复合性平台，因用户数量巨大，业务类型多样，其在网络社会中居于举足轻重的地位。

根据我国《个人信息保护法》的规定，提供重要互联网平台服务、用户数量巨大、业务类型复杂的个人信息处理者，应当履行以下特别义务：成立外部人员组成的监督机构；制定平台规则；履行主体责任，对平台内违法产品或者服务提供者，停止提供服务；定期发布个人信息保护社会责任报告。[⑤] 这是我国《个人信息保护法》的特色，而且，这种授权还使网络平台在处罚平台内产品或服务提供者时，可能成为法律授权的具有管理公共事务职能的组织，[⑥] 从而具备行政主体资格。

① 参见我国《个人信息保护法》第五十七条第二款。
② 参见我国《个人信息保护法》第五十七条第二款。
③ 参见《欧盟通用数据保护条例》第 34 条第 4 款。
④ 参见《国务院反垄断委员会关于平台经济领域的反垄断指南》第二条第一项。
⑤ 参见我国《个人信息保护法》第五十八条。
⑥ 参见我国《行政处罚法》第十九条。

第五节　个人信息处理的监管

个人信息保护除法定个人信息处理者的义务、职责外，还需要外部监督；外部监督中，政府机关的行政监管是最为关键、重要的。近年来，世界各国都成立了相应的监管机构，强化对个人信息的保护。

一、个人信息处理监管机构设置及其性质

我国履行个人信息保护职责的机构是国家和地方各级互联网信息办公室（以下简称“网信办”）。国家互联网信息办公室成立于2011年，是在国务院新闻办公室加挂了国家互联网信息办公室的牌子。2014年2月，中央网络安全和信息化领导小组及其办公室成立，由国家互联网信息办公室承担其职责；同年8月，《国务院关于授权国家互联网信息办公室负责互联网信息内容管理工作的通知》（国发［2014］33号）规定：“为促进互联网信息服务健康有序发展，保护公民、法人和其他组织的合法权益，维护国家安全和公共利益，授权重新组建国家互联网信息办公室负责全国互联网信息内容管理工作，并负责监督管理执法。”这样，该办公室具备了行政执法权。

总之，由于我国个人信息行政保护是在整体国家安全战略指导下，作为网络安全和网络执法工作的组成部分进行的，其机构性质为负责整个网络执法工作（包括网络安全和网络信息内容监督管理工作）的国家行政机关，故其与专门负责个人信息保护的欧盟、日本的独立机构不同。比如，欧盟法律不仅要求成员国个人信息保护监管机构有独立的预算、专职专业人员，而且强调其在行使职权时应当保持“完全的独立性”。①日本法律虽然规定其个人信息保护委员会“由内阁总理大臣主管”，②也强调个人信息保护委员会“委员长及委员独立行使其职权”。③

二、个人信息处理监管机构的职责

我国履行个人信息保护职责的部门不仅履行自身作为职能部门的个人信息保护职责，也承担统筹协调有关部门推进个人信息保护的工作。而欧盟、日本的个人信息保护的监管机构，不承担“统筹协调”其他行政机构相关工作的任务。（见表8–5）

---

① 参见《欧盟通用数据保护条例》第53条第1款。
② 参见《日本个人信息保护法》第59条第1款。
③ 参见《日本个人信息保护法》第62条。

表 8-5 中国、欧盟与日本个人信息处理监管机构职责简介

内容 国家与地区	监管机构保护职责	统筹协调有关部门进行的相关职责
中国①	1. 宣传教育、指导、监督个人信息处理者的个人信息保护工作； 2. 接收、处理与个人信息保护有关的投诉、举报； 3. 对应用程序等个人信息保护情况进行测评； 4. 调查个人信息处理的违法活动； 5. 公布接收投诉、举报的联系方式； 6. 法律、行政法规规定的其他职责	1. 制定个人信息保护具体规则、标准； 2. 针对小型个人信息处理者及新技术、新应用制定专门的个人信息保护规则、标准； 3. 支持研发和推广应用电子身份认证，推进网络身份认证公共服务建设； 4. 推进包括个人信息保护评估、认证服务在内的个人信息保护社会化服务体系建设； 5. 完善个人信息保护投诉、举报工作机制
欧盟②	1.（a）监控和执行对《欧盟通用数据保护条例》的实施；（b）提高公众对和个人信息处理相关的风险、规则、安全保障和权利的理解，对针对儿童的活动保持特别注意；（c）对与处理相关的自然人的权利与自由提供建议；（d）提高控制者与处理者对法定责任的意识；（e）为数据主体行使法定权利提供支持，与其他成员国的监管机构为实现这一目的合作；（f）处置数据主体或实体、组织或协会的申诉，采用合适的手段调查申诉的主要事项，在合理期限内向申诉者告知进展和调查结论；（g）与其他监管机构合作，包括分享信息和相互协助；（h）为《欧盟通用数据保护条例》的适用进行调查；（i）在相关新技术对个人数据保护产生影响的情况下，对相关技术进行监控；（j）采用规定的标准格式合同；（k）建立并维持个人数据保护影响评估；（l）对个人数据保护影响评估的处理操作提出建议；（m）鼓励起草基于不同处理部门的特征以及微型、小型以及中型经济主体的特定需求的行为准则，并提供意见；（n）鼓励设立数据保护认证机制以及数据保护印章与标记，并批准认证标准；（o）对颁发的认证进行阶段性审查；（p）起草履行监控行为准则的委派实体和认证实体的标准并发布；（q）委任监控行为准则的实体以及认证实体；（r）授权合同条款；（s）批准约束性合同规则；（t）为欧盟数据保护委员会的活动提供帮助；（u）对违反《欧盟通用数据保护条例》的情形及采取的措施保持内部记录；（v）其他任务； 2. 为数据主体和数据保护官提供免费服务； 3. 为数据主体的申诉提供各种便利	未规定

① 参见我国《个人信息保护法》第六十一、六十二、六十五条。

② 参见《欧盟通用数据保护条例》第 57 条第 1 款。

续表

内容 国家与地区	监管机构保护职责	统筹协调有关部门进行的相关职责
日本[①]	1. 有关基本方针的制定和推进的事务； 2. 包括行政主体在内的信息处理者对个人信息的处理进行监督的事务； 3. 有关认定个人信息保护团体的事务； 4. 向特定个人信息处理方面的监督、投诉进行必要的斡旋等； 5. 有关推广个人信息保护及正当有效利用的事务； 6. 有关为实施前几项规定的事务所必需的调查和研究的事务； 7. 有关主管事务所涉及的国际协作事务； 8. 前几项规定以外的、法律（包括依照法律作出的命令）授权给委员会的事务	未规定

三、个人信息处理监管机构的职权

我国关于履行个人信息保护职责部门的职权规定相对简单，欧盟则将相关权力进行了分类，规定比较细致。

在对个人信息处理者施加的行政处罚措施中，我国规定了责令改正、给予警告、没收违法所得、责令暂停或者终止提供服务、罚款、通报有关主管部门吊销相关业务许可或者吊销营业执照等种类；就罚款最高标准而言，我国对个人是十万元以上、一百万元以下，对企业是五千万元以下或者上一年度营业额百分之五以下。[②] 而欧盟的行政处罚以罚款为主，并区分违反《欧盟通用数据保护条例》中的不同条款，分类处罚：违反控制者和处理者的义务，可处最高一千万欧元的行政罚款，对企业最高可处其上一年全球总营业额 2% 的罚款（两者取高项处罚）；侵犯数据主体的权利，或侵犯敏感个人数据，或违反《欧盟通用数据保护条例》的基本原则或跨境数据移动条款，或违反监管机构发布的矫正性命令，可处最高两千万欧元的行政罚款，对企业最高可处其上一年全球总营业额 4% 的罚款（两者取高项处罚）。[③] 目前，因违反《欧盟通用数据保护条例》被处罚款最高额为 7.46 亿欧元。[④] 而中国企业也有因违反该法被处罚的案例。[⑤]（见表 8–6）

① 参见《日本个人信息保护法》第 61 条。

② 参见我国《个人信息保护法》第六十六条。

③ 参见《欧盟通用数据保护条例》第 83 条第 4、5 款。

④ 因亚马逊欧洲核心部门对个人数据的处理不符合《欧盟通用数据保护条例》，卢森堡数据保护委员会（CNPD）2021 年 7 月 16 日对该公司开出了 7.46 亿欧元（约合 8.87 亿美元）的罚单。亚马逊违反欧盟数据保护条例遭重罚 8.87 亿美元 [EB/OL]．(2021–07–31) [2022–12–09]．https://new.qq.com/rain/a/20210731A01W9S00.

⑤ 2021 年 7 月 22 日，荷兰数据保护局以侵犯儿童隐私为由，决定对字节跳动旗下短视频社交平台 TikTok（“抖音”国际版）处以 75 万欧元罚款。王一楠．欧盟数据保护（GDPR）动态：中国企业首次被罚 [EB/OL]．(2021–07–24) [2022–12–09]．https://new.qq.com/rain/a/20210724A0BCTB00.

表 8-6 中国、欧盟履行个人信息保护职责部门的职权简介

国家与地区 内容	中国	欧盟[①]
调查权	询问查阅权、复制权、现场检查权、查封扣押权、约谈权[②]	要求提交报告权、认证审查权、访问数据权、现场调查权
矫正权	命令权、行政处罚权[③]	警告权、申诫权、命令权、禁令权、撤回认证权、行政处罚权
建议权		向议会、政府和信息处理者提供建议权，发布行为准则权
批准权		批准和颁发认证标准权、约束性公司规则批准权
授权权		委任认证机构权，授权跨境信息提供处理者的合同条款权、授权公共机构或实体跨境信息提供的行政性安排权
违法行为公示权	将违反《个人信息保护法》的行为记入信用档案，并予以公示[④]	

关键词

合法、正当、必要和诚信原则　目的限制原则　公开透明原则
质量原则　责任原则与安全原则　知情同意规则
敏感个人信息　同等保护　充分性条件
关键信息基础设施运营者　个人信息保护负责人　数据官
个人信息保护的影响评估　个人信息监管

思考题

1. 个人信息保护的原则是什么？
2. 知情同意规则中同意的内容是什么？
3. 敏感个人信息的处理与一般个人信息的处理有何不同？
4. 国家机关处理个人信息与普通处理者有何不同？
5. 世界各国个人信息跨境提供的模式有哪些？
6. 个人信息处理者个人信息保护的基本义务是什么？
7. 我国个人信息保护负责人制度与欧盟数据官制度有何不同？

---

① 参见《欧盟通用数据保护条例》第 58、83 条。
② 参见我国《个人信息保护法》第六十三、六十四条。
③ 参见我国《个人信息保护法》第六十四条。
④ 参见我国《个人信息保护法》第六十七条。

8. 我国个人信息保护的影响评估与欧盟有何不同?
9. 我国个人信息监管机构与欧盟、日本有何不同?
10. 我国个人信息监管机构的职责与欧盟、日本有何不同?
11. 我国个人信息监管机构的职权与欧盟有何不同?

第九章　传播职业的行政规制

目前，我国传播职业包括新闻采编职业、广播电视编辑记者及播音主持职业、出版职业和网络编辑职业。传播职业的行政规制包括传播职业资格与职业行为的行政规制，其中，我国对新闻采编、广播电视编辑记者及播音主持职业资格的管理及对新闻单位驻地方机构和港澳台、外国常驻新闻机构与记者的管理，均有法律依据；行为规范则缺乏法律依据。

第一节　传播职业资格的行政规制

我国对新闻采编、广播电视编辑记者及播音主持职业资格的管理有一定的法律依据，而对出版职业和网络编辑职业资格的管理主要依据规范性文件进行规制。

一、新闻采编从业资格的行政规制

（一）新闻采编从业资格培训合格证与记者证的关系

我国自 2003 年 8 月开始，由当时的国家新闻出版总署委托各地新闻出版管理局，对所辖各新闻单位的新闻采编人员进行专业技能培训，通过考试者发《中华人民共和国新闻采编从业资格培训合格证》。然后，新闻单位凭此证为记者申领记者证，该证是在我国从事新闻采编的从业必备证件，是合法取得记者证的前提；没有该证的从业人员不得申领记者证，当然也不能从事新闻采编业务。

（二）新闻采编从业资格报考条件与程序

新闻采编从业资格报考条件，除要求具有完全民事行为能力，具有大学专科及以上学历（含应届毕业生），无刑事处罚和党纪政纪开除处分经历外，还要求在新闻单位从事采编业务 1 年以上，且由申请人所在单位统一报名，社会人士不能自己报考。

证券期货类报刊和开设证券期货专刊、专版的报刊需要有专门从事证券期货新闻的采编人员，其岗位资质有特殊要求：总编辑、主编及主要采编人员应具有 5 年以上新闻专业工作经历，熟悉证券期货业务；从事证券期货领域报道的记者需要具备 2 年以上财经领域报道经验或证券期货从业经历；见习记者、实习记者及试用人员不得单独从事证券期货新闻采访报道。从事证券期货新闻报道的采编人员，需要参加由省级以上新闻出版行政部门、证券期货监管部门组织的证券期货业务知识培训。①

（三）新闻记者、新闻机构与新闻记者证

新闻记者，是指新闻机构编制内或者经正式聘用，专职从事新闻采编岗位工作，并持有新闻记者证的采编人员。② 关于"新闻记者"的学术定义与法律概念均指其核心工作是新闻采编，③ 但法律概念强调了"新闻记者"的法律身份：第一，"新闻机构编制内或者经正式聘用"；第二，"持有新闻记者证"。

新闻机构，是指经国家有关行政部门依法批准设立的境内报纸出版单位、新闻性期刊出版单位、通讯社、广播电台、电视台、新闻电影制片厂等具有新闻采编业务的单位。其中，报纸、新闻性期刊出版单位和广播、电影、电视新闻机构，分别由国务院新闻出版行政部门和国务院广播电影电视行政部门认定。④ 尽管目前许多新闻自媒体拥有长期、固定的工作团队，影响力很大，甚至以公司进行运营，但未经国家有关行政部门依法批准设立，不是法律意义上的新闻机构，没有资格领取记者证。

新闻记者证的法律价值在于：第一，它是我国新闻记者职务身份的有效证明，是境内新闻记者从事新闻采编活动的唯一合法证件；⑤ 第二，持新闻记者证依法从事新闻采访活动受法律保护，各级人民政府及其职能部门、工作人员有为合法新闻采访活动提供必要便利和保障的义务——至于如何保障，问题比较复杂，需要法律进一步明确。

新闻记者证的使用要求：（1）出示义务，新闻采编人员从事新闻采访工作，应主动向采访对象出示新闻记者证。尚未领取新闻记者证的采编人员，必须在本新闻机构持有新闻记者证的记者的带领下开展采访工作；（2）只限本人使用，不得转借、涂改、用于非新闻采访活动，⑥ 包括本单位的广告业务。

---

① 参见《关于加强报刊传播证券期货信息管理工作的若干规定》（规范性文件）第十、十一条。

② 参见《新闻记者证管理办法》第四条。

③ 一般将其界定为"新闻机构中从事采访报道的专业人员"。中国大百科全书新闻学科和出版学科编辑委员会．中国大百科全书·新闻出版［M］．北京：中国大百科全书出版社，1990：157.

④ 参见《新闻记者证管理办法》第四条。

⑤ 参见《新闻记者证管理办法》第三条。

⑥ 参见《新闻记者证管理办法》第十六条。

二、出版专业技术人员职业资格的行政规制

（一）出版专业技术人员职业资格的适用范围及等级

出版专业技术人员指在图书、期刊、音像、电子等出版单位（包括出版社、期刊社）从事编辑、出版、校对、发行等专业技术工作的人员。根据《出版专业技术人员职业资格考试暂行规定》（规范性文件）和《出版专业技术人员职业资格考试实施办法》（规范性文件）的规定，从2001年8月1日起，国家对出版专业技术人员实行职业资格认证制度。

与新闻采编从业资格考试单独管理不同，出版专业技术人员职业资格考试（以下简称“出版专业资格”）由人事部和新闻出版总署共同负责，并统一组织、统一证书。

我国出版专业资格分为初级、中级和高级。获取初级、中级资格后，不再进行相应级别专业技术职务任职资格的评审工作：取得初级资格，可聘任助理编辑（助理技术编辑或二级校对）职务；取得中级资格，可聘任编辑（技术编辑和一级校对）职务。但高级资格（编审、副编审）实行考试与评审结合的评价制度。①

（二）出版专业技术人员职业资格考试的报考条件

报名参加任何等级出版专业资格考试的人员，必须具备以下基本条件：遵守中华人民共和国宪法和各项法律，认真贯彻执行党和国家有关宣传出版工作的方针、政策，热爱出版工作，恪守职业道德。报名参加出版专业初级资格考试的人员另须具备下列条件：取得大学专科及以上学历；已受聘担任技术设计员或三级校对专业技术职务。②

报名参加出版专业中级资格考试的人员另须具备下列条件：

取得大学专科学历，从事出版专业工作满5年；取得大学本科学历，从事出版专业工作满4年；取得双学士学位或研究生班毕业，从事出版专业工作满2年；取得硕士学位，从事出版专业工作满1年；取得博士学位；按国家统一规定已受聘担任助理编辑、助理技术编辑、二级校对专业技术职务满4年；受聘担任非出版专业中级专业技术职务，从事出版专业技术岗位工作满1年。③

三、广播电视编辑记者、播音员主持人职业资格的行政规制

根据《广播电视编辑记者、播音员主持人资格管理暂行规定》，我国2004年开始

---

① 参见《出版专业技术人员职业资格考试暂行规定》第五、六条。
② 参见《出版专业技术人员职业资格考试暂行规定》第八条。
③ 参见《出版专业技术人员职业资格考试暂行规定》第九条。

对广播电视编辑记者、播音员主持人实行资格认定制度，由广播电影电视行政部门负责广播电视编辑记者、播音员主持人的资格考试、执业注册、证书发放与监督管理。

（一）广播电视编辑记者资格与播音员主持人资格考试的组织与报考条件

广播电视编辑记者与播音员主持人的资格考试分别举行，实行全国统一大纲、命题、组织、标准的制度，由广播电影电视总局（以下简称“广电总局”）负责；资格考试报名条件与新闻记者资格考试报名条件相同。考试合格者获取《广播电视编辑记者资格考试合格证》或《广播电视播音员主持人资格考试合格证》。①

（二）广播电视编辑记者、播音员、主持人执业注册与《中华人民共和国广播电视编辑记者证》或《中华人民共和国播音员主持人证》的申领

与新闻记者从事新闻采编业务的条件不同，广播电视编辑记者与播音员主持人应当申请相关执业资格注册。注册条件如下：（1）已取得《广播电视编辑记者资格考试合格证》或《广播电视播音员主持人资格考试合格证》；（2）在制作、播出机构相应岗位实习满一年；（3）身体状况能胜任所申请执业的工作岗位要求；（4）以普通话为基本用语的播音员主持人，取得与岗位要求一致的普通话水平测试等级证书。②

广播电视采访编辑、播音主持执业资格注册，由申请人所在的制作、播出机构统一向省级广播电视行政部门（以下简称“注册机关”）提交相关材料；符合条件的，由注册机关在法定期限内办理注册手续，发放《中华人民共和国广播电视编辑记者证》或《中华人民共和国播音员主持人证》。③

四、网络编辑职业资格的行政规制

网络编辑是指利用相关专业知识及计算机和网络等现代信息技术，从事互联网网站内容建设的人员，其通过网络对信息进行收集、分类、编辑、审核，然后向网络用户发布。据估算，我国拥有网络编辑从业人员多达300万人，已经超过新闻采编、出版专业、广播电视编辑记者和播音主持专业人员的总和。④依据“网络编辑员国家职业标准”，网络编辑职业分为网络编辑员、助理网络编辑师、网络编辑师和高级网络编辑师四个等级。但我国目前尚缺乏法律制度对此类职业资格进行规范。

---

① 参见《广播电视编辑记者、播音员主持人资格管理暂行规定》第八、九、十二条。
② 参见《广播电视编辑记者、播音员主持人资格管理暂行规定》第十六条。
③ 参见《广播电视编辑记者、播音员主持人资格管理暂行规定》第十七条。
④ 资料来源：https://baike.so.com/doc/1925477-2037086.html。

第二节 港澳台常驻内地（大陆）新闻机构和记者的业务规制

香港、澳门和台湾是我国领土的一部分，但由于其实行资本主义制度，且台湾尚未与祖国统一，我国对这三个的地区新闻机构及记者实行特别管理。

一、香港、澳门新闻机构在内地设立常驻记者站及派遣记者的申请、审批及采访管理

由于国务院港澳事务办公室2009年发布的《香港、澳门记者在内地采访办法》（部门规章）过于简单，目前，香港、澳门新闻机构在内地设立常驻记者站及派遣记者的申请、审批及采访管理，仍然通过中华全国新闻工作者协会（以下简称“中国记协”）2001年发布的《香港、澳门新闻机构在内地设立常驻记者站及派遣常驻记者须知》来进行规范。

香港、澳门时事类新闻机构在内地设立常驻记者站及派遣记者的申请，分别通过中央人民政府驻香港特别行政区联络办公室（以下简称“港联办”）、中央人民政府驻澳门特别行政区联络办公室（以下简称“澳联办”），向国务院港澳事务办公室（以下简称“港澳办”）提出。如获准，其须向中国记协办理登记手续，领取《港澳新闻机构常驻内地记者站登记证》。常驻记者站在办理登记手续后，须将办公地址、传真及电话号码报中国记协备案。①

香港、澳门新闻机构在内地常驻记者要有《港澳新闻机构常驻内地记者证》。该证需要到中国记协办理登记手续后领取。香港、澳门新闻机构常驻记者站的常驻记者必须是香港或澳门居民。电视台的常驻记者人数不得超过5人；报纸、刊物和电台常驻记者人数不得超过3人。常驻记者站办公地点限三类：涉外饭店、写字楼、公寓。常驻记者在确定常住地址后三周内到当地公安机关办理居留证，在一个月内到当地税务机关办理税务登记手续。②

对于香港、澳门新闻机构的非常驻内地记者和没有在内地设立常驻记者站的媒体的记者，其来内地采访须向港联办、澳联办提出申请，获内地有关部门同意后，方可来内地采访。对于常驻内地记者，其在内地采访必须接受以下规定：（1）采访国家领

① 参见《香港、澳门新闻机构在内地设立常驻记者站及派遣常驻记者须知》第二、四条。
② 参见《香港、澳门新闻机构在内地设立常驻记者站及派遣常驻记者须知》第五、六、七条。

导人、军队有关部门，采访我国领导人外访和外国领导人来访，采访中央政府部门、人民团体、全国性社团及国有大中型企业，须分别经国务院港澳事务办公室、外交部、新闻主管部门审批；（2）赴开放地区采访须经批准，原则上不接受港澳记者采访非开放地区；（3）常驻记者在内地进行的所有采访均须经主管部门和被采访对象同意。[①]

二、台湾新闻机构在大陆设立常驻记者站及派遣记者的申请、审批及采访管理

台湾新闻机构在大陆采访的管理，由国务院台湾事务办公室（以下简称“国务院台办”）负责。迄今，台湾新闻机构未获批设立常驻机构，但被允许“驻点采访”。第一，台湾记者来大陆采访，应当申请办理台湾居民来往大陆通行证签注手续。[②]第二，台湾新闻机构申请在大陆驻点采访，由国务院台办审批。台湾记者来北京驻点采访，向国务院台办申请；来大陆其他地区驻点采访，向相关省级台办申请。获准在大陆驻点采访的台湾记者采访期限为三个月；驻点期间可多次往返。[③]第三，台湾记者在大陆采访，须征得被采访单位和个人的同意，采访时应当随身携带并出示主管部门委托签注机构、中国记协及相关省级台办代发的台湾记者采访证。[④]

第三节　外国常驻我国新闻机构和记者的业务规制

外国常驻新闻机构，是指外国新闻机构在中国境内设立、从事新闻采访报道业务的分支机构。外国常驻记者是指由外国新闻机构派遣，在中国境内常驻 6 个月以上、从事新闻采访报道业务的职业记者；外国短期采访记者是指在中国境内停留期不超过 6 个月、从事新闻采访报道业务的职业记者。[⑤]

外国新闻机构及其记者在我国境内的正常采访活动，受我国宪法及其他法律的保护；同时，其需要遵守我国相关法律制度。我国最早对外国常驻我国新闻机构及记者的管理制度，是国务院于 1981 年 3 月 9 日发布的《关于管理外国新闻机构常驻记者的暂行规定》；1990 年 1 月 19 日，《外国记者和外国常驻新闻机构管理条例》生效，取代 1981 年的规定；2008 年 10 月 17 日，《外国常驻新闻机构和外国记者采访条例》生效，取代 1990 年的条例。

---

① 参见《香港、澳门新闻机构在内地设立常驻记者站及派遣常驻记者须知》第十三条。
② 参见《台湾记者在祖国大陆采访办法》（规范性文件）第四条。
③ 参见《台湾记者在祖国大陆采访办法》第五条。
④ 参见《台湾记者在祖国大陆采访办法》第七条。
⑤ 参见《外国常驻新闻机构和外国记者采访条例》第二条。

一、外国常驻我国新闻机构及常驻记者的申请与审批

外国新闻机构在中国境内设立常驻新闻机构，应当直接或者通过中国驻外使领馆向外交部申请。申请获批后，其应当到外交部或外交部委托的地方人民政府外事部门办理外国常驻新闻机构证。

外国新闻机构申请向中国派遣常驻记者并办理记者证，其申请与审批程序同常驻新闻机构的申请与审批程序。办理常驻记者证后，外国记者还应到公安机关办理居留证。

二、外国常驻我国新闻机构及常驻记者的采访行为规范

2008 年《外国常驻新闻机构和外国记者采访条例》生效前，外国记者在我国境内的采访需要向我国外交部提出专门申请：其中，外国常驻记者的采访需要向外交部报送采访计划，在“商定”的范围内采访；[①]外国记者随国家元首、政府首脑或者外交部部长来中国访问，或者外国短期采访记者、记者团到中国采访报道，均要经我国外交部批准。

随着改革开放的深化，我国在 2008 年北京奥运会前后专门实施了《北京奥运会及其筹备期间外国记者在华采访规定》，外国记者在我国采访不再需要向中国政府提出专门申请，只要征得采访对象的同意即可，即我国取消了实行半个多世纪的外国记者采访限制。北京奥运会后，国务院颁布了《外国常驻新闻机构和外国记者采访条例》，将《北京奥运会及其筹备期间外国记者在华采访规定》的主要原则和精神以行政法规的形式固定下来，为外国新闻机构和外国记者在华采访提供了便利。

《外国常驻新闻机构和外国记者采访条例》同 1990 年公布的条例相比有重大变化：常驻记者或短期来华采访的记者，均只需要向中国驻外使领馆或者外交部授权的签证机构申请办理记者签证；在华采访，不需要由中国国内单位接待并陪同；赴开放地区采访，不需要向地方外事部门申请。当然，外国记者在中国境内采访，要征得被采访单位和个人的同意。[②]另外，《外国常驻新闻机构和外国记者采访条例》还取消了外国记者采访中国国家领导人要经外交部批准、采访我国政府部门或者其他单位要经有关外事部门批准的规定。

---

① 参见《外国记者和外国常驻新闻机构管理条例》第十四条。

② 参见《外国常驻新闻机构和外国记者采访条例》第十五、十六、十七条。

关键词

传播职业　　新闻记者　　新闻机构　　网络编辑
内地常驻记者站　　驻点采访　　外国常驻新闻机构

思考题

1. 在我国，所有记者都有记者证吗？
2. 新闻采编从业资格证与记者证的关联是什么？
3. 简述香港、澳门新闻机构在内地设立常驻记者站、派遣记者的申请与审批程序。
4. 香港、澳门新闻记者在内地采访需要遵守哪些规定？
5. 简述台湾新闻机构在大陆驻点采访的申请与审批程序。
6. 台湾新闻记者在大陆采访需要遵守哪些规定？
7. 简述外国常驻新闻机构的审批程序。
8. 简述外国常驻我国新闻机构及常驻记者的采访行为规范。

3 PART

第三编
民事传播法

第十章　传播侵权归责原则、责任要件及其证明

侵权法上，根据适用归责原则的不同，有一般侵权和特殊侵权之分。作为针对人格权、财产权、知识产权等不同权益客体的侵权，传播侵权是包括一般侵权和特殊侵权在内的混合型侵权，其在不同的归责原则下，侵权责任有不同的构成要件；对过错（失）的证明与认定主要通过注意义务的违反进行；构成要件的证明遵循民事诉讼证明责任分配的规则；在人格权侵权责任的认定上，需要结合多种要素进行动态综合认定。

第一节　传播侵权：内涵、外延与特征

媒体发表新闻作品引发人格权诉讼曾是我国新闻传播法学热点问题之一，但自20世纪80年代起学界对其进行界定的“新闻侵权”“媒体（介）侵权”等十余个概念，既不科学，又显杂乱，但这些内涵与外延不一致的概念在研究范围上有共同点：聚焦于使用媒体、面向大众的传播行为侵权。因此，传播侵权指媒体组织或其他利用新旧媒体的组织或自然人，在利用媒体面向不特定人群和特定多数人进行传播时（含类传播与反传播[①]），侵害自然人或者法人名誉权、隐私权、个人信息权、荣誉权、姓名权、名称权、肖像权、（精神）健康权、知识产权、财产权等其他权益的行为。

一、传播侵权的内涵与外延

（一）传播侵权的内涵与外延

传播侵权主要指传播者利用传统大众媒体或网络媒体（包括自媒体），面向不特定人群和特定多数人的“传播”行为导致的侵权，或者是替代或帮助传播的类传播行为或阻止、破坏传播的反传播行为导致的侵权。其主体不限于媒体组织或其工作人员（如记者），还包括媒体组织之外的其他组织或自然人。

---

① 参见本书导论。

传播侵权中传播内容即信息具有公开性、可理解性：公开意味着其应该是可理解的，可理解意味着所传播的信息的特点是大众化的和具有消除不确定性的功能——两者相辅相成。传播侵权中传播内容的特点，决定了非常专业或不易被大众接收的信息，原则上不属于此类侵权的研究范畴，如计算机病毒也是一种信息，也可以被网络广泛传播，但其不是本书中传播侵权的研究内容。

从司法实践和传播内容而言，传播侵权主要有以下几种类型。

第一种，事实类和观点类信息传播侵权。事实类信息包括文字、图像、声音或其组合形式的信息，具备新闻价值与不具备新闻价值的事实类信息，真实或虚假事实类信息；观点信息包括一般性观点意见、学术观点信息。在事实类信息或观点类信息传播过程中经常出现侵害他人合法权益的行为，其典型侵权为新闻传播侵权。

第二种，个人信息传播侵权。根据《网络安全法》第七十六条第五款的规定，个人信息指以电子或者其他方式记录的能够单独或者与其他信息结合识别自然人个人身份的各种信息，包括但不限于自然人的姓名、出生日期、身份证件号码、个人生物识别信息、住址、电话号码等，此类信息的传播是信息社会传播侵权的典型形态。

第三种，广告传播侵权。指商品经营者或者服务提供者即广告主、广告经营者、广告发布者或代言人在通过媒介直接或间接介绍自己所推销的商品或者服务的商业广告活动中，侵害他人人格权、财产权、健康权、生命权等合法权益的行为。

第四种，投资信息传播侵权。特指证券市场虚假陈述。根据2022年《最高人民法院关于审理证券市场虚假陈述侵权民事赔偿案件的若干规定》，信息披露义务人违反法律、行政法规、监管部门制定的规章和规范性文件关于信息披露的规定，在披露的信息中存在虚假记载、误导性陈述或者有重大遗漏的，人民法院应当认定为虚假陈述。

第五种，涉知识产权客体的传播侵权。其典型侵权形态系文学艺术作品或软件作品传播导致的侵权。而商业秘密、地理标志的传播及域名设立等，也会导致侵权。

从传播受众即传播侵权对象考虑，传播侵权又可分为以下两种：传播受众或用户并非侵权对象的传播侵权，此类传播侵权的客体主要是精神性人格权；传播受众本人为侵权对象的传播侵权，此类传播侵权的客体主要是物质性人格权及财产权益，如：虚假广告诱导他人购买劣质、无效药品，从而侵害他人财产权、健康权或生命权。

（二）传播侵权的客体

一是人身权益。传播侵权所侵犯的人格权益主要是精神性人格权，包括名誉权、隐私权、个人信息权、荣誉权、姓名权、名称权、肖像权、信用权等。当然，传播活动也会侵犯物质性人格权即自然人的健康权乃至生命权，并导致精神损害赔偿问题。

二是财产权益。传播侵权所侵犯的财产权益包括直接经济损失和间接经济损失。

直接经济损失主要有两种：一是不实传播行为直接导致自然人的消费或投资行为，如不实、虚假广告导致消费者产生消费行为，虚假新闻导致上市公司股价下跌，虚假陈述导致投资者在证券投资活动中的交易受到损失；二是传播活动直接影响法人的经营活动，导致其受到经济损失，如农夫山泉诉《京华时报》侵权案中，农夫山泉因《京华时报》的报道而被迫撤出北京桶装水市场。①

间接经济损失即因传播行为侵犯人格权，进而导致被侵权人产生的经济损失，主要有三种：第一种，被侵权人出现身体健康问题导致的支出；第二种，被侵权人预期利益的损失，包括正在实现的预期利益，如唐季礼诉《青年时报》案中，被告的报道损害了原告唐季礼作为影片导演所享有的预期收益，② 也包括具有财产利益的个人信息权受到侵害而导致的合理预期利益的损失；第三种，被侵权人因风险预防及维护合法权益而支出的诉讼费用等。

三是知识产权。知识产权包括人身权和财产权，其容易受到传播活动的侵犯，且《民法典》第一千一百六十五条所称民事权益包括了知识产权，故“传播侵权”的客体应该包括知识产权，当然，相关具体问题的处理还应该根据《著作权法》《商标法》《专利法》及其司法解释进行调整，这是作为一般法的侵权法与作为特别法的知识产权法之间关系处理的问题。

二、传播侵权的特征

第一，媒介工具性。不同于人际传播或组织传播，“传播侵权”是使用媒介进行传播导致的侵权。当然，组织传播中也可能会使用媒介，在此情形下，可能与此处的“传播”有重合之处。

---

① 2013 年 4 月 10 日至 5 月 7 日，《京华时报》持续 28 天以 67 个版面、76 篇报道称农夫山泉“标准不如自来水”。2013 年 7 月 23 日和 8 月 6 日，朝阳法院分别受理了《京华时报》诉农夫山泉股份有限公司和农夫山泉股份有限公司诉《京华时报》两起名誉权纠纷案。农夫山泉要求《京华时报》停止侵犯其名誉权行为，删除相关系列报道，在《京华时报》和“京华网”连续 30 日公开进行书面道歉并赔偿经济损失 2 亿余元。《京华时报》认为农夫山泉于 2013 年 4 月 12 日至 4 月 19 日在微博和全国各大媒体发布消息，称《京华时报》报道失实、报社和记者缺失“新闻道德良心”的行为，严重侵害其名誉权，要求农夫山泉在《京华时报》指定的媒体版面、规格、位置刊登致歉声明，以消除影响，并象征性赔偿经济损失 1 元。2017 年 6 月，朝阳法院判决驳回《京华时报》的诉讼请求，而农夫山泉也撤回对《京华时报》的起诉。陈俊宏 . 重磅！农夫山泉撤诉 与《京华时报》互诉案落幕［EB/OL］.（2017-06-22）［2020-1-19］. http://www.cs.com.cn/xwzx/201706/t20170622_5336396.html.

② 2004 年 2 月 3 日，《青年时报》第 27 版上发表了一篇题为《怀着孩子为情跳楼成终身残疾 唐季礼前女友惊爆内幕！》的新闻报道，《成都商报》等媒体进行了转载。之后，寰亚电影有限公司终止了与唐季礼所在的斯坦利电影发行公司的协议（唐作为导演协助寰亚公司拍电影）。唐季礼诉至上海市第一中级人民法院，请求判令相关被告停止侵权，刊登声明向原告赔礼道歉，并共同赔偿其经济损失 42.3 万元、赔偿精神损害抚慰金 100 万元。上海一中院判决青年时报社向唐季礼赔礼道歉、消除影响、恢复名誉，赔偿唐季礼经济损失 10.5 万元、精神损害抚慰金 5 万元。参见上海市第一中级人民法院（2004）民一（初）字第 13 号民事判决书。

第二，属于非物理接触性的“软侵权”。“传播侵权”行为的典型过程有三个：通过传统大众媒体或网络媒体（含自媒体）传播各类信息，作用于受害者的思维、精神、情感和情绪，侵害受害者的上述各种权益。在此过程中，其对受害者的侵害不是直接物理性接触导致的，而是必须通过信息传播进行的，在此意义上，与其说传播侵权通过使用媒介进行，不如说经使用“信息”进行。①

第三，侵权客体广泛性。如前所述，传播侵权的客体包括了《民法典·总则编》列举的民事权益的大部分，系各类侵权中侵害客体最为广泛的一类侵权。

第四，侵权对象的单一性与广泛性并存。传播侵权中，在侵害名誉权、隐私权、姓名权、名称权、肖像权、荣誉权等精神性和标表型人格权的情形下，尽管传播对象是广泛的，但侵权对象是单一的，如传播一个人的隐私，信息接收者可能成千上万，但受害者可能往往只有一人或极少数人。但在侵害客体为财产权益时，侵害对象可能非常广泛。如侵害个人信息权时，被泄露的个人信息可能非常多；在虚假广告侵权时，侵害对象也是非常广泛的广告信息接收者。

第五，包含了一般侵权和特殊侵权。从适用的归责原则而言，与其他单一侵权类型不同，传播侵权是一种包括了过错原则和过错推定、无过错原则的大的侵权类型，即混合性侵权类型。

由上述对“传播侵权”内涵、外延与特征的归纳，可以看出与“新闻侵权”“媒体（介）侵权”概念相比，传播侵权的类型远超过后者的类型；传播侵权的客体不仅包括了后者的人格权，还包括后者没有的财产权益和知识产权；其五大特征中，前四种特征即媒介工具性，属于非物理接触性的“软侵权”，侵权客体广泛性（前者比后者宽）和侵权对象的单一性与广泛性并存，是两者共有的，但前者包括了一般侵权和特殊侵权，后者则只是一般侵权。因此，“传播侵权”包含“新闻侵权”和“媒体（介）侵权”。

第二节　传播侵权归责原则

归责的基本含义是确定责任的归属，指“负担行为之结果，对受害人言，即填补其所受之损害”②或“在行为人因其行为或者物件致他人损害的事实发生以后，应依何种根据使之负责，此种根据体现了法律的判断价值，即法律应以行为人的过错还是应以发生的损害结果，抑或以公平等作为价值判断标准，而使行为人承担侵权责任”③。

---

① 罗斌 . 传播侵权研究［M］. 北京：国家图书馆出版社，2008：13.

② 王泽鉴 . 民法学说与判例研究（5）［M］. 北京：中国政法大学出版社，1987：272.

③ 王利明 . 侵权责任法研究（上）［M］. 北京：中国人民大学出版社，2011：184.

一、传播侵权的归责原则

归责原则是侵权责任法的精髓，其意义体现如下。第一，归责原则的实质是强调行为人承担责任的依据与基础。第二，归责原则确定了不同的责任构成要件。在各种归责原则下，损害与因果关系都是核心要件；在过错责任归责原则中，过错是责任必需的、最终的构成要件；在无过错责任归责原则中，过错不是责任构成要件。第三，归责原则确定了不同的免责事由；第四，归责原则是构建侵权责任法内容和体系的支柱，它在侵权责任法中居于重要地位。①

传播侵权的侵害客体包括了精神性人格权、物质性人格权、知识产权和财产权，所以，作为一种混合性侵权，传播侵权适用的归责原则不可能与其他单一侵权类型相同，即传播侵权适用的归责原则包括了过错责任原则和过错推定原则、无过错责任原则。

二、传播侵害人格权适用过错责任的法律规定及实践

关于侵害人格权的传播侵权诉讼中的归责原则，我国及世界上绝大多数国家的法律或判例，均支持过错责任原则。关于包括名誉权侵权在内的传播侵权的归责原则，我国相关法律有明确规定。

我国 1987 年实施的《民法通则》第一百零六条第二款对一般侵权确立了过错责任的归责原则。如果说《民法通则》的相关规定比较笼统，1993 年《最高人民法院关于审理名誉权案件若干问题的解答》（以下简称《名誉权案件解答》）第七条有“是否构成侵害名誉权责任，应当根据受害人确有名誉被损害的事实、行为人行为违法、违法行为与损害后果之间有因果关系、行为人主观上有过错来认定”的规定，虽然只针对名誉权侵权，但对于其他人格权的传播侵权也类推适用。2002 年生效的《最高人民法院关于民事诉讼证据的若干规定》（以下简称《民事证据规定》）列举的适用过错推定的侵权行为类型中，不包括传播侵权。而自 2010 年 7 月 1 日生效的《侵权责任法》和 2021 年 1 月 1 日起施行的《民法典·侵权责任编》在肯定上述相关规定的同时，对适用过错推定的侵权行为类型进行了列举，也不包括传播侵权。

对于网络（传播）侵权，有观点认为，《民法典·侵权责任编》第一千一百九十四条“网络用户、网络服务提供者利用网络侵害他人民事权益的，应当承担侵权责任”的规定，似乎并没有明确应该适用的归责原则，然而，这种观点是一种误解。(1)《民法

① 王利明. 侵权责任法研究（上）[M]. 北京：中国人民大学出版社，2011：185-186.

典·侵权责任编》第一千一百九十七条“网络服务提供者知道网络用户利用其网络服务侵害他人民事权益，未采取必要措施的，与该网络用户承担连带责任”中“知道”的规定，明显采纳的是过错原则，当然，这里只明确针对网络服务提供者，但对网络用户也一样。（2）最高人民法院《关于审理利用信息网络侵害人身权益民事纠纷案件适用法律若干问题的规定》（以下简称《信息网络侵害人身权益规定》）第十条“人民法院认定网络用户或者网络服务提供者转载网络信息行为的过错及其程度，应当综合以下因素……”的规定，明确了网络传播侵权适用过错责任归责原则，当然，这里只明确针对人身权益的侵害。

三、传播侵权的特殊归责原则

在传播侵权的架构下，针对物质性人格权和非人格权客体的特殊类型的传播侵权，并不适用过错责任归责原则，而是适用过错推定或无过错责任的归责原则。

（一）传播侵害著作权中的过错推定或无过错责任归责原则

著作权属于知识产权，而权威学者认为，我国知识产权侵权的一般归责原则为无过错原则。[①]著作权侵权分为直接侵权与间接侵权：前者指未经著作权人的许可，且无法定免责事由，擅自利用受著作权法保护的作品的行为；[②]后者指侵权人并未直接侵犯他人著作权，但由于其提供的服务或者基于与直接侵权人之间的关系，其教唆、帮助或引诱直接侵权人实施了侵权行为——也有观点认为，两种侵权适用的归责原则不同。

根据《著作权法》第五十九条，复制品的出版者、制作者和发行者不能证明其出版、制作、发行的作品有合法授权、合法来源或经权利人许可的，应当承担法律责任。该规定事实上对作品的出版、制作、出租、发行等方式的侵权明确了过错推定归责原则。但学界对此有疑虑：一是该原则仅适用于直接侵权行为，还是同时适用于间接侵权行为？二是适用该条款时，如行为人证明其没有过错，则不承担法律责任，该责任仅指赔偿责任，还是也包括停止侵害、消除影响等责任？[③]

在信息网络传播权领域，根据最高人民法院《关于审理侵害信息网络传播权民事纠纷案件适用法律若干问题的规定》（以下简称《信息网络传播权规定》）第三条“网络用户、网络服务提供者未经许可，通过信息网络提供权利人享有信息网络传播权的作品、表演、录音录像制品，除法律、行政法规另有规定外，人民法院应当认定其构

① 郑成思．知识产权法论［M］．北京：法律出版社，1998：272.
② 冯晓青．著作权法［M］．北京：法律出版社，2010：107.
③ 许楚旭，卢梅丽．略论我国著作权侵权的归责原则［J］．科技与法律，2010（4）：28–31.

成侵害信息网络传播权行为”的规定，对直接侵权——提供作品行为的侵权责任认定，采用的是无过错归责原则；对于间接侵权即帮助和教唆侵权，根据该规定第六条“原告有初步证据证明网络服务提供者提供了相关作品、表演、录音录像制品，但网络服务提供者能够证明其仅提供网络服务，且无过错的，人民法院不应认定为构成侵权”的规定，以及第八条第三款“网络服务提供者能够证明已采取合理、有效的技术措施，仍难以发现网络用户侵害信息网络传播权行为的，人民法院应当认定其不具有过错”的规定，适用过错推定归责原则。

（二）传播侵害个人信息权中的过错推定归责原则

在已经制定了对个人信息权进行专门法律保护的国家和地区，对信息控制者适用过错推定归责原则已经成为主流趋势。这以欧洲国家为代表。①

个人信息侵权有其自身特点。（1）个人信息控制者对个人信息的处理和利用，可在不被个人信息主体知道的情况下进行。（2）个人信息的收集、处理和利用，需要依靠专业知识和技能、高新科学技术等，行为人大多受过相关的专门训练，手段隐蔽。不具备此方面专业知识的个人信息主体很难掌握。（3）对个人信息的侵犯往往有较宽广的时间和空间跨度。上述特点，使个人信息主体证明个人信息控制者的侵权行为基本不可能；相反，个人信息控制者在个人信息的收集、处理和利用等环节中，会遵循一定的程序，留下程序记录，个人信息控制者对其“不存在过错”的举证较为容易，成本负担较轻。因此，应当由行为人即个人信息控制者承担没有过错的举证责任。②

我国 2021 年 11 月 1 日起施行的《个人信息保护法》对信息处理者采用了国际立法和学界公认的过错推定归责原则。③需要强调的是，前述规定中，适用过错推定的对象并非普通网络用户，而是网络服务提供者。

（三）虚假陈述侵权中的无过错责任与过错推定归责原则

虚假陈述，指证券市场中信息披露义务人，故意或过失进行虚假、不实的信息披露，致使投资人遭受损失的行为。现代证券市场信息披露义务人对信息的披露主要通过传统大众传播媒体及网络媒体，所以，虚假陈述不仅是一种金融领域的侵权行为，而且是一种典型的传播侵权行为。

根据我国《证券法》的规定，信息披露义务人即上市公司未按照规定披露信息，或者公告的证券发行文件、定期报告、临时报告及其他信息披露资料存在虚假记载、

---

① 参见《欧盟通用数据保护条例》第 80 条第 3 款、丹麦《个人数据处理法》第 69 条、瑞典《个人数据法》第 48 条第 1 款。

② 张涛 . 个人信息权的界定及其民法保护［D］. 长春：吉林大学，2012：83.

③《个人信息保护法》第六十九条第一款规定：“处理个人信息侵害个人信息权益造成损害，个人信息处理者不能证明自己没有过错的，应当承担损害赔偿等侵权责任。”

误导性陈述或者重大遗漏，致使投资者在证券交易中遭受损失，对信息披露义务人适用无过错责任；对发行人的控股股东、实际控制人、董事、监事、高级管理人员和其他直接责任人以及保荐人、承销的证券公司及其直接责任人，能够证明自己无过错的，即适用过错推定归责责任。①

（四）虚假广告侵权中的无过错责任归责原则

依据我国《广告法》的规定，广告传播侵权有三种情况适用无过错归责原则。

第一，对广告主适用无过错归责原则。根据我国《广告法》的规定，无论广告主是生产者还是销售者，只要发布虚假广告，欺骗、误导消费者，使消费者合法权益受到损害，均由广告主依法承担民事责任。② 所以，广告主承担无过错责任原则。

第二，对广告经营者、发布者适用先行赔偿下的无过错责任原则。在不能提供广告主的真实名称、地址和有效联系方式的情况下，广告经营者、广告发布者承担“先行赔偿”的责任，③ 表明其与广告主即产品生产者或销售者同样承担无过错责任。

第三，特殊虚假广告中对广告经营者、发布者、代言人适用的无过错责任原则。根据《广告法》的规定，关系消费者生命健康的商品或者服务的虚假广告，只要造成消费者损害的，无论有无过错，广告经营者、广告发布者、广告代言人与广告主都应承担责任，即适用无过错责任原则；④至于不涉及消费者生命健康的商品或者服务的虚假广告，其广告经营者、广告发布者、广告代言人应当在“明知或者应知”情况下承担民事责任，即适用过错推定归责原则。⑤

第三节　传播侵权责任构成要件及其证明

对于一般侵权，在民法学界，侵权责任构成有“三要件说”和“四要件说”：前者认为，侵权责任的成立必须具备损害、因果关系和过错三个要件；⑥后者认为，侵权

---

① 参见《证券法》第八十五条。

②《广告法》第五十六条第一款规定：“违反本法规定，发布虚假广告，欺骗、误导消费者，使购买商品或者接受服务的消费者的合法权益受到损害的，由广告主依法承担民事责任。”

③《广告法》第五十六条第一款规定：“广告经营者、广告发布者不能提供广告主的真实名称、地址和有效联系方式的，消费者可以要求广告经营者、广告发布者先行赔偿。”

④《广告法》第五十六条第二款规定：“关系消费者生命健康的商品或者服务的虚假广告，造成消费者损害的，其广告经营者、广告发布者、广告代言人应当与广告主承担连带责任。”

⑤《广告法》第五十六条第三款规定：“前款规定以外的商品或者服务的虚假广告，造成消费者损害的，其广告经营者、广告发布者、广告代言人，明知或者应知广告虚假仍设计、制作、代理、发布或者作推荐、证明的，应当与广告主承担连带责任。”

⑥ 王利明．侵权责任法研究（上）[M]．北京：中国人民大学出版社，2011：282.

责任的成立必须具备违法行为、损害、因果关系和过错四个要件，[①]或者是加害行为的违法性（侵权行为）、损害、因果关系和过错，[②]二者的区别在于是否需要违法行为要件。

首先，违法行为是行为与违法两个要素的结合。违法行为即侵权的外在表现，是确定此行为与法律规范之间关系的要素，没有它，无法确定行为与法律之间的关系，无从认定侵权责任。学界也认为，“法律上纵不明定违法为侵权行为成立之要件，解释上盖属当然”[③]。其次，司法解释确认了违法行为系侵权责任的构成要件。1993 年《名誉权案件解答》第七条第一款规定：“是否构成侵害名誉权的责任，应当根据受害人确有名誉被损害的事实、行为人行为违法、违法行为与损害后果之间有因果关系、行为人主观上有过错来认定。”司法解释虽然只是针对名誉权纠纷责任要件进行的规定，但反映了其对人格权侵权案件及传播侵权案件的态度，甚至是对所有一般侵权案件责任要件的态度。

当然，适用无过错原则的传播侵权如虚假陈述和部分虚假广告侵权，不需要过错要件。本节主要研究适用过错原则及过错推定原则的传播侵权。

一、传播侵权中的过错

（一）过错的内涵及功能

过错包括故意和过失两种基本形态，而“故意分为直接故意和间接故意，前者指行为人预见自己行为的后果而追求或希望该结果发生，后者指行为人预见行为的后果而放任该结果发生”[④]。如一人捏造事实写了侵权作品并向报纸投稿，其为直接故意；而报纸明知是侵权作品也予其发表，放任侵权后果发生，系间接故意。

过失是未尽注意义务的心理状态，包括疏忽和懈怠：“前者指行为人对自己的行为结果应当可以预见或者能够预见而没有预见；后者系已经预见本可以避免。”[⑤]

（二）过错（失）与注意义务的关系

目前对注意义务比较权威的解释是：“一个人对他人造成损害后，只有当法院判定被告在当时情况下，对原告负有不为加害行为或不让加害行为发生的法律义务，而被

---

① 杨立新 . 侵权法论［M］. 北京：人民法院出版社，2011：156.

② 张新宝 . 侵权责任法［M］. 北京：中国人民大学出版社，2010：29.

③ 胡长青 . 中国民法债编总论［M］. 北京：商务印书馆，1946：142.

④ 杨立新 . 侵权法论［M］. 北京：人民法院出版社，2011：204.

⑤ 王利明 . 侵权责任法研究（上）［M］. 北京：中国人民大学出版社，2011：320；杨立新 . 侵权法论［M］. 北京：人民法院出版社，2011：206.

告却未加注意，或未达到法律所要求的注意标准，或未采取法律所要求的预防措施而违反此种义务时，他才在法律上对受害人承担过失责任。如果在当时不存在注意义务，由此发生的损害都属于无侵权行为的损害，被告不承担责任。”①

传播注意义务是利用传统媒体、网络媒体面向大众进行传播或辅助传播（提供传播服务）的行为人，分别以职业标准、善良管理人等合理的标准，以作为或不作为的形式，避免给他人人身或者财产造成损害的义务。传播注意义务产生的根源，从深层次上讲是基于道德或自然法的义务，从直接动机上讲是管控传播行为造成的风险。

传播侵权中的过错，大部分为过失而非故意。注意义务也与过失而非故意相关联。可以说，在侵权诉讼中，注意义务的存在是过失产生、存在的基础，没有注意义务，就没有过失可言；注意义务履行标准就是过失认定的标准，是“判断责任有无和大小的重要因素”②。我国民法学者提出，过失的认定应当采纳客观的标准，以法律、法规等规范所确定的注意义务为标准，以一个合理、谨慎的人应当具有的注意义务来判断。③

（三）传播注意义务的履行标准

罗马法的“良家父”对大陆法系的民法影响极深，“在大多数大陆法国家中，过错是指未能像一个‘良家父’，即一个细心的、谨慎的、顾及他人的人在同样的环境下的行为”④。英美法系的关于注意义务的“理性人”（the reasonable man）标准，等同于大陆法系的“良家父”标准，即按照一个合理的、谨慎的人的标准来判断行为人的行为是否尽到对他人的注意义务。美国学者认为，理性人是谨慎的、勤勉的、小心的人，“如果法律需要他在与他人打交道时应有某种程度的技术、能力，他必须具有此种技术和能力；若法律为指导一般人的行为作出了特殊要求，他必须为满足此种要求调整自身的行为”⑤。

因传播主体不同，新旧媒体不同，传播注意义务也随之不同；而考虑到传播行为的特点，法律难以对传播注意义务进行具体规范，需要在借鉴上述关于注意义务标准学说的同时，区分不同的传播主体、分层次确立具体的法律标准、专业标准。学界和业界目前普遍承认两种层次的传播注意义务标准。

一是理性人标准。通常，此标准适用于新媒体中的技术服务提供者，学界和业界认为其不应当承担如传统媒体那样的专业与职业标准的注意义务。有观点认为，如果

---

① 沃克．牛津法律大辞典［M］．李双元，等译．北京：法律出版社，2003：171.

② 杨临萍，姚辉，姜强．《最高人民法院关于审理利用信息网络侵害人身权益民事纠纷案件适用法律若干问题的规定》的理解与适用［J］．法律适用，2014（12）：22-28.

③ 王利明．侵权责任法研究（上）［M］．北京：中国人民大学出版社，2011：326-330.

④ ANDRE T，International encyclopedia of comparative law［M］. Tubingen：Paul Siebeck，1975：71.

⑤ WINFIELD，et al. The law of TORTS［M］. London：Sweet & Maxwell，1971：47.

用大陆法系理论界定，网络技术服务商的注意义务即“良家父”的注意义务标准。①

二是传播专（职）业标准。注意义务的新闻传播职业标准可概括为：为确保传播内容真实、准确、合法，对所有传播内容进行核实。通常认为，专业人士的能力“至少在每个理性人的一般水平之上”②。按照合理信赖原则，受众对职业传播者有合理信赖，期待其有与专业人士一样的行为，尽到比“理性人”“良家父”标准更高的注意义务。

（四）网络侵权中过错的认定

网络侵权指网络用户或网络服务提供者或二者共同利用网络服务侵害他人民事权益。与其他传播媒体的侵权相比，利用网络对他人侵权的发生频率较高、危害较大，因此，《民法典·侵权责任编》以四条规定的规模对其进行特别规范。

《民法典·侵权责任编》第一千一百九十四条③只是一个宣示性条款，未表明网络侵权适用何种归责原则，更未表明适用无过错责任原则。④其适用何种归责原则，需依据所侵害的权益类型确定。另外，网络侵权责任分为网络用户与网络服务提供者的单独责任及二者之间的连带责任，不同情况也需要适用不同归责原则，从而有不同的构成要件。

《民法典》第一千一百九十五条至第一千一百九十七条的主要内容是：存在网络用户侵权的情况下，网络服务提供者过错的认定及其连带责任的构成要件。

《民法典》第一千一百九十五条⑤是关于网络侵权的“通知规则”。该规则本源于著作权侵权，后经我国2010年施行的《侵权责任法》第三十六条引入。（1）“通知规则”首先有利于网络服务提供者的合理运营权利，也有利于言论自由，因为其不具备对所有信息进行审查核实的技术能力、法律水平和权力。（2）是否通知并采取删除、屏蔽、断开链接等必要措施，决定了网络服务提供者是否存在过错及是否对损害的扩大部分与网络用户承担连带责任，所以该规则是通过法定义务确认网络服务提供者的过错，违反该规则就视为有过错，因此其性质属于过错推定归责原则的一种特殊表现

---

① 胡震远．网络传播帮助者的侵权责任认定［J］．法律适用，2009（3）：63-65.

② 欧洲侵权法小组．欧洲侵权法原则：文本与评注［M］．于敏，谢鸿飞，译．北京：法律出版社，2009：120.

③ 该条规定：“网络用户、网络服务提供者利用网络侵害他人民事权益的，应当承担侵权责任。法律另有规定的，依照其规定。”

④ 程啸．侵权责任法［M］．北京：法律出版社，2021：491.

⑤ 该条规定：网络用户利用网络服务实施侵权行为的，权利人有权通知网络服务提供者采取删除、屏蔽、断开链接等必要措施。通知应当包括构成侵权的初步证据及权利人的真实身份信息。网络服务提供者接到通知后，应当及时将该通知转送相关网络用户，并根据构成侵权的初步证据和服务类型采取必要措施；未及时采取必要措施的，对损害的扩大部分与该网络用户承担连带责任。权利人因错误通知造成网络用户或者网络服务提供者损害的，应当承担侵权责任。法律另有规定的，依照其规定。”

形式。[①]

《民法典》第一千一百九十六条[②]是“反通知规则”。该规则是为中和权利人过分使用通知权造成的对网络用户合法权益和言论自由的影响而设置的。被投诉的网络用户的声明即“反通知”应当包括不存在侵权行为的初步证据及网络用户的真实身份信息。当权利人接到网络服务提供者转交的“反通知”后，如果未向有关部门投诉或向人民法院提起诉讼，网络服务提供者有权终止此前采取的删除、屏蔽、断开链接等必要措施。

《民法典》第一千一百九十七条[③]即所谓“知道规则”。该规则源于美国《千禧年数字版权法》，被称为“红旗规则”，与“通知规则”并列。依照该规则，“知道”和“应当知道”都是判定网络服务提供者过错的标准，其相当于成文法中的故意和过失。而“通知规则”中的“通知”，则是判定其是否“知道”即是否存在故意的情形之一。

对于如何判定“知道”和“应当知道”，《民法典》没有明确，但《信息网络侵害人身权益规定》第六条列举了七种认定网络服务提供者是否“知道”的因素。[④]而对于网络用户或者网络服务提供者网络信息转载情形中的过错及其程度的认定，则有三种参考因素：转载主体所承担的与其性质、影响范围相适应的注意义务；所转载信息侵害他人人身权益的明显程度；对所转载信息是否作出实质性修改，是否添加或者修改文章标题，导致其与内容严重不符以及误导公众的可能性。[⑤]

二、传播侵权中的违法行为

传统的大陆法系国家如德国对违法性概念界定包括：违反法定义务，违反保护他人为目的的法律，故意违背善良风俗致人损害。[⑥]如果依照其界定，传播侵权中的违法性当然指传播者在传播行为中，违反法定义务，故意违背善良风俗致人受到损害。

---

① 程啸．侵权责任法［M］．北京：法律出版社，2021：501.

② 该条规定：“网络用户接到转送的通知后，可以向网络服务提供者提交不存在侵权行为的声明。声明应当包括不存在侵权行为的初步证据及网络用户的真实身份信息。网络服务提供者接到声明后，应当将该声明转送发出通知的权利人，并告知其可以向有关部门投诉或者向人民法院提起诉讼。网络服务提供者在转送声明到达权利人后的合理期限内，未收到权利人已经投诉或者提起诉讼通知的，应当及时终止所采取的措施。”

③ 该条规定：“网络服务提供者知道或者应当知道网络用户利用其网络服务侵害他人民事权益，未采取必要措施的，与该网络用户承担连带责任。”

④ 这七种因素包括：（一）网络服务提供者是否以人工或者自动方式对侵权网络信息以推荐、排名、选择、编辑、整理、修改等方式作出处理；（二）网络服务提供者应当具备的管理信息的能力，以及所提供服务的性质、方式及其引发侵权的可能性大小；（三）该网络信息侵害人身权益的类型及明显程度；（四）该网络信息的社会影响程度或者一定时间内的浏览量；（五）网络服务提供者采取预防侵权措施的技术可能性及其是否采取了相应的合理措施；（六）网络服务提供者是否针对同一网络用户的重复侵权行为或者同一侵权信息采取了相应的合理措施；（七）与本案相关的其他因素。

⑤ 参见《信息网络侵害人身权益规定》第七条。

⑥ 杨立新．侵权法论［M］．北京：人民法院出版社，2011：164.

在实践中，非法传播侵权包括传统侵权行为和新型侵权行为：前者包括侮辱、诽谤、宣扬他人隐私、侵扰；后者包括针对个人信息的传播等处理行为，以及虚假新闻、虚假广告和虚假陈述等侵害他人人格权益或财产权益的行为。

三、传播侵权中的损害

作为传播侵权的构成要件之一，损害后果是传播侵权对相关当事人造成的名誉贬损即社会评价的降低、精神痛苦、生活安宁权受影响和财产损失。

（一）传播对他人名誉或荣誉的贬损即社会评价的降低

这种损害主要发生于名誉权或荣誉权侵害中。有学者将名誉分为两个方面，认为名誉“具有客观方面和主观方面双重属性。如果承认名誉具有客观与主观两个方面的属性，那么也就必然要承认侵害名誉权的后果可能包括两个主要方面：一是受害人社会评价的降低，二是精神损害……在这两种损害中，外部名誉的损害是必备的和主要的，内部名誉的损害是可能出现的并由外部名誉损害这一前提事实所决定的”①。

造成社会评价降低的信息被传播后，往往会影响社会舆论。有些传播内容会造成一边倒的社会舆论，但许多传播内容对受众而言，会引发不同的甚至是对立的评论，这是因为不同受众有不同的思想、观点、感情，这就给社会评价降低的证明带来了难度。

当事人社会评价降低之必然结果是：（1）使社会其他成员对其产生不良的看法，出现不利于受害人的各种议论、评论甚至攻击等；（2）使受害人在社会生活中受到孤立、冷落等；（3）使受害人在其职业、职务、营业等方面遇到或者可能遇到困难。

（二）传播对他人秘密信息、生活安宁和私人活动的侵害

传播对他人秘密信息、生活安宁和私人活动造成侵害或妨害，主要是因为侵害他人隐私权所导致的。传播侵害他人隐私，同样会造成他人名誉权的侵害及精神损害，有时甚至会造成比名誉权侵害更为严重的后果。由于传统文化及现行制度的原因，我国对隐私权的重视及保护程度很低，虽然侵害隐私的行为很普遍，但此类诉讼数量与其他人格权纠纷相比较少，当然，近年来，此类诉讼数量增长较快。

（三）传播对他人造成精神损害

广义的精神损害包括精神利益的损失和精神痛苦，前者即公民人身利益（人格利

---

① 张新宝．侵害名誉权的损害后果及其民事救济方式探讨［J］．法商研究（中南政法学院学报），1997（6）：8–16.

益和身份利益）遭受损害，如名誉贬损、肖像权受侵害；后者即狭义的精神损害，系受害人在人格权或其他权利受到侵害后，主要遭受的生理疼痛、思想负担、精神痛苦及其他不良情绪。[①] 本教材对精神损害采狭义说，即公民因人格权受到侵害而遭受的生理、心理上的痛苦及其他不良情绪，包括愤怒、绝望、恐惧、焦虑等。

传播侵权导致受害人的精神痛苦，往往是社会评价降低、隐私泄露等侵害的延续。同其他方式造成的精神痛苦一样，受害人遭到传播侵害后常常表现为悲伤、忧郁、怨恨、愤怒、羞辱、消沉、压抑等。但是这种损害后果的认定也没有很确定的标准，而且精神痛苦在受害人的内心，外在反映并不明显（除非有异常的外人可直观并作为法律证据的表现），后果往往来自受害人的自述，取证困难。有些当事人心理承受力强，对外界的压力处之泰然，但并不等于没有精神痛苦的损害事实；有些当事人心理素质较差，稍受舆论指责，表现就很明显；有些当事人则对于正确批评也会有精神痛苦的表现。所以，精神痛苦只是传播侵权后果的一种参考，不能以其作为标准来确定侵权责任是否成立。

（四）传播对他人财产权益的侵害

因传播活动侵害自然人或法人名誉权、信用权[②] 而导致的财产损失，包括直接财产损失和间接财产损失，也包括知识产权中的财产损失。

四、传播侵权中的因果关系

因果关系的内涵，不仅限于加害人的违法行为与损害事实之间的引起与被引起的关系。引起损害事实发生的各种原因，既包括加害人的加害行为、第三人行为、受害人行为，也包括自然因素的介入。这些因素在判断侵权责任成立中均应考虑。

我国学界认为，在传播侵权案件中，受害人对人格损害或社会评价降低等损害后果的举证和证明非常困难，因此应采取事实推定的方法解决这一困难，以名誉权侵害中的因果关系证明为例，“考虑到名誉权的特殊性质和受害人承担名誉损害事实举证责任面对难以克服的困难，应该免除受害人对名誉损害事实发生的举证责任，而采取推定的方法确认损害事实的存在。受害人应提供证据证明针对自己的诽谤和侮辱性内容

---

① 王利明．人格权法研究［M］．北京：中国人民大学出版社，2012：674.

② 信用是对民事主体的经济能力包括经济状况、生产能力、产品质量、偿付债务能力、履约状态、诚实信用的程度等的评价，它是对民事主体人格的经济能力的综合评价。而所谓信用权，指民事主体享受并支配其信用及其利益的人格权，或者说是自然人、法人或其他组织对其所具有的经济活动及其能力的良好评价所享有的权利。信用权具有财产和人格的双重属性，不能单独转让。杨立新，尹艳．论信用权及其损害的民法救济［J］．法律科学（西北政法学院学报），1995（4）：48-54.

已经为自己以外的第三人所知……”[①]

传播内容指向特定的人不一定将其真实姓名予以披露，只要通过一定的方式（如描写特定当事人的体貌特征、行为特点）在具体背景与环境下能够让一定范围内的受众识别出该当事人，就可认定传播行为指向该特定人。

在传播侵权诉讼中，存在一种结果是由多种原因造成的情形，即所谓多因一果。涉及传播侵权，又有两种情况：一种是传播侵权引发其他当事人对受害人的侵权；一种是传播者与其他非传播当事人一起对受害人的侵权，即传播者只是传播其他加害人或受害人的相关行为而致侵权。多因一果情况下，受害人所称的损害后果可能并不是传播行为引起的，社会评价的降低与诉讼的损害之间可能没有必然联系；即使有必然联系，侵权作品也可能不是损害后果的直接原因或主要原因，传播者不应独自承担责任或者根本没有责任。然而，受害人基于种种考虑，可能主要针对传播者行使请求权。

五、传播侵权构成要件的证明责任

构成要件是判断传播侵权责任成立与否的基础标准。但构成要件本身是否存在、能否成立，还需要当事人的证明、法官的认定，尤其是当事人的证明。然而，在民事诉讼中，总存在事实难以证明是否发生与存在的情形，这就需要有当事人承担证明责任，需要有证明责任分配规则。

我国法学界与司法界还有“举证责任”和“举证证明责任”之概念，本书采“举证证明责任”概念。

（一）双重意义的证明责任

大陆法系证据法有两个概念。在诉讼中，当事人对自己的主张有提出证据予以证明的责任，这被称为行为意义上的证明责任（简称行为责任）。如果双方当事人均履行了行为责任，但案件事实仍真伪不明，一方当事人因法院不适用以该事实存在为构成要件的法律而承担不利的法律后果，这被称为结果意义上的证明责任（简称结果责任）。当然，也有学者将行为责任称为主观（证明）责任，将结果责任称为客观（证明）责任。[②]

上述两个概念的进一步解释是：（1）行为意义上的证明责任，指当事人在诉讼中提出一定的主张，且主张的事实不属于免证事实，就要对其主张的事实提供证据，是当事人必须履行的一种行为；（2）结果意义上的证明责任，指双方当事人虽均尽力提出证据，或者双方当事人提不出具体证据，待证事实真伪不明，法院不能拒绝对案件

---

① 王利明，杨立新．人格权与新闻侵权［M］．北京：中国方正出版社，1995：578-579.

② 张卫平．最高人民法院民事诉讼法司法解释要点解读［M］．北京：中国法制出版社，2015：63.

进行裁判，则在裁判作出之前，必须确定案件的一方当事人承担因事实真伪不明而产生的实体法上的不利后果即败诉风险。

行为责任和结果责任都是证明责任不可或缺的组成部分，二者之间有表和里、程序和实体、动态和静态的区别，而只有结果责任才能真正反映证明责任的本质。

（二）我国传播侵权诉讼证明责任的法定分配

我国传播侵权诉讼的证明责任分配，曾经历了无证明责任分配阶段（1987—2001年）、法官自由裁量阶段，自2010年始进入法定证明阶段。[①]

2010年7月1日起，我国《侵权责任法》施行，其第六条第二款“根据法律规定推定行为人有过错，行为人不能证明自己没有过错的，应当承担侵权责任”的规定，基本捆住了我国法官在传播侵权诉讼中适用过错推定的自由裁量的“闲不住的手”，因为推定当事人过错需要“根据法律规定”，而适用过错推定归责原则的情形非常有限。

2015年施行的《最高人民法院关于适用〈中华人民共和国民事诉讼法〉的解释》（以下简称《民事诉讼法解释》）第九十一条规定，“人民法院应当依照下列原则确定举证证明责任的承担，但法律另有规定的除外：（一）主张法律关系存在的当事人，应当对产生该法律关系的基本事实承担举证证明责任；（二）主张法律关系变更、消灭或者权利受到妨害的当事人，应当对该法律关系变更、消灭或者权利受到妨害的基本事实承担举证证明责任”。此规定针对所有民事诉讼中法律关系与法律责任的构成要件。

依据最高人民法院的解释，[②]（1）证明责任的分配具有法定性，即由法律分配，而在原则上并不能由法官分配。法官只能根据本条规定，在对民事实体法规范进行类别分析的基础上，对法律要件事实即导致权利产生、限制、消灭或妨碍的事实进行分类，从而确定证明责任的负担；（2）这里的“基本事实”是指“法律要件事实”，即法律关系或者权利构成所依赖的事实。

传播侵权诉讼中，除了前述特殊、有限的适用过错推定和无过错责任原则的诉讼，侵害精神性人格权和标表型人格权的诉讼，属于一般侵权，均适用过错归责原则，其构成要件原则上由提起诉讼的原告承担。

---

① 罗斌，宋素红．我国新闻传播诽谤诉讼的历史演进——基于证明责任分配角度的研究［J］．新闻与传播研究，2017，24（1）：47-67，127.

② 最高人民法院修改后民事诉讼法贯彻实施工作领导小组．最高人民法院民事诉讼法司法解释理解与适用（上）［M］．北京：人民法院出版社，2015：317.

第四节　传播侵权责任的动态综合认定

构成要件是决定侵权责任能否成立的基础判断标准。然而,《民法典》第九百九十八条（以下简称“动态条款”）的规定认定行为人承担侵害除生命权、身体权和健康权外的人格权的民事责任外，还应当考虑行为人和受害人的职业、影响范围、过错程度，以及行为的目的、方式、后果等因素。[①] 生命权、身体权和健康权属于物质性人格权，一般人格权、名誉权、隐私权、荣誉权属于精神性人格权，姓名权、肖像权、声音权（益）属于标表性人格权，个人信息权属于包含精神性和标表性要素的人格权，也就是说：对于精神性人格权、标表性人格权[②]和个人信息权的侵权责任的成立、责任方式、责任形态和责任范围，还要考虑上述复杂的要素。显然，上述规定借鉴了法学“动态系统论”的观点，其在传播侵权领域将可能导致巨大变化。

“动态系统论”最早由奥地利学者维尔伯格（Walter Wilburg）于 20 世纪 40 年代提出,[③] 诊断、调整特定领域法律关系的法律规范包含诸多构成因素，但在具体的法律关系中，相应规范所需因素的数量和强度有所不同。也就是说，调整各个具体关系的规范因素是一个动态的系统。[④] 因此，应当在具体法律关系中通过对动态因素的考量认定责任。

一、传播侵权责任动态综合认定的原因、价值与问题

（一）人格权侵害责任动态综合认定的原因与价值

在人格权领域，尤其是精神性人格权和标表性人格权侵害中，因构成要件的刚性、责任成立的认定在某些情况下非常困难，此类权利与财产损害不同。第一，损害的存在难以证明。如利用自动化决策进行的广告投放对他人的骚扰，通常就难以证明损害；[⑤] 网络传播导致的名誉权纠纷中，损害即社会评价的降低也比在熟人社会中更难证明。第二，损害大小难以证明。如人脸信息侵害对个人未来人身财产安全均造成巨大

---

① 参见《民法典》第九百九十八条。

② 指自然人对自己的标志性和代表性的姓名、肖像、声音、体形享有的支配、使用权，并排除他人侵害和非法使用的权利。与其他人格权不同，标表性人格权可进行商业使用和一定程度的转让。

③ 王利明 . 民法典人格权编中动态系统论的采纳与运用［J］. 法学家，2020（4）：1-12，191.

④ 山本敬三 . 民法中的动态系统论——有关法评价及方法的绪论性考察［M］// 解亘，译 . 梁慧星：民商法论丛（第 23 卷）. 北京：法律出版社，2002：213.

⑤ 在朱某诉百度隐私权纠纷一审中，朱某胜诉，但因不能证明其受到严重精神损害，其提出的精神损害赔偿被驳回。参见江苏省南京市中级人民法院（2014）宁民终字第 5028 号民事判决书。

威胁，但损害尚未发生，在以填补损失为原则的侵权赔偿标准下，个人信息主体难以得到赔偿。第三，此类纠纷通常伴随着利益衡量。新闻传播侵权所面临的问题在“动态系统论”中是重点考虑因素之一，原因就是其对他人名誉权、个人信息权益、隐私权、肖像权等的侵害，往往是在行使舆论监督、保障公民言论自由、批评建议权的过程中造成的，法官在裁判中必然面对私权与公权的冲突。

在上述情况下，因侵权责任成立中构成要件（无论是三要件还是四要件）缺一不可，其适用往往导致法律责任或效果的“全有全无”，过于机械。而“动态系统论”以要素综合考量为原则，以法律责任或效果的多少为特征，其“考虑的因素更为宽泛，更具有灵活性与开放性，从而可以适应判断人格权侵权责任的客观需要”[①]，实现个案裁判的正义。

（二）人格权侵害责任动态综合认定的问题

目前，“动态系统论”在国外尚未进入民法典，而基本停留在示范法[②]和学术研究中，故司法尚缺乏可资借鉴的案例及经验。作为该理论的发源地，欧陆国家立法比较谨慎，主要源于其学界和司法界均意识到固定的责任构成要件的价值与意义，而该理论可能因威胁到法的安定性而受到宪法的限制，而且其要素体系和基础评价这两大支柱也均存在先天不足，故难以有广阔的适用空间。[③]

事实上，如果不考虑侵权责任成立方面的适用，在责任方式、责任范围方面，我国相关法律制度一直都适用“动态系统论”的基础性裁判权即自由裁量权。如早在2001年实施的《最高人民法院关于确定民事侵权精神损害赔偿责任若干问题的解释》（以下简称《精神损害赔偿责任司法解释》）第十条中，就规定精神损害赔偿数额的确定需要考虑侵权人的过错程度，侵害的手段、场合、行为方式等，侵权后果，侵权人的获利，侵权人承担责任的经济能力，受诉法院所在地平均生活水平等。[④]而目前的《民法典》中，第九百九十九条关于人格权的“合理使用”的规定，第一千条关于消除影响、恢复名誉、赔礼道歉等民事责任应当“与行为的具体方式和造成的影响范围相当”的规定，第一千零二十条关于肖像合理使用中的“不可避免”“必要范围”的规定，第一千零二十六条关于“合理”核实义务的认定因素的规定，第一千一百八十五条关于侵害知识产权的惩罚性赔偿中成立条件的“情节严重”的规定，第一千一百九十五条中“必要措施”“损害的扩大部分”的规定，都体现了“动态系统论”的观点。

---

① 王利明.《民法典》人格权编的立法亮点、特色与适用［J］. 法律适用，2020（17）：3-21；王利明 . 民法典人格权编中动态系统论的采纳与运用［J］. 法学家，2020（4）1-12，191.

② 如《欧洲示范民法典草案》《欧洲侵权法原则》《欧洲私法共同参考框架》。

③ 解亘，班天可 . 被误解和被高估的动态体系论［J］. 法学研究，2017，39（2）：41-57.

④ 该司法解释于2020年被修订，关于精神损害赔偿数额的考虑因素现被列入第五条。

可见，以“动态系统论”为指导的人格侵害责任的综合认定，是我国《民法典·人格权编》的特色，但因目前缺乏司法经验总结，其适用情况尚待观察。

二、《民法典》“动态条款”中“职业”要素与“公众人物规则”的关系

尽管我国并没有制定法意义上的“公众人物规则”，但司法实践中却深受其影响，而《民法典》的“动态条款”无疑又为该问题增加了复杂性。

（一）美国公众人物规则的确立及其内涵

20世纪60年代以前，美国法在名誉保护问题即诽谤诉讼中统一适用普通法规则，并不区分普通民众与公众人物。在普通法规则下，诽谤诉讼中需要适用“严格责任”[①]，即“传统上，诽谤诉讼中的原告无须证明被告明知或应该知道诽谤言论的不实性。故意地、严重不负责任地或过失地将言论传达给第三人，如果事后证实该言论是虚假的，被告都要为不实的言论承担严格责任”[②]。

然而，自1964年美国联邦最高法院判决 New York Times Co. 诉 Sullivan 一案后，诽谤诉讼中的过错证明发生了根本的变化——在该案中，“公众人物”制度得以初步确立。美国联邦最高法院对此案的判决是，美国宪法第一修正案赋予了公民言论自由和出版自由权，从而对名誉权诉讼中的损害赔偿构成了限制；在政府官员就他人对其公务行为的批评而提起的侵害名誉权诉法中，原告无权要求被告损害赔偿，除非原告能证明被告明知广告失实而刊登，或者被告完全无视所发表材料的真伪。[③]

首次明确“公众人物”概念的是首席大法官沃伦，他在“柯蒂斯出版公司诉巴茨”案中界定：“公众人物是指其在关系到公共问题和公共事件的观点与行为上涉及公民的程度，常常与政府官员对于相同问题和事件的态度和行为上涉及公民的程度相当。”[④]但是以哈兰大法官为代表的学者认为：“公众人物是卷入被证明为正当和重要的公共利益问题的人。”

1974年，在“格茨诉韦尔奇”案中，美国联邦最高法院宣称：即使是非政府官员，在对大众传媒发表或播放诽谤报道的行为提起诉讼时，也必须证明大众媒介的过

---

① 一般责任系未尽到合理注意义务而应承担的责任。而严格责任指即使当事人尽到最高注意义务，只要损害发生，就必须承担责任。

② 约翰逊．美国侵权法［M］．赵文秀，等译．北京：中国人民大学出版社，2004：294.

③ 1960年3月29日，美国《纽约时报》登载了一整版为被捕的黑人领袖马丁·路德·金声援的政治广告。该广告有一些非实质性错误，包括原告沙利文在内的许多官员纷纷对《纽约时报》提起诽谤之诉。该案前两审，《纽约时报》被判决赔偿沙利文50万美元。《纽约时报》上诉到美国联邦最高法院，最终胜诉。资料来源：New York Times Co .v.Sullivan，376 U.S.at 254（1964）。

④ 资料来源：Curtis Publishing Co. v. Butts；388 U.S. 130（1967）。

错，至少要证明大众传媒在准备和传播新闻时，未能做到必要的谨慎，或者在工作中有疏忽大意。①

（二）我国司法实践中“公众人物规则”的影响与变化

尽管我国许多司法案例引用了“公众人物”概念，但相关司法实践呈现三种情况。

1.“公众人物规则”一定程度影响判决结果

在名誉权诉讼中，被告的抗辩理由之一时常为原告是公众人物，而且法院常常认可此抗辩。学者发现：“公众人物理论”已浸入审判名誉侵权案件的法官裁判思维——即使在被告未以“公众人物”作为抗辩理由的情况下，也有法院主动运用其理论，增强判决理由的说服力和整个判决的学理性。②（1）法院普遍认为公众人物对轻微损害应该有适当的容忍义务，但对于“适当容忍”的边界，有案件的裁判阐述为“内容基本属实且确实属于社会公众利益所应关切的内容”③。（2）公共利益的判断往往成为影响诉讼结果的关键问题。法院通常认为，公众人物之所以应该对侵害其名誉权的行为承担轻微容忍义务，是因为被告的言论涉及公共利益。（3）被告故意情况下才能构成侵权，过失情况不能构成侵权。在余秋雨起诉肖夏林（《北京文学》编辑）案中，一审法院判决余秋雨败诉的理由之一是“不能基于此认定此部分内容是故意凭空捏造，无中生有的”④。而法院的观点是“听取了被告代理人浦志强律师关于采用美国法上的公众人物限制保护和‘实际恶意’原则的意见，甚至判决书还借鉴了被告代理词里的措辞”⑤。

2.“公众人物规则”完全影响或左右裁判结果

在近年的极个别案例中，甚至出现完全、典型适用“公众人物规则”的案例，不仅确定作为公众人物的原告应当证明被告发表的有损其名誉的言论“出于真正的恶意，即明知其言论是虚假的，但并不在乎它是虚假的而不计后果地发表”，而且认定原告的相关行为涉及公共利益；认定公众对公众人物的知情权是媒体舆论监督权的来源，

---

① 资料来源：Gertz v. Robert Welch，Inc.，418 U.S. 323，1974。

② 刘迎霜 . 名誉权中“公众人物理论”省思——以司法裁判实证分析为视角［J］. 社会科学，2014（6）：93-102.

③ 参见上海市第一中级人民法院（2004）沪一中民一（初）字第 13 号判决书。

④ 该案中，原告余秋雨认为被告的《文化中的文化》中陈述的“深圳奉送其一套豪华别墅”的报道失实，侵犯其名誉权。参见北京市东城区人民法院（2003）东民初字第 1807 号判决书和北京市第二中级人民法院（2003）二民中字第 9452 号判决书。

⑤ 黄卉 . 关于判例形成的观察和法律分析——以我国失实新闻侵害公众人物名誉权案为切入点［J］. 华东政法大学学报，2009（1）：114-120.

媒体舆论监督权是一种责任；认定原告对公众的质疑和批评有一定容忍义务。[①]

3. “公众人物规则”未影响裁判结果

在一些案例中，“公众人物”只是一个“噱头”，并未影响裁判结果。如某案中，法院认为作为公众人物的唐某应当容忍媒体报道对其个人名誉造成的负面影响，但是容忍的界线并非美国公众人物制度所要求的“实质恶意”，即要求唐某对被告的实质恶意进行证明，而是要求“报道内容须基本属实”且“为公共利益所应关切”，[②] 即唐某的公众人物身份与过错（实质恶意）认定没有关联，对裁判结果也没有本质影响。

但我国司法实践中，相关判决与“公众人物规则”在两方面有明显不同。（1）关于在我国涉及公众人物的人格权案件中，“实际恶意”只是被告的抗辩理由，而不是案件的归责原则，有无“实际恶意”通常由法院认定。这与在美国的“公众人物规则”的核心要素有本质区别。（2）不一样的公众人物主体身份。我国法学界在介绍和主张引进公众人物制度时，对公众人物主体身份的界定，不仅有政府官员，也有演艺、体育界明星等“名人”。但在司法实践中，政府官员很少被作为公众人物看待，[③] 也少有知名企业，[④] 主要是影视明星。[⑤]

（三）《民法典》“动态条款”中“职业”与“公众人物规则”的关系

1. 学界普遍认为，《民法典》“动态条款”中“职业”指向公众人物

学界主流认为，《民法典》“动态条款”中“职业”因素，主要是要解决公众人物的人格权保护问题，目的在于实现更为广泛的社会利益，而基于这一立法目的，职业成为精神性人格权侵害的判断因素。[⑥] 另有学者认为，以职业作为侵权责任认定的要素之一，其典型就是对于公众人物特殊性的考量。[⑦] 立法机构相关人士也持相同观点，在解释《民法典》“动态条款”中“职业”因素时，其认为公众人物的人格权在合理范围内受到一定限制，对媒体的适当监督，应有合理的容忍义务。[⑧]

最高人民法院在解释“职业”因素时，认为其有两层意义：第一，职业身份是确

① 参见江苏省南京市中级人民法院（2017）苏 01 民终 1384 号判决书。

② 参见上海市第一中级人民法院（2004）民一初字第 13 号民事判决书。

③ 即使是政府官员作为公众人物，也只是基层低级政府官员如街道办事处主任。参见四川省攀枝花市中级人民法院（2017）川 04 民终 1395 号民事判决书。

④ 企业被法院比照为公众人物的案例，在我国也有发生。如在广东绿瘦健康信息咨询有限公司诉湖南新万阳传媒有限公司名誉权纠纷中，法院认为“相关企业或公众人物应对公众的批评、检验、监督具有一定的容忍度”。参见广东省广州市中级人民法院（2016）粤 01 民终 14346 号民事判决书。

⑤ 罗斌 . 传播侵权研究［M］. 北京：国家图书馆出版社，2008：610.

⑥ 王利明 .《民法典》人格权编的立法亮点、特色与适用［J］. 法律适用，2020（17）：3-21.

⑦ 杨立新 .《中华人民共和国民法典》释义与案例评注［M］. 北京：中国法制出版社，2020：48.

⑧ 黄薇 . 中华人民共和国民法典人格权编释义 .［M］. 北京：法律出版社，2020：44.

定侵害具有商业价值的人格权的民事责任应考虑的因素；第二，限制公众人物人格权的原因是其言行举止及从事的活动常常关系公共利益，理应受到社会舆论的监督。①

可见，相关司法实践中对“公众人物”概念的引用，已经将《民法典》“动态条款”中的“职业”要素作为法律依据。

2. 鉴于我国人格权纠纷过错责任原则，《民法典》“动态条款”中“职业”的考量在侵权责任成立方面不具备刚性

《民法典》“动态条款”中“职业”作为考量要素，应当在赔偿方式与范围领域进行，而不应当适用于侵权责任构成要件方面。因为动态系统论恰恰与强调侵权责任构成要件及其证明责任相反：其从争点事实的证明标准转向案件整体的自由裁量，从当事人负担证明责任转向强化法官论证义务。②

我国人格权纠纷适用过错归责原则，决定侵权责任由过错、违法行为、损害结果与因果关系四个要件构成；而且，由原告对此四个要件承担举证责任。上述四要件的构成及举证责任，既不区分原告为自然人或法人，也不区分何种身份的自然人与何种类型的法人，即所有原告的诉讼权利与义务一律平等，其举证责任也是平等的。而且，我国没有任何法律要求公众人物起诉需要证明被告故意（包括恶意），当然也根本没有任何法律规定什么是“公众人物”。

而据前所述，美国人格权纠纷的诉讼中，尽管也适用过错归责原则，但基于原告是否属于公众人物，诉讼分为两类。（1）过失诉讼，即对大众传媒提起诽谤诉讼的人至少得证明：该诽谤材料是媒介因工作疏忽而公开的。在诽谤法中，疏忽大意的定义就是未能做到合理的谨慎。（2）实质恶意（故意）诉讼。被视为公众人物的个人在对大众媒介提起诽谤诉讼时，必须证明被告在发表材料时怀有实际恶意。在美国诽谤法中，实质恶意的定义是在发表某诽谤性陈述时，媒介明知该陈述虚假或不计后果地漠视真伪。③可见，美国“公众人物规则”的目的与功能在于限制政府官员适用民事诉讼等司法程序对言论自由的打击，其功能发挥的机理在于给原告施加更重的证明责任。

关键词

传播侵权	新闻侵权	媒体（介）侵权	“软侵权”
过错责任	过错推定归责	无过错责任	过错
违法行为	损害	因果关系	证明责任

① 最高人民法院民法典贯彻实施工作领导小组．中华人民共和国民法典人格权编理解与适用［M］．北京：人民法院出版社，2020：102–103.

② 胡学军．民法典“动态系统论”对传统民事裁判方法的冲击［J］．法学，2021（10）：140–153.

③ 彭伯．大众传媒法［M］．张金玺，赵刚，译．北京：中国人民大学出版社，2005：164.

动态系统论　　　“公众人物规则”

思考题

1. 传播侵权的内涵是什么?
2. 传播侵权有哪些类型?
3. 传播侵权的特征是什么?
4. 传播侵权中的归责原则有何意义?
5. 传播侵权中的特殊侵权有哪些?
6. 传播侵权行为类型包括哪些?
7. 传播侵权责任的“三要件说”和“四要件说”分别是什么?
8. 如何理解传播侵权损害认定中的“社会评价的降低”?
9. 我国传播侵权诉讼证明责任的法定分配情况如何?
10. 简述动态系统论的价值与问题。
11. 简述《民法典》“动态条款”中“职业”要素与“公众人物规则”的关系。

第十一章　传播侵害个人信息权益

市场经济的发展使人格权制度勃兴；而信息传播科学技术的发展使人格利益的范围、表现形式及保护方式不断发展，其表现之一就是个人信息权益的产生及确立，这也是人格权在网络信息环境下呈现的新特点。

网络传播科技催生了个人信息权益，但也以各种方式侵害个人信息权。本章在阐述个人信息权的人格权益性质的基础上，对传播侵害个人信息权益的方式等问题进行研究。

第一节　个人信息权益概述

个人信息与数据存在一定关联，其内涵与外延也在扩展。同时，个人信息侵害日益成为社会焦点问题。

一、个人信息与个人资料、个人数据

个人信息是以电子或者其他方式记录的能够单独或者与其他信息结合识别特定自然人的各种信息，包括自然人的姓名、出生日期、身份证件号码、生物识别信息、住址、电话号码、电子邮箱、健康信息、行踪信息等。①

对个人信息的另一表述是个人数据（personal data）或“个人资料”②。大陆法系国家多以“个人数据”称之，如欧盟《个人数据保护指令》、德国《联邦数据保护法》、日本于 1988 年颁布实施的《有关行政机关电子计算机自动化处理个人资料保护法》。但在欧洲，也有国家提出“个人信息”概念，如奥地利 1978 年实施的《信息数据保护法》、英国 1984 年实施的《自动化处理个人信息与个人信息采集利用公务规范法》，是正式提出“个人信息”的法律。美国、加拿大、澳大利亚等英美法系国家则将个人信息置于隐私权下进行保护。

---

① 参见《民法典》第一千零三十四条第一款。

② 齐爱民．个人资料保护法原理及其跨国流通法律问题研究［M］．武汉：武汉大学出版社，2004：3.

从语义上分析，信息与资料有别。信息的含义主要包括：(1) 音讯、消息；(2) 通信系统传输和处理的对象，泛指消息和信号的具体内容和意义。① 资料则是一种符号序列，它必须具有一定的载体，所以，个人资料是以个人信息为内容的、以一定的符号表现出来的数据。② 也就是说，个人资料主要是指以文字、数据等特定符号等有形形式表现出来的个人信息，是个人信息的物化形式。③

我国法律领域或行业规范中，多采用“个人信息”概念。在正式法律中，2009 年《刑法修正案（七）》开始采用“个人信息”概念，2015 年《刑法修正案（九）》延续此概念；2016 年的《网络安全法》中关于“网络信息安全”的部分在规定相关民事权利与义务时，也采用“个人信息”概念；2017 通过的《民法总则》第一百一十一条，在民法领域正式确立了“个人信息”概念。随着《个人信息保护法》《数据安全法》在 2021 年施行，个人信息与数据得以被明确界定。

二、个人信息的内涵与外延

狭义的个人信息指与个人网上活动与行为相关的反映个人身份特征的信息，即可以直接识别个人身份的信息，包括姓名、性别、年龄、婚姻、家庭、教育程度、种族、职业、住址、健康状况、个人经历、社会活动、电子邮箱等，以及信用卡、交易账号等。广义的个人信息包括以直接识别个人身份的狭义个人网络信息和可以间接识别个人身份的个人网络活动（网上搜索及通信等）信息。

个人信息的法律内涵有不同的表述，但共同点在于与个人信息主体的关系。欧盟《个人数据保护指令》采用了概括描述的形式，该指令第 2（a）条规定：个人数据是指任何与已经确认的或者可以确认的自然人有关的信息。我国台湾地区所谓“个人资料保护法”第二条第一款规定：个人资料，指自然人之姓名、出生年月日、身份证统一编号、护照号码、特征、指纹、婚姻、家庭、教育、职业、健康、病历、医疗、基因、性生活、健康检查、犯罪前科、联络方式、财务状况、社会活动以及其他足以直接或间接识别该人的资料。

我国立法体现了对个人信息内涵与外延扩展的认识。2017 年《网络安全法》第七十六条界定的个人信息尚不包括个人行踪。而《民法典·人格权编》第一千零三十四条第二款中，个人信息是“以电子或者其他方式记录的能够单独或者与其他信息结合识别特定自然人的各种信息，包括自然人的姓名、出生日期、身份证件号码、生物识别信息、住址、电话号码、电子邮箱、健康信息、行踪信息等”，这里包括了

① 夏征农. 辞海［M］. 上海：上海辞书出版社，2000：299.

② 齐爱民. 个人资料保护法原理及其跨国流通法律问题研究［M］. 武汉：武汉大学出版社，2004：5.

③ 王利明. 人格权法研究［M］. 北京：中国人民大学出版社，2012：611.

行踪信息。

三、个人信息的特点

第一，自然主体的识别性或关联性：人格属性。首先，个人网络信息是关于自然人而非法人或其他社会组织的网络信息，只有自然人才是其主体。其次，个人网络信息可以用来识别个人身份，“可以以此直接或者间接地识别本人”①。也就是说，这些信息有特定的权利主体，与特定的自然人相关联；而没有归属的网络信息则不是个人信息，与特定主体没有关联的网络信息也不是个人信息。因此，个人信息具有人格属性。而且，与隐私相关的各种个人信息，或多或少具有隐秘性。

第二，信息性。个人信息具有信息属性，表示个人网络身份与活动的内容，具有客观性、可复制性、固定性。信息性使其与个人网络资料区别开来，后者指以一定符号排列、以一定载体固化的记载个人网络信息的物。

第三，个人信息并不必然为信息主体所知晓。一些个人信息本人却未必知道，譬如网络服务商通过 cookies 和特殊用户电脑指示行为采集程序，收集的电脑用户浏览历史、用户习惯等个人行为信息。②

四、个人信息侵害问题的凸显

自古以来，有关个人的信息就在社会的不同层面上被收集、处理、使用及传递。“私人信息的收集同社会本身一样古老。它可能不是最古老的职业，但是最古老的习惯之一。”③在进入信息社会以前，只要进行适当管制，就能完全控制个人信息的非法收集、处理和利用，所以在很长时期内，个人信息保护并未成为问题。

进入信息社会后，个人从婴儿出生登记到入学办理，再从参加工作到全面步入社会……其整个过程每一步都要使用个人信息和家庭信息，其生老病死可说是一条信息链。而以计算机为基础的信息技术使得收集、储存、处理、传播和利用个人信息变得易如反掌，个人信息的收集、传播与利用在政府管理与商业运行方面呈现几何级发展趋势，极大地提高了行政规制效率与市场经济效益，甚至有学者断言：“个人信息已经成为现代商业和政府运行的基础动力。”④

然而，在个人信息与个人生活、工作、学习及经济社会运行水乳交融，须臾不可

---

① 齐爱民 . 个人资料保护法原理及其跨国流通法律问题研究［M］. 武汉：武汉大学出版社，2004：5.
② 张涛 . 个人信息权的界定及其民法保护［D］. 长春：吉林大学，2012：27–28.
③ 罗兰德，麦克唐纳 . 信息技术法［M］. 宋连斌，等译，武汉：武汉大学出版社，2004：297.
④ PERRI. The future of privacy：private life and public policy［M］.London：Demos，1998：23.

分离的同时，个人信息遭到不当收集、恶意使用、篡改乃至扰乱个人生活安宁的隐患随着信息社会的发展也日益凸显，“人们愈加觉得自己的私人生活有可能被他人严重、深刻、广泛和快速地侵犯”①。据统计，78.2%的网民个人身份信息都被泄露过，包括姓名、家庭住址、身份证号等；一个名为“shenfenzheng”的推特用户甚至窃取了政府、银行界、科技界和工商界等多位名人（包括李彦宏、马云、马化腾）的身份证号、家庭住址等私密信息并曝光。而购物小票、快递单等单据、旧手机、身份证复印件、公共 WiFi、网络问卷……这些方式都可能泄露个人信息。②不仅如此，个人信息危机带来的“信息阴影”还使商业秩序受到损害与侵犯，甚至公共安全与国家安全都因此受到威胁。

个人信息的泄露与贩卖，已成了社会公害。而2016年震惊全国的“徐玉玉事件”，③则直接促使立法者在《民法总则》中加入个人信息保护一条。

第二节　个人信息权益的权能、民事属性及其与隐私权的关系

个人信息权需要保护，但首先需要确定其属性，即对其保护应该在何种部门法内进行。从理论上看，个人信息权涉及民事权益，也涉及行政法、宪法，甚至刑法等众多方面的综合法律体系。

在个人信息权属民事权利的学说中，还有以下观点。（1）一般人格权说。瑞士学者认为，《瑞士民法典》第28条保护人格尊严的原则系对个人信息提供保障的依据。④（2）隐私权说。在美国，主流观点认为个人信息是一种隐私，因为信息涉及人格尊严与隐私。⑤（3）财产权说。在美国，也有观点认为个人信息是一种财产，因关于个人的收入状况、信用状况、爱好、社会保障号等的信息可被利用、转让，具有财产属性，

① 孙冉．个人信息的权利期待［J］．中国新闻周刊，2005（15）：60.

② 马进彪．媒体评马云、马化腾个人信息遭窃取曝光：细思恐极［N］．检察日报，2016-05-25（7）.

③ 徐玉玉，女，山东临沂罗庄区高都街道中坦社区人。2016年高考，徐玉玉以568分的成绩被南京邮电大学录取。同年8月21日下午4点半左右，徐玉玉母亲接到一个陌生电话，骗子以发放助学金为由指示其汇款。徐玉玉汇出9,900元后意识到被骗。当晚7点半左右，徐玉玉和父亲前往派出所报案。从派出所出来后，徐玉玉昏迷，经抢救无效死亡。8月26至28日，犯罪嫌疑人相继落网、投案。2017年7月19日，山东省临沂市中级人民法院一审，主犯陈文辉因诈骗罪、非法获取公民个人信息罪被判无期徒刑，没收个人全部财产。其他6名被告被判3年到15年不等的有期徒刑并处罚金。3名被告提出上诉，2017年9月15日，山东省高级人民法院委托临沂市中级人民法院宣判裁定：驳回陈文辉等人的上诉，维持原判。参见山东省临沂市中级人民法院（2017）鲁13刑初第26号刑事判决书。

④ 张新宝．信息技术的发展与隐私权保护［J］．法制与社会发展，1996（5）：16-25.

⑤ JEFFREY R.The eroded self［N］. N.Y.Times，2000-04-30（6）.

故属于财产权。[①]（4）隐私权与财产权综合说。个人信息具有隐私权和财产权双重属性，因为个人信息记载的是私人信息，如果不涉及公共利益及他人利益，只要本人不愿公开，就构成个人隐私的组成部分，所以应将其纳入隐私权的保护范畴；另外，个人信息资料可以作为财产进行交易，且具有巨大的商业价值，故在侵犯个人信息资料的情况下，受害人既可以就侵害隐私权起诉，也可以就侵害财产权起诉。[②]

个人信息权法律属性的确定，应先从其权能方面考虑。

一、个人信息权益的权能

（一）知情（同意）决定权

知情（同意）决定权是个人信息权益中最基本的权益，是其他权益存在的基础；其中，知情权是前提的前提，而决定或同意又有各种要求。[③]

（二）查阅复制权

查阅复制权不是查阅个人信息的权利，而是指信息主体查阅其个人信息处理情况的权利，"是个人信息权的基本表现形式和核心权能，是信息主体维护个人信息利益的最重要手段，也是增强信息主体对个人信息资料控制力的必要方式"[④]。作为"信息保护的大宪章"，该权利是个人信息权的基础性权利，是其他权利的行使保障。在《欧盟通用数据保护条例》中，该权利被称为"数据访问权"，[⑤]在《韩国个人信息保护法》中其被称为"个人信息取得权"，[⑥]在我国台湾地区的有关个人信息保护的规定中，个人信息查阅权在形式上表现为查询、阅览以及请求提供复制文本的权利。我国《民法典》第一千零三十七条初步明确了该权利，《个人信息保护法》第四十五条[⑦]确认了这一权利。

在权利内容上，信息主体能够查阅个人信息资料的名称、收集方法、范围、类别、持有人、利用人、存储的依据和目的、通常的传递之处及收受人等内容。

关于查阅复制程序，主要有两种。（1）信息主体申请查阅。只有个人信息主体本人有权对该项个人信息进行查询。通常，查阅申请应该以书面形式提出，一般不应接

---

① PAMELAS A. Priacy as Intellectual Property？［J］. Standford law rev.，2000，52（5）：1126.

② 王利明 . 人格权法研究［M］. 北京：中国人民大学出版社，2012：622.

③ 参见本书第八章。

④ 张涛 . 个人信息权的界定及其民法保护［D］. 长春：吉林大学，2012：29.

⑤ 参见《欧盟通用数据保护条例》第 15 条。该条也规定了要求解释说明权。

⑥ 参见《韩国个人信息保护法》第 35 条。

⑦ 该条规定："个人有权向个人信息处理者查阅、复制其个人信息；有本法第十八条第一款、第三十五条规定情形的除外。个人请求查阅、复制其个人信息的，个人信息处理者应当及时提供。"

受口头或电话提出，目的是保证信息安全。（2）信息控制人的公告。这是个人信息查阅权实现的例外方式，经常出现在有权公告部门依照信息公开法律要求的情形下。

（三）携带权

携带权又被称为“转移权”“可携带权”，指信息主体对于存储于信息处理者的个人信息，有权要求该处理者以通用、可读的形式提供，或者转移给信息主体指定的信息处理者。该权利是个人信息主体对信息支配权的体现，有利于破除信息垄断，保护市场公平竞争；也可促进信息处理者采用客户友善型合同，维护消费者合法权益和公共利益。其最早在《欧盟通用数据保护条例》中被确立。依据其规定，这种转移有以下条件：处理基于信息主体的同意，或者与信息主体签订的合同；处理是通过自动化方式进行的；处理者不是为公共利益而进行的处理。①

在我国《个人信息保护法》起草过程中，网络平台曾经表达过反对意见，②但法学界主流意见赞同设置此权利。最终，我国在《个人信息保护法》中规定了此权利。③

（四）更正补充权

更正补充权又被称为更正权或订正权，指在个人信息经合法采集后发生变化的情况下，信息主体要求信息处理者修改，以保证信息质量原则下的完整性、精确性和新颖性。

该权利对信息主体的自由与经济利益至关重要，也是个人信息立法中最早规定的一类权利。早在1995年《欧盟个人数据保护指令》第12条中，就确立了此权利；《欧盟通用数据保护条例》沿用并完善该规定的内容；④《日本个人信息保护法》第29条⑤和《韩国个人信息保护法》第36条，均设立了该权利。

我国在《个人信息保护法》中也规定了该权利。⑥该权利只能由个人信息主体行

---

① 参见《欧盟通用数据保护条例》第20条。

② 京东法律研究院.欧盟数据宪章:《一般数据保护条例》GDPR述评及务实指引［M］.北京：法律出版社，2018：64.

③ 我国《个人信息保护法》第四十五条第三款规定：“个人请求将个人信息转移至其指定的个人信息处理者，符合国家网信部门规定条件的，个人信息处理者应当提供转移的途径。”

④《欧盟通用数据保护条例》第16条规定：“数据主体应当有权从控制者那里及时得知对与其相关的不正确信息的更正。在考虑处理目的的前提下，数据主体应当有权完善不充分的个人数据，包括通过提供额外声明的方式来完善。”

⑤ 日本《日本个人信息保护法》第29条称该权利为“订正权”，其规定：“可识别本人保存中的个人数据的内容并非事实的，本人可以请求个人信息处理者对该保存中的个人数据的内容进行订正、追加或删除（以下于本条称为‘订正’等）。”

⑥ 我国《个人信息保护法》第四十六条规定：“个人发现其个人信息不准确或者不完整的，有权请求个人信息处理者更正、补充。个人请求更正、补充其个人信息的，个人信息处理者应当对其个人信息予以核实，并及时更正、补充。”

使，信息处理者核实后必须予以补充、更正。个人信息更正方式有变更、删除和补充。其中补充即在信息已过时或不完整时追加记录，使个人信息保持新颖、完整。

需要强调的是，根据信息质量原则，信息控制人也有义务主动更新个人信息。

（五）删除权

删除权又被称为消除权、“被遗忘权”，指信息主体在具备法定理由的情形下，请求数据控制人删除其个人信息的权利。

通常，个人信息主体在信息处理者利用个人信息的目的消失、期限届满和不具备合法性的情况下，可行使该权。① 未经信息主体同意而使用、超期限超范围使用，不具使用主体资质等情况，均为不合法性的情形。因此，该权利是实现个人信息权益、维护个人人格尊严的重要权利，世界各国关于个人信息及数据保护的法律，均规定了此权利，如《欧盟通用数据保护条例》、美国加利福尼亚州《消费者隐私保护法》《韩国个人信息保护法》。我国《个人信息保护法》实施前，《网络安全法》《民法典》简单规定了此权利，②《个人信息保护法》完善了此权利。③

所谓删除，是指使已储存之个人信息不得复认。所谓“不得复认”，指任何可以产生使已储存之信息无法再提供信息的行为。④ 信息最显著的特点在于其共享性与表现形式多样性，所以，在删除个人信息时应该注意：应该全部删除，不能部分删除；已无法理解其真正意义的符号也应删除。如果删除在技术上无法实现，则信息处理者只能存储和采取必要的安全保护措施，而停止其他处理。

谷歌诉西班牙数据保护局案是关于删除权（被遗忘权）的典型案例。⑤ 欧洲法院在该案中的预先裁决，宣告公民对搜索引擎服务商的搜索引擎中的个人信息享有删除权。⑥ 该案例中，在个人信息权与信息自由、表达自由、知情权之间，欧洲法院的预先裁决显然最终站在了捍卫个人信息权利的立场上。有观点认为，该案有如下影响：1. 欧洲法院在本案创造了“数字遗忘权”的司法先例；2. 本案的判决结果将会对表达

---

① 齐爱民 . 个人资料保护法原理及其跨国流通法律问题研究［M］. 武汉：武汉大学出版社，2004：134.

② 参见《网络安全法》第四十三条第一款、《民法典》第一千零三十七条第二款的规定。

③ 我国《个人信息保护法》第四十七条规定，“有下列情形之一的，个人信息处理者应当主动删除个人信息；个人信息处理者未删除的，个人有权请求删除：（一）处理目的已实现、无法实现或者为实现处理目的不再必要；（二）个人信息处理者停止提供产品或者服务，或者保存期限已届满；（三）个人撤回同意；（四）个人信息处理者违反法律、行政法规或者违反约定处理个人信息；（五）法律、行政法规规定的其他情形”。

④ 洪海林 . 个人信息的民法保护研究［M］. 北京：法律出版社，2010：163.

⑤ 2014 年 5 月 13 日，欧洲法院对本案做出预先裁决：一、谷歌公司是数据控制者；二、《欧盟数据保护指令》适用于谷歌西班牙公司；三、原告考斯特加有权要求谷歌公司删除这些数据。资料来源：http://curia.europa.eu/juris/document/document.jsf。

⑥ 于向花 . 被遗忘权研究［M］. 北京：中国社会科学出版社，2020：23-30；周丽娜 . 大数据背景下的网络隐私法律保护：搜索引擎、社交媒体与被遗忘权［J］. 国际新闻界，2015，37（8）：136-153.

自由、信息自由以及公众知情权产生消极影响。[①] 而 2014 年 10 月，日本东京地方法院以“在搜寻结果上刊登的报道标题和摘录若侵害人权，搜寻网站的管理者有义务删除”为由，支持原告请求，要求谷歌删除搜索引擎相关结果。[②]

关于删除权与被遗忘权的关系，一般认为，后者希望实现的目标是删除“个人遗留在信息网络中的各种有关个人的数字痕迹，这些数字痕迹往往是个人在之前产生的不光彩或不愿意让别人知晓的信息”[③]。而删除权所要删除的信息，则包含了各种信息，包括信息主体出于经济利益考虑而要求删除的信息。

（六）要求解释说明权

要求解释说明权即个人信息主体要求信息处理者对其处理规则、技术进行解释说明的权利。我国《个人信息保护法》中规定了该权利。[④]

该权利是对个人信息处理公开透明规则的落实和保障。公开透明规则要求信息处理者对其信息处理的目的、必要性、范围、期限、规则及相关技术进行公开，但由于其规则可能复杂、模糊，语言可能令人费解，所以赋予信息主体要求解释说明权，有助于实现公开透明规则，保障信息主体的合法权益和公共利益。

在《欧盟通用数据保护条例》中，该权利是“访问权”（也包含查阅复制权）的一部分，而“访问权”的客体非常广泛，包括：处理的目的；相关个人数据的类型；个人数据已经被或将被披露给接收者或接收者的类型，特别是当接收者属于第三国或国际组织时；个人数据将被储存的预期期限，确定此期限的标准；数据主体要求控制者纠正或删除个人数据、限制或反对对数据主体相关的个人数据进行处理的权利；向监管机构进行申诉的权利；当个人数据不是从数据主体那里收集时，关于来源的任何信息；存在自动化的决策情形下，对于相关逻辑、预期后果的有效信息；当个人数据被转移到第三国或国际组织时，和转移相关的保障措施。[⑤]

（七）收益权

收益权指针对基于商业目的而收集、处理、利用其个人信息的信息控制人，信息主体有权要求支付相应费用的权利，以及以其他方式获取收益的权利。该权利产生于

---

① 郑文明 . 新媒体时代个人信息保护的里程碑——“谷歌诉西班牙数据保护局”案解读［J］. 新闻界，2014（23）：76–80.

② KAGEYAMA Y. Google gets right to be forgotten’ order in Japan.［EB/OL］.（2014–05–14）［2020–09–29］. http://www.ctvnews.ca/sci–tech/google–gets–right–to–be–forgotten–order–in–japan–1.2048172htm.

③ 陈昶屹 .“被遗忘权”背后的法律博弈［N］. 北京日报，2014–05–11（14）.

④ 我国《个人信息保护法》第四十八条规定：“个人有权要求个人信息处理者对其个人信息处理规则进行解释说明。”

⑤ 参见《欧盟通用数据保护条例》第 15 条。

“信息有价”的社会观念。[①] 个人信息系人格权的客体，人格权主要与精神价值联系，无财产内容。但现代社会中，“因社会经济活动的扩大，科技的发展，特定人格权已进入市场而商业化，具有一定经济利益的内涵，应肯定其兼具财产权的性质……”[②] 个人信息也如此，因其具备商业价值和稀缺属性，从而具备了财产属性。

需要强调的是，我国未规定个人信息收益权。

二、个人信息权益的民事属性

（一）作为自然人精神性人格要素的个人信息

人格要素是保障人作为自然存在和社会存在所需要的各种因素，可以分为物质要素和精神要素两类。物质要素包括生命、身体、健康等，保障人的自然存在；精神要素包括名誉、荣誉、自由、隐私、肖像、姓名等，保障自然人的社会存在。

自然人的人格要素中，物质人格要素相对固定，但是精神人格要素的范围却伴随着人类认识自我和世界能力的提高而不断扩充：从罗马法时期被人们深入了解的自由，到近代立法中被普遍关注的姓名、肖像、名誉，直至现代被广泛确认的隐私、信用等，均说明了人格要素的发展。

进入信息社会以后，个人信息已经成为当今社会人们生存必不可少的重要组成部分，其与人的精神利益密切相关。首先，个人信息涉及人的安全感。安全感是健康人格塑造的必要因素之一，对自身处于安全环境的认同所产生的心理宁静是人类社会存在的重要保障。个人信息犹如一个人镜中的自我，既不能被无关者掌握，也不能丢失：如果被违法者等信息主体拒绝的人了解、掌握，人便如同光天化日之下的裸露人；另外，“在信息化社会里，一个人的信息存在集中体现为在政府及各个机构的信息系统里储存的关于这个人的一切信息。如果这些信息丢失，就意味着这个人失去了信息存在，这个人可能在这个现实社会里也无法生存”[③]。（2）个人信息还涉及人的自决权。在现代社会，自然人在法律与伦理范围内依照自己的意志和利益进行社会活动，对于个人信息本身是否公开、向谁公开、公开的程度和范围、公开的时间等事项的自决权，也是自然人意志与自决权的体现。（3）个人信息还涉及人的尊严。“个人尊严也是一种社会的、历史的伦理表现，在不同的社会历史阶段，会有与此相适应的衡量尊严的价值尺度。”[④] 自然人维护个人信息的准确性、控制自己个人信息的利用范围等正是保证自身尊严得到社会认可的表现，个人信息被无关自己的他人掌握并利用，会使信息主体

---

① 夏皮罗，瓦里安．信息规则［M］．张帆，译．北京：中国人民大学出版社，2000：17.

② 王泽鉴．民法总则［M］．北京：中国政法大学出版社，2001：134.

③ 陆小华．信息财产权——民法视角中新财富保护模式［M］．北京：法律出版社，2009：67.

④ 马俊驹．人格和人格权理论讲稿［M］．北京：法律出版社，2009：49.

感到尊严被侵害。如果违反信息主体的意志，公开、买卖其个人信息，甚至进行人肉搜索，就使人本身成为他人的利用对象，侵害乃至剥夺了信息主体的基本人格尊严。

因此，学者认为，个人信息兼具精神价值和财产价值，个人信息和姓名、名誉、隐私、肖像等人格要素一样，承载着平等、自由、尊严等人的伦理价值，是自然人之所以成为社会人的重要组成部分。所以，个人信息具有强烈的人格属性，是人格权的客体。①

（二）与财产要素有密切关系的个人信息

（1）个人信息具有商业利用价值。商家可以根据个人信息数据库里记载的个人信息，有选择性和针对性地开展宣传和促销活动，更加有效地拓展市场，获取商业利润。（2）加工后的个人信息具有稀缺性。虽然未经加工、分类、处理的个人信息可能不具稀缺性，但一旦经过加工处理，成为个人数据库，个人信息便成为稀缺资源，具有稀缺性。重要的是，当下，个人信息不仅已经被广泛用于商业领域，给信息主体带来利益，同时也给社会经济发展带来利益，符合社会发展需要。

总之，个人信息具有精神性和物质性人格利益，系人格权的客体；实践中，尽管世界各国对个人信息采用宪法、刑法、行政法等多管齐下的多重保护机制，但并不能改变个人信息权的民事法律属性。重要的是，我国《民法典》确立了个人信息的民事权益属性，当然，该规定并没有确认其“权利”地位，这说明立法者在此方面的犹豫。

三、个人信息权与隐私权的关系

个人信息权与隐私权有许多共通、关联之处，这也是二者容易被混淆的原因，但二者还是有根本区别的。

（一）个人信息权与隐私权的关联

第一,二者的权利主体都仅限于自然人。隐私权的内容主要关涉个人私生活的秘密与安宁，所以其主体当然是自然人而非法人或其他组织；个人信息权的客体是可以直接或间接识别该自然人的相关内容，所以其主体也是自然人而非法人或其他组织。②

第二,二者都体现了个人自决。关于隐私权，其体现的是对其私人生活秘密的坚守与私人生活安宁不受侵害的意志；关于个人信息权，无论对于精神价值还是财产价值，也同样体现了自我掌控、不受他人非法打扰的意志。两者都体现了个人尊严与人格自

① 马骏驹 . 从人格利益到人格要素——人格权法律关系客体之界定［J］. 河北法学，2006（10）：43-49.

② 王利明 . 论个人信息权的法律保护——以个人信息权与隐私权的界分为中心［J］. 现代法学，2013，35（4）：62-72.

由。如，个人信息权常常被称为“信息自决权”，体现了对个人自决等人格利益的保护。[①] 德国学者认为，侵害个人信息实际上也侵害了个人的自由，因而需要法律的保护，法律通过保护个人信息不受信息数据处理等技术的侵害，就可以发挥保护个人人格尊严和人格自由的效果。[②]

第三,二者在客体上有重合性。首先，一些隐私可以经过信息化处理而成为信息权的客体，如个人通信。其次，许多未予公开的个人信息也是隐私权的客体，如电话号码、银行账户。最后，一些隐私如个人住址、电话等一经公开，便不再成为隐私，但可以成为个人信息。

第四,二者在被侵害手段上有相似性。在权利侵害方式上，隐私权侵害方式除了跟踪、窥视、电话打扰、电子邮件骚扰，主要的方式是传播；而个人信息权侵害方式，除了非法收集，拒绝查阅、更正、封存、删除及不当处理，一个重要的侵害方式也是传播（包括买卖）。

第五,二者在侵害后果上具有竞合性。由于个人信息权与隐私权在客体上有重合，所以，当侵权者侵害某一权利客体（如传播他人电话号码、公开他人病历资料）时，可同时侵害他人的两种权益。

第六,二者在英美法国家均被作为隐私权予以保护。在美国法上，隐私权承担了一般人格权的功能，内涵非常丰富，其包括大陆法中的名誉权、肖像权、姓名权等具体人格权的内容，[③] 因此，在隐私中包含个人信息也是逻辑上的必然。美国在 1974 年制定了《隐私法》，该法针对联邦行政机构收集、持有、使用和传输个人隐私信息的行为而制定，致力于各类个人隐私信息的保护，即通过隐私权对个人信息加以保护。而该法也产生了另一个效果：许多学者将隐私权解释为对个人信息的控制。[④] 如此，个人信息作为隐私的一种来保护，而隐私在一定场合也作为个人信息来界定。

（二）个人信息权益与隐私权的区别

第一，权利性质不同。（1）个人信息权虽然与隐私权同属人格权，但二者在性质上是有区分的。前者虽然也主要突出个人人格尊严与精神价值，但也很强调财产价值，尤其是在信息社会，个人信息可以成为无形资产；侵权人侵害他人个人信息权的主要原因之一是为获取利益，而法律也赋予信息主体以个人信息收益权。在隐私权中，主要强调的是精神性人格权，起码至今尚未发现隐私权的财产属性。（2）个人信息权是主动性比较突出的权利，在查阅权、更正权、封存权、删除权及收益权方面，都体现

---

① MARGARET C J. Privacy and the internet：your expectations and rights under the law［M］.New York：Ox-ford University Press，2009：52.

② MICHAEL H. International privacy，publicity and personality laws［M］. London：Reed Elsevier，2000：164.

③ 参见《美国侵权法重述》（第二版）第 652C 条和 652E 条。

④ ADAM C B. The right to the privacy［M］.Nebraska：University of Nebraska Press，1970：1.

出一种积极性，即信息主体掌控个人信息的自决意志。作为以保守个人私生活秘密及保持私生活安宁不受打扰的隐私权，其在被侵害之后方享有请求他人排除妨害、赔偿损失等救济权，在被侵害之前则没有积极、主动的权能，① 体现出被动、消极性。

第二，权利客体不同。（1）二者客体内容不同。个人信息权的客体广泛，包括自然人之姓名、出生年月日、身份证统一编号、特征、指纹、婚姻、家庭、教育、职业、健康、病历、财务状况、社会活动等；虽然其中一部分内容具有隐私性，但许多内容不具备隐私性，如个人姓名、被公开的办公电话号码等。可以说，凡是必须在一定范围内为社会特定人或者不特定人所周知的个人信息，都难以归入隐私权的范畴。② 隐私权的客体则为具私密性的个人秘密或个人生活，如个人情感状况、身体健康状况、宗教信仰等，凡是个人不愿意公开且不涉及公共利益的个人秘密或个人生活，都可以成为个人隐私。（2）二者客体侧重点不同。个人信息可以直接或间接地识别自然人，强调的是“身份识别性”；隐私强调的是私密性。正因为客体侧重点不同，个人信息多涉及商业开发、社会管理或公共安全，而隐私极少涉及这些内容。

第三，权利内容不同。个人信息权主要强调信息主体对信息的支配，其权能包括了知情权、查阅权、更正权、删除权与收益权等，尤其收益权是隐私权所不具备的权能。而隐私权强调的是使个人秘密不被传播和个人生活不被打扰的自决性。

四、个人信息权益：一种新型民事权益

包括个人生物识别信息在内的相关个人信息权益，是基于信息时代媒介技术的发展和传播生态的颠覆式变化产生的一种新型权益，其叠加了人身安全、财产和诸多精神要素。重要的是，围绕个人信息权的法律关系有独特特征。（1）个人信息权产生于信息社会，是随着信息科技的发展、人与人之间交往程度的加深而产生的，这使其与任何其他民事权益均不同。（2）因个人信息权所产生的法律关系也有其规律：其客体的综合性使其比其他民事权益尤其是人格权都广泛；在侵权行为法律关系中，侵权行为总是非法收集、使用、处理、买卖、传播前述信息内容；在合同法律关系中，违约行为总是逾期、超范围使用前述信息内容，或者未按合同约定支付对价；从权利内容上看，个人信息权有其特定的内涵，如个人信息查阅权、删除权、更正权与收益权等，都是其他人格权所不具备的。（3）个人信息权的保护与救济方法有自身特色。针对前述个人信息权的内容，有不同的保护方法，而这些方法也迥异于其他民事权益的保护方法。（4）社会生活中涉及个人信息的利益冲突反复出现，产生了利益保护的一致性需求，所谓“法律权利从根本上说是来自客观社会关系中人们已形成的某种行为方式

① 美国法对隐私权进行了宽泛的解释，包含了对隐私的利用，并逐渐形成了公开权。

② 齐爱民．拯救信息社会中的人格：个人信息保护法总论［M］．北京：北京大学出版社，2009：79.

以及人们对这种方式的认可性态度”[1]。在此方面，个人信息及其重要性已经被人们所普遍认识。（5）对于个人信息所体现之利益的理论评价趋于一致，在相同的条件下它们受到了法律的同等对待。[2] 这些法律围绕个人信息，从权利、义务到法律保护，都有成熟的经验，在许多方面都有一致性；理论研究中，从框架到概念表述，形成体系并有一致性。

综上，个人信息权益的法律定性必须考虑上述特性，应定性为一种不同于物权、债权、知识产权、财产权、人格权的新型民事权益。相关制度设计须考虑该权益的复杂性及主体与侵权行为人的经济实力、技术能力的对比。当然，需要强调，我国《民法典》目前将个人信息权益定性为一种人格权益。

第三节　传播侵害个人信息权益的方式、特征及民事救济

个人信息侵权有多种方式。截至目前，侵害个人信息权的主要方式是传播及为传播而进行的收集、存储、买卖等：收集主要是为了传播及买卖，而买卖也是一种传播，且多通过现代网络媒介进行，所以，对个人信息的侵害方式本质上都是传播。

一、未经许可传播他人信息

通常，未经信息权人许可公开他人个人信息的主体，既包括合法采集他人信息的国家公权力机关，也包括公共组织如各种社团、营利性组织，如银行、医院、航空公司等，还包括个人信息权人的特定信息合法获知人群，比如权利人微信朋友圈中的“朋友”。

未经许可公开他人信息又可根据不同标准，分为以下几类。

（一）国家权力机关未经许可传播个人信息

国家权力机关向外公开传播他人个人信息，在许多情况下是其工作人员既未经机关批准，也未经信息权人许可，将工作中接触到的他人个人信息进行网络传播，导致他人个人信息权受到侵害，如青岛市房管局工作人员泄露李晨的个人信息。此案中，虽然相关人员被辞退，但李有权向责任人和机关请求民事权益。

在网络政务公开中，虽然权力机关对个人信息都会采取一定的保护措施，但由于保护意识并不一定到位，相关保护的制度设计也并不一定周延（如信息权人的哪些信

---

① 张恒山．义务先定论［M］．济南：山东人民出版社，1999：94.

② 张涛．个人信息权的界定及其民法保护［D］．长春：吉林大学，2012.：26.

息可以公开，哪些不宜公开，不同的权力部门的理解与规定都会有不同），经常会出现个人信息被公开传播的现象，导致信息权人的权利受到损害。

（二）非权力机关的法人、非法人组织或自然人未经许可传播个人信息

第一，网络服务提供者未经许可传播他人个人信息。网络服务提供者具备掌握自然人个人信息的天然优势，无论是注册个人邮箱还是注册个人交易账户，网络用户均要向网络服务提供者提供包括姓名、性别、学历、工作单位及性质、收入、电话、住址、银行账户等在内的相关个人信息。而出于各种原因，这些信息很可能从网络服务提供者处被传播出去而给信息权人带来损害。

第二，其他企业法人、非法人组织未经许可传播他人个人信息。自然人在接受服务类法人如医院、商场、宾馆等服务时，也要向其提供一定的个人信息，掌握了这些个人信息的法人或非人组织也可能出于各种原因而传播这些信息。一些服务类法人在公共场所往往安装电子监控系统，这些被电子监控所记录的个人信息如果被传播或泄露，也“可能会给信息主体的生活带来非常不利的影响”[①]。

第三，自然人未经许可传播他人个人信息。在自媒体时代，自然人创建媒体、利用媒体的能力比大众传播时代及之前有质的飞跃，而如果其未经许可传播、泄露他人个人信息，如在微信朋友圈发布他人个人信息，也可能会给信息权人带来损害。当然，对于某些个人信息，如权利主体在微信朋友圈内发布的信息是否为“个人信息”，也尚待做出结论，对于此类信息，信息权人可能仅愿意在“朋友圈”内传播，而不愿意被更广泛地传播，因为相关信息在“朋友圈”外传播可能会给其带来不利。

二、以非法收集、买卖等方式处理他人个人信息

非法收集和买卖是侵害个人信息的主要表现之一。早在民事法律制度将个人信息纳入保护之前，为惩戒因个人信息被非法收集和买卖而导致的人身、财产和个人隐私受到的严重侵害，2009 年 2 月《刑法修正案（七）》增设了侵犯公民个人信息犯罪，其第二百五十三条增设的侵犯公民个人信息犯罪其实有两个罪名：出售、非法提供公民个人信息罪和非法获取公民个人信息罪。这一条款规定的犯罪主体是特殊主体，将国家机关或者金融、电信、交通、教育、医疗等单位的工作人员作为犯罪主体。2015 年 11 月 1 日开始施行的《刑法修正案（九）》加大了对公民个人信息的保护力度，将侵犯公民个人信息的犯罪主体从特殊主体扩大为一般主体。

---

① 郭瑜．个人数据保护法研究［M］．北京：北京大学出版社，2012：307.

三、个人信息权益侵害的特征

（一）个人信息侵权行为的网络技术性及成本的低廉性

侵害个人信息权的行为多通过互联网进行。互联网在很大程度上就是结合多媒体和数字化技术构建而成的信息传递平台，侵害个人信息权行为本身在这一技术平台上出现，所以其更加依赖于技术手段。例如，许多网络服务商使用的 Cookie 搜索软件，就是网站服务器用来辨别网站用户的一个软件，可被用来追踪互联网用户的习惯，而这些习惯表明他们对某种特定产品或服务感兴趣，因此这些信息能用来直接对顾客推销特定的产品，进行所谓的“个性化推荐服务”。而这种跟踪、收集他人网络信息的技术，已经成为一个公开的网络技术手段。此类技术一经形成，可无限使用，成本低廉，而收益巨大。对于不以营利为目的而仅仅是小规模传播他人个人信息的传播者而言，其几乎无成本负担。

（二）个人信息侵权发生地点的特殊性

正如学者指出，网上侵权“最主要的特征就是加害行为是在网络空间上实施的”①。这有以下几层含义：其一，个人信息侵权发生的地点可以说是“无地点”，也即处处都是侵权地，只要有网络信号及网络终端的存在，一个人在沙漠中也能对万里之遥的他人个人信息进行侵害；其二，有别于其他人格权纠纷，此类侵权行为以网络作为载体的概率更高。作为一个由最新的信息和电子技术构造出来的空间，网络空间具有数字化、虚拟性、开放性、匿名性等特征，这决定了网络侵权行为的方式、样态和后果，以及在侵权行为的归责原则、责任方式及责任形态上，都会与发生在现实世界中的侵权行为不同。因此，个人信息侵权行为通常发生在网络上的事实，不仅仅指侵权场所上的改变，这种侵权行为还会对侵权理论本身产生一定程度上的冲击。

（三）个人信息侵权行为的隐蔽性及认定的困难性

首先，侵权主体确认困难。在大部分国家，网络实施非实名制，给个人信息权侵权主体的认定带来很大困难。虚拟身份成为侵权主体保护自己的屏障，甚至可以变换不同的身份，因此，侵权主体的确认成为此类侵权行为救济中的一个难点。

其次，网络侵权行为技术手段隐秘。个人信息权侵权行为所采用的技术手段，如 Cookies 软件、间谍软件等，其开发的目的本身就是以隐秘的方式来窃取网络用户信息的，而且，由于网络技术的飞速发展，一些掌握了此类技术的网络用户如“黑客”，

① 张新宝 . 互联网上的侵权问题研究［M］. 北京：中国人民大学出版社，2003：25.

其在侵犯用户信息时，可以做到“悄无声息”，不留痕迹。在使用这种技术手段过程中，个人信息主体一般根本不知道自己的信息被盗取、篡改或使用、传播。网络技术发展之快、网络信息更新速度之快，即使是专业网络机构发现被侵权时，证据早已“消失”。

（四）个人信息侵权对象的规模性、影响的广泛性及后果的严重性

个人信息侵权所开发的技术及软件，绝不是仅仅针对个别网络用户，而是针对网络用户群体。任何一个网络服务商的用户，都在其信息收集的范围之内。可以说，只要注册为网络用户，就是信息收集的对象，因此，全球亿万网民，都可能是信息侵权的对象。在我国已判决的相关非法获取、买卖个人信息的案件中，被非法收集和买卖的个人信息动辄上万条。因此，在这个意义上，个人信息侵权是一种典型的现代型侵权。

网络是全球性的信息发布和传播平台，没有国界，具有极快传播速度及全球性的传播范围，个人信息侵权行为一旦发生，就可能具有全球性影响。

网络的高度开放性、流动性和交互性，决定了个人信息一旦在网络上扩散，其扩散速度之快、范围之广将变得无法控制，可造成极为严重的后果。“徐玉玉”事件已说明：侵害个人信息权可以危及他人生命。

（五）损害及因果关系认定即救济的困难性

第一，损害认定困难。个人信息泄露后，会给信息主体带来什么后果，带来何种程度的后果，很难有预先立法预判，而只能在司法实践中根据具体案情进行裁判，学界也认为，这种情况会造成损害赔偿标准的不确定。[①]

第二，因果关系认定困难。与传统物理空间不同，作为虚拟空间的网络空间，其很大程度上难以被物化，在虚拟空间中的取证本身就有与物理空间不一样的难度。而且，网络活动的跨国界性，各国在证据法规定上的不同，都使个人信息侵权的取证极其困难。在2013年我国发生的“2000万开房信息泄露案”中，[②] 上述问题暴露无遗。法院认为，原告王某被泄露的个人信息，其扩散渠道不具有单一性和唯一性，难以仅凭部分信息的一致判断网上流传的信息就是被告汉庭酒店留存的信息，故驳回原告王某的诉讼请求。

第三，救济困难。由于个人信息侵权对象的规模性，救济非常困难。而且，此类侵权所致“损失很小”、损失并不明显或者损失尚未产生，许多侵权对象并不诉诸法律、寻求救济，这使得救济无从谈起。尤其在没有退出制集团诉讼的国家，由于诉讼

---

① 王峰．艰难维权：五起个人信息泄露案件分析［N］．二十一世纪经济报道，2015-01-19（5）．

② 王巍．2000万条开房信息泄露案：被告愿奖20万查找真凶［N］．法制晚报，2014-02-15（1）．

费的昂贵及程序的烦琐，侵权对象往往被挡在司法救济大门之外。在上述“2000 万开房信息泄露案”中，只有一人向法院提起诉讼，且败诉。2009 年中国社会科学院法学所主持了一项在 4 个城市的调研，结果发现：在因个人信息泄露而导致被犯罪分子侵害的被调查者中，仅有 4% 左右的人进行过投诉或提起过诉讼。[①]

四、我国个人信息权民事立法与司法保护

（一）关于个人信息民事法律保护体系的初步建立

首先，《网络安全法》《民法典》规定了个人信息权的权能。2017 年 6 月 1 日生效的《网络安全法》虽说是“行政本位”，事实上却是关于个人信息权规定非常丰富、具体的法律，而且是全国人大通过的正式法律。其第四十一条规定了网络运营者收集、使用个人信息应当遵循的合法、正当、必要三原则的同时，还规定了信息主体的控制权（同意权）；第四十二条规定了信息主体的控制权和知情权；第四十三条规定了信息主体的删除权和更正权。2017 年 3 月通过的《民法总则》、2021 年生效的《民法典》虽然确立了个人信息的民事权益属性，[②]但是，并没有确认其“权利”属性，也未全面规定个人信息的保护。2021 年生效的《个人信息保护法》同样未确认其“权利”属性。在此情形下，民法学界对个人信息权是否独立的民事权利，也尚未达成共识。

其次，《个人信息保护法》明确了个人信息侵权纠纷诉讼的归责原则及赔偿标准。《个人信息保护法》在完善个人信息权能的同时，最重要的是对个人信息权侵权适用过错推定的归责原则。[③]如本教材第十章第二节所述，依照成文法传统及我国《民法典》的规定，人格权纠纷适用过错推定归责原则，而《民法典·人格权编》中，个人信息权益与隐私权是并列在第六章的，据此，个人信息保护纠纷似乎应该适用过错推定归责原则。但《个人信息保护法》确定个人信息保护纠纷适用过错推定归责原则，彰显对个人信息权益的重视，这与个人信息处理者的优势地位有关，也与个人信息权益涉及人的安全、个人自决权、个人尊严及含有的财产要素有关。

《个人信息保护法》还规定了此类纠纷的赔偿标准。[④]当然，此标准与《民法典·侵权责任编》第一千一百八十二条的规定相符，需要法官在诉讼中酌定。

---

① 王峰. 艰难维权：五起个人信息泄露案件分析［N］. 二十一世纪经济报道，2015-01-19（5）.

② 该条规定：“自然人的个人信息受法律保护。任何组织和个人需要获取他人个人信息的，应当依法取得并确保信息安全，不得非法收集、使用、加工、传输他人个人信息，不得非法买卖、提供或者公开他人个人信息。”

③《个人信息保护法》第六十九条第一款规定：“处理个人信息侵害个人信息权益造成损害，个人信息处理者不能证明自己没有过错的，应当承担损害赔偿等侵权责任。”

④《个人信息保护法》第六十九条第二款规定：“前款规定的损害赔偿责任按照个人因此受到的损失或者个人信息处理者因此获得的利益确定；个人因此受到的损失和个人信息处理者因此获得的利益难以确定的，根据实际情况确定赔偿数额。”

（二）关于个人信息侵权的司法救济

《民法典》生效前，由于缺乏个人信息权益保护的明确、具体的民事法律规定，最高人民法院也尚未将个人信息权益纠纷作为案由进行规定，我国个人信息主体在权利遭受侵害而向人民法院起诉时，或者以隐私权纠纷为案由起诉，或者以名誉权纠纷为案由起诉。为配合《民法典》实施，最高人民法院 2020 年 12 月 29 日修订的《民事案件案由规定》中，将"个人信息保护纠纷"作为第四级案由，使侵害个人信息的民事救济取得司法通行证。

然而，由于个人信息主体提起民事诉讼得不偿失，而集团诉讼尚未在该领域适用，基本属于"碎片化权（益）"的个人信息权益尚难通过民事司法途径获得救济。

（三）关于生物（人脸）识别信息侵害的民法救济

个人生物识别信息包括面部图像、指纹、手掌静脉、视网膜、虹膜、DNA 样本、声音等。

我国个人信息民事法律保护制度虽已初步建立起来，但个人信息种类繁多，其中敏感个人信息保护尤其重要，而排在《个人信息保护法》第二十八条规定的敏感个人信息之首的生物识别信息，因使用频繁、侵权频发，在国内"人脸识别第一案"的杭州市民郭兵诉杭州野生动物世界有限公司（以下简称动物世界）一案终审判决后，[①] 最高人民法院发布了《关于审理使用人脸识别技术处理个人信息相关民事案件适用法律若干问题的规定》（以下简称《人脸识别信息民事司法解释》），[②] 是首个对特定（敏感）生物识别信息进行民事法律保护的专门民事制度。该司法解释对人脸信息的保护主要在以下几个方面。

第一，人脸识别信息侵权纠纷中对信息处理者抗辩的处理。实践中，个人信息处理者经常以垄断者地位，以作为提供信息产品或服务的条件，或以捆绑授权的方式等，强迫或变相强迫信息主体同意处理其人脸信息，最高人民法院强调在三种情形下，将驳回信息处理者的抗辩：（1）信息处理者要求自然人同意处理其人脸信息才提供产品或者服务的，但是处理人脸信息属于提供产品或者服务所必需的除外；（2）信息处理

---

① 2019 年 4 月 27 日，郭兵购买"野生动物世界"双人年卡，留存相关个人身份信息，并录入指纹和拍照。后"野生动物世界"将年卡入园方式由指纹识别调整为人脸识别，并向郭兵发送短信通知相关事宜，要求其进行人脸激活，双方协商未果，引发纠纷。2020 年 11 月 20 日，杭州市富阳区法院一审判决，判令"野生动物世界"赔偿郭兵合同利益损失及交通费共计 1,038 元；删除郭兵办理指纹年卡时提交的包括照片在内的面部特征信息；驳回郭兵要求确认店堂告示、短信通知中相关内容无效等其他诉讼请求。郭兵与"野生动物世界"均不服，向杭州中院提起上诉。杭州中院 2021 年 4 月 9 日终审判决：在原判决的基础上增判"野生动物世界"删除郭兵办理指纹年卡时提交的指纹识别信息。王娜 . 国内人脸识别纠纷第一案［EB/OL］.（2022–1–6）［2022–12–10］https://www.chinacourt.org/article/detail/2022/01/id/6471341.shtml.

② 2021 年 6 月 8 日最高人民法院审判委员会第 1841 次会议通过，自 2021 年 8 月 1 日起施行。

者以与其他授权捆绑等方式要求自然人同意处理其人脸信息的;(3)强迫或者变相强迫自然人同意处理其人脸信息的其他情形。[①]

第二，生物（人脸）识别信息侵权纠纷的举证责任规则。《人脸识别信息民事司法解释》实施后生效的《个人信息保护法》明确了所有个人信息侵害纠纷适用过错推定归责原则，解决了信息主体难以证明被告过错的问题。当然，此类纠纷中，信息主体还有另一难以证明的要件——损害。因为此类侵权都是小微损害即“碎片化权利”的侵害，且损害可能尚未发生，信息主体难以提供有力证据。对此，欧盟《通用数据保护条例》中，不仅对过错适用推定，对损害也适用推定：要求信息控制者和处理者证明对引起损失的事件“没有任何责任”，方可免除损害赔偿责任。[②] 根据《人脸识别信息民事司法解释》规定，信息处理者需要对其行为符合《民法典》第一千零三十五条第一款规定情形[③] 及符合《人脸识别信息民事司法解释》第五条规定的情形下承担举证责任。[④] 该规定使包括生物（人脸）识别信息在内的所有个人信息保护纠纷中，信息主体处于优势诉讼地位。

《人脸识别信息民事司法解释》总体上是以保护个人信息主体权益为出发点的，即在某些情况下信息处理者不承担民事责任，包括：[⑤](1)为应对突发公共卫生事件，或者紧急情况下为保护自然人的生命健康和财产安全所必需而处理生物（人脸）信息的情形;(2)为维护公共安全，依据国家有关规定在公共场所使用生物（人脸）识别技术的情形;(3)为公共利益实施新闻报道、舆论监督等行为在合理的范围内处理人生物（人脸）信息的情形;(4)在自然人或者其监护人同意的范围内合理处理生物（人脸）信息的情形。

生物（人脸）识别信息侵害的赔偿，包括财产损害和精神损害。对于财产损害赔偿,《人脸识别信息民事司法解释》第八条第一款中的“财产损失”，并不仅仅包括制止侵权的包括律师费在内的合理开支，因为这项开支置于第二款的单独规定，[⑥] 说明该司法解释认可人脸识别信息本身的财产属性，而且依照说明是可依据《民法典》第一千一百八十二条主张财产损害赔偿。对于精神损害赔偿，适用相关法律规定。[⑦]

---

① 参见《人脸识别信息民事司法解释》第四条。

② 参见《欧盟通用数据保护条例》第 82 条第 3 款。

③ 该款规定:“处理个人信息的，应当遵循合法、正当、必要原则，不得过度处理，并符合下列条件:(一)征得该自然人或者其监护人同意，但是法律、行政法规另有规定的除外;(二)公开处理信息的规则;(三)明示处理信息的目的、方式和范围;(四)不违反法律、行政法规的规定和双方的约定”。

④ 参见《人脸识别信息民事司法解释》第六条。

⑤ 参见《人脸识别信息民事司法解释》第五条。

⑥ 参见《人脸识别信息民事司法解释》第八条。

⑦ 美国伊利诺伊州专门制定了《生物识别信息隐私法案》，其所规定的权利救济形式为违约赔偿的民事诉讼救济，信息主体可申请实际损害赔偿，也可申请法定赔偿，以两者间较大数额为准；而法定赔偿标准为最低 1,000 美元，最高 5,000 美元；诉讼费用由违约一方承担；还可申请禁制令等其他救济措施。

另外，民事权益必须通过公正、高效的民事程序才能实现。《人脸识别信息民事司法解释》明确此类纠纷可以以合并审理、民事公益诉讼的方式进行。由于人脸识别信息侵权行为的网络技术性、成本的低廉性及隐秘性、侵权对象的规模性、影响的广泛性及后果的严重性以及救济的困难性，个人（生物识别）信息纠纷适用集团诉讼，具有正当性、合理性和必要性，比适用合并审理、民事公益诉讼更能充分救济信息主体。①

关键词

个人信息	个人信息权	知情（同意）决定权
查阅复制权	携带权	更正补充权
删除权	要求解释说明权	个人信息保护纠纷
人脸识别信息	生物识别信息	

关键词

1. 个人信息权为什么不是一般人格权？
2. 概述个人信息权与隐私权的关系。
3. 概述个人信息权的民事属性。
4. 简述个人信息侵权的特征。
5. 个人信息侵权救济有什么难点？
6. 我国目前个人信息权民事保护法律制度如何？
7. 我国人脸识别信息的救济制度有哪些？

---

① 罗斌，李卓雄. 个人生物识别信息民事法律保护比较研究——我国“人脸识别第一案”的启示［J］. 当代传播，2021（1）：77-81.

第十二章　传播侵害名誉权

名誉权纠纷是《民法通则》实施以来数量最多的精神性人格权纠纷，名誉权是传播侵权中“频率”最高的侵害客体之一，所以传播侵害名誉权是传播侵权研究的重点之一。本章主要内容涉及名誉及名誉权的界定，传播侵权的类型，传播侵害名誉权诉讼中过错、非法性与损害的证明，以及网络传播侵害名誉权问题。

第一节　名誉权概述

名誉包括自然人的名誉和法人名誉，是名誉权的客体。作为人格权，名誉权具有不可侵犯性，但在一些情况下，其也受到限制。

一、名誉概述

自近代名誉受到法律保护以来，法学界对名誉的定义主要有两种：一是人格尊严说，其认为名誉是当事人的人格尊严，通常指其人格在社会上所受到的尊重；[①]二是社会评价说，其认为名誉是指社会上人们对公民或法人的品德、情操、才干、声望、信誉和形象等各方面的综合评价。[②]

国外法学界对名誉的定义主流观点也是社会评价说。如《牛津法律大辞典》对名誉的定义：“名誉是对于人的道德品质、能力和其他品质（其名声、荣誉、信誉或身份）的一般评价。非法损坏他人名誉可以构成诽谤（书面诽谤或口头诽谤），受到诽谤的人可以提出控告。”[③]《布莱克法律辞典》认为名誉是“因一个人的性格、个人或家庭生活、职业或者商业资历、社会交往或地位，而受到他人的尊重、祝愿和信任”[④]。

我国法学界对名誉概念主流观点也持社会评价说。有学者将公民与法人的名誉权

① 王泽鉴．侵权行为法（第一册）［M］．北京：中国政法大学出版社，2001：111.

② 唐德华．谈谈审理损害名誉权案件中的几个问题［J］．人民司法，1989（2）：2–4.

③ 沃克．牛津法律大辞典［M］．北京社会与科技发展研究所，译．北京：光明日报出版社，1988：768.

④ GARNER B A. Black’s law dictionary［M］. New York：Thomson Reuter’s Co.，2019：1560.

分开定义，其认为：就公民来说，名誉是指社会对其品行、思想、道德、生活、作用、才干等方面的社会评价；对法人来说，名誉是对其社会活动、经济活动、生产经营成果等方面的社会评价，它是在法人的整个活动中逐渐形成的，是社会对法人的信用、生产经营能力、生产水平、资产状况、活动成果、社会贡献、社会责任感等因素的综合评价。[①] 另有学者将自然人和法人合称为“特定人”，认为名誉是指对特定人的人格价值的一种社会评价。[②]

《民法典·人格权编》第一千零二十四条第二款采纳了社会评价说，其认为“名誉是对民事主体的品德、声望、才能、信用等的社会评价”。

名誉具有以下特征。(1）客观评价性。名誉是客观存在的，这种客观性不是个人对自我的评价，而是外部评价。(2）社会性。名誉是民事主体通过参与社会生活而获得的，是一种社会公众的评价。(3）美誉性。正常来说，名誉是一种良好、积极的而非消极的社会评价。(4）综合性。无论是自然人还是法人的名誉，都是对其各种素质的综合性评价。(5）时代性。名誉受到时代、制度的影响，在不同的时代与制度下，名誉会有不同的内涵；当然，不同时代的名誉也有共同的内涵。

二、名誉权概述

学界认为，作为一种民事权利，名誉权是指公民和法人对其名誉所享有的不受侵害的权利。[③] 名誉权的客体是名誉，其保护对象就是名誉，其首先是一种人格利益，是一种不直接体现财产利益的精神利益。而名誉权的内容包括：名誉的享有和维护权，对名誉侵害的排斥权及请求权。

名誉权依享有主体的不同分为两种：(1）自然人的名誉权，指自然人品质、信誉、声望等获得的社会评价不受他人侵犯的权利；(2）法人名誉权，指法人对其社会评价享有的不受他人侵犯的权利。这里需要区分法人名誉权与法人商誉权：后者是前者的部分内容，是由企业的产品或服务质量、声誉、历史渊源等综合因素共同形成的无形资产。

名誉权有以下特征。

第一，非财产性。名誉作为一种重要的人格利益，不具有财产利益，因此，名誉权也不具有财产内容。名誉权之侵害并不必然导致财产上之损失，名誉权之法律救济并不必然表明将获得财产上的补偿。[④] 传播侵害名誉权诉讼中，责任方式往往是赔礼道

---

① 王利明．人格权法研究［M］．北京：中国人民大学出版社，2012：447.
② 罗东川．论名誉权的概念和特征［J］．政治与法律，1993（2）：26，37-39.
③ 王利明．人格权法研究［M］．北京：中国人民大学出版社，2012：447.
④ 张新宝．中国侵权行为法［M］．北京：中国社会科学出版社，1998：308.

歉、恢复名誉，而不是赔偿经济损失，就是这个原因。当然，法人名誉权主要关系的是间接的财产方面的利益，侵害法人名誉权可能使该法人经营活动受到影响，从而遭受财产损失。

第二，特定（专属）性。名誉权是特定主体所享有的、不能抛弃、转让、继承、分割与被剥夺的人格权。侵害名誉权，只能指向特定的、确定的对象，不能指向不确定的多数民事主体；名誉权随着特定民事主体存在而存在，随着其消亡而消亡。传播侵权诉讼中，必须有确定的被侵权对象，如涉及的肖像必须可以被识别，不指名道姓的批评必须在一定的背景下被识别出被批评对象，也是这个道理。

第三，法定性与可限制性。名誉权是由法律赋予的、自然人或法人所享有的、受法律保护的权利；同时，为了公共利益（如言论自由或公民监督权的实现），国家也可能通过立法对该权利进行限制。[①] 当然，对名誉权的可限制性，学术上有争议。

根据我国《民法典》第一千零二十五条，为公共利益实施新闻报道、舆论监督等行为而影响他人名誉的，原则上不承担民事责任——这就是对名誉权的限制（克减），即：名誉权让位于公共利益下的言论自由。当然，新闻报道、舆论监督也并非完全不受限制，《民法典》第一千零二十五条也规定了对限制的限制，即对名誉权的基本保护，在下列情形下，行为人需要承担民事责任：捏造、歪曲事实；对他人提供的严重失实内容未尽到合理核实义务；使用侮辱性言辞等贬损他人名誉。该条规定使用的是闭合性规定，没有“等”字，即在为公共利益实施新闻报道、舆论监督时，只有上述三种影响他人名誉的行为才承担民事责任。

第二节　传播侵害名誉权的类型

在传统媒体时代，名誉权侵害主要是新闻传播所致，新闻媒体与记者是名誉权纠纷中的主要被告。在网络环境下，名誉权的侵害方式、侵害途径、侵害主体，都与传统媒体时代的名誉权纠纷有很大区别。而且，由于信息传播技术的快速发展，侵害他人名誉权的方式、途径也随之增加。本节所列举的仅仅是目前侵害名誉权的主要方式、途径。

一、传播侵害名誉权依照主观方式的分类

传播侵权中，行为人的主观方式有故意和过失两大类型。过失的判断依据为注意

---

① 王利明．人格权法研究［M］．北京：中国人民大学出版社，2012：214.

义务的履行与否；故意包括侮辱和诽谤。

《民法典》第一千零二十五条列举了三种侵害名誉权的行为，第一种“捏造、歪曲事实”和第三种“使用侮辱性言辞等贬损他人名誉”是故意侵权，第二种“对他人提供的严重失实内容未尽到合理核实义务”则是过失侵权。

（一）诽谤

在英美法中，诽谤有书面诽谤（libel）和口头诽谤（slander）之分。传播侵权中的诽谤所研究的是书面诽谤。

在《元照英美法词典》中，“诽谤的构成条件有 3 个：①公开散布内容虚伪不实的信息，意在诋毁他人名誉；②采用书面，包括文字、图画、摄影、电影、广播等持久性形式散布，从而扩大对受害者名誉的损害程度；③主观上具有恶意，即明知内容不实而故意散布，或明知有内容不实的可能即公开散布；如果内容虚伪且具有诋毁性质，即应理解为恶意，至于行为人动机如何并不重要”①。在美国，《纽约州刑法》第 1340 条对诽谤的定义是被引用最多的诽谤定义之一，即“怀有恶意出版文字、印刷品、图片、画像、标记或其他非口头形式的物品，使活着的人或对去世的人的追忆，受到憎恨、藐视、嘲笑或指责，使他人受到孤立或有受到孤立的倾向，或使他人或任何公司、社团在经营或职业上的声誉受到损害的倾向，皆为诽谤”。

需要指出的是，在我国，许多人将诽谤中的过错理解为故意，而将过失传播虚假事实侵害他人名誉权的行为直接称为“侵害名誉权”。这种现象可能与我国《刑法》对诽谤罪的构成规定有关。但这与国际通行的对诽谤的定义与理解有偏差。当然，也有观点认为，诽谤是因过错捏造并散布某些虚伪事实损害他人名誉的行为。②

在英美法中诽谤的构成包括以下几个方面。（1）传播行为。《美国侵权行为法（第二次重述）》第 559 条对诽谤定义为：“传播消息以使他人的社会评价降低，或阻碍第三人与其交往，而损害他人之名誉者，为诽谤性消息之传播。”从表达方式看，传播包括传播事实和发表评论。（2）所传播事实为不真实信息。诽谤构成的重要要件是所传播的信息为不真实信息，如为真实信息，则不构成诽谤，可能构成侵害隐私。通常，这些不真实信息包括：关于受害人违法犯罪的虚伪信息；关于受害人违反公序良俗、人伦道德的虚伪信息；关于受害人有某种疾病或有某种不良嗜好的虚伪信息；关于受害人职业能力低下的虚伪信息；关于受害人政治及宗教信仰方面的虚伪信息。（3）指向特定人。指向特定人，包括传播中指向有真实姓名者，也包括虽无真实姓名但根据具体背景可被指认者。（4）有损于特定人的名誉。诽谤行为所传播的不真实信息，必须降低受害人的社会评价，给其带来精神损害。

---

① 薛波. 元照英美法词典［M］. 北京：法律出版社，2003：842.

② 王利明. 人格权法研究［M］. 北京：中国人民大学出版社，2012：472.

（二）侮辱

《民法典》第一千零二十五条仅规定使用侮辱性“言辞”等贬损他人名誉。事实上，侮辱包括故意以行为、语言、文字或其他方式贬低他人人格，毁损他人名誉。但侮辱一般不包括具体的事实，一旦涉及事实，也并非虚构或捏造的事实。

传播行为中的侮辱，一般是用文字、图画等书面侮辱方式。侮辱常见的情形有以下几个。（1）用贬义词来评论他人。（2）用贬义词描写他人。（3）用贬义词比喻他人。（4）利用 Photoshop、光影魔术手或其他照片处理软件对他人的肖像进行恶意修改或做其他处理，以恶搞的形式把这些照片随意传播到一些论坛、贴吧或者其他网络空间；或虽不对照片进行编辑、修改，将传播他人身体照片，或与恶搞性活动结合，或与有伤社会风化的其他照片组合在一起，从而给肖像权人带来侮辱性后果。

二、传播侵害名誉权按照传播途径的分类

以文字、图片等通过报刊、书籍、广播、电视等传统媒体侵害他人名誉权，已为民众熟知；通过图片、音频、视频，甚至近年来利用深度合成技术，冒充他人声音、肖像，以虚假或其他类型的信息对他人名誉进行侵害，也是名誉权纠纷的新热点。网络空间中侵害名誉权主要有以下类型。

（1）通过电子公告服务平台传播名誉侵权信息。电子公告服务平台指在互联网上以电子论坛、网络聊天室、电子布告牌、留言板、电子白板等交互形式为网络用户提供信息发布的空间。在“论坛”中，有各种各样的话题，其中带有名誉侵权信息的话题也最容易引起大家的注意，点击率较高，而网站管理人员会对这些点击率高的话题采取放任态度，导致名誉侵权信息的扩散。很多侵害他人名誉权的信息都是从论坛里开始扩散，这也是把论坛性质的平台作为网络侵害名誉权的主要渠道之一的原因。

可供注册网民以文字、语音、图像乃至视频来发表言论的网络聊天室，也是侵害名誉权的主要渠道之一，由于其交流便利，侵权人往往通过此渠道将带有侮辱、漫骂、攻击等性质的言论发表出去，最终造成对受害人网络名誉的侵犯。

（2）通过个人微博、网页侵害他人名誉权。近年来，个人微博、网页与博客、播客、QQ 签名等，从人们比较陌生的事物变成了网络用户普遍使用的工具，渐渐成为网络用户日常生活习惯和相互交流的主要方式之一，为网络用户提供了一个更加自由和广阔的言论发表平台。微博自身的功能、特点决定了网络用户，尤其是网络大 V 发表一篇敏感性博文，很快就被粉丝关注、转发、评论，并会过渡到其他网络平台而加速扩散，最终到达整个互联网。

（3）通过发送电子邮件侵害他人名誉权。这种损害主要发生在电子邮件“群发”

的状况下，而相关信息传播会不确定而广泛，使得电子邮件内容极有可能被与受害人相关的第三人知悉，从而对受害人产生名誉方面的损害，导致其社会评价的降低。

（4）网站发布新闻类的名誉侵权信息。点击率是衡量网站热门程度的一个重要指标，点击率越高，访问量就越高，就会带来越多广告，经济效益越好；反之，点击率越低，经济效益可能就越低。一些网站为赢得点击率，对于网络用户推送的侵害他人名誉权的虚假新闻，往往不经过审核就发布在网站上；或者看到其他网站上有新闻价值、可能带来高点击率的侵害他人名誉权的消息，不经审查就转载到自己的网站上。

（5）在跟帖评论中侵害他人名誉权。网络用户往往会通过跟帖评论来表达意见和看法，在激烈争论中会上升为人身攻击，夹带严重侮辱、诽谤性言语；另外，网络用户会站队支持自己认为正确的一方，导致网络传播侵害名誉权行为被放大。

（6）因链接其他网站内容导致名誉侵权信息的传播。链接是各网站普遍开设的栏目，但因链接信息量巨大，很难做到全部被审查，如果被链接内容中含有侵犯他人名誉权的信息，则往往也会造成名誉侵权行为的扩大传播。

（7）通过微信公众号、朋友圈（群）侵害他人名誉权。近年来，在微信公众号、朋友圈（群）侮辱、诽谤他人，成为网络传播侵害名誉权的主要方式，案件数量猛增。如前述阿里巴巴集团分别向上海市青浦区人民法院和上海市宝山区人民法院提起诉讼，起诉今晚报社、福建省益红大白毫茶叶有限公司案。① 最高人民法院审判委员会 2020 年 10 月 9 日发布的第 143 号指导性案例，针对的焦点就是，公民在不特定关系人组成的具有公共空间属性的微信群中发布侮辱、诽谤、污蔑或者贬损他人的言论。②

三、传播侵害名誉权按照传播主体的分类

传统媒体侵害他人名誉权的主体主要有新闻机构、新闻工作者及利用传统媒体的自然人。网络传播侵害他人名誉权的主体主要有以下几个。

1. 网络服务提供者对他人名誉权的侵害

网络服务提供者可分为三类：内容服务提供者、网络服务平台提供者和信息定位服务提供者，三者都可能因自己提供的服务而成为侵权主体。此类案例事实上是网络服务平台提供者因未履行监管职责而导致侵害他人名誉权。

2. 网络用户对他人名誉权的侵害

侵害他人名誉权的网络用户又可以分为两种：（1）侵权信息的首发者，其往往是

---

① 余瀛波 . 阿里在沪起诉多家微信公众号［N］. 法制日报，2015-11-26（8）.

② 参见北京市第三中级人民法院于（2018）京 03 民终 725 号民事判决书。

信息撰写人、初始创作者与相关信息在网络上的第一个传播者，是侵权信息扩散的来源，是侵权行为的直接责任人；（2）侵权信息的再传播者，指在网络上看到相关侵权信息后，因故意或过失，通过论坛、博客、电子邮件等途径，将信息再次在网络扩散的人。

四、传播侵害名誉权按照传播侵权对象的分类

传播侵害名誉权按侵权对象的身份来分：一是身份确定的权利人，即在传播内容上有真实姓名或身份的自然人或法人组织；二是身份不确定，但根据传播内容可以确定的权利人。对此，《民法典》第一千零二十七条中，所谓“特定人”即如此。①

网络传播中，侵害他人名誉权有两种：一是指针对具体的有真实身份、真实姓名的对象进行侮辱、诽谤；二是对网络虚拟主体即某个“网名”进行侮辱、诽谤等，此类情况涉及“网络名誉权”问题。②

第三节　传播侵害名誉权纠纷中的过错、违法要件及其证明

一、《民法典》关于名誉权纠纷规定中的“过错”条款

根据我国《民法典》第一千零二十五条，为公共利益实施新闻报道、舆论监督等行为而影响他人名誉的，原则上不承担民事责任，但在下列情形下，行为人需要承担民事责任：捏造、歪曲事实；对他人提供的严重失实内容未尽到合理核实义务；使用侮辱性言辞等贬损他人名誉。事实上，如果从名誉权侵权责任构成要件的角度，该条主要围绕着“过错”展开：前句实质排除了“为公共利益实施新闻报道、舆论监督等行为”不可能构成“故意侵权”。然而，侵权责任也可基于过失而形成，因此，对此类行为的免责是相对的。而三种需要承担侵权责任的行为，第一种“捏造、歪曲事实”和第三种“使用侮辱性言辞等贬损他人名誉”属于故意侵权；“未尽到合理核实义务”则属于过失侵权。

所以，如果从“过错”的类型来考虑，我国《民法典》第一千零二十五条仅仅说明“为公共利益实施新闻报道、舆论监督等行为”不属于“故意侵权”；如果依据我

---

①《民法典》第一千零二十七条第一款规定：“行为人发表的文学、艺术作品以真人真事或者特定人为描述对象，含有侮辱、诽谤内容，侵害他人名誉权的，受害人有权依法请求该行为人承担民事责任。”

② 对此问题，无论学术界还是司法实践，都有肯定与否定两种观点。

国侵权法原则及《名誉权案件解答》第七条关于侵害名誉权责任四要件的规定，也没有排除“为公共利益实施新闻报道、舆论监督等行为”构成名誉侵权的可能性。

当然，我国《民法典》第一千零二十五条对于新闻舆论监督并非绝对没有价值：其为基于公共利益实施新闻报道、舆论监督等行为在没有过失的情况下的免责或者动态综合认定，提供了明确依据。

然而，即使没有该规定，新闻舆论监督在既无故意也无过失的情况下，因欠缺过错要件，也自然不应承担侵权责任。因此，考虑到该规定的弹性及适用范围的极其有限性，以及其后对三种需要承担侵权责任情况的列举，在某种程度上，对新闻舆论监督的免责只是一个宣示性条款。

二、传播侵害名誉权过失即违反注意义务履行标准的证明：客观路径

名誉权纠纷中，从传播者（被告）的信息采集行为、编辑行为、传播即发布行为，可以证明其对注意义务的违反或遵循，这就是客观行为判断路径——“客观路径”之一。对此，学界与司法界有比较深入的探讨。

对于如何判断过失，美国司法界认为，过失“就是指未能做到一个理性的、谨慎的记者会在类似情况下做到的谨慎”[①]。但法官在判断传播者（记者）的过失时，通常会审查其报道方法或编辑流程。[②]美国传播法学界认为，传播者在传播行为中应该做到：（1）掌握不止一个信息来源；（2）对传播的不当行为要进行亲自采访或调查，认真评估信息来源的可靠性，反复检查、验证；（3）如有可能，与名誉等民事权益可能受到影响的报道对象取得联系，对相关信息进行验证；（4）如果传播内容有失误，及时纠正并道歉。[③]这些行为可使传播者尽可能减少、减轻或者没有过失，或者说这些行为也是传播者证明无过失的行为依据。

英国对过错采用的也是行为判断路径。英国雷诺兹案的主审法官针对“负责任报道”提出十条判断标准：报道失实程度；报道的公众关注度；信息来源的可靠性；是否对信息进行事前审查；信息所处状态（例如是否正处于调查中）；报道是否具有迫切性；是否邀请报道对象回应；是否征询报道对象意见；行文风格是否以指控代替事实陈述；报道的环境与时机。法官强调，以上十条并未穷尽所有判断标准，应当在个案中根据以上标准并结合其他因素加以综合判断。[④]

我国司法实践中，对注意义务的履行同样有丰富的经验。世奢会（北京）国际商

---

① 资料来源：Pegler v. Phoenix Nespaper，547P，2d 1074（1976）。

② 彭伯．大众传媒法［M］.13 版．张金玺，赵刚，译．北京：中国人民大学出版社，2005：186–187.

③ 吉尔摩．美国大众传播法：判例评析［M］．梁宁，等译．北京：清华大学出版社，2002：206.

④ 资料来源：Reynolds v Times Newspapers Ltd.［1999］4 All ER 609，［1999］3 WLR 1010. Judgment By &1：Lord Nicholls of Birkenhead。

业管理有限公司诉《新京报》名誉侵权案二审中，法官对以被采访对象作为消息来源时媒体和记者的注意义务提出了有价值的参考标准：（1）应考虑口述内容正面还是负面；（2）应考虑相关事件是被采访对象亲身经历还是转述；（3）如果被采访对象系其曝料者原职员，则应考虑其原所在岗位与相关事件的关联性；（4）被采访对象是否与被爆料人存在利益冲突；（5）被采访对象是否要求化名。[①]

三、我国《民法典》中侵害名誉权违反注意义务（履行标准）的认定

根据我国《民法典》第一千零二十五条，不仅诽谤和侮辱可构成名誉侵权责任，未履行注意义务即“对他人提供的严重失实内容未尽到合理核实义务”也不能予以免责。然而，注意义务履行的判断标准中，行为只是标准之一，还有决定传播行为的新闻信息本身性质、传播背景等其他客观因素。因此，《民法典》第一千零二十六条列举了判断是否履行注意义务的六项参考因素：内容来源的可信度；对明显可能引发争议的内容是否进行了必要的调查；内容的时限性；内容与公序良俗的关联性；受害人名誉受贬损的可能性；核实能力和核实成本。

我国《民法典》第一千零二十五条和一千零二十六条的主要价值在于：规定了新闻传播者注意义务标准的确定因素，并纠正了证明责任倒置的错误。（1）对新闻传播主体的概念，使用的是“行为人”这一民法概念，而非通常所称的“新闻单位”，表明相关条款（包括公共利益的抗辩）并非仅仅适用于新闻机构，还适用于自媒体人及其他网络用户在内的所有新闻传播者。（2）规定从六项参考因素判断新闻传播者是否履行注意（核实）义务，为司法者判断新闻传播者过失存在与否提供了重要参照。其与《民法典·人格权编（草案）》相比有两个变化：一是将注意义务的概念由行政意味浓厚的“审查义务”变为民法意味的“核实义务”；二是注意义务的适用范围，在《民法典·人格权编（草案）》中是“转载的或者他人提供的事实”，而生效的条款仅针对“他人提供的严重失实内容”，使无采访权但以转载为主要业务的网络服务提供者及自媒体摆脱此义务，有利于网络新闻传播。[②]（3）需要强调的是，在《民法典·人格权编（草案）》三审稿中，都有“行为人应当就自己已尽到合理审查义务承担举证责任”的规定，即证明责任倒置给新闻传播者的规定，而在学界及业界的呼吁下，[③]最终颁布的《民法典·人格权编》删除了这一规定，纠正了这一错误。

我国《民法典》第一千零二十六条规定的关于核实义务的参考因素，具有一定程度的针对性，但存在的问题如下。（1）除第二项即“必要的调查”外，其他五项都是

① 资料来源：北京市第三中级人民法院（2014）三中民终字第 6013 号判决书。
② 罗斌，陈雪晴．新传播生态视域下的《民法典》[J]．当代传播，2020（5）：86-90.
③ 罗斌．《民法典（草案）》“新闻舆论条款”举证责任问题研究［J］．当代传播，2018（6）：73-76，99.

注意义务的成立条件（是行为人是否应当履行注意义务的条件），而“合理核实义务”则主要是标准问题，当然，“合理”本身就是一个动态的概念，需要参照前述传播职业标准及具体情形而定。（2）对司法经验及新闻传播经验吸取不到位：一是未提及作为新闻传播者注意义务主要来源之一的采编流程；二是判断新闻传播注意义务标准的确定因素的重要经验，如是否邀请报道对象回应、如果传播内容有失误则及时纠正并道歉等，并未被吸纳。（3）“公序良俗”原则是世界各国民法公认的基本原则，但司法实践中，经常出现对公序良俗原则理解适用不当，造成在司法适用中以一般道德标准代替公序良俗、以道德规范取代法律规范、同案不同判等现象，①因此，如果连“公序良俗”都不能界定清楚，也难以认定“与公序良俗的关联性”。

第四节 传播侵害名誉权诉讼中损害的证明及认定

名誉权侵害中的损害包括社会评价的降低和财产损害、精神损害，其中，社会评价的降低是财产损害、精神损害的前提，没有社会评价的降低，就难以有财产损害、精神损害，行为人也就不承担相关方面的民事责任。问题是，如何证明和认定受害人社会评价的降低。

一、公布加推定：社会评价降低的证明与认定途径

欧美国家针对名誉权侵害中受害人社会评价的降低，普遍采用公布（publication）加推定的方法。

第一，言辞针对第三人。《美国侵权行为法（第二次）重述》第 577 条规定：“诽谤言论的公布是指将诽谤言论传达给被诽谤者以外的人。”这表明公布并不针对被告，而是针对原告和被告以外的第三人。在英美法中，公布是诽谤的实质构成要件，即只要加害人将相关言论传达给第三人，为第三人知悉，即导致受害人社会评价的降低，应认为构成损毁名誉。②

第二，第三人能够理解。公布不仅仅意味着将传播内容传达给第三人，而且要保证第三人能够理解，因为公布表明与有理解力的人而不是原告进行观点和思想的交流。因此，原告要证明传播内容的公布，不能只证明第三人知道了传播内容，还要证明第三人能够理解传播内容。③如果第三人根本不能理解传播内容，则不能构成公布。

---

① 蔡唱．公序良俗在我国的司法适用研究［J］．中国法学，2016（6）：236-257.

② DAVID P，KORIEH D. Defamation law，procedure and practice［M］. London：Sweet&Marxwell，2004：277.

③ 资料来源：Tuckson v.Staley，（1885）90.R 334 at 338（C.A）。

第三，出版系公布的证据。如果加害人即传播者将相关内容进行出版，出版物即可作为公布的证据，受害人不必再证明第三人已知悉侵权的传播内容。

二、传播侵害名誉权致受害人社会评价降低的证明：事实推定

如前所述，对受害人社会评价的降低作为一种观念、认识而存在于第三人的思想和情感中，看不见、摸不着，“可能外化为第三人的态度或者行为而影响到第三人与受害人的关系，也可能不外化为任何直接或间接的行为，因此，对其强度范围等通常难以进行量化分析，在这样的情况下，所谓的社会评价降低似乎是一种客观性的损害结果，其实往往是不可捉摸的。”① 问题是，受害人如何证实？加害人如何证伪？

美国侵权法的相关规定为解决这一问题提供了参考，其规定：（1）对于书面诽谤，不要求受害人对所谓的“特别损害”（special harm）进行举证和证明，而是推定存在一种一般的或者名义上的损害，受害人可提起诉讼；（2）对于大部分口头诽谤行为，不要求受害人对所谓的“特别损害”加以举证，也适用所谓的无特别损害举证负担的责任，受害人得提起诉讼。这些口头诽谤包括诬指他人有犯罪行为、诬指他人有令人厌恶的疾病、诬指他人有严重不当性行为以及对他人营业、贸易、职业或者职位的口头诽谤等；（3）对于少数口头诽谤，法律规定了特别损害为加害人承担民事责任的依据，受害人需要对此种特别损害进行举证和证明，这些口头诽谤的种类主要是重复传播不利于受害人名誉的虚伪事实等——美国侵权行为法的这一解决方案，实质上是以损害之存在的事实推定为原则，以要求受害人举证为例外的一种方案。②

我国民法学界主流观点赞同以事实推定方法认定名誉权纠纷中的损害，其认为：“受害人应提供证据证明针对自己的诽谤和侮辱性内容已经为自己以外的第三人所知。在这个基础上，法官根据一般的经验法则推定必然产生损害结果。这种推定属于事实推定的范畴。”③ 这种观点进一步延伸为：这种事实推定是不能以反证方式推翻的，即使加害人不能证明损害后果之存在——这是一种完全意义上的事实推定。

关于传播侵权造成名誉损毁的后果，《最高人民法院关于贯彻执行〈中华人民共和国民法通则〉若干问题的意见》（以下简称《民法通则实施意见》）第一百四十条规定：“以书面、口头等形式宣扬他人隐私，或者捏造事实公然丑化他人人格，以及用侮辱、诽谤等方式损害他人名誉，造成一定影响的，应当认定为侵害公民名誉权的行为。”可见，“造成一定影响”，是传播侵害名誉权的构成要件。

学界认为，“只要有一个人知悉，就可以认定受害人的名誉在他人心目中已受影

① 姚辉．人格权法论［M］．北京：中国人民大学出版社，2011：164.
② 参见《美国侵权行为法（第二次）重述》第 569–576 条。
③ 王利明，杨立新．人格权与新闻侵权［M］．北京：中国方正出版社，1995：578–579.

响。第三人是社会的一员，只要告知或使第三人知悉，则足以确定行为人的行为已影响了受害人以外的人”[①]。至于知悉人数的多少，第三人知悉后是否确实对受害人产生不同看法和印象，知悉的第三人是否向其他人再进行传播，只说明对受害人社会评价降低的程度。

在我国司法实践中，也形成了一种“公布加推定”的标准：受害人提供证据证明针对自己的诽谤和侮辱性内容已经为第三人所知，则推定受害人的名誉受到侵害。

在最高人民法院审第 143 号指导性案例的裁判理由中，事实上也奉行了“公布加推定”的惯例。第一，关于“公布”，法院认为，不特定关系人组成的微信群具有公共空间属性，公民在此类微信群中发布侮辱、诽谤、污蔑或者贬损他人的言论构成名誉权侵权的，应当依法承担法律责任。第二，关于“推定”，法院认为：“从微信群的成员组成、对其他成员的询问情况以及网络信息传播的便利、广泛、快捷等特点来看，涉案言论确易引发对受害人经营的美容店的猜测和误解，损害小区公众对原告公司的信赖，对二者产生负面认识并造成原告产品或者服务的社会评价降低……”[②]

三、传播侵害名誉权致受害人精神损害的证明

传播侵害受害人的名誉，除了导致受害人的社会评价降低，受害人本身也可能感受到精神方面的损害。轻者表现为痛苦、情绪低落、焦虑不安、羞愧等，重者甚至表现为精神失常、精神疾病等。

在传播侵权诉讼中，当事人对精神损害的主张不能推定，需要证明。在传播侵权损害中，精神损害很可能是社会评价降低的结果，但是，精神损害与社会评价降低之间并不一定存在必然的联系：有时，可能有社会评价降低，但没有精神损害；有时，当事人主张精神损害，但可能不存在社会评价降低的情况。而且，如前所述，精神损害的大小与当事人心理素质也有关系。当然，如果受害人不主张或不存在社会评价降低，精神损害赔偿的请求很难得到保护。所以，在传播侵权责任中，社会评价降低是责任构成的必备要件；而精神损害并非必备要件。

精神损害是一个主观性浓厚的心理损害，其根据不同人的心理承受力表现不同。即使遭受精神损害，又因个人心理承受力及表达能力不同，其在诉讼中的证明能力也不同。传播侵权的受害人应当对精神损害举证证明，这不仅是我国证明责任规则的要求，也有其现实合理性：首先，作为一种心理与生理感受，受害人离证据最近，其次，受害人遭受精神损害后的种种异常表现，其家属、亲人、朋友更可能观察到、感受到，证据等收集较容易；最后，如果受害人寻求心理咨询、心理治疗等，也会有相关证据。

① 张新宝 . 名誉权的法律保护［M］. 北京：中国政法大学出版社，1997：129.

② 参见北京市第三中级人民法院于（2018）京 03 民终 725 号民事判决书。

当然，法官在侵害名誉权案件中判断是否对受害人所主张的精神损害予以支持，主要考虑因素包括两个方面。①（1）客观标准。即在相同条件下，一个普通的诚信善良之人是否会感受到精神损害。如果答案是肯定的，则可能认定受害人精神损害之存在；如果答案是否定的，则不认定受害人存在精神损害。（2）主观因素。受害人表现出来的各种反常的精神状况，将是判断精神损害之存在的一个重要参考因素。只有受害人以某种方式表现出其精神损害，才可能认定存在精神损害；反之，则不能认为精神损害之存在。

在传播侵权诉讼中，如果受害人仅主张社会评价之降低，其对加害人的请求可能只有停止侵权、恢复名誉、消除影响、赔礼道歉，而不会请求损害赔偿。但是，如果其声称自己遭受精神损害，往往会提出精神损害赔偿的请求。

在英美法系，名誉受到损毁本身即损害，如果受害人证明有社会评价降低，则无论是否有精神损害或财产损害，都可请求损害赔偿。但是，即使在英美法系，学者对此也有不同观点。有观点认为，仅有名誉受损的事实是不够的，受害人还必须证明遭受了财产损害和精神损害。②而我国学者则普遍认为，名誉本身的损害虽然在广义上也是一种损害，但并不能够产生损害赔偿责任，因为从损害赔偿的类型来看，仅包括财产损害和精神损害，而单纯的名誉受损，并没有引发此两种损害，不能够赔偿。如果名誉本身可以作为赔偿的对象，将导致人格利益的商品化。③

另外，从传播侵权的责任方式来看，恢复名誉与损害赔偿可以分开来主张。即使有精神损害的事实，当事人可以只主张恢复名誉，而不主张精神损害赔偿，这是当事人意思自治的表现；如果当事人只有名誉受损而没有精神损害，则不可能给予损害赔偿。即使有精神损害，如果不严重，也不能得到损害赔偿；只有造成严重后果，达到“严重损害”程度，才能申请并得到赔偿。④至于精神损害的赔偿数额的确定，依《精神损害赔偿责任司法解释》，也需要根据侵权人的过错程度，侵权后果，侵害的手段、场合和侵权人承担责任的经济能力等，实施动态综合认定。⑤

关键词

名誉	名誉权	诽谤	侮辱
客观路径	合理核实义务	名誉损害	公布加推定

---

① 张新宝 . 侵害名誉权的损害后果及其民事救济方式探讨［J］. 法商研究（中南政法学院学报），1997（6）：8–16.

② ROGERS W H. Damages for non –pecuniary loss in a comparative perspective［M］. New York：Spninger Verlag，2001：280.

③ 王利明 . 人格权法研究［M］. 北京：中国人民大学出版社，2012：497.

④ 参见《民法典》第一千一百八十三条。

⑤ 参见 2022 年《最高人民法院关于确定民事侵权精神损害赔偿责任若干问题的解释》第五条。

思考题

1. 辨析自然人的名誉权和法人的名誉权。
2. 名誉权有什么特征?
3. 如何理解名誉权的“特定性”?
4. 传播侵害名誉权按照传播途径如何分类?
5. 传播侵害名誉权按照传播主体如何分类?
6. 传播侵害名誉权按照传播对象如何分类?
7. 国外证明新闻传播者过失有哪些经验?
8. 简述我国《民法典》关于合理核实义务条款的价值与问题。
9. 如何理解受害人社会评价降低的事实推定?
10. 简述名誉权侵害中“公布”(publication)的构成。
11. 名誉侵权中受害人精神损害如何证明?

第十三章　传播侵害隐私权

隐私权纠纷“频率”虽然不及名誉权那么高，但也是传播侵权的重要客体。传统传播方式侵害隐私权的研究已经比较充分，而网络传播侵害隐私权在类型、特征与后果方面，都呈现出复杂的形态；而且，隐私与个人信息的交叉，也导致法律适用的困难——由于法律规定的漏洞或弹性，隐私权人在网络上的合法权益存在救济问题。

第一节　隐私权概述

传统意义上的隐私权包括三重含义，其在网络空间也得到延伸。目前，隐私权内容向扩张化和信息化发展，而其保护向主动化、积极性利用、国际化及多重化方向发展。当然，在涉及公共利益等情况下，隐私权也受到限制。

一、隐私概述

最早正式提出隐私权概念的是美国学者沃伦和布兰代斯，他们在 1890 年《哈佛法律评论》上发表的《论隐私权》（*The Right To Privacy*）一文中指出：“隐私权本质上是一种个人对其自身事务是否公开给他人的权力，保护个人隐私权就是保障个人思想、情绪及感受不受他人打扰的权力，保护自己的人格不受侵犯的权力。”[①] 这篇论文中首次提出个人隐私权不容侵犯，对隐私权的确立产生了深远影响。

关于隐私的界定，国外主流的界定是，当事人的行为或决定免于公众关注、侵扰和干涉的状态和情形，其不仅包括私人空间的不受干预和观察，还包括在隔离状态和社会关系中确定和构筑人自己的身份、尊严的权利，所以，其包括自治性隐私、信息性隐私和物理空间性隐私。[②] 国内学者认为：隐私是指自然人不受他人公开、干涉、干扰的私人秘密和私生活安宁的状态；[③] 另有学者认为，隐私可以分为两部分，一部分

① SAMUELD W，LOUIS D B. The right to privacy［J］. Harvard law review，1890，15（IV）：91.

② BRYAN A G. Black’s law dictionary［M］. New York：Thomson Ruters Co.，2019：1447.

③ 王利明 . 人格权法研究［M］. 北京：中国人民大学出版社，2012：500.

是独处，一部分是秘密："隐"指私人生活或私人信息不愿为他人知道，不愿向社会公开；"私"指与社会公共利益或他人利益无关的私人生活或私人信息，它表现为既无害于社会也无害于他人的私人生活。①

我国《民法典·人格权编》第一千零三十二条规定："隐私是自然人的私人生活安宁和不愿为他人知晓的私密空间、私密活动、私密信息。"这一规定与《民法典·人格权编（草案）》三次审议稿相比，增加了"私人生活安宁"和"不愿为他人知晓"两个重要内容，显示在立法过程中，人们认识到"私人生活安宁"是私密空间、私密活动、私密信息不能替代的；也说明我国对隐私的界定采用了国际通用的"主观隐私说"（即隐私的范围取决于隐私主体的主观意愿而非外界判断）。

由上，隐私具有私人性、非公开性和人格性。隐私的人格性指隐私必须直接体现为人格利益而不是财产利益，②尽管私人信息可以而且经常被用于商业目的而具有经济价值，但其本身属于人格利益。

二、传统隐私权类型与内容

公民享有的隐私权是指私生活安宁与私人信息、私人活动依法受到保护，不被他人非法侵扰、知悉、搜集、利用和公开等的权利，主要包括以下三种。

信息性隐私权即私人秘密信息不受非法收集、公开权。私人秘密信息内容广泛，包括：个人身体隐私、健康隐私、生理信息、财产隐私、家庭隐私、基因隐私、通信秘密、谈话隐私、个人经历隐私及其他个人生活方面的私人信息（如自然人的职业、工作地点、朋友范围、消费倾向、住宅与住址、民族、信仰、日记等）。无论信息的公开对相关当事人的影响属积极还是消极，无论该信息是否具有商业价值，只要不违反法律、道德，只要该信息不属于公共领域并且本人不愿意公开，都受到隐私权的保护，③即个人对其个人隐私性信息享有控制权。④

物理性隐私权即私生活安宁不受侵扰权，个人对其住所或其他私人场所享有免受他人打扰或侵入的权利。⑤物理性隐私更通俗的概念是私人空间，包括他人的住宅、临时住所（如宾馆的某个房间、列车卧铺某个包厢等）、厕所独立位置、更衣室等。一般认为，进入公共空间便放弃了某些隐私权，但并不意味着放弃所有隐私，即使在公共场所，个人活动也不能受到骚扰或跟踪。⑥物理性隐私涉及私生活安宁，它是隐

① 周悦丽．我国隐私权保护立法模式的选择与体系的构建［J］．南都学坛，2004（5）：96-100.
② 王众，刘丽娟．隐私权若干法律问题初探［J］．云南大学学报（法学版），2004（4）：25-27.
③ 李秀芬．论隐私的法律保护范围［J］．当代法学，2004（4）：98-104.
④ 张民安．信息性隐私权研究［M］．广州：中山大学出版社，2014：5.
⑤ 张民安．信息性隐私权研究［M］．广州：中山大学出版社，2014：2.
⑥ 王利明．人格权法研究［M］．北京：中国人民大学出版社，2012：552.

私权中非常重要的一项。私生活安宁权主要包括:（1）生活安定与宁静，主要指私人居所的安宁;（2）私人空间隐私，包括住宅与住宅之外的公共空间，包括有形与无形（如虚拟空间）。

自治性隐私权即私人活动自决权，指自然人自由选择生活方式与个人事务的权利，包括物理与精神空间的自决，只要不属于公开领域与空间的事务，个人对自己的私人领域享有自主决定、不受阻挠权。

三、我国隐私权的法律规定

我国《宪法》第三十八条规定，公民的人格尊严不受侵犯；第四十条规定，公民的通信自由、通信秘密受法律保护，为隐私权立法提供了合宪性依据。《民法通则》并未规定隐私权，但其实施后出现了大量涉及隐私权的案件，因此最高人民法院在《民法通则实施意见》第一百四十条中将隐私权纠纷类推适用名誉权的相关规定进行处理，规定“以书面、口头形式宣扬他人隐私……造成一定影响的，应当认定为侵害公民名誉的行为”。其后最高人民法院《名誉权案件解答》第七条第三款规定:“对未经他人同意，擅自公布他人的隐私材料或以书面、口头形式宣扬他人隐私，致他人名誉受到损害的，按照侵害他人名誉权处理。”

真正将隐私权以民事立法形式确认的是 2010 年的《侵权责任法》，该法第二条将隐私权与其他人格权并列，正式确立了隐私权概念。《民法典・人格权编》中，隐私权保护以单章进行规定。从此，我国对自然人隐私权的保护进入一个新的里程。

四、隐私权的限制

隐私权的限制系该权利的内容、范围及其行使受到法律及公序良俗的制约。隐私权限制、克减的依据及原因如下。（1）公共利益需要。个人隐私与社会公共利益产生矛盾时，应限制个人隐私，优先保护公共利益。如候选人参与选举时，媒体对其个人情况的传播属于公民知情权与监督权的需要。（2）国家安全需要。当个人隐私与国家安全产生矛盾或有矛盾的可能时，对其隐私权进行限制。（3）文化需要。由于各个国家、民族历史文化的不同，对隐私的内涵与态度也不同。即使在西方国家，欧洲与美国对隐私的看法也有差异，所以对隐私权的限制也有不同。

我国法律制度明确对隐私权的限制，是在 2014 年 10 月 10 日起施行的最高人民法院《信息网络侵害人身权益规定》第十二条，该条列举了应该受到保护的个人隐私，但规定在下列情况下隐私权受到限制：经自然人书面同意且在约定范围内公开；为促进社会公共利益且在必要范围内；学校、科研机构等基于公共利益为学术研究或者统计的目的，经自然人书面同意，且公开的方式不足以识别特定自然人等。

第二节　传播侵害隐私权的类型、特征

依照我国《民法典》第一千零三十二条的规定，隐私的侵害方式主要是刺探、侵扰、泄露、公开等。而被禁止的侵害隐私权的行为主要有：以电话、短信、即时通信工具、电子邮件、传单等方式侵扰他人的私人生活安宁；进入、拍摄、窥视他人的住宅、宾馆房间等私密空间；拍摄、窥视、窃听、公开他人的私密活动；拍摄、窥视他人身体的私密部位；处理他人的私密信息；以其他方式侵害他人的隐私权。①

传播侵害他人隐私权，针对的客体主要是他人历史资料、身份信息、身体隐私②、身体状况信息、家庭信息、通信信息，而传统媒体与网络传播在侵害隐私方面有很大不同。

一、传统媒体侵害隐私权

第一，为传播而进行的相关调查、采访，可能会导致非法侵入他人私人空间，系典型的侵害他人私生活安宁权的行为。（1）非法侵入，指未经他人同意进入。传播侵权中的非法侵入他人空间，通常是新闻机构为获得特别新闻信息而进行的不正常采访。（2）非法在他人私人空间里窥视、查寻、取证。非法侵入他人空间后，在该空间内的窥视及查询行为，无论是否使用探测等设备，都构成对他人私人空间的进一步侵害。另外，传播者为传播需要，往往对该空间结构及空间内的物品等进行拍摄、录像、录音等行为，也同样是非法行为。

第二，为传播非法跟踪、窥视、监视、骚扰他人活动，或窥视、监视他人私人空间。此类行为是另一种典型的侵害他人私生活安宁的行为。（1）非法跟踪、窥视、监视、窃听、骚扰他人活动。跟踪指尾随他人的私人活动，调查或采访他人行踪；窥视指在他人不知情的情况下，对其活动或身体进行观察；监视则是指在他人知情或不知

---

① 参见《民法典》第一千零三十三条。

② 作为私人生活中最私密、最敏感的领域，身体隐私几乎是所有人都不愿广为传播的信息。对人身体信息，尤其是裸体照片的传播，不仅可能会侵害他人隐私权，还可能侵害他人名誉权、肖像权等。典型案例如 2008 年春节前后香港“艳照门”事件：数家报刊把知名女演员网上“艳照”遮盖敏感部位后刊登出来，有的连续两三周在头版刊出，还有杂志把经遮盖的“艳照”集中起来出版“全记录”，引起港人强烈不满，直至艺人陈冠希公开承认照片是他所拍，声明拥有版权，这些图片方才从报刊绝迹。“艳照”也流入内地互联网，因受到警方迅速查处，未发生严重危害。涉事女艺人中，有人当时几欲轻生。该事件是 21 世纪以来我国发生的最典型、最严重的侵害他人身体隐私权、名誉权与肖像权的案件。魏永征．“艳照门”与香港有关法律［J］．新闻记者，2008（4）：45–48.

情的情况下，对他人的活动进行观察；骚扰指用现代通信手段（电话、电子邮件、短信等）或用跟踪、敲门等行为对他人日常生活进行干扰。传播尤其是新闻传播，常常以上述手段进行隐性采访。需要注意的是，对非法行为尤其是犯罪行为进行上述采访或调查，不构成侵权。（2）非法远距离窥视、监视他人私人空间。此种行为与非法侵入不同，系用现代侦测设备如远红外探测仪、长焦距镜头、摄像监控设施等，对他人私人空间进行窥视、监视。

第三，传统媒体传播行为侵害隐私权。传播行为侵害他人隐私权，指未经他人同意，利用广播、电视、报刊等传统媒体，将合法或非法得到的他人秘密信息向不特定第三人或更广泛的人群散布。需要注意的是，即使是合法得到的他人秘密信息，只要未经他人同意而传播出去，即构成侵权。

二、网络传播侵害隐私权的类型

（一）为网络传播而进行非法侵入、跟踪、收集和窃取

第一，非法侵入他人网络空间。对他人网络空间的非法侵入，主要指对受害人的电子邮箱、网站的非法侵入，包括浏览、攻击等，这类行为事实上侵害了他人物理性隐私权，主要包括以下三种侵权形式：一是以电子邮件形式向他人电子邮箱发送“垃圾信息”，包括广告，妨害了他人生活安宁；二是向他网站页面发送不受欢迎的信息，妨害了他人生活安宁或经营秩序；三是利用网络软件对他人电话进行骚扰。[①]

第二，非法跟踪、收集、窃取他人网络信息。指利用木马、Cookie 等搜索软件，跟踪、窥视他人网络信息及网络活动，并在他人不知情情况下窃取他人网络信息。Cookie 是网站服务器用来辨别网站用户的一个软件，可用来追踪互联网用户的习惯，网民在任何时间、登录上任何一家网站、浏览任何一条新闻、选择任何一件商品，都会被该软件记录并分析，故其对网民隐私威胁更严重。另外，当网民在上网浏览或者购物的时，总被要求填写含有大量个人数据的表格，这些要求本身就是对网络隐私权的侵犯。有观点认为，“收集存储个人数据、合成该人形象，给当事人造成威胁……是网络信息环境隐私侵权的最主要形式，所侵害的主要是信息隐私权”[②]。

---

① 2016 年 7 月，市民聂先生遭遇“呼死你”软件攻击，每小时 600 个电话打进，还被要求转账 300 元才可停止骚扰。《新京报》记者调查发现，网上有大量“代呼”和买卖“呼死你”软件的网站和网店，并有用于手机和电脑等多种模式。记者随机进入一个名为“呼死你专业代呼”页面，注册完成后，出现软件的呼叫页面，上方填写“呼叫号码”，下方有“随机号码、不显号码、一直响铃、短信轰炸、破黑破白（破解黑 / 白名单）”五种选项。信娜 . 男子遭“呼死你”骚扰　一天被上万个来电轰炸［N］. 新京报，2016-07-17（A08）.

② 吴永臻，肖望南 . 网络信息环境的隐私权保护问题［J］. 河北大学学报（哲学社会科学版），2003（1）：135-139.

（二）利用网络非法传播他人隐私

网络隐私权的侵权主体一般是网络服务商和网络用户。除了网络服务商通过自己编辑、转载传播内容进行侵权，以及网络用户通过博客、微博、朋友圈（群）、公众号进行侵权，网络传播侵害隐私权的方式还有很多。

第一，利用传统摄像非法窃取后再以网络传播他人隐私。利用网络传播他人不愿被传播的信息，尤其是网络资料，是侵害他人网络隐私权的典型行为。如美国安德鲁斯隐私权案，法官判决其获赔 5,500 万美元，是美国隐私权案中赔偿额最高的案例，也是迄今为止世界各国同类案件中赔偿额最高的案例。① 美国法律界认为，该案有创纪录的意义：（1）在民事诉讼中受害者隐私权几乎没有因偷拍而得到过保护；（2）仅仅根据紧张失调精神创伤而裁定被告赔付如此高额的赔偿是极其不寻常的……②

第二，利用网络智能摄像头非法窃取并以网络传播他人隐私。网络智能家庭摄像头是从传统的工业安防监控摄像头演变而来的，适合普通家庭用户使用。与此同时，因设计生产和推广的相关企业繁杂，品牌众多，缺少统一的安全标准，一些产品缺乏完善的安全设计，很容易被黑客控制。根据 360 攻防实验室安全工程师对国内市场上销售的近百个品牌的家庭智能摄像头进行的安全评估测试，近八成产品存在用户信息泄露、数据传输未加密、App 未安全加固等安全缺陷，一些网站利用网络智能摄像头的这些安全缺陷，收集图像和语音信息，对安装摄像头的家庭或公司进行监控甚至网上直播。③

三、网络传播侵害隐私权的特征

在互联网上，信息性隐私权是网络传播侵害的核心客体，其不仅关乎公民个人隐私信息的安全，还影响着物理性隐私权、自治性隐私权，如一旦网络用户的登录密码

---

① 安德鲁斯为美国娱乐和体育电视台 ESPN 女记者、主播，系涉足篮球、橄榄球、棒球以及大学联赛等各方面的全才主播，以身材火辣、着装大胆出位闻名，连续两年被《花花公子》杂志评选为“最性感女主播”。2008 年安德鲁斯某次在田纳西州一家酒店入住，被隔壁房间的布雷特用安装在墙壁上的针孔摄影机偷拍洗澡镜头，香艳裸照在网络上传播开来。事发三个月，联邦调查局人员拘捕涉案者布雷特；2010 年，布雷特被判两年半监禁。安德鲁斯向法院控告酒店和其他相关人员工作疏忽和侵犯个人隐私，向布雷特以及入住酒店索赔 7,500 万美元。最终，陪审团裁定：安德鲁斯获赔 5,500 万美元，布雷特和酒店各自承担 51% 和 49% 的赔偿份额。瞿崑 . 美国女主播遭偷拍裸体视频获赔 5,500 万美元［N］. 北京晨报，2016-03-10（6）.

② DAVID M S. Jury awards erin andrews $55 million in invasion of privacy case . . . a first of its kind［EB/OL］.（2016-03-01）［2018-10-19］. http://www.mrllp.com/blog-jury-awards-erin-andrews-55-million-in-invasion-of-privacy-case-a-first-of-its-kind.

③ 一家名为“Shodan”的网站收录了成千上万网络摄像头拍摄的照片，并制成“真人秀”的照片在网站流行，这些照片拍摄场景包括道路、办公室、家庭客厅甚至卧室场景。李禹潼 . 集成家用智能摄像头存泄密风险［N］. 新京报，2016-05-15（A09）.

等信息被获取，其网络空间免受他人打扰或侵入的物理性隐私权便受到威胁。因此，被侵害客体存在关联性。

网络传播侵害隐私权存在便利性，原因如下。

第一，网络用户分享自己的信息。作为网络用户，其对网络信息的享受是以分享自己的信息为代价的，为隐私信息的曝光和传播提供了有力支持。这种传播有以下类型。（1）主动型。即网络用户为提高自己的知名度而公开自己的隐私性信息。丹尼尔·沙勒夫就认为“个人资料的激增对人们的名声会有明显的影响”①。有些网络用户就在博客上写明个人信息，竭力扩大微信朋友圈，从而获得一定社会资源。（2）被动型。更多的网络用户是在享用开设邮箱、搜索信息、购物、使用电子地图等各种网络服务时，由于网络服务商设置的或服务本身的技术需求，被动地提供个人隐私信息——“我们使用手机大众点评，交换出地理位置信息；我们使用 QQ，交换出好友关系；我们使用京东商城，交换出联系方式”②。（3）疏忽型。一些网络用户在博客、朋友圈（群）无意间公开自己的隐私性信息，在文字、照片、视频的公开中也会不经意暴露自己和亲属、朋友的隐私。总之，网络用户牺牲个人隐私以获取网络服务已成为“交易惯例”，甚至是“生活方式”。

第二，网络技术的发展使得个人隐私更容易被获取。相对于网络用户，网络服务商具有先天的优势，其是网络服务的设计者，依靠技术获取网络用户的个人信息是其基本要求和能力，其甚至可以通过键盘敲击记录信息的输送，分析信息的构成。而不断进步的网络技术，如云储存、云传播，其强大的信息搜集和整合、处理能力，大大便利了对信息性隐私权的侵害：政府机构为有效管理国家和社会稳定安全而监控人们的网上活动，收集、使用和公开未经授权的公民个人信息；平台、企业为了促进产品和服务销售而采集用户数据、擅自使用客户信息；黑客为了各种目的，跟踪破解他人账号密码……各类主体以多样的方式和极高的效率，收集、存储、交换和加工公民私人信息，公民的隐私信息被公开、搜集和处理的风险不断增加。

第三节　私密信息侵害纠纷的法律适用

隐私权客体与个人信息存在交叉关系，即私密信息。根据我国《民法典》第一千零三十四条第二款“个人信息中的私密信息，适用有关隐私权的规定；没有规定的，适用有关个人信息保护的规定”的规定，个人信息中的私密信息遭受侵害的法律适用应遵循以下原则：第一，以隐私权纠纷作为起诉案由；第二，作为一般侵权，适用过

① 沙勒夫．隐私不保的年代［M］．林铮顗，译．南京：江苏人民出版社，2011：35.

② 操瑞青．警惕！数字网络技术正在泄露你的隐私［N］．光明日报，2014-10-11（10）.

错归责原则。上述问题本没有异议，也不存在法律适用困难，然而，在 2021 年 11 月 1 日《个人信息保护法》生效后，该规定引发一系列法律适用问题。

一、“私密信息适用有关隐私权的规定”引发的体系性与技术性冲突

我国《个人信息保护法》第六十九条确立了对个人信息处理者的过错推定责任，[①]从该规定的字面而言：第一，没有区分个人信息处理者的类型，即无论是行政机关处理者、商业主体处理者还是自然人处理者，均适用该规定；第二，未区分处理的客体，即无论是处理何种个人信息，包括一般个人信息和敏感个人信息、精神性要素为主的个人信息和财产性要素为主的个人信息，均适用该规定；第三，未区分针对何种侵权责任，即无论个人信息主体要求处理者承担损害赔偿，还是非赔偿型的停止侵权、赔礼道歉等责任，均适用该规定。该规定与《民法典》第一千零三十四条第二款（“个人信息中的私密信息，适用有关隐私权的规定”）存在巨大张力，也与《民法典》第一千二百二十六条存在矛盾，不可避免地引发以下冲突与问题。

（一）体系性问题：人格权纠纷二元归责与举证责任模式对侵权法归责体系的冲击

我国目前的《民法典·侵权责任编》体系，是基于归责原则、采用一般条款与类型化相结合的方式对侵权行为或责任进行列举的。在此框架下，举证责任分配系采取二元模式，即对属于过错归责原则下的一般侵权，适用举证责任“正置”，即由原告承担规则；对过错推定和无过错原则下的特殊侵权，适用举证责任倒置，即由被告承担过错。学界对此曾特别强调，“根据侵权法的规定，产生损害赔偿请求权须具备四个要件：损害的发生；加害行为；加害行为与损害结果有因果关系；加害人有故意或过失。因此，原告在诉讼中应主张或证明与这四个要件相对应的具体事实并加以证明……而只要其中一个要件事实处于真伪不明状态，法官就不能适用该法规作为原告请求依据的规范，就只能驳回原告诉讼请求”[②]。也就是说，对于一般侵权成立的四个要件，采由原告承担举证责任的一元模式，包括名誉权、荣誉权、隐私权、肖像权、姓名权、名称权在内的所有精神性和标表性人格权纠纷，概莫例外。

由于个人信息权益是近年来随着信息传播技术的发展形成的权益，其内涵与外延处于发展中，并不非常明确，也未在学界形成统一认识，故我国《民法典》未将其界定为一种“权利”，在《民法典·人格权编》中，也未如名誉权、姓名权、肖像权一

① 我国《个人信息保护法》第六十九条规定：“处理个人信息侵害个人信息权益造成损害，个人信息处理者不能证明自己没有过错的，应当承担损害赔偿等侵权责任。”

② 作者在文中系以侵害身体健康权为例进行说明的，此处与侵害名誉权的内在机理一致。李浩．证明责任与不适用规范说——罗森贝克的学说及其意义［J］．现代法学，2003（4）：81-86.

样，将其单章规定，而是与隐私权合并规定在第六章。这说明：第一，立法者将其确定为一种人格权益；第二，立法者将其作为与隐私权关系密切的一种人格权益，而隐私权是典型的精神性人格权。

问题是，我国精神性人格权侵权，是一般侵权，适用的是过错归责原则。

虽然个人信息有广泛的内涵与外延，可以分类规则，但《个人信息保护法》第六十九条确立的过错推定归责原则，并未规定分类适用，也就是说，无论精神性要素为主的个人信息还是财产性要素为主的个人信息，均适用过错推定原则。尽管个人信息保护纠纷仅仅是整个人格权纠纷的一部分，但导致整个精神性和标表性人格权纠纷出现了归责原则和举证责任分配的二元模式，这种二元模式在我国新闻传播侵害名誉权的司法史上曾经一度存在，但在我国法律规定中从未存在过，在世界各国的民法典历史中也不曾有过。

如此，将个人信息权益置于《民法典·人格权编》中，使这个新型权益对数百年稳固的以受侵害权益为分类标准的侵权法归责体系形成冲击，至少是撕开了一道裂缝。

（二）技术性问题：过错责任还是过错推定责任

对于私密信息侵害纠纷适用过错归责原则还是过错推定归责原则，首先需要明确的是《个人信息保护法》与《民法典》的关系。对此，学界有不同观点：一种观点认为，《个人信息保护法》第六十九条第一款的过错推定责任是对《民法典》第一千一百六十五条第二款的具体展开，而且，《个人信息保护法》和《民法典》属于特别法和一般法的关系；[①]另一种观点认为，两者之间是相互并行的关系，而非特别与一般的关系；[②]还有一种观点则认为，不能简单地将《民法典》与《个人信息保护法》的关系界定为一般法与特别法的关系或者并存的基本法，而应当进行类型化分析。[③]如果依照上述第一种观点，应当优先适用并单独援引《个人信息保护法》的规定，适用过错推定责任；如果依照后两种观点，则难以确定适用何种归责原则。

关于医疗机构及其医务人员泄露患者病历资料适用的归责原则，《民法典》第一千二百二十六条规定，医疗机构及其医务人员应当对患者的隐私和个人信息保密。泄露患者的隐私和个人信息，或者未经患者同意公开其病历资料的，应当承担侵权责任。

这里，从《民法典》本身规定而言，医疗机构泄露患者的隐私和个人信息的行为，

① 王道发.个人信息处理者过错推定责任研究［J］.中国法学，2022（5）：103-121.王利明，丁晓东.论《个人信息保护法》的亮点、特色与适用［J］.法学家，2021（6）：1-16，191.

② 龙卫球.《个人信息保护法》的基本法定位与保护功能——基于新法体系形成及其展开的分析［J］.现代法学，2021，43（5）：84-104.

③ 程啸.论《民法典》与《个人信息保护法》的关系［J］.法律科学（西北政法大学学报），2022，40（3）：19-30.

属于一般侵权，适用过错归责原则。第一，从体系解释来看。《民法典·侵权责任编》第一千二百二十二条的表述很明确，即对三种医疗机构的行为适用过错推定原则。[①]如果医疗机构泄露患者的隐私和个人信息的行为适用过错推定，也应该用相同或类似的表述。第二，《民法典》第一千二百二十六条第一句明确了医疗机构对患者的隐私和个人信息保密义务，违反该义务自然有过错，这是民法的传统表述方式。

《个人信息保护法》生效后，医疗机构泄露患者隐私，自然仍然适用过错归责原则；医疗机构泄露患者个人信息，就存在法官的理解问题。

二、“私密信息适用有关隐私权的规定”应当修订

（一）体系性问题的解决

“个人信息中的私密信息，适用有关隐私权的规定”导致的体系性问题，即人格权纠纷二元归责与举证责任模式对侵权法归责体系的冲击，要得到根本解决，只能重新审视个人信息权益的定性问题。如前所述，个人信息权益包含多种要素，包括人格尊严与自由、人身财产安全、通信自由、通信秘密、身份权益和财产利益，其中，人格尊严与自由既有宪法意义，也有民法意义；通信自由、通信秘密则属宪法权利——可见，该权益属于复合型多重元素权益——既如此，将其定性为人格权益显然不准确。

消除“个人信息中的私密信息，适用有关隐私权的规定”导致的体系性问题，根本方法是将个人信息从《民法典·人格权编》中去掉，在《民法典·总则》中进行规定，同时，在《个人信息保护法》中对其内涵与外延进行界定。

（二）技术性问题的解决

在目前难以对个人信息权益进行准确定性，即难以将个人信息从《民法典·人格权编》中移除的情况下，依然需要以法律解释学解决私密信息侵害纠纷的法律适用问题。

首先，从普通法与特别法关系的角度看。《个人信息保护法》主要是行政本位，其行政法条款远多于民事条款，所以难以将其作为《民法典》的特别法。然而，其毕竟是对个人信息进行保护的专门法律，其规定的民事条款可以作为《民法典》相关个人信息的特别法条款，至少对《民法典·人格权编》第六章关于个人信息的规定起到补充作用。因此，私密信息侵害适用《个人信息保护法》确立的过错推定原则，符合逻辑。

① 《民法典·侵权责任编》第一千二百二十二条规定，“患者在诊疗活动中受到损害，有下列情形之一的，推定医疗机构有过错：（一）违反法律、行政法规、规章以及其他有关诊疗规范的规定；（二）隐匿或者拒绝提供与纠纷有关的病历资料；（三）遗失、伪造、篡改或者违法销毁病历资料”。

其次，从新法与旧法的关系看。《民法典》生效时，《个人信息保护法》的颁布时间并未公开。而既然将个人信息权益与隐私权益共同规定在《民法典·人格权编》第六章中，且隐私权客体与个人信息存在交叉关系，则私密信息的法律适用是《民法典·人格权编》必须解决的问题。在《个人信息保护法》未出台、相关法律适用难以确定的情况下，私密信息适用隐私权的相关规定，成了唯一选择，也是符合逻辑的选择。而作为与《民法典》相同法律位阶、具有跨部门法条款的《个人信息保护法》生效之后，遵守新法优于旧法的原则，私密信息侵害纠纷适用《个人信息保护法》第六十九条第一款规定的过错推定责任，也是当然选择。

至于私密信息侵害纠纷中的具体问题，如主体范围、客体范围、侵权行为种类，尚待最高人民法院的司法解释进行明确。

关键词

隐私　隐私权　私密空间　私密活动
私密信息　私生活安宁　私密信息

思考题

1. 简述传统隐私权的类型。
2. 什么是物理性隐私权？
3. 简述传统媒体侵害隐私权的类型。
4. 简述网络传播侵害隐私权的类型。
5. 简述新媒体发展对于个人隐私的影响。
6.《民法典》关于私密信息适用隐私权的规定会带来哪些法律问题？
7. 如何解决私密信息适用隐私权的规定带来的法律问题？

第十四章　传播侵害肖像权

肖像权的性质在各国有不同的规定，有被定性为一般人格权，有被定性为隐私权，有被置于著作权下保护；也有国家将其作为具体人格权的一种进行保护，从而赋予其独立的“权利”地位，我国属于后者。

本章在研究传播侵害肖像权纠纷现状的同时，重点针对传播侵害肖像权中的焦点与难点，包括网络传播侵害肖像权问题，以及肖像权扩张保护的标准。

第一节　肖像权概述

肖像是重要的人格标志，有其独特的法律特征。近代以来，肖像权逐渐进入各国立法，其受到保护的同时，也受到各种限制。

一、肖像概述

文字意义上的肖像，是比照特定的人物制作而成的相似形象。法律意义上的肖像则体现一种人格利益，是自然人就自己肖像享有的人格利益。

我国法学界从不同角度对肖像的定义主要有以下几种：(1)“外貌说”认为肖像“是指通过绘画、照相、雕塑、录像、电影艺术等形式使公民外貌在物质载体上再现的视觉形象”①或“是公民人身真实形象及其特征的再现”②；(2)“面部特征说”认为肖像“是指通过绘画、照相、雕塑等各种艺术形式而使公民的面部特征在物质载体上再现的视觉形象”③；(3)“形象说”认为肖像“是指以一定的物质形式再现出来的自然人的形象”④，还认为肖像“指自然人形象的再现或者说与本人人体分离的形象”⑤。第一种和第二种强调面部特征的再现性或复原性；第三种虽强调再现，但未强调面部特征，而是

① 杨立新 . 人身权法论（修订版）[M]. 北京：人民法院出版社，2002：531.

② 佟柔 . 民法［M］. 北京：法律出版社，1990：485.

③ 王利明 . 人格权法研究［M］. 北京：中国人民大学出版社，2012：407.

④ 魏振瀛 . 民法学［M］. 北京：北京大学出版社，2001：651.

⑤ 江平 . 民法学［M］. 北京：中国政法大学出版社，2000：292.

“形象”的再现。

《民法典·人格权编》第一千零一十八条第二款规定：“肖像是通过影像、雕塑、绘画等方式在一定载体上所反映的特定自然人可以被识别的外部形象。”显然，《民法典》采“识别说”。

肖像的法律特征包括以下几点。

第一，特定性。肖像是指个人外貌的再现，而且是特定个人的外貌再现，是某个自然人的外部标志，是其区别于他人的外部的重要特征。

第二，再现性与识别性。肖像表现了特定个人的五官特征即面部形象，因为只有面部形象是个人外貌的关键特征；肖像还是通过某种绘画、照相、雕塑、录像、电影艺术等形式对个人的五官特征即面部形象的再次表现。另外，再现性决定了肖像必须有可识别性，即其再现某个特定个人的外貌特征时，必须指向该特定个人，这种识别性有确定性，不能似是而非。需要指出，再现性与识别性并不等于复原。

第三，物质性。肖像必定载于特殊物质载体之上，如在纸张、丝绸、胶片、磁盘、光碟等各种材料上。没有这些物质载体，就没有肖像可言，也不可能使特定个人的形象再现。

第四，技术性或艺术性。肖像是以特定的技术如拍摄、刻录、打印、复印、针刺绣制、绘制、剪制等再现自然人的外部形象，其技术性或艺术性使肖像具有了一定的价值。极具技术或艺术含量而富有吸引力和欣赏性的肖像，还具有商业价值。同时肖像又具有使用价值，如展示、欣赏、识别、纪念等。①

第五，人格性。肖像绝不只是个人外部体貌特征的再现，它还是一种人格标志，“不仅可以使肖像人与其他人相区别，而且也体现了肖像人的人格尊严和人身利益。肖像常常与个人的隐私、名誉发生紧密联系”②。唯其具有人格性，故为法律所保护的重要法益。

二、肖像权的积极权能

我国早在《民法通则》中就将肖像权作为具体人格权进行了列举，并在第一百条③和第一百二十条④中进行了规定；《侵权责任法》第二条和《民法总则》第一百一十条中对肖像权仍然作为具体人格权进行了明确规定。可见，肖像权自《民法通则》生效即是一种具体人格权，这一点在我国始终没有异议。

---

① 邓河．论肖像的界定与肖像使用的法律规制［J］．山西高等学校社会科学学报，2006（1）：67-69.

② 王利明．人格权法研究［M］．北京：中国人民大学出版社，2012：410.

③ 该条规定：“公民享有肖像权，未经本人同意，不得以营利为目的使用公民的肖像。”

④ 该条规定：“公民的姓名权、肖像权、名誉权、荣誉权受到侵害的，有权要求停止侵害，恢复名誉，消除影响，赔礼道歉，并可以要求赔偿损失。”

另外，因在广告中使用他人肖像而引起的纠纷也是肖像权侵权纠纷中重要的一类，所以我国在《广告法》中对公民肖像权也进行了保护。①

关于肖像权的权能即内容，有学者认为其主要有肖像制作专有权、肖像使用专有权、肖像使用转让权、肖像利益维护权；②有学者认为其包括肖像享有权、肖像制作权、肖像使用权、禁止侵害权。③也有研究者认为，除了上述权能，肖像权还包括许可使用权。④《民法典·人格权编》第一千零一十八条第一款规定："自然人享有肖像权，有权依法制作、使用、公开或者许可他人使用自己的肖像。"

肖像的制作专有权，指自然人根据自己的合法需要，有权由自己或许可、禁止他人通过绘画、摄影、雕塑、录像、电影艺术等形式再现自己的形象，它是肖像权的基本权利，是肖像权的基础。如未经肖像权人同意制作其肖像，即使未对外传播，也构成侵权。在贾桂花诉北京电影学院青年电影制片厂侵害肖像权案⑤中，贾因自身生理上原因，从来不愿照相。被告在电影《秋菊打官司》一片中，摄制了正在街边卖棉花糖的贾的肖像，贾的形象占银幕的二分之一多，且为正面半身像，定格达4秒之久。被告事先未取得原告的同意，事后也未征得她的认可。

肖像使用权指自然人有权以任何方式使用自己的肖像以获得精神上的满足和财产上的收益，也可以许可他人无偿或有偿使用自己的肖像。非肖像权人取得肖像摄制权，可能取得了关于肖像作品的著作权，但并不意味着同时取得了肖像使用权，所以，实践中经常发生的诉讼是，照相馆、影楼以所拍摄的顾客的照片放大后做广告，或者卖给第三人，侵害他人肖像权。

肖像权是人格权、绝对权，具有排他效力。对于非法使用、恶意玷污、丑化或毁损自然人肖像的行为，肖像权人有权针对财产利益损失和精神损害，请求行为人承担停止侵害、赔偿损失等民事责任。

三、肖像权的消极权能及限制

所谓肖像权的消极权能，即行为人不得以法律规定的方式侵害权利人的肖像权。

---

①《广告法》第三十三条规定："广告主或广告经营者在广告中使用他人名义或者形象的，应事先取得他人的书面同意；使用无民事行为能力人、限制民事行为能力人的名义或者形象的，应当事先取得其监护人的书面同意。"

② 杨立新. 人身权法论（修订版）[M]. 北京：人民法院出版社，2006：508.

③ 王利明. 人格权法研究 [M]. 北京：中国人民大学出版社，2012：413-414.

④ 邓河. 论肖像的界定与肖像使用的法律规制 [J]. 山西高等学校社会科学学报，2006（1）：67-69.

⑤ 贾桂花曾患过天花，脸上有麻子，从来都不愿照相。影片公映后，有人嘲讽她"长那样还上电影"。她的儿子在学校也被人讥笑。贾桂花认为影片摄制单位侵害了她的肖像权，遂向法院提起诉讼。二审中双方和解，被告以支付3,500元补偿为条件，换取原告撤诉。参见北京市第一中级人民法院（1995）中民终字第797号民事判决书。

我国《民法典》第一千零一十九条规定了两类肖像权消极权能：第一类是法定的消极权能，即不得以丑化、污损或者利用信息技术手段伪造等方式侵害他人的肖像权；第二类尽管不是法定的违法方式，但只要未经肖像权人同意的方式即违法，包括制作、使用、公开、发表、复制、发行、出租、展览等。

需要明确的是，《民法通则》第一百条曾规定“营利目的”作为侵权构成要件，但在学界及司法实践中均引起争议。(1)该规定违背人格权侵权适用的归责原则即过错原则及构成要件，营利并不是唯一的主观过错形式，只要权利人同意，营利并不一定是过错；如果权利人不同意，营利即应为过错。(2)不利于保护权利人的人格尊严。按此规定，只要不营利，即不能构成侵权责任，这种情况有利于作为经营者的行为人，但极不尊重肖像权人的意愿。

基于此，《民法典》第一千零一十九条规定的消极权能中，就删除了“营利目的”。

当然，为保护公共利益，《民法典》也对肖像权进行了限制，规定了肖像权可以不经肖像权人同意的合理使用的五种情形：为个人学习、艺术欣赏、课堂教学或者科学研究，在必要范围内使用肖像权人已经公开的肖像；为实施新闻报道，不可避免地制作、使用、公开肖像权人的肖像；为依法履行职责，国家机关在必要范围内制作、使用、公开肖像权人的肖像；为展示特定公共环境，不可避免地制作、使用、公开肖像权人的肖像；为维护公共利益或者肖像权人合法权益的其他行为。①

四、肖像许可使用合同的解释及解除

《民法典·人格权编》以保护人格权为主要目的，该目的在肖像权使用合同引发的相关问题解决中也得到体现。

社会经济生活中，由于许多公众人物的肖像具有商业价值，出现使用肖像的许可合同；在合同履行过程中，由于种种原因，出现关于合同条款理解的各种纠纷。对此，《民法典》进行了明确，规定此时“应当作出有利于肖像权人的解释”②。

关于肖像许可使用合同中的使用期限，无论有无明确约定，法律均许可肖像权人有权解除合同；不过，在明确约定时，肖像权人需有合理理由。当然，对于肖像权人的合同解除权，《民法典》设置了提前通知及有约定期限、对方有损失条件下的合理赔偿。③

---

① 参见《民法典》第一千零二十条。

②《民法典》第一千零二十一条规定：“当事人对肖像许可使用合同中关于肖像使用条款的理解有争议的，应当作出有利于肖像权人的解释。”

③ 参见《民法典》第一千零二十二条。

第二节　网络传播侵害肖像权

随着传播生态的变化，肖像权纠纷的焦点由传统媒体侵害肖像权转向网络传播侵害肖像权，而网络环境下肖像权的保护面临着越来越复杂的情形。

一、网络传播为营利侵害肖像权

以营利为目的的传播对肖像权的侵害，指未经本人同意，以营利为目的使用他人肖像在互联网上做广告，进行商业宣传。该行为在世界各国均被视为侵害肖像权的行为。

第一，在网站上用他人照片或动漫形象进行广告宣传。此类侵权或利用他人照片，或利用他人动漫，但审理难度不大。前者如苗圃诉苏州吴中维多利亚美容医院有限公司和苏州新媒体传播有限公司案；[①]后者如赵本山诉海南天涯公司及谷歌公司侵害肖像权案。

第二，在微博上用他人照片进行广告宣传。如汪峰诉丁勇侵害肖像权和姓名权案，法院认定：丁勇未经汪峰同意，在涉诉微博中使用了汪峰的肖像照片作为微博内容的配图，因该照片登载在具有明显广告宣传性质的涉诉文字内容之下，从配图与文字的关系上看属于对广告文字内容进行配图，该照片的使用构成了以营利为目的之肖像使用，故其主要侵犯了汪峰肖像权及姓名权中具有人格权财产属性的利益。[②]

第三，在微信（公众号）上用他人照片进行广告宣传。如倪妮诉深圳好百年股份有限公司侵害肖像权案，法院认定：被告的行为影射原告个人形象与被告的销售行为存在一定联系，变相侵害了原告就其肖像商业价值应得的经济利益。[③]

第四，在网络直播中利用他人形象进行各种宣传。近年来，利用深度合成技术，冒充他人声音、肖像，或在直播间进行带货宣传，或者以其他信息赚取流量收益，也

---

① 参见北京市第三中级人民法院（2016）京 03 民终 8261 号民事判决书。

② 2015 年 5 月 29 日，丁勇在涉诉微博中发布如下博文："应主办方邀请赶往合肥参加明天（5 月 30 日）下午 6 点三里庵之心城'汪峰峰暴来临演唱会'新闻发布会，并担任表演嘉宾，明天有空的小伙伴来现场找我订票可以买到最低折扣的门票（只限明天下午来现场找我的朋友）。"博文下方上传了七张图片，其中第二张是汪峰"2015 峰暴来临超级巡回演唱会"的海报，第三张是汪峰坐在台阶上的单人全景肖像。法院终审判决：被告丁勇于本判决生效后十日内向原告汪峰赔偿经济损失共计 10 万元。参见北京市第一中级人民法院（2016）京 01 民终 5866 号民事判决书。

③ 2015 年 8 月 24 日，好百年公司在其开设的微信公众号"好百年家居"使用片名为《新娘大作战》的电影海报，用作商业宣传的配图，该电影海报中显示有原告倪妮的照片及名字。法院终审判决：被告深圳市好百年公司在其网站（页）或全国公开发行的报纸上向原告倪妮赔礼道歉；向原告倪妮赔偿损失（含精神损害抚慰金）人民币 3 万元。参见广东省深圳市中级人民法院（2016）粤 03 民终 18948 号民事判决书。

成为侵害他人肖像权的主要方式。

二、网络传播过失性（无目的）侵害肖像权

第一，公务机关将在执行公务中拍摄到的照片或视频泄露到网上。这又分两种情况：一种是公务机关工作人员故意或过失，致执行公务过程中监控或拍摄到的照片或视频在网上传播。典型者如 2011 年 8 月 22 日在全国造成影响的“摸奶门事件”。[①]学者认为，无论男女主角是否构成违法或者违章，交警部门公开监控图像，都泄露了被监控人的隐私，非法使用了被监控者的肖像，都构成侵害隐私权和肖像权。[②]

第二，法人传播未经同意拍摄的他人非公开场合照片或者视频片段。拍摄并刊登或传播他人在非公开场合的照片，不仅侵害他人隐私权，也侵害他人肖像权。非公开场合说明这些场合具有隐私性，拍摄并刊登或传播他人视频，不仅侵害他人隐私权，也侵害他人肖像权，如“上海地铁 3 号线情侣拥吻视频被上传网络案”[③]。

三、在网络上侮辱、丑化他人肖像

在网络上侮辱、丑化他人肖像，主要指未经肖像权人同意，利用 Photoshop、光影魔术手或其他处理软件对他人肖像进行恶意修改或做其他处理，然后把这些照片传播到网络空间，给肖像权人造成不利影响或者带来其他不必要的麻烦。

一是“恶搞”型侮辱或丑化。这种侵权主要是对他人照片进行恶意或嘲弄性的编辑、修改，侮辱或丑化他人形象。如 2013 年的“杨幂插座”事件。[④]

二是组合型侮辱或丑化。此类对肖像的侵害，有以下几类。（1）未对他人肖像进行编辑、修改，但与有伤社会风化的文字内容组合在一起，给人一种联想，使人认为肖像权人也从事此类有伤社会风化的行为，从而侮辱肖像人的肖像权与名誉权。如

---

① 2011 年 8 月 22 日，一张“左手驾车、右手袭胸”的监控照片在网络上热传，网友“人肉”出车中的主人公身份，一个是某著名家电品牌驻四川南充分公司经理，而女的则是一位大学生。四川省三台县交警大队违法处理办公室工作人员否认照片从该办泄露，称四川省其他交管部门也能从违法记录系统中提取这张照片。蒋哲．四川绵阳警方调查“摸胸照”图片来源［N］．南方日报，2011-08-23（1）．

② 杨立新．“速度与激情”事件引发的民法思考［J］．河北法学，2012，30（2）：11-17.

③ 一对情侣在上海地铁 3 号线友谊路站站内拥吻，车站站务管理员在监控画面中看到后，通过个人手机翻拍监控到的画面并录制这段视频传至网上。这对情侣诉至法院，称其隐私权和肖像权受到侵害。法院判决地铁公司向二人赔礼道歉。周宽玮，李继成，姜丽钧．情侣拥吻视频网上流传 疑遭地铁站监控［N］．东方早报，2008-01-16（5）．

④ 2013 年 4 月，知名演员杨幂主演的《盛夏晚晴天》播出之际，名为“扒皮王”的网友在微博上传一张图片，内容为一购物网上挂出的“明星脸照片贴插座”商品，而这则商品的“代言人”正是杨幂——图中的杨幂面带痛苦，鼻孔处正好成了插座的插孔，一时间“杨幂插座”风靡网络。张聪．将明星脸当插座 侵犯肖像权［N］．楚天都市报，2013-05-04（5）．

2003 年 9 月 20 日，南京女孩李某在网络上发现，其在参加南京电视台举办的“美在金陵”影视新星大赛中拍摄的一幅泳装照片，被海南 A 公司下属的中联网站作为配图使用在一篇题为《小区拒绝色情骚扰续:“色女郎”被请出居民楼》的文章中。[①]
（2）未对他人肖像进行编辑、修改，但与嘲弄性的活动或文字内容组合在一起，侵害肖像权人的肖像权和人格尊严。如 2000 年臧天朔诉北京网蛙数字音乐技术有限公司和广州网易计算机系统有限公司侵害肖像权案[②]、张老汉诉中国经济网侵害肖像权案。[③]

四、网络传播侵害肖像权的特点

网络传播中对肖像权的侵害与对名誉权、隐私权、姓名权的侵害一样，具有侵权主体的隐蔽性、广泛性，侵权行为的便利性，传播速度的快捷性等特点，特殊性如下。

第一，侵权手段的科技性与便捷性。目前，Photoshop、光影魔术手或其他照片处理软件，已得到广泛应用，随便加一行字或将不相干的照片组合一下，即可做到恶意处理。而近年兴起的深度合成技术，如 AI 换脸（头）、声音合成（模仿、冒充）与口型对应，使网络传播中侵害肖像权的形式发展到影像，即静态与动态结合的形式。

第二，侵权认定的复杂性。网络传播对他人肖像权的损害有时介于合法与非法之间，难以给受到损害的当事人进行救济。如六小龄童起诉北京蓝港网游公司侵害其名誉权和肖像权案，其诉称侵权者利用科技手段“创造”的“孙悟空”形象抄袭了其扮演的“孙悟空”形象，但法院认为两者之间“存在一定区别”，六小龄童最终败诉。[④]

第三，损害后果难以确定。网络传播中的肖像权侵害，波及面和影响力比在传统媒体中广泛和强烈，但程度难以准确衡量。另外，网民心理也复杂：从法律上看某行为对其肖像进行扭曲，但其可能因红遍网络而窃喜，所以侵害肖像权对其造成的心理影响难以被正确或准确判断，而侵害肖像权的损害程度和赔偿标准更难以确定。

---

① 该案中，法院经审理认为，被告的行为侵害了原告的肖像权和名誉权。吴春岐 . 案例解说：网络侵权责任认定与赔偿计算标准［M］. 北京：中国法制出版社，2011：75–77.

② 2000 年，北京网蛙数字音乐技术有限公司和广州网易计算机系统有限公司合作开展“国内歌坛十大丑星”评选活动，在网上列出形象不佳的候选明星供网友投票选举，臧天朔以 16,911 的票数名列第三名。臧天朔遂起诉。法院判决两被告因侵害被告肖像权，赔偿原告臧天朔精神抚慰金人民币 1 万元，并承担连带赔偿责任。被告上诉。参见北京市第二中级人民法院（2002）民第 397 号判决书。

③ 张老汉系精神残疾人。2006 年，中国经济网上刊登了张老汉穿着花袄、梳小辫的照片，并冠以“村里有个姑娘叫小芳”之标题。张老汉起诉。一审法院判决，被告向张老汉赔礼道歉，并付精神损害抚慰金 2 万元。二审达成调解协议：中经网当庭向张老汉赔礼道歉，并付张老汉精神损害抚慰金人民币 1.75 万元。李军 . 患病老汉被恶搞成“小芳”中经网道歉赔偿［EB/OL］.（2007–09–21）［2018–08–18］. http://old.chinacourt.org/html/article/200709/21/265914.shtml.

④ 参见北京市第一中级人民法院（2013）一中民终字第 05303 号民事判决书。

第三节 可识别性：肖像权扩张保护的标准

司法实践中，还存在一些与肖像保护相关联或相类似的问题，如人的形象、漫画、动画、身体局部的保护问题，即肖像权的扩张保护问题。所谓肖像权的扩张保护，指对于某些具有可识别性的人格利益通过肖像权的保护方法来加以保护。① 进一步讲，肖像权的扩张保护应该是对与人的肖像有密切关联、且可识别的人格利益，通过肖像权的保护方法进行保护。

一、“肖像”内涵与外延的扩张

依照肖像界定“形象说”观点，肖像并非仅指面部形象，自然人其他身体部位、能区别个体的客观外在表象，只要具有可辨认性，均应作为法律意义上的肖像。因此，肖像可定义为通过绘画、录制等形式将自然人具有可辨认性的外貌在物质载体上再现出来的视觉形象——如此，以面部特征为中心的肖像可称为本肖像，人的形象、漫画、动画及身体局部等则可称为扩张性肖像。

第一，对“局部肖像”或身体局部的扩张保护。虽然五官理所当然是区别自然人与自然人最主要的标志，但不是唯一的标志。五官以及自然人的体貌，只要能确定其所反映对象的特征（如具有可辨别性的脸部的一部分、人体躯干、局部身体等），都应认定为法律意义上的肖像，正如学者所言：“肖像首先是自然人的外观形象，这个外观形象不仅仅局限于面部形象，自然人身体其他部位的影响也可以被认定为肖像权保护对象，比如，模特的手、腿、胸等。”② 我国司法实践中也有此类案例，如孟某冒充与冰心合影而被诉侵害他人肖像权案。③

第二，对人的形象、漫画、动画的扩张保护。对人的形象、漫画、动画或声音进行保护，实际上与对人的“局部肖像”保护一样，均为肖像外部形象说，即肖像包括人的容貌和体貌。外部形象说反对肖像的物质载体化，认为肖像是自然人与生俱来的固定于人身的外部形象。有观点认为，外部形象说从肖像的本源出发，将肖像权的保

① 王利明 . 人格权法研究［M］. 北京：中国人民大学出版社，2012：421.

② 马特，袁雪石 . 人格权法教程［M］. 北京：中国人民大学出版社，2007：237.

③ 孟某为宣传自己主编的图书，将周某与我国文坛巨匠冰心的合影照片改成自己与冰心的合影——将周某头部换成自己的头部，并印在图书插图中。法院认为，肖像权所保护的范围不仅包括以面部为主的五官，还包括自然人的人体躯干。因此，被告侵害了原告的肖像权，判决周某侵权。江中帆 .“身体拼接”引发肖像权之争［J］. 检察风云，2010（2）：46-47.

护客体延伸到自然人身上，相对于传统观点（物质载体为基础的观点）是一种进步。① 赵本山诉海南天涯公司及谷歌公司侵害肖像权案中，法院认定：只要卡通漫画所反映的是具有可识别性的自然人形象，该卡通形象就可以归属于肖像概念的范畴，从而成为我国肖像权法律保护的对象——在上述判决理由中，法官阐述不仅涉及动漫形象，也涉及声音，因为两者均具备可识别性，均可作为赵本山本人的独特人格特征。②

第三，对人的声音的扩张保护。同姓名、肖像一样，声音同属个人重要特征，起着人格标识的作用。③ 所以，声音权益是自然人以自己的声音所体现的自由、尊严、声音利益等民事权益为内容的一种权益。声音之所以有人格识别功能，原因在于声纹。声纹和人的指纹、掌纹等身体特征一样，都具有唯一性、稳定性特征，而声纹识别是用仪器对人的说话声音所做的等高线状记录，根据声音波形中反映讲话人生理及行为特征的声音参数，进行身份识别。④ 该技术已广泛应用于诸多领域，根据自然人的发声进行声音识别，从而判断其是否本人。

在经济社会生活中，随着声音利用方式越来越多，其商业价值越来越越大。而声音克隆技术、深度合成技术对声音侵害的现实性加剧。目前，对自然人声音权益的侵害主要方式有：模仿他人（名人）的声音进行表演；将名人的声音与他人形象组合；组合、抽取名人的声音（演进或对白）进行广告宣传；非法窃听、录制、传播他人声音等。

民法学界对声音能否作为具体人格权有分歧。但《民法典》第一千零二十三条第二款规定 ："对自然人声音的保护，参照适用肖像权保护的有关规定。"而且，最高人民法院将"声音保护纠纷"作为第三级案由列入 2020 年修订的《民事案件案由规定》中。⑤

二、我国肖像权扩张保护的司法实践及核心依据

随着我国公民法律意识的增强，肖像权扩张保护的诉讼自 20 世纪末开始出现。截至目前，司法实践中此类诉讼主要集中于身体局部的扩张和形象扩张两大类。

首先，肖像的直接识别即法官依据肖像即可识别出是否原告本人肖像。其又分两种情况：法官依据肖像即可识别出是原告本人肖像，从而支持原告诉讼请求；或依据

① 张红．"以营利为目的"与肖像权侵权责任认定——以案例为基础的实证研究［J］. 比较法研究，2012（3）：63-76.

② 陈昶屹，王墨雪．卡通肖像成广告 赵本山告"天涯"获赔 12 万元［EB/OL］.（2010-09-28）［2018-08-01］. http://old.chinacourt.org/html/article/201009/28/429967.shtml.

③ 李林启．论发展着的人格权［J］. 湖南科技大学学报（社会科学版），2012，15（2）：80-84.

④ 张亮．声纹证据的应用［J］. 公安大学学报，2002（4）：76-78.

⑤ 对于声音应该参照肖像权还是作为个人信息进行保护，学术上有争议。

肖像本身不可识别确定并非原告本人肖像，对原告诉求未予保护，如前述蓝港公司与六小龄童案，法院认为："蓝港公司所使用的'孙悟空'形象，与六小龄童饰演的'孙悟空'之间存在一定的区别，因此观众能够立即分辨出蓝港公司所使用的'孙悟空'不是六小龄童饰演的'孙悟空'，更不能通过该形象与六小龄童建立直接的联系，因此不构成侵犯六小龄童的肖像权。"①

其次，肖像的直接识别与间接识别相结合。如果依靠肖像本身不能直接确定与原告的关系，法官则需要依据间接证据——往往是肖像所处的"特定场景"。在赵本山诉海南天涯公司及谷歌公司侵害肖像权案中，法院认为："肖像的概念强调的是自然人面部形象相较于其他自然人所具有的可识别性。本案中的卡通人物形象以该特殊识别性为特征，且配上'您有才'及'咱不差钱'等赵本山在春节文艺晚会上表演的《策划》及《不差钱》两部小品节目中的经典台词作为旁白（声音），使涉诉卡通形象的整体认知明确指向公众印象中的赵本山个人肖像。"②

最后，在实践中，还存在这样一种情况：肖像本身不具可识别性，但被告承认该肖像系原告肖像，这就不涉及可识别性问题。

三、肖像权扩张保护的核心标准：可识别

人的形象、漫画、动画、身体局部及声音之所以可扩张为肖像，源于其能被辨认出是某个具体的、特定的个人。只有在可辨认性的情况下才构成侵害肖像权。

《民法典》第一千零一十八条"本法所称肖像是通过影像、雕塑、绘画等方式在一定载体上所反映的特定自然人可被识别的外部形象"的规定，强调了"可被识别"性，而非"再现性""还原性"，但"绘画"是否包括漫画，仍有待明确。

关键词

肖像	肖像权	物质性	再现性
Photoshop	光影魔术手	可识别性	局部肖像

思考题

1. 如何界定肖像？
2. 肖像有什么法律特征？

---

① 参见北京市第一中级人民法院（2013）一中民终字第 05303 号民事判决书。
② 陈昶屹，王墨雪．卡通肖像成广告 赵本山告"天涯"获赔 12 万元［EB/OL］．（2010-09-28）［2018-08-01］．http://old.chinacourt.org/html/article/201009/28/429967.shtml.

3. 简述肖像权的权能。
4. 网络传播侵害肖像权的形式主要有哪些?
5. 网络侵害肖像权有何特点?
6. 为什么可识别性成了肖像权扩张保护的标准?
7. 尝试描述肖像的直接识别和间接识别。

第十五章　传播侵害死者人格利益

在我国，死者人格保护作为一个法律“难题”，在《民法通则》生效不久即进入学界和公众视野，后经学界探讨和一系列法律规定，其是否应该保护已经不是问题。但对于死者人格保护的法理依据，学界、司法实践各有观点，保护方式与途径也有不同，故死者人格利益保护是人格权法和侵权法研究中一个有独特意义的问题。

根据《民法典·人格权编》第九百九十四条，死者人格利益主要包括死者的姓名、肖像、名誉、荣誉、隐私、遗体相关的利益。① 而传播侵害是死者人格利益侵害中最常见、最典型的方式之一，在英烈人格利益中也是主要方式。

第一节　死者人格利益保护的法理依据及意义

死者人格利益的性质有“直接利益说”“间接利益说”“法益说”，前两者各有漏洞，后者比较客观；而死者人格利益保护不仅涉及死者家属，也涉及公共利益。

一、死者人格利益的性质及保护的法理依据

在法学界，关于死者人格利益的性质，有以下几种观点。

第一，“直接利益说”。该说法认为，对死者人格利益的保护，是保护死者自身的权益。该说法又分为两种学说。一是“权利保护说”。该观点认为，死者仍然是民事主体，享有民事权利。日本有学者认为，人的形象即使在死后也能免于粗暴对待和毁损时，才算得上个人人格权得到全面保护。当然，对死者人格权的保护与生者不同，如生命、身体、健康、自由和精神损害，就没有保护的可能和必要。② 我国最高人民

①《民法典》第九百九十四条规定：“死者的姓名、肖像、名誉、荣誉、隐私、遗体等受到侵害的，其配偶、子女、父母有权依法请求行为人承担民事责任；死者没有配偶、子女且父母已经死亡的，其他近亲有权依法请求行为人承担民事责任。”

② 五十岚清．人格权论［M］．葛敏，译．北京：北京大学出版社，2009：172.

法院曾经一度采用此观点。[①] 二是“人身权延伸保护说”。该观点认为民事主体在其诞生前和死亡后，存在着与人身权利相区别的先期法益和延续法益，其统一构成民事主体完整的人身利益，对死者人格利益的保护，是在自然人的人格消灭后，对其人格利益遗存进行的一种延伸保护。[②] 死者的近亲尽管是以自己的名义提起诉讼，但维护的不是自己的人格利益，而是死者的人格利益。[③] 还有学者认为对于自然人死亡后其人格利益可通过部分民事权利能力制度予以保护，“死者生前已被外在化的人格形象能够不依赖于其生理和行为而继续存在，人格尊严仍然应当得到尊重。因此，死者在涉及其人格利益的法律关系中应当具有部分权利能力，使其继续存在的人格尊严得到法律的调整和保护”[④]。总之，该学说核心内容系基于“部分权利能力”概念的确立，作为人格要素不完整主体在法律规定的特定情况下享有的民事权利能力，并未得到法律的规定，并具有开放性、差异性与非全面性等特征。[⑤] 而死者部分权利能力只是权利能力中的一种。[⑥]

第二，“间接利益说”或“遗族利益说”。该说法认为，对死者人格利益的保护，与其说是保护死者自身的利益，不如说是保护与死者具有特定关系（配偶、父母、子女）的人的人格利益，因此，通过维护死者遗族利益，间接起到保护死者人格利益的目的。[⑦]

第三，“法益说”。该说法首先承认自然人的权利始于出生，终于死亡，并认为自然人死亡后，尽管其不享有任何权利，但其人格利益并不因此消灭。其利益不仅包括死者的个人利益，还包括社会公共利益，并涉及死者近亲的感情。所以，死者人格利益在法律上仍然是一种法益，法律出于维护社会道德、尊重近亲的感情以及维护社会公共利益的需要，有必要对死者的人格利益予以保护。[⑧]

上述三种观点，第一种学说中的“权利保护说”明显与自然人“权利”始于出生、终于死亡的法律制度冲突；“间接利益说”与死者近亲不存在或不主张权益时国家或相关组织仍对其利益予以保护的现实不符，因此受保护的是死者个人人格尊严或利益，与死者近亲无关；“法益说”综合了“直接利益说”和“间接利益说”中死者

---

① 最高人民法院在1989年《关于死亡人的名誉权应受法律保护的函》中认为：“吉文贞（艺名荷花女）死亡后，其名誉权应依法保护，其母陈秀琴亦有权向人民法院提起诉讼。”

② 杨立新，王海英，孙博．人身权的延伸法律保护［J］．法学研究，1995（2）：21–29.

③ 杨立新．《民法总则》中部分民事权利能力的概念界定及理论基础［J］．法学，2017（5）：50–59.

④ 刘召成．部分权利能力制度的构建［J］．法学研究，2012，34（5）：121–135.

⑤ 杨立新．民法总论［M］．北京：高等教育出版社，2007：72；刘召成．胎儿的准人格构成［J］．法学家，2011（6）：66–81，176；刘召成．准人格研究［M］．北京：法律出版社，2012：110–113.

⑥ 部分权利能力还包括胎儿、设立中法人、清算中法人、设立和清算中的非法人组织的部分权利能力。杨立新．《民法总则》中部分民事权利能力的概念界定及理论基础［J］．法学，2017（5）：50–59.

⑦ 姚辉．人格权法论［M］．北京：中国人民大学出版社，2011：121.

⑧ 王利明．人格权法研究［M］．北京：中国人民大学出版社，2012：189.

人格利益的内涵，并增加了社会公共利益与道德的内容，比较客观全面，也是最有说服力的观点。

二、死者人格利益保护的意义

人死后是否应享有名誉等人格利益，不仅是一个民法问题，也是一个法理问题乃至哲理问题。死者的人格利益（名誉）取决于其生前所作所为、品德、功绩等，并延续于其死后；人类希望永生，而名誉、荣誉等“不死”的人格利益正是“永生”的标志。抛开这些形而上的考虑，死者人格利益保护的意义如下。（1）抚慰死者近亲。对死者人格利益的侵害，在现实社会中直接侵害了其近亲的人格权益，伤害其情感，“死者的后代和后继者——不管是他的亲属或不相识的人——都有资格去维护他的好名声，好像维护自己的权利一样。理由是这些没有证实的谴责威胁到所有人，他们死后也会有遭到同样对待的危险”[①]。（2）维护社会公序良俗，保护现在社会关系参与者。对死者人格的尊重，事实上也是尊重生者；污辱死者，也在污辱生者。而“法律对死者人格的保护主要是从维护公序良俗及保护现在社会关系参与者的角度出发的”[②]，因此，死者人格利益涉及社会公共道德和秩序，保护死者人格利益即维护社会公共道德。（3）维护民族优良传统。任何人都不希望死后受到他人侮辱，我国素有尊重先人的优良文化传统。事实上，这也是世界各国的传统，因此，保护死者的人格利益，既是保护死者尊严和其近亲情感的需要，也是各民族文明薪火相传的要求。（4）维护社会公共利益。对死者人格利益的侵权可能同时损及社会公共利益，法律为了维护社会利益及其公共利益，需要对死者的名誉、肖像、姓名等进行保护。[③] 许多死者如英雄、烈士和伟人的人格利益，已经转化为民族精神，世代相传，成为社会公共利益的一部分。而维护这些死者的人格利益，事实上也是对社会公共利益的维护。

第二节 媒体传播侵权与我国死者人格利益保护制度的演进

无论在古代还是在现代社会，死者声名的留存也好，“永生”也好，均与大众传播有必然的关系。我国当代死者人格利益保护制度的演进，与传播侵权密不可分，而且主要是与新闻传播侵害名誉权纠纷密切相关。从法律制度而言，这种演进可分为三个阶段。

---

① 康德．法的形而上学原理［M］．沈叔平，译．北京：商务印书馆，1991：120.

② 姚辉．人格权法论［M］．北京：中国人民大学出版社，2011：128.

③ 最高人民法院侵权责任法研究小组．侵权责任法条文理解与适用［M］．北京：人民法院出版社，2010：27.

一、批复性司法解释：针对零散的媒体（报刊）传播侵害死者人格利益案

我国新闻传播侵害名誉权的诉讼集中出现在20世纪80年代末期，其与名誉权等具体人格权、1987年元月生效的《民法通则》密切相关，① 就是学界所称的我国“新闻侵权的第一次浪潮”②，而我国侵害死者人格利益的诉讼随之出现，并且也由传统媒体即报纸传播引发。

这一阶段，有两个著名的案例。（1）“荷花女案”。此案中，③ 最高人民法院在1989年回复天津市高级人民法院的（1988）民他字第52号《关于死亡人的名誉权应受法律保护的函》中认为：“吉文贞（艺名荷花女）死亡后，其名誉权应依法保护，其母陈秀琴亦有权向人民法院提起诉讼。”（2）“海灯法师案”。此案中，（1990）民他字第30号《关于范应莲诉敬永祥等侵害海灯法师名誉权案有关诉讼程序问题的复函》中，最高人民法院指出：“海灯死亡后，其名誉权应依法保护，作为海灯的养子，范应莲有权向人民法院提起诉讼。”④

二、规范性司法解释：针对不断增多的媒体传播侵害死者人格利益案

自1992至2000年，我国又发生了学者所称的第二次至第四次新闻侵权浪潮，⑤ 并发生多起涉及媒体传播侵害死者人格利益的案例，影响较大的是1999年到2000年间进行的著名诗人郭小川家属起诉贺方钊、《幸福》杂志等媒体侵害郭小川名誉及人格尊严案、⑥ 袁殊子女起诉尹骐、中国人民公安大学出版社和人民出版社侵害袁殊名誉案——其中后者已涉及英烈人格利益保护问题。这期间，此类案件仍由传统媒体即报刊传播引发。⑦

由此，最高人民法院的批复性司法解释也数次涉及死者名誉保护问题。而对请求权和诉权行使主体问题，根据1988年最高人民法院《民法通则实施意见》第十二条

① 罗斌，宋素红．我国新闻传播诽谤诉讼的历史演进——基于证明责任分配角度的研究［J］．新闻与传播研究，2017，24（1）：47-67，127.

② 徐迅．中国新闻侵权纠纷的第四次浪潮——一名记者眼中的新闻法制与道德［M］．北京：中国海关出版社，2002：19.

③ 参见《中华人民共和国最高人民法院公报》1990年第2期。

④ 参见四川省级人民法院（1993）川民终字第6号民事判决书。

⑤ 徐迅．中国新闻侵权纠纷的第四次浪潮——一名记者眼中的新闻法制与道德［M］．北京：中国海关出版社，2002：19.

⑥ 郑艳丽，崔丽．郭小川黄昏恋案终审［N］．中国青年报，2000-12-08（4）.

⑦ 孙耀军．谁来对历史负责？——“潘汉年传记”引发袁殊名誉权诉讼案［J］．中国律师，1998（7）：30-32.；朱元涛．我对袁殊名誉权案的几点看法［J］．中国律师，1998（7）：33.

的规定，[①] 最高人民法院 1993 年《名誉权案件解答》（以下简称《解答》）第五条规定："死者名誉受到损害的，其近亲有权向人民法院起诉。近亲包括配偶、父母、子女、兄弟姐妹、祖父母、外祖父母、孙子女、外孙子女。这是我国最高人民法院第一次以规范性司法解释的形式对死者人格利益保护请求权和诉权归属做出明确。

但是，《解答》对媒体传播侵害死者人格利益同时损及社会公共利益情况下的请求权归属，并未明确。对此，《最高人民法院关于确定民事侵权精神损害赔偿责任若干问题的解释》（以下简称《精神损害赔偿解释》）第三条规定："自然人死亡后，其近亲因下列侵权行为遭受精神痛苦，向人民法院起诉请求赔偿精神损害的，人民法院应当依法予以受理：（1）以侮辱、诽谤、贬损、丑化或者违反社会公共利益的其他方式，侵害死者姓名、肖像、名誉、荣誉；（2）非法披露、利用死者隐私，或者以违反社会公共利益、社会公德的其他方式侵害死者隐私；（3）非法利用、损害遗体、遗骨，或者以违反社会公共利益、社会公德的其他方式侵害死者遗体、遗骨……"依照该条规定，侵害社会公共利益情况下，请求权和诉权主体也可为死者近亲。

2015 年生效的最高人民法院《民事诉讼法解释》（第六十九条规定："对侵害死者遗体、遗骨以及姓名、肖像、名誉、荣誉、隐私等行为提起诉讼的，死者的近亲为当事人。"该规定仅涉及死者本人人格利益案的诉讼主体，并未涉及公共利益时的诉权问题。

从概念采用来看，对于死者人格利益问题，最高人民法院在前述两个批复性司法解释中均使用了死者"名誉权"概念；而且 1990 年通过的《著作权法》明确规定了作者死亡后可以继续享有规定的著作人身权。[②] 由于大陆法系和我国《民法》始终坚持的自然人民事权利能力始于出生、终于死亡的原则，对死者"名誉权"概念的使用引发了学界的争议和批评。[③] 因此，1993 年、2001 年和 2015 年的规范性司法解释则删去了"权"字，只规定死者"姓名、肖像、名誉、荣誉"和"隐私"等，这符合民法学界所用"人格利益"概念的含义。

---

① 该条规定："《民法通则》中规定的近亲，包括配偶、父母、子女、兄弟姐妹、祖父母、外祖父母、孙子女、外孙子女。"

②《著作权法》第二十一条规定："公民的作品，其发表权、本法第十条第一款第（五）项至第（十七）项规定的权利的保护期为作者终生及其死亡后五十年，截止于作者死亡后第五十年的 12 月 31 日；如果是合作作品，截止于最后死亡的作者死亡后第五十年的 12 月 31 日。"

③ 麻昌华．论死者名誉的法律保护——兼与杨立新诸先生商榷［J］．法商研究（中南政法学院学报），1996（6）：36-42；王利明．人格权法论［M］．长春：吉林人民出版社，2004：444；杨立新．人身权法论［M］．北京：中国检察出版社，2004：273；梁慧星．民法总论［M］．北京：法律出版社，2001：132.

三、正式立法中的“英烈条款”及专门立法

2000年之后比较有影响的侵害死者人格利益的案件系宋祖德等侵犯谢晋名誉案，[①]但主要侵权媒体已经由传统媒体转为网络博客，主要侵权主体也由新闻媒体转为网络用户。此后，侵害英雄烈士人格利益的案件成为一种“现象”。

互联网时代，人人都可以发言，但也让信息变得繁杂和轻佻。一些网民热衷于“标新立异”，有意无意地加入对英雄烈士的解构中，而成长于互联网时代的青少年对英雄烈士的认识受此影响，为一些关于英雄烈士的“另类”解读提供了传播的空间和媒介。虽然不一定是刻意抹黑英雄，但娱乐至上的价值观、围观成瘾的癖好，使远离历史的青年成为“键盘侠”们的牺牲品。[②]近年来，遭遇“解构”的英雄烈士包括雷锋、刘胡兰、赖宁、董存瑞、邱少云、黄继光和“狼牙山五壮士”等。

在对英雄烈士的“解构风”中，影响最大的当属近年的“狼牙山五壮士案”和“邱少云案”。2016年两案刚刚审结，在2017年3月十二届全国人大五次会议审议《民法总则（草案）》期间，有全国人大代表提出应增加英雄烈士保护条款，经过讨论，《民法总则》“旗帜鲜明地规定了对英雄烈士名誉、荣誉的保护”[③]。可以说，《民法总则》“英烈条款[④]”的制定，直接源于“狼牙山五壮士案”和“邱少云案”。[⑤]《民法典·总则》第一百八十五条延续了这一规定。

需要指出，虽然“英烈条款”理论上针对包括人际传播等其他行为[⑥]在内的所有侵害英雄烈士等人格利益导致损害相关公共利益的行为，但其主要针对媒体传播侵害行为，理由如下：其一，实践中侵害英雄烈士等的姓名、肖像、名誉、荣誉的行为，多由媒体传播行为引发；其二，也只有媒体传播侵害行为，才有可能造成恶劣影响，从而损害社会公共利益；而其他行为导致的相关侵害行为，除非经过媒体传播，通常很难损害社会公共利益；其三，侵害英雄烈士等的遗体、遗骨或陵园、墓碑、墓葬的非媒体传播行为[⑦]也可能损害社会公共利益，但本条却未予规定。

2018年5月1日起施行的《英雄烈士保护法》规定了针对侵害英烈人格利益由检

---

① 罗剑华.宋祖德、刘信达侵犯谢晋名誉权案终审结果出炉［N］.新闻晨报，2010-02-02（4）.

② 陈娟.热衷解构的轻佻时代，我们该如何塑造英雄［N］.国际先驱导报，2015-06-23（2）.

③ 李适时.民法总则是确立并完善民事基本制度的基本法律［EB/OL］.（2017-04-14）［2018-12-19］.http://www.npc.gov.cn/npc/xinwen/syxw/2017-04/14/content_2019851.htm.

④《民法总则》第一百八十五条规定：“侵害英雄烈士等的姓名、肖像、名誉、荣誉，损害社会公共利益的，应当承担民事责任。”该条被《民法典·总则》第一百八十五条保留。

⑤ 孙莹.最高法杜万华盘点民法总则十大亮点［EB/OL］.（2017-06-08）［2019-12-15］.http://news.ifeng.com/a/20170608/51213169_0.shtml.

⑥ 如在私下诽谤英雄烈士，或毁损英雄烈士的肖像。

⑦ 如非法拆迁烈士陵园导致的侵害烈士遗体和遗骨的行为，或破坏英雄烈士陵园的行为。

察机关提起的公益诉讼。[①] 检察机关提起的诉讼，必须有“损害社会公共利益”的条件，如此，方符合公益诉讼的基本要求。

《英雄烈士保护法》第二十五条使英烈人格利益的民法保护得到公益诉讼的落实。但留下来的问题是，第一，被侵害英雄烈士的近亲提起诉讼的，检察机关是否能以“英烈条款”为依据提起诉讼？第二，英烈近亲是否可以依据“英烈条款”进行公益诉讼。上述两个问题的解决，需要正确理解“英烈条款”的具体规定。

四、小 结

截至目前，我国死者人格利益保护制度的演进中，最重要的原因或者说诱发因素即媒体传播。其他方式的侵害行为，并非死者人格利益保护制度演进的推动力量，而且是作为相关制度演进的附带性规范对象。自20世纪末至2010年生效的《侵权责任法》、2015年2月施行的《民事诉讼法解释》、2017年生效的《民法总则》、2018年5月施行的《英雄烈士保护法》和2021年生效的《民法典》，我国死者人格权益保护制度，从请求权和诉权主体、保护范围、保护期限，责任范围、责任方式、赔偿数额等，基本构建起来，而相关制度呈现出以下特点。

第一，从私益角度，直接承认死者人格利益中的“遗族利益”，并基于死者近亲利益考虑，即与死者近亲人格权益保护紧密相关，以死者近亲为请求权人和诉权主体。从公共利益角度，间接承认一般死者人格利益含有社会公共利益（公序良俗），直接承认特殊死者（英雄烈士等）人格利益含有社会公共利益。在责任要件的构成上，社会公共利益从手段到后果，从模糊到明确，其重要性越发突出。

第二，演进特征。（1）从针对特殊案件，到针对类型化案件，再到重点特殊类型（英雄烈士等）案件，我国死者人格利益制度经历了一个特殊（案件）→普遍（一般）→特殊（死者）的过程；（2）社会公共利益在此类制度中的地位越来越突出。

第三节　特别保护："英烈条款"中"公共利益"及其法律适用

所谓特别保护，指“英烈条款”的特别规定并非违反民法和民诉法的平等原则，

① 《英雄烈士保护法》第二十五规定：“对侵害英雄烈士的姓名、肖像、名誉、荣誉的行为，英雄烈士的近亲属可以依法向人民法院提起诉讼。英雄烈士没有近亲属或者近亲属不提起诉讼的，检察机关依法对侵害英雄烈士的姓名、肖像、名誉、荣誉，损害社会公共利益的行为向人民法院提起诉讼。”

在实体和程序上给予英雄烈士不对等的保护，而是在遵守民法和民诉法基本原则的前提下，保护社会公共利益：（1）在损害构成要件上，除了要具备平等保护中相同的人格利益侵害结果外，还须具备“损害社会公共利益的”要件；（2）正因为须具备“损害社会公共利益的”要件，所以此类诉讼在侵害客体、诉讼主体、诉讼时效等方面有特别之处。

一、“英烈条款”法律适用之本：维护媒体传播侵害的社会公共利益

（一）“英烈条款”的目的：维护媒体传播侵害的社会公共利益

第一，基于立法背景，“英烈条款”立法目的是维护媒体传播侵害的公共利益。《中华人民共和国民法总则（草案）》历次审议稿，未出现保护英雄烈士的条款。在十二届全国人大五次会议各代表团审议该草案时，有代表专门提出：“现实生活中，一些人利用歪曲事实、诽谤抹黑等方式恶意诋毁侮辱英烈的名誉、荣誉等，损害了社会公共利益，社会影响很恶劣，应对此予以规范。”[①] 全国人大法律委员会经研究，在该草案中增加了本条。事实上，“英烈条款”立法的直接诱因是“狼牙山五壮士”案和“邱少云”案，在其判决理由中，民族的共同记忆、共同情感、民族精神和社会主义核心价值观为全国人大代表的提议提供了司法准备。从“狼牙山五壮士案”和“邱少云案”中的被告适用于传统媒体及网络媒体的侵权手段，以及全国人大代表提案针对的“利用歪曲事实、诽谤抹黑等方式恶意诋毁侮辱”手段等立法背景看，“英烈条款”保护的主要是媒体传播所侵害的社会公共利益。

第二，从条文内容看，保护社会公共利益是“英烈条款”的核心目的和最终目的。首先，该条规定“损害社会公共利益的”条件，系我国法律关于侵权责任要件成立的一般、正常表述。本来，损害社会公共利益并非侵害英雄烈士等人格利益民事责任的构成要件。所以，如果不以保护社会公共利益为主要目的，则不必规定“英烈条款”，更不必规定“损害社会公共利益的”。当然，保护英雄烈士人格利益也是目的，但只是附带性目的，或者说是一种前提。其次，从列举的人格利益内容看，也以保护社会公共利益为目标。根据《精神损害赔偿解释》第三条规定，死者人格利益包括隐私，但“英烈条款”只列举了与公共利益相关的姓名、肖像、名誉、荣誉四项人格利益，并不包括作为私益的隐私，这也说明该条系以保护社会公共利益为主要目的——而且，侵害这四项人格利益而损害社会公共利益，其主要手段是媒体传播，故该条主要针对传播侵害。这从没有列举英雄烈士等的遗体、遗骨这一点也可看出。

第三，将“英烈条款”理解为仅保护英烈人格利益将带来民法体系内的逻辑矛盾。

① 王利明．中华人民共和国民法总则详解（下册）[M]．北京：中国法制出版社，2017：857.

我国民法的基本原则之一就是平等原则，这在《中华人民共和国民法典》（总则）第四条中已经得到确认。自然人死亡所享有的部分民事权利能力也是平等的，即“对一般的自然人的死者人格利益保护，与对英雄烈士的死者人格利益保护，基本原则应该是一样的，都是予以平等保护，不能有歧视性的规定”[①]。如果将“英烈条款”的立法目的理解为保护英雄烈士人格利益，将在价值层面违反人格平等原则。但“英烈条款”保护的对象非常明确，就是“英雄烈士等”，而非普通死者。所以，不能将本条目的理解为保护英雄烈士等的人格利益，而将该条规定的目的理解为保护社会公共利益，这样可与上述其他保护个人人格利益即私益的法律规范区分开来，不至于产生法律规范的交叉、冲突，也不至于产生法理层面的问题和违反民法基本原则。

第四，关于一般死者人格利益的保护已有法律规范调整。《名誉权案件解答》第五条、《民法通则实施意见》第十二条、《精神损害赔偿解释》第三条、《中华人民共和国侵权责任法》第二条和《民事诉讼法解释》第六十九条，[②] 对死者姓名、肖像、名誉、荣誉、隐私以及遗体和遗骨等人格利益进行了列举，对诉讼主体进行了规定，对责任方式与范围也进行了规范，包括英雄烈士在内的死者人格利益保护已经有比较详细的法律规范。英雄烈士等近亲属以自己的情感和精神受到损害为由，起诉侵害英雄烈士等人格利益的行为，依据上述法律规定即可，而不必适用“英烈条款”；利用烈士的姓名做商业广告，如果不采取贬损、侮辱等方式，只涉及烈士的人格利益，可能并不侵害公共利益，这种情况下适用上述法律规定，完全可以保护其私益，也不必适用“英烈条款”。

（二）“英烈条款”中公共利益的内涵

“英烈条款”中的社会公共利益显然不是一般死者人格利益中所体现的社会公共利益和公共道德，也非一般公序良俗——如果是，就没有规定“英烈条款”的必要。

在“狼牙山五壮士案”中，法院阐述英烈精神代表的社会公共利益：“‘狼牙山五壮士’及其事迹所凝聚的民族感情和历史记忆以及所展现的民族精神，是当代中国社会主义核心价值观的重要来源和组成部分，也是我们作为一个民族国家所不可或缺的精神内核。”[③] 至于“英烈条款”中的公共利益的界定，全国人大法律委员会认为，英雄烈士“是一个国家和民族精神的体现，是引领社会风尚的标杆，加强对英烈姓名、名誉、荣誉等的法律保护，对于促进社会尊崇英烈，扬善抑恶，弘扬社会主义核心

① 杨立新．中华人民共和国民法总则要义与案例解读［M］．北京：中国法制出版社，2017：688.

② 该条规定：“对侵害死者遗体、遗骨以及姓名、肖像、名誉、荣誉、隐私等行为提起诉讼的，死者的近亲属为当事人。”

③ 参见北京市西城区人民法院（2015）本民初字第 27841 号民事判决书，参见北京市第二中级人民法院（2016）京 02 民终第 6272 号民事判决书。

价值观意义重大"[①]。最高人民法院在发布英烈人格权益典型案例时也认为，此类案例："在侵权行为侵害的法益识别上，以这一英雄群体在我国当代史上发挥的作用为依据，将其精神归纳为民族的共同记忆、民族精神和社会主义核心价值观的一部分，因而构成了社会公共利益的一部分，因而法益识别准确。"[②] 2018 年 12 月 19 日，最高人民法院将"狼牙山五壮士案"确定为第 99 号指导性案例。申言之："英烈条款"中公共利益的内涵具备法律意义。

二、传播维度与社会公共利益目的下"英烈条款"的法律适用

在《中华人民共和国英雄烈士保护法》中，英烈人格利益的民法保护得到公益诉讼的落实，但相关问题仍待厘清。

（一）保护对象

"英烈条款"的保护对象无疑是"英雄烈士等"，但这里首先需要界定"英雄烈士等"。

"英雄"既不是一个法律概念，也不是一个学术概念。其通常含义为：杰出的人物，[③] 或"不怕困难，不为自己，为人民利益而英勇斗争、令人钦敬的人"[④]。因为"英雄"的内涵与外延过于宽泛且不稳定，有学者认为，本条中的英雄"应该理解为形容词，用以修饰'烈士'，指具有英雄品质的烈士"[⑤]。最高人民法院认为，"英雄"是指"为了他人利益、公共利益、国家利益，不畏艰辛、不怕牺牲，英勇奋斗并有重大贡献的人"[⑥]，其强调的是"有重大贡献"。

"烈士"则是具有法律意义的概念，是指在执行公务活动等特定情形下牺牲并经法定程序评定为烈士称号的人。根据我国民政部《烈士褒扬条例》第八条的规定，公民牺牲符合五种情形之一的，可评定为烈士；而根据国务院、中央军事委员会制定的《军人抚恤优待条例》第八条，现役军人死亡符合六种情形之一的，可批准为烈士。显然，英雄与烈士有以下区别：烈士指已经牺牲的人，而英雄未必牺牲；烈士需经相关程序进行评定，英雄是一种尊敬的称呼。

另外，"英烈条款"中"英雄烈士等"的"等"字，据最高人民法院的解释，指

---

① 石宏. 中华人民共和国《民法总则》条文说明、立法理由及相关规定［M］. 北京：北京大学出版社，2017：440.

② 人民法院依法保护"狼牙山五壮士"等英雄人物人格权益典型案例［N］. 人民法院报，2016-10-20（3-4）.

③ 夏征农. 辞海［M］. 上海：上海辞书出版社，2000：697.

④ 中国社会科学院语言研究所词典编辑室. 现代汉语词典［M］. 6 版. 北京：商务印书馆，2012：1559.

⑤ 张新宝.《中华人民共和国民法总则》释义［M］. 北京：中国人民大学出版社，2017：402.

⑥ 沈德咏.《中华人民共和国民法总则》条文理解与适用［M］. 北京：人民法院出版社，2017：1221.

“与英雄、烈士具有同种性质、同类贡献、同类影响的人，亦在本条适用范围之内”[①]。学界也持相同观点，[②]即这里的“等”并不包括一般死者。而有观点认为，对“英雄”和“等”的具体认定，“应在每一个具体案件中，由审判机关以行使司法自由裁量权的方式予以具体确定，不可一概而论”[③]。

虽然“英烈条款”的目的是为英雄烈士等提供特别保护，但根据该条以社会公共利益为保护目的的立法宗旨，应对其适用范围进行以下限定。

第一，仅对已牺牲的英雄或烈士等适用该条。因为如果英雄尚在世，“其当然享有人格权，与普通自然人的人格权保护没有特别之处，无须法律做出特殊规定”[④]，其也完全可以自己提起诉讼，保护自己的合法权益。而正因为英雄已去世，其无法保护自己的合法权益，即“在事实上无法要求侵权人承担民事责任时，才需要本条特别规定该侵权人仍然需要承担民事责任”[⑤]。全国人大法工委民法室认为，“本条保护的‘英雄烈士等’包括为了人民利益英勇斗争而牺牲，堪为楷模的人，还包括在保卫国家和国家建设中做出巨大贡献、建立卓越功勋，已经故去的人”[⑥]。此解释确定英雄等须已去世。

第二，经广泛传播，英雄烈士的人格利益或精神已经转化为社会公共利益。对此，最高人民法院认为，“之所以特别保护乃是英雄烈士等的个人利益已经成为社会公共利益的一部分，于此，才有超越一般民事主体保护程度的必要性”[⑦]。而至于哪些英雄烈士的人格利益和精神已经转化为社会公共利益，则需要在司法实践中根据具体情况进行认定。而认定标准可参考：（1）在遭受侵害之前，经广泛传播，其事迹体现的精神已成为民族的共同记忆、共同情感和民族精神，成为社会主义核心价值观的一部分，并可引导尊崇英烈、扬善抑恶的社会风气，也就是说，如“狼牙山五壮士”一样，其“精神价值已经内化为民族精神和社会公共利益的一部分。[⑧]（2）在遭受侵害之后，经广泛传播，其事迹体现的精神成为社会公共利益的一部分。如果说上述标准仍有弹性，那么大众传播媒介的传播内容、传播时间跨度、媒介类型，就是具刚性、最有说服力的证据之一。

（二）保护客体

如前所述，“英烈条款”保护的核心客体是社会公共利益，即责任构成的关键要件

---

① 沈德咏.《中华人民共和国民法总则》条文理解与适用［M］. 北京：人民法院出版社，2017：1222.
② 房绍坤. 英雄烈士人格利益不容侵害［N］. 检察日报，2017-04-25（5）.
③ 迟方旭. 如何理解英雄烈士人格利益保护制度［N］. 中国社会科学报，2017-06-27（5）.
④ 房绍坤. 英雄烈士人格利益不容侵害［N］. 检察日报，2017-04-25（5）.
⑤ 张新宝.《中华人民共和国民法总则》释义［M］. 北京：中国人民大学出版社，2017：402.
⑥ 张荣顺.《中华人民共和国民法总则》解读［M］. 北京：中国法制出版社，2017：620.
⑦ 沈德咏.《中华人民共和国民法总则》条文理解与适用［M］. 北京：人民法院出版社，2017：1223.
⑧ 张荣顺.《中华人民共和国民法总则》解读［M］. 北京：中国法制出版社，2017：623.

系损害社会公共利益。这里，损害社会公共利益是责任要件而不仅仅是结果。申言之：侵害英雄烈士等人格利益是前提性要件，社会公共利益的损害是结果性要件。

需强调，“英烈条款”关于姓名、肖像、名誉、荣誉四项人格利益的列举是穷尽式而无遗漏：其不包括对英雄烈士等的隐私等不涉及公共利益的人格利益的保护，也不包括对英雄烈士等的遗体、遗骨等的涉及公共利益的人格利益的保护，更不包括英雄烈士等近亲属人格尊严、精神健康等一般人格利益的保护。

另外，在此类案件中，在判断加害人是否侵害英雄烈士的人格利益这一前提性要件时，需依照民法的平等原则和《民法典》《精神损害赔偿解释》等法律规范，判断标准与侵害一般自然人相同，而不需要依照或引用“英烈条款”。

（三）请求权的行使

由上述“英烈条款”的保护主体和保护客体的探讨，可知本条系社会公共利益的保护条款，并非英雄烈士等近亲属的人格尊严、精神健康的保护条款，“所以，一旦这些人的名誉受到侵害，即使其近亲属不提起诉讼，有关机关也应当有权提起诉讼，请求停止侵害”①，即：英雄烈士等有无近亲属生存，其近亲属是否有能力提起诉讼、是否提起诉讼，均不应影响本条保护的社会公共利益的实现。但对于请求权基础而言，单单有“英烈条款”是不完整的，还需要《中华人民共和国民法典·侵权责任编》和司法解释对于请求权内容、行使主体、责任方式和范围进行明确。

在请求权的行使上，需注意：第一，请求权的行使主体须以法定公益诉讼机构为主。目前，《中华人民共和国英雄烈士保护法》确定了检察院作为请求权行使主体，而且只能是检察机关行使。第二，既然“英烈条款”不保护英雄烈士等近亲属人格尊严、精神健康等一般人格利益，则请求权的行使不能含有针对英雄烈士等近亲属的内容，如向其停止侵害、赔礼道歉、赔偿损失等。张某丑化贬损袁隆平院士名誉案，典型地体现了上述规定与原则。②

侵权行为人依法承担损害社会公共利益的民事责任外，英烈近亲属仍有权起诉侵

---

① 亓培冰．死者肖像权的保护及其法律适用［J］．人民司法，2000（5）：22–24.

② 著名农业科学家、中国杂交水稻事业的开创者和领导者、“共和国勋章”获得者、中国工程院院士、被誉为“杂交水稻之父”的袁隆平逝世后，张某于 2021 年 5 月 22 日至 5 月 24 日，在境外网络平台发表推文 9 条，亵渎袁隆平院士的事迹和精神，丑化袁隆平院士的形象，贬损其名誉，相关推文被他人留言 10 条，被转推 36 次，被点赞 275 次。天津市人民检察院第二分院在征询袁隆平院士近亲属的同意后，提起了民事公益诉讼。天津市第二中级人民法院经审理认为，袁隆平院士毕生为解决中国人民的温饱问题、保障国家粮食安全、世界和平和社会进步等做出了卓越贡献，属于英烈保护法保护的英雄模范人物。张某的行为不仅侵害了袁隆平院士的人格利益，给其亲属造成了精神伤害，同时伤害了社会公众的民族和历史感情，损害了社会公共利益。该院 2022 年 5 月 19 日判决：被告张某于本判决生效之日起十日内，在国家级新闻媒体公开赔礼道歉、消除影响。刘萌．侵害袁隆平院士名誉荣誉案宣判［EB/OL］．（2022–05–20）［2023–01–06］．https://www.163.com/dy/article/H7QT67FP0552DNJF.html.

权行为人承担侵害人格权益的侵权责任，[①] 这是不同的两个诉讼。另外，检察机关提起的公益诉讼不宜与被侵害的英雄烈士的近亲属提起的诉讼合并审理，因为后者是私益诉讼，合并诉讼可能会导致对被告程序性的不平等。

（四）责任方式和责任形态

根据前面所述的此类案件的社会公共利益，请求权的内容当以停止侵害、赔礼道歉、消除影响、恢复名誉为主，以赔偿损失为辅。至于具体的诉讼请求，如通过何种媒体进行赔礼道歉、消除影响、恢复名誉，相关文章的刊发次数或网络传播的时间，需根据具体损害情况而定。需要说明的是，提起公益诉讼的相关机构没有精神损害赔偿请求权。

此类案件责任形式中，作为财产责任形式的赔偿损失是辅助责任形式，但在被告是营利主体，具有相当经济实力和知名度，且以牟利为目的故意侵害英雄死者等人格利益时，可判处惩罚性赔偿。司法解释可对此进行具体规定。

此类案件系过错责任，原则上被告承担自己责任，但在数名被告有符合《民法典》第一千一百六十八至一千一百七十一条的相关规定的，或者有第一千一百九十五条第二款和第一千一百九十七条描述的情形的，应承担连带责任。

（五）保护期限

关于死者人格利益保护的时间问题，有两种观点。第一种观点是认为不应有时间限制，而且实践中也难以把握时间上的限制；第二种观点认为，对死者人格利益的保护应当有时间限制，因为“后人对其先人之‘孝思忆念’事涉主观，若拘泥于此，亦将使法解释陷于被动。因此，必须明白，法律有关死者的规范，并非专就某人而定，而是基于社会公益的考量，所以应求其普遍客观”[②]。而中国历史有数千年之久，如果无期限限制，可能产生对久远年代死者人格利益保护的问题，进而导致一系列争议，如 1976 年发生在台湾的“谤韩案”[③]。

至于具体保护期限，有观点在解释“英雄烈士等”的“等”字时，认为其是指“在我国近现代历史上，为争取民族独立和人民自由幸福、国家繁荣富强做出了突出贡献的楷模，例如我国近现代史上的伟人、革命领袖等。只要是能够作为民族精神代表、

---

① 王叶刚 . 论侵害英雄烈士等人格权益的民事责任——以《民法总则》第 185 条为中心［J］. 中国人民大学学报，2017，31（4）：31–37.

② 杨仁寿 . 法学方法论［M］. 北京：中国政法大学出版社，1999 ：3.

③ 我国台湾有人发表文章，认为我国唐代诗人韩愈“曾在潮州染风流病，以致体力过度消耗”。韩愈第三十九代孙以“孝思忆念”为由，提起了名誉毁损之诉。杨仁寿 . 法学方法论［M］. 北京：中国政法大学出版社，1999 ：3–8.

民族文化的旗帜的人，都可以纳入本条保护的主体范围”①，即认为英雄烈士等的保护期限以近现代为宜。《中华人民共和国英雄烈士保护法》采用此观点，在第二条第二款规定了“近代以来”的期限。

关键词

死者人格权益　“直接利益说”　“间接利益说”
“法益说”　英烈条款　《中华人民共和国英雄烈士保护法》
英雄烈士　社会公共利益

思考题

1. 死者人格权益保护的法理依据是什么？
2. 死者人格权益保护有什么意义？
3. 如何看待从批复性司法解释到规范性司法解释的演进？
4. 从死者人格利益保护制度的演进来看，如何看待新闻伦理的作用？
5. 如何理解“英烈条款”中公共利益的内涵？

① 张新宝.《中华人民共和国民法总则》释义［M］. 北京：中国人民大学出版社，2017：402.

第十六章　传播侵害著作权

著作权即版权，是自然人、法人及非法人组织对在文学、艺术和科学领域内创作作品所享有的权利。

作为无形资产，著作权离不开传播，正是由于传播才具备商业价值，可以说无传播就无著作权；与此同时，非法传播也可能侵害当事人的相关权益。著作权内容丰富，侵权行为类型、方式繁杂，本章仅概述著作权的基本内容及传播侵害著作权的一些焦点问题。

第一节　著作权的客体与主体

著作权的客体是作品，主体主要是自然人，但存在法律拟制主体。2021 年 6 月 1 日起施行的《中华人民共和国著作权法》（以下简称《著作权法》）中，对著作权的客体与主体的规定均有变化。

一、著作权的客体

（一）著作权的客体——作品

著作权是就特定作品产生的权利，而不是抽象的权利，没有离开作品的著作权。所以，学者将其定义为“基于文学、艺术和科学作品依法产生的权利”[①]。

《著作权法》第三条规定：“本法所称的作品，是指文学、艺术和科学领域内具有独创性并能以一定形式表现的智力成果。”可见，受著作权法保护的作品需具备以下条件。

1．具备一定的表现形式

首先，作品是一种“表现形式”。作品是思想、思维、感情、程序的再现，而思

① 刘春田．知识产权法［M］．北京：中国人民大学出版社，2000：23.

想、思维、感情、程序属于人内在的主观范畴，不会对社会产生影响，无法得到保护。著作权只保护思想、思维、感情的表达及其形式，而不保护思想、感情、程序本身，这是国际通行著作权法的基本理论与原则。1994 年，世界贸易组织《与贸易有关的知识产权协议》第九条第二款规定："著作权保护应及于表达方式，但不延及思想、程序、操作方法或数学概念本身。"这也就体现"思想工作—表达"两分法，如：广播体操作为一种"思想"而非表达，也不能受到著作权法的保护。[①]电视节目模板、演出模式在我国也不被认定为作品，主流观点认为原因在于其只是一种"程序"而非表达形式。[②]

其次，作品是"能以一定形式表现的智力成果"。根据《中华人民共和国著作权法实施条例》的规定，这种智力成果必须能以"某种有形形式复制"，[③]强调作品的可复制、可固定，排除了相当部分客体。2021 年 6 月 1 日起施行的新《著作权法》则强调作品可以"一定形式""表现"，突破了"某种有形形式复制"的局限。如，原《著作权法》第三条第六项列举的作品为"电影作品和以类似摄制电影的方法创作的作品"，对此类作品的摄制方法、方式进行了限制，但新《著作权法》该项规定为"视听作品"，去掉了摄制方法的限制，扩展了此类作品的外延，使直播类等作品也被纳入作品客体范畴；[④]而且，新《著作权法》第三条第九项的"符合作品特征的其他智力成果"，作为一个开放性条款，为把新信息传播技术可能带来的新形式的智力成果列入作品范畴提供了可能。

最后，作品的表现形式必须符合法律规定，如：口述作品在我国属于作品范畴，但在另一些国家就不受著作权法保护。

---

① 中国体育报业总社 2011 年 6 月 27 日与国家体育总局群体司签订了第九套广播体操出版合同，获得该套广播体操的独家复制、出版、发行等权利，并于同年 8 月将相关产品投放市场。后该社发现广东某音像公司、广东某文化传播公司出版、发行的涉嫌侵犯第九套广播体操独家经营权的侵权作品，故诉至北京市西城区法院，请求判令被告停止侵权、消除影响、赔礼道歉，赔偿经济损失及合理支出共计 66.5 万元。西城区法院经审理认为，第九套广播体操的动作不是文学、艺术和科学领域内的智力成果，本质上属于思想而非表达，故不属于著作权法意义上的作品，不受著作权法保护。但第九套广播体操动作的文字说明、图解作为文字作品和美术、摄影作品均受著作权法保护。西城区法院判决：被告广东某音像公司、广东某文化传播公司停止出版、发行涉案侵权产品，并赔偿合理损失 10 万元。参见北京市原西城区人民法院（2012）14070 号民初字民事判决书。

② 如张铁军诉王晓京著作权侵权案中，法院认定涉案成果属于演出模式，其总体上属于创意、构思或理念的范畴，不属于我国著作权法规定的作品保护范围。参见北京市第二中级人民法院（2005）二终民字第 00047 号民事判决书。

③《中华人民共和国著作权法实施条例》第二条规定："著作权法所称作品，是指文学、艺术和科学领域内具有独创性并能以某种有形形式复制的智力成果。"

④ 在此之前，体育赛事直播画面是否构成作品，在我国司法界存在争议，其中，"新浪诉凤凰案"，一审和二审法院分别认定和否定了直播画面的作品性质。参见北京市朝阳区人民法院（2014）朝民（知）初字第 40334 号民事判决书，北京市知识产权法院（2015）京知民终字第 1818 号民事判决书。

2. 应当具有独创性或原创性

首先，作品的完成是作者自己独立构思完成，而不是抄袭、临摹他人作品得来。其次，作品需独一无二，这是其与专利的区别。

关于作品的独创性，大陆法系与英美法系有共同的观点：德国最高法院曾在一个案例中宣布："只有达到一定艺术水平的美术作品才受著作权法保护，即创作必须是作者运用创造力从事的智力创造活动，而非单凭技巧和一般的智力的活动。平均水准之创作人能力、单纯的手工、机械性技术串联形成、材料组成、按一定模型而成者，则在著作权保护之外。"① 德国的"有一定艺术水平"的要求在美国也有共鸣。1909 年美国《版权法》规定"作者的全部作品"均应受到保护，而到了 1976 年，《版权法》中规定只有"独创性作品"（original works）才能受到保护。

成果的独创性水平不仅影响其能否成为作品，在侵权纠纷中还会影响赔偿数额。②

（二）作品的种类

我国法定的作品类型包括文字作品，口述作品，音乐、戏剧、曲艺、舞蹈、杂技艺术作品，美术、建筑作品，摄影作品，视听作品，工程设计图、产品设计图、地图、示意图等图形作品和模型作品，计算机软件，符合作品特征的其他智力成果。③

当然，依据公共利益需要及作品构成的前述要素，以下文件等不属于著作权法中的作品：法律、法规，国家机关的决议、决定、命令和其他具有立法、行政、司法性质的文件及其官方正式译文，单纯事实消息，历法、通用数表、通用表格和公式。④

二、著作权主体的类型

第一，作者即自然人。作者通常指创作作品的自然人，而作品作为有独创性的智力成果主要是人创造的，所谓智力主要指的是人的智力，所以自然人是著作权的主体。著作权法律制度主要保护自然人的著作权。创作指直接产生文学、艺术和科学作品的

---

① 李伟文 . 论著作权客体之独创性［J］. 法学评论，2000（1）：84–90.

② 2014 年 5 月 28 日，琼瑶向北京市第三中级人民法院提起诉讼，称于正未经她的许可，擅自采用《梅花烙》的核心独创情节，改编创作电视剧本，并联合其他 4 方被告共同摄制了电视连续剧《宫锁连城》并播出，其中有 23 处情节相同或相似，认为其改编权被侵害，请求判令于正在内的 5 名被告立即停止侵权、消除影响、向其赔礼道歉并赔偿经济损失 2,000 万元。法院对两件作品的 23 处情节进行比对，认定有 9 处情节具有独创性，终审判决：5 名被告构成共同侵权，并赔偿原告经济损失 500 万元。参见北京市高级人民法院（2015）高民（知）终字第 1039 号民事判决书。

③ 参见《著作权法》第三条。

④ 参见《著作权法》第五条。

智力活动。[①]但创作作品的作者并非在任何情形下都是著作权的主体，法律意义上的作者是依照著作权法律制度的规定可以享有著作权的主体。

第二，法人或者非法人组织。大陆法系中国家不承认自然人外的法人等组织是著作权人身权的主体。但为平衡作品权益中的物质、经济利益冲突，一些国家设置了法人、非法人组织作为完全著作权主体的制度。根据我国《著作权法》的规定，原则上创作作品的自然人是作者，著作权属于作者，但也有例外：法人或者非法人组织作者——前提是由其主持，代表其意志创作，并由其承担责任。但法人或非法人组织不是“天然”作者而是法律“拟制”的作者，所以，在我国法律中，此类作者是“视为”作者。[②]

第三，继受作者。所谓继受作者，指因原创作者的转让、赠与、委托，或因继承等，其他自然人或法人、非法人组织取得著作财产权，而不享有著作人身权。

三、著作权的归属

（一）著作权归属判断的基本原则

判断著作权归属有两大原则：第一，作品的创作者为作者。作者是相关作品的著作权人，这是著作权归属的基本原则。但判断著作权的归属，需要证据，因此，根据我国《著作权法》的规定，在作品上署名的自然人、法人或者非法人组织为作者，除非有其他证据证明作者为他人。第二，著作权登记证明上登记的作者。为确认作品的著作权人或解决相关纠纷等需要，可以向国家著作权主管部门认定的登记机构办理作品登记，登记证明上的作者是法律承认的作者。[③]

（二）特殊类型作品著作权归属的认定

一是演绎作品著作权的归属。改编、翻译、注释、整理、汇编已有作品或作品的片段或者不构成作品的数据或者其他材料而产生的作品，著作权由改编、翻译、注释、整理或汇编人享有，但行使著作权时不得侵犯原作品的著作权。[④]改编、翻译、注释、整理行为，一般都能体现出独创性，但汇编行为可能体现也可能体现不出对内容选择或编排的独创性，只有体现出独创性的才能构成作品，从而有著作权。

二是合作作品著作权的归属及行使。根据我国《著作权法》的规定，合作作品的

① 参见《著作权法实施条例》第三条。
② 参见《著作权法》第十一条第二款。
③ 参见《著作权法》第十二条。
④ 参见《著作权法》第十三、十五条。

著作权由合作作者“共同享有”，非创作人，不能成为合作作者[①]。该条是基于著作权归属的基本原则而设定的。但实践中主要问题在于权利的行使：对于可分割使用的作品，如合作编写的教材中的章节，一般都有明确标注，作者对这些章节可以单独享有著作权；对无法分割使用的作品，如计算机软件等，“协商一致”“所得收益应当合理分配给所有合作作者”的使用原则尽管是“合情合理”的原则，但产生纠纷的概率很高。[②]

三是视听作品著作权的归属。我国《著作权法》有两种规则：[③]首先是法定规则。第一，电影作品、电视剧作品的著作权原则上由制作者享有，编剧、导演、摄影、作词、作曲等作者享有署名权，并有权按照与制作者签订的合同的规定获得报酬；第二，视听作品中的剧本、音乐、歌曲等可单独使用的作品，创作者有权单独行使其著作权，这里，《著作权法》对使用的表述是“有权单独行使”，而不是归其所有，是一种模糊的表达。其次是约定规则加法定。电影、电视剧以外的视听作品的著作权，其归属可由当事人约定，没有约定或者约定不明确的，由制作者享有，但作者享有署名权和获得报酬的权利。

四是职务作品著作权的归属。（1）一般职务作品，指自然人为完成法人或者非法人组织工作任务所创作的作品，其著作权原则上由作者享有，但法人或者非法人组织有优先使用权，而且在作品完成两年内，作者未经单位同意不得许可他人以与单位使用的相同方式使用该作品[④]——至于“相同方式”，《著作权法》未予解释。该规定事实上仍是基于作品归属于作者的基本原则，尊重作者的创造性智力劳动，而相关法人或非法人组织所享有的权益在时间与方式上都有限制。（2）特殊职务作品。此类作品有三种，[⑤]其著作权主要由法人或者非法人组织享有，作者仅享有署名权。其中，“主要是利用法人或者非法人组织的物质技术条件创作，并由法人或者非法人组织承担责任的”特殊职务作品，很容易与法人作品相混淆从而产生纠纷，纠纷的焦点在署名权上。

五是美术、摄影作品著作权的归属。此类作品著作权归属判断很困难，因为著作权人与作品原件所有人是分离的。实践中，美术、摄影作品的创作者有时不掌握作品原件，如肖像作品，摄影人通常不是肖像权人；风景摄影与绘画作品的创作者也可能

① 参见《著作权法》第十四条第一款。
② 参见《著作权法》第十四条第二款。
③ 参见《著作权法》第十七条。
④ 参见《著作权法》第十八条第一款。
⑤ 特殊职务作品包括：主要是利用法人或者非法人组织的物质技术条件创作，并由法人或者非法人组织承担责任的工程设计图、产品设计图、地图、示意图、计算机软件等职务作品；报社、期刊社、通讯社、广播电台、电视台的工作人员创作的职务作品；法律、行政法规规定或者合同约定著作权由法人或者非法人组织享有的职务作品。参见我国《著作权法》第十八条第二款。

将作品赠送他人……上述情况下，根据著作权归属的基本原则，作品的著作权人并未改变，仍然是创作人，但根据我国《著作权法》规定，原件的展览权由原件所有人享有。①

六是委托作品著作权的归属。此类作品原则上尊重当事人的意思自治，由委托人及创作人约定；约定不明的，依照著作权归属的基本原则，由创作者享有著作权。②

四、媒体职务作品著作权的归属

根据《著作权法》的规定，我国法人作品中，法人享有署名权在内的全部著作权；而职务作品分为一般职务作品和特殊职务作品，前者的著作权原则上由作者享有，后者是由单位享有除署名权以外的其他权利。根据2021年6月1日之前的我国《著作权法》，媒体工作人员创造的作品，并未明确为法人作品或特殊职务作品。在《著作权法》修订过程中，关于媒体职务作品的规定，经历了以下主要变化：第一，关于作品的性质，从一般职务作品变为特殊职务作品；第二，关于作品创作主体范围，从2014年《著作权法》（修订草案送审稿）中的“职工”，扩展到2020年《著作权法》（修正案草案）“工作人员”，然而，媒体范围中却将“报社、期刊社、通讯社、广播电台、电视台及所属媒体”中的“所属媒体”删除（即排除了新媒体）；第三，关于作品的范围，经历了从“为完成报道任务”到“职务作品”的扩张（前者范畴小于后者）。上述改变，是在媒体传播生态根本变化的情况下，我国基于知识产权公共政策理论、我国新闻媒体体制特点，以及保护媒体作为资金投入者和解决媒体实践问题，做出的有利于传统媒体的修订。

将新闻媒体作品规定为特殊职务作品，在实践中一些问题仍然有待解决：第一，排除了合同当事人的意思自治，可能压制媒体工作者的创作热情，也不利于对弱势地位创作者的保护；第二，在媒体融合的过程中，不同类型媒体、同类型媒体的不同节目间都可以轻而易举地实现传播内容的重复使用，新《著作权法》第十八条中的媒体范围排除新媒体，显然考虑不周。第三，不利于著作人身权益的保护。而学界提出了相关解决方案：以“一般原则＋科学分类”方法，即普通文字、摄影等主要由媒体从业者自身智力创造的作品，著作权归个人；对于运用人工智能、大数据、云计算等各种创新型技术创作的新闻作品，可以纳入特殊职务作品范畴内调整。③

---

① 参见《著作权法》第二十条。

② 参见《著作权法》第十九条。

③ 王晋．论媒体职务作品的著作权归属——兼议新《著作权法》关于媒体特殊职务作品的规定［J］．当代传播，2022（2）：97-102.

第二节 著作权的权能（内容）

著作权分为著作人身权和著作财产权；另外，还有与著作权有关的权利即相关权（或称邻接权）。著作权保护的主要是作者的智力投入，相关权保护的主要是作品传播过程中的组织性、经营性投入。

一、著作人身权

所谓著作人身权，包括发表权、署名权、修改权和保护作品完整权，是指著作权权能中的精神性权利——正因其为精神性权利，大陆法系国家的著作权法律制度只承认自然人的著作人身权，不承认法人或非法人组织的著作人身权。

一是发表权。发表权即决定作品是否公之于众的权利。向不特定多数人公开构成发表；在特定范围内的公开与传播，如给一定数量学生上课使用、在学术会议上研讨及邀请同行专家审阅指导等，均不能归为发表。典型的发表是在互联网、报刊、书籍、广播电视上的对不特定当事人的传播；在内网上面对多数人的传播，不构成法律上的发表。

发表权一经行使，即为消灭。作品在传统媒体上首发，再到网络媒体上传播，或者从一个小网站传播到在一个大平台传播，都不是“再发表”，而是扩大传播范围。

二是署名权。署名权即表明作者身份、在作品上署名的权利，是著作人身权中最基本的权利。原则上，只有创作作品的自然人享有此项权利，所以，各国著作权法律制度对该权利的保护极为严格。根据我国《著作权法实施条例》，对于作者身份不明的作品，作品原件的所有人可行使其他权利，但不得行使署名权；[①] 使用他人作品的，应当指明作者姓名、作品名称。[②] 我国承认法人和非法人组织的著作人身权，但仅在法人作品中承认其署名权，在特殊职务作品中，法人和非法人组织不享有署名权。

署名主要针对的是作者的真实姓名、笔名或艺名。实践中，如果作品来自对他人作品的修改，则仅仅将来源作品名称公布，并不足以保护他人署名权。如改编自《鬼吹灯》系列小说第一部《精绝古城》的电影《九层妖塔》正片中，未出现原著作者“天下霸唱”的署名，作者张牧野诉至法院，要求判决制片人侵害其署名权，得到法院认可。[③]

---

① 参见《著作权法实施条例》第十三条。

② 参见《著作权法实施条例》第十九条。

③ 参见北京市西城区人民法院民事判决书（2016）京 0102 民初 83 号民事判决书。

署名权在传统媒体中的实现相对简单，在信息网络传播中，可通过权利管理电子信息（说明作品及其作者、表演及其表演者、录音录像制品及其制作者的信息，作品、表演、录音录像制品权利人的信息和使用条件的信息，以及表示上述信息的数字或者代码）[①]来实现。除非技术上的原因无法避免删除或者改变，未经权利人许可，故意删除或者改变通过信息网络向公众提供的作品、表演、录音录像制品的权利管理电子信息，或者通过信息网络向公众提供明知或者应知未经权利人许可而被删除或者改变权利管理电子信息的作品、表演、录音录像制品的，都是需要承担民事责任和行政责任。[②]

三是修改权。修改权即修改或者授权他人修改作品的权利，我国《著作权法》对修改权的定义并不完善，该权利不仅有决定自己修改或授权他人修改的权利，还有决定不修改和禁止他人修改的请求权。作品体现的是作者的思想、情感，所以，影响表现这种思想、情感的对表达形式的修改，均应出自创作者本人的意愿。实践中，细节性的文字修改一般不会影响创作者思想、情感的完整表达，所以，《著作权法》允许报社、期刊社对作品进行文字性修改、删节，然而，对内容的修改，必须经作者许可。[③]

修改权的要求高于保护作品完整权的要求，故其行使比较困难。目前，新闻传播实践中，算法新闻推荐中对著作权人修改权的侵害比较普遍，主要是平台对加框链接后新闻来源的标题和内容的修改，尽管可能不影响其作品完整权，侵害修改权是确定的。[④]

四是保护作品完整权，即保护作品不受歪曲、篡改的权利。该权利是与修改权紧密相关的权利。严格来说，只要修改权得到保障，作品的完整性就不可能受到破坏；修改权被侵害，作品的完整性未必受到破坏；作品的完整性受到破坏，修改权必定已经受到侵害。但实践中，作品完整性的破坏，有一个修改度的问题，只要不歪曲原作品，也要考虑不同创作方式与规律作品修改的要求，比如电影创作对原文字作品的改编。在诉讼中，对这类改编是否侵害原作品的完整性，法官的主观判断很关键。[⑤]

---

① 参见《信息网络传播权保护条例》第二十六条第三款。

② 参见《信息网络传播权保护条例》第五条、第十八条第三项。

③ 参见《著作权法实施条例》第三十六条。

④ 罗斌，宋素红．算法新闻传播主体的法律性质：ICP 还是 ISP——兼与《算法推荐新闻的法律透视》一文商榷［J］．新闻记者，2019（6）：77-86.

⑤ 前述《鬼吹灯》系列小说第一部《精绝古城》作者张牧野诉电影《九层妖塔》制片人一案，张牧野还请求判决侵害其保护作品完整权，但法院认为，根据著作权法实施条例第十条规定，著作权人许可他人将其作品摄制成电影作品和以类似摄制电影方法创作的作品的，视为已同意对其作品进行必要的改动，考虑电影作品表现手法和创作规律的特殊性，被告并未侵害其保护作品完整权。参见北京市西城区人民法院民事判决书（2016）京 0102 民初 83 号民事判决书。

二、著作财产权

所谓著作财产权，指著作权权能中能给权利主体带来经济利益、物质报酬，并可许可他人使用或依法转让的权利。根据我国《著作权法》，著作财产权包括以下种类。①

（一）复制权

复制权即以印刷、复印、拓印、录音、录像、翻录、翻拍、数字化等方式将作品制作一份或者多份的权利。

复制权是著作财产权的核心与基础，其他权能的行使，往往需要复制权的支撑。过去，该权利强调有形复制，作品须“固定”在有形的载体上，为使作品能够被感知、复制或传播，“固定”必须具有持续性。但网络传播中，无论是文字作品、绘画作品，在成为数字作品时都被转换成了 0 和 1 的电信号序列组合，网络传播虽然没有传统有形载体为复制基础，但作品的传播者在保留了该作品原始拷贝的同时，接受者也获得了该原始拷贝的复制件。所以，网络上数字作品的复制可以说是无限的。而且，云传播与流媒体技术也对复制权产生了冲击，从技术原理上看，在云传播临时复制中，并未产生著作权法律规定的复制件；从用户使用过程看，云传播中作品复制行为在技术上相当于被直接省略。正因如此，经修订的新《著作权法》在列举复制的方式时，增加了“数字化”方式，解决了网络空间中权利人这项核心权利受到侵害却难以得到保护的问题。

（二）发行权

发行权即以出售或者赠与方式向公众提供作品的原件或者复制件的权利。

该权利的主体是作者即著作权人，而非出版发行组织，后者的相关权利为特许经营权。就发行方式而言，传统媒体的发行包括销售推广报刊、书籍、录音录像制品及拷贝等。这里容易混淆的是发行权与广播权的关系：广播组织取得节目的广播权，并不意味着必然取得发行权，购得录音录像也不代表取得广播权。总之，发行需著作权人授权。

发行权奉行一次用尽原则。但作为发行的新技术手段，网络数字传输不以有形载体为基础，无复制件投放量及时空的限制，“发行权一次用尽原则”不适用于网络传播。

---

① 关于著作财产权十二项权能的定义，参见我国《著作权法》第十条第一款（五）至（十六）项。

（三）出租权

出租权即有偿许可他人临时使用视听作品、计算机软件的原件或者复制件的权利，计算机软件不是出租主要标的的除外。

原《著作权法》规定的出租权客体中，不包括视听作品、计算机软件。由于智能信息传播终端技术的发展，拍摄技术的进步，“视听作品”涵盖并取代了“临时使用电影作品和以类似摄制电影的方法创作的作品”，而且，计算机软件的复制件同样可以出租，因此，经修订的新《著作权法》做了上述修改。

但修改后的出租权定义，就出租权客体而言仍然是有形载体，仍有局限性。与传统有形作品的出租不同，网络作品出租是通过技术手段，将受著作权法保护的作品在网络上的传播限定在一定时间，即类似于电视台的“定时播放”，用户付费后于此段时间内使用此作品。而在云传播中，用户只是暂时“占有”由流媒体传输的瞬间而逝的数据包，表现为直接体验和使用作品（包括软件作品和音视频作品），根本不存在有形复制件，也不存在对复制件的“占有”，因为根本就没有发生过有形音视频作品载体从云服务商到用户的转移。① 因此，新《著作权法》对出租权的界定尚不能完全应对新传播技术的发展。

（四）展览权

展览权，即公开陈列美术作品、摄影作品的原件或者复制件的权利。该权利主体一般是著作权人，但在作品所有权人与著作权人不一致的情形下，所有权人享有展览权。② 展览权的客体在《著作权法》是闭合式列举的，是美术作品、摄影作品，不包括其他作品。

（五）表演权

表演权即公开表演作品，以及用各种手段公开播送作品的权利。这里包括两种权利：一是演员或他人以身体语言进行的现场表演；二是借助视听工具对自己的表演作品进行传播的权利。

表演权的客体通常是表演者自己的作品，而表演他人作品是表演者权所规范（下述）。

（六）放映权

放映权即通过放映机、幻灯机等技术设备公开再现美术、摄影、视听作品等的权

---

① 罗斌．传播侵权研究［M］．北京：国家图书馆出版社，2018：530.

② 参见《著作权法》第二十条。

利。实践中，该权利的客体更多是视听作品。

（七）广播权

广播权即以有线或无线方式公开传播或者转播作品，及通过扩音器或者其他传送符号、声音、图像的类似工具向公众传播广播的作品的权利，但不包括信息网络传播权。

原《著作权法》对“广播权”的定义是“以无线方式公开广播或者传播作品，以有线传播或者转播的方式向公众传播广播的作品，以及通过扩音器或者其他传送符号、声音、图像的类似工具向公众传播广播的作品的权利”——此定义基本复制了《伯尔尼公约》第11条的规定，[①]只能控制对作品进行无线传播、对接收到的无线信号进行有线或无线转播以及播放前述两种方式传送的作品这三种行为，而不包括直接通过有线电缆传播作品，这导致我国有线电视传播只能借助《著作权法》第十条第一款“兜底权利”（即第十七项“应当由著作权人享有的其他权利”）进行规制，不利于保护广播电视组织的利益。因此，新修订的广播权定义增加了“对作品直接进行有线广播”的规制，填补了之前“广播权”无法调整网络直播等新技术催生的新型传播行为的缺口。

这里需要解释：广播权仍只规制单向而非交互式信息传播的权利，交互性的传播归信息网络传播权调整。

（八）信息网络传播权

信息网络传播权即以有线或无线方式向公众提供，使公众可在其选定的时间和地点获得作品的权利。该权系著作权中专属于作者的一项独立的权能，具有网络传输权、复制权、发行权、表演权等权利交叉综合的特点，原因在于：作品的网络传播过程从技术上说可分解为数字化、上载、传输、储存和下载等一系列子过程，每一个子过程同时也是一次独立对作品的使用或者传播，按照传统的对著作权的分解保护方式，信息网络传播权实际上也具有一系列的子权利。[②]因此，作者将作品的复制权、发行权、出租权等授予或转让给传统媒体，并不代表信息网络传播权的被授予或转让。

信息网络传播权源于《世界知识产权组织版权条约》（World Intellectual Property Organization Copyright Treaty，以下简称《WIPO版权公约》）第8条[③]中的“向公众传

---

①《伯尔尼公约》第11条规定：“文学艺术作品作者享有下列专有权利：授权广播其作品或以任何其他无线传送符号、声音或者图像的方法向公众传播其作品；授权由原广播机构以外的另一机构通过有线传播或者转播的方式向公众传播广播的作品；授权通过扩音器或者其他任何传送符号、声音或者图像的类似工具向公众传播广播的作品。”

② 饶传平 . 网络法律制度［M］. 北京：人民法院出版社，2005：164.

③ 该条规定：“文学和艺术作品的作者应享有专有权，授权将其作品以有线或无线方式向公众传播，包括将其作品向公众提供，使公众中的成员在其个人选定的地点和时间可获得这些作品（access the works）。”

播权”，在 2001 年我国《著作权法》修订时即增列。在 2020 年修订前，该权利要求向公众提供“作品”，使公众可以在其个人选定的时间和地点获得作品，“获得作品”一词来源于《WIPO 版权条约》第 8 条中的“access the works”，其中 access 包含“获得”和“接触访问”两层意思，即与作品的接触可视为“获得作品”。但网络传播环境中，尤其在云传播方式中，这种解释对作为非软件的音视频作品适用，因为虽然是以流媒体传输的数据包的形式，但用户已接触或得到作品“内容”，可视为“获得作品”。[①] 但就软件作品而言，云传播环境下“接触”的原理与信息网络传播行为中的“接触”不同：软件是由目标代码和源代码组成，其分别是软件的“功能”和作者思想的外在表达——软件作品的“内容”。云传播 SaaS 模式下，用户直接“接触”作品目标代码（即欣赏其他文学、艺术、科学作品的）功能即可，而无须“接触”作品的源代码即“内容”。所以，信息网络传播权中“access”的扩大解释不适用于 SaaS 模式下的软件传播。因此，新《著作权法》中信息网络传播权的定义中，原来的“向公众提供作品”被修改为“向公众提供”，但要求公众获得“作品”，仍然未解决上述问题。

相比之下，网络传播尤其是云传播中流媒体产生的临时复制，对复制权、发行权与出租权的挑战是刚性的，对信息网络传播权的挑战则是柔性的。所以，软件作品之外的作品著作权人只能求助于信息网络传播权的保护，司法实践中，此类案件数量上逐年增多，而有关复制权与出租权的纠纷则逐年递减。

另外，我国目前深入民众家庭的 IPTV 究竟归广播权调整还是信息网络传播权调整？ IPTV 直播时是通过接收广播信号接入互联网有线传播，广播通过信号单向传输，用户无选择权，但 IPTV 用户可以选择回看前几日内容（超期无法观看），所以对其究竟归广播权调整还是信息网络传播权调整，学术上有争议。从法律角度，尽管这种交互性比较弱，但交互时间的限制、地域的限制等并不影响交互性，法律也没有规定交互性的充分性标准。另外，2016 年国家新闻出版广电总局《专网及定向传播视听节目服务管理规定》将 IPTV 称为“交互式网络电视”，确定了 IPTV 的传播受信息网络传播权调整。[②]

（九）摄制权

摄制权即以摄制视听作品的方法将作品固定在载体上的权利。此权利的客体主要是剧本、摄影作品、音乐作品——其作者享有决定是否将作品以摄制视听作品之方式固定在录音录像载体上的权利。

---

① 鲍征烨．云计算著作权问题探析——以 SaaS 模式为例［J］．暨南学报（哲学社会科学版），2013，35（4）：9-15，161.

② 参见《专网及定向传播视听节目服务管理规定》第二条。

（十）改编权

改编权即改变作品，创作出具有独创性新作品的权利。常见的改编是将小说改编为剧本、连环画，将电影改编为电视剧等。改编权可由作者行使，也可以授权他人行使。

如前所述，作品是思想、情感等的表达，改编是表现形式上的创新，是改编者的创造性劳动，而非对原作品的重复。达到了新效果，故改编者应当享有著作权。但改编需尊重原作品，歪曲或篡改他人作品可能导致侵犯他人保护作品完整权。然而，实践中很难区分改编与侵犯保护作品完整权。

（十一）翻译权

翻译权即将作品从一种语言文字转换成另一种语言文字的权利，包括自己翻译的权利、授权他人翻译的权利。此权利的客体主要是文字作品、口述作品、视听作品和计算机软件。熟知的翻译主要是跨国语言的翻译，但一国内不同民族文字的转换也称为翻译。

翻译是表现形式上的创新，是翻译者的创造性劳动，故赋予翻译者翻译权。但翻译必须在内容和风格上如实、确切地反映原作。翻译者著作权不影响原作者的权利。

（十二）汇编权

汇编权即将作品或者作品的片段通过选择或者编排，汇集成新作品的权利。汇编能体现汇编人独特的取舍、选择、组合、编排与设计，是表现形式上的创新，即格式与装帧的创新，是汇编者的创造性劳动，故汇编人也可就其汇编形式产生新的作品享有著作权。但原作品的著作权仍由原作者享有，除职务作品或法人作品外，汇编人不享有原作品著作权，也不得侵害原作品著作权。

汇编权可由作者自己行使，也可授权他人行使：前者如将自己已经发表过的文章结集出版；后者如向报刊社投稿，报纸和期刊是对作品进行汇编的最常见媒体，作者对报刊的投稿默认为发表权和汇编权同时授权报刊出版单位。

三、与著作权相关的权利

我国《著作权法》规定了四种与著作权相关的权利：出版者权、表演者权、录音录像制作者权和广播电台电视台播放权（广播组织权），均为传播性权利，又被称为相关权（Related Rights）或邻接权（Neighboring Rights），指在对他人作品的传播过程中，因付出组织性和经营性投入或独创性劳动，使原作品具备新的表现形式而被法律赋予的权利。

著作权与相关权的关系是，后者是因对前者的客体即作品的传播而形成的权利，前者的实现往往需要后者的支持。两者的区别是，第一，前者的主体是作者，是直接创作主体的人；后者的主体是传播者，除表演者为自然人外，其余为媒体组织。第二，前者的客体是自己创作的作品，后者的客体是在对前者客体进行传播过程中形成的新的传播性作品。第三，前者保护的对象是智力投入，后者保护的对象主要是组织性和经营性投入。第四，前者权利享有的范围与期限主要是法定的，后者的权利则主要由前者主体与后者主体约定。作为因传播他人作品形成的权利，相关权的共同规则是不能影响原作品著作权人的合法权益。

（一）出版者权

出版者权是图书、报刊出版单位在作品出版过程中，因组织性和经营性投入而对图书、报刊的版式及内容所享有的财产性权益。我国的出版者权仅保护图书、期刊的版式，未规定报纸版式的保护。①

这里需强调几点：第一，在我国，出版者权的性质是财产权，其产生于专有出版权即国家授予出版单位专有经营权而形成的一种垄断性权利，即其前提是特许经营权。第二，出版者权的客体（内容）是组织性和经营性投入，对象是上述投入的附着物即图书、报刊等的版式（包括格式及装帧）和内容（整体内容），即其客体与对象均不是原作品，不是对原作品的智力投入。其中，报社、期刊社对于出版的报纸、期刊享有汇编权，但对其中的作品不享有二次及以上的出版权。需要强调的是，组织性和经营性投入作为固定、长期的投入或者职员的工资报酬，其很难在具体作品版式或内容所带来的收入中得到弥补，但平均到每篇作品上，可能远高于创作该作品智力劳动的报酬之一，即稿酬。如，一篇深度调查，记者出差费用可达数千乃至数万，但在著作权纠纷中，法院判决的稿酬往往是区区数百元。第三，出版者权受到法律限制，（1）关于图书出版。图书出版者在合同期限内重印、再版作品，应当通知著作权人，并支付报酬。②（2）关于报刊文章出版。作品刊发后，除著作权人声明不得转载、摘编，其他报刊在向著作权人支付报酬的前提下，原则可以转载或者作为文摘、资料刊登。③（3）关于修改权。图书出版者对作品修改、删节须经作者许可；报社、期刊社有权对作品做文字性修改、删节，内容修改须经作者许可。④（4）权利的期限。权利的保护期为十年，截至使用该版式设计的图书、期刊首次出版后第十年的12月31日。⑤

---

①《著作权法》第三十七条规定："出版者有权许可或者禁止他人使用其出版的图书、期刊的版式设计。"

② 参见《著作权法》第三十四条第三款。

③ 参见《著作权法》第三十五条第二款。

④ 参见《著作权法》第三十六条。

⑤ 参见《著作权法》第三十七条。

（二）表演者权

表演者权指使用他人作品演出而享有的相关权利，包括表明表演者身份（署名等），保护表演形象不受歪曲，许可他人从现场直播和公开传送其现场表演并获得报酬，许可他人录音录像并获得报酬，许可他人复制、发行、出租录有其表演的录音录像制品并获得报酬，许可他人通过信息网络向公众传播其表演并获得报酬[①]——上述权利中，前两项是人身权，后四项是财产权。表演者权与表演权的不同在于：后者是著作财产权，是著作权人享有的对作品（主要是自己的作品）进行表演及传播此表演的权利。

（三）录音录像制作者权

录音录像制作者使用他人作品制作录音录像制品（唱片、光盘、录音带和录像带），对其制作的录音录像制品享有的权利，包括复制权、发行权、出租权和信息网络传播权。此权利的保护期为五十年，截至该制品首次制作完成后第五十年的 12 月 31 日。

视听作品与录音录像制品有共同载体，如录像带、光盘等，但视听作品更强调著作权人的创造性，而录音录像制品忠实于原声、原场景。

（四）广播电台、电视台播放权（广播组织权）

广播电台、电视台播放权指基于对他人作品或内容播放而形成的权利，又称广播组织权（Broadcasting Organization Rights），是一种控制权，包括禁止未经其许可的下列行为：将其播放的广播、电视以有线、无线方式转播或通过信息网络传播；将其播放的广播、电视录制以及复制。[②] 该权利的客体也是组织性和经营性投入，对象是广播电视首次播放的、包括而不限于作品的内容。对信息网络传播的控制权是《著作权法》新修订中增加的权能，之前司法实践中，由于广播组织权不包括对信息网络传播的控制，法院要么驳回原告诉讼请求，要么以《反不正当竞争法》来保护广播组织。

另外，广播组织播放他人作品，需要向其支付报酬。如果播放他人视听作品、录像制品，不仅应当取得视听作品著作权人、与录像制品相关的著作权人或者录像制作者许可，还应当支付报酬。[③]

---

① 参见《著作权法》第三十九条。
② 参见《著作权法》第四十七条。
③ 参见《著作权法》第四十八条。

第三节　著作权及其相关权的限制

权利的行使与限制几乎是所有法律的主题之一。就著作权而言，对权利人的保护不力，会伤害其创作的积极性，从而影响文化、经济的发展与繁荣；过度保护著作权人的利益，会影响信息流动、科技进步、经济发展与言论自由等公共利益——因此，处理权利人与公共利益的矛盾、冲突及平衡关系，也是著作权法律制度永恒的主题。

我国法律对著作权的限制可分两类：一类是绝对限制即不保护，即《著作权法》第五条列举的三种“内容”（本节只讨论“单纯事实消息”）；[①]一类是相对限制，包括合理使用制度与法定许可制度。

一、单纯事实消息不适用著作权法

在新《著作权法》实施前，“单纯事实消息”是以“时事新闻”来表述的。对于“时事新闻”，《著作权民事司法解释》第十六条认为，通过大众传播媒介传播的单纯事实消息属于著作权法第五条第（二）项规定的时事新闻——这就是新《著作权法》中“单纯事实消息”替代“时事新闻”的依据。

（一）单纯事实消息不受著作权法律制度保护的原因

我国《著作权法》将“时事新闻”“单纯事实消息”排除在保护范围之外，应该也是参考了国际上一些国家的做法。许多国家不仅未将新闻报道列入“作品”范围，而且明确排除。日本《著作权法》第 10 条规定：“只是传播事实的杂闻和时事报道，均不属于著作权客体的范围。”这些国家对新闻作品的著作权进行限制，是基于公民知情权和参政权的考虑。在实现社会公众知情权的手段和工具中，新闻报道无疑是最有效和便捷的选择。在我国，新闻信息传播、实现公民知情参与权等公共利益，是新闻媒体的本分。

“单纯事实消息”不受著作权法保护的另一个原因是，其不具备或难以达到作品所要求的独创性。学者认为，其通常只是对新闻事实的直观记录，包括记录简单的时间、地点、事件等。《保护文学和艺术作品伯尔尼公约》有关条文将 news 和 fact 并提，

---

① 另两类法律、法规，国家机关的决议、决定、命令和其他具有立法、行政、司法性质的文件，及其官方正式译文；历法、通用数表、通用表格和公式。参见《著作权法》第五条。

说明新闻与事实两个概念相通；或者说，新闻与事实是重合的。[①] 而且，面对掌握了算法技术的新闻聚合平台，传统新闻媒体的新闻作品经过“算法”处理，新闻要素被“粉碎”之后被改头换面、重新组合，其表述方式已经与原作品基本不同，原作品也根本无法得到保护。

（二）概念采用的问题及司法解释的纠偏

时事新闻（又称单纯事实性消息）是著作权法学界创造的一个名词，新闻学没有这个名词。据参与著作权立法的专家解释，时事新闻又被称为纪实新闻，是指全部由信息（或“硬件”，包括时间、地点、人物、事件等客观事实）组成的新闻，反映新近发生的事。[②] 然而，除言论之外的任何新闻体裁，均由新闻信息构成，均是对“新近发生的事”的反映——如果按照这种解释，几乎所有的新闻作品都没有著作权。新闻学对消息这种新闻体裁的分类有动态消息、综合消息、评述性消息、经验性消息和人物消息，但没有“单纯事实消息”这种类别，因为消息所反映的内容在汉语中均可以用“事实”来理解。而且，进一步的问题是：什么是“事实消息”？“事实消息”是仅指文字报道还是包括音像报道？从新闻学角度解释，单纯的事实消息是由时间、人物、地点、结果、原因这 5 个“W”组成的新闻，即同一个时事对应的时事新闻是“唯一”的。然而，“事实消息”已越来越多地融入了媒体自身对信息资源的选择、整合、加工、价值判断，至于广播电台、电视台播出的新闻，更是文字加播音或配音加画面，其毫无疑问是智力创作成果。不受《著作权法》保护的只是新闻事实本身，或前述五要素。[③] 显然，“时事新闻”的定义是立法者在根本未征求新闻学者和新闻业界人士的意见或者未参考其意见的情况下创造的模糊性概念。

当然，《著作权民事司法解释》第十六条对“单纯事实消息”进行了极其有限的保护，即“应当注明出处”。而且，如果转载未注明被转载作品的作者和出处，还应当承担消除影响、赔礼道歉等民事责任。[④] 所以，司法解释事实上是对《著作权法》进行了“纠偏”。

但总体上看，“时事新闻”“单纯事实消息”这两个定义，在新闻学中没有依据，在法律实践中均缺乏可操作性，这导致人们对不同新闻作品著作权的保护认识模糊，难以辨别。

---

① 刘文杰．探析著作权法中的“时事新闻”——翻译引发的著作权法疑难问题［J］．新闻与传播研究，2016，23（3）：18–37，126.

② 刘春田．著作权法讲话［M］．北京：法律出版社，1991：66.

③ 宋素红，罗斌．新闻作品著作权的保护原则［J］．中国出版，2004（11）：55–57.

④ 参见《著作权民事司法解释》第十七条。

（三）单纯事实消息中的媒体投入

出版者权保护的内容是出版单位的组织性与经营投入。新闻传播（出版）单位的组织性与经营投入可分为：（1）业务开支，如记者、撰稿人和编辑招募、培训与培养，新闻采集的差旅等经费支持，数据库建设与维护，印刷与发行支出。（2）人员经费支出，指为了开展专业活动的需要用于个人方面的开支，如基本工资、补助工资、奖励工资、其他工资、福利费、社会保障费等。（3）日常行政支出，包括维持不动产及相关设备正常运行的费用等，对外业务往来支出……所有上述支出，均围绕着新闻作品的生成与传播，其中许多项目都需新闻传播组织长期资本投入。新闻媒体是独立的自负盈亏的法人，其在承担传播新闻信息的职责的同时，为生存发展，也有经营性质。所以，一篇看似短小的“豆腐块”，一个短短数秒的视频节目，背后是高昂的生产成本。而搜索链接服务商或平台在未获得许可的情况下，瞬间将这些凝聚着巨大投入的成果取走，用以赚取流量与广告收入，显然是不公正的。①

如前所述，我国《著作权法》并未明确出版者权的保护客体（内容），也未明确报刊的出版者权，因此，传统媒体新闻作品被违法使用后，其新闻作品生产和传播过程中付出的组织性和经营性投入（投资）得不到保护。在著作权赔偿标准与范围问题上，原《著作权法》规定是 50 万元以下，但未设置下限；新《著作权法》是 500 元以上 500 万元以下。② 而司法实践中，关于著作权纠纷赔偿标准，国内绝大部分法院参照 2014 年国家版权局颁布的《使用文字作品支付报酬办法》，其中原创作品的报酬标准是每千字 80 元— 300 元；而涉及新闻作品著作权的司法实践中，许多法院以每千字 150 元为标准——以稿酬为标准的赔偿惯例使新闻出版者难以得到合理赔偿。传统媒体的日渐式微固然与移动信息终端普及、新闻平台内容及时丰富有关，但与此问题也有直接关系。

（四）单纯事实消息纳入著作权法律制度保护的思路

一是出版者权的保护途径。2019 年 3 月 26 日，欧盟议会通过的《数字化单一市场版权指令》（Directive on Copyright in the Digital Singles Market，以下简称《版权指

---

① 罗斌，石晨钊 . 新闻出版者邻接权的制度价值——基于著作权纠纷“实际损失”赔偿原则的角度［J］. 当代传播，2020（3）：88-92.

② 参见《著作权法》第五十四条。

令》）规定了新闻出版者邻接权，也被称为新闻出版者权、报刊出版者权。[①]《版权指令》第二条第二款对“新闻出版物”的定义是“指主要由新闻性文学作品构成的合集，但也可以包括其他类型的作品或内容，如构成期刊或以同一标题定期更新的出版物（例如报纸或者综合或特定方向的杂志）中的一项独立内容（individual item）……”。从上述定义中“作品或内容”、出版物中的“独立内容”的表述而言，《版权指令》中新闻出版者邻接权的成立，并不以“作品”的成立为必要前提，即“时事新闻”同样必须经著作权人同意方可传播。借鉴欧盟《版权指令》的相关规定，我国应对《著作权法》第四章第一节进行完善，明确出版者权的客体及内容，将新闻出版者的相关权益纳入保护范围。

二是尽量保护财产权益，限制专有传播权。新闻学公认的新闻传播的社会功能包括：报道新闻，传播信息，传播知识，提供服务及娱乐，引导舆论。报道新闻、传播信息是新闻传播的基本功能，是其他功能实现的前提和基础。即使是企业化的新闻媒体，其对经济效益的追求也须通过尽可能广泛地传播信息来实现。因此，如果全面、完整地保护新闻作品作者的著作权，势必会阻碍新闻信息的畅通传播，影响新闻传播基本功能的发挥，这显然有悖于新闻传媒的“天职”。

但无论是西方国家还是我国，在具体制度方面对新闻作品著作权的限制均没有区分物质性权利与精神性权利，更没有认识到作者的专有传播权才是影响他人行使知情权、言论自由和参政权的关键，才是问题的核心。而以法定许可制度限制作者的专有传播权，保护其署名权和相关权中的物质性权利，是解决这一问题的答案。

二、合理使用

合理使用指根据《著作权法》相关规定，在一定范围内“使用作品，可以不经著作权人许可，不向其支付报酬，但应当指明作者姓名或者名称、作品名称，并且不得影响该作品的正常使用，也不得不合理地损害著作权人的合法权益”——其与对“单纯事实消息”使用的最大区别在于：后者未列入作品范畴；前者使用的是他人受著作权法律制度保护的“作品”，所以尽管使用不以著作权人许可为条件，也不必支付报酬，但除此之外，不能侵害著作权人的其他合法权益。可见，合理使用本身也受到限

---

① 《版权指令》第十五条第一款规定：“成员国应当规定，在一个成员国成立的新闻出版物的出版者，对于信息社会服务提供者在线使用其新闻出版物，享有 2001/29/EC 指令第二条和第三条第二款规定的权利。”“2001/29/EC 指令”即《欧洲议会和欧盟理事会关于协调信息社会中版权和相关权若干方面的第 2001/29/EC 号指令》，其第二条是关系复制权的规定，第三条第二款规定的是信息网络传播权。其他款项排除了对个人使用、非商业使用、超链接、个别字词（individual words）或非常简短摘录（very short extracts）使用等情形的禁止，并规定了此项邻接权不得影响作品作者或其他权利人使用作品、获取报酬的权利。

制。根据我国《著作权法》的规定，合理使用有 12 种情形，[①] 其中 7 种是传播型合理使用，3 种是对新闻媒体的授权。以下 5 种为典型的传播型合理使用。

第一，为报道新闻，在报纸、期刊、广播电台、电视台等媒体中不可避免地再现或者引用已经发表的作品。此类合理使用源于《保护文学与艺术作品伯尔尼公约》（以下简称《伯尔尼公约》）第十条之二第二项，[②] 但有所不同：首先，此类合理使用须限于报道新闻之目的。如前所述，新闻传播具有公益属性，故作品的著作权面对新闻报道应受到限制。如果不是为新闻报道，即使在新闻媒体上传播，也不允许。其次，须不可避免地再现或者引用。尽管新闻传播具有公益属性，但作品著作权应受到尊重，如果不是必要，则不应再现或引用。当然，如何判断“不可避免”，应根据具体情形来定。最后，此处的“作品”不限于新闻作品，也无形式限制，即合理使用是新闻媒体对所有类型作品及其作者的权利。

第二，报纸、期刊、广播电台、电视台等媒体刊登或者播放其他报纸、期刊、广播电台、电视台等媒体发表的关于政治、经济、宗教问题的时事性文章，但著作权人声明不许刊登、播放的除外。此类型合理使用源于《伯尔尼公约》第十条之二第一项，[③] 需要强调的是，首先，此类合理使用仅限于新闻媒体之间，但未限制一定是新闻媒体的法人作品或职务作品，只要在新闻媒体刊登或者播放即可。其次，使用的作品范围有所限制，即限于政治、经济、宗教问题的时事性文章：不仅在主题上限于三类，而且是“时事性文章”，即新闻报道与评论类文章。最后，以著作权人是否保留为准。如果著作权人声明不许刊登、播放，则不能转载；如果未明确声明，则视为同意转载。

第三，报纸、期刊、广播电台、电视台等媒体刊登或者播放在公众集会上发表的讲话，但作者声明不许刊登、播放的除外。在公众集会上发表的讲话，通常被视为同意公开。当然，权利人对自己的讲话有加工成作品的可能，或者本身就是已经发表的作品，如果是前者，需依据作者有无不许刊登、播放的声明；如果是后者，需根据前项中“不可避免地再现或者引用”原则进行处理。

第四，介绍、评论、引用方式的传播型合理使用。其他传播型合理使用，包括为个人学习、研究或者欣赏，使用他人已经发表的作品；为介绍、评论某一作品或者说明某一问题，在作品中适当引用他人已经发表的作品——这两种类型的合理使用，涉

---

① 参见《著作权法》第二十四条第一款。

② 该项规定：“在用摄影或电影手段，或通过广播或对公众有线传播报道时事新闻时，在事件过程中看到或听到的文学艺术作品在为报道目的的正当需要范围内予以复制和公之于众的条件，也由本同盟各成员国的法律规定。”

③ 该项规定：“本同盟各成员国的法律得允许通过报刊、广播或对公众有线传播，复制发表在报纸、期刊上的讨论经济、政治或宗教的时事性文章，或具有同样性质的已经广播的作品，但以对这种复制、广播或有线传播并未明确予以保留的为限。然而，均应明确说明出处；对违反这一义务的法律责任由被要求给予保护的国家的法律确定。”

及大众传媒的可能性较高。而无论是学术研究还是其他文章的合理使用，均应遵守以下原则：（1）范围的有限性。即限于个人或极少数人的范围，而且目的是学习、研究或欣赏。（2）善良使用。在目的上是为“介绍、评论某一作品或者说明某一问题”；在引用规模与方式上，不得损害著作权人的合法利益，包括引用部分应当以显著方式标明，不得构成文章主体（如必要引用较多字数，需以特别字体标明）。至于引用字数，并无权威标准。

第五，服务弱势群体的传播型合理使用。此类合理使用有两种：一种是服务于少数民族，将已经发表的以国家通用语言文字创作的作品翻译成少数民族语言文字作品并在国内出版发行；另一种是服务于盲人等阅读障碍者，以其可感知的无障碍方式向其提供已经发表的作品。

三、法定许可

法定许可指根据《著作权法》相关规定，在一定范围内使用他人作品，可以不经著作权人许可，但应当按照规定向著作权人支付报酬，指明作者姓名或者名称、作品名称，并且不得侵犯著作权人依法享有的其他权利。其与合理使用的最大区别在于：后者不必向著作权人支付报酬。另外，我国《著作权法》中的法定许可，都是“传播型许可”即针对传播而设定的许可。

第一，服务于教育事业或弱势群体的传播型许可。为保护著作权人的合法权益，服务于教育事业或弱势群体的法定许可，法庭许可的传播对象与途径都有特别限制，其目的是为实施义务教育和国家教育规划。许可使用对象是已发表的作品片段或者短小的文字作品、音乐作品或者单幅的美术作品、摄影作品、图形作品。提供或传播途径是编写出版教科书，或制作课件并通过信息网络向注册学生提供。[①] 此类法定许可的目的是扶助贫困；其服务对象限于农村地区居民；许可使用的作品限于种植养殖、防病治病、防灾减灾等与扶助贫困有关的作品和适应基本文化需求的作品，而且必须是中国公民、法人或者其他组织已经发表的作品；提供或传播途径限于信息网络，在提供前，网络服务提供者应当以公告形式取得著作权人的同意，公告内容还需有拟支付报酬的标准。[②]

第二，报刊之间转载法定许可。这种类型的法定许可针对已发表的文字、美术及图形作品，同时需依据著作权人是否有不得转载、摘编的声明。[③] 需要注意的是：转

---

① 参见《著作权法》第二十五条和《信息网络传播权保护条例》第八条。
② 参见《信息网络传播权保护条例》第九条。
③ 参见《著作权法》第三十五条第二款。

载有法定解释，指“报纸、期刊登载其他报刊已发表作品的行为”，[①] 所以，报纸与报纸之间、报纸与期刊之间可适用法定许可，但报刊与图书之间的摘编、转载不适用法定许可。既然是“法定许可”，传播他人作品当然需要有法律依据，但目前报刊与互联网之间的转载无法律规定，即使报刊社之间在纸质媒体上已经转载，其各自的网站不能以非原版形式对对方作品进行转载。2015 年国家版权局办公厅发布《关于规范网络转载版权秩序的通知》第二条第二款明确提出：“报刊单位与互联网媒体、互联网媒体之间相互转载已经发表的作品，不适用法定许可，并应当经过著作权人许可并支付报酬”。而报纸、期刊刊发的内容（含转载的内容）往往以原版式上传至网站，这种情况并非“报刊单位与互联网媒体”的关系，仍应理解为报刊社之间的关系，故适用法定许可。

第三，广播电台、电视台之间的转播。这种类型的法定许可针对已发表作品，但播放他人的视听作品、录像制品，应当取得视听作品、录像作品的著作权人、制片人或者录像制作者许可；[②] 播放其他作品，法律未规定是否需取得著作权人的许可。

第四，录音制作者的法定许可。此类法定许可仅针对“音乐作品”，且必须为“他人已经合法录制为录音制品中的”音乐作品，还须依据著作权人是否有不许使用的声明。制作此种录音制品时，可以不经著作权人许可，但此处的“著作权人”不包括已经合法录制录音制品的制作人，但应当按照规定支付报酬；著作权人声明不许使用的不得使用。[③]

第四节　著作权侵权责任的认定及赔偿标准

侵害著作权的法律责任有行政责任、刑事责任和民事责任，民事责任又包括合同（违约）责任和侵权责任，行政责任和刑事责任在本教材其他部分阐述，本节仅从归责原则、构成要件角度，述及著作权侵权责任中的两大主要问题。

如第十章第二节第三点中所述，对于传统媒体出版领域的侵权归责，我国采用过错推定原则；在网络传播领域，对直接侵权适用无过错原则，对网络服务提供者的间接侵权适用过错推定原则。网络服务提供者直接侵权的判断标准是“提供”作品，如果提供了作品，则在侵权纠纷中无须过错要件；如果未提供作品而只是提供技术服务，则需要判断是否有过错，过错的证明责任由网络服务提供者承担。

而随着网络技术的日新月异，对网络服务提供者直接侵权（“提供”作品）与间接

---

① 参见《著作权民事司法解释》第十七条第一款。

② 参见《著作权法》第四十六条第二款和第四十八条。

③ 参见《著作权法》第四十二条第二款。

侵权的认定出现困难；而判断在其履行技术服务即作为ISP角色中，过错是否适用源于美国的“避风港规则”，在我国也产生了分歧。

一、直接侵权即“提供”的认定

在网络传播领域，无论是数字式作品（直接创作于网络、进入网络前没有在传统载体上存在过的作品），还是数字化作品（存在于磁带、光盘等传统载体，通过扫描仪、键盘、摄像头等媒介输入计算机，经过计算机的组织、储存成为数字化信息，重新以文字、图形、图像、声音等形式表现出来的作品），[①] 只有原著作权人对该作品享有包括信息网络传播权在内的权利，未经原著作权人同意或法定许可的网络传播中直接提供他人作品的行为，均被视为侵权行为，在侵权诉讼中适用无过错归责原则。

网络传播中直接提供他人作品的行为包括上载、转载、下载、网站内容集成（Content Aggregation/Bots）[②]、设置共享文件或者利用文件分享软件[③]、网页快照、盗链[④]等。

“提供”作品的判断主要有“服务器标准”和“用户识别（感知）标准”。前者指，“只有将作品上传至向公众开放的服务器的行为，才是受‘信息网络传播权’控制的‘信息网络传播行为’，也才有可能构成对‘信息网络传播权’的直接侵权”[⑤]。后者指，“如果网络用户认为其是从该网站上获得信息或者虽然意识到了该网站仅仅提供链接服务，但仍可以在不脱离该网站的前提下获得信息，那么该网站的行为就属于‘信息网络传播行为’，在未经许可且不存在合理使用或法定许可的情况下，就构成对‘信息网络传播权’的直接侵权”[⑥]。显然，上述两种观点的根本区别在于对“提供作品”的理解不同：服务器标准遵从客观事实，认为搜索链接服务不属于“信息网络传播行为”，只在相关情况下构成间接侵权，而不构成直接侵权；用户识别标准遵从用户主

---

① 需要强调：数字化作品不具有独创性，不是新作品。联合国教科文组织与世界知识产权组织在《关于计算机使用与创作作品的版权问题的建议》中指出：“被计算机改变了形态的作品不视为新作品。”

② 此类侵权行为的著名案例即美国eBay公司诉Bidder's Edge公司案：后者在其网站提供一种功能，让使用者可以跨越不同拍卖网站搜寻并投标购买其想要购买的商品，而不必分别到不同拍卖网站去投标，其所涵盖的拍卖网站包括eBay。Bidder's Edge网站每天使用eBay网站内容达10万次，大概复制eBay网站的数据库达1.10%，eBay因此起诉Bidder's Edge公司侵害著作权。

③ 这是搜索引擎提供的一种在其网站页面直接进行下载的服务类型，在技术层面上，搜索引擎在后台实际还是提供作品所在网站的链接的。

④ 这是指避开或破坏他人技术保护措施，对他人享有著作权的作品进行链接并传播，从而侵害他人信息网络传播权等著作权的行为。目前，用聚合视频（一种可以提供各家视频网站内容的App，其本身不采购作品版权，而是以影视搜索的形式链接播出视频网站内容，从而获利）软件盗链他人视频作品的现象成为盗链中的典型侵权行为。

⑤ 王迁．网络环境中版权直接侵权的认定［J］．东方法学，2009（2）：12-21.

⑥ 芮松艳．深层链接行为直接侵权的认定——以用户标准为原则，以技术标准为例外［J］．中国专利与商标，2009（4）：79-86.

观认知。

最高人民法院最终确定了两种“提供”作品的判断标准。一是“服务器标准”。信息网络传播权的规定不仅明确了未经许可、通过信息网络提供权利人作品的行为适用无过错归责原则，而且明确规定：“通过上传到网络服务器、设置共享文件或者利用文件分享软件等方式，将作品、表演、录音录像制品置于信息网络中，使公众能够在个人选定的时间和地点以下载、浏览或者以其他方式获得的，人民法院应当认定其实施了前款规定的提供行为。”① 二是“实质替代标准”，即虽未将作品上传至自己的服务器，但以某种方式实质替代其他网络服务提供者向公众提供相关作品，网页快照、缩略图是典型代表。当然，与“服务器标准”不同，涉嫌侵权的网络服务商如能够证明提供行为不影响相关作品正常使用，且未不合理损害权利人对该作品的合法权益，可不认定为“提供”作品的行为，从而免除直接侵权责任。②

根据上述标准，链接作为一种网络传播辅助技术，其本身不是提供作品的传播行为，不会构成直接侵权，也不会与侵权的网络用户构成共同侵权。③ 但深度链接（又称深层链接）由于避开被连网站主页、直接链接其分页的链接方式，如果具体内容页上没有任何被连网站的标志，那么用户可能以为还停留在设链网站内，会导致使用者对网站所有者的误判，易引起著作权、不正当竞争方面的侵权纠纷。④ 需要强调的是，信息网络传播权的规定，只是排除了链接的直接侵权责任，而并未排除其间接侵权责任。至于其应该承担的注意义务，仍然不能放弃。明显侵权的作品应受到“红旗规则”制约。

二、过错的认定与“避风港规则”

如果网络服务提供者涉嫌的侵权行为不是提供作品的直接侵权，则有可能是间接侵权，此种侵权适用过错推定归责原则，如果网络服务提供者能够证明自己没有过错，则不构成侵权责任。在美国，自 1998 年美国国会通过《千禧年数字版权法》（英文全称“Digital Millennium Copyright Act”，简称 DMCA）之后，网络服务提供者通过“避风港规则”来免除侵权责任，我国在此问题上经历了一个演变过程。

---

① 参见《信息网络传播权规定》第三条。

② 参见《信息网络传播权规定》第五条。

③《信息网络传播权规定》第四条第二款规定：“网络服务提供者能够证明其仅提供自动接入、自动传输、信息存储空间、搜索、链接、文件分享技术等网络服务，主张其不构成共同侵权行为的，人民法院应予以支持。”

④ 江清云. 从德国司法判决比较超链接的著作权侵权界定［J］. 德国研究，2008（2）：52–60，79.

（一）DMCA中“避风港规则”的形成及“红旗规则”的限制

1.“避风港规则”的形成

DMCA第二部分“网络版权侵权责任限制”为《美国著作权法》新增了第512条，针对提供临时性数字网络传输服务的网络服务提供者①、提供系统缓存服务的网络服务提供者②、提供信息存储服务的网络服务提供者③、提供信息定位工具服务的网络服务提供者④四种类型网络服务提供者，规定了免于承担金钱赔偿责任的条件，而且规定法院对其发出禁令也有限制——这就是“避风港规则”。

但是，DMCA规定“避风港规则”的直接目的，是要避免法院不加区分地让网络服务提供者承担直接侵权责任，所以其仅规定了免责条件而未规定归责条款，正如美国国会众议院报告指出的：“不论网络服务提供者是否满足免责条件，新增加的第512条（DMCA）对网络服务提供者是否要承担侵权责任都不做评判。相反，只有在网络服务提供者根据现有的法律规则被认定要承担责任时，才适用本条规定的免责条款。”

但是，“避风港规则”的适用需满足两个条件：一是对于多次侵权用户，要及时采取措施并通知受害人，且拒绝为其提供服务；二是不得破坏或规避著作权人采取的标识或为保护其作品而采用的标准技术性措施。⑤

DMCA在规定网络服务提供者不承担赔偿责任的同时，也规定法院可以禁止令的形式责令网络服务提供者承担停止侵权，拒绝为侵权网络用户提供服务的责任。

2. DMCA中对“避风港规则”的限制：“红旗规则”的确立

为平衡网络服务商与被侵权主体的利益，DMCA在规定“避风港规则”的同时，还同时规定了“红旗规则”（Red Flag），指网络服务商享有“避风港”必须有“没有明知侵权信息或侵权活动在网络系统中的存在，也不知道任何可以明显体现出侵权信

① DMCA art.512（a）规定：“网络服务提供者对其控制、操作或服从其控制、操作的系统或网络中进行传输、选择路径、提供链接所处理的内容，以及进行传输、选择路径、提供链接时产生的中间和临时存储内容未进行选择，而由自动技术过程执行，或者该内容由他人启动或指挥，或者除技术过程的应他人指令的自动反应，对该内容的接受者不承担侵权赔偿责任。”

② DMCA art.512（b）项规定：“在网络服务提供者获得通知，存在用户未经许可在网络上获得资料的行为时，其必须及时删除或禁止被指控的侵权材料继续传播。”

③ DMCA art.512（c）项规定：“主机服务提供者对网络用户提供的信息不承担侵权赔偿责任的条件是，主机服务提供者实际上不知道系统或网络中有关内容或使用该内容的行为构成侵权，由于实际上不知道，而对外表上的侵权事实或情况未加注意；未从该服务商有权利和义务进行干预的侵权行为中直接获得经济利益；在获得侵权行为发生的通知后，网络服务提供者必须及时删除侵权材料或封锁材料的访问入口。”

④ DMCA art.512（d））（1）（C）规定：“如果主机服务提供者、搜索引擎服务提供者在接到权利人的侵权通知后，对被控侵权的内容或对索引或链接立即删除或切断接触的，不承担侵权赔偿责任。”

⑤ DMCAart.512（i）.

息或侵权活动存在的事实情况”的前提，[①] 即：当网络传播中的侵权信息像一面鲜艳的红旗在网络服务提供者前“飘扬”，以至于任何人都能够发现时，网络服务提供者仍采取“鸵鸟政策”，假装看不见侵权信息，即可认定网络服务提供者“应当知晓”侵权信息的存在。

（二）我国网络著作权法中若隐若现的“避风港”

1.《网络著作权司法解释》没有“避风港”

在有明文立法之前，人民法院对网络中间服务商的保护是慷慨的。[②]2000 年，最高人民法院发布的《关于审理涉及计算机网络著作权纠纷案件适用法律若干问题的解释》（简称《网络著作权司法解释》）第五条规定：“提供内容服务的网络服务提供者，明知网络用户通过网络实施侵犯他人著作权的行为，或者经著作权人提出确有证据的警告，但仍不采取移除侵权内容等措施以消除侵权后果的，人民法院应当根据民法通则第一百三十条的规定，追究其与该网络用户的共同侵权责任。”据此规定，过错的内容只有“明知”（因为“经著作权人确有证据的警告”也是明知）而不包括“应知”，“应知”不能成为判定网络服务提供者具有“主观过错”的依据。[③]

也就是说，事实上，我国法院在没有法定的“避风港规则”前，就一直认为供网络技术或设施服务是帮助行为：只要不提供内容服务，网络技术或设施的服务商只在有过错时承担间接责任即共同侵权责任，即不承担直接侵权责任。

2.《信息网络传播权保护条例》中的“避风港”及其问题

在立法界和司法界掀起“避风港热潮”的是 2006 年国务院颁布的《信息网络传播权保护条例》（以下简称《条例》），所谓的“避风港规则”规定在该《条例》第二十二、二十三条，因为其对四类网络服务提供者，也如 DMCA 一样，以免责条款

① 17U.S.C § 512（c）&（d）.

②《信息网络传播权保护条例》规定避风港规则前，我国法院已经能区分网络服务提供者是直接侵权还是帮助侵权，认为仅提供 BBS、搜索链接服务等网络技术或设施的服务商不承担直接侵权责任，只在有过错时承担侵权责任。例如《大学生》杂志社诉京讯公司（BBS）案，参见北京市第二中级人民法院（2000）二中知初字第 18 号民事判决书；刘京胜诉搜狐（搜索链接）案，参见北京市第二中级人民法院（2000）二中知初字第 128 号民事判决书。

③ 王迁 . 论“网络传播行为”的界定及其侵权认定［J］. 法学，2006（5）：61-72.

形式规定了免于承担赔偿责任的条件。[①] 其中，第二十二条规定的第（三）和第（五）项及第二十三条，是所谓“避风港规则”的核心条款。

其立法理由为：“如果法律不规定哪些网络服务可以免责，就可能使网络服务提供者陷入无休止的侵权纠纷中，无暇顾及自身业务的发展，这对网络产业的发展十分不利的。”[②] 显然，《条例》规定“避风港规则”的目的，是限制各类网络服务提供者的责任。然而，在我国系成文法国家，对侵权归责原则及侵权责任构成要件本就有明确规定的情况下，《条例》规定“避风港规则”，不仅未能达到上述目的，反而带来如下问题：（1）扩大了网络服务商责任范围，因为“避风港规则”中的主观要件被反面解释为帮助侵权的过错形态。如前所述，《网络著作权司法解释》第五条规定网络服务提供者只有在明知情况下才承担帮助侵权责任，但要证明网络服务提供者“明知”是很困难的，因此司法实践中，“通知后不移除”一直都是法院认定网络服务提供者唯一过错形态。[③] 但《条例》出台后，“应知”也被法院认定为网络服务提供者的过错形态。这样，网络服务商可能构成的责任范围得以扩大。（2）将“避风港规则”中的所有免责条件作为免责的必备条件。“避风港规则”本来是要限制网络服务商的责任，但由于我国侵权法在归责原则及构成要件适用上的法定性及无可置疑的传统，在实践中，有些法院从反面理解“避风港规则”，判决网络服务商没能满足所有的免责条件，所以需要承担赔偿责任。[④]

（三）《侵权责任法》《民法典》对“避风港规则”主要功能的终结

在实践中，理论界与实务界的有关观点认为：“避风港作为免责条款的法律性质，不是对网络服务商版权责任的最终确定，而仅仅是为网络服务商提供了新的抗辩理由。”[⑤] 而在诉讼中，网络服务商针对原告的侵权指控，通常会以“避风港规则”进行抗辩。

---

① 实践中基本不存在针对《条例》第二十条、二十一条而产生的侵权纠纷，因此，本书主要分析纠纷较多的《条例》第二十二条、二十三条规定的避风港规则。《条例》第二十二条规定：“网络服务提供者为服务对象提供信息存储空间，供服务对象通过信息网络向公众提供作品、表演、录音录像制品，并具备下列条件的，不承担赔偿责任：（一）明确标示该信息存储空间是为服务对象所提供，并公开网络服务提供者的名称、联系人、网络地址；（二）未改变服务对象所提供的作品、表演、录音录像制品；（三）不知道也没有合理的理由应当知道服务对象提供的作品、表演、录音录像制品侵权；（四）未从服务对象提供作品、表演、录音录像制品中直接获得经济利益；（五）在接到权利人的通知书后，根据本条例规定删除权利人认为侵权的作品、表演、录音录像制品。”《条例》第二十三条规定：“网络服务提供者为服务对象提供搜索或者链接服务，在接到权利人的通知书后，根据本条例规定断开与侵权的作品、表演、录音录像制品的链接的，不承担赔偿责任；但是，明知或者应知所链接的作品、表演、录音录像制品侵权的，应当承担共同侵权责任。”

② 张建华．信息网络传播权保护条例释义［M］．北京：中国法制出版社，2006：77.

③ 刘晓．避风港规则：法律移植的败笔［J］．齐齐哈尔大学学报（哲学社会科学版），2011（4）：72-75.

④ 参见北京市海淀区人民法院（2008）海民初字第 9200 号民事判决书。

⑤ 刘家瑞．论我国网络服务商的避风港规则——兼评“十一大唱片公司诉雅虎案”［J］．知识产权，2009，19（2）：13-22.

然而，这里“避风港规则”根本不能发挥“避风”功能：有过错本来就是帮助侵权责任的构成要件，即无过错本来就是该责任的抗辩理由。如果无过错（包括明知与应知），网络服务提供者不承担帮助侵权责任，其没有必要援引“避风港规则”；如果有过错，则网络服务提供者构成帮助侵权责任，其即使援引“避风港规则”，也无法免责。

1.《侵权责任法》第三十六条第三款对“避风港规则”的吞噬

如果说“避风港规则”在我国网络著作权领域本身就没有很多用武之地，《侵权责任法》的生效，则彻底终结了其作用。

《侵权责任法》第三十六条第二款与第三款①结合起来理解，与美欧国家的“避风港规则”相比，也有一个重大区别：后者是一种反向责任认定的逻辑模式。根据反面解释的方法，网络服务提供者不符合相关免责条件时应承担赔偿责任。而我们则不能根据反面解释的方法，对第二款的规定做出只要满足通知后及时删除这一条件网络服务提供者即可免除赔偿责任的结论。究其原因有二：首先，我国侵权责任的归责必须有过错或法律规定，而并不适用反向责任认定逻辑；其次，如果权利人能够证明网络服务提供者的过错，其可直接提起诉讼，而“不必经过通知程序即可直接追究网络服务提供者的责任”。②所谓借鉴的“避风港规则”的影子也被第三款这种大陆法系或成文法系侵权责任的归责原则完全吞没。

另外，无论从法解释学角度来讲，还是从立法者的解释来看，《侵权责任法》第三十六条第三款规定的“知道”可以包括“明知”和“应知”两种主观状态，这与《条例》规定的网络服务提供者的主观过错要件是一致的。而且，之后的《信息网络传播权规定》在确定网络服务提供者承担间接责任时的过错推定原则③的同时，还规定了判断其“应知”的参考因素。④自此，“避风港规则”可以提供的过错抗辩作用被侵蚀一空。

---

①《侵权责任法》第三十六条第三款规定：“网络服务提供者知道网络用户利用其网络服务侵害他人民事权益，未采取必要措施的，与该网络用户承担连带责任。”

② 刘晓 . 避风港规则：法律移植的败笔［J］. 齐齐哈尔大学学报（哲学社会科学版），2011（4）：72-75.

③《信息网络传播权规定》第八条第三款规定：“网络服务提供者能够证明已采取合理、有效的技术措施，仍难以发现网络用户侵害信息网络传播权行为的，人民法院应当认定其不具有过错。”

④ 这些参考因素是基于网络服务提供者提供服务的性质、方式及其引发侵权的可能性大小，应当具备的管理信息的能力；传播的作品、表演、录音录像制品的类型、知名度及侵权信息的明显程度；网络服务提供者是否主动对作品、表演、录音录像制品进行了选择、编辑、修改、推荐等；网络服务提供者是否积极采取了预防侵权的合理措施；网络服务提供者是否设置便捷程序接收侵权通知并及时对侵权通知做出合理的反应；网络服务提供者是否针对同一网络用户的重复侵权行为采取了相应的合理措施；其他相关因素。参见《信息网络传播权规定》第九条。

2.《民法典》对《侵权责任法》第三十六条的承继与完善

《民法典》将《侵权责任法》第三十六条扩充为四条（第一千一百九十四条至第一千一百九十七条），[①] 其主要内容对通知规则进行了完善；增加了"反通知规则"条款；[②] 继承了《侵权责任法》第三十六条第三款中的"知道规则"，但将"知道"修改为"知道或者应当知道"，从正式立法上明确了网络服务提供者的过错包括"明知"和"应知"两种主观状态。换句话说，我国《民法典》通过通知规则与"知道规则"来明确网络服务提供者的过错，并使之与网络用户承担连带责任，[③] 因此，"避风港规则"可以提供的过错抗辩作用被彻底终结。

主要针对过错要件的"避风港规则"在我国实际发挥作用仅有四年。当然，《侵权责任法》第三十六条第二款及《民法典》第一千一百九十四至第一千一百九十七条的相关内容，参考了"避风港规则"。另外，即使从效力位阶角度考虑，《民法典》《侵权责任法》效力位阶高于国务院制定的《条例》，所以，这里不能适用特别法优于普通法，因此，我国著作权领域规定的"避风港规则"的主要功能已然无效。

三、著作权侵权的损害赔偿

（一）法定赔偿

一是以实际损失为首的顺位性赔偿标准。法定赔偿的顺序是实际损失（含制止侵权行为的合理开支）→违法所得→权利使用费，其中，权利使用费是2020年《著作权法》修订时新增的。[④] 实际损失标准是民事赔偿的通行标准，但在著作权纠纷中，实际损失往往难以确定，其与对著作权的侵害赔偿仅考虑智力投入、不考虑组织性和经营性投入即不考虑邻接权密切相关，这在新闻作品著作权纠纷中特别突出。而侵权所得在诉讼中也往往难以确定，所以，2020年《著作权法》修订时新增了权利使用费这一参照性赔偿标准。

二是惩罚性赔偿。该赔偿为2020年《著作权法》修订时新增，这一标准适用中应注意：（1）适用对象。无论侵害著作权还是邻接权，均可适用。（2）主观上须为故意，

---

① 参见本书第九章第三节一（二）部分内容。

②《民法典》与《条例》中的"反通知规则"有所不同：前者网络服务提供者接到反通知后，需在合理期限内等权利人已投诉或起诉的通知，再决定是否终止已经采取的措施；后者网络服务提供者接到反通知后，需立即终止已经采取的措施。参见《民法典》第一千一百九十六条、《信息网络传播权保护条例》第十七条。

③ 程啸．侵权责任法［M］．北京：法律出版社，2021：497.

④《著作权法》第五十四条规定："侵犯著作权或者与著作权有关的权利的，侵权人应当按照权利人因此受到的实际损失或者侵权人的违法所得给予赔偿；权利人的实际损失或者侵权人的违法所得难以计算的，可以参照该权利使用费给予赔偿。"

过失不能适用。（3）须情节严重。情节严重的认定标准须由司法解释明确。[①]

（二）酌定赔偿

我国《著作权法》规定的赔偿原则是法定赔偿的适用优于酌定赔偿的适用，但司法实践中，由于法定赔偿的适用难度较高，酌定赔偿的适用远超法定赔偿。

酌定赔偿的适用有两个条件：（1）权利人的实际损失、侵权人的违法所得、权利使用费难以计算或无法计算。（2）赔偿额在五百元以上五百万元以下。尽管我国法律制度未对包括新闻作品著作权纠纷在内的著作权侵权行为予以类型化分析，亦未分别规定其可以判决给予的法定赔偿金幅度，但2020年《著作权法》修订时，酌定赔偿标准相对明确，而且最高赔偿额提高了十倍，与惩罚性赔偿叠加，大幅度提高了著作权侵权纠纷中的民事责任与制裁力度。

关键词

著作权	作品	独创性
法人作品	职务作品	著作人身权
著作财产权	发表权	署名权
修改权	保护作品完整权	复制权
发行权	出租权	展览权
表演权	放映权	广播权
信息网络传播权	摄制权	改编权
翻译权	汇编权	相关权（邻接权）
出版者权	表演者权	录音录像制作者权
广播组织权	时事新闻	单纯事实消息
合理使用	法定许可	直接侵权
间接侵权	提供作品	服务器标准
实质替代标准	红旗规则	

思考题

1. 作品的构成要素是什么？
2. 法人作品与职务作品的区别是什么？
3. 我国著作相关权的规定对传统媒体有什么不利之处？

① 《著作权法》第五十四条规定："对故意侵犯著作权或者与著作权有关的权利，情节严重的，可以在按照上述方法确定数额的一倍以上五倍以下给予赔偿。"

4. 如何保护单纯事实消息?
5. 简述我国与新闻作品著作权有关的合理使用与法定许可制度。
6. 如何判断网络服务提供者是否提供了作品?
7. 我国法律中有没有“避风港规则”? 为什么?
8. 简述我国著作权侵害的赔偿标准。

第十七章　传播侵权责任方式与责任形态

民事责任方式，又称为民事责任形式或民事责任承担方式，是指民事主体承担民事责任的具体措施。侵权责任形态是指在侵权法律关系中，根据不同的侵权行为类型的要求，侵权责任在不同的当事人之间进行分配的表现形式，换言之，即侵权责任由侵权法律关系中的不同当事人按照侵权责任承担规则承担责任的基本形式。前者是针对责任本身性质与特征而言，后者则针对责任在责任主体之间的分配而言。传播侵权中，责任方式与责任形态均有特殊的表现。

第一节　传播侵权责任方式

我国《民法典·人格权编》《民法典·侵权责任编》规定了以下侵权责任方式："停止侵害；排除妨碍；消除危险；返还财产；恢复原状；赔偿损失；赔礼道歉；消除影响、恢复名誉。"这八条侵权责任方式中，返还财产、排除妨碍、消除危险，系物权请求权的内容，与传播侵权所需承担的侵权方式无关，本章不予探讨。关于恢复原状，广义的恢复原状指将受到侵害的民事权益恢复到受侵害之前的状态，包括金钱赔偿在内，而涉及传播侵权的责任方式中，对人格权的侵害可用恢复名誉，对财产权的侵害可用赔偿损失，所以，恢复原状也不是本章所研究的内容。这样，本节所研究的传播侵权责任方式，包括停止侵害、赔偿损失、赔礼道歉、消除影响、恢复名誉。

一、人格权请求权与侵权请求权下的责任方式及其适用条件

《民法典》规定了人格权请求权针对的六种责任方式：停止侵害、排除妨碍、消除危险、消除影响、恢复名誉、赔礼道歉；[①]第一千一百六十七条则规定了侵权请求权针对的停止侵害、排除妨碍、消除危险等侵权责任。二者的区别在于：前者是人格权请

① 《民法典》第九百九十五条规定："人格权受到侵害的，受害人有权依照本法和其他法律的规定请求行为人承担民事责任。受害人的停止侵害、排除妨碍、消除危险、消除影响、恢复名誉、赔礼道歉请求权，不适用诉讼时效的规定。"

求权下的责任方式，无诉讼时效限制；后者则可针对人身、财产权益，有诉讼时效。但二者作为非损害赔偿责任方式，均不需要行为人过错的存在，也不需要实际损害的发生，均有预防功能。

《民法典》第一千一百七十九条到第一千一百八十七条，则规定了侵权损害赔偿请求权（因侵权人侵害其人身或财产，被侵权人享有要求赔偿财产损失与精神损害的请求权）下的责任方式：损害赔偿。

人格权请求权与侵权损害赔偿请求权主要存在如下不同：第一，适用诉讼的时效不同。人格权请求权无诉讼时效限制，侵权损害赔偿请求权则适用。第二，具备典型的责任构成要件不同。人格权请求权适用无过错责任原则，不要求过错与实际损害；但侵权损害赔偿请求权适用过错责任原则，不仅要求过错与实际损害，还要求违法性和因果关系要件。第三，对人格权侵害的预防功能不同。人格权请求权主要侧重于对损害的事先防范；侵权损害赔偿主要是一种事后救济。

在侵害人格权的情形下，如果尚未造成实际损害，侵害行为的责任方式可在《民法典》第九百九十五条规定的人格权请求权或者第一千一百六十七条规定的侵权请求权下选择，二者是竞合关系，只能选其一；如果已造成实际损害（包括财产损失和精神损害），且损害仍在进一步扩大或存在扩大的危险，权利人可以同时主张侵权损害赔偿请求权和人格权请求权，此时两种请求权属于聚合关系；如果实际损害已经发生，但未进一步扩大，也无扩大的危险，权利人只可主张侵权损害赔偿请求权。

二、传播侵权中的停止侵害责任方式

停止侵害，是指不法行为人的行为及其物件给他人财产和人身造成了现实损害，受害人有权请求法院制止正在进行的侵害。[①] 而所谓“正在进行的侵害”，指加害行为处于进行之中，或损害结果尚未出现。停止侵害是我国《民法典》第九百九十五条和第一千一百六十七条列为第一的责任方式，几乎适用于各种侵权行为，适用于诉前、诉中及诉后即裁判生效，其有两大功能：一是防止或减轻传播损害的发生或扩展、蔓延，二是可以使侵权人避免诉讼，所以，停止侵害应该是传播侵权责任方式中的首选。

（一）传播侵权停止侵害责任方式中的更正权与答辩权

传播侵权人主动停止侵害，指传播者意识到或接到受害人关于传播内容侵权的通知后，在诉讼前主动将传播内容撤回的一种方式。这种方式可以减轻受害人的损害，但并不一定能消除传播带来的影响，尤其是在网络传播时代，侵权传播内容一经发出，

---

① 王利明．中国民法典学者建议稿及立法理由［M］．北京：法律出版社，2005：8.

瞬间扩散，影响不可估量，所以，主动撤回是否能够免于民事责任，在法律上并不确定。如果传播者认定所传播内容确系侵权，则可进行更正声明，故更正往往与撤回同步。此种方式虽然也不一定能消除影响，但可减轻损害，取得受害人一定程度的谅解。

更正权指受害人人格权受损害时，对传播者去函，请求刊发更正声明，以恢复名誉、消除影响的权利。答辩权（right of reply）指受害人人格权被传播内容侵害时，要求在传播者的媒体上进行辩驳、回应、解释、声明等的权利。

总之，更正与答辩作为减轻受害人损害的手段，是传播法的一项重要救济渠道，可以缓冲传播者与受害人之间的矛盾，避免或减少诉讼的发生。

许多国家立法对更正问题进行了规范。日本《新闻纸法》第 17 条规定："新闻纸刊载事项有错误时，倘与该事项有关之本人或直接关系者请求更正或刊载正误书、辩驳书，须在接收到请求后次回或第三回发行时进行更正，或刊载正误书、辩驳书全文。"其他国家，如法国《出版自由法》第 12 条和第 13 条分别规定了更正权与反驳权（答辩权），丹麦《新闻法》第 9 条和第 10 条、芬兰《新闻自由法》第 25 条也规定了相关权利。

总之，西方新闻界在处理更正与答辩时有如下特点：[①]（1）只要确属失实，就立即更正，不以各种借口搪塞；（2）平等、公正；（3）免费发表更正或答辩。

（二）《民法典》第一千零二十八条中的更正权、删除权

民事主体对媒体更正或删除的请求权，在 2019 年 4 月《民法典各分编（草案）二审稿》中方首次规定。[②]2019 年 8 月《民法典各分编（草案）三审稿》在更正与删除之外，增加了"等必要措施"的表述等。[③] 最终，《民法典》第一千零二十八条规定："民事主体有证据证明报刊、网络等媒体报道的内容失实，侵害其名誉权的，有权请求该媒体及时采取更正或者删除等必要措施。"

更正或者删除等必要措施属停止侵害、排除妨碍、消除影响、恢复名誉等民事责任方式的具体实现方法。在性质上，既然规定在《民法典・人格权编》中，民事主体对媒体的更正或删除请求权在性质上自然属于人格权请求权，而不是侵权请求权。

关于更正或者删除等必要措施请求权的行使条件。第一，内容失实是否需达到严重程度，存在争议，但需导致民事主体社会评价的降低，即达到侵害名誉权的程度。

---

① 孙旭培 . 新闻传播法学［M］. 上海：复旦大学出版社，2008：338-339。

②《民法典各分编（草案）二审稿》第八百零七条之一规定："报刊、网络等媒体报道的内容失实，侵害他人名誉权的，受害人有权请求该媒体及时更正或者删除。媒体不及时履行的，受害人有权请求人民法院责令该媒体限期更正或者删除。"

③《民法典各分编（草案）三审稿》第八百零七条之一规定："报刊、网络等媒体报道的内容失实，侵害他人名誉权的，受害人有权请求该媒体及时采取更正或者删除等必要措施；媒体不及时采取措施的，受害人有权请求人民法院责令该媒体在一定期限内履行。"

第二，在证明媒体报道内容失实时，应采用盖然性标准。即民事主体未必完全证明具体真实的情况究竟，只要其提出相应的证据，足以引起对媒体报道基本内容真实性的怀疑，即可认为履行了举证责任。① 第三，前述举证责任由民事主体而非报刊、网络等媒体承担。

由于更正或者删除等必要措施请求权属于人格权请求权，权利主体可直接向媒体提出。如果媒体未按民事主体请求采取相应必要措施，民事主体可以请求人民法院责令该媒体采取相应必要措施。向媒体提出请求并非寻求司法支持的前置程序，民事主体也可以直接请求人民法院责令媒体限期履行义务。而民事主体向人民法院请求的方式，可以通过提出人格权行为禁令的方式实现。

三、传播侵权责任方式中的其他非赔偿方式

（一）传播侵权责任方式中的消除影响、恢复名誉

消除影响指行为人因其侵害公民或法人的人格权而应承担的、在影响所及的范围内消除不良后果的一种责任方式。恢复名誉是指行为人因其行为侵害了公民或法人的名誉权，而应在影响所及范围内将受害人的名誉恢复至未受侵害时状态的一种责任形式。②

消除影响与恢复名誉作为针对人格权侵害的救济手段，经常结合使用，从某种角度看，后者是前者的结果，而“如采取此种方式，也可能因及时消除了损害后果而不构成侵权。另一方面，如果相关单位或个人拒绝更正，必将使损害后果进一步扩大。”③ 然而，在新媒体传播环境中，消除影响、恢复名誉有以下问题。

一是范围问题。通常而言，消除影响、恢复名誉应该遵守比例相当原则，即在造成影响与损害的范围内消除影响、恢复名誉。但是，由于网络传播的迅速性与全球性，一旦发生网络传播侵权行为，则其产生的影响可能扩散到极为广泛的范围，损害也很难估量。因此，在网络传播中，消除影响、恢复名誉效果往往非常有限，主要作为一种补充性责任方式，配合其他责任方式进行。

二是二次伤害问题。消除影响、恢复名誉发挥作用的范围只能是“熟人社会”，在网络社会中此种方式基本没有价值。加害人在承担消除影响、恢复名誉的民事责任的同时，可能会在客观上继续公开、披露、宣扬或传播他人的相关信息，其结果非但

① 最高人民法院民法典贯彻实施工作领导小组．中华人民共和国民法典人格权编理解与适用［M］．北京：人民法院出版社，2020：306.

② 张新宝．侵权责任原理［M］．北京：中国人民大学出版社，2005：538.

③ 王利明．人格权法研究［M］．北京：中国人民大学出版社，2012：663.

没有使受害人的精神得到抚慰，反而使其受到进一步损害。[①] 在隐私权侵害行为中，这种缺陷更为明显，所以需慎用。

（二）传播侵权责任方式中的赔礼道歉

赔礼道歉作为侵害人格权的救济方式，指责令违法行为人向受害人承认错误、做自我批评、请求谅解的一种非财产责任形式。它不同于基于礼仪道德而进行的一般的赔礼道歉，而是以国家强制力为后盾的民事责任形式。[②]

赔礼道歉本身当然可以减轻损害，但其在执行中也遇到一些问题，作为法人的被执行人，往往遵守法院的判决；作为自然人的被执行人，常常有拒绝执行的问题。当然，法院可以通过强制刊载道歉声明的方式来处理。如，在“狼牙山五壮士案”中，根据判决，被告须在判决生效后三日内在媒体上公开发布公告，向原告赔礼道歉。因逾期未履行，北京市西城区人民法院决定刊登两案一、二审判决书的主要内容，所需费用由原告承担。之后，两案判决书的内容摘要在《人民法院报》上刊登。[③] 另外，赔礼道歉也有二次伤害的缺陷。在隐私权受侵害的情形下，对受害人赔礼道歉应当在非公开的场合进行。

四、传播侵害人格权纠纷中的重要救济途径：人格权行为禁令

（一）人格权行为禁令制度

禁令制度源于英国衡平法院，“是一种由法院自由裁量给予当事人的救济，用以弥补普通法法院给予的法律救济的不足的措施，其主要作用在于预防侵权行为的发生和阻止侵权行为的继续。”[④]《布莱克法律词典》对禁令（Injunction）是这样界定的：“A court order commanding or preventing an action（即要求或禁止某种行为的法院命令）——为得到禁令，原告必须证明在法律上没有其他直接的、充分和完全的救济可以阻止一个难以弥补的损害的发生，除非能得到此禁令。”[⑤]

英美法中的禁令制度应用广泛，既适用于普通的民事诉讼，也适用于一些特殊的诉讼领域，比如，适用于对知识产权的保护、对环境侵权的制止等。

根据划分标准不同，禁令可以表现为不同的种类：（1）根据禁令的形式，有临时禁令（Temporary Restraining Injunction）、中间禁令（Interlocutory Injunction）和最终

---

① 张新宝 . 隐私权的法律保护［M］. 北京：群众出版社，2004：370 .

② 李建华，彭诚信 . 民法总论［M］. 长春：吉林大学出版社，2000：309 .

③ 参见 2016 年 10 月 21 日《人民法院报》第三版公告栏目。

④ 王利明 . 人格权法研究［M］. 北京：中国民主法制出版社，1998：130.

⑤ BRYAN A. GARNER. Black's Law Dictionary［M］. New York：Thomson Reuter's Co.，2019：937.

禁令（Final Injunction）。临时禁令指在诉讼提起后、正式审理前，为制止诽谤性言辞进一步传播，受害人申请的禁令，以制止损害的传播。① 如2017年9–10月，美国洛杉矶高等法院在同意贾跃亭申请的对顾颖琼的临时禁令后，又因管辖问题驳回了其对该禁令的延期申请。② 中间禁令又称初步禁令，是在一定的期限内维持其法律效力的禁令，一般由申请人在诉讼开始前或者诉讼中提出，它在某些特殊情况下可以口头或者不经书面直接通知对方当事人，③ 其效力可以维持到判决做出。最终禁令又称永久禁令，是经过审理程序最终确定的权利义务关系，有类似裁决文书的功能，④ 效力永久，除非被依法撤销。（2）根据禁令的内容，有在知识产权保护和环境保护等领域的禁令；有针对财产的冻结禁令（Freezing Injunction）；有针对行为的禁令，如英国为保护个人隐私实施的“超级禁令”，禁止任何人传播被申请人认为是机密的或者个人的信息，是法院针对特定的事件对媒体发出的报道禁令，如果违反便被认为是藐视法庭。英国查尔斯王子就曾成功获得此禁令，禁止《星期日邮报》发表他的个人日记。⑤

作为一种民事法律上的救济方法，禁令是对诉讼的某种程序性保障，其功能主要体现为防止侵害行为的发生或损害后果的扩大。当然，这种保障和救济多数情况下不是直接针对财产，而是针对行为——正因如此，传播侵权中对禁令制度的引入更为有效。

我国《民法典》第九百九十七条确立了人格权行为禁令制度，根据其规定，⑥ 申请禁令的前提是：第一，行为人正在实施或者即将实施侵害其人格权的违法行为；第二，不以禁令禁止违法行为，其合法权益将遭受难以弥补的损害。

然而，《民法典》第九百九十七条确立的人格权行为禁令制度也存在以下问题：（1）“有证据证明”的标准是什么？该标准需达到“证明”的标准还是“释明”的标准？（2）法院以裁定的形式还是判决的形式执行禁令？如果以裁定的形式，其与我国

---

① PRICE D，DUODO K. Defamation Law，procedure and practice［M］. London：Sweet & Marxell，2004：231.

② 2017年，美国华裔软件工程师顾颖琼在个人自媒体公众号连续发布一系列关于贾跃亭和乐视的内幕爆料，涉及贾跃亭在美国购买豪宅、为家人申请不可撤销信托、乐视美国数据作假欺骗中国外汇管理局等诸多负面内容。贾跃亭于2017年9月29日向美国洛杉矶高等法院成功申请了针对顾的临时禁令，禁令要求顾颖琼不得骚扰、恐吓、攻击、跟踪、威胁、殴打、辱骂贾跃亭，不可直接或间接联系贾跃亭，不可公布贾跃亭私人信息，不可接近贾跃亭100码（约91米）等。10月6日，洛杉矶高等法院受理了贾跃亭对顾颖琼提起的诽谤诉讼。10月19日，由于管辖原因，洛杉矶高等法院法官拒绝临时禁令延期，禁令失效。郑峻．贾跃亭诉顾颖琼第一回合落败［EB/OL］.（2017–10–20）［2020–10–10］. http://tech.sina.com.cn/i/2017-10-20/doc-ifymzqpq2632688.shtml.

③ 白绿纯．美国民事诉讼法［M］. 北京：经济日报出版社，1999：278–279.

④ 沈达明．衡平法初论［M］. 北京：对外经济贸易大学出版社，1997：291.

⑤ 秦绪栋．英国的超级禁令制度［N］. 人民法院报，2012–07–27（8）.

⑥《民法典》第九百九十七条规定：“民事主体有证据证明行为人正在实施或者即将实施侵害其人格权的违法行为，不及时制止将使其合法权益受到难以弥补的损害的，有权依法向人民法院申请采取责令行为人停止有关行为的措施。”

的诉讼保全区别何在？（3）如何平衡受害人人格权益与行为人言论自由？[①]尽管人格权行为禁令制度确立的初衷是保护当事人的人格权益，但法院对行为人的言论仍需与故意捏造事实、恶意诽谤区分开，衡量权利人对行为人的言论是否应当予以必要的容忍，否则，作出禁令可能会不利于言论自由，有损社会公共利益。

（二）我国的诉讼保全制度及其与禁令制度的区别

在大陆法系，与禁令制度类似的制度系诉讼保全制度，指在紧急情况下不受理讼争实质问题的法官根据一方当事人的请求，立即命令采取的必要措施。

我国《民事诉讼法》第一百条规定："人民法院对于可能因当事人一方的行为或者其他原因，使判决难以执行或者造成当事人其他损害的案件，根据对方当事人的申请，可以裁定对其财产进行保全、责令其作出一定行为或者禁止其作出一定行为。"该规定针对财产进行和行为保全，为传播侵权中适用该制度提供了法律依据。

禁令和行为保全虽然都是避免当事人的利益受到损害或进一步的损害，法院责令相关当事人为一定行为或不为一定行为的措施，但两者依然是相互区别，不可替代的。[②]第一，从目的性来看，行为保全目的在于保全，而保全的提起和最终结果是基于诉讼的提起和结果，即使诉前的行为保全，也要根据法律规定在30日内提起诉讼。而禁令的目的在于及时解决即将发生或者虽然发生但尚未造成现实损害的侵权行为，起诉并获得判决不是禁令的起点和终点，且禁令执行完毕，其使命便结束。所以，其具有独立性，没有保全的意向。[③]第二，从申请的条件看，行为保全发生在侵权行为已经发生、诉讼即将形成或者已经开始，损害发生或者损失正进一步扩大，乃至危及请求人将来权利实现的阶段，但并未要求情况紧急。而禁令则发生在侵权形成和即将发生，或虽然发生但未形成损害阶段，要求情况紧急。第三，从执行措施看，虽然行为保全和禁令都是责令申请人为或不为一定行为的措施，但行为保全的为或不为，是与被申请人的正常生活和经营相适应，并且以能实现财产利益、判决执行为目的；而禁令下的为或者不为，则为干预和制止现实违法或侵权行为，以达到恢复秩序和常态的需要，其不仅在强制性强度

---

① 基本案情：王某香购买了某地产公司开发的房产，房屋尚未交付。2020年5月至8月，王某香通过自己注册的自媒体公众号陆续发布了10篇涉及某地产公司的文章，文中出现针对某地产公司的批评性言论。2020年10月，某地产公司以王某香侵害其名誉权为由向法院提起诉讼。诉讼中，上述10篇文章被自媒体平台删除，之后王某香又通过该公众号发布多篇文章，内容主要是对其购房遭遇的描述和对房产质量的主观感受，其中包含一些情绪化用语。某地产公司于2021年1月4日向法院申请人格权侵害禁令，请求禁止王某香在自媒体平台发布侵害其名誉权的文章、言论。法院认为：现有证据不足以证明王某香具有侵害某地产公司名誉权的较大可能性，且王某香的行为不具有现实紧迫性。如果做出禁令，将严重限制王某香作为购房者评论房地产开发商的权利，从而导致双方之间的利益失衡，并引发房地产开发商利用人格权侵害禁令阻止购房者发布相关言论的不良示范效应。法院遂裁定驳回了某地产公司的禁令申请。参见广东省广州互联网法院（2020）粤0192民初45063号裁定书。

② 王琳，关正义．建立我国民事诉讼禁令制度的思考［J］．求是学刊，2015，42（3）：87-93.

③ 张卫平．民法典的实施与民事诉讼法的协调和对接［J］．中外法学，2020（4）：933-950.

上要强，在执行时效上还要快。我国司法实践没有明确为或不为的具体措施，需要根据具体情形确定。

2016 年 3 月，北京市海淀区法院在受理的杭州网易雷火科技有限公司（以下简称网易雷火公司）诉中国经营报社（以下简称中经报社）、北京新浪互联信息服务有限公司（以下简称新浪互联公司）侵害名誉权纠纷一案，首次在北京地区涉网络名誉权新闻报道中支持原告行为保全的申请。①

可见，人格权行为禁令制度是我国《民法典》规定的独特制度，性质上属于实体法上的禁令，是人格权请求权产生法律效果即要求侵权人承担某种责任方式的途径之一，与行为保全程序不同。至于人格权行为禁令的适用程序，有观点认为，应当在《民事诉讼法》中创建一个不同于诉讼程序和非诉程序，而适用于所有行为禁令的一般司法程序，即禁令裁判程序（一种速裁程序），或准诉讼程序，兼顾程序效率与程序公正。②

五、传播侵权责任方式中的惩罚性赔偿

（一）惩罚性赔偿概述

惩罚性赔偿（Punitived Damages）指判定的损害赔偿金不仅是对原告人的补偿，而且是对故意加害人的惩罚。《布莱克法律辞典》将惩罚性赔偿界定为“指当被告的行为是轻率、恶意、欺诈时，（法庭）所判处的超过实际损害的部分。其目的在于通过处罚做坏事者或以被估计的损伤作例子对其他潜在的侵犯者产生威慑。”③

惩罚性赔偿具有补偿、制裁与遏制功能。惩罚性赔偿的构成如下：1. 主观要件，要求故意（包括恶意在内），毫不关心和不尊重他人的权利，重大过失。2. 行为的非法性。通常，惩罚性赔偿针对明显的非法行为，这些行为超过社会的容忍度，需要通过惩罚性损害赔偿来制裁行为人，并遏制、威慑相关行为的发生。3. 损害后果的严重

---

①《中国经营报》于 2016 年 2 月 1 日刊登《跨境电商命门凸显　网易考拉现自营危机》的报道，称“网易考拉海购”售假。新浪公司全文转载了上述文章，并更改标题，指网易考拉售假。网易雷火公司请求法院判令两被告停止侵权行为、赔礼道歉、赔偿经济损失。诉中，网易雷火公司向法院提出行为保全申请，责令中经报社和新浪网站停止发布涉案报道。网易雷火公司对其此项申请向海淀法院提供相关现金担保。法院认为，通观全文，并未报道得出“考拉假货”这一定性的明确依据，且中经报社未向法院提交相应证明是假货的充分证据。在此情况下，涉案文章可能构成失实，如继续传播可能对网易雷火公司造成社会评价降低的严重后果。法院裁定中经报社应暂时停止传播前述文章，直至本案法律文书生效之日。因新浪互联公司已自行删除涉案报道，网易雷火公司撤回对新浪互联公司的行为保全申请。北京市海淀区人民法院 . 法院对中国经营报社报道“网易考拉海淘售假”作出诉讼禁令［EB/OL］.（2016-03-21）［2019-12-11］. http://bjhdfy.chinacourt.org/public/detail.php？ id=4028.

② 张卫平 . 民法典的实施与民事诉讼法的协调和对接［J］. 中外法学，2020（4）：933-950.

③ BRYAN A. GARNER（Editor in Chief）.Black's Law Dictionary［M］.New York：Thomson Reuter's Co.，2019：491.

性。惩罚性赔偿针对的不是一般的非法行为，而是造成比较严重损害后果的非法行为。

（二）惩罚性赔偿在我国传播侵权中的立法与适用

1. 因商品或服务的虚假传播适用《消费者权益保护法》和《广告法》导致连带的惩罚性赔偿

我国侵权法中，没有直接针对传播者规定惩罚性赔偿，但传播侵权领域存在适用惩罚性赔偿的可能。

《消费者权益保护法》（以下简称《消保法》）第五十五条规定了针对欺诈行为的三倍赔偿和针对造成消费者或者其他受害人死亡或者健康严重损害的双倍赔偿，有学者认为，此规定“前所未有地确立了一种相当典型的惩罚性赔偿制度，彻底摆脱以商品价款或服务费用为基础确定惩罚性赔偿金的窠臼……”① 而根据《食品安全法》第八十四条和八十五条之规定，相关违法行为可被判以 10 倍赔偿。《民法典 · 侵权责任编》第一千二百零七条固定了上述精神，其规定：“明知产品存在缺陷仍然生产、销售，造成他人死亡或者健康严重损害的，被侵权人有权请求相应的惩罚性赔偿。”

《消保法》《食品安全法》的上述规定，表面上与传播侵权无关，事实上，经营者往往就是作为广告主的传播者；而且，广告经营者、广告发布者与广告代言人均会被连带。

如前所述，根据《广告法》第五十六条之规定，广告经营者、广告发布者与广告代言人在三种情形中承担连带责任：（1）发布虚假广告，欺骗、误导消费者，使购买商品或者接受服务的消费者的合法权益受到损害，广告经营者、广告发布者不能提供广告主的真实名称、地址和有效联系方式的，消费者可以要求广告经营者、广告发布者先行赔偿。②（2）关系消费者生命健康的商品或者服务的虚假广告，造成消费者损害。事实上，此类诉讼中，由于难以找到广告主或广告经营者，传播者（媒体）往往

---

① 朱广新．惩罚性赔偿制度的演进与适用［J］．中国社会科学，2014（3）：104-124，206-207.

② 2015 年 4 月 25 日，《南京晨报》在其 A24 版发布了名为“首套 100 枚《抗战胜利 70 周年纪念金币》震撼发行”的整版广告，在广告中使用“耗用 999 黄金铸造”等宣传用语。贾林自述其看到上述广告后，根据报纸载明的地址前往购买涉案纪念金币二套，合计 3,960 元。2016 年 3 月 3 日，贾林向江苏省黄金珠宝检测中心提出检测申请，检测结果为“非贵金属，基体为铜锌合金”。在案件审理过程中，《南京晨报》向法院申请追加产品销售方和广告委托发布方为本案被告，但两家公司下落不明，送达均未成功。法院终审判决，江苏《南京晨报》文化传媒有限公司退还贾林货款 3,960 元，赔偿贾林 11,880 元，以及支付贾林检测费 400 元，合计 16,240 元。该判决中赔偿贾林的 11,880 元即三倍的惩罚性赔偿款。参见江苏省南京市中级人民法院（2016）苏 01 民终 9372 号民 事判决书。

直接承担惩罚性赔偿责任。[①]（3）不关心消费者生命健康的商品或者服务的虚假广告，造成消费者损害的，在明知或者应知有过错的情况下，应当与广告主承担连带责任。

可见，正是通过《广告法》规定的连带责任，可以将《消保法》和《食品安全法》规定的惩罚性赔偿适用于传播者，虽然这里的惩罚性赔偿并非直接针对传播者。

2. 著作权法中的惩罚性赔偿

如前所述，我国侵权法损害赔偿标准通常以“填平（补偿）原则”为主，包括直接损失和间接损失。我国《著作权法》依照此赔偿原则，确定了有先后顺序的赔偿标准：实际损失→侵权所得→权利使用费→酌定赔偿（五百元以上五百万元以下）。至于惩罚性赔偿，是由《民法典》确立了侵害知识产权的惩罚性赔偿的原则[②]之后，新《著作权法》第五十四条明确了可以按照实际损失或侵权所得、权利使用费方法确定数额的“一倍以上五倍以下给予赔偿”的惩罚性赔偿标准；司法解释进一步提出依照权利许可使用费的倍数作为惩罚性赔偿数额的计算基数的标准。[③]

至于适用惩罚性赔偿的前提，当然是法定的“故意侵权”和“情节严重”两个条件：故意的参考因素包括接到通知、警告后是否仍继续侵权，被告方与原告方的关系，是否接触过被侵害的作品，是否实施盗版行为；“情节严重”的参照因素包括侵权手段、次数、持续时间、地域范围、后果等。[④]

如前所述，著作权人的侵权损失本就难以证明，新闻作品著作权纠纷中，由于我国没有确立新闻出版者权，经营性、组织性投入未能被列入实际损失，以稿费为赔偿标准难以弥补新闻媒体的损失，在符合条件的情况下请求侵权行为人承担惩罚性赔偿对新闻媒体也有一定意义。

第二节 传播侵权责任形态

侵权责任形态作为侵权责任在不同的当事人之间进行分配的表现形式，其法律特

---

① 2014年12月25日，《扬子晚报》A41版刊登了“巴桑母酥油丸”的药品广告，该药品广告称该药可快速降血压。2015年2月6日，消费者罗瑶在广告上刊登的销售点购买了5个疗程总价6900元的该药。后发现国家药品批文中明示高血压患者禁用，且药品广告的批文已过期，便诉至法院，请求判令被告《扬子晚报》退还购物款69,00元，并赔偿三倍惩罚性赔偿20,700元。由于原告仅起诉《扬子晚报》，法院直接判决被告江苏扬子晚报有限公司退还原告罗瑶货款6,900元，赔偿20,700元。参见江苏省南京市建邺区人民法院（2015）建民初字第3690号民事判决书。

②《民法典》第一千一百八十五条规定：“故意侵害他人知识产权，情节严重的，被侵权人有权请求相应的惩罚性赔偿。”

③ 参见最高人民法院《关于审理侵害知识产权民事案件使用惩罚性赔偿的解释》第五条第二款。

④ 参见最高人民法院《关于审理侵害知识产权民事案件使用惩罚性赔偿的解释》第三、四条。

征有三：关注的是侵权行为的后果；表现的是侵权行为后果由侵权法律关系当事人承担的不同形式；是经过法律所确认的，合乎法律规定的侵权责任基本形式。[①]

我国传播侵权领域的责任形态问题，主要是新闻传播侵权中被告的确定和相关诉讼中连带责任的认定。后者主要体现在《广告法》第五十六条关于广告经营者、广告发布者与广告代言人需对广告主在三种情形下承担连带责任，[②] 以及网络侵权中网络服务提供者对网络用户的连带责任上。

一、侵权责任形态基础理论

（一）侵权责任形态体系

侵权责任形态具有三种类型：第一种类型包括直接责任和替代责任；第二种类型包括单方责任和双方责任；第三种类型包括单独责任和共同责任。

关于侵权责任的第一种类型。（1）直接责任，也就是自己的责任，指违法行为人对自己实施的行为所造成的他人人身损害和财产损害的后果由自己承担侵权责任的形态。承担直接责任的基础行为是构成一般侵权行为：指行为人因过错而实施的、适用过错责任原则和侵权责任一般构成要件的侵权行为。[③]（2）替代责任，是指责任人为他人的行为和自己管领下的物件所致损害负有的侵权赔偿责任，其要求替代责任人与致害人或致害物之间须有特定关系，这种特定关系，在责任人与致害人之间表现为隶属、雇佣、监护、代理等身份关系；在责任人与致害物之间，则必须具有管领或者支配的关系。最高人民法院《名誉权案件解答》第六条“作者与新闻出版单位为隶属关系，作品系作者履行职务所形成的，只列单位为被告”的规定，解决的是新闻传播侵害名誉权案件中的新闻单位对其工作人员的替代责任问题。

关于侵权责任的第三种类型中的共同责任形态，是侵权行为加害人占多数的时候，侵权责任在数个加害人之间进行分配的方式，分为连带责任、按份责任、不真正连带责任和补充责任。

关于连带侵权责任，指受害人有权向共同侵权人中的任何一人或数人请求赔偿部分或全部损失，而任何一个共同侵权人都有义务向受害人负全部的赔偿责任；共同加害人中的一人或数人已全部赔偿了受害人的损失，则免除其他共同加害人向受害人应负的赔偿责任。在连带责任制度中，被请求人不得主张分担利益的抗辩；法院不得依照职权追加未被起诉的连带责任人参与诉讼，未被起诉的连带责任人也不得申请参与

---

① 杨立新．侵权责任形态研究［J］．河南省政法管理干部学院学报，2004（1）：1–13.

② 参见本章第一节（五）的相关内容。

③ 王利明，杨立新．侵权行为法［M］．北京：法律出版社，1996：132.

诉讼；法院应当根据权利人的请求追加被起诉的连带责任人参加诉讼；判决作出以后连带责任尚未履行完毕的，权利人仍然有权就先前没有被起诉的连带责任人另行提起诉讼。共同侵权连带责任的各行为人内部分有责任份额；已经承担了超出自己份额责任的加害人，有权向没有承担侵权责任的加害人追偿。①

按份责任指数个责任人各自按照一定的份额对债权人承担的赔偿责任。② 在传播侵权领域，按份责任主要适用于再传播情形下的再传播者与原传播者。

不真正连带责任指多数行为人对一个受害人实施加害，或者不同的行为人基于不同行为而致使受害人的权利受到损害，各个行为人产生同一内容的侵权责任，各负全部赔偿责任，并因行为人之一的履行而使全体责任人的责任归于消灭。其与连带责任的区别在于：其只在形式上实行连带，但在实质上，必须有一个最终责任人，由其对全部侵权责任负责，不应当负全部赔偿责任的中间责任人即使是承担了全部赔偿责任，也有权向最终责任人主张追偿全部责任。③ 受害人可以"择一"行使损害赔偿请求权；如果受害人选择的侵权责任人就是直接责任人，则该责任人就应当最终承担侵权责任；如果选择的责任人并不是最终责任人，则承担了侵权责任的责任人可以向最终责任人请求赔偿，最终责任人应当向非最终责任人承担最终责任。

补充（连带）责任指行为人对一个受害人实施加害行为，或者不同的行为人基于不同的行为而致使受害人的权利受到损害，各个行为人产生的同一内容的侵权责任，受害人享有的数个请求权有顺序的区别，首先行使顺序在先的请求权，不能实现或者不能完全实现时再行使另外的请求权的侵权责任形态。④ 其基本含义是，在能够确定加害人时，由加害人或其他负有责任的人承担责任，补充责任人不承担责任；只有在加害人无法确定或资力不足以承担全部责任时，补充责任人承担全部或部分责任。

（二）共同侵权与连带责任的关系

迄今为止，德国民法学界的主流观点仍将意思联络作为共同侵权行为主观构成要件。英美法国家对共同侵权的主流学说是意思联络说，认为只有存在"共谋"（common design）即意思联络才能构成共同侵权，换言之，只有共同故意才是共同侵权。⑤ 对于没有共谋的行为，如故意对某网站侵权内容设置链接，被链接者甚至不知道自己的侵权内容被链接，这种在英美是间接侵权而非共同侵权。

《民法典·侵权责任编》第一千一百六十八条中"共同"，要求必须有意思联络；

---

① 王利明 . 侵权责任法研究（上）[M] . 北京：中国人民大学出版社，2011：544；杨立新 . 侵权责任形态研究 [J] . 河南省政法管理干部学院学报，2004（1）：1–13.

② 王利明 . 侵权责任法研究（上）[M] . 北京：中国人民大学出版社，2011：550.

③ 杨立新 . 侵权法论 [M] . 北京：人民法院出版社，2011：748.

④ 杨立新 . 侵权法论 [M] . 北京：人民法院出版社，2011：754.

⑤ 王泽鉴 . 民法学说与判例研究 [M] . 北京：中国政法大学出版社，1998：50.

而第一千一百七十条至第一千一百七十二条，规定的是无意思联络的数人侵权。

从大陆法系传统而言，连带责任系共同侵权的产物；数人之行为如不构成共同侵权，则不承担连带责任，“共同侵权行为的最本质特征就是意思联络，只有存在主观上的共同故意才能够将数个不同行为人的行为结构成一个行为，不同的行为人才应当对外承担一个完整责任，就是连带责任。”[①] 但连带责任制度的发展，突破了此传统，即基于公共政策等考量因素，即使数人之行为不构成共同侵权，在一定情况下也需承担连带责任，这就给现代侵权法带来很多问题。但我国《民法典·侵权责任编》中，除意思联络共同侵权需承担连带责任外，还有第一千一百七十条中的共同危险行为和第一千一百七十二条中的（每个人的侵权行为都足以造成全部损害的）分别侵权，也需承担连带责任。

二、网络服务提供者侵权责任形态

（一）网络服务商的连带责任及其原因

在互联网领域的民事侵权中，网络服务商对人格权益的直接侵权（即自己直接实施侵权或与他人共同直接实施侵权）在归责原则、责任构成要件、责任范围与形态上，与新闻传播侵权并无本质不同，所以不会也未引发争议。然而，网络服务商在专门提供服务以方便网络用户交流时，可能会因为网络用户的侵权行为而承担民事责任，对此承担间接侵权责任，我国《民法典·侵权责任编》第一千一百九十五条第二款和第一千一百九十七条给网络服务商施加严厉的连带责任。

（二）关于网络中间服务商侵权责任形态的观点

第一种观点认为，因网络中间服务商与侵权的网络用户之间构成了共同侵权，所以其应承担连带责任，而且是典型的连带责任。[②]

第二种观点是学界的主流，赞同网络中间服务商应该承担的责任是不真正连带责任。该观点认为网络服务提供商承担责任的形态也是替代责任。[③]

第三种观点是网络中间服务商应承担补充责任。有学者主张，网络服务提供商未能履行自己合理注意的义务，客观上对损害的扩大化起到一定作用，可考虑在实际行为人承担责任之后，由网络服务提供商承担补充责任。[④]

---

① 杨立新．侵权法论［M］．北京：人民法院出版社，2011：709.

② 王利明．侵权责任法研究（上）［M］．北京：中国人民大学出版社，2011：543.

③ 杨立新．中华人民共和国侵权责任法精解［M］．北京：知识产权出版社，2010：131.

④ 张新宝．互联网上的侵权问题研究［M］．北京：中国人民大学出版社，2003：33.

三、再传播与原传播者之间的侵权责任形态

再传播包括平面媒体的转载和电子媒体的（音频、视频）转播，而网络媒体的再传播则包含了转载和转播。作为一种非原创性的传播，再传播由传统的同类媒体之间对相同信息的再传播，日益发展为跨媒体的再传播。由于网络传播的加入，转载传播中的侵权对侵权对象造成的损害可能呈几何级放大。

再传播和原传播在理论上可能任一行为都可能造成同一结果，如被侵权者隐私泄露后的精神痛苦，或被侵权者因不堪名誉损害后果而自杀，所以，再传播者和原传播者之间的责任形态也有连带责任的可能。然而，通常情况下是再传播与原传播的结合才造成了全部的、同一的损害，是不同种类与数量的媒体、数种类型原因力的结合的侵权行为，形成了“多因一果”的数人侵权行为。在这种竞合因果关系的无意思联络的数人侵权模式下，再传播者与原传播者的责任形态自然是按份责任。在再传播导致的侵权中，确定责任份额应以原因力为准，理由如下：（1）在传播侵权中，侵权人的过错主要是过失在因再传播引发的侵权中，原传播者和再传播者过错大都是过失，而过失的认定并没有明确的量化标准；（2）当事人并不一定将过错作为请求赔偿的主要因素，实践中，原传播当事人往往是原告的首选被告，原因是其认为原传播是损害的主要原因；（3）在适用无过错归责原则的诉讼中，原因力往往是确定责任份额的唯一因素，这种情况出现在特殊传播侵权中，如证券市场虚假陈述侵权。①

关键词

侵权责任方式　更正权　答辩权　人格权行为禁令
诉讼保全　侵权责任形态　共同侵权　再传播
惩罚性赔偿

思考题

1. 简述侵权请求权与人格权请求权的区别。
2. 简述人格权行为禁令与诉讼保全的关系。
3. 简述侵权责任形态体系。
4. 简述共同侵权与意思联络的关系。
5. 如何理解网络服务商的连带责任？

---

① 罗斌．传播侵权研究［M］．北京：国家图书馆出版社，2008：234–238.

4 PART

第四编

刑事传播法

第十八章　传播犯罪的制度原则及其成立条件

媒体组织、其他组织或自然人因利用媒体面向大众进行传播而导致的犯罪问题，在我国涉及诸多罪名，这些罪名，在立法及司法中均涉及刑法基本原则、犯罪成立条件问题。就刑法基本原则与犯罪成立三阶层条件的关系而言，罪刑法定主要是有关第一阶层即构成要件的原则，法益保护是有关第二阶层即违法性的原则，而责任主义则是第三层次即有关责任性判断的原则。① 传播犯罪制度运行中，虽也有涉有责性判断问题或罪责刑相适应问题，但主要是罪刑法定和法益保护原则下的问题，本章内容主要是传播犯罪的罪刑法定和法益保护原则及其三阶层成立条件。

第一节　“传播犯罪”概念：内涵、外延与特征

“传播犯罪”概念是刑事传播法学的基石，其内涵、外延与特征的界定，也是刑事传播法研究的前提和基础。

一、“传播犯罪”概念：内涵、外延

（一）媒体传播行为导致犯罪的概念

第一类是以传播内容为主语的概念：（1）“媒体信息犯罪”，此类犯罪包括利用新媒体实施的欺诈犯罪，利用新媒体制售假冒伪劣商品犯罪，利用新媒体虚假炒作严重侵蚀公序良俗的犯罪。②（2）“（网络）言论型犯罪”。③ 此概念的提出者将“网络言论型犯罪”界定为“在做出违反互联网言论自由法律规定而应受刑法处罚的行为”。④

① 陈兴良．刑事法治论［M］．2版．北京：中国人民大学出版社，2017：212.

② 李玉玉．新媒体信息犯罪研究［D］．合肥：安徽大学，2016.

③ 刘艳红．网络时代言论自由的刑法边界［J］．中国社会科学，2016（10）：134-152，204-205.

④ 邹盛，马青连．公民言论自由权利行使与网络言论型犯罪的界限［J］．哈尔滨师范大学社会科学报，2018，9（4）：68-71.

第二类是以各类媒体（介）为主语的概念，包括“媒体（介）犯罪”[①]、“微信犯罪”[②]和“网络（空间）犯罪”。其中，“网络（空间）犯罪”是使用最广泛的概念。有学者如此解释：“网络犯罪概念的具体内涵和外延虽然还没有完全一致的表述，但其基本轮廓已经显现。网络犯罪可分为三种类型：一是计算机作为犯罪对象（the object of a crime）的网络犯罪；二是计算机作为犯罪主体（the subject of a crime）的网络犯罪；三是计算机作为犯罪工具（a criminal instrumentality）的网络犯罪。”[③]

第三类是涉及“传播”二字的概念，包括“网络传播型犯罪”“传播型犯罪”[④]“信息传播型犯罪”。[⑤]其中“网络传播型犯罪”被界定为“利用网络超越时空限制的特性，通过网络向不特定多数人（计算机）传播信息，达到非法目的的一类犯罪，具有行为超时空性、对象不特定性、结果非可控性；其主体包括非法信息的制造者、非法信息的传播者、负有网络服务监管义务者”[⑥]。

从上述有关“媒体传播行为犯罪”的概念中可总结出的规律是：多以不同形态的媒体作为主语。而且，这些内涵与外延不一致的概念在研究范围上也有共同点：聚焦于使用媒体、面向大众即不特定多数人的传播行为犯罪。

（二）传播犯罪：内涵与外延

传播犯罪，指主要以传统或网络媒体为工具向不特定人群或特定多数人进行传播，或者是替代或帮助传播的类传播行为，阻止、破坏传播的反传播行为及以此类传播作为目的或威胁等行为导致的犯罪。狭义的传播犯罪即典型的传播犯罪，指因直接传播行为侵害或威胁法益引发的犯罪；广义的传播犯罪还包括非典型传播犯罪，即类传播或反传播等行为侵害或威胁法益（如非法获取国家秘密、拒不履行信息网络安全管理义务等），以此类传播作为目的或威胁等行为导致的犯罪（如以舆论监督为要挟，敲诈勒索或强迫他人进行广告宣传即强迫交易）。

需要强调的是，一些犯罪虽与媒介相关，但由于信息与行为的特点，不会涉及公开传播，如非法持有国家绝密文件、机密文件、资料、物品罪，非法获取军事秘密罪，故不属于本教材界定的传播犯罪。

---

① 王晓滨 . 媒体自由的刑法控制边界［J］. 新闻界，2015（1）：2–7，13；宋俊艳 . 滥用媒体自由刑法控制对策研究［J］. 中国报业，2017（16）：20–21.

② 刘洋洋 . 从微信传播属性看微信犯罪［D］. 西安：陕西师范大学，2016.

③ 刘艳红 . 网络犯罪的刑法解释空间向度研究［J］. 社会科学文摘，2020（2）：73–75.

④ 苏颖 . 论恐怖主义传播型犯罪的界限——兼评《刑法第九修正案》120 条之六［J］. 法制博览，2016（29）：202.

⑤ 张尹 . 非法利用信息网络罪的司法适用［J］. 法律适用，2019（15）：13–22.

⑥ 范捷 . 网络“传播型”犯罪司法认定研究［D］. 南京：南京师范大学，2016.

二、传播犯罪的类型

从司法实践和传播内容而言，学界对传播犯罪有以下分类。

第一类，新闻传播犯罪。新闻传播包括事实类信息和观点类信息的传播。前者包括文字、图像、声音或其组合形式的信息；后者包括一般性观点意见、学术观点信息。在事实类信息或观点类信息传播过程中经常会出现侵害他人合法权益的行为，其典型犯罪为新闻传播犯罪，涉及向境外非法提供国家秘密罪，编造并传播证券、期货交易虚假信息罪，损害商业信誉、商品声誉罪，诽谤罪，侮辱罪，煽动民族仇恨、民族歧视罪，出版歧视、侮辱少数民族作品罪，敲诈勒索罪（和强迫交易罪），非法获取国家秘密罪、非法使用窃听、窃照专用器材罪，披露、报道不应公开的案件信息罪等罪名。

第二类，虚假信息传播犯罪。所谓虚假信息，是不真实的信息，包括虚构的不存在的信息，也包括对真实信息篡改、加工、隐瞒后的信息，一般具有误导性和欺骗性。[①]此类传播犯罪包括诽谤罪，（传播型）寻衅滋事罪，虚假广告罪，损害商业信誉、商品声誉罪，编造并传播证券、期货交易虚假信息罪，编造、故意传播虚假信息罪，编造、故意传播虚假恐怖信息罪。

第三类，涉密信息传播犯罪，指以传统或网络媒体为工具，泄露国家秘密的传播犯罪。它包括向境外非法提供国家秘密罪，非法获取国家秘密罪、非法使用窃听、窃照专用器材罪，泄露不应公开的案件信息罪，披露、报道不应公开的案件信息罪，故意（过失）泄露国家秘密罪。

第四类，投资信息传播犯罪。此类犯罪特指证券市场领域的犯罪。依照证券管理相关法律制度，发行人、上市公司必须依法持续进行相关信息公开，其披露的信息必须真实、准确、完整，不得有虚假记载、误导性陈述或者重大遗漏。发生可能对上市公司股票交易价格产生较大影响的重大事件，投资者尚未得知时，上市公司应当立即将有关该重大事件的情况向国务院证券监督管理机构和证券交易所报送临时报告，并予公告，说明事件的起因、目前的状态和可能产生的法律后果。此类传播犯罪包括欺诈发行股票、债券罪，违规披露、不披露重要信息罪，编造并传播证券、期货交易虚假信息罪。

上述分类，均基于传播内容的归纳分类。事实上，对传播内容的分类，从不同角度可能有多种。比如，基于传播内容是否具有煽惑性，可分为“煽动型犯罪”[②]，包括煽动分裂国家罪，煽动颠覆国家政权罪，宣扬恐怖主义、极端主义、煽动实施恐怖活

① 赵秉志，徐文文．论我国编造、传播虚假信息的刑法规制［J］．当代法学，2014，28（5）：3–15.

② 班克庆．煽动型犯罪研究［D］．苏州：苏州大学，2012：18；胡亚龙．煽动犯基本问题研究［D］．武汉：中南财经政法大学，2017：39.

动罪，煽动暴力抗拒法律实施罪，煽动民族仇恨、民族歧视罪，煽动军人逃离部队罪。

另外，从传播受众即传播犯罪对象考虑，传播犯罪又可分为以下两种：（1）传播受众并非犯罪对象的传播犯罪。此类传播犯罪的客体主要是精神性人格权，如名誉权、隐私权、肖像权，需要受众知悉、接收相关传播信息后，降低对受害者的社会评价。对其他精神性人格权及知识产权的侵害，也以非受害者本人的受众知悉、接收相关传播信息为条件。（2）传播受众本人为犯罪对象的传播犯罪。此类传播犯罪的客体主要是物质性人格权及财产权益，如：药品虚假广告可能侵害他人财产权、健康权或生命权；虚假、欺诈性投资信息诱导他人投资，侵害他人财产权益。

三、法益侵害角度传播犯罪的类型

上述关于传播犯罪的分类，在具体罪名上互有交叉。事实上，从法益侵害的角度，上述犯罪可分为三大类共 53 种。（1）侵害国家法益的 15 种传播犯罪，包括煽动分裂国家罪，煽动颠覆国家政权罪，为境外的机构、组织、人员窃取、刺探、收买、非法提供国家秘密罪，帮助恐怖活动罪，准备实施恐怖活动罪，宣扬恐怖主义、极端主义、煽动实施恐怖活动罪，利用极端主义破坏法律实施罪，非法持有宣扬恐怖主义、极端主义物品罪，故意泄露国家秘密罪，过失泄露国家秘密罪，煽动军人逃离部队罪，战时造谣扰乱军心罪，故意泄露军事秘密罪和过失泄露军事秘密罪，战时造谣惑众罪。（2）侵害社会法益的 25 种传播犯罪，包括：妨害、破坏市场经济秩序的 5 种传播犯罪，即欺诈发行证券罪，违规披露、不披露重要信息罪，编造并传播证券、期货交易虚假信息罪，虚假广告罪，非法经营罪；扰乱社会秩序的 13 种传播犯罪，即煽动暴力抗拒法律实施罪，非法获取国家秘密罪，非法使用窃听、窃照专用器材罪，拒不履行信息网络安全管理义务罪，非法利用信息网络罪，帮助信息网络犯罪活动罪，扰乱无线电管理秩序罪，编造、故意传播虚假恐怖信息罪，编造、故意传播虚假信息罪，寻衅滋事罪，传授犯罪方法罪，侵害英雄烈士名誉、荣誉罪，[①] 组织、利用会道门、邪教组织、迷信破坏法律实施罪；妨害司法（秩序）的 2 种传播犯罪，即泄露不应公开的案件信息罪，披露、报道不应公开的案件信息罪；妨害社会伦理道德的 5 种传播犯罪，即走私淫秽物品罪，[②] 制作、复制、出版、贩卖、传播淫秽物品牟利罪，为他人提供书号出版淫秽书刊罪，传播淫秽物品罪，组织播放淫秽音像制品罪。（3）侵害个体法益的 13 种传播犯罪，包括：侵害个体人格权益和民主权益的 5 种传播犯罪，即侮辱罪，

---

① 侵害英雄烈士名誉、荣誉罪虽然直接针对英雄烈士，但其侵害后果要求“损害社会公共利益”，且将其放在第六章（妨害社会管理秩序罪）第六节“扰乱公共秩序罪”中，故将其归类于侵害社会法益的传播犯罪。

② 走私淫秽物品罪《刑法》中归属分则第三章规定的破坏市场经济秩序的犯罪行为，但其侵害的法益主要是社会伦理道德，当然也一定程度上违反市场经济秩序。

诽谤罪，侵犯公民个人信息罪，煽动民族仇恨、民族歧视罪，出版歧视、侮辱少数民族作品罪；侵害知识产权的 4 种传播犯罪，即假冒注册商标罪，侵犯著作权罪，侵犯商业秘密罪，销售侵权复制品罪；侵害个体财产权益的 4 种传播犯罪，即损害商业信誉、商品声誉罪，诈骗罪，敲诈勒索罪，强迫交易罪。

第二节　传播犯罪制度的基本原则

作为公认的刑法基本原则，罪刑法定和法益保护是刑事立法与司法中必须得到遵守的原则，前者要求禁止溯及既往、排斥习惯法、禁止类推适用的内容，是普遍遵奉的内容；后者要求传播犯罪的刑事立法与司法必须以保护法益为目的，即无法益侵害，就不成立犯罪，刑罚也无以适用。

一、罪刑法定原则下传播犯罪制度的谦抑性与明确性

（一）罪刑法定原则下传播犯罪制度的谦抑性：禁止不当罚

刑罚的适当性是罪刑法定原则的基本要求之一，其既源于刑罚制度本身的局限性，也包含对立法和司法的限制。

第一，传播犯罪制度有其自身的使命与价值。法律的重要功能是解决社会矛盾、树立行为规范，但可以发挥此功能的并非只有法律制度，惯例、伦理、行业规范等，也可以发挥并且在社会生活中发挥着比法律适用频率更高、更广泛的作用。即使在法律体系内部，也有宪法、民法、刑法、行政法之区分，其各有独立的功能与价值所在。刑法之所以有其独特价值，在于其解决比民事纠纷对国家、社会危害更大更严重的纠纷，在于其发挥着超强的稳定社会与国家的作用。因此，传播法律制度只能将值得处罚的传播行为规定为犯罪，从而限制司法对刑罚的适用冲动。

第二，传播犯罪制度既有积极性，也有消极性。刑罚的权威是手段的妥当性以及目的正当性。刑罚功能的发挥、对社会与国家的稳定价值，是通过限制和剥夺他人人身自由、财产，甚至生命的方式进行的，是以社会大众认可的“暴力”来进行的“暴力”，其代价高昂，如果不分矛盾性质、不分纠纷大小，将这种手段广泛应用，虽会对大众造成威慑，但同样会造成仇恨、愤怒甚至反抗，造成社会与国家的不稳定，与其出发点适得其反。正因如此，刑法不能也不可能触及社会生活的各个方面、各个细节。

第三，刑法理论通常强调的是禁止不当罚，而不是强调扩充刑罚。在法律不能打击犯罪与刑法可能侵害个人自由之间，社会公众通常更担心后者的发生。无论社会性

质与国别，作为普通民众，对言论自由的需求是其本能，在不涉及其切身利益的情况下，其宁愿法律放纵“犯罪”，也不愿一个网眼细密的刑法制度威胁自己的人身安全。因此，基于自然法或伦理基础，鼓励畅所欲言而非动辄适用刑罚的传播法律制度，显然更容易得到国民的理解与赞同。

第四，罪刑法定本身就是以限制国家的刑罚权为内容和主旨。罪刑法定原则建立于分权制基础之上。我国是中国共产党领导下的社会主义国家，在党的统一领导下国家机关也实行分权运行，除非有全国人大的授权，立法权不能由其他国家机关行使。如果一个国家机关既享有立法权，又享有司法权，就容易形成司法专制或擅断，就会威胁公民的人身自由和基本权利。基于上述思想，罪刑法定不仅限制立法机关的权利，也限制司法机关的权利：首先，罪刑法定作为一项需要立法机构遵循的宪法原则，要求立法者不能随心所欲地将一种行为归为犯罪，而只能将具有法益侵害的行为入罪，并且，所有行使《宪法》规定的权利的行为不能定为犯罪。其次，罪刑法定要求对司法者的权利进行限制，既然“法无明文规定不为罪，法无明文规定不处罚”，法官在原则上不具备对刑法的解释权。理解和尊奉罪刑法定原则，结果必然是（传播）犯罪立法与司法的谦抑。

第五，“传播犯罪”本身的特征更应遵守刑法的谦抑性。传播侵害法益的典型过程有三个：通过传统大众媒体或网络媒体（含自媒体）传播各类信息→作用于受害者的思维、精神、情感和情绪→侵害上述各种法益。[①]也就是说，由于传播行为对犯罪对象的侵害不是直接物理性接触导致的，其通常并不能直接产生后果，尤其是需要他人行为才能产生社会后果的传播，其后果的产生并不是必然的、自证的。传播侵害法益的特征与其他直接侵害受害者的行为相比，相关犯罪制度的立法与司法更应当慎重。

（二）罪刑法定原则下传播犯罪制度的明确性

刑事立法明确是罪刑法定原则的基本要求，其不仅体现在总则部分内容的明确性上，更体现在分则部分个罪的具体性和明确性上。从犯罪构成要件而言，“表示这样一种基本要求：规定犯罪的法律条文必须清楚明确，使人能确切了解违法行为的内容，准确地确定犯罪行为与非犯罪行为的范围，以保障该规范没有明文规定的行为不会成为该规范适用的对象”[②]。从犯罪论体系（下文详述）而言，传播犯罪成立各个阶层的规定都必须让具有通常判断能力的一般人可以理解。

首先，犯罪构成要件（犯罪类型）必须明确，即对行为、行为对象、途径与工具、结果、因果关系的描述必须清晰，如果对行为人的行为连归入哪一个罪名都有分歧，说明连入罪的基本门槛都不明确，刑罚擅断之门将洞开。

---

① 罗斌．传播侵权研究［M］．北京：国家图书馆出版社，2018：13.

② 帕多瓦尼．意大利刑法学原理［M］．陈忠林，译．北京：法律出版社，1998：24.

其次，行为的违法性必须明确，即侵害何种法益必须清晰。对此，侵害单一客体的罪名容易确定，侵害复杂客体的违法性判断可能会产生纠纷。比如，煽动民族仇恨、民族歧视罪，对犯罪构成的规定非常模糊：从罪名上看，该罪似乎侵害的是社会秩序，但在《刑法》分则第四章即"侵犯公民人身权利、民主权利罪"一章中，说明侵害的是公民的人身权利、民主权利。这种罪名与体例安排显然会引起误解。

最后，关于行为的有责性，虽然传播犯罪大都是故意犯罪，但直接故意还是间接故意应当清晰规定，如果是直接故意，对间接故意下的行为就不能施以刑罚。

总之，传播犯罪立法的明确性，不只是为国民预测可能性提供了便利，其最重要的是防止公权力对国民言论自由的侵害，因为不明确的犯罪成立条件是这种侵害的源头。

（三）罪刑法定原则下传播犯罪的扩张解释与类推解释

所谓扩张解释，指根据某种非法行为与某个罪名构成要件中行为的关联、用语的历史发展趋势及可罚性，将该罪名构成要件的含义扩及该行为的解释方法。类推解释，则是指对于某种非法行为，刑法本未定罪，而比照对另一类似行为规定的罪名进行法律适用，即将"已经超出可能语义边界的行为解释为法律已有的明文规定"。[①]扩张解释是罪刑法定原则内的解释，类推解释则超越了罪刑法定原则。

无论是扩张解释还是类推解释，都离不开对刑法罪名原文的语义解释，而无论是扩张解释中的"用语的历史发展"还是类推解释中的"可能语义边界"，都并非刚性标准。因此，扩张解释与类推解释之间必然存在交叉关系。然而，两者还是应当有如下区分：（1）扩张解释未抛开可能的语义边界，而类推解释离开了这个边界。虽然有观点认为"可能的语义"是"依一般的语言用法，或者立法标准的语言用法，该用语还能够指称的意义"，[②]但考虑到刑法的教育与预言功能，解释的标准应当是一般人的理解而非专业性解释。如，将电子邮件理解为我国《刑法》第二百五十二条规定的侵犯通信自由罪和第二百五十三条规定的私自开拆、隐匿、毁弃邮件、电报罪中的"信件"和"邮件"，[③]属于扩张解释；而将网站中负责管理电子邮件的工作人员解释为"邮政人员"，就是类推解释。（2）扩张解释中被解释的用语未离开原用语本来的类别，未被提高层次或位阶。比如，我国《刑法》第三百零八条之一规定的泄露不应公开的

① 陈兴良 . 刑事法治论［M］. 北京：中国人民大学出版社，2017：215.

② 拉伦茨 . 法学方法论［M］. 陈爱娥，译 . 台北：五南图书出版公司，1996：227.

③《刑法》第二百五十二条规定："隐匿、毁弃或者非法开拆他人信件，侵犯公民通信自由权利，情节严重的，处一年以下有期徒刑或者拘役。"第二百五十三条规定："邮政工作人员私自开拆或者隐匿、毁弃邮件、电报的，处二年以下有期徒刑或者拘役。"

案件信息罪，其主体是特殊主体，[①] 如果将证人解释为此罪的主体，属于合理的扩张解释；如果将其适用于普通网络用户，则不仅离开了法定主体的原来类别，而且提升到普通主体，即属于类推解释。（3）如果解释的结论未超出一般人的正常理解，属于扩张解释；如果超出一般人的通常理解，则属于类推解释。如，根据我国《刑法》第二百九十三条的规定，寻衅滋事罪发生在公共场所即现实物理空间，如果将在公共场所泼洒粪便解释为寻衅滋事，依然在一般民众的理解范围之内，属于扩张解释；如果将发生在网络空间的传播虚假信息或辱骂行为，解释为寻衅滋事，即超出一般民众的理解，属类推解释。

另外，扩张解释不能离开刑法分则规定的法益类别进行。如我国《刑法》第二百四十九条规定的煽动民族仇恨、民族歧视罪，固然可能影响社会秩序，但其规定于侵害公民人身权利和民主权利的犯罪之中，就必然有针对少数民族个体的侵害，而不能针对抽象的风俗、价值观，否则就是类推。

二、法益保护原则下传播犯罪刑事处罚的前提

作为刑法的基本原则，法益保护原则在传播犯罪的立法与司法中同样应得到遵奉：传播犯罪法律制度所保护的是法益，如果没有法益侵害，犯罪当然就不成立。而这里需要明确的问题是，传播犯罪侵害法益的实质特征是什么？传播犯罪原则上应当是侵害犯还是危险犯？

（一）刑法中的法益

法益概念是在法律目的论的推动下形成的。19 世纪后半期，德国法学家耶林提出了法律目的论，认为法律的目的就是保护个人、社会和国家的生活利益……而且，权利是受法律保护的利益，主观权利的真正实质存在于主体的利益、利益的实际效用和享受上。[②]1872 年，德国刑法学家宾丁首先提出了“法益”概念，将其界定为“法律规范的保护客体——具有法的价值的、法共同体的健全生活条件和利益”[③]。

可见，法益最初的界定，与人类的“生活条件和利益”密切相关，所以是具体的。但后来，法益被学界分为个体法益、社会法益和国家法益，法益概念呈现出开放性与抽象性，从而导致争论，这些争论主要聚焦于法益的主体、法益的内容和法益的形式

---

① 《刑法》第三百零八条之一第一款规定：“司法工作人员、辩护人、诉讼代理人或者其他诉讼参与人，泄露依法不公开审理的案件中不应当公开的信息，造成信息公开传播或者其他严重后果的，处三年以下有期徒刑、拘役或者管制，并处或者单处罚金。”

② 耶林．拿破仑法典以来私法的普遍变迁［M］．徐砥平，译．北京：中国政法大学出版社，2003：18；博登海姆．法理学——法哲学及其方法［M］．邓正来，译．北京：华夏出版社，1987：104.

③ 张明楷．刑法学（上）［M］．北京：法律出版社，2016：64.

三个方面。

对法益的理解应当遵循以下原则。（1）从主体上看，法益必须与自然人、与个体的人相关联。即使社会法益、国家法益，最终必须与个体法益相关；如果与个体法益无关，则不能称为法益。（2）从内容上看，首先，法益必须与利益相关，即使是作为状态的秩序，也必须符合人们的需要与需求，是反映公众需要的利益。其次，法益必须是可被侵害的利益（包括侵害的事实或危险），是可以证明的因果性事实与现象，因此，抽象的精神、伦理或价值观因不具备可证明性，不属于法益范畴。（3）从形式上看，法益与法密不可分，更须符合宪法。即使是自然法的内容，作为可适用的具体内容，法益也应当由法律制度确认，而不能适用的内容将无法被法律保护。

综上，可将“法益”界定为：与自然人密不可分的，对其侵害或侵害的危险系可被证明的，由法律和宪法所保护的生活利益。

（二）传播犯罪中的法益：具体的、可还原为个人利益的利益

违法传播面向大众，其侵害的法益并非均为个体法益，有时是国家利益，有时是作为公众利益的社会利益，表面上与个体关系不大，但事实并非如此。

首先，法益本身应当是具体的而非抽象的利益。虽然刑法上法益概念有数十种之多，[①]但理论上认为：作为法律保护的利益，即使其形态发生变化，且有无形利益，但其首先是个体的、现实的、具体的利益，正因如此，才能够给刑事立法提供正当性理由，“要能够说是法益，必须具有经验上可能把握的实体，而且，该实体对人是有用的……”换言之，“若保护的对象抽象得无法让人把握，则该对象也不能被看作法益。”[②]

其次，国家法益与社会法益应当具备可还原性。作为由法所保护的、客观上可能受到侵害或者威胁的人的生活利益，法益主要包括人之个体的生命、健康、人格、财产等方面的利益，但不绝对排斥建立在个人利益保护基础之上、因而可以还原为个人利益的国家利益与社会利益，[③]只不过在处罚传播行为时更强调后者的可还原性，这是因为：传播行为只能通过第三人的思想或行为产生效果，本身就难以证明，如果将无法还原为具体法益的国家法益和社会法益等进行普遍保护，必然导致处罚范围的不确定，导致法律擅断，从而会破坏罪刑法定的基本原则——这里，法益保护原则与罪刑法定原则有内在的关联。如果以社会纯朴风尚、善良风俗、“社会秩序”等解释法益，必然将法益概念抽象化、精神化、空洞化，令人无从把握。[④]

① 刑法学上对“法益”的界定还有法律价值、法律利益、生命利益、生活利益、重要的功能一致性、人类共同生活所必需的价值和制度等学说。

② 罗克辛，陈璇．对批判立法之法益概念的检视［J］．法学评论，2015，33（1）：53-67.

③ 张明楷．刑法学（上）［M］．北京：法律出版社，2016：63.

④ 周光权．行为无价值论的法益观［J］．中外法学，2011，23（5）：944-957.

可还原性要求：涉及传播的立法与司法对社会利益必须有具体的、实际的说明，这种说明应当与公众生活利益密切相关，从而涉及个体利益。因此，在刑法理论中，违反伦理道德、没有或找不到受害人、自我损害及单纯损害国家机关权威或形象的行为，通常并不是刑法中的法益侵害。[①] 而传播犯罪中经常见的“社会秩序”“政府形象”“社会影响”的扰乱，应该是指一种现实的物理秩序、而非抽象的混乱和影响。[②]

（三）法益侵害：传播犯罪刑事处罚的前提

刑法中的“法益”是与自然人密不可分的，对其侵害或侵害的危险系可被证明的，由法律和宪法所保护的生活利益。法益保护原则在传播犯罪中的要求如下。

首先，刑罚只能处罚侵害法益的传播行为。在犯罪（成立）论的三阶层体系中，法益侵害是公认的违法性判断的核心内容，没有法益侵害，犯罪就不成立。在此意义上，法益侵害就是具体的限缩言论型犯罪方法，其实质是“使得某些即使是不当行使自由的行为也不用面对刑罚的危险，以保障言论自由的实现”[③]。另外，从法目的而言，刑法根本目的是保护法益，“没有或者不允许有不针对特定法益的刑法规定。”[④]

其次，刑法只处罚严重侵害法益或侵害重大法益的传播行为。法益保护的任务不是仅由刑法承担，而是由包括宪法、民法、行政法、刑法在内的整个法律制度体系承担，作为法益保护最后手段的刑法，“只有当道德规范与其他法规范的保护没有效果或者并不充分时，才能发动”，因此，法益保护原则被表述为“谦抑的法益保护原则”[⑤]。而且，法律本身并不培训公民如何发表言论，刑法更无此任务，其通常并不禁止一切法益侵害形态，而是仅禁止“重大的侵害”，即犯罪行为。这里，“重大的侵害”不仅指所传播侵害利益的重要性，而且指其侵害情节的恶劣性。

最后，立法和司法在决定对传播行为的处罚时，须进行法益衡量。刑罚适用是通过损害一部分法益来保护另一部分法益的，因此，对所有违法行为进行的立法、适用的刑罚，都需要权衡所保护的法益与可能造成的法益侵害孰轻孰重。所以，法益衡量是法益保护原则的最重要内容之一，司法机关在适用刑法时，立法机关在制定刑法时，都需要进行法益衡量。[⑥]

---

① 张明楷．刑法学（上）［M］．北京：法律出版社，2016：64.

② 刘艳红．网络时代言论自由的刑法边界［J］．中国社会科学，2016（10）：134–152，204–205.

③ 唐煜枫，王明辉．论言论自由的刑法保障——一个罪刑法定视野的关照［J］．甘肃政法学院报，2010（2）：80–86.

④ 施特拉腾韦特，库伦．刑法总论 I ——犯罪论［M］．杨萌，译．北京：法律出版社，2006：29.

⑤ 卢建平．刑法总论［M］．东京：成文堂，2015：54.

⑥ 张明楷．法益保护与比例原则［J］．中国社会科学，2017（7）：88–108，205–206.

（四）法益保护原则下传播犯罪作为侵（实）害犯或危险犯的考量

无论在理论上、法律上还是司法实践中，与传播犯罪中法益侵害密切相关的问题是分类。刑法学界根据实际损害和危险两种结果对犯罪进行分类，早期有行为犯、结果犯之分，目前则以侵（实）害犯、危险犯的区分为主流，危险犯又有具体的危险犯和抽象的危险犯之别。① 对于犯罪的分类，从侵害犯到具体危险犯、抽象危险犯，体现了刑罚防线逐步前移的思路，打击范围与力度也随之扩大。②

作为言论违法行为的传播犯罪，必须经过他人行为才能产生侵害法益的后果，所以这种行为本身似乎只能是一种“危险”，因此，其结果要件即法益侵害涉及的关键问题是：在尚未产生现实的法益侵害之前，此类犯罪是否包括危险犯？如果包括危险犯，其应当是具体危险犯还是抽象危险犯？

1. 现实危险也是对法益的侵害

刑法学界主流观点是实害危险兼顾论，现实危险也是对法益的侵（损）害。不仅我国刑法学界主流意见秉持此观点，国外刑法学界历史久远的主流意见也是如此：德国学界有学者指出：“在刑法‘超前保护’的场合……虽然没有损害法益，但是只要通过危险行为威胁到了法益就可以肯定刑事不法的存在。” ③ 日本刑法学界也认为，实质的违法性应解释为违反国家社会的伦理规范，对法益的侵害或者威胁。④ 概言之，处罚包括传播在内的“危险行为”，并不违反法益保护原则。但需要注意：这里的危险犯的观点提出的前提条件是，刑法“超前保护”的场合，或者“实质解释”而非形式解释的情况下，都是特殊情况。

2. 传播犯罪：侵（实）害犯还是危险犯？具体的危险犯还是抽象的危险犯？

对于法益侵害中的危险，成文法国家刑法学界通常容易接受具体的危险而非抽象的危险，认为按照法益保护原则的要求，只有具体的危险才能作为犯罪结果，即“只

---

① 具体危险发生侵害结果的可能性很大，因而是一种高度的、紧迫的危险，在表现形式上已经能够显示为一种外在的事实状态，这种事实状态是一种由行为所造成的法益侵害的可能性，是一种“危险结果”，需要司法上根据具体的情况予以认定；抽象危险是一种缓和的、低度的危险，发生侵害结果的可能性相对而言较小，其还没有和行为相分离，仍然是一种蕴含于行为之内的法益侵害可能性，属于行为本身所具备的危险性，这种危险是立法上推定的，不需要司法上的具体判断。另外，行为犯指在犯罪构成客观要件中仅包括行为要素，其危险是行为本身侵犯法益的危险，其处罚根据即抽象危险。参见王志祥，黄云波．行为犯之基本问题研究［J］．河南社会科学，2015，23（9）：1–8；耶塞克，魏根特．德国刑法教科书［M］．徐久生，译．北京：中国法制出版社，2001：322.

② 陈洪兵．中国式刑法立法模式下的结果犯与实害犯［J］．杭州师范大学学报（社会科学版），2017，39（5）：121–127.

③ 齐白．全球风险社会与信息社会中的刑法［M］．周遵友，等译．北京：中国法制出版社，2012：208.

④ 大塚仁．犯罪论的基本问题［M］．冯军，译．北京：中国政法大学出版社，1993：116.

有对那些离发生实害距离很近，而且发生实害的概率较高的危险行为，才能实行犯罪化”①，因为它具有现实的危险性，这种危险性是由犯罪行为所造成的某种事实所表现出来的，即它“不是原因的内容而只能属于原因所产生的结果犯罪”②。在此意义上，行为犯抽象危险犯不存在犯罪结果。③而没有具体的犯罪结果，当然犯罪也就不成立。

因涉及言论自由这一宪法权利，且其本身并不直接导致法益侵害，传播犯罪的成立条件在法理上要求有现实法益侵害，即被侵害的法益有可还原为个体法益的证据，方能具备实质违法性；其在立法上应该以侵（实）害犯为主，以具体危险犯为辅。④

事实上，包括传播犯罪在内的所有犯罪既遂标准的选择权在立法者手中，而立法者往往根据法益的重要性和证明的难易来确定某种犯罪的既遂标准，因此，不同类型的传播犯罪究竟是侵（实）害犯还是危险犯，终究要看各国法律的规定。而且，无论是侵害还是危险的结果，都还存在一个非常重要的证明问题。

第三节　传播犯罪的成立条件：三阶层犯罪论

传播犯罪的成立条件，与其他犯罪的大致相同，但由于传播犯罪本身的特性，在司法实践需要结合具体情形进行判断，故本节仅做概括性分析。

一、从犯罪构成四要件到犯罪成立的三阶层：我国刑法理论的演进

（一）传统刑法犯罪构成四要件理论及其问题

传统刑法理论中，犯罪构成包括四个要件：（1）犯罪客体，指犯罪行为侵害的社会关系；（2）犯罪客观方面（客观要件），指犯罪行为的外在表现，包括行为、结果、因果关系等；（3）犯罪主体，指实施犯罪行为的自然人和单位，前者要求达到法定年龄、有刑事责任能力；（4）犯罪主观方面（主观要件），指犯罪主体对其行为与结果所持的故意或过失的心理态度，以及目的。上述犯罪构成的四要件理论，源于苏联的刑法理论，我国刑法学界早期照搬了这种观点。

在犯罪构成四要件中，居首位的是犯罪客体。这也导致该理论的首要的、突出的问题：犯罪客体是犯罪行为所侵害的社会关系，其实质是刑法所保护的法益；犯罪描

① 张明楷．结果无价值论的法益观——与周光权教授商榷［J］．中外法学，2012，24（1）：24–43.

② 李洁．犯罪结果论［M］．长春：吉林大学出版社，1994：122–123.

③ 陈兴良．刑法总论精释（上）［M］．北京：人民法院出版社，2016：194；曲新久．刑法学［M］．北京：中国政法大学出版社，2009：91.

④ 罗斌，龙敏．谣言传播犯罪中的法益侵害——以谣言传播犯罪三种主要罪名及案例为视角［J］．新闻记者，2020（6）：85–96.

述的是从主体到客体的动态过程，是国家与社会对侵害法益“行为”的定性。显然，两者并不在一个平行的逻辑层面上，而将行为所侵害的社会关系即法益这种静态的客观存在作为犯罪行为的构成要件，在逻辑上存在明显的瑕疵。另外，学界还认为，犯罪构成四要件说还存在以下重大理论问题：①（1）因为不承认“没有责任的不法”，所以难以区分不法与责任，难以为国民行为提供指导，在涉及无刑事责任能力人及共同犯罪时尤其如此。如，无刑事责任能力人将偷拍的女性裸照上传网络，致被害人难以承受而自杀，依照刑法制度，此种行为为不法行为，但由于无刑事责任能力人将不受刑罚处罚，四要件说不能对国民提供指导，这就会影响刑法的预防功能。（2）难以兼顾犯罪构成的形式判断与实质判断。尤其是行为的违法性方面，有行为无价值与结果无价值之争，而犯罪构成四要件说的一次性评价难以承载如此众多使命，可能导致司法的恣意。如，2013 年 9 月 10 日起施行的两高《关于办理利用信息网络实施诽谤等刑事案件适用法律若干问题的解释》（以下简称《网络诽谤司法解释》）第五条第二款创设的传播型寻衅滋事罪②的司法实践中，因规定的法益非常模糊，法官很难与其他要件同时进行行为违法性的实质判断。

总之，由于否定判断的动态过程性，由于封闭式和平面式机理，犯罪构成四要件说决定了犯罪评价过程没有层次性，缺乏逻辑性，呈现一种静态特征，其总体上不利于法益保护的刑法基本原则的实施。

（二）三阶层犯罪论体系

“阶层”犯罪论体系由德国刑法学家贝林于 1906 年开始构建，后经古典犯罪论体系与新古典犯罪论体系的争论与演进，目前在日本也成为通说。以德国和日本为代表，犯罪论体系由构成要件的符合性（或称“该当性”）、违法性和有责性构成，由于这三个条件表现出层次性，因而这种关于犯罪构成的理论被称为三阶层的犯罪论体系。③在阶层犯罪论体系内部，曾有两阶层之学说：将构成要件的符合性与违法性作为一个“不法”阶层，认为违法性是对构成要件的法律评价，故两者没有必要分开；而犯罪成立就只需进行不法与有责性两个阶层的判断，所以该观点被称为“不法罪责”的两阶层体系。

目前，在我国刑法学界，传统的犯罪构成四要件理论空间日渐狭窄，由构成要件

① 周光权 . 刑法总论［M］. 北京：中国人民大学出版社，2016：78–85；张明楷 . 刑法学（上）［M］. 北京：法律出版社，2016：101–103；马克昌 . 犯罪通论［M］. 武汉：武汉大学出版社，1999：67.

② 该款规定：“编造虚假信息，或者明知是编造的虚假信息，在信息网络上散布，或者组织、指使人员在信息网络上散布，起哄闹事，造成公共秩序严重混乱的，依照刑法第二百九十三条第一款第（四）项的规定，以寻衅滋事罪定罪处罚。”——对这种因在信息网络上编造或传播虚假信息导致的寻衅滋事罪，本教材称为传播型寻衅滋事罪。

③ 周光权 . 刑法总论［M］. 北京：中国人民大学出版社，2016：69.

符合（该当）性、违法性和有责性组成的三阶层犯罪论体系即犯罪成立条件，[①] 其在我国不仅有助于贯彻罪刑法定原则，也具有刑事政策上的意义，[②] 已成为阶层论犯罪体系的主流意见。[③]

传播犯罪成立的条件也应采取此主流体系：在认定传播违法或犯罪的过程中，首先要判断传播行为是否符合构成要件，尤其是要认定传播行为是否符合构成要件中的要素；如果其不符合构成要件，就不必判断传播行为的违法性，更不必判断其有责性。[④]

二、传播犯罪构成要件的符合性

从概念角度，三阶层犯罪论体系中，“构成要件”指的是刑法制度规定的违法犯罪类型，其内容“是说明行为对法益的侵犯性的客观要素”，[⑤] 这些要素主要包括行为、行为客体和因果关系，[⑥] 当然，也包括行为主体类型、工具、途径、对象等；而“构成要件的符合（该当）性”只是违法或犯罪第一层次的“成立条件”，即相关行为符合行政法或刑法规定的违法或犯罪的构成要件即类型，具备了构成要件所要求的要素及其内在联系。

通俗地讲，构成要件的符合（该当）性作为一种形式性判断，主要解决行为人的行为是否符合刑法规定的某种犯罪类型的判断问题，其为违法或犯罪行为特征即上述要素的评判提供一个初步构架，既规制公众行为，也是制约执法和司法行为的基本条件。申言之，构成要件不仅使公众可以区分此罪与彼罪，而且严格限定了犯罪的客观范围，是罪刑法定原则得以实现的有效保证，因而对于保障公民的权利和自由具有重要意义。[⑦] 比如，《刑法》第二百九十一条之一第一款规定的编造、故意传播虚假恐怖信息罪，要求编造、传播的是有关爆炸威胁、生化威胁、放射威胁等恐怖信息，[⑧] 而不能是其他虚假信息，但没有对传播媒体进行限制；第二款规定的编造、故意传播虚假

① 将构成要件符合性与违法性合并为一个阶层的体系，是两阶层体系。

② 周光权．阶层犯罪论及其实践展开［J］．清华法学，2017，11（5）：84–104.

③ 周光权．阶层犯罪论及其实践展开［J］．清华法学，2017，11（5）：84–104；陈兴良．犯罪构成论：从四要件到三阶层一个学术史的考察［J］．中外法学，2010，22（1）：49–69；张明楷．违法阻却事由与犯罪构成体系［J］．法学家，2010（1）：31–39，176–177.

④ 张明楷．阶层论的司法运用［J］．清华法学，2017，11（5）：20–39.

⑤ 张明楷．刑法学（上）［M］．北京：法律出版社，2016：96.

⑥ 周光权．刑法总论．［M］．北京：中国人民大学出版社，2016：69.

⑦ 陈兴良．教义刑法学［M］．北京：中国人民大学出版社，2017：161.

⑧ 其规定：“投放虚假的爆炸性、毒害性、放射性、传染病病原体等物质，或者编造爆炸威胁、生化威胁、放射威胁等恐怖信息，或者明知是编造的恐怖信息而故意传播，严重扰乱社会秩序的，处五年以下有期徒刑、拘役或者管制；造成严重后果的，处五年以上有期徒刑。”

信息罪，[①]要求编造的是关于险情、疫情、灾情、警情四种虚假信息，而不能是其他虚假信息；要求在信息网络或者其他媒体上传播，而不能是人际传播或组织传播——其规定的构成要件很明确，这样，符合后罪的构成要件，就不能以刑罚较重的前罪来判决。

三、传播犯罪的违法性

构成要件的符合性判断，只是一种形式判断，行为是否构成违法和犯罪，还要进行第二层的实质性判断即违法性判断。在阶层论体系中，行为违法性又有两层含义：一是违反法律规范，行为为法律所禁止，即形式违法；二是对法益的侵害（包括实际侵害和侵害的危险），即实质违法。在我国传统四要件理论中，侵害结果与阶层论违法性的第二层含义相对应。

指导违法性判断的法学理论主要是行为无价值（对于行为本身样态的否定评价）和结果无价值（对于行为引发的法益现实侵害或威胁的否定评价）理论，而其对传播犯罪立法的直接影响是，将同类甚至相同（如传播）行为但针对不同法益的犯罪分为侵害犯与危险犯；其对司法的影响是，司法政策与刑罚成立、处罚的宽严——主要是对于同不具备法益侵害的同类刑传播犯罪，不同法官的裁判结果不同（如前所述，此不赘述）。

四、传播犯罪的有责性

违法或犯罪论体系中的有责性，指对符合构成要件、具备违法性的行为进行非难的可能性，其包括责任能力、故意、过失和期待的可能性。[②]由于刑法就责任能力有具体规定，此处仅对传播犯罪有责性中的主观过错要素进行探讨。

我国《刑法》中的传播犯罪大都明确要求故意的主观要素。犯罪故意作为一种基本罪过形式，包含了认识因素和意志因素两个部分：前者即“明知”，是后者的基础，也决定着故意犯罪的最终成立，所谓“明知才能故犯”；后者则决定故意的性质即直接故意还是间接故意。

我国《刑法》中的传播犯罪规定的故意是“明知”下的故意。“明知”即行为人认识到自己打算实施行为的性质、危害后果等。首先，刑法学界主流观点认为，“明知”

---

① 其规定：“编造虚假的险情、疫情、灾情、警情，在信息网络或者其他媒体上传播，或者明知是上述虚假信息，故意在信息网络或者其他媒体上传播，严重扰乱社会秩序的，处三年以下有期徒刑、拘役或者管制；造成严重后果的，处三年以上七年以下有期徒刑。”

② 张明楷．刑法学（上）［M］．北京：法律出版社，2016：97；周光权．刑法总论［M］．北京：中国人民大学出版社，2016：70；张明楷．法益初论［M］．北京：中国政法大学出版社，2003：249.

并不包括“应当知道”，因为“应当知道”的本质是不知道；相反，“明知”是一种现实的认识，而不是潜在的认识，即已经知道、确实知道某种事实的存在或可能存在。[①]其次，可能性认识也应纳入“明知”范畴的观点[②]显然是错误的，将“可能知道”作为本罪“明知”的一种，不仅会导致有罪推定，“也是对行为人人格的审判，是站在道德的制高点对人性弱点的审判”[③]。总之，“明知”就是确实已经知道行为肯定或可能会导致某种后果。

关于故意的认识因素即明知的内容，首先，需要区分《刑法》总则中的“明知”和分则规定的对特定要素的“明知”，传播犯罪下的各罪名，其“明知”显然属于第二种“明知”。其次，作为认识因素，“明知”的内容包括行为对象、行为性质、结果、因果关系，甚至时间地点与方法手段。[④]需要强调的是，此处的“明知”，对于结果的主观态度是认识到传播信息的行为确定或可能会“严重扰乱社会秩序”或者“造成严重后果”，否则难以构成相关罪名中的主观故意，也就不具备犯罪成立条件中的有责性。

关键词

传播犯罪　罪刑法定　法益保护　符合性
违法性　有责性

思考题

1. 传播犯罪的内涵是什么？
2. 传播犯罪有哪些类型？
3. 简述罪刑法定原则的要求。
4. 如何理解传播犯罪制度的谦抑性？
5. 如何理解刑法理论常常强调的禁止不当罚？
6. 如何理解法益保护原则？
7. 简述三阶层犯罪论体系中犯罪的成立条件。
8. 如何理解传播犯罪的“违法性”？

---

① 张明楷．刑法学（上）［M］．北京：法律出版社，2016：266.

② 冷大伟．犯罪故意“明知”问题探析［J］．烟台大学学报（哲学社会科学版），2015，28（5）：44-53.

③ 孙万怀，卢恒飞．刑法应当理性应对网络谣言——对网络造谣司法解释的实证评估［J］．法学，2013（11）：3-19.

④ 付玉明．犯罪故意的事实认识与内容解读［J］．中国刑事法杂志，2016（6）：81-95.

第十九章　侵害国家法益的传播犯罪

因危害的是国家的根本利益和政权稳定，侵害国家法益的犯罪被古今中外任何政府视为最严重的犯罪，即危害最大的犯罪。[①] 其包括以下类型：(1) 侵害国家安全与公共安全的传播犯罪：煽动分裂国家罪，煽动颠覆国家政权罪，为境外窃取、刺探、收买、非法提供国家秘密、情报罪，帮助恐怖活动罪，准备实施恐怖活动罪，宣扬恐怖主义、极端主义、煽动实施恐怖活动罪，利用极端主义破坏法律实施罪，非法持有宣扬恐怖主义、极端主义物品罪；(2) 侵害国家功能的传播犯罪：故意泄露国家秘密罪，过失泄露国家秘密罪。(3) 侵害国防和军事利益的传播犯罪：煽动军人逃离部队罪，战时造谣扰乱军心罪，故意泄露军事秘密罪和过失泄露军事秘密罪，战时造谣惑众罪。

上述三类传播犯罪中，煽动型犯罪、涉密犯罪及涉恐犯罪比较典型、常见。

第一节　侵害国家法益的煽动型传播犯罪

煽动型传播犯罪包括煽动分裂国家罪，煽动颠覆国家政权罪，煽动军人逃离部队罪，煽动暴力抗拒法律实施罪，煽动民族仇恨、民族歧视罪——后两者不属侵害国家法益的犯罪。

一、煽动分裂国家罪

（一）煽动分裂国家罪概述

煽动分裂国家罪指煽动分裂国家、破坏国家统一的行为。

煽动分裂国家，可以使用媒介，也可用其他手段。传播型煽动分裂国家，即利用传统传播媒介及网络媒介，以诱导、迷惑、造谣、鼓动、刺激等方式，使他人产生或者加强分裂国家的犯意。至于最终被煽动者是否行使分裂国家、破坏国家统一的行为，在所不问，即该犯为抽象危险犯。

---

① 王世洲，郭自力，张美英 . 危害国家安全罪研究［M］. 北京：中国检查出版社，2012：2.

该罪主观方面必须为故意，过失行为不能构成此类犯罪：第一，直接故意。行为人主观上须有煽动分裂国家、破坏国家统一、颠覆国家政权或侵害国家功能的意图，并追求这种结果的发生。在传播过程中，行为人须意识到传播内容包含煽动分裂国家、破坏国家统一或颠覆国家政权的文字、图片等信息，仍予以传播，以期分裂国家、破坏国家统一或颠覆国家政权。第二，间接故意。行为人在明知自己的行为可能导致侵害结果的情况下，仍放任结果的发生。如传播者明知出版物、储存介质中有煽动分裂国家、破坏国家统一或者颠覆国家政权的内容仍予以传播。在网络传播中，网络媒体的管理者允许或放任发布上述内容的，往往构成间接故意，以煽动分裂国家罪的共犯定罪处罚。

（二）煽动分裂国家罪的处罚

依照刑法第一百零三条第二款的规定，构成该罪，处五年以下有期徒刑、拘役、管制或者剥夺政治权利；首要分子或者罪行重大的，处五年以上有期徒刑。另根据相关规定，应当附加剥夺政治权利，可以并处没收财产。

二、煽动颠覆国家政权罪

（一）煽动颠覆国家政权罪概述

煽动颠覆国家政权罪指以造谣、诽谤或者其他方式煽动颠覆国家政权、推翻社会主义制度的行为。

传播型煽动颠覆国家政权，即利用传统传播媒介及网络媒介，以诱导、迷惑、造谣、鼓动、刺激等方式，使他人产生或加强颠覆国家政权的犯意。与煽动分裂国家罪相同的是，至于最终被煽动者是否行使颠覆国家政权行为，在所不问，即该犯也为抽象危险犯。

煽动颠覆国家政权罪的主观方面必须为故意，过失行为不能构成此类犯罪。

（二）煽动颠覆国家政权罪的处罚

根据《刑法》第一百零五条第二款，构成该罪，处五年以下有期徒刑、拘役、管制或者剥夺政治权利；首要分子或者罪行重大的，处五年以上有期徒刑。另根据相关规定，应当附加剥夺政治权利，可以并处没收财产。

（三）煽动颠覆国家政权罪的法律适用

第一，此罪是危险犯而不是侵害犯。虽然刑法学界有观点认为此罪应当是侵害犯

（行为造成了危害国家安全的实际结果才构成犯罪），但我国《刑法》规定的此类犯罪为危险犯，只要传播行为足以危害国家安全或者有危害国家安全的重要危险，即构成犯罪。

第二，应正确处理公民（言论）传播自权与该罪之间的关系。我国《宪法》第三十五条“中华人民共和国公民有言论、出版、集会、结社、游行、示威的自由”的规定，其宗旨在鼓励和保护公民对国家和公共事务发表意见，当然包括不全面甚至是错误的意见，如果公民因为发表了不全面甚至是错误的意见而受到刑罚处罚，就背离了《宪法》的精神。当然，因言论而导致侵权或扰乱公共秩序的，应依照民事侵权法或行政法规处理，而不能动辄适用刑罚，这是一个原则。

第三，应正确处理公民行使批评建议权与该罪之间的关系。善意地批评执政党和政府，并不是要颠覆国家政权、推翻社会主义制度；批评政府中的个别人的行为，更不能等同于颠覆国家政权、推翻社会主义制度。如果对批评党和政府者动辄施之以刑，《宪法》批评建议权的相关规定就难以落实。

第四，处理好“情节显著轻微”的问题。虽然煽动分裂国家罪和煽动颠覆国家政权罪是性质非常严重的犯罪，但并不代表有此类煽动行为就一定构成犯罪，如果有被胁迫或其他在犯罪中所起作用不大的“情节显著轻微”的行为，就不应以犯罪处理。需要特别注意的是，本罪涉及的言论自由是多数国家宪法明文规定的公民基本权利，是民主法治国家赖以生存和发展的基石。然而，各国都不承认不受法律限制的言论自由。关于煽动行为和言论自由的界限，学者们提出了不同观点，其中持“明显而即刻危险”的观点获得较多的支持。[①] 这种观点认为：如果言论表达产生了明显而即刻的危险，那么惩罚言论表达就符合宪法的要求，因为这种煽动行为侵犯了潜在受害人享受安宁生活的权利，使他们遭受心理和精神恐惧，造成国家和政府的信任危机，必须对煽动行为进行惩治，而不是作为言论自由进行保护。[②]

三、煽动军人逃离部队罪

（一）煽动军人逃离部队罪概述

煽动军人逃离部队罪，指煽动军人逃离部队情节严重的行为。煽动军人逃离部队的传播犯罪，指通过传统媒体和网络媒体，煽动军人逃离部队情节严重的行为。

此罪中的传播型煽动，是指使用媒体进行煽动。所谓使军人逃离部队，是指使被

---

① 皮勇，杨淼鑫．论煽动恐怖活动的犯罪化——兼评《刑法修正案（九）（草案）》相关条款［J］．法律科学（西北政法大学学报），2015，33（03）：143-150.

② 资料来源：Schenok v.United States，249 U.S.1919，47。

煽动之人未经批准擅自离开自己所在的部队，不再继续服役；或者虽经批准，离队后拒不归队，逃避兵役义务。

本罪在犯罪主观方面表现是故意，包括直接故意和间接故意，即行为人明知自己的行为是在煽动军人逃离部队，还希望或放任这种结果发生。

煽动军人逃离部队的行为，必须情节严重，才构成犯罪。"情节严重"，主要是指战时煽动军人逃离部队的；煽动指挥人员、作战部队人员或者负有其他重要职责的人员逃离部队的；多次煽动或者煽动多人逃离部队的；因煽动军人逃离部队影响部队完成重要任务的；煽动军人逃离部队后予以窝藏的；煽动军人逃离部队进行其他违法活动的情形。

（二）煽动军人逃离部队罪的处罚

根据《刑法》第三百七十三条，构成该罪，情节严重的，处三年以下有期徒刑、拘役或者管制。

第二节　侵害国家法益的涉密传播犯罪

涉密传播犯罪包括为境外机构、组织、人员窃取、刺探、收买、非法提供国家秘密罪，故意泄露国家秘密罪，过失泄露国家秘密罪，非法获取国家秘密罪，泄露不应公开的案件信息罪，披露、报道不应公开的案件信息罪，侵犯商业秘密罪——其中前三种犯罪属于侵害国家法益的传播犯罪；非法获取国家秘密罪因没有造成传播的严重后果，故被列入侵害社会法益的传播犯罪。

另外，因为我国"国家秘密"的范围确定过于宽泛，[①] 所以，故意泄露国家秘密罪和过失泄露国家秘密罪未被归入《刑法》分则的"危害国家安全罪"一章，这种考量有实际合理性，但在理论上不能自洽。

一、为境外机构、组织、人员非法提供国家秘密罪

为境外机构、组织、人员非法提供国家秘密罪，指为境外机构、组织、人员窃取、刺探、收买、非法提供国家秘密或者情报的行为。

---

① 参见第六章第二节一的内容。

（一）为境外机构、组织、人员非法提供国家秘密罪概述

1. 境外机构、组织、人员

境外机构、组织、人员不仅指境外间谍、情报机构，而且指境外政党、其他政府机构、非政府组织、企业等；不仅指境外的上述机构、组织及个人，还包括上述机构、组织及个人在我国的分支、派出机构、代表机构及人员，还包括居住在我国香港、澳门、台湾地区的上述机构、组织及个人；不仅指敌对国家的上述机构、组织及个人，还包括非敌对国家上述机构、组织及个人。

2. 非法提供

非法提供指符合前述主体资格的职业传播者，将所知悉、管理或持有的国家秘密或情报告知、交付、出售给境外机构、组织及个人，无论直接或间接的手段，都构成本罪。

我国曾有记者因将机密文件提供给境外网站而涉此罪。①

该罪主观方面应当为故意，过失行为不能构成此类犯罪。但是，《关于审理为境外窃取、刺探、收买、非法提供国家秘密、情报案件具体应用法律若干问题的解释》第五条规定："行为人知道或者应当知道没有标明密级的事项关系国家安全和利益，而为境外窃取、刺探、收买、非法提供的，依照刑法第一百一十一条的规定以为境外窃取、刺探、收买、非法提供国家秘密罪定罪处罚。"据此规定，过失也可构成本罪。学界对此规定有质疑，认为司法解释中的"应当知道"应理解为根据事实推定行为人知道，行为人明知是国家秘密但误以为对方是境内机构、组织、人员而非法提供的，或者过失（没有认识到是国家秘密）将国家秘密提供给境外机构、组织、人员的，应当分别认定故意泄露国家秘密罪与过失泄露国家秘密罪。②

（二）为境外机构、组织、人员非法提供国家秘密罪的处罚

根据《刑法》第一百一十一条的规定，构成该罪，处五年以上十年以下有期徒刑；情节特别严重的，处十年以上有期徒刑或者无期徒刑；情节较轻的，处五年以下有期徒刑、拘役、管制或者剥夺政治权利。

① 高瑜曾是中国新闻社记者，曾以"泄露国家机密罪"被判有期徒刑六年，1999 年 2 月 15 日保外就医。2013 年 6 月，高瑜通过他人获得中央对意识形态部署的机密文件，将内容逐字录入成电子版，随后将该电子版通过互联网提供给某境外网站负责人。该网站将文件全文刊登，引发多家网站转载。北京市高级人民法院 2015 年 11 月 26 日依法从轻判处其有期徒刑五年，剥夺政治权利一年。同日，因高瑜被认定患有严重疾病，依法决定对其暂予监外执行。新华社 . 高瑜认罪悔罪 被依法决定暂予监外执行［EB/OL］.（2015-11-26）［2021-11-30］. http://www.rmzxb.com.cn/c/2015-11-26/635032.shtml.

② 张明楷 . 刑法学［M］. 北京：法律出版社，2016：685.

二、故意或过失泄露国家秘密罪

故意或过失泄露国家秘密罪，指国家机关工作人员或者非国家机关工作人员违反保守国家秘密法，故意或过失使国家秘密被不应知悉者知悉，或者遗失国家秘密载体，或者故意或过失使国家秘密超出了限定的接触范围，情节严重的行为。故意或过失泄露国家秘密的传播犯罪，指以传播方式触犯该罪名。

（一）故意或过失泄露国家秘密传播犯罪概述

故意或过失泄露国家秘密罪中的泄露，指行为人把自己掌管的或者知道的国家秘密让不应该知道的人（但不包括向境外机构、组织、人员泄露国家秘密）知道。泄露的方式可以是多种多样的，但传播泄露指通过传统媒体或网络媒体面向不特定多数人或特定多数人的泄露，包括使用非涉密计算机或存储设备处理国家秘密，将涉密计算机或存储设备与公共网络进行连接，在涉密信息系统与公共网络之间进行信息传递，在未采取保密措施的有线或无线通信中传递国家秘密，在公共网络中传递国家秘密，擅自卸载、修改涉密程序，擅自将未经安全处理的电脑或存储设备出售、丢弃或赠送等。

目前，司法实践中，此类传播犯罪多涉及相关考试内容泄露，绝密级内容有：考试结束前的普通高等学校招生考试试卷及参考答案、高等教育自学考试试卷及参考答案、专业技术资格考试试卷及参考答案、事业单位招聘考试及参考答案、保密期内标注“绝密”的国家文件等。机密级内容有：学业水平考试试卷及参考答案、犯罪嫌疑人所交代的机密级国家秘密、部分从业资格考试启用前的考试试卷及标准答案、部分保密期内标注“绝密”的国家文件等。秘密级内容有：学业考试试卷及参考答案、一般问话笔录、机密地图、保密期内标注为“秘密”的国家文件等。[①]

故意或过失泄露国家秘密的传播犯罪的主体为特殊主体，主要为国家机关工作人员，也包括非国家机关工作人员。

故意或过失泄露国家秘密的传播犯罪的主观要件是故意或过失，包括直接故意、间接故意、疏忽大意的过失和过于自信的过失。实践中，犯罪主体多出于牟利、徇私，也有出于炫耀的动机。在李某过失泄露国家秘密一案中，其在“飞扬军事论坛”上“大陆狂飙板块”对一篇主题为“说说公安现役部队”的帖子进行了跟帖，其跟帖内容涉及我国重要国防战备工程的驻地、名称和性质，经中国人民解放军保密委员会鉴定

---

① 罗斌．传播犯罪研究［M］．北京：中国社会科学出版社，2022：75-76.

系绝密级军事秘密。[①]

（二）故意或过失泄露国家秘密罪的处罚

根据《刑法》第三百九十八条，构成该罪，处三年以下有期徒刑或者拘役；情节特别严重的，处三年以上七年以下有期徒刑。非国家机关工作人员犯前款罪的，依照前款的规定酌情处罚。

（三）故意或过失泄露国家秘密罪与非法获取国家秘密罪的竞合

行为人非法获取国家秘密而又故意加以泄露的，不数罪并罚，而应依照其中的一罪从重处罚。由于非法获取国家秘密属于行为犯，不以情节严重为必要，因此，对此类行为宜以非法获取国家秘密罪从重论处。

三、故意或过失泄露军事秘密罪

故意或过失泄露军事秘密罪是指违反国家和军队的保密规定，因故意或过失使军事秘密被不应知悉或过失知悉或者超出了限定的接触范围，情节严重的行为。故意或过失泄露军事秘密的传播犯罪，指以传播方式触犯该罪名。

（一）故意或过失泄露军事秘密罪概述

故意或过失泄露军事秘密罪中的泄露，指行为人把自己掌管的或者知道的军事秘密让不应该知道的人知道。泄露的方式可以是多种多样的，但传播泄露指通过传统媒体或网络媒体面向不特定多数人或特定多数人的泄露，具体方式参见上节相关内容。

根据《中国人民解放军保密条例》第八条，军事秘密包括符合本例第二条规定的下列事项：国防和武装力量建设规划及其实施情况；军事部署、作战和其他重要军事行动的计划及其实施情况；战备演习、军事训练计划及其实施情况；军事情报及其来源，通信、电子对抗和其他特种状态等基本情况，军以下部队及特殊单位的番号；武装力量的组织编制，部队的任务、实力、素质、状态等基本情况；国防动员计划及其实施情况；武器装备研制、生产、配备情况和补充、维修能力，特种军事装备的战术技术性能；军事学术、国防科学技术研究的重要项目、成果及其应用情况；军队政治工作中不宜公开的事项；国防费的分配和使用，军事物资的筹措、生产、供应和储备等情况；军事设施及军事设施保护情况；军援、军贸和其他对外军事交往活动中的有关情况；其他需要保密的事项。

---

① 法院判决：李某犯过失泄露国家秘密罪，判处有期徒刑一年，缓刑一年。参见北京市海淀区人民法（2014）海刑初字第855号刑事判决书。

故意或过失泄露国家秘密的传播犯罪的主体为特殊主体，主要为能够掌握或接触军事秘密的军事人员。

故意或过失泄露军事秘密传播犯罪的主观要件包括故意或过失，包括直接故意、间接故意、疏忽大意的过失和过于自信的过失。

（二）故意或过失泄露军事秘密传播犯罪的处罚

根据《刑法》第四百三十二条，构成该罪，处五年以下有期徒刑或者拘役；情节特别严重的，处五年以上十年以下有期徒刑。战时犯前款罪的，处五年以上十年以下有期徒刑；情节特别严重的，处十年以上有期徒刑或者无期徒刑。

（三）故意或过失泄露军事秘密罪案件中相关问题的处理

非军人泄露军事秘密构成犯罪的，构成故意泄露国家秘密罪。如前述李某过失泄露国家秘密一案。

第三节　侵害国家法益的涉恐传播犯罪

2016年1月1日起施行的我国《反恐怖主义法》第三条对恐怖主义做出如下定义，即“通过暴力、破坏、恐吓等手段，制造社会恐慌、危害公共安全、侵犯人身财产，或者胁迫国家机关、国际组织，以实现其政治、意识形态等目的的主张和行为”。侵害国家法益的涉恐传播犯罪，包括帮助恐怖活动罪，准备实施恐怖活动罪，宣扬恐怖主义、极端主义、煽动实施恐怖活动罪，利用极端主义破坏法律实施罪，非法持有宣扬恐怖主义、极端主义物品罪。其中，前两种犯罪主要是利用媒介为实施恐怖主义行为提供帮助或进行准备，而不是典型的涉恐传播犯罪。

恐怖主义犯罪侵害公共安全和社会秩序，同时也侵害国家安全。在我国现阶段，除少量主要危害公共安全和社会秩序的恐怖主义犯罪外，上述涉恐传播犯罪，主要与“藏独”“疆独”的分裂主义行为密切相关，而其危害的法益主要是国家法益——国家安全。

一、（传播型）帮助恐怖活动罪

帮助恐怖活动罪指资助恐怖活动组织、实施恐怖活动的个人，或资助恐怖活动培训。

需要注意的是，在共同犯罪中起辅助作用的犯罪分子是帮助犯，但是按照共犯从属性说，帮助犯从属正犯，即帮助行为之所以构成犯罪是以被帮助人实行了犯罪为前提。换言之，如果正犯不犯罪，那么帮助人就不是共犯。[①]但是，恐怖主义严重危害公共安全和社会稳定，为加大惩治力度，《刑法》将原属于共同犯罪中的帮助行为单独成罪，即采取"共犯行为正犯化"的立法模式，帮助行为人不再是共同犯罪中的帮助犯，而是（传播行为）帮助恐怖活动罪的正犯，对其不再适用《刑法》第二十七条对于从犯"应当从轻、减轻、免除处罚"的规定。

（一）（传播型）帮助恐怖活动罪概述

帮助恐怖活动罪主要包括三种行为：资助恐怖活动组织、实施恐怖活动的个人；资助恐怖活动培训；为恐怖活动组织、实施恐怖活动或者为恐怖活动培训招募、运送人员。根据最高人民法院、最高人民检察院、公安部、司法部 2018 年 5 月联合颁布实施的《关于办理恐怖活动和极端主义犯罪案件适用法律若干问题的意见》（以下简称《办理恐怖和极端活动案意见》）中的规定，以宣传、招收、介绍、运送等方式为恐怖活动组织实施恐怖活动或者为恐怖活动培训招募人员的，也属帮助恐怖活动罪，其中的"宣传"和"介绍"均涉及传播行为，既包括人际传播和组织传播，又包括利用网络媒体进行的传播。目前，社交媒体是此类犯罪活动主要的传播工具。但需要注意的是，这里"宣传"和"介绍"的目的是为恐怖活动组织、实施恐怖活动培训、招募人员，而不是纯粹以宣扬恐怖主义、极端主义或者煽动实施恐怖活动为目的的行为。

另外，该罪是危险犯，只要进行"宣传"和"介绍"的帮助行为人知道受助对象是恐怖活动组织、实施恐怖活动的个人或知道是恐怖活动培训，仍对其进行宣传和介绍，该宣传和介绍行为一经完成，无论受助人是否实际实施了恐怖活动，进行"宣传"和"介绍"的帮助行为人便构成犯罪既遂。

帮助恐怖活动罪的主观方面是故意，即明知自己帮助（"宣传"和"介绍"）的对象是从事恐怖活动的组织或者个人，明知自己的帮助行为会危害公共安全，而仍然追求、希望或者放任有利于恐怖活动顺利进行的局面出现。

（二）（传播型）帮助恐怖活动罪的处罚

根据《刑法》第一百二十条之一的规定，构成该罪，处五年以下有期徒刑、拘役、管制或者剥夺政治权利，并处罚金；情节严重的，处五年以上有期徒刑，并处罚金或者没收财产。单位犯前两款罪的，对单位判处罚金，并对其直接负责的主管人员和其他直接责任人员，依照第一款的规定处罚。

---

① 黎宜春 . 论帮助恐怖活动罪的法律适用——以反恐怖主义融资为视角［J］. 学术论坛，2016，39（5）：77-81.

二、（传播型）准备实施恐怖活动罪

准备实施恐怖活动罪指为实施恐怖活动准备凶器、危险物品或者其他工具，组织恐怖活动培训或者积极参加恐怖活动培训，为实施恐怖活动与境外恐怖活动组织或者人员联络，或为实施恐怖活动进行策划或者其他准备。

需要注意的是：本罪将原本是恐怖活动的预备行为规定为独立的犯罪，成为既遂犯罪。一般来说，刑法将实行行为之前的准备行为予以规定的情形，称从属预备罪；将实行行为之前的准备行为单独予以规定时，则称独立预备罪。我国将从属预备罪规定在总则即《刑法》第二十二条中，其第一款与第二款分别规定："为了犯罪，准备工具、制造条件的，是犯罪预备"和"对于预备犯，可以比照既遂犯从轻、减轻处罚或者免除处罚。"然而，该罪独立于分则中，不使用总则中关于预备犯的处罚规定。其原因有：（1）原有规定的滞后性及反恐的需要。恐怖活动犯罪直接侵犯公民生命、健康、财产，严重危及社会秩序和公共安全，一旦得逞将会造成严重的社会危害。本罪实质在于"预备行为实行化"，其设立反映了我国打击恐怖活动犯罪的基本态势，体现了反恐任务的新要求和从严惩治恐怖活动犯罪的立法精神。[①]（2）顺应世界刑法发展趋势。面对恐怖主义犯罪等有组织犯罪威胁，刑法的规制重点由倾向于就已然产生的侵害科加处罚的惯例，逐渐转变为"预防"侵害的进一步恶化，这是近年来世界刑法发展趋势与改革重点，顺应此立法动向，《刑法修正案（九）》将准备实施恐怖活动的行为规定为犯罪，由此，我国对恐怖活动的刑法规制从"被动式惩处"转变为"积极性预防（或称介入）"。[②]

（一）（传播型）准备实施恐怖活动罪概述

在组织恐怖活动培训或者联络方面，传播活动往往是不可或缺的一环。

根据《办理恐怖和极端活动案意见》，准备实施恐怖活动罪包括下列传播行为：（1）以当面传授、开办培训班、组建训练营、开办论坛、组织收听收看音频视频资料等方式，或者利用网站、网页、论坛、博客、微博客、网盘、即时通信、通讯群组、聊天室等网络平台、网络应用服务组织恐怖活动培训的，或者积极参加恐怖活动心理体能培训，传授、学习犯罪技能方法或者进行恐怖活动训练的；（2）为实施恐怖活动，通过拨打电话、发送短信、电子邮件等方式，或者利用网站、网页等前述网络应用服

① 胡江. 论准备实施恐怖活动罪——以《刑法修正案（九）》为视角［J］. 北京警察学院学报，2016（5）：10–15.

② 高丽丽. 准备实施恐怖活动罪——以预备行为实行行为化为视角的宏观解构［J］. 法学论坛，2018，33（2）：152–160.

务与境外恐怖活动组织、人员联络的。

涉及传播的准备实施恐怖活动罪主观方面是故意，而且只能是直接故意，过失或者间接故意都不能构成此罪。

（二）（传播型）准备实施恐怖活动罪的处罚

根据《刑法》第一百二十条之二的规定，构成该罪，处五年以下有期徒刑、拘役、管制或者剥夺政治权利，并处罚金；情节严重的，处五年以上有期徒刑，并处罚金或者没收财产。

三、宣扬恐怖主义、极端主义、煽动实施恐怖活动罪

宣扬恐怖主义、极端主义、煽动实施恐怖活动罪，指以制作、散发宣扬恐怖主义、极端主义的图书、音频视频资料或者其他物品，或者通过讲授、发布信息等方式宣扬恐怖主义、极端主义，或者煽动实施恐怖活动的犯罪行为。

（一）宣扬恐怖主义、极端主义、煽动实施恐怖活动罪概述

本罪中，"煽动"内容往往是某种可以引起和强化他人想要实施犯罪的主观意愿，并且因"煽动"多涉及国家安全和公共安全，其内容多是对国家和政权的质疑、诋毁、诽谤等，威胁着国家治理和社会安全。

《办理恐怖和极端活动案意见》中规定，宣扬恐怖主义、极端主义或者煽动实施恐怖活动的，以宣扬恐怖主义、极端主义、煽动实施恐怖活动罪定罪处罚，其中涉及传播的行为有：（1）编写、出版、印刷、复制、发行、散发、播放载有宣扬恐怖主义、极端主义内容的图书、报刊、文稿、图片或者音频视频资料的；（2）利用网站、网页、论坛、博客、微博客、网盘、即时通信、通讯群组、聊天室等网络平台、网络应用服务等登载、张贴、复制、发送、播放、演示载有恐怖主义、极端主义内容的图书、报刊、文稿、图片或者音频视频资料的；（3）上述网络平台、网络应用服务的建立、创办、经营管理者，明知他人利用网络平台、网络应用服务散布、宣扬恐怖主义、极端主义内容，经相关行政主管部门处罚后仍允许或者放任他人发布的。

司法解释规定的上述行为是直接煽动。实践中，还有一种"间接煽动"：对已经发生的恐怖活动或者恐怖活动人员进行赞美、美化，或者对其罪行进行开脱、辩护。直接煽动和间接煽动在主观态度和客观作用上没有差别，都是怂恿他人实施恐怖活动，其作用方式上的差别不应影响行为性质的认定。当前"间接煽动"行为多借助于互联

网实施。[①]

本罪的主观方面是故意，而且只能是直接故意，过失或者间接故意都不能构成此罪，即明知自己的宣传和煽动行为可以引起和强化他人想要实施恐怖犯罪的主观意愿，仍希望并追求这种结果的，即行为人怂恿他人产生犯罪的主观恶意，进而鼓舞他人将犯罪恶意现实化 。

至于本罪行为人的一般意义上的犯罪目的，是使得恐怖主义、极端主义为更多的人知晓，甚至接受、煽动他人实施恐怖活动。但是，在制造社会恐怖的同时，并不排除其终极目的是某种政治目的。

（二）宣扬恐怖主义、极端主义、煽动实施恐怖活动罪的处罚

根据《刑法》第一百二十条之三规定，构成该罪，处五年以下有期徒刑、拘役、管制或者剥夺政治权利，并处罚金；情节严重的，处五年以上有期徒刑，并处罚金或者没收财产。

四、（传播型）利用极端主义破坏法律实施罪

利用极端主义破坏法律实施罪指利用极端主义煽动、胁迫群众破坏国家法律确立的婚姻、司法、教育、社会管理等制度实施的行为。

（一）（传播型）利用极端主义破坏法律实施罪概述

利用极端主义破坏法律实施罪原罪名为反革命罪。1997 年修订《刑法》时，废除了反革命罪，并新增组织、利用邪教组织破坏法律实施罪;《刑法修正案（九）》在《刑法》第一百二十条之四新增了“利用极端主义破坏法律实施罪”。

本罪在客观方面表现为利用极端主义煽动、胁迫群众破坏国家法律确立的婚姻、司法、教育、社会管理等制度实施的行为。其在煽动环节涉及传播行为。

《反恐怖主义法》第四条第二款规定，“国家反对一切形式的以歪曲宗教教义或者其他方法煽动仇恨、煽动歧视、鼓吹暴力等极端主义，消除恐怖主义的思想基础”。但该款的规定并非对极端主义的定义，而是对恐怖主义的思想基础的概括，即煽动仇恨、煽动歧视、鼓吹暴力是与恐怖活动高度相关的明显的极端主义言论表达。[②] 该款在“鼓吹暴力”后加了“等”字，说明其对极端主义活动表现的列举是不完全列举。

---

① 莎车县事件后微博上竟有人称暴力恐怖分子“英雄”［EB/OL］.（2013-12-10）［2021-08-01］. http://war.163.com/14 /0731 /10 /A2FNF9TV00011MTO.html.

② 肖建飞，孙志敏 .“极端主义”与“极端化”含义分析：基于《反恐怖主义法》与新疆《去极端化条例》的文本考察［J］. 实事求是，2018（4）：32-37.

《反恐怖主义法》第八十条规定了四种极端主义行为，其中的“宣扬恐怖主义、极端主义或者煽动实施恐怖活动、极端主义活动的”行为及“制作、传播、非法持有宣扬恐怖主义、极端主义的物品的”行为，均为传播犯罪；“为宣扬恐怖主义、极端主义或者实施恐怖主义、极端主义活动提供信息、资金、物资、劳务、技术、场所等支持、协助、便利的”行为，则涉及传播犯罪。第八十一条规定了十种利用极端主义，破坏法律实施的行为，大部分涉及传播活动。此类行为，如果情节轻微，尚不构成犯罪的，由公安机关处拘留或罚款的行政处罚；情节严重的，须依照我国《刑法》追究刑事责任。

本罪主观方面是故意，即行为人明知自己的行为是为实施恐怖活动而进行的准备活动，将危害不特定人和物的安全，仍积极为之，并且希望这种恐怖活动发生。过失不构成本罪。

（二）利用极端主义破坏法律实施罪的处罚

根据《刑法》第一百二十条之四的规定，构成该罪，处三年以下有期徒刑、拘役或者管制，并处罚金；情节严重的，处三年以上七年以下有期徒刑，并处罚金；情节特别严重的，处七年以上有期徒刑，并处罚金或者没收财产。

五、非法持有宣扬恐怖主义、极端主义物品罪

非法持有宣扬恐怖主义、极端主义物品罪指明知是宣扬恐怖主义、极端主义的图书、音频视频资料或者其他物品而非法持有的行为。该罪本身并非典型的传播犯罪，但与传播犯罪密切相关。

（一）非法持有宣扬恐怖主义、极端主义物品罪概述

本罪中的非法持有，指没有法律根据或法律授权，而多次或持续占有、支配、控制宣扬恐怖主义、极端主义的图书、音像资料或其他数据物品的行为。由于网络传播的普及和传播生态的变化，这里的“物品”，既指有形的物品，也指以数据和信息形态存在的物品，因此，这里的持有既指随身持有，也指保存在与行为人身体分离的其他空间或设备（电脑）中。

本罪主观方面是故意，而且是直接故意，即行为人明知自己的行为是为实施恐怖活动而进行的准备活动，危害不特定人和物的安全而积极为之，并且希望和追求这种恐怖活动的结果发生。

根据《办理恐怖和极端活动案意见》一（七）的规定，非法持有宣扬恐怖主义、极端主义物品罪主观故意中的“明知”，应当根据案件具体情况，以行为人实施的客

观行为为基础，结合其一贯表现，具体行为、程度、手段、事后态度，以及年龄、认知和受教育程度、所从事的职业等综合审查判断。

（二）非法持有宣扬恐怖主义、极端主义物品罪的处罚

根据我国《刑法》第一百二十条之六，构成该罪，情节严重的，处三年以下有期徒刑、拘役或者管制，并处或者单处罚金。

另外，根据上述《办理恐怖和极端活动案意见》的规定，非法持有宣扬恐怖主义、极端主义的物品，虽未达到前款规定的数量标准，但具有多次持有，持有多类物品，造成严重后果或者恶劣社会影响，曾因实施恐怖活动、极端主义违法犯罪被追究刑事责任或者二年内受过行政处罚等情形之一的，也可以定罪处罚。而且，多次非法持有，未经处理的数量应当累计计算。

关键词

煽动分裂国家罪

故意（过失）泄露国家秘密罪

故意（过失）泄露军事秘密罪

准备实施恐怖活动

宣扬恐怖主义、极端主义、煽动实施恐怖活动罪

非法持有宣扬恐怖主义、极端主义物品罪

煽动颠覆国家政权罪

为境外非法提供国家秘密罪

帮助恐怖活动罪

思考题

1. 简述煽动分裂国家罪的主要成立条件。
2. 如何理解煽动颠覆国家政权罪与言论自由和公民批评建议权的关系？
3. 为境外非法提供国家秘密罪的主要成立条件是什么？
4. 泄露国家秘密罪与为境外非法提供国家秘密罪的区别是什么？
5. 帮助恐怖行为罪的设立背景是什么？
6. 宣扬恐怖主义、极端主义、煽动实施恐怖活动罪的成立条件是什么？

第二十章　侵害社会法益的传播犯罪

侵害社会法益的传播犯罪，是涉及罪名最多的传播犯罪，包括4个小类25个罪名：妨害、破坏市场经济秩序的传播犯罪，扰乱社会秩序的传播犯罪，妨害司法（秩序）的传播犯罪，妨害社会伦理道德的传播犯罪。

第一节　妨害市场经济秩序的传播犯罪

妨害、破坏市场经济秩序的传播犯罪包括欺诈发行证券罪，编造并传播证券、期货交易虚假信息罪，违规披露、不披露重要信息罪，虚假广告罪，非法经营罪。其中，后四种罪名均为常见、典型的传播犯罪。

一、编造并传播证券、期货交易虚假信息罪

编造并传播证券、期货交易虚假信息罪，指编造并且传播影响证券、期货交易的虚假信息，扰乱证券、期货交易市场，造成严重后果的行为。该罪属于《刑法》分则第三章第四节规定的破坏金融管理秩序罪，是典型的传播行为犯罪。

（一）编造并传播证券、期货交易罪概述

第一，关于编造行为。编造指无中生有、捏造根本不存在的影响证券、期货交易的所谓事实。同时，编造也应该包括对于已有的事实加工篡改和歪曲的行为。但是，如果仅仅是根据已在媒体上传播的相关信息，对证券、期货市场产品形势或者单个产品价格走势进行了错误的预判，因其属于观点而非信息，故属于编造。负有信息披露义务的人披露的事实部分为真，部分虚构的，属于违规披露、不披露重要信息罪。

第二，编造与传播的关系。与违规披露、不披露重要信息罪不同，本罪中虚假信息的编造者和传播者也经常不具有同一性，不管是最初编造虚假信息的行为，还是后来转发、传播的行为，都可能造成严重的社会危害性，因此，编造虚假信息和传播虚

假信息的行为都属于此类犯罪的客观方面。[①]有观点认为，只将他人编造的相关虚假信息予以传播，也构成本罪；[②]但主流观点认为，编造与传播兼备才符合本罪构成要件行为要素之要求。[③]从文义上理解，在编造与传播之间有“并且”二字，显然强调了两者的兼备性，即单单编造与传播均不应以本罪论处。依照《刑法》第一百八十一条第一款的规定，本罪在客观方面，必须同时具备编造和传播行为，才能构成本罪。另外，关于“传播”方式与途径，从常识看，能对证券、期货交易产生较大影响的应当是使用媒体进行的传播，不应包括人际传播，但法律未予明确。

第三，关于虚假信息。按一般理解，可能对上市公司股票交易价格和期货合约的交易产生较大影响的虚假信息，才属于本罪中的虚假信息，但鉴于相关法律对此类信息已有规定，[④]法律或司法解释完全可以而且应当进行明确界定。

第四，关于本罪侵害结果。本罪为侵害犯，行为人行为必须扰乱证券、期货交易市场，造成严重的危害后果。如果造成实际危害后果但不严重的，不构成本罪。所谓造成严重后果，从理论上计，主要是指因行为人的行为造成证券、期货市价格强烈波动，引发投资者恐慌而大量抛售或购买证券、期货合约，并给投资者造成重大经济损失，且造成恶劣社会影响等。根据 2010 年最高人民检察院、公安部《关于公安机关管辖的刑事案件立案追诉标准的规定（二）》（以下简称《刑事立案追诉标准（二）》）第三十七条的规定，造成严重后果指获利避免损失数额或造成投资者直接经济损失数额在五万元以上，致使交易价格和交易量异常波动，多次编造并且传播影响证券、期货交易的虚假信息。

本罪在主观上只能依故意构成，过失不构成本罪。故意即行为人明知自己编造并且传播影响证券、期货交易的虚假信息，会扰乱证券、期货交易市场，造成严重后果，仍然追求或放纵这种结果。

（二）编造并传播证券、期货交易罪的处罚及司法实践

根据《刑法》第一百八十一条，构成该罪，处五年以下有期徒刑或者拘役，并处或者单处一万元以上十万元以下罚金。

司法实践中，由于对主观故意的要求及因果关系证明的难度，本罪被起诉的较为少见。比较著名的是 2011 年 6 月伊利被网络攻击跌停案，《内蒙古商报》原社长李希晓等 4 名被告人被认定犯有编造并传播证券交易虚假信息罪，分别被判处了 6 个月至 1 年半的有期徒刑。判决书认定：2011 年 6 月 13 日，虚假材料在互联网上迅速、广泛

---

① 赵秉志，徐文文．论我国编造、传播虚假信息的刑法规制［J］．当代法学，2014，28（5）：3-15.

② 张明楷．刑法分则的解释原理（上）［M］．北京：中国人民大学出版社，2011：498.

③ 周光权．刑法总论［M］．3 版．北京：中国人民大学出版社，2016：267.

④ 参见《上市公司信息披露管理办法》第二十二条。

地散播，引发投资者恐慌性抛盘。当天，是伊利股份实施“10 送 10”的除权日，由此，伊利股份上演了一场从瞬间涨停到跌停的大跳水，导致该企业及其投资者遭受巨大损失。①

二、虚假广告罪

虚假广告罪指广告主、广告经营者、广告发布者违反国家规定，利用广告对商品或者服务作虚假宣传，情节严重的行为。本罪属于扰乱市场秩序的犯罪。广告媒体，既有传统大众传媒及网络媒体，也有户外及汽车等并非以媒体平台传播的广告，此处研究的虚假广告主要是利用传统大众传媒及网络媒体传播的虚假广告。

（一）虚假广告罪概述

本罪的主体为特殊主体，包括广告主、广告经营者、广告发布者。

虚假广告主要是以夸大、无中生有的方式宣传及以含糊、令人误解的语言宣传，其经由媒体传播后，影响广泛，往往给众多消费者带来财产甚至人身损害。目前，在网络传播已占据传播主流的情况下，网络日渐成为虚假广告的主要滋生地。②

本罪的主观要件为故意，包括直接故意和间接故意，即明知自己的行为会破坏广告市场管理秩序，导致他人生命、健康和财产权益受到损失，而希望或放任这种结果的发生。过失不构成本罪。

（二）虚假广告罪的处罚

根据《刑法》第二百二十二条，构成本罪，处二年以下有期徒刑或者拘役，并处或者单处罚金。根据 2007 年《刑事立案追诉标准（一）》第七十五条规定，广告主、广告经营者、广告发布者违反国家规定，利用广告对商品或者服务作虚假宣传，涉嫌下列情形之一的，应予立案追诉：违法所得数额在十万元以上；给单个或多个消费者造成直接经济损失数额分别在五万元和二十万元以上；假借预防、控制突发事件的名义，违法所得数额在三万元以上；虽未达到上述数额标准，但两年内因利用广告作虚假宣传，受过行政处罚二次以上，又利用广告作虚假宣传；造成人身伤残；其他情节严重的情形。

---

① 胡笑红．网络攻击伊利案一审宣判 报社原社长等 4 人获刑［EB/OL］．（2012-01-18）［2022-12-27］．http://news.cntv.cn/law/20120118/101096.shtml.

② 关于虚假广告的类型，参见第七章第一节。

（三）虚假广告罪的问题

1. 虚假广告罪的量刑问题

其一，该罪立法规定的法定刑过低。[①] 许多广告，尤其是食药领域的虚假广告，可能会给消费者生命健康带来严重威胁，而与此巨大的财产损失和人身损害相比，两年以下的有期徒刑或拘役，根本不足以惩戒、威慑虚假广告罪行为人。如全国首例虚假广告罪案——杭州黄某等人虚假广告罪案，造成14名患者伤残的行为，最高刑罚仅一年半，[②] 对其惩罚微不足道。其二，未分情况设置刑罚梯度。由于刑罚规定在二年以下，难以根据情节严重程度区分量刑，不利于贯彻罪、责、刑相适应的基本原则。其三，关于该罪罚金，《刑法》第二百二十二条虽规定了罚金，但没有具体的金额规定，也无操作性。

2. 虚假广告代言人的刑事责任问题

根据《刑法》第二百二十二条，虚假广告罪主体是特殊主体，即只能是广告主、发布者和经营者，广告代言人未被《刑法》列入虚假广告罪的打击范围。在实践中，一些广告代言人明知广告内容虚假而与广告主、广告经营者、广告发布者勾结，损害消费者利益，有观点认为在法理上可以构成共同犯罪。然而，由于受共犯共同故意、共犯从属性和共犯量刑的限制，司法实践中并未出现虚假广告代言人承担刑事责任的情况。

对上述情况，有学者主张将广告代言人列为该罪犯罪主体；[③] 但主流观点是将该罪主体改为一般主体，理由如下：（1）国外该罪犯罪主体大都是一般主体，即非身份犯。（2）在互联网已经普及的情况下，每个移动终端的持有人即自媒体所有人都是潜在的广告经营者和发布者，广告罪的主体为特殊主体的观点已经落伍于传播生态的根本变化。

3. 虚假广告犯罪中网络服务提供者的刑事责任问题

虚假广告刑事诉讼司法实践中，网络服务提供者的刑事责任问题也是分歧点之一。分歧并不在于ISP的责任，而是ICP的责任。有观点认为，ICP涉及网络信息的传播，

---

① 《刑法》第二百二十二条规定："广告主、广告经营者、广告发布者违反国家规定，利用广告对商品或者服务作虚假宣传，情节严重的，处二年以下有期徒刑或者拘役，并处或者单处罚金。"

② 辛成 . 全国首例虚假医疗广告案宣判华夏医院负责人等获刑［EB/OL］.（2007-11-09）［2022-06-22］.https://www.chinacourt.org/article/detail/2007/11/id/274843.shtml09/273961.shtml.

③ 陈娟，邓丽 . 虚假广告罪的主体研究［J］. 法制与社会，2009（3）：365-366；周利民，肖银垒 . 论虚假广告代言人的刑事责任［J］. 湖南警察学院学报，2018，30（5）：85-93.

有可能认识到信息的虚假性，但互联网上的信息内容庞杂且瞬息万变，作为经营者的ICP不可能去甄别每条信息，去伪存真。而且从国际上的立法来看，美国、欧盟、日本、新加坡等均排除网络服务商承担对信息一般性的监控义务，① 因为在这种情况下网络服务提供者并不知道被传输或存储信息的内容，也不对被传输或存储的信息内容作任何修改，② 所以属经营性质的ICP也不应承担刑事责任。

三、涉传播非法经营罪

根据最高人民法院《关于审理非法出版物刑事案件具体应用法律若干问题的解释》（以下简称《非法出版物刑事案司法解释》）第十一条规定，（涉传播）非法经营罪，指违反国家规定，故意从事出版、印刷、复制、发行除煽动分裂国家、煽动颠覆国家政权、推翻社会主义制度、侵犯著作权、歧视侮辱少数民族、淫秽内容以外的其他严重危害社会秩序和扰乱市场秩序的非法出版物，或者擅自设立互联网上网服务营业场所和从事互联网上网服务经营活动，通过信息网络有偿提供删除信息服务或者明知是虚假信息仍通过信息网络有偿提供发布信息等服务等情节严重的行为。本罪属于扰乱市场秩序的犯罪。

（一）涉传播非法经营罪概述

涉传播的非法经营行为，主要包括：

第一，根据《非法出版物刑事案司法解释》，出版、印刷、复制、发行除煽动分裂国家、煽动颠覆国家政权、推翻社会主义制度、侵犯著作权、歧视侮辱少数民族、淫秽内容以外的其他严重危害社会秩序和扰乱市场秩序的非法出版物，可构成非法经营罪。③

第二，根据《最高人民法院、最高人民检察院、公安部关于依法开展打击淫秽色情网站专项行动有关工作的通知》，违反国家规定，擅自设立互联网上网服务营业场所，或者擅自从事互联网上网服务经营活动，情节严重的行为，可构成非法经营罪。④

第三，根据《网络诽谤司法解释》，违反国家规定，以营利为目的，通过信息网络有偿提供删除信息服务，或者明知是虚假信息，通过信息网络有偿提供发布信息等服务（俗称“刷单”），扰乱市场秩序，达到一定金额以上，可构成非法经营罪。⑤

---

① 李希慧，沈元春．虚假广告罪若干问题探究［J］．河北法学，2005（12）：18–20，26.

② 郑成思，薛红．国际上电子商务立法状况［J］．科技与法律，2000（3）：45.

③ 参见《非法出版物刑事案司法解释》第十一条。

④ 参见《最高人民法院、最高人民检察院、公安部关于依法开展打击淫秽色情网站专项行动有关工作的通知》第二条。

⑤ 参见《网络诽谤司法解释》第七条。

第四，根据最高人民法院、最高人民检察院、公安部、国家安全部《关于依法办理非法生产销售使用"伪基站"设备案件的意见》(以下简称《"伪基站"案办理意见》)，与"伪基站"经营有关的三种行为涉非法经营罪：一是非法生产、销售"伪基站"设备；二是非法生产、销售"伪基站"设备，经鉴定为专用间谍器材，同时构成《刑法》第二百八十三条规定的非法生产、销售间谍专用器材罪和非法经营罪；[①] 三是明知他人实施非法生产、销售"伪基站"设备，或者非法使用"伪基站"设备干扰公用电信网络信号等犯罪，为其提供资金、场所、技术、设备等帮助。[②]

涉传播非法经营罪在主观上只能是故意，而且是直接故意，即行为人明知自己的行为会破坏国家对相关市场的管理秩序或他人权益，仍追求或希望这种结果的发生。

(二)涉传播非法经营罪的处罚

根据《刑法》第二百二十五条，构成该罪，处五年以下有期徒刑或者拘役，并处或者单处违法所得一倍以上五倍以下罚金；情节特别严重的，处五年以上有期徒刑，并处违法所得一倍以上五倍以下罚金或者没收财产。

(三)涉传播型非法经营罪案例及相关法律问题

涉传播非法经营罪案存在两大问题：

第一，"口袋罪"问题。非法经营罪源于我国1979年《刑法》规定的投机倒把罪，[③] 但对投机倒把行为没有具体规定。[④] 改革开放后，该罪作为计划经济体制的产物，已显然不符合形势发展。因此，1997年《刑法》废除了该罪，代之以非法经营罪。但由于《刑法》第二百二十五条第四款中关于"其他非法经营行为"的兜底规定，我国司法机关不断扩张非法经营罪的范围，使该罪仍然保留了"口袋罪"的特征。

与网络信息经营相关的两种行为被装入非法经营罪"口袋"时，《网络诽谤司法解释》本应将兜底条款明确化、具体化，但其第七条的"违反国家规定"，却再次制造空白条款，致使非法经营罪在涉及网络信息经营的行为中形成"兜底条款"→"口袋罪"→空白条款的循环链条，即以空白条款解释"口袋罪"，可谓我国加强版"口袋罪"。

作为加强版"口袋罪"，非法经营罪在网络领域中的适用，涉及多种"新类型"

---

① 参见《"伪基站"案办理意见》一(一)之规定。

② 参见《"伪基站"案办理意见》一(三)之规定。

③ 在1949年至1979年年间，我国没有制定刑法典，但个别单行刑法和规范性文件规定的罪名中包括投机倒把罪。1950年7月25日的《中华人民共和国刑法大纲草案》第99条就对投机倒把罪做了规定："投机倒把或囤积居奇，致市场紊乱者，处一年以上五年以下监禁，并酌处罚金。情节特别严重者，处五年以上十年以下监禁，并没收其财产之全部或一部。"

④ 1979年《刑法》第一百一十六条规定："违反金融、外汇、金银、工商管理法规，投机倒把，情节严重的，处三年以下有期徒刑或者拘役，可以并处、单处罚金或者没收财产。"

行为，如“刷单炒信”行为，其指在电商平台进行一定程度的频繁、多次，甚至重复的虚假交易，并将该虚假的交易过程、数量和资金等对外展示，以提升、增加网店的人气和信用，为自己或他人提高商品服务竞争力的行为。[①]基于《刑法》第二百二十五条第四款和《网络诽谤司法解释》第七条的规定，自2017年始，这种行为被归入非法经营罪。

第二，主观故意即有责性问题。对于传播型非法经营罪涉及的主观性问题，有观点认为“非法经营罪是行为犯，在主观方面并不要求行为人有营利目的”[②]。学界主流观点则认为，非法经营罪在主观上只能是故意，而且是直接故意，即行为人明知自己的行为会破坏国家对相关市场的管理秩序或他人权益，仍追求或希望这种结果发生。[③]而“行为犯”角度的观点，反映的是法益侵害问题，而非有责性问题。

第二节　扰乱社会秩序的传播犯罪

扰乱社会秩序的传播犯罪有十三种，即：煽动暴力抗拒法律实施罪，非法获取国家秘密罪，非法使用窃听、窃照专用器材罪，拒不履行信息网络安全管理义务罪，非法利用信息网络罪，帮助信息网络犯罪活动罪，扰乱无线电管理秩序罪，编造、故意传播虚假恐怖信息罪，编造、故意传播虚假信息罪，寻衅滋事罪，传授犯罪方法罪，侵害英雄烈士名誉、荣誉罪，组织、利用会道门、邪教组织、迷信破坏法律实施罪。其中有七种犯罪比较常见且易引发社会舆论。

一、非法获取国家秘密罪

非法获取国家秘密罪，指以窃取、刺探、收买方法，非法获取国家秘密的行为。

本罪罪名表面上不涉及传播，但实践中，许多非法获取国家秘密的行为人往往存在传播国家秘密的行为，故本罪也为传播犯罪类型之一。

（一）（传播型）非法获取国家秘密罪概述

非法获取国家秘密罪包括以下几种行为。（1）窃取，指秘密偷取属于国家秘密的文件、资料和其他物品的行为，其方式与途径，既包括直接窃取国家秘密文件，也包

---

① 刘仁文，杨学文．用刑法规制电子商务失范行为［N］．检察日报，2015-08-26（3）．

② 王銮锋．“环保卫士”刘福堂被判缓刑［N］．南方都市报，2012-12-06（1）．

③ 高铭暄，马克昌．刑法学［M］．北京：北京大学出版社，高等教育出版社，2017：450；周光权．刑法各论［M］．3版．北京：中国人民大学出版社，2016：325．

括用计算机窃取国家秘密；既包括通过电磁波窃取国家秘密，也包括采用照相的形式偷拍国家秘密。（2）刺探，指行为人隐瞒真实身份和目的，暗中对掌有国家秘密的人，采取探听、侦察、了解等各种手段获取国家秘密的行为。（3）收买，是指用金钱、物质、色情以及其他方法，向掌握国家秘密者交换国家秘密的行为。（4）非法获取，指除上述三种手段外，所有依法不应知悉、取得国家秘密的人知悉、取得该项国家秘密，甚至包括可以知悉某项国家秘密的人未经程序和手续知悉、取得该项国家秘密。（5）传播，指以上述手段知悉或获取国家秘密后，向不特定或特定多数人进行传播，其目的既可以是为金钱，也可以是其他非金钱目的。目前司法实践中，此类传播型犯罪通常是行为人获取各种考试试题后，通过传媒向参加考试者传播试题及答案，以获取金钱利益。

本罪在主观方面为故意，而且是直接故意，即行为人明知是国家秘密，仍以窃取、刺探、收买等方法非法获取。本罪主观动机多种多样，可能是为了金钱，也可能是出于对国家政府某领导人的不满，等等。动机不影响构成此罪。

（二）非法获取国家秘密罪的处罚

根据《刑法》第二百八十二条，构成该罪，处三年以下有期徒刑、拘役、管制或者剥夺政治权利；情节严重的，处三年以上七年以下有期徒刑。

（三）非法获取国家秘密罪与泄露国家秘密罪的关系

在认定本罪时应注意区分本罪与泄露国家秘密罪的界限。本罪与泄露国家秘密罪的犯罪对象都是国家秘密，客观上都违反了保密法规。但是二者区别如下：（1）主体要件有别。本罪主体是一般主体，而后者是职务犯罪，主体主要是国家机关工作人员，当然，根据《刑法》第三百九十八条第二款的规定，非国家机关工作人员泄露国家秘密的，也依照泄露国家秘密罪定罪处罚。（2）客观要件不同。本罪的表现主要为“获取”行为，即窃取、刺探、收买，传播是附属性、非必备性行为；而泄露国家秘密罪主要表现为包括传播在内的“泄露”，即合法获取者或掌握者也可构成此罪。（3）在主观方面，本罪必须是故意；泄露国家秘密罪可以是故意，也可以是过失。

当犯罪主体出于一个犯罪目的，同时触犯非法获取国家秘密罪和故意泄露国家秘密罪时，该行为系牵连犯，应择一重罪处罚。相比较，非法获取国家秘密罪处罚更重，故对该犯罪主体应以非法获取国家秘密罪定罪处罚。

（四）新闻记者采访刑事案件时非法获取国家秘密罪的认定问题

第一，记者采访刑事案件与窃取、刺探、收买的关系。我国新闻单位均为经过国家行政机构批准设立的国有单位，记者采访系履行单位规定或工作任务，因此，其基本上是合法行为。记者采访，可以是明访，也可以是暗访，即使是暗访，也不能定性为窃取、刺探、收买行为。

第二，如何判断刑事侦查中的国家秘密及记者的犯罪故意。根据我国《宪法》与《刑事诉讼法》的规定，除涉及国家秘密、商业秘密、个人隐私、未成年人案件及其他不宜公开的案件信息外，刑事诉讼应公开进行。新闻记者对涉及商业秘密、个人隐私、未成年人案件的判断，应当具备常识。然而，国家秘密的确定并不是一个简单的问题。

根据《保守国家秘密法》第九条，[①] “追查刑事犯罪中的秘密事项”属于国家秘密，然而，对于哪些事项属于国家秘密，以及哪些信息属于不宜公开的案件信息，法律没有明确规定。根据《保守国家秘密法》第十三条，公安、国家安全机关在其工作范围内按照规定的权限确定国家秘密的密级。

问题是，记者并不一定知道其采访的刑事案件的相关内容是否属于国家秘密。

根据《新闻出版保密规定》第七条，新闻出版单位及其采编人员只是对“被采访单位、被采访人申明属于国家秘密的事项”不得公开报道、出版，如果被采访单位、被采访人未告知，新闻媒体与记者不构成犯罪。

二、拒不履行信息网络安全管理义务罪

拒不履行信息网络安全管理义务罪，指网络服务提供者不履行法律、行政法规规定的信息网络安全管理义务，经监管部门责令采取改正措施而拒不改正，致使违法信息大量传播，或者致使用户信息泄露、造成严重后果，或者致使刑事案件证据灭失、情节严重，或者有其他严重情节的行为。本罪中涉及传播行为的，是前两种即致使违法信息大量传播，或者致使用户信息泄露、造成严重后果的行为。

（一）拒不履行信息网络安全管理义务罪概述

第一，只有违反监管部门责令改正的不履行行为才能构成本罪。本罪构成要求的前提是网络服务提供者不履行法律、行政法规规定的信息网络安全管理义务，但不是所有拒绝履行行为构成本罪，只有经监管部门责令采取改正措施而拒不改正的不履行行为才是本罪要求的客观表现。根据两高《关于办理非法利用信息网络、帮助信息网络犯罪活动等刑事案件适用法律若干问题的解释》（以下简称《非法利用信息网络刑事司法解释》），“监管部门”是指网信、电信、公安等依照法律、行政法规的规定承担信息网络安全监管职责的部门；“责令采取改正措施”指以责令整改通知书或者其他文书形式，责令网络服务提供者采取改正措施。另外，认定“拒不改正”，应当综合考

① 参见第六章第二节的内容。

虑监管部门责令改正是否具有法律、行政法规依据，改正措施及期限要求是否明确、合理，网络服务提供者是否具有按照要求采取改正措施的能力等因素进行判断。①

第二，责令改正的内容。责令改正的内容应当与网络服务提供者的业务范围直接相关，即不宜赋予其无法承担或需要过大成本的义务要求。因此，责令改正的内容原则上应当具体明确，通常应当限于已经发生的危害行为。②实践中，不宜作出“下次不得再出现违法信息”“一经出现违法信息马上删除”等抽象责令改正要求。③但是，这并不意味着责令改正的具体措施不能涉及防范行为。例如，网络服务提供者采取特定措施以筛查违法信息的，应当属于可以责令改正的内容。

第三，只有违反法律和行政法规的不履行才是本罪要求的客观表现。本罪构成要求中，网络服务提供者拒绝履行的义务必须是全国人大通过的法律和国务院行政法规规定的义务，其他法律制度规定的义务不能作为本罪构成的参考。

第四，义务包括事中监管义务。网络服务提供者拒绝履行的义务，既包括事前提醒义务，也包括发生虚假、侵权性信息接到通知后的删除、屏蔽等义务，还包括网络运行过程中发生的一切违法侵权信息的处理义务即事中注意义务，而并非只针对事前注意义务和事后注意义务。

本罪构罪情节中，两方面与传播直接相关：“违法信息大量传播”和“致使用户信息泄露，造成严重后果”。《非法利用信息网络刑事司法解释》对其进行了解释。④

本罪主观上只能是故意，包括直接故意和间接故意，即明知自己的行为会发生违法信息大量传播，或者致使用户信息泄露、造成严重后果，或者致使刑事案件证据灭失、出现情节严重的后果，仍追求、希望或者放纵这种结果的发生。

（二）拒不履行信息网络安全管理义务罪的处罚

根据《刑法》第二百八十六条之一的规定，构成本罪，处三年以下有期徒刑、拘役或者管制，并处或者单处罚金。同时构成其他犯罪的，依照处罚较重的规定定罪处罚。

由于本罪量刑较轻，目前，司法实践中犯罪嫌疑人拒不履行信息网络安全管理义务的行为，多触犯其他罪名，而法院多依“择一重罪处罚”原则，以其他罪名判决。

（三）拒不履行信息网络安全管理义务罪的法律适用问题

《刑法》第二百八十六条之一规定的拒不履行信息网络安全管理义务罪的构成要

---

① 参见《非法利用信息网络刑事司法解释》第二条。

② 喻海松 . 网络犯罪的立法扩张与司法适用［J］. 法律适用，2016（9）：2–10.

③ 涂龙科 . 网络内容管理义务与网络服务提供者的刑事责任［J］. 法学评论，2016，34（3）：66–73.

④ 参见《非法利用信息网络刑事司法解释》第三、四条。

件，因为需要参照“法律、行政法规规定的信息网络安全管理义务”，所以是典型的空白罪状。

所谓“空白罪状”，其本质特征在于刑法条文本身未对具体犯罪构成的行为要件作出具体、明确的表述，而是由相关的规范或制度加以具体、明确规定，[①] 即有无参照其他法律法规是根本性标志。当然，“参照”其他法律法规的表述可能多种，有“违反国家规定”“违反法律法规”“不履行法律法规规定的……”。事实上，空白罪状可分为：形式的空白罪状，即有“参照”其他法律法规或类似表述之规定；实质的空白罪状，即相关构成要件未规定参照其他法律法规，仅有简单的行为概念，没有行为类型化列举和工具与方式途径的规定，高度抽象，必须经刑法解释方能适用。

《网络安全法》虽然详细规定了网络服务提供者的信息网络流程管理义务、设施管理义务及信息内容管理义务，但仍然留下不确定性。

1. 该罪究竟是纯正不作为犯还是不纯正不作为犯[②]

《网络安全法》对网络服务提供者规定的网络安全义务中，有作为和不作为义务。如果该嫌疑人违反不作为义务，即不得从事危害网络安全和支持他人从事危害网络安全行为的不作为义务，以及不得设立违法犯罪网站、通讯群组及发布违法犯罪信息的义务，事实上是以作为的形式犯罪，则可构成非法利用信息网络罪、侵犯公民个人信息罪、诽谤罪、传播淫秽物品牟利罪以及成为煽动型犯罪的正犯，而不必舍近求远，适用本罪。问题是，该行为究竟属于纯正的不作为还是不纯正的不作为?

事实上，无论理论上还是实践中，拒不履行信息网络安全管理义务的不作为，既可以构成纯正的拒不履行信息网络安全管理义务罪，也可以构成不纯正不作为的其他犯罪。如著名的“快播案”，就有学者认为，快播公司不履行监管义务的行为是不作为，其既构成纯正的不作为的拒不履行网络安全管理义务罪，同时又构成不纯正的不作为的传播淫秽物品牟利罪，二者是想象竞合关系。[③] 想象竞合通常都是作为的犯罪，而拒不履行信息网络安全管理义务的不作为，可能符合两种犯罪构成，只能择一重罪处理。

2. 事前审核义务是否可作为该罪“信息网络安全管理义务”的内容

网络服务提供者并没有事前对信息内容的审核义务，世界各国也普遍接受了这一

① 刘树德 . 罪刑法定原则中空白罪状的追问［J］. 法学研究，2001（2）：40-50.

② 不纯正不作为犯，指负有防止危害结果发生的作为义务的人，不履行其应履行的防止义务，以致发生与以作为的方式实现犯罪情况相当的不作为犯。为防止刑事责任扩大化，通常以危害结果的发生作为该罪成立的必要要件。

③ 学者认为，该案最终只能以重罪，即不作为的传播淫秽物品牟利罪定罪处罚。陈兴良 . 快播案一审判决的刑法教义学评判［J］. 中外法学，2017，29（1）：7-28.

“避风港规则”。然而，为平衡网络服务商与被侵权主体的利益,《网络安全法》还同时规定了“红旗规则”（Red Flag），即网络服务商享有“避风港”必须有“没有明知侵权信息或侵权活动在网络系统中的存在，也不知道任何可以明显体现出侵权信息或侵权活动存在的事实情况”的前提。而且，在大陆法系，德国法对一般注意义务主要从三个方面进行梳理:（1）对自己控制范围内的安全承担的义务;（2）因履行职责所需承担的职业义务;（3）对于先危险行为须承担的义务。[①]

可见，在民法和行政法中，事先和事中注意义务是存在的，这意味着网络中介服务提供者存在一定范围的事先审核义务。问题是，这种一定范围的事先审核义务，是否属于拒不履行信息网络安全管理义务罪“信息网络安全管理义务”?

《刑法》第二百八十六条之一第一款规定的“信息网络安全管理义务”，是“法律和行政法规”规定的义务,《网络信息内容生态治理规定》作为部门规章，其规定的“信息发布审核”“跟帖评论审核”“实时巡查”义务，[②] 无法作为该罪成立的依据。然而,《网络安全法》第四十七条关于网络运营者对其用户发布的信息的管理规定中，对于法律、行政法规禁止发布或者传输的信息的防止扩散义务，却没有明确审核时间，即发布前还是发布后，事先审核义务在刑事领域也涉及网络中介服务提供者。

三、非法利用信息网络罪

非法利用信息网络罪，指利用信息网络，设立用于实施诈骗、传授犯罪方法、制作或者销售违禁物品、管制物品等违法犯罪活动的网站、通讯群组，发布有关制作或者销售毒品、枪支、淫秽物品等违禁物品、管制物品或者其他违法犯罪信息，为实施诈骗等违法犯罪活动发布信息的行为。非法利用信息网络罪设立目的是解决具有预备性质的网络犯罪的处理问题，将刑法规制前移。可见该罪实质是对网络犯罪预备行为独立入罪，实现预备行为实行化。

（一）非法利用信息网络罪概述

1. 设立用于实施诈骗、传授犯罪方法、制作或者销售违禁物品、管制物品等违法犯罪活动的网站、通讯群组

这里的“违法犯罪”仅包括诈骗、传授犯罪方法、制作或者销售违禁物品、管制物品等违法犯罪活动，该活动可从网站、群组设立目的与设立后的活动两个角度判断。

非法利用信息网络罪的设立对象包括“网站”与“通讯群组”，立法者认为，“‘网

① 廖焕国 . 侵权法上注意义务比较研究［D］. 武汉：武汉大学，2005：26–28.

② 参见《网络信息内容生态治理规定》第九条。

站’是指设立者或者维护者制作的用于展示特定内容的相关网页的集合，是便于使用者发布信息或者获取信息的一个平台；‘通讯群组’则是网上供具有相同需求的人群集合在一起进行交流的平台和工具，如 QQ 群、微信群等”①。

2. 发布有关制作或者销售毒品、枪支、淫秽物品等违禁物品、管制物品或者其他违法犯罪信息

发布信息包括直接发布信息，还包括发布信息的链接、截屏，或者将包含信息的文件放到网盘等存储空间后发布访问账号、密码。②至于这里的“其他违法犯罪”，一种观点认为“还包括发布招嫖、销售假证、假发票、赌博、传销的信息……本项规定的发布违法犯罪信息，其发布途径更为广泛，即不仅包括在网络、通讯群组中发布违法犯罪信息，还包括通过广播、电视等其他信息网络发布信息”③。这种解释过于宽泛，可能导致本项打击面过宽，正确的解释应当是“本项规定的实质是将部分犯罪的预备行为提升为实行行为，而且情节严重时，才能成立非法利用信息网络罪……所以，行为人虽然发布一般违法信息，但发布该信息并不是为相应犯罪做准备的，或者虽然是为相应犯罪做准备，但情节并不严重的，不能以犯罪论处”④。

3. 为实施诈骗等违法犯罪活动发布信息

对于“实施诈骗等违法犯罪活动”的主观目的，可以根据行为人为实施相关违法犯罪活动准备工具、制造条件或者已经着手实行的客观情形来判断。

根据 2016 年 12 月 19 日“两高一部”发布的《关于办理电信网络诈骗等刑事案件适用法律若干问题的意见》第五条规定，“利用发送诈骗短信、拨打诈骗电话、互联网发布信息等”行为，“以诈骗罪（未遂）定罪处罚”。作为法条竞合的两项规定，非法利用信息网络罪属于《刑法》的普通条款，而关于诈骗的司法解释是关于诈骗行为的特别条款，在出现竞合时应该按照特别条款优于普通条款的原则处理。另外，《刑法修正案（九）》增设非法利用信息网络罪是为了加大对网络犯罪的惩治，而不是减轻处罚力度，因此，除非是按照非法利用信息网络罪处罚一致或更重时，才考虑适用非法利用信息网络罪的条文。

本罪的主观方面是故意，而且只能是直接故意，即行为人明知自己的行为会发生严重后果，仍追求、希望这种结果的发生。

---

① 全国人大常委会法制工作委员会 . 中华人民共和国刑法释义［M］. 北京：法律出版社，2015：502–503.

② 参见《非法利用信息网络刑事司法解释》第九条。

③ 郎胜 . 中华人民共和国刑法释义［M］. 北京：法律出版社，2015：504.

④ 张明楷 . 刑法学（下）［M］. 北京：法律出版社，2015：1050.

（二）非法利用信息网络罪的处罚

根据《刑法》第二百八十七条之一的规定，构成本罪，情节严重的，处三年以下有期徒刑或者拘役，并处或者单处罚金。

（三）与帮助信息网络犯罪活动罪的区别

帮助信息网络犯罪活动罪也是网络支持行为，实质是帮助行为正犯化，帮助行为与非法利用信息网络罪中为他人设立用于违法犯罪网站和通讯群组的预备行为，都属于为他人提供网络技术支持，所以二者属于法条竞合的关系。二者的区别在于，前罪是将帮助犯的行为正犯化，所以根据共同犯罪理论，需要以被帮助的实行行为构成犯罪为前提；而属于预备行为的非法利用信息网络罪则不需要考虑之后实行行为是否构成犯罪，其适用犯罪更广，对于设立网站、发布信息也应从技术角度做广义解释，比如属于设立网站必要步骤的“互联网接入、服务器托管、网络存储、通信传输”等行为，依旧是非法利用信息网络罪的客观行为。

四、帮助信息网络犯罪活动罪

帮助信息网络犯罪活动罪，指明知他人利用信息网络实施犯罪，仍为其犯罪提供互联网接入、服务器托管、网络存储、通讯传输等技术支持，或者提供广告推广、支付结算等帮助，情节严重的行为。

信息网络共同犯罪行为主体往往不在同一个地区，甚至可能互不相识；在客观上各共犯人只是分担部分行为且实行行为、帮助行为都具有隐蔽性；在主观上，各共犯人的意思联络并不确定或明确。因此，实践中经常出现只能抓获实施帮助行为人，而不能抓获实施正犯行为的人。而传统刑法理论认为，成立共同犯罪必须具备三个条件：主体必须是两个以上达到刑事责任年龄、具有刑事责任能力的人或者单位；必须二人以上具有共同的犯罪行为；必须二人以上具有共同的是否犯罪故意。[①] 因此，如不能查明实施正犯行为的人，则不能确定正犯刑事责任能力及是否犯罪故意，也不能查明帮助者与正犯是否具有共同的犯罪故意，因而不能认定帮助行为的人与正犯构成共同犯罪。故立法机关以传统共同犯罪理论为根据，增设帮助信息网络犯罪活动罪。[②]

（一）帮助信息网络犯罪活动罪概述

提供互联网接入、服务器托管、网络存储、通讯传输等技术支持，以及提供广告

① 高铭暄，马克昌．刑法学［M］．北京：北京大学出版社，高等教育出版社，2014：163-165．
② 张明楷．论帮助信息网络犯罪活动罪［J］．政治与法律，2016（2）：2-16.

推广、支付结算等帮助的行为，通常属于服务于合法用途的正当业务行为，而如何划定罪与非罪的界限，就成为不容回避的问题。

所谓“互联网接入”，是指为各类用户提供接入因特网的服务。网络中立性要求互联网接入服务商在提供互联网接入服务时，应平等对待所有用户，因而，国内外刑法理论普遍认为，网络接入服务商不应对他人利用互联网接入所实施的犯罪承担刑事责任。[①]

所谓“服务器托管”，是指将服务器及相关设备托管到具有专门数据中心的机房。所托管的服务器一般由客户通过远程方式自行维护，而由机房负责提供稳定的电源、带宽、温湿度等物理环境。除故意参与外，单纯提供服务器托管服务的网络服务商行为属正常业务行为，不对他人利用服务器托管服务所实施的犯罪承担刑事责任。在“快播案”中，深圳快播公司在全国各地不同运营商处设置缓存服务器 1,000 余台。法院虽然以快播公司放任淫秽视频在快播网络上传播为由，对深圳快播公司及王欣等主管人员以传播淫秽物品牟利罪定罪处罚，但并未对提供服务器托管服务的北京网联光通技术有限公司追究刑事责任。[②]

所谓“网络存储”，是指通过网络存储、管理数据的载体空间。所谓“通讯传输”，是指提供信息网络，实现数据传输和远程连接。上述两种网络服务，与提供服务器托管服务一样，网络存储服务提供者原则上不应对他人利用网络存储所实施的犯罪行为承担刑事责任。

“其他网络技术支持”包括销售赌博网站代码，为病毒、木马程序提供免杀服务，为网络盗窃、QQ 视频诈骗制作专用木马程序，为设立‘钓鱼网站’提供技术支持等。[③]

所谓“广告推广”，是指制作或者投放广告，进行广告宣传。实践中，某搜索引擎公司，为制售假药的公司提供有偿药品竞价排名服务，或者为“莆田系”医院有偿提供搜索信息置顶服务，客观上为他人销售伪劣产品与服务提供了广告推广服务，不仅可能成立销售假药罪、虚假广告罪等罪的共犯，还可能单独成立本罪。[④]

“支付结算”包括第三方支付等多种网络支付结算服务，其功能是完成收款、转账、取现等活动，但构成本罪必须要求针对特定对象。若此类服务不针对特定对象，如支付宝，则属于正当业务行为，即便客观上被利用即为他人实施犯罪提供了支付结算服务，也不构成本罪。

本罪主观方面是故意，包括直接故意和间接故意，即行为人明知自己对他人的帮

---

① 希尔根多夫．德国刑法学：从传统到现代［M］．北京：北京大学出版社，2015：366；王华伟．网络服务提供者的刑法责任比较研究［J］．环球法律评论，2016，38（4）：41–56.

② 北京市海淀区人民法院（2015）海刑初字第 512 号刑事判决书。

③ 郎胜．中华人民共和国刑法释义［M］．北京：法律出版社，2015：507.

④ 陈洪兵．帮助信息网络犯罪活动罪的限缩解释适用［J］．辽宁大学学报（哲学社会科学版），2018，46（01）：109–117.

助行为会产生侵害信息网络管理秩序的后果，而追求、希望或放任这种结果的发生。对于“应当知道”，学者认为，在一般情况下，中性业务行为的行为人主观上所承载的心理状态，不能轻易被推定为应当知道信息网络服务会被犯罪活动所利用，对于行为人认识状态中“应当知道”的认定要从严掌握。①

（二）帮助信息网络犯罪活动罪的处罚

根据《刑法》第二百八十七条之二，构成该罪，处三年以下有期徒刑或者拘役，并处或者单处罚金。单位犯前款罪的，对单位判处罚金，并对其直接负责的主管人员和其他直接责任人员，依照第一款的规定处罚。有前两款行为，同时构成其他犯罪的，依照处罚较重的规定定罪处罚。

（三）帮助信息网络犯罪活动罪的法律适用

第一，该罪与正犯的关系。（1）正犯行为须已着手实施犯罪行为，并对产生实际侵害或侵害风险；如果正犯的网络犯罪行为提供帮助的行为尚未实施，则帮助行为人不可能具有可罚性。（2）不要求正犯罪名成立。根据限制从属性说，即正犯与共犯是不法（法益侵害行为）层面上的“共同”，因此不需要正犯实际上对不法行为负责（承担刑事责任），也不需要达到相应罪名成立的标准，仅需要证明正犯实施了法益侵害行为。

第二，“从一重罪处罚”原则的适用。对于本罪与同时构成的“其他犯罪”之间的关系，从特别法优于普通法的原则，多数学者认为只能是想象竞合关系；②当然，也有个别学者认为其关系是法条竞合关系。③

对上述问题，有观点认为，为了避免罪刑失衡，“对我国《刑法》第 287 条之二第 3 款应当做限制解释，该款中的‘同时构成其他犯罪’，是指法定刑高于该条第一款法定刑的犯罪，而不包括法定刑低于本条第一款的犯罪”④。相反的观点则认为，“帮助行为统一正犯化后就应当统一适用，‘从一重’处罚的规定也应当统一适用。⑤”还有学者认为，《刑法修正案（九）》陡增八处类似“同时构成其他犯罪的，依照处罚较重的规定定罪处罚”的条款，加之司法解释中类似条款的习惯性规定，均说明，因不利于有效保护法益，立法者与司法者并不认同严格区分法条竞合与想象竞合并固守特别法

① 刘宪权，房慧颖．帮助信息网络犯罪活动罪的认定疑难［J］．人民检察，2017（19）：9–12.

② 陈兴良．快播案一审判决的刑法教义学评判［J］．中外法学，2017，29（1）：7–28；梁根林．传统犯罪网络化：归责障碍、刑法应对与教义限缩［J］．法学，2017（2）：3–13.

③ 赵运锋．帮助信息网络犯罪活动罪的立法依据与法理分析［J］．上海政法学院学报（法治论丛），2017，32（1）：20–29.

④ 张明楷．论帮助信息网络犯罪活动罪［J］．政治与法律，2016（2）：2–16.

⑤ 于志刚．共犯行为正犯化的立法探索与理论梳理——以“帮助信息网络犯罪活动罪”立法定位为角度的分析［J］．法律科学（西北政法大学学报），2017，35（3）：83–92.

优于普通法的特别关系法条竞合适用原则，因此，若认定一个行为符合“同时”构成其他犯罪的要求，无论法条竞合还是想象竞合，均应从一重处罚。[①]

五、编造、故意传播虚假恐怖信息罪

编造、故意传播虚假恐怖信息罪，指编造爆炸威胁、生化威胁、放射威胁等恐怖信息，或者明知是编造的恐怖信息仍故意传播、严重扰乱社会秩序的行为。

（一）编造、故意传播虚假恐怖信息罪概述

第一，行为必须是编造、传播。依照《编造传播虚假恐怖信息解释》第一条，本罪名是选择性罪名，即有编造虚假恐怖信息罪和故意传播虚假恐怖信息罪两个小罪名。但编造虚假恐怖信息罪也包含了犯罪嫌疑人的传播行为，故实践中容易混淆。

第二，编造、传播的必须是爆炸威胁、生化威胁、放射威胁等恐怖信息。编造传播一般性的虚假信息不构成本罪。依照2013年9月30日起施行的《最高人民法院关于审理编造、故意传播虚假恐怖信息刑事案件适用法律若干问题的解释》（以下简称《编造传播虚假恐怖信息解释》）第六条规定，“虚假恐怖信息”指以发生爆炸威胁、生化威胁、放射威胁、劫持航空器威胁、重大灾情、重大疫情等严重威胁公共安全的事件为内容，可能引起社会恐慌或者公共安全危机的不真实信息。可见，司法解释对“虚假恐怖信息”的要求，强调“重大”性。最高人民法院强调，对于那些一查就知道是虚假的恐怖信息，根本不可能引起社会恐慌及扰乱社会秩序的，不构成犯罪。如2013年5月17日23时，王浩然（男，16岁）在腾讯微博上发帖，称将于5月18日17时28分炸“连云港飞往佛山”的航班。经查，根本没有该航班。编造根本不具有误导性的虚假恐怖信息不应以犯罪论处。[②]

第三，本罪在主观上要求直接故意或间接故意，即明知自己编造、传播爆炸威胁、生化威胁、放射威胁等恐怖信息，会导致工作、生产、生活、教学、医疗、科研等各方面在内的社会秩序严重混乱，仍然追求、希望或放任这种结果的发生。

至于如何判断“放任传播”，最高人民法院认为：应结合行为人有无采取必要措施防止虚假恐怖信息被传播。如，行为人出于好玩、无聊在某些传播范围较小的载体上（如仅对好友开放的QQ空间）编写虚假恐怖信息，如行为人未采取加密、及时删除等必要措施，导致虚假恐怖信息被传播，严重扰乱社会秩序的，应以犯罪论处。[③]

---

① 陈洪兵．竞合处断原则探究——兼与周光权、张明楷二位教授商榷［J］．中外法学，2016，28（3）：817-839.

② 参见《关于审理编造故意传播虚假恐怖信息适用法律若干问题的解释》第三条第六款。

③ 参见《关于审理编造故意传播虚假恐怖信息适用法律若干问题的解释》第三条第一款。

（二）编造、故意传播虚假恐怖信息罪的处罚及法律适用

根据《刑法》第二百九十一条之一的规定，构成该罪，处五年以下有期徒刑、拘役或者管制；造成严重后果的，处五年以上有期徒刑。

第一，编造与传播罪名的认定。针对编造虚假恐怖信息罪，有学者认为，从文义来看，该罪中“编造”行为不应当包括“传播”行为；从犯罪既遂方面来看，只有“传播”行为才能达到该罪的既遂；从社会危害性来看，单独“编造”恐怖信息行为不应当厘定为一个罪名，“编造”恐怖信息行为也不适宜作为编造、故意传播虚假恐怖信息罪的犯罪行为方式之一。①

第二，“严重扰乱社会秩序”“造成严重后果”的认定。由表 20–1 可见，编造、故意传播虚假恐怖信息罪是明确的侵害犯，而且根据上述司法解释，“严重扰乱社会秩序”的 5 种结果所侵害的社会法益与个体的生命、健康、工作、生活密切相关，即“社会秩序”限于传统现实空间中的社会秩序，并不包括网络空间的秩序。

表 20–1　“严重扰乱社会秩序”与“造成严重后果”对照表②

法益侵害梯度 / 扰乱表现	“严重扰乱社会秩序”（五年以下从轻）	“严重扰乱社会秩序”（五年以下从重）	“造成严重后果”（五年以上）
公共场所秩序混乱	机场、车站、码头、商场、影剧院、运动场馆等人员密集场所秩序混乱，或紧急疏散		
大型客运交通工具中断或受到影响	正常运行受到影响	1. 航班备降或返航 2. 列车、船舶等交通工具中断运行	
工作、生产、经营、教学科研秩序中断或影响	活动中断		国家重大活动进行受妨碍
生活秩序严重混乱	行政村或者社区范围	乡镇、街道区域范围	县级以上区域范围
职能部门反应	采取紧急应对措施		
人员伤亡			3 人以上轻伤或者 1 人以上重伤
经济损失		20 万元以上	50 万元以上
编造次数		多次	

① 时斌．编造、故意传播虚假恐怖信息罪的制裁思路——兼评刑法修正案（九）相关条款［J］．政法论坛，2016，34（1）：93–102.

② 参见《关于审理编造故意传播虚假恐怖信息适用法律若干问题的解释》第二、三、四条。

六、编造、故意传播虚假信息罪

编造、故意传播虚假信息罪，指编造虚假的险情、疫情、灾情、警情，在信息网络或者其他媒体上传播，或者明知是上述虚假信息，仍故意在信息网络或者其他媒体上传播，严重扰乱社会秩序的行为。本罪是典型的传播犯罪。

（一）编造、故意传播虚假信息罪概述

第一，必须是编造并传播虚假险情、疫情、灾情、警情信息。与编造、故意传播虚假恐怖信息罪不同，这个罪名不是选择性罪名。其包括两种情形：编造虚假的险情、疫情、灾情、警情，在信息网络或者其他媒体上传播；或者明知是上述虚假信息，仍故意在信息网络或者其他媒体上传播，两种情形均要求传播。

第二，必须是在信息网络或者其他媒体上传播。与编造、故意传播虚假恐怖信息罪不同，本罪要求的传播必须是利用信息网络或者其他媒体进行的传播，而不能是传统的人际传播、组织传播。但这里需要明确的是，因网络传播也包括人际传播和组织传播，本罪的构成中是否包含这两种情况，并不明确。另外，“其他媒体”当然包括传统的纸媒、电视、广播、手机（短信）等。因此，本罪的传播应当是面向不特定人群或多数人的传播，而不包括向特定人群的传播。

第三，传播的必须是险情、疫情、灾情、警情。险情指可能造成重大人员和财产损害的危险情况，包括人为和自然情况；疫情指可能引发传染病与重大疾病发生、蔓延的传染性情况；灾情指可能引发重大人员和财产损失的天气灾害（台风、飓风、海啸）水灾、地震、火灾、泥石流等，主要是指自然灾害；警情是可能导致警察采取重大行动从而给执法部门及社会带来重大影响的情况，而不是涉及警察、警察部门或政府机关本身问题的虚假情况。本罪要求传播的信息只有险情、疫情、灾情、警情四种，这是闭合性列举，不能包括其他虚假信息。

第四，本罪在主观上要求直接故意或间接故意，即明知自己编造、传播爆炸威胁、生化威胁、放射威胁等恐怖信息，会导致工作、生产、生活、教学、医疗、科研等各方面在内的社会秩序严重混乱，仍然追求、希望或放任这种结果的发生。

如果行为人误听他人传谣，以误传误，不能构成故意编造。

（二）编造、故意传播虚假信息罪的法律适用

根据我国《刑法》第二百九十一条之一第二款，构成该罪，处三年以下有期徒刑、拘役或者管制；造成严重后果的，处三年以上七年以下有期徒刑。

由上述规定，本罪是结果犯，但该规定涉及以下问题。

第一，关于《编造传播虚假恐怖信息解释》的规定与《刑法》规定的冲突。《编造传播虚假恐怖信息解释》第六条规定，“虚假恐怖信息”指以发生爆炸威胁、生化威胁、放射威胁、劫持航空器威胁、重大灾情、重大疫情等严重威胁公共安全的事件为内容，可能引起社会恐慌或者公共安全危机的不真实信息。该规定包括重大灾情、重大疫情，这与本罪相关冲突。因《刑法修正案（九）》是在《编造传播虚假恐怖信息解释》之后生效，依上位法优于下位法、新法优于旧法的原则，凡发生编造并传播或者故意传播他人编造的重大灾情、重大疫情信息，应以本罪而非以编造、传播虚假恐怖信息罪定罪。如果继续适用《编造传播虚假恐怖信息解释》的规定，则属于法律适用错误。

第二，关于《网络诽谤司法解释》第五条的相关规定。根据两高《网络诽谤司法解释》第五条第二款，编造虚假信息，或者明知是编造的虚假信息，在信息网络上散布……造成公共秩序严重混乱的，依照刑法第二百九十三条第一款第（四）项的规定，以寻衅滋事罪定罪处罚。这就产生了如何协调与本罪之间适用的问题。因该司法解释也在《刑法修正案（九）》之前实施，依上位法优于下位法、新法优于旧法的原则，编造虚假的险情、疫情、灾情、警情应构成本罪，而不能再以寻衅滋事罪定罪。

第三，“严重扰乱社会秩序”及“造成严重后果”的认定。目前，对本罪中的“严重扰乱社会秩序”及“造成严重后果”，没有专门的司法解释规定，但可以参照《编造传播虚假恐怖信息解释》中对“严重扰乱社会秩序”及“造成严重后果”的规定执行。

七、传播型寻衅滋事罪

寻衅滋事罪，通常指随意殴打他人，追逐、拦截、辱骂、恐吓他人，或强拿硬要或者任意损毁、占用公私财物，情节恶劣或严重的行为；或在公共场所起哄闹事，造成公共场所秩序严重混乱的行为。根据《网络诽谤司法解释》第五条，传播型寻衅滋事罪，指利用信息网络辱骂、恐吓他人，情节恶劣，破坏社会秩序的行为；或编造虚假信息，或者在信息网络上散布明知是编造的虚假信息，或者组织、指使人员在信息网络上散布明知是编造的虚假信息，起哄闹事，造成公共秩序严重混乱的行为。

寻衅滋事罪源于 1979 年《刑法》规定的流氓罪。1997 年《刑法》废除了流氓罪，并将其分解为聚众斗殴罪、强制猥亵、侮辱妇女罪和猥亵儿童罪、寻衅滋事罪和聚众淫乱罪等四个罪名。2011 年《刑法修正案（八）》将寻衅滋事罪进一步细化为四项具体行为，增强了实践操作性。然而，由于《刑法》第二百九十三条第一款第四项中的“起哄闹事”兜底条款的存在，以及该罪属情节犯，“情节严重”“情节恶劣”等在认定上界限很难区分，使该罪不可避免地成为“口袋罪”。

（一）传播型寻衅滋事罪概述

该罪行为有两种类型。

第一种，网络辱骂、恐吓他人型寻衅滋事。辱骂是指故意以语言、文字或其他方式贬低他人人格，毁损他人名誉；辱骂可针对特定人，也可针对一个群体或一类人。恐吓指以不利的结果威胁他人。根据《网络诽谤司法解释》，利用信息网络辱骂、恐吓他人，情节恶劣，破坏社会秩序的行为，构成本罪。这里，从字面上理解，利用信息网络辱骂、恐吓他人，不仅要求“情节恶劣”，而且还要“破坏社会秩序”，方构成本罪。

第二种，网络起哄闹事型寻衅滋事。根据《刑法》第二百九十三条第一款，寻衅滋事罪的第四种表现是在公共场所起哄闹事，造成公共场所秩序严重混乱，但《网络诽谤司法解释》将网络秩序归于公共秩序，规定编造信息，或者在信息网络上散布明知是编造的信息，或者组织、指使人员在信息网络上散布明知是编造的信息，起哄闹事，造成公共秩序严重混乱的行为，参照《刑法》第二百九十三条第一款第（四）项，也归于本罪。显然，这里的编造、散布行为只是途径，而“起哄闹事”则是中心环节。另外，2013 年最高人民法院、最高人民检察院《关于办理寻衅滋事刑事案件适用法律若干问题的解释》（以下简称《寻衅滋事司法解释》）第一条在列举了本罪的主观因素后，还用了“无事生非”这一介于主观与客观之间的概念。客观上，“起哄闹事”的“起哄”是前提，其核心是“闹事”，其在客观上具有煽动性、蔓延性、扩展性三个特征；[①]“起哄闹事”具有聚众犯的特征，参与的人数较多，这也是起哄闹事行为与其他寻衅滋事行为的主要区分之所在。[②] 在主观上，流氓动机作为寻衅滋事罪的主观违法要素具有对本罪构成要件的限缩功能，对于寻衅滋事罪的正确认定具有重要意义，而《寻衅滋事司法解释》第一条就规定了该罪的主观要素：寻求刺激、发泄情绪、逞强耍横。

本罪的主观方面必须是直接故意，即明知自己的传播行为会导致他人人格尊严和名誉受损，以及社会秩序混乱，仍然追求这种结果。间接故意和过失均不构成本罪。

（二）传播型寻衅滋事罪的处罚

根据《刑法》第二百九十三条，寻衅滋事罪，处五年以下有期徒刑、拘役或者管制；严重破坏社会秩序的，处五年以上十年以下有期徒刑，可以并处罚金。

依照最高人民法院的解释，该罪应严格入罪标准。辱骂、恐吓行为必须达到情节

---

① 张明楷 . 寻衅滋事罪探究（上篇）［J］. 政治与法律，2008（1）：86-93.

② 陈兴良 . 寻衅滋事罪的法教义学形象：以起哄闹事为中心展开［J］. 中国法学，2015（3）：265-283.

恶劣的程度，同时对社会秩序造成了现实的破坏。对于一些网民在网络上发泄不满，辱骂他人的，要重在教育，强化管理，一般不要轻易适用本款规定按犯罪处理。[①]

《网络诽谤司法解释》仅在第二条对诽谤罪进行了定罪“情节严重”的量化标准，并未对寻衅滋事罪规定量化标准。而许多法院对寻衅滋事罪的判决中，均直接或间接参照该标准，认定其对网络空间秩序的破坏。

（三）传播型寻衅滋事罪的立法及法律适用问题

1.“公共场所”的双层类推

如前所述，我国《刑法》第二百九十三条规定的寻衅滋事罪是发生在现实物理空间的行为，其侵害客体有二：第（一）至第（三）项针对公民人身和财产；第（四）项针对公共场所秩序，并要求通过“在公共场所起哄闹事”，造成“公共场所秩序严重混乱”，司法解释创设的传播型寻衅滋事罪的依据只能对应该项规定。2013年《寻衅滋事司法解释》第五条将“公共场所”界定为“车站、码头、机场、医院、商场、公园、影剧院、展览会、运动场或者其他公共场所”，该规定中虽有“其他公共场所”之兜底表述，但据文义，其显然是现实社会的公共场所，据此，其他公共秩序的混乱更与“公共场所秩序严重混乱”无关，相关犯罪也不应归为寻衅滋事罪。

然而，《网络诽谤司法解释》第五条第二款规定的传播型寻衅滋事罪的构成要件如下。（1）行为。依据司法解释，无论是仅仅编造，还是传播，或者是既编造又传播，均可作为该罪构成要件的要素。（2）行为对象。编造传播的内容是没有特定限制的“虚假信息”，即不限于涉及突发事件的恐情、险情、疫情、灾情、警情。（3）行为工具与途径。对传播途径和工具要求是含义广泛的“信息网络”。如此，《网络诽谤司法解释》第五条第二款实现了双层扩张：第一层，将“公共场所秩序”严重混乱变成了“公共秩序”严重混乱，即将下位概念“公共场所”换成了上位概念“公共秩序”；第二层，将“公共秩序”从现实物理空间扩张到网络空间。上述类推，构成双重类推。

最高人民法院认为，对此款的适用，实践中需要把握以下两点：一是该款规定的“虚假信息”，不是针对特定自然人而捏造的事实，而是针对不特定的自然人或者单位、公共事件而编造的信息；二是“造成公共秩序严重混乱”，主要是指导致现实社会公共秩序严重混乱，因为行为人在信息网络上散布虚假信息，起哄闹事，在导致网络秩序混乱的同时，往往会导致现实社会公共秩序的混乱，甚至引发群体性事件等。[②]问

---

① 最高人民法院刑事审判第三庭.《关于办理利用信息网络实施诽谤等刑事案件适用法律若干问题的解释》的理解与适用［J］.人民司法，2013（21）：20-25.

② 最高人民法院刑事审判第三庭.《关于办理利用信息网络实施诽谤等刑事案件适用法律若干问题的解释》的理解与适用［J］.人民司法，2013（21）：20-25.

题是，照此解释，就必须证明现实社会公共秩序受到了破坏。

在个别案例的审理中，法院并不认为独立的传播行为一定导致公共秩序严重混乱，但大部分此类案例的判决仍体现出该罪的“口袋”特征。①

2. 与其他罪名的混淆

第一，与编造传播虚假信息罪的混淆。2015 年《刑法修正案（九）》新增编造、传播虚假信息罪，该罪只针对险情、疫情、灾情、警情的谣言传播，而传播型寻衅滋事罪对虚假信息并未界定，故司法实践中，有公诉机关对传播虚假险情、疫情、灾情、警情的行为，以寻衅滋事罪起诉。当然，法院在审理中，有案例遵循从新兼从轻的原则，将公诉机关指控的寻衅滋事罪纠正为故意传播虚假信息罪。②

第二，与诽谤罪和侮辱罪的混淆。一些案例中，将基层地方政府或企业法人领导等个人名誉权益的侵害作为该罪的法益侵害后果，即“社会秩序严重混乱”，从而导致与诽谤罪混淆。此问题的典型案例是“伊利谣言案”：邹光祥、刘成昆涉嫌犯寻衅滋事罪案。③在此案中，呼和浩特公安机关最初以涉嫌寻衅滋事罪、诽谤罪将刘成昆和邹光祥抓获；而检察机关以诽谤罪对二人批准逮捕，后在起诉中将二人罪名变更为寻衅滋事罪。此过程说明，在传播型寻衅滋事罪的司法实践中，竞合问题引发的公诉与自诉程序的混乱也是重要问题之一。

第三，与煽动颠覆国家政权罪的混淆。司法实践中，有在网络上传播对执政党和政府不满，侵害法益并非社会法益而是国家法益的行为（如在推特上传播编造的抨击国家政治制度及政党制度的虚假信息，或在境外网络平台上大量传播、散布，诋毁我国的社会主义制度、中国共产党领导以及国家政治、政策，严重损害中国共产党和中华人民共和国在国际上的地位与形象的信息），也以寻衅滋事罪判决。④

---

① 罗斌．传播犯罪研究［M］．北京：中国社会科学出版社，2022：371.

② 安徽省阜阳市中级人民法院（2016）皖 12 刑终 216 号刑事裁定书。

③ 2018 年 3 月 24 日起，微信公众号“天禄财经”作者刘成昆陆续在其公众号发布《出乌兰记——盘先生在美丽坚》等三篇文章，暗示性地把“小说”所指与伊利董事长潘刚联系在一起。邹光祥看了刘成昆的文章后，加了刘成昆的微信并核实，刘成昆在自己也拿不准的情况下，却告诉邹光祥“可以写”。邹光祥出于职业敏感，也打电话向伊利公司求证，被告知是谣言后，仍写下了《公司聚焦：伊利股份董事长潘刚或“失联”》的文章并发出。两人的文章经互联网传播，引起很大反响，导致以伊利为核心的上下游产业链均受到了冲击，其股价从 34 元一路下跌至 24 元，谣言发布的两天时间里市值缩水 130 亿。后经两审，法院以寻衅滋事罪判处邹光祥有期徒刑一年，缓刑一年六个月；以寻衅滋事罪判处刘成昆有期徒刑八个月。参见郭铁．“伊利谣言案”涉事 2 人因何被判寻衅滋事罪？事件始末回顾［N］．新京报，2018-10-24（A5）；新华社记者．网络自媒体不是“法外之地”［EB/OL］．（2018-05-07）［2018-12-08］.https://www.guancha.cn/FaZhi/2018_05_07_456014.shtml；刘懿德．“伊利谣言案”二审宣判 呼和浩特中院裁定维持原判［EB/OL］．（2018-11-23）［2018-12-08］.https://www.xinhuanet.com/legal/2018-11/23/c_1123760139.html.

④ 湖北省武汉市蔡甸区人民法院（2019）鄂 0114 刑初 512 号刑事判决书；江苏省南京市雨花台区人民法院（2017）苏 0114 刑初 446 号刑事判决书；山西省忻州市忻府区人民法院（2018）晋 0902 刑初 342 号刑事判决书；浙江省台前县人民法院（2018）豫 0927 刑初 3 号刑事判决书。

第三节 妨害司法秩序的传播犯罪

妨害司法的传播犯罪，包括泄露不应公开的案件信息罪和披露、报道不应公开的案件信息罪：前者指司法工作人员、辩护人、诉讼代理人或者其他诉讼参与人，泄露依法不公开审理的案件中不应当公开的信息，造成信息公开传播或者其他严重后果的行为；后者指公开披露、报道依法不公开审理的案件中不应当公开的信息，情节严重的行为。

在《刑法修正案（九）（草案）》征求意见过程中，泄露、公开披露、报道依法不公开审理的案件中不应公开的信息“入刑”曾引发激烈讨论，主要原因是对律师正常执业及新闻媒体的舆论监督造成负面影响。一、本条对泄密主体、秘密信息定性、泄密后果表述模糊，实践中不易操作，容易引导律师不作为。二、不公开审理的案件信息在全国被公开的情况很少见，没有必要以刑法规制。三、披露、报道不应公开的案件信息罪主要针对新闻媒体和新闻记者，应当谨慎，因为新闻媒体的天职就是传播新闻，进行舆论监督，应该有相当自由度，即使报道错误，也非恶意，所以其公开披露和报道行为入罪，值得推敲。该条规定引发学者、律师群体及新闻界的广泛质疑，尤其成为“律师们普遍关切的问题”[①]。有学者指出：“本条规定是否会造成处罚范围过大并不当限制公民以及媒体的宪法权利，值得进一步讨论，因而本条是否应该设立该罪，应该慎重考虑。”[②]

而立法者和司法者则力推该罪入法。立法机关对规定此条的解释是，该条规定是针对所有诉讼参与人，并非专门针对某一特定群体；法律对不公开审理的案件范围也有明确规定，新闻媒体对涉及此类案件的新闻线索，应谨慎处理，避免触及红线。而最高人民法院对本条立法的解释是，司法实践中，有司法工作人员泄露正在不公开审理的案件信息；有当事人或其他诉讼参与人，为向司法机关和对方当事人施加压力，公开传播涉及当事人隐私和犯罪细节的信息，制造舆论，以图影响裁判结果；[③]有新闻媒体为追求轰动效应，对正在不公开审理的案件内容公开报道；有个人、媒体和网站，虽非上述案件信息泄露人，但获得相关案件信息后，公开披露、报道，甚至大肆炒作，

---

① 周光权．《刑法修正案（九）》（草案）的若干争议问题［J］．法学杂志，2015，36（5）：77–84.

② 赵秉志，刘志伟，阴建峰，等．关于《刑法修正案（九）（草案）》的修法建议［J］．刑法论丛，2014，40（04）：1–28.

③ 例如，在轰动一时的“李某某等 5 人强奸案”中，不论从李某某系未成年人，还是涉及被害人隐私角度出发，该案都属于法定不公开审理案件，但在该案的审判过程中，不仅被告人李某某等的姓名等被非法公布，被害人的姓名等相关信息也被案件有关律师泄露，给被害人造成二次伤害，也导致审判机关承受巨大的舆论压力，严重妨害司法活动的正常进行。刘晓玲．李某某案律师被律协处分［N］．北京青年报，2014–04–18（A18）.

给司法秩序和当事人造成严重损害，而刑法对此类行为没有专门规定。[①]

一、泄露或披露、报道不应公开的案件信息罪概述

司法工作人员、辩护人、诉讼代理人、职业媒体人的职业具有高度专业性，本罪事实上为其设置了高度的职业保密义务。

（一）泄露或披露、报道不应公开的案件信息罪的主体

1. 泄露不应公开的案件信息罪的主体

本罪主体为特殊主体，具体而言，即不公开审理的案件诉讼中的司法工作人员、辩护人、诉讼代理人、法定代理人或者其他诉讼参与人等。诉讼参与人包括当事人（原告、被告、共同诉讼人、第三人；被害人、自诉人，犯罪嫌疑人、被告人）、诉讼代表人、诉讼代理人、证人、鉴定人、勘验人员和翻译人员；其他诉讼参与人是指证人、鉴定人、勘验人员、翻译人员。

2. 披露、报道不应公开的案件信息罪主体

本罪主体为一般主体，年满16周岁且具备刑事责任能力的自然人和单位均可构成本罪，主要包括如记者、编辑以及其他掌握不应公开的案件信息的人等其他自然人，还包括媒体和其他发布信息的公司、企业、事业单位、机关、团体等单位，但不包括泄露不应公开的案件信息罪的主体即司法工作人员、辩护人、诉讼代理人或者其他诉讼参与人。

需要注意的是，《刑法》第三百零八条之一对本罪主体并未明确规定，而且与泄露不应公开的案件信息罪的主体均规定在该条之下，容易引起混淆。

（二）泄露或披露、报道不应公开的案件信息罪概述

1. 泄露、披露或报道

泄露指使不应为他人知悉的信息为他人知悉。本罪中泄露的方式和途径多种，其中通过媒介泄露，范围最为广泛，后果可能最为严重。

披露指发表、公布；报道指新闻媒体或其他自然人，通过报纸、杂志、广播、电视等传统大众传媒或网络媒体（含自媒体和社交媒体），把信息向公众传播。

---

① 沈德咏.《刑法修正案（九）》条文的理解与适用［M］.北京：人民法院出版社，2015：325-327.

2. 依法不公开审理的案件

依法不公开审理的案件，是指根据法律规定，属于特别情况不得进行公开审理的案件，在民事诉讼中，指涉及国家秘密、个人隐私或者法律另有规定的不公开审理案件；离婚案件，涉及商业秘密的案件，当事人申请不公开审理的，可以不公开审理；在刑事诉讼中，审判的时候被告人不满 18 周岁的，不公开审理。

不公开审理的案件，分为法定和依申请由法官裁定两种。因此，"'依法不公开审理的案件'，是指依照刑事诉讼法、民事诉讼法、行政诉讼法、未成年人保护法等法律规定，应当不公开审理或者经当事人提出申请，人民法院决定不公开审理的案件。[①]" 法定不公开审理案件，自案件立案始就不公开；依当事人申请不公开审理的案件，由法院依法行使裁量权，在法院宣告该案件不公开审理前，相关主体进行的传播行为不构成本罪。

3. 不应当公开的信息

不应当公开的信息指对国家、社会和当事人权益有重大影响的相关信息，如涉及国家秘密、个人隐私、个人信息、商业秘密，以及被告人为未满 18 周岁未成年人的个人身份信息。另外，并非只有进入法院审理阶段或法院宣告该案件为不公开审理的案件后，相关当事人才开始对不应当公开的信息保密。

在《刑法修正案（九）（草案）》讨论过程中，就有学者曾指出："不公开审理案件中哪些信息属于不应当公开的信息，其范围缺乏必要的界定。"[②] 至今，对哪些案件信息属于本罪中的信息，仍有分歧。而最高人民法院认为，本罪中的信息不能仅限于上述国家秘密、个人隐私、个人信息、商业秘密，以及被告人为未满 18 周岁未成年人的个人身份信息，还包括其他与案件有关、不宜为诉讼参与人以外人员知悉的信息。例如，根据《最高人民法院关于适用 < 中华人民共和国刑事诉讼法 > 的解释》第一百七十六条，合议庭成员对评议案件的"评议情况应当保密"，故评议信息属于"不应公开的信息"；依据《最高人民法院关于保守审判工作秘密的规定》第三条，宣判前对案件的处理意见以及合议庭、审判委员会对具体案件处理的讨论情况，上下级法院之间对案件处理的各种不同意见以及有关单位领导、党委的意见，一律不得向工作上无关人员和单位透露，故属于"不应公开的信息"。[③]

另外，有观点认为，"不应公开的信息"不仅包括案件当事人的信息，还包括特定

---

① 雷建斌 . 中华人民共和国刑法修正案（九）解释与适用［M］. 北京：人民法院出版社，2015：327.
② 林维 . 刑法应当如何平等规制律师［J］. 中国法律评论，2015（2）：155-161.
③ 沈德咏 .《刑法修正案（九）》条文的理解与适用［M］. 北京：人民法院出版社，2015：329.

案件中与案件有关的证人、鉴定人、报案人、控告人、举报人等人员的信息。[①] 例如，根据《刑事诉讼法》第六十二条，对于危害国家安全犯罪、恐怖活动犯罪、黑社会性质的组织犯罪、毒品犯罪等案件，证人、鉴定人、被害人或者其近亲属的人身安全面临危险的，人民法院、人民检察院和公安机关应当对其真实姓名、住址和工作单位等个人信息保密；根据《刑事诉讼法》第一百零九条第三款的规定，报案人、控告人、举报人不愿公开自己的姓名和报案、控告、举报行为的，公安机关、人民检察院或者人民法院应当为其保守秘密。这些信息理应纳入“不应公开的信息”所涵盖的范畴。

需要强调：不公开审理的案件审理完毕、裁判生效后，上述相关主体仍不应泄露上述不应当公开的信息，因为相关信息公开传播可能给国家、当事人带来严重影响。所以,《民事诉讼法》第一百五十六条规定：“公众可以查阅发生法律效力的判决书、裁判书，但涉及国家秘密、商业秘密和个人隐私的内容除外。”

但是，本罪的设立也遭遇如下问题：如果诉讼涉及的权益（如隐私权）人放弃自己的权益，并主动向外传播，则虽然行为人的行为表面上符合本罪构成，但因不具有可保护的法益而不构成本罪。

4. 造成信息公开传播

造成信息公开传播是指上述不应公开的信息，让司法工作人员、辩护人、诉讼代理人或其他诉讼参与人以外的社会公众所知悉。

（三）泄露或披露、报道不应公开的案件信息罪的主观要件

本罪主观上要求为故意，包括直接故意和间接故意，即行为人明知自己的行为会造成或可能造成相关案件信息公开传播或者其他严重后果，仍然追求、希望或放任该结果的发生。

在我国，过失犯罪采用法律明确规定方式。故意和过失，其对应的罪名也是不同的，如“故意泄露国家秘密罪”和“过失泄露国家秘密罪”。司法实践中，如果出现此类案件，很难判定新闻媒体是故意还是过失而披露、报道依法不公开审理的案件中不应当公开的信息，所以法律应将此条规定中的主观要件明确为故意。

二、泄露或披露、报道不应公开的案件信息罪的法律适用

根据《刑法》第三百零八条之一，构成泄露不应公开的案件信息罪或者披露、报道不应公开的案件信息罪，处三年以下有期徒刑、拘役或者管制，并处或者单处罚金

① 曹波．论不应公开的案件信息刑法保护的规范诠释［J］．科学・经济・社会，2017，35（2）：87–94，113.

（泄露国家秘密的，依照本法第三百九十八条的规定定罪处罚）。

显然，泄露不应公开的案件信息罪是侵害犯，而披露、报道不应公开的案件信息罪是危险犯。关键是如何理解前者的“其他严重后果”和后者的“情节严重”。

泄露不应公开的案件信息罪中的“其他严重后果”，是指因信息泄露而给利益相关者所带来的严重损失，如国家秘密的泄露可能造成的对社会稳定、经济发展、国防安全的危害或其他严重后果；如诉讼参与人的个人隐私、个人信息的泄露，可能导致其社会评价的降低，名誉、人格的贬损，从而引发自残、自杀等严重后果；商业秘密的泄露，可能导致商业秘密所有者严重的经济损失等。

披露、报道不应公开的案件信息罪不要求有“其他严重后果”，只要行为性质恶劣，即可构罪，其入罪门槛低于泄露不应公开的案件信息罪。

第四节　妨害伦理道德的传播犯罪

妨害伦理道德的传播犯罪包括五种：走私淫秽物品罪，制作、复制、出版、贩卖、传播淫秽物品牟利罪，为他人提供书号出版淫秽书刊罪，传播淫秽物品罪，组织播放淫秽音像制品罪。由于其他四种相对容易理解，加之近年来实践中出现的新问题，本节主要针对制作、复制、出版、贩卖、传播淫秽物品牟利罪进行解析。

一、制作、复制、出版、贩卖、传播淫秽物品牟利罪概述

制作、复制、出版、贩卖、传播淫秽物品牟利罪，指以牟利为目的，制作、复制、出版、贩卖、传播淫秽物品的行为。

（一）制作、复制、出版、贩卖、传播淫秽物品牟利罪的客体

本罪客体是复杂客体，包括社会善良风俗及国家对文化市场的管理秩序。

1. 淫秽

如第六章第五节所述，由于民族、历史、文化、国家及地区的不同，人们对“淫秽”有不同的标准：同样的涉及色情的物品，在有些国家作为“淫秽”，在其他国家则并不视为“淫秽”。

有观点认为，淫秽物品的实质属性是无端挑起人们的性欲和损害普通人正常的性行为观念。判断是否属于“淫秽物品”应坚持整体性原则、客观性原则和关联性原则的同时，“要看性的描写：（1）是否露骨、详细；（2）采取何种描写方法；（3）在作品

中的比重；（4）是否为表现作品的思想、艺术所必需；（5）是否能被作品的科学性、艺术性、思想性所缓和与淡化。①”

应当承认，即使有上述探讨，“淫秽”的认定标准仍然并不具体。因此，法官裁量时应当以一个国家或地区、民族的一般观念、感受为依据——纵然这个标准仍然不具体。

2.“淫秽物品”

根据《刑法》第三百六十七条的规定，“淫秽物品”是指具体描绘性行为或者露骨宣扬色情的诲淫性的“书刊、影片、录像带、录音带、图片及其他淫秽物品”。而这里的“其他淫秽物品”，根据“两高”2004年《传播淫秽信息案件解释（一）》第九条的规定，包括具体描绘性行为或者露骨宣扬色情的诲淫性的视频文件、音频文件、电子刊物、图片、文章、短信息等互联网、移动通信终端电子信息和声讯台语音信息。可见，《刑法》第三百六十七条规定的是物质性淫秽物品，而《传播淫秽信息案件解释》（一）规定的“淫秽物品”包括物质性淫秽物品、信息性淫秽物品。

（二）制作、复制、出版、贩卖、传播淫秽物品牟利罪的媒介使用等要件

本罪是选择性罪名，以下五种行为均可构成犯罪。（1）制作，指生产、录制、摄制、编写、译著、绘画、印刷、刻印、洗印等行为，包括合法出版单位和非法出版者的制作。与“复制”相比，制作具有“原创性”。（2）复制，指合法出版单位和非法出版者进行复印、拓印、翻印、复写、复录、抄写等。但自己从网上下载淫秽物品，不构成这里的“复制”。（3）出版，通常是指合法出版单位的编辑、审核、校对、印刷、装订等系列行为。没有出版资质的非法出版者进行的相关行为只能称为“制作”或“复制”，而不能称为“出版”。（4）贩卖，指向不特定多数人和特定多数人发行、批发、零售、倒卖等，其行为包括从他人处购买后又出售，也包括自己制作、复制后出售的行为，但为自己欣赏而购买的行为不构成贩卖。（5）传播，指通过媒体传播、播放、放映及出租、出借、承运、邮寄等方式，使淫秽物品或其内容为不特定多数人和特定多数人接收的行为。

（三）制作、复制、出版、贩卖、传播淫秽物品牟利罪的主观要件

本罪主观要件为故意，而且要求有牟利目的，所以，这里的故意为直接故意，即明知自己的行为系制作、复制、出版、贩卖、传播淫秽物品，仍追求这种结果的发生。这里的“牟利”方式，既可以是直接获得财物，也可以是通过广告、网络流量间接获

---

① 张明楷 . 刑法学（下）[M]. 北京：法律出版社，2016：1166-1167.

得的。

关于“明知”的认定，根据2010年《传播淫秽信息案件解释（二）》第八条，具有下列情形之一的，应当认定行为人“明知”，但是有证据证明确实不知道的除外：（1）行政主管机关书面告知后仍然实施上述行为的；（2）接到举报后不履行法定管理职责的；（3）为淫秽网站提供互联网接入、服务器托管、网络存储空间、通讯传输通道、代收费、费用结算等服务，收取服务费明显高于市场价格的；（4）向淫秽网站投放广告，广告点击率明显异常的；（5）其他能够认定行为人明知的情形。

二、制作、复制、出版、贩卖、传播淫秽物品牟利罪的法律适用

根据《刑法》第三百六十三条第一款的规定，以牟利为目的，制作、复制、出版、贩卖、传播淫秽物品的，处三年以下有期徒刑、拘役或者管制，并处罚金；情节严重的，处三年以上十年以下有期徒刑，并处罚金；情节特别严重的，处十年以上有期徒刑或者无期徒刑，并处罚金或者没收财产。

根据《传播淫秽信息案件解释》（二）第十一条，对于以牟利为目的，实施制作、复制、出版、贩卖、传播淫秽电子信息犯罪的，人民法院应当综合考虑犯罪的违法所得、社会危害性等情节，依法判处罚金或者没收财产。

三、新信息技术下该罪中“传播”的认定

在网络传播中，判断传播的直接标准是“提供”作品的认定。对此，最高人民法院确定了“服务器标准”，即“通过上传到网络服务器”，可判断是否构成提供。[①] 在传统的视频传播模式中，观看视频主要是两种运行模式：从网站下载选中的视频，然后利用自己电脑上的播放器观看；从某一视频网站点击视频，直接在浏览器里观看。这是典型的无数客户对一个服务器模式。[②] 问题是，网络视频传播实践中经常使用的P2P（Peer to Peer的缩写，可理解为“伙伴对伙伴”的意思，或称为“对等联网”）技术下，网络中的每一台计算机既能充当网络的请求者，又能对其他计算机的请求做出响应，提供资源和服务，[③] 每一个客户端就是一个微型服务器，在类似技术背景下，认定提供即“传播”行为成为问题。如，在著名的“快播案”中，快播公司的行为究竟是否构成“传播”就存在争议。法院认定，在案扣押的快播公司缓存服务器内存储的

---

① 参见《信息网络传播权规定》第三条。

② 涂龙科．网络内容管理义务与网络服务提供者的刑事责任［J］．法学评论，2016，34（3）：66-73.

③ 杨彩霞．P2P 软件和服务提供商著作权侵害刑事责任探究——以 P2P 技术架构为切入点［J］．政治与法律，2016（3）：42-53.

内容70%为淫秽视频，所以，快播公司介入了淫秽视频传播活动。①

然而，P2P技术背景下，事实上存在两种情况。（1）非缓存模式。在每一个客户端就是一个微型服务器情况下，视频发布者在自己电脑上安装快播软件，用来编辑视频，将生成的链接（即成为种子）发布到网上，即可通过涉事网络服务商中心调度服务器与点播用户分享该视频。即在此模式下，网络服务提供者仅提供视频传播软件（包括共享软件和播放软件），用户才是视频的传播者，网络服务商的行为属于介入传播行为。（2）缓存模式。网络服务商设置缓存服务器，把用户点播次数较多的视频文件存储在缓存服务器中，当相关区域用户点播热点视频文件时，调度服务器直接指令最接近用户所在地的缓存服务器向用户发送其点播的热点视频文件，在此"缓存"视频传播模式下，网络服务商的缓存服务器抓取并存储视频，此时，其就成为内容提供者即传播者。

关键词

编造并传播证券、期货交易虚假信息罪	虚假广告罪
非法经营罪	煽动暴力抗拒法律实施罪
非法获取国家秘密罪	拒不履行信息网络安全管理义务罪
非法利用信息网络罪	帮助信息网络犯罪活动罪
编造、故意传播虚假恐怖信息罪	编造、故意传播虚假信息罪
寻衅滋事罪	泄露或者披露、报道不应公开的案件信息罪
淫秽物品	制作、复制、出版、贩卖传播淫秽物品牟利罪
电子淫秽信息	

① 深圳市快播科技有限公司通过免费提供QVOD资源服务器程序（QVODServerInstall）和QVODPlayer（即快播播放器程序或客户端程序）的方式，为网络用户提供网络视频服务，任何人（被快播公司称为"站长"）均可通过QSI发布自己所拥有的视频资源。"站长"把链接放到自己或他人的网站上，即可通过快播公司中心调度服务器（运行P2PTracker调度服务器程序）与点播用户分享该视频。这样，快播公司的中心调度服务器在站长与用户、用户与用户之间搭建了一个视频文件传输的平台。为提高热点视频下载速度，快播公司在全国各地不同运营商处设置缓存服务器1,000余台。在视频文件点播次数达到一定标准后，缓存调度服务器即指令处于适当位置的缓存服务器（运行CacheServer程序）抓取、存储该视频文件。当用户再次点播该视频时，若下载速度慢，缓存调度服务器就会提供最佳路径，供用户建立链接，向缓存服务器调取该视频，提高用户下载速度。部分淫秽视频因用户的点播、下载次数较高而被缓存服务器自动存储。缓存服务器方便、加速了淫秽视频的下载、传播。参见北京市海淀区人民法院（2015）海刑初字第512号刑事判决书，北京市第一中级人民法院（2016）京01刑终592号刑事裁定书。

思考题

1. 传播证券、期货交易虚假信息罪的成立条件是什么?
2. 虚假广告罪的成立条件是什么?
3. 涉传播非法经营罪有哪些类型?
4. 传播型非法获取国家秘密罪的成立条件是什么?
5. 列举拒不履行信息网络安全管理义务可能涉及的传播主体。
6. 非法利用信息网络罪认定的要点是什么?
7. 如何看待帮助信息网络犯罪活动罪中的“正犯”和“帮助犯”的关系?
8. 编造、故意传播虚假恐怖信息罪的成立条件是什么?
9. 编造、故意传播虚假信息罪的成立条件是什么?
10. 传播型寻衅滋事罪的主要成立条件是什么?
11. 泄露或者披露、报道不应公开的案件信息罪的成立条件是什么?
12. 什么是“不应当公开的信息”?
13. 泄露或者披露、报道不应公开的案件信息罪和泄露国家秘密罪有什么关系?
14. 如何理解“淫秽”和“淫秽物品”?
15. 制作、复制、出版、贩卖传播淫秽物品牟利罪的主要成立条件是什么?
16. 为什么淫秽视频链接不属于电子淫秽信息?

第二十一章　侵害个体法益的传播犯罪

侵害个体法益的传播犯罪包括侵害个体人格权益和民主权益的传播犯罪，侵害人身与财产权益（知识产权）的传播犯罪，侵害个体财产权益的传播犯罪。侵犯公民个人信息罪的客体虽涉及侵害他人人身权益和财产权益，但主要客体是人身权益。

第一节　侵害人身权益和民主权益的传播犯罪

侵害个体人格权益和民主权益的传播犯罪，包括诽谤罪，侮辱罪，侵害公民个人信息罪，煽动民族仇恨、民族歧视罪，出版歧视、侮辱少数民族作品罪，其中，出版歧视、侮辱少数民族作品罪实践中很少出现。

一、诽谤罪

诽谤罪指捏造事实诽谤他人，情节严重的行为。诽谤行为包括人际传播（口头）诽谤、组织传播诽谤，但真正构成犯罪的行为，往往是适用媒体进行的诽谤，所以，诽谤罪也是一种典型的传播型犯罪。

名誉是人作为社会人存在的基本人格要素之一，因此，诽谤罪是一种古老的罪行。在古罗马，“如果某人为了毁坏他人的名誉，写作、编辑、出版讽刺文章或者诗歌……也成立侵辱……”[①]。成立侵辱即可提起侵辱之诉，而且可以执行死刑。[②]中华人民共和国成立后，我国第一起关于名誉权的诉讼并非民事诉讼，而是刑事诽谤诉讼，即《民主与法制》记者因发表《二十年“疯女”之谜》引发的刑事诽谤案。[③]

① 优士丁尼．法学阶梯［M］．徐国栋，译．北京：商务印书馆，2021：623.

② 古罗马《十二铜表法》第8表第1条规定：“以文字诽谤他人，应处死刑。”参见周枏．罗马法原论（上册）［M］北京：商务印书馆，2017：136.

③ 参见上海市中级人民法院（1987）沪中刑上字第531号刑事裁定书。

（一）诽谤罪概述

通常，传播诽谤言论有四种情形：（1）传播自己捏造的虚假事实（包含“捏造”和“散布”双重行为）；（2）初次传播他人捏造的虚假事实（仅有“散布”行为）；（3）“转发”他人捏造的虚假事实（仅有“散布”行为）；（4）在“转发”他人发布的信息过程中，篡改他人发布的信息并加以传播（包含“捏造”和“散布”双重行为）。

1. 捏造与传播（散布）

捏造通常指无中生有、凭空杜撰；散布是指用口头或文字方式使捏造的内容为公众知晓。但是，理论界和实务界均有如此争议：对于诽谤罪，“捏造”是否必备构造要件行为？对于同一犯罪嫌疑人，“捏造”行为与“散布”行为是择一即可，抑或并举关系？对此，赞成“并举说”的学者认为，“捏造和散布、传播二者必须皆具备，只有既捏造且散布、传播足以损害他人人格和名誉的虚假事实，才可以构成诽谤。如果只有‘捏造’没有‘散布、传播’的，或者有‘散布、传播’但该事情不是本人‘捏造’而是传闻，均不构成本罪。[①]”按照此种观点，“只有捏造事实行为和散布捏造事实同时具备，才能构成犯罪”[②]。

而赞成择一说的观点则认为，刑法规定的“捏造事实”是指散布的事实系虚假捏造，并不是指必须散布加捏造事实的，才能构成本罪；关键应当看散布行为与给被害人造成的损害是否具有直接的因果关系……对“捏造事实”的理解应包含“以捏造事实诽谤”而不仅仅是“捏造了事实并诽谤”。[③]

另外，司法实践中经常遇到将他人传播的信息进行“改造”的行为，其是否构成捏造，存在争议。对此，根据《网络诽谤司法解释》第一条规定，下列情形应当认定为“捏造事实诽谤他人”：（一）捏造损害他人名誉的事实，在信息网络上散布，或者组织、指使人员在信息网络上散布的；（二）将信息网络上涉及他人的原始信息内容篡改为损害他人名誉的事实，在信息网络上散布，或者组织、指使人员在信息网络上散布的……司法解释对于行为人并未捏造而仅仅进行传播（散布）捏造的事实的行为，确定构成诽谤罪。理论上，诽谤罪的核心环节在于传播（散布）捏造的事实的行为，捏造只是传播的准备行为，单纯捏造并不构成犯罪，甚至连民法意义上的侵权都不构成。

也有学者对上述司法解释表示异议，其认为，根据《立法法》的规定，犯罪和刑罚的法律规定属于国家立法机关的权限，只能由法律做出规定，司法解释只能对审判

---

① 阮齐林．刑法学［M］．北京：中国政法大学出版社，2010：574.

② 杨春洗．中国刑法论［M］．北京：北京大学出版社，2011：360.

③ 丁强，丁猛．侵犯公民人身权利、民主权利犯罪司法适用［M］．北京：法律出版社，2005：332-333.

和检察工作中具体应用法律的问题做出解释，无权进行法律拟制。《刑法》已对诽谤罪的行为方式做出了规定，即要求捏造并散布，而通过司法解释的方法将“散布他人捏造的虚假事实的行为”予以犯罪化，有违罪刑法定原则。这种犯罪化应当通过修改刑法的方式，而不是由司法解释来实现。①

2. 是否要求“公然”

诽谤行为是否要求“公然”进行，也有争议。《刑法》第二百四十六条的表述是“……公然侮辱他人或者捏造事实诽谤他人”，由于该条将侮辱罪和诽谤罪合并规定，“公然”一词置于侮辱和诽谤之前，则在语义上可作两种理解：或仅针对侮辱，或兼对侮辱与诽谤。持前一种观点者认为，对于诽谤行为来说，关键的并不是在于有关诽谤言论最终能够传播给多少人，而是在于行为人自身的行为。② 后一种观点认为诽谤行为也必须“公然”，但什么是“公然”，仍有不同观点。

3. 针对特定对象

诽谤罪的对象是自然人，可以是单个自然人，也可以是数人，而且必须是特定的、明确的、具体的自然人。如果没有指明诽谤对象的姓名，但依据传播内容可以确定诽谤对象，则不影响定罪处罚。

4. 诽谤罪的主观要件

诽谤罪在主观上只能是故意，而且是直接故意，即行为人明知自己的行为会产生侵害他人人格权益和名誉权的结果，仍追求或希望这种结果的发生。过失不构成本罪。

关于“明知”的认定，根据最高法院相关解释，其在《刑法》上包括两种情形：一是“知道”，即有证据证明行为人知道特定的事实，例如行为人及其捏造者均承认，行为人明确知道在信息网络上散布的信息系捏造者捏造的损害他人名誉的事实。二是“应当知道”，即基于相关证据能够推定行为人知道，且行为人对此不能做出合理解释。③ 事实上，“应当知道”通常与过失直接关联，而诽谤罪是故意犯罪，而且，从法理上，对此犯罪应当限制于明知。

---

① 高铭暄，张海梅．网络诽谤构成诽谤罪之要件——兼评“两高”关于利用信息网络诽谤的解释［J］．国家检察官学院学报，2015，23（4）：117-125，175.

② 韩玉胜，胡杰．诽谤罪中散布行为的界定［J］．人民检察，2014（5）：5-10.

③ 最高人民法院刑事审判第三庭．《关于办理利用信息网络实施诽谤等刑事案件适用法律若干问题的解释》的理解与适用［J］．人民司法，2013（21）：20-25.

（二）诽谤罪的法律适用

1. 诽谤罪中的“情节严重”

诽谤罪中的“情节严重”，根据 2013 年两高《网络诽谤司法解释》第二条，利用信息网络诽谤他人，具有下列情形之一的，应当认定为《刑法》第二百四十六条第一款规定的“情节严重”：（一）同一诽谤信息实际被点击、浏览次数达到五千次以上，或者被转发次数达到五百次以上的；（二）造成被害人或者其近亲属精神失常、自残、自杀等严重后果的；（三）二年内曾因诽谤受过行政处罚，又诽谤他人的；（四）其他情节严重的情形。

根据《网络诽谤司法解释》第四条，一年内多次实施利用信息网络诽谤他人行为未经处理，诽谤信息实际被点击、浏览、转发次数累计计算构成犯罪的，应依法定罪处罚。

从《刑法》第二百四十六条字面上看，诽谤罪是危险犯，不要求实际损害。但从《网络诽谤司法解释》的上述规定看，无论是点击、浏览和转发次数，以及受害人及其家属的生理、心理及生命侵害，均说明立法者在考虑诽谤罪的认定时，是以现实的法益侵害为标准的，而并未采“抽象的危险犯”学说。[①] 事实上，我国《刑法》将诽谤罪（包括侮辱罪）归属于侵犯公民人身权利、民主权利罪一章，本身就说明诽谤罪的设立重点是为了保护公民的人格权和名誉权，因此，对公民有法益侵害，才构成本罪；没有或者不能确定对公民有法益侵害的，就应当将其阻却在刑法打击圈之外。原因为：绝大多数网络诽谤并没有什么影响力，不能笼统地说网络诽谤危害巨大，进而推论说，凡是借助于网络诽谤他人的，即属于“情节严重”。[②]

当然，上述司法解释仅针对网络传播诽谤，对利用传统媒体诽谤的，上述规定可参照。另外，还可参照前述传播型侮辱罪中的手段恶劣、造成严重后果、多次实施侮辱行为的规定。

2. 诽谤罪的处罚

根据《刑法》第二百四十六条规定，构成该罪，处三年以下有期徒刑、拘役、管制或者剥夺政治权利。犯前款罪，告诉的才处理，但是严重危害社会秩序和国家利益的除外。通过信息网络实施第一款规定的行为，被害人向人民法院告诉，但提供证据确有困难的，人民法院可以要求公安机关提供协助。

---

① 张明楷 . 刑法学（下）[M]. 北京：法律出版社，2016：920.
② 曲新久 . 惩治网络诽谤的三个刑法问题 [J]. 人民检察，2013（9）：6-11.

（三）诽谤罪立法与司法中法益混淆及其引发的问题

根据我国《刑法》第二百四十六条的规定，诽谤罪是亲告罪，只有被害人告诉的才处理，[①] 即该罪原则上适用自诉程序。然而，由于该罪规定了三种法益，在侵害社会法益和国家法益情况下的混淆导致自诉与公诉程序模糊问题，社会关注和学界争议的问题是该条第二款中的“严重危害社会秩序和国家利益的除外”引发的公诉。

1. 诽谤罪适用自诉的依据

诽谤罪都属于告诉才处理的案件，至于被害人是向公安、检察院抑或人民法院告诉，刑法理论与刑事诉讼法理论的主流观点认为，告诉才处理是指被害人向人民法院自诉才审理。例如，刑法学者指出：“告诉才处理，是指被害人直接向人民法院告发的，法院才受理；被害人没有直接向人民法院告发的，法院则不受理。”[②] 刑事诉讼法学者指出：“规定为告诉才处理的案件，只能自诉，不能公诉。”[③]

至于自诉的含义，通常认为，刑事诉讼中的自诉是相对于公诉而言的，它是指法律规定的享有自诉权的个人直接向有管辖权的人民法院提起的刑事诉讼。在我国，自诉案件是指法律规定的可以由被害人或者其法定代理人、近亲属直接向人民法院起诉，要求追究被告人刑事责任，人民法院能够直接受理的刑事案件。[④]

换言之，刑事法学界通行的主流观点是：告诉才处理的“告诉”是指被害人自诉，“处理”是指人民法院的审理。而根据我国《刑事诉讼法》第二百零四条的明确规定，告诉才处理的案件属于自诉案件。至此，我国《刑法》第二百四十六条规定的侮辱罪和诽谤罪（严重危害社会秩序和国家利益的除外）属于自诉案件，当无疑义。

至于刑法设立告诉才处理的犯罪的法理，理论上认为具有三个方面的根据：其一，鉴于犯罪相对轻微，有必要考虑被害人的意愿（轻微思想）；其二，鉴于加害人与被害人之间的关系密切，可以不通过审判而经由调解等方式解决（和解思想）；其三，鉴于案件关涉被害人的隐私、名誉，若不经过被害人的同意进入刑事诉讼程序，便不利于保护被害人的隐私权（保护隐私思想）。[⑤]

2. 诽谤罪中公诉条件的扩张及其引发的争议

依照《刑法》第二百四十六条第二款规定，在“严重危害社会秩序和国家利益”

---

① 《刑法》第九十条规定：“本法所称告诉才处理，是指被害人告诉才处理。如果被害人因受强制、威吓无法告诉的，人民检察院和被害人的近亲属也可以告诉。”

② 陈兴良，规范刑法学（下册）[M]. 北京：中国人民大学出版社，2013：792.

③ 陈光中，刑事诉讼法实施问题研究 [M]. 北京：中国法制出版社，2000：18.

④ 陈光中，刑事诉讼法 [M]. 北京：北京大学出版社，高等教育出版社，2013：330.

⑤ 大塚仁，刑法概说（总论）[M]. 冯军，译. 东京：有斐阁，2008：94.

的情况下，诽谤罪可以公诉。申言之，诽谤罪在公诉情况下是侵害犯，必须有实害结果。

事实上，早在2009年4月，为限制诽谤罪案件中公诉的滥用，公安部在《关于严格依法办理侮辱诽谤案件的通知》中强调：侮辱、诽谤案件一般属于自诉案件，应当由公民个人自行向人民法院提起诉讼，只有在“严重危害社会秩序和国家利益”的情形下，才以侮辱罪、诽谤罪立案侦查，作为公诉案件办理。①

但2013年《网络诽谤司法解释》第三条则对“严重危害社会秩序和国家利益”进行了扩展，其规定七种情况属于“严重危害社会秩序和国家利益”。对于这种扩展，最高人民法院已经考虑到可能会伤害广大网民利用信息网络进行“网络反腐”的积极性，所以，其特别强调“即使检举、揭发的部分内容失实，只要不是故意捏造事实诽谤他人的，或者不属明知是捏造的损害他人名誉的事实而在信息网络上散布的，就不应以诽谤罪追究刑事责任”②。

按照最高人民法院的解释，诽谤行为如果严重危害社会秩序和国家利益，其构成诽谤罪，且可以公诉；但反过来却并不如此，即使达到情节严重标准，若没有严重危害社会秩序和国家利益，则不能按公诉罪进行刑事追究。

另外，需要解释的是，《刑法》第二百四十六条第三款的规定，③只是意味着由公安机关通过技术手段在证据方面“提供协助”，这种协助不能超越“提供证据”的范围，公安机关不能对被告人进行强制措施，否则将对自诉原则构成严重威胁和破坏。也有观点认为，公安机关不应介入此类自诉案件，理由为：自诉案件中尊重被害人追诉犯罪的意愿，被害人不追诉的，国家不主动追诉；在审理网络诽谤案件时，必须同时注意避免因打击网络诽谤不当而侵害公民言论自由，特别是侵害公民批评、建议、检举权；公安机关的调查取证不仅会造成侦查资源的浪费，也会引发诽谤案件中双方主体地位的不对等。④

由于《刑法》相关规定具有一定含糊性，《刑事诉讼法》对此缺乏相应规范，理论上又缺乏共识，加上有观点认为某些诽谤地方党政领导人的行为严重损害当地党委、政府形象，引发群体性事件，或者影响招商引资工作，危害社会秩序或经济发展，应

---

① “严重危害社会秩序和国家利益”包括：因侮辱、诽谤行为导致群体性事件，严重影响社会秩序的；因侮辱、诽谤外交使节、来访的外国国家元首、政府首脑等人员，造成恶劣国际影响的；因侮辱、诽谤行为给国家利益造成严重危害的其他情形。参见《关于严格依法办理侮辱诽谤案件的通知》第二条。

② 最高人民法院刑事审判第三庭.《关于办理利用信息网络实施诽谤等刑事案件适用法律若干问题的解释》的理解与适用［J］. 人民司法，2013（21）：20-25.

③《刑法》第二百四十六条第三款规定：通过信息网络实施第一款规定的行为，被害人向人民法院告诉，但提供证据确有困难的，人民法院可以要求公安机关提供协助。

④ 李杰. 网络诽谤犯罪自诉案件公安机关应否介入［N］. 人民法院报，2015-07-08（6）.

当由公诉权介入，[1] 导致司法实务中诽谤案自诉与公诉处理的随意性。事实上，如果依照相关规定与上述理解，对于《网络诽谤司法解释》中“严重危害社会秩序和国家利益”的七种情形，除第七种属于兜底条款，第一种和第二种导致的“公器私用”概率最大。

二、（传播型）侮辱罪

传统侮辱罪多以暴力手段或人际传播（如谩骂）进行，但传播型侮辱罪是以传统媒体或网络媒体为工具，以传播手段侮辱他人人格、侵害他人名誉、情节严重的行为。目前，传播型侮辱罪多以网络，尤其是自媒体为工具。

（一）传播型侮辱罪概述

1. 传播型侮辱行为

传统侮辱罪在客观行为上有暴力侮辱（如扒光他人衣服）、非暴力动作侮辱、言辞侮辱、图片（含视频）侮辱，其中，言辞侮辱、图片侮辱可构成传播型侮辱。

2. 传播型侮辱行为必须公然进行

关于侮辱罪，争议点之一就是“公然”概念，即究竟是“行为的公然”还是“结果的公然”。从我国《刑法》第二百四十六条中“公然侮辱他人”这一文字表述可看出，“公然”这一词语在这里是形容侮辱行为的状态，而不是侮辱行为结果的状态，所以，有观点认为，这里的“公然”是行为的公然，而不是结果的公然。[2]

另外，从行为公然来看，本罪是抽象的危险犯，只要利用媒体对大众进行了传播行为，无论传播对象有无接收、知悉该信息，均不影响本罪成立。

3. 传播型侮辱必须针对特定、具体、明确的自然人

特定、具体、明确的自然人，可以是个人，也可以是数人，甚至是一个群体。但传播中批评、指责有损公众人物人格及名誉的事实的，不应认定为本罪，否则会有损我国《宪法》规定的公众知情权、监督权及公民的言论自由。

4. 传播型侮辱罪的主观要件

侮辱罪在主观上只能是故意，而且是直接故意，即行为人明知自己的行为会产生

---

① 参见最高人民检察院《关于征求如何适用刑法第 246 条第 2 款但书规定的意见的函》（高检研函字［2008］8 号）。

② 张明楷 . 刑法学（下）［M］. 北京：法律出版社，2016：917.

侵害他人人格权益和名誉权的结果，而追求或希望这种结果的发生。过失不构成本罪。

（二）传播型侮辱罪的处罚

根据《刑法》第二百四十六条规定，构成该罪，处三年以下有期徒刑、拘役、管制或者剥夺政治权利。前款罪，告诉的才处理，但是严重危害社会秩序和国家利益的除外。通过信息网络实施第一款规定的行为，被害人向人民法院告诉，但提供证据确有困难的，人民法院可以要求公安机关提供协助。

上述规定中，关于侮辱行为的“情节严重”，法律和司法解释均未规定。理论上和司法实践中，侮辱行为的“情节严重”主要包括：（1）手段恶劣。如蕲春“艳照门”案中，[①] 行为人将他人与自己同居时期的裸照这一涉及绝对隐私的信息，通过网络进行传播，被传播的图像难以根本消除。（2）造成严重后果。如被害人因受侮辱导致精神失常、自杀的。现代媒体的特性决定了其一旦将信息进行传播，影响迅速扩散，社会评价的降低使被害人所受的精神伤害无以名状。（3）多次实施侮辱行为。对受害人多次进行传播侮辱，即使单次侮辱手段与后果并不严重，但最终造成的结果也会很严重。

三、传播型侵犯公民个人信息罪

侵犯公民个人信息罪指违反国家有关规定，向他人出售或者提供公民个人信息，情节严重的行为，或将在履行职责或者提供服务过程中获得的公民个人信息，出售或者提供给他人的行为，或窃取或者以其他方法非法获取公民个人信息的行为。

本罪的行为方式与途径中，“出售或提供”行为涉及传播，而“出售或提供”行为既有向特定人进行传播，也有向不特定人进行传播。

（一）传播型侵犯公民个人信息罪概述

1. 传播型侵犯公民个人信息罪的主体

本罪主体是一般主体，年满16周岁、精神正常的自然人和单位可构成此罪。

此类犯罪中，行为人在履职或提供服务过程中获得公民个人信息，然后进行非法处置的最为多见，其中利用职务便利获取个人信息的行为主体主要是机关单位或国家机构人员，如户籍民警、市场监督局人员、银行职员、学校工作人员等；利用工作便

---

① 2009年1月，吴某经他人介绍，与被害人周某建立恋爱关系并同居，双方原定2010年1月28日结婚。其间，吴某用数码相机拍摄了多张周某的裸照。由于双方在同居期间产生矛盾，周某遂逃婚。2010年4月5日，吴某用“柳絮儿”的网名，通过QQ群发邮件，将周某的28张裸照、她及亲友的电话号码、个人信息等资料发到互联网。艳照迅速在互联网扩散，周某遂报警。4月30日，吴某因涉嫌侮辱罪逮捕。法院以侮辱罪判决吴某有期徒刑两年六个月。姬云力．蕲春“艳照门”发布者领刑2年半 构成侮辱罪［N］．楚天都市报，2010-09-06（5）．

利或提供服务过程中获取公民个人信息的主要是，服务行业中能接触到公民个人信息的人员，如快递员、电子商务平台客服、房产经纪人、商场销售人员、宾馆相关工作人员等。

目前，本罪单位犯罪中，涉案单位主要涉及宾馆、教育培训、网络科技、管理咨询、体育健身、装饰装潢、商贸和房地产等。

2. 传播型侵犯公民个人信息罪的客体与对象

本罪的客体是公民的信息自由与安全。

本罪的对象是公民“个人信息”。作为民事法律概念，此概念内涵与外延在我国经历了两个阶段的演进。

第一阶段，强调“个人信息”能够识别公民个人身份和个人隐私。2012 年全国人大常委会通过的《关于加强网络信息保护的决定》第一条对于个人信息做出原则性的规定:“国家保护能够识别公民个人身份和涉及公民个人隐私的电子信息。”据此，2013 年最高人民法院、最高人民检察院、公安部联合发布的《关于依法惩处侵害公民个人信息犯罪活动的通知》进一步规定，公民个人信息包括“公民的姓名、年龄、有效证件号码、婚姻状况、工作单位、学历、履历、家庭住址、电话号码等能够识别公民个人身份或者涉及公民个人隐私的信息、数据资料”。上述两部法律文件主要从能够识别公民个人身份和个人隐私两方面界定个人信息。

第二阶段，仅强调“个人信息”能够识别公民个人身份。根据《网络安全法》第七十六条第五款的规定，作为个人信息的法律标准，包括了“能够单独识别”或者“与其他信息结合识别”。《民法典・人格权编》承继了《网络安全法》的规定，强调个人信息是以电子或者其他方式记录的“能够单独或者与其他信息结合识别特定自然人”的各种信息。[①] 可见，两部法律文件相同点是均删除了个人隐私的表述，不同点是后者还包括“行踪信息”。

然而，刑法制度中对个人信息的分类与民法有所不同。根据 2017 年 6 月 1 日起施行的最高人民法院、最高人民检察院《关于办理侵犯公民个人信息刑事案件适用法律若干问题的解释》(以下简称《个人信息刑事司法解释》) 第五条，个人信息分为以下几类:(1) 个人行踪轨迹信息、通信内容、征信信息、财产信息;(2) 个人住宿信息、通信记录、健康生理信息、交易信息等其他可能影响人身、财产安全的公民个人信息;(3) 其他个人信息。可见,《个人信息刑事司法解释》规定的个人信息，内涵与外延超越了《网络安全法》和《民法典・人格权编》中的个人信息，对个人信息的保护范围进行了扩张。

---

① 参见《民法典》第一千零三十四条。

另外，最高人民法院2022年12月26日发布第35批共四件指导性案例，均为公民个人信息保护刑事案例。（1）指导性案例192号《李开祥侵犯公民个人信息刑事附带民事公益诉讼案》明确了使用人脸识别技术处理的人脸信息以及基于人脸识别技术生成的人脸信息均具有高度的可识别性，属于刑法规定的公民个人信息。①（2）指导性案例193号《闻巍等侵犯公民个人信息案》明确了居民身份证信息包含自然人姓名、人脸识别信息、身份号码、户籍地址等多种个人信息，属于《个人信息刑事司法解释》第五条第一款规定的“其他可能影响人身、财产安全的公民个人信息”②。（3）指导性案例194号《熊昌恒等侵犯公民个人信息案》明确微信不仅是一种通信工具，同时还具备社交、支付等功能；微信号和手机实名绑定，与银行卡绑定，和自然人一一对应，故可认为微信号是公民个人信息。购买微信等社交媒体账号后，非法制作带有公民个人信息的社交媒体账号出售、提供给他人，情节严重的，属于“违反国家有关规定，向他人出售或者提供公民个人信息”行为，构成侵犯公民个人信息罪。③（4）指导性案例195号《罗文君、瞿小珍侵犯公民个人信息刑事附带民事公益诉讼案》明确了网络服务提供者专门发给特定手机号码的数字、字母等单独或者其组合构成的验证码具有独特性、隐秘性，能够单独或者与其他信息结合识别特定自然人身份或者反映特定自然人活动情况的，属于刑法规定的公民个人信息。④该批案例分别涉及人脸识别信息、居民身份证信息、微信等社交媒体账号、手机验证码等刑法保护的公民个人信息范围、性质。

3. 违反国家有关规定

我国关于个人信息保护的规定散见于30余部不同的法律、行政法规、部门规章和司法解释之中，主要包括个人信息保护的一般立法、涉及个人信息保护的具体行业、个人健康信息、个人快递信息、未成年人信息等领域的规定，其即为“国家有关规定”。⑤

但是，如果并未违反上述规定，但未经信息权利人同意而进行违法犯罪，也应视为“违反国家有关规定”。该罪是在《个人信息保护法》颁布之前设立，未能考虑违反知情同意（未经个人信息主体同意而进行的个人信息处理是基本的违法行为）原则即为违反行为。有学者指出，根据公民个人信息本身所具有的“超个人法益属性”，

---

① 参见上海市奉贤区人民法院于（2021）沪0120刑初828号刑事判决书。

② 参见上海市虹口区人民法院于（2020）沪0109刑初957号刑事判决书。

③ 参见江西省丰城市人民法院于（2021）赣0981刑初376号刑事判决书。

④ 参见湖南省株洲市渌口区人民法院（2021）湘0212刑初149号刑事判决书。

⑤ 这些法律、法规、部门规章主要包括：《居民身份证法》《商业银行法》《未成年人保护法》《邮政法》《侵权责任法》《精神卫生法》《消费者权益保护法》《网络安全法》《民法总则》等；《关于加强网络信息保护的决定》《征信业管理条例》《电信条例》《电信与互联网用户个人信息保护规定》《人口健康信息管理办法（试行）》《寄递服务用户个人信息安全管理规定》《互联网信息服务管理办法》《个人存款账户实名制规定》。

应当将“违反国家有关规定”“非法”视为“弱意义”的构成要件，不具有犯罪构成认定的实际价值，“未经公民同意”即可视为“非法”。[①]

4. 提供公民个人信息

根据《个人信息刑事司法解释》第三条，向特定人提供公民个人信息，以及通过信息网络或者其他途径发布公民个人信息的，应当认定为《刑法》第二百五十三条之一规定的“提供公民个人信息”。未经被收集者同意，将合法收集的公民个人信息向他人提供的，也属于《刑法》第二百五十三条之一规定的“提供公民个人信息”，但是经过处理无法识别特定个人且不能复原的除外。上述规定，向特定人和“他人”提供（包括传播）行为，均构成《刑法》规定的“提供公民个人信息”。

近年来，上述提供行为中，通过QQ群、微信群组、网站向数量众多的特定和不特定人出售、提供行为比较突出，其往往涉及数量惊人的个人信息，获利情况普遍较高。

5. 传播型侵犯公民个人信息罪的有责性

本罪的主观要件为故意，包括直接故意和间接故意，即行为人明知自己出售、提供、窃取或以其他方法获取受害人个人信息的行为会对其信息自由、信息安全与人格利益产生危害，而故意追求、希望或放任这种结果的发生。

（二）传播型侵犯公民个人信息罪的处罚

关于侵犯公民个人信息罪的认定与处罚，根据《刑法》第二百五十三条之一的规定，构成该罪，处三年以下有期徒刑或者拘役，并处或者单处罚金；情节特别严重的，处三年以上七年以下有期徒刑，并处罚金。违反国家有关规定，将在履行职责或者提供服务过程中获得的公民个人信息，出售或者提供给他人的，依照前款的规定从重处罚。

随着人类社会踏入信息社会，侵犯公民个人信息现象日益普遍，其造成的危害也日益严重：所侵害的法益不仅涉及自然人财产，而且涉及自然人的生命、健康安全。侵害公民个人信息罪最知名的案例，当属“徐玉玉被骗案”。[②]但是，根据《刑法》第二百五十三条之一的规定，该罪最高刑罚为（“情节特别严重的”）处三年以上七年以下有期徒刑，并处罚金，这种刑罚与其造成的侵害显然不相符。

“徐玉玉被骗案”中，被告人陈某构成诈骗罪和侵犯公民个人信息罪，两罪均被认定为“情节特别严重”，虽然两罪并罚的结果是“决定执行无期徒刑，剥夺政治权利

---

① 曲新久. 论侵犯公民个人信息犯罪的超个人法益属性［J］. 人民检察，2015（11）：5-9.

② 参见山东省临沂市中级人民法院（2017）鲁13刑初第26号刑事判决书。

终身，并处没收个人全部财产”，却是在“以诈骗罪判处被告人陈文辉无期徒刑，剥夺政治权利终身，并处没收个人全部财产；以侵犯公民个人信息罪判处其有期徒刑五年，并处罚金人民币三万元”基础上执行的。[①] 从案情看，侵害公民个人信息是进行诈骗的基础和途径，是诈骗得逞的关键，但就侵犯公民个人信息罪而言，量刑显然难以抵消其侵害的法益。这种情况显然是未考虑个人信息所涉及的法益即个人生命、健康安全的重要性。

（三）侵犯公民个人信息罪的空白罪状问题

根据我国《刑法》第二百五十三条之一的规定，侵犯公民个人信息罪的构成要件为：“违反国家有关规定，向他人出售或者提供公民个人信息……”由于符合该罪构成要件必须引用“国家有关规定”，因此是典型的空白罪状。而依《个人信息刑事司法解释》规定，“国家有关规定”不仅包括法律和行政法规，还包括部门规章。[②] 该规定突破《刑法》第九十六条明文规定，[③] 将“部门规章”纳入“国家规定”的范围，使其成为犯罪行为构成要件可引用的准据之一，引发了学界争议。

首先，根据我国《刑法总则》第九十六条，“国家规定”中，“规定”的制定主体仅限于全国人大及其常委会、国务院，其范围仅限于全国人大及其常委会制定的法律、决定和国务院制定的行政法规、规定的行政措施、发布的决定和命令。[④]《刑法分则》的规定应当接受《刑法总则》的指导和约束。而司法解释不应当以“国家有关规定”比“国家规定”多出“有关”二字，就擅自扩大解释。所以，刑法学界主流观点认为，地方国家权力机关制定的地方性法规、由国务院各部委和地方政府制定的行政规章，不能列入“国家规定”范围。[⑤]

其次，文义解释的原则不能超越法律规定本身可能的语义范围。《刑法》第二百五十三条之一中的“国家有关规定”，正常的理解是有关个人信息保护的国家级（全国人大及其常委会、国务院制定）的相关制度，而不能是与个人信息保护无关的规定，也不能是下一级的有关个人信息保护的规定。司法解释将部门规章解释为“国家有关规定”，明显超出该概念可能的语义范围。

最后，学界认为，虽然部门规章属于“国家规定”，但其是行政法领域的“国家规定”，不是刑法领域的“国家规定”，更不是《刑法》第九十六条中的“国家规定”。

---

① 参见山东省临沂市中级人民法院（2017）鲁13刑初第26号刑事判决书。

②《个人信息刑事司法解释》第二条规定：“违反法律、行政法规、部门规章有关公民个人信息保护的规定的，应当认定为《刑法》第二百五十三条之一规定的‘违反国家有关规定’。”

③《刑法》第九十六条规定：“本法所称违反国家规定，是指违反全国人民代表大会及其常务委员会制定的法律和决定，国务院制定的行政法规、规定的行政措施、发布的决定和命令。”

④《刑法》第九十六条规定：“本法所称违反国家规定，是指违反全国人民代表大会及其常务委员会制定的法律和决定，国务院制定的行政法规、规定的行政措施、发布的决定和命令。”

⑤ 刘德法，尤国富．论空白罪状中的“违反国家规定”［J］．法学杂志，2011，32（1）：15-17，34.

而《刑法》增设第九十六条，其本身就是为纠正以部门规章、地方性法规等低位阶法律制度来认定构成要件要素的随意性错误行为，以统一相关概念和司法标准，维护司法的权威性和严肃性，落实罪刑法定原则，维护其人权保障功能。①而将低位阶法律制度视为“国家规定”，其负面影响是“使得行政犯中的空白罪状本身的不明确性被无限放大”②。

综上，司法解释不能背离立法的目的、原则和原意，③因此，《刑法》第二百五十三条之一中的“国家有关规定”，确定不应包括部门规章。

四、煽动民族仇恨、民族歧视罪

煽动民族仇恨、民族歧视罪，指以各种传播手段，以诽谤、造谣等方式，煽动民族仇恨、民族歧视，情节严重的行为。

（一）煽动民族仇恨、民族歧视罪概述

1. 传播型煽动民族仇恨、民族歧视罪的客体和法益

本罪侵害的法益，首先是特定和不特定公民的平等的政治权利、经济权利和人身权利、民主权利，其次是国家各民族平等、团结、和睦、互助的政策及关系。既然本罪规定在现行分则第四章即“侵犯公民人身权利、民主权利罪”之中，说明立法者主要目的是要保护特定人及人群的平等的政治权利、经济权利和人身权利、民主权利，所以必须以公民上述权利受到严重侵害为构成本罪前提。申言之，如果没有公民的人格权受到侵害，则不可能侵害国家各民族平等、团结、和睦、互助的政策及关系。也因此，有学者将本罪直接归为侵犯人格权的犯罪。④

我国各民族一律平等，公民不分民族享有同等的管理国家和接受教育等权利，基于民族身份煽动对这种平等权利的仇恨和歧视，首先就侵害了这种权利，进而使多民族国家的管理受到阻碍，导致以平等对待为目标的国家法律、政策与执行、管理之间出现或可能出现偏差，故也侵害国家管理秩序。因此，这类犯罪行为的危害性极大。

---

① 高铭暄．中华人民共和国刑法的孕育诞生和发展完善［M］．北京：北京大学出版社，2012：291；叶良芳．法秩序统一性视域下“违反国家有关规定”的应然解释——《关于办理侵犯公民个人信息刑事案件适用法律若干问题的解释》第 2 条评析［J］．浙江社会科学，2017（10）：15-23，155.

② 蒋铃．刑法中“违反国家规定”的理解和适用［J］．中国刑事法杂志，2012（7）：30-37.

③ 我国《立法法》第一百零四条规定：“最高人民法院、最高人民检察院作出的属于审判、检察工作中具体应用法律的解释，应当主要针对具体的法律条文，并符合立法的目的、原则和原意。”

④ 周光权．刑法各论·细目［M］．北京：中国人民大学出版社，2016：2.

2. 煽动途径

煽动民族仇恨、民族歧视罪，其途径与其他煽动型犯罪相同，即利用传统传播媒介及网络媒介，以诽谤、诱导、迷惑、造谣、鼓动、刺激等方式，使他人产生或者加强制造民族仇恨、民族歧视的犯意。

目前，我国法院判决的此类案件，罪犯多利用信息网络进行传播煽动。

3. 煽动民族仇恨、民族歧视罪的内容

民族仇恨，指民族间强烈憎恨的情绪和心理，以及基于利益冲突、民族歧视以及民族文化传统、历史等的不同，而产生的相互敌对、仇恨的状况；民族歧视，指民族间不平等的观点和态度，以及基于种族、肤色、世俗的理由而对特定民族进行区别、排斥、限制等损害该民族平等地位以及其他合法权益，即按照民族成分划分人们的社会地位和法律地位，限制和侵犯民族的基本权利的情况。其具体表现为：在政治、经济、文化及语言文字、风俗习惯、宗教信仰等方面对其他民族进行限制、约束和压制。① 总之，煽动民族仇恨和民族歧视的核心是基于某种民族身份而进行的煽动憎恨或区别对待行为。

煽动民族仇恨、民族歧视罪，既指在汉族与其他少数民族之间煽动仇恨与歧视，也指在各少数民族之间煽动仇恨与歧视。

4. 煽动民族仇恨、民族歧视罪须针对特定主体

煽动民族仇恨、民族歧视罪，既针对特定民族的特定个体，可以是个人、一个特定群体，也可以针对特定民族。我国《刑法》之所以将该罪名归属于侵犯公民人身权利、民主权利一章，而非置于妨害社会管理秩序罪或危害国家安全罪一章中，主要是为了打击针对特定公民的行为。所以，有学者认为："煽动民族歧视行为可以理解为一种侵权行为，其侵犯的是特定个体的政治权利、经济权利或人身权利。这种侵犯行为通常与区别对待个人或特定民族有关，区别对待往往建立在一种极端的认识基础之上。"②

5. 煽动民族仇恨、民族歧视罪的主观要件

煽动民族仇恨、民族歧视罪的主观要件为故意，包括直接和间接故意，行为人明知自己的行为会导致民族仇恨、民族歧视的后果，而追求、希望或放任这种结果的发生。

---

① 赵秉志，李希慧 . 民法各论［M］. 北京：中国人民大学出版社，2016：218.

② 高巍 . 煽动民族歧视罪略论［J］. 云南民族大学学报（哲学社会科学版），2009，26（3）：64-68.

（二）煽动民族仇恨、民族歧视罪的处罚

依据《刑法》第二百四十九条，构成该罪，处三年以下有期徒刑、拘役、管制或者剥夺政治权利；情节特别严重的，处三年以上十年以下有期徒刑。

（三）煽动民族仇恨、民族歧视罪相关法律问题

1. 罪名与实质保护法益不符

从字面上理解，煽动民族仇恨、民族歧视罪侵害的客体或法益首先应该是国家安全或者公共安全，其次应该是社会管理秩序，最后才可能是公民人身权利、民主权利。然而，该罪在《刑法》（第二百四十九条）分则中归属于"侵犯公民人身权利、民主权利罪"之中，许多教科书中将本罪直接归为侵犯人格权的犯罪。[①]

从司法实践来看，该罪犯罪行为主要针对一个民族或种族，极少见到有针对个人的侵害行为，即侵害的法益主要是国家法益和社会法益，但并未影响定罪量刑。如此将形成以下问题：如果本罪的侵害客体仅仅是国家各民族平等、团结、和睦、互助的政策及关系，就很难解释《刑法》将本罪归属于现行分则第四章即"侵犯公民人身权利、民主权利罪"之中；但在将本罪的侵害客体指向民族平等关系的具体化即平等的公民人身权利和民主权利时，却并不能体现煽动民族仇恨、民族歧视罪行为的性质和特征。

另外，将煽动民族仇恨、民族歧视罪规定在第四章即"侵犯公民人身权利、民主权利罪"之中，却产生以下问题：首先，本罪所应具备的"惑众"的特点容易被忽略。煽动型犯罪另一个重要特点是"惑众"，即针对特定或者不特定的多数人实施。[②]司法实践中，一些案例，传播范围较窄，对象较少，也以该罪定罪处罚。[③]其次，出现轻度"口袋化"现象。一些案例将针对个别人甚至死者、与保护民族平等和民主法益无关联的行为，认定为该罪。[④]

---

① 周光权 . 刑法各论［M］. 北京：中国人民大学出版社，2016：2；马克昌 . 刑法学［M］. 北京：高等教育出版社，2003：2；李希慧 . 刑法各论［M］. 北京：中国人民大学出版社，2007：2.

② 魏东，郭理蓉 . 关于煽动型犯罪的几个问题［J］. 云南法学，1999（1）：67.

③ 牟大钊 . 论我国涉民族关系犯罪的立法完善——以煽动民族仇恨、民族歧视罪为切入点［J］. 山东理工大学学报（社会科学版），2012，28（5）：30–34.

④ 2017 年 5 月 20 日，罗某某在银川市滨河新区音乐文化广场"锡林浩特"蒙古包内踩踏侮辱成吉思汗挂像，并拍摄视频于当晚发布到"快手"网络平台，后该视频在微信群和朋友圈内被大量转发。2 小时后，罗某某在网友的提醒下，删除了该视频，但该视频已被人转发到"脸书"及微信群内。内蒙古伊金霍洛旗人民法院法院经审理认为，被告人罗某某利用互联网发布侮辱成吉思汗画像的视频，煽动民族仇恨、民族歧视，情节严重，其行为已构成煽动民族仇恨、民族歧视罪，判处被告人罗某某有期徒刑一年。男子制作传播侮辱成吉思汗挂像视频 被判有期徒刑［EB/OL］，（2017-12-15）［2020-12-21］. http://news.sina.com.cn/c/nd/2017-12-15/doc-ifyptkyk4573828.shtml.

2. 不能适应反恐形势需要

鉴于上述原因，在司法实践中，除了情节轻微、影响范围较小、后果也并不严重的煽动民族仇恨、民族歧视行为，也被认定为犯罪外，还出现一种现象：将为实施恐怖主义或分裂国家而进行的煽动民族仇恨、民族歧视行为，认定为本罪。对此，学界有观点认为，《刑法》第二百四十九条尤其不能体现犯罪行为的恐怖主义性质。从我国的现实情况来看，不论是“东突”“藏独”势力，都是打着“民族”的旗号，谋求的却是分裂国家的目的，其煽动民族仇恨或民族歧视，仅仅只是一种手段。[①] 所以，从字面理解，该条不能凸显对恐怖主义犯罪的打击，不能适应反恐怖主义的需要。

3. 煽动民族仇恨、民族歧视罪立法问题的背景

煽动民族仇恨、民族歧视罪是我国《刑法》1997 年修订时规定的，其立法依据背景与目的如下：（1）鉴于我国当时存在的不利于民族关系发展，特别是不利于民族团结局面的一些社会因素，主要是大民族和地方民族主义在一定条件下容易导致民族歧视和民族仇恨，民族分裂势力往往通过煽动民族歧视和仇恨的手段危害国家，境外反华势力往往打着“宗教”和“民族”的旗号，煽动民族歧视和仇恨，企图“分化”和“西化”中国。（2）我国原《刑法》是在 1979 年制定的，《宪法》第四条有关民族关系的规定（“禁止破坏民族团结和制造民族分裂的行为”，“维护和发展各民族的平等、团结、互助关系”）是在 1982 年制定的，这样，修订《刑法》时就把 1982 年《宪法》的有关原则规定进行了具体化和规范化，即《刑法》第二百四十九条内容主要出于民族平等、团结的大局考虑。

然而，目前单纯侵害民族平等、民主权利的案件，已经不是此类案件的主流，而通过破坏民族关系，欲进行恐怖、极端主义活动，甚至分裂国家，已在此类行为中占据重要位置。所以学界主张：一是对手段轻微、影响范围不广、后果不严重的仅破环现有民族平等团结关系，尤其是只涉及民族歧视的相关煽动行为，进行出罪化处理；二是对通过煽动民族仇恨或歧视，实施恐怖主义活动，从而达到分裂国家的目的，以相应的恐怖主义犯罪或分裂国家罪的罪名处理。[②] 总之，宜尽早修订立法，将该类犯罪归于危害国家安全类犯罪。[③]

---

① 王秀梅 . 依法打击“东突”势力 切实维护国家稳定——兼论“煽动民族仇恨、民族歧视罪”的完善［J］. 法学评论，2011，29（6）：109-116.

②《俄罗斯刑法典》在第十编“反对国家政权的犯罪”的第二十九章“侵害宪法制度基本原则和国家安全的犯罪”的第 282 条中，规定了“煽动仇恨或怨仇或者诋辱人格尊严罪”（原罪名为“煽动民族、种族或宗教敌视罪”）。俄罗斯联邦刑事法典［J］. 赵路，译 . 中国人民公安大学出版社，2009：118.

③ 吴占英 . 中俄刑法典对煽动族群仇恨、歧视性质的行为规制之比较［J］. 湖北社会科学，2012（10）：168-170.

第二节　侵犯人身权益和财产权益（知识产权）的传播犯罪

侵害人身与财产权益即知识产权的传播犯罪，包括侵犯著作权罪、假冒注册商标罪、侵犯商业秘密罪、销售侵权复制品罪。其中，侵犯著作权罪是传播法领域最为常见、典型的犯罪。

一、侵犯著作权罪概述

侵犯著作权罪，指以营利为目的，未经著作权人许可复制发行其文字作品、音乐、电影、电视、录像作品、计算机软件及其他作品；出版他人享有专有出版权的图书，以及未经录音录像制作者许可复制发行其制作的录音录像的，违法所得数额较大或者有其他严重情节的行为。本罪是侵犯知识产权的犯罪，同时，本罪犯罪行为主要通过传播进行，因此是一种典型的传播犯罪。

（一）侵犯著作权罪的行为

《刑法》第二百一十七条中的侵犯著作权罪，列举了侵犯著作犯罪的六种行为，其中与传播直接相关的主要三种行为。[①]

1.“未经著作权人许可”与“复制发行”

2011 年 1 月，最高人民法院、最高人民检察院、公安部《关于办理侵犯知识产权刑事案件适用法律若干问题的意见》（以下简称《知识产权刑事案件意见》）第十一条规定，“未经著作权人许可”一般应当依据著作权人或者其授权的代理人、著作权集体管理组织、国家著作权行政规制部门指定的著作权认证机构出具的涉案作品版权认证文书，或者证明出版者、复制发行者伪造、涂改授权许可文件或者超出授权许可范围的证据，结合其他证据综合予以认定。在涉案作品种类众多且权利人分散的案件中，上述证据确实难以一一取得，但有证据证明涉案复制品系非法出版、复制发行的，且出版者、复制发行者不能提供获得著作权人许可的相关证明材料的，可以认定为“未经著作权人许可”。

根据《著作权法》的相关规定，复制是以印刷、复印、拓印、录音、录像、翻录、

---

① 另外三种是：未经表演者许可，复制发行录有其表演的录音录像制品，或者通过信息网络向公众传播其表演的；制作、出售假冒他人署名的美术作品的；未经著作权人或者与著作权有关的权利人许可，故意避开或者破坏权利人为其作品、录音录像制品等采取的保护著作权或者与著作权有关的权利的技术措施的。

翻拍、数字化等方式将作品制作一份或者多份；发行即以出售或者赠与方式向公众提供作品的原件或者复制件。如果从文义理解，复制与发行是紧密联系在一起的整体行为，应同时具备才构成侵犯著作权罪，但根据最高人民法院、最高人民检察院 2007 年 4 月 5 日起施行的《关于办理侵犯知识产权刑事案件具体应用法律若干问题的解释（二）》（以下简称：《知识产权刑事案件司法解释（二）》）第二条的规定，“复制发行”，包括复制、发行或者既复制又发行的行为。

而侵权产品的持有人通过广告、征订等方式推销侵权产品的，属于《刑法》第二百一十七条规定的“发行”。根据《知识产权刑事案件意见》第十二条的规定，“发行”包括总发行、批发、零售、通过信息网络传播以及出租、展销等活动。如此，信息网络传播就被收入“发行”范围，从而也被收入侵犯著作权罪的打击范围。

2. 出版他人享有专有出版权的图书

出版者出版图书，需要著作权人授权。专有出版权是指出版者对著作权人交付的作品在合同规定的时间、地点以原版、修订版方式制作成图书并予以发行的独占权利，是一种与著作权有关的重要权益，同样具有排他性，他人未经授权行使则构成侵权。

3. 未经录音录像制作者许可，复制发行其制作的录音录像

此行为是侵犯录音录像制作者著作邻接权的行为。录音录像制作者对录音录像作品不仅投入了人力、物力和财力，而且付出了独创性劳动，也依法享有许可他人复制发行并获得报酬的权利，他人未经许可复制发行其音像制品的，构成对其权利的侵犯。

（二）侵犯著作权罪的主观要件

本罪要求主观故意，过失不构成本罪。而且，“以营利为目的”是其动机。而根据《知识产权刑事案件意见（二）》第十条的规定，除销售外，具有下列情形之一的，可认定为“以营利为目的”：以在他人作品中刊登收费广告、捆绑第三方作品等方式直接或者间接收取费用的；通过信息网络传播他人作品，或者利用他人上传的侵权作品，在网站或者网页上提供刊登收费广告服务，直接或者间接收取费用的；以会员制方式通过信息网络传播他人作品，收取会员注册费或者其他费用的；其他利用他人作品牟利的情形。

二、侵犯著作权罪的处罚

根据《刑法》第二百一十七条规定，构成该罪，违法所得数额较大或者有其他严重情节的，处三年以下有期徒刑或者拘役，并处或者单处罚金；违法所得数额巨大或

者有其他特别严重情节的，处三年以上七年以下有期徒刑，并处罚金。

三、侵犯著作权罪法律适用问题

（一）“发行”的“专业性阐释”及其问题

根据《知识产权刑事案件办理意见》第十二条，侵犯著作权罪中的“发行”包括总发行、批发、零售、通过信息网络传播以及出租、展销等活动。而对于出版、复制、发行他人作品，并构成侵犯著作权罪的，还明确“按照侵犯著作权罪定罪处罚，不认定为非法经营罪等其他犯罪”。此规定引发了学界争议。

质疑上述规定的观点认为，司法解释的“专业性阐释”淡化和虚置了销售侵权复制权罪：其一，既然立法者设置侵犯著作权罪和销售侵权复制品罪，侵犯著作权罪中的“发行”肯定不应包括销售，否则就不会设立销售侵权复制品罪。[①] 其二，因为侵犯著作权罪的构罪以“数额较大”为门槛，而销售侵权复制品罪以“数额巨大”为门槛，既然“发行”包括了零售，那么前罪的适用标准低于后罪，后罪自然无适用的余地。其三，《知识产权刑事案件司法解释（二）》将侵犯著作权罪中的“复制发行”解释为“复制、发行或者既复制又发行的行为”，“发行”行为可单独成为该罪构成要件要求的行为要素。总之，在“发行”包括零售且包括信息网络传播的情况下，刑法设置销售侵权复制品罪就成为多余。

有学者建议将侵犯著作权罪中的销售解释为“批量销售或者大规模销售（但不限于第一次销售），而将销售侵权复制品罪中的销售解释为零售；[②] 或者解释为第一次总发行”，“第一次总发行、分发行”或“批发”等不同观点，销售侵权复制品罪中的“销售”即可界定为除上述销售行为之外的分批发、零售或“分批发＋零售”等行为类型。[③] 如此解释，虽然保持了《刑法》第二百一十八条即销售侵权复制品罪的存在，即表面上保持了刑法体系的稳定，但事实上仍然不能解决销售侵权复制品罪的虚置问题。

不仅如此，由于侵犯著作权罪的法定刑第二档（第一档是三年以下有期徒刑或者拘役）三年以上七年以下有期徒刑，远高于销售侵权复制品罪的三年以下有期徒刑或者拘役，以前达不到后罪的行为现在以前罪处刑，虽然加大打击了著作权犯罪行为，但有违罪刑法定原则和罪刑相适应原则的精神。[④] 对此，有观点建议：保持司法解释

---

① 张绍谦. 试论行政犯中行政法规与刑事法规的关系——从著作权犯罪的“复制发行”说起［J］. 政治与法律，2011（8）：40-50.

② 张明楷. 刑法学（下）［M］. 北京：法律出版社，2016：825.

③ 张远煌，余浩. 论刑法中“销售”与“复制发行”之关系［J］. 中国刑事法杂志，2011（6）：37-41.

④ 刘蔚文. 销售侵权复制品罪的弃用现象与启用路径研究［J］. 政治与法律，2013（5）：43-49.

的“专业性阐释”，但出于刑法的谦抑性原则，可适当提高侵犯著作权罪的入罪门槛。

（二）主观归责要件即“以营利为目的”问题

《刑法》第二百一十七条规定侵犯著作权罪需要“以营利为目的”，《知识产权刑事案件办理意见》第十条对“以营利为目的”的认定进行了解释。① 对此主观要件，主流观点是废弃，其一，同样是知识产权的保护对象，侵害商标权、专利权和商业秘密的犯罪成立条件中，均未要求“以营利为目的”，如此，有违反同等对待原则之嫌。② 其二，无论在传统媒体传播环境中还是网络传播环境中，都存在不以营利为目的的侵犯著作权的行为。尤其在网络传播环境中，以侵害他人名誉、泄愤甚至是炫耀网络技术为目的的侵害行为也大量存在，如果要求“以营利为目的”，无疑使这类构成犯罪的行为逃脱刑罚制裁。其三，著作权法律制度中，对侵害著作权的行为并没有要求该主观要件，在民事侵权中适用过错推定或无过错原则，所以该要件与整个著作权法律制度不协调。

（三）以违法所得作为刑罚标准的问题

在著作权侵害中，著作权人的实际损失与侵权人的违法所得并不一致，前者通常高于后者，即违法所得并不反映实际损失，因此，学界认为，以侵权人的获利作为标准难以客观反映刑法对非法经济活动的整体评价。③ 而且，将违法所得数额规定为定罪情节，与法益保护原则相悖，“容易使人们认为犯罪的本质就是行为人获得利益，而不在于行为侵犯了合法权益。这不符合刑法的整体精神”④。

以违法所得作为刑罚标准，与我国《著作权法》规定的赔偿标准密切相关。我国《著作权法》规定的法定赔偿中，“实际损失”的适用应当优于（侵权人）“违法所得”的适用。然而，如前所述，实务中“实际损失”往往难以确定，故违法所得成为赔偿标准。

刑法虽不以民事赔偿为目的，但侵犯著作权罪的入罪门槛应当与《著作权法》保

---

① 该条规定：“除销售外，具有下列情形之一的，可以认定为“以营利为目的”：（一）以在他人作品中刊登收费广告、捆绑第三方作品等方式直接或者间接收取费用的；（二）通过信息网络传播他人作品，或者利用他人上传的侵权作品，在网站或者网页上提供刊登收费广告服务，直接或者间接收取费用的；（三）以会员制方式通过信息网络传播他人作品，收取会员注册费或者其他费用的；（四）其他利用他人作品牟利的情形。”

② 张志勋，黄淑彬．《TRIPS 协定》与我国著作权的刑法保护问题［J］．南昌大学学报（人文社会科学版），2004（6）：73-77..

③ 胡云腾，刘科．知识产权刑事司法解释若干问题研究［J］．中国法学，2004（6）：135-147.

④ 张明楷．刑法第 14 条“销售金额”的展开［M］// 马俊驹．清华法律评论（第 2 辑）．北京：清华大学出版社，1999：188．

持一致。而目前，无论是我国《刑法》第二百一十七条规定的“违法所得数额”[①]，还是司法解释规定的“非法经营数额”，或涉案的侵权作品的数量，[②]虽然反映的是行为的社会危害程度，但并未直接反映被害人实际利益损失的大小。所以，在完善著作权法律制度中，完善相关邻接权的规定，对于遵守实际损失赔偿原则、对于纠正刑法中以违法所得为刑罚标准，都具有重要意义。

（四）侵犯著作权罪与非法经营罪的竞合问题

1998 年最高人民法院《非法出版物刑事案司法解释》对非法从事出版物的出版、印刷、复制、发行业务，严重扰乱市场秩序的行为，规定可以非法经营罪定罪处罚，其要点如下：其一，行为人涉及的行为是“非法从事”，即未经批准或其他违反国家规定的行为；其二，行为对象是“合法出版物”；其三，要求“情节特别严重”；[③]其四，是“可以”而非“应当”以非法经营罪定罪处罚。

但《知识产权刑事案件办理意见》第十二条明确了侵犯著作权罪与非法经营罪的竞合问题，规定非法出版、复制、发行他人作品，侵犯著作权构成犯罪的，按照侵犯著作权罪定罪处罚，不认定为非法经营罪等其他犯罪。

第三节　侵害财产权益的传播犯罪

侵害个体财产权益的传播犯罪，包括损害商业信誉、商品声誉罪，诈骗罪，敲诈勒索罪，强迫交易罪，其中损害商业信誉、商品声誉罪案例往往引发社会关注。

一、损害商业信誉、商品声誉罪

损害商业信誉、商品声誉罪，指捏造并散布虚伪事实，损害他人的商业信誉、商品声誉，给他人造成重大损失或者有其他严重情节的行为。本罪在《刑法》分则中被

---

① 该条规定：“以营利为目的，有下列侵犯著作权情形之一，违法所得数额较大或者有其他严重情节的，处三年以下有期徒刑或者拘役，并处或者单处罚金；违法所得数额巨大或者有其他特别严重情节的，处三年以上七年以下有期徒刑，并处罚金……”

② 如《知识产权刑事案件司法解释（二）》第五条第一款规定：“以营利为目的，实施刑法第二百一十七条所列侵犯著作权行为之一，违法所得数额在三万元以上的，属于“违法所得数额较大”；具有下列情形之一的，属于“有其他严重情节”，应当以侵犯著作权罪判处三年以下有期徒刑或者拘役，并处或者单处罚金：（一）非法经营数额在五万元以上的；（二）未经著作权人许可，复制发行其文字作品、音乐、电影、电视、录像作品、计算机软件及其他作品，复制品数量合计在一千张（份）以上的；（三）其他严重情节的情形。

③《非法出版物刑事案司法解释》第十五条规定：“非法从事出版物的出版、印刷、复制、发行业务，严重扰乱市场秩序，情节特别严重，构成犯罪的，可以依照刑法第二百二十五条第（三）项的规定，以非法经营罪定罪处罚。”

归为扰乱市场秩序的犯罪。由于人际传播和组织传播很难对他人商业信誉、商品声誉造成重大损失，所以此类犯罪是典型的适用媒体面向大众进行的传播犯罪。

（一）损害商业信誉、商品声誉罪概述

1. 损害商业信誉、商品声誉罪的客体

本罪客体是复杂客体，包括国家对市场秩序的管理制度及他人的商业信誉和商品声誉。其中，商业信誉指经营者因在生产、销售和服务中的业绩、质量而获取的社会美誉；商品声誉指商品因质量优良和价格低廉、合理在社会上获取的美誉。

本罪的犯罪对象必须是“他人”的商业信誉、商品声誉，即“他人”必须是确定的当事人，无论是自然人或法人、非法人组织。如果没有确定的损害对象，不能以本罪定罪。如散布谣言，说某地牛奶有毒不能喝，因不存在明确的诽谤对象，不应定此罪。

2. 本罪的捏造与散布行为

捏造，指无中生有，虚构（全部或部分），或者以小夸大，引人误解；散布，虽然包括人际传播和组织传播，但利用大众媒体进行的散布才能对他人商业信誉和商品声誉造成重大损害，其包括使用文字、语言和音像手段将捏造情况在社会或一定范围内加以传播、扩散。司法实践中，本罪主要有以下类型：一是由侵权人本人捏造并散布虚假事实；二是由侵权人本人捏造事实，唆使、收买或欺骗他人（如新闻媒介）去散布；三是唆使或者收买他人捏造并散布损害商业信誉或商品声誉。在第二种和第三种情况下，可构成共同犯罪。需注意的是:《刑法》明确规定了“捏造并散布”虚伪事实方能构成本罪。

3. 本罪涉及的传播方式

司法实践中，涉及传播的本罪通常有以下表现形式:（1）通过媒体，以新闻形式散布捏造的虚伪事实，恶意贬低、诋毁他人的商业信誉、商品声誉。（2）通过媒体，以对比性广告、声明性广告，散发公开信或召开新闻发布会等形式散布捏造的虚伪事实，恶意贬低、诋毁他人的商业信誉、商品声誉。（3）以诉讼、投诉等形式，吸引媒体注意，以诋毁和损害他人的商业信誉、商品声誉，当然，这种形式仍然要通过媒体。

值得注意的是，近年来，随着网络媒体的普及，有公民因通过微博和微信对经营者的产品与服务提出批评而被处罚，这成为社会舆论的焦点。

4. 损害商业信誉、商品声誉罪的主观要件

本罪的主观要件必须是故意，而且是直接故意，即以损害他人商业信誉和商品声

誉为目的，行为人明知自己的行为会造成他人商业信誉和商品声誉的重大损害，而追求或希望这种结果发生。

2017 年“广州医生谭秦东吐槽鸿茅药酒被跨省抓捕案”（以下简称“鸿茅药酒事件”）在全国引起巨大反响。[①] 对于谭秦东损害鸿茅药酒商品声誉案，学界认为：在主观上，谭秦东的文章主要部分都以科学论述为主，“相似内容可以在权威医学杂志、网站上查询”，而且正文的其他部分则多来自其他权威媒体、网站和国家行政机关的公开报道与处罚公告截图，基本上也都有案可查，其目的是让存在心脑血管疾病隐患的中老年人少喝甚至远离鸿茅药酒，很难证明谭秦东主观上出于犯罪故意。[②]

（二）损害商业信誉、商品声誉罪的处罚及法律适用

根据《刑法》第二百二十一条，构成本罪，给他人造成重大损失或者有其他严重情节的，处二年以下有期徒刑或者拘役，并处或者单处罚金。

此条规定的“重大损失”和“其他严重情节”，根据《刑事立案追诉标准（二）》第七十四条的规定，给他人造成直接经济损失数额在五十万元以上的，属于“重大损失”；虽未达到上述数额标准，但利用互联网或者其他媒体公开损害他人商业信誉、商品声誉的，属于“其他严重情节”。

从本罪的设立来看，上述追诉条件并不严格，如果滥用该罪名，可能引发“寒蝉效应”，公民可能因害怕犯罪而不敢发表任何批评意见。实践中，有法院以“销售价款”来认定重大损失，与纯经济损失并不相符。[③]

（三）损害商业信誉、商品声誉罪相关法律问题

1. 捏造与散布的关系问题

近年来，随着网络媒体的普及，有公民因通过微博和微信对经营者的产品与服务提出批评而被处罚，这成为我国社会舆论的焦点。一些案件中，捏造与散布的关系成为焦点中的焦点。

---

① 2017 年 12 月 19 日，谭秦东在“美篇”上发布一篇名为《中国神酒“鸿毛药酒”，来自天堂的毒药》的帖子，并将该文分享到微信群。谭秦东在文章中指出，人在步入老年后，心肌、心脏传导系统等发生变化，有高血压、糖尿病的老年人应注意不能饮酒，故“鸿茅药酒”的宣传具有夸大疗效的作用。涉事企业以他恶意抹黑造成 140 万元经济损失为由报警。2018 年元月 10 日，内蒙古凉城警方以“损害商品声誉罪”将谭秦东跨省抓捕。2018 年 4 月 17 日，内蒙古自治区人民检察院通报“谭秦东损害鸿茅药酒商品声誉案”事实不清、证据不足，指令凉城县人民检察院将该案退回公安机关补充侦查并变更强制措施。当日下午 18 时许，谭秦东取保候审。长安剑．“鸿茅药酒事件”这三个问题应得到回应［EB/OL］.（2018-04-17）［2020-07-20］. http://news.163.com/18/0417/09/DFJ8I4J7000187VE.html；吕栋．鸿茅药酒事件：我们还有三个不明白［N］.（2018-04-18）［2022-6-6］.https://www.guancha.cn/society/2018_04_18_454174.shtml.

② 赵瑜．法学专家解读鸿茅药酒事件［N］. 成都商报，2018-04-19（5）.

③ 浙江省杭州市中级人民法院（2016）浙 01 刑终 12 号刑事裁定书。

值得探讨的是，本罪的成立是包括捏造与散布，还是只有散布？但如果将他人捏造的信息散布出去，是否构成本罪？有观点认为，散布即传播行为是本罪致害的本质和核心环节，是否捏造，不影响本罪成立，法律之所以使用“捏造”，是要排除非故意传播的行为构成本罪。①

上述观点并不妥当：首先，只有散布没有捏造，本罪不能成立。只有在存在散布行为的前提下，捏造行为方能作为整个犯罪的一部分进行定性和追究。其次，既然法律明确规定了“捏造并散布”虚伪事实方能构成本罪，则应尊重《刑法》的规定，不能“推敲”其含义，进行扩大解释。刑罚应保持法无规定不追究的底线，不能超越法律的明确规定，尤其是涉及言论行为，更应遵循谦抑原则。最后，本罪的本来含义是捏造者与散布者必须为同一主体，立法者如果欲将捏造或散布行为单独追究刑事责任，则应在捏造和散布之间加“或”字或顿号，但立法者用了“并”字，这些立法中常用字句应当是经过斟酌而确定的，这足以表明其立法目的。如果在没有捏造的前提下追究散布者的责任，则可能导致故意的推定，进而导致有罪推定。

2. 损害商业信誉、商品声誉罪的因果关系即证明问题

此问题典型案例仍然为“鸿茅药酒事件”。学界认为：根据损害商品声誉罪的构成要件，必须要证实谭秦东发布的内容不属实并且客观上造成了退货等声誉损害的后果，即司法机关必须证明谭秦东所发表的文章与企业的退货损失存在法律上的因果关系。

（四）损害商业信誉、商品声誉罪的归类问题

目前，我国《刑法》将本应归入第四章的诽谤企业商业信誉与商品声誉的犯罪行为归入第三章（破坏社会主义市场经济秩序罪）第三节的“扰乱市场秩序罪”，是典型的依照间接、次要侵害的法益进行归类的罪名。

名誉是对民事主体的品德、声望、才能、信用等的社会评价，② 其中的信用主要是企业的信用，其涉及商业信誉与商品声誉。申言之，我国《民法典》规定的名誉权主体包括自然人和企业，客体包括自然人的品德、声望、才能和企业的商业信誉、商品声誉。无论是自然人还是企业，都属个体，在民事法律关系中是平等主体；在民事诉讼中，无论是普通公民，还是工商金融“寡头”，都是平等的诉讼主体，这是民主社会和市场经济的内在要求。因此，诽谤企业商业信誉与商品声誉的犯罪行为也应与诽谤自然人的行为一同被列入诽谤罪中：首先，如上所述，《刑法》对民事主体（个体）本应平等保护，对民誉权主体也应一视同仁，不能因民事权利主体类型不同而区别保

① 张明楷．刑法分则的解释原理［M］．北京：中国人民大学出版社，2011：498.

② 参见《民法典》第一千零二十四条。

护。其次，我国《刑法》对罪名的归类，主要是依据犯罪行为所侵害的法益（客体）进行的。最后，对商业信誉与商品声誉的诽谤，直接、主要侵害的是特定企业个体的商誉、信用，对市场经济秩序的侵害是间接、次要的侵害。

将损害商业信誉与商品声誉的犯罪行为归入第三章（破坏社会主义市场经济秩序罪）第三节的“扰乱市场秩序罪”，属于将该行为间接、次要侵害的法益作为直接、主要侵害的法益。对此，也可能有观点会认为：侵害知识产权的犯罪行为也是直接、主要针对个体法益的犯罪，也应归入第三章，而且独立成一节。当然，将侵害知识产权的犯罪归入破坏社会主义市场经济秩序的第三章，本身也不科学。商业信誉与商品声誉反映的是企业个体的人格（如法人人格），这种人格虽与财产间接相关，但与直接相关财产关系的知识产权有本质不同，后者是一种人格权与财产权合二为一的权利，无论归为第四章（侵犯公民人身权利、民主权利罪）或第五章（侵犯财产罪）中，都有违和感。更重要的是，侵害知识产权的犯罪，也没有自诉与公诉的区别适用（以下详述）。

由于《刑法》第二百四十六条对诽谤罪原则上适用自诉程序，使适用公诉程序的损害商业信誉、商品声誉罪表现出对企业的特别保护，违反民主社会与市场经济的基本原则。既然对诽谤自然人的犯罪行为主要适用自诉程序，对诽谤企业商业信誉与商品声誉的行为也应一视同仁，而不应因所侵害对象不同而给予不同待遇而适用公诉程序。

二、传播型强迫交易罪

强迫交易罪指以暴力、威胁手段，强买强卖商品，强迫他人提供或者接受服务，强迫他人参与或者退出投标和拍卖，强迫他人转让或者收购公司、企业的股份、债券或者其他资产，强迫他人参与或者退出特定的经营活动的行为。传播型强迫交易罪，司法实践中主要是媒体、记者或其他自然人以威胁手段，强迫他人接受宣传、广告服务的行为。

（一）传播型强迫交易罪概述

1. 以传播相威胁

强迫交易罪中的威胁，通常指对被害人实际精神强制，以加害其人身、毁坏其财物、揭露其隐私、破坏其名誉、加害其亲属等相要挟。而涉传播强迫交易罪中的威胁，通常是行为人掌握对方违法、犯罪、不道德行为或某种经营劣势后，以传播作为威胁，迫使对方接受广告等宣传性服务。这种方式，可以签署合同方式，也可以不签署合同方式，但在有合同的情况下，受威胁方必须证明自己是在受到威胁、违背意志的情况下签署的合同。

2. 违背受害人意志

这是本罪的本质特征。受害人本身并不需要传播者所提供的广告等宣传服务，只是在受到威胁的情况下才签署广告等宣传服务合同。如果是受害人自愿或“半自愿”进行广告等宣传，或者传播行为人未要求提供此类服务，而受害人因恐惧自己的违法等行为被曝光而主动提出进行广告等宣传服务交易，则传播行为人不构成此罪。

3. 强迫他人与进行交易

广告等宣传服务交易必须确实发生，如果签署了合同而未发生，则需考虑具体案情以确定传播者是否构成本罪。如果行为人在威胁受害者后，以提供广告等宣传服务为名，在取得金钱或其他财物后并不签署广告等宣传服务合同或不履行该合同，则可能构成敲诈勒索罪。

根据《刑法》第二百二十六条，强迫交易的情形包括：强买强卖商品的；强迫他人提供或者接受服务的；强迫他人参与或者退出投标、拍卖的；强迫他人转让或者收购公司、企业的股份、债券或者其他资产的；强迫他人参与或者退出特定的经营活动的。

4. 涉传播强迫交易罪的主观要件

本罪在主观方面表现为直接故意。间接故意、过失均不构成本罪。

（二）传播型强迫交易罪的处罚

根据《刑法》第二百二十六条，构成本罪，处三年以下有期徒刑或者拘役，并处或者单处罚金；情节特别严重的，处三年以上七年以下有期徒刑，并处罚金。

（三）传播型强迫交易罪的法律适用

涉传播强迫交易罪中，传播行为人的相对方最终同意进行交易，通常既有传播行为人或其同伙的威胁的外在因素，也有本身问题：或者自己有违法违纪行为，或者自己有基于某个角度考虑的弱点而不愿被他人知晓，或者因公司大的经营战略而不愿在涉及传媒这种“小事情”上“纠缠”，或者不想“因小失大”。无论什么原因，其本身的意愿也是进行交易的重要原因。如果将媒体监督企业情况定义为媒体的威胁，明显有失公允。申言之，传播行为人的相对方与其达成交易，有时并非完全基于威胁的因素。近年影响较大的如二十一世纪传媒及沈颢强迫交易罪案。[①]

三、传播型敲诈勒索罪

敲诈勒索罪是指以非法占有为目的，对被害人使用威胁或要挟的方法，强行索要公私财物，数额较大或多次索要的行为。传播型敲诈勒索罪，指以将要进行的传播或已经完成的部分传播为要挟手段，索要公私财物，数额较大或多次索要的行为。

（一）传播型敲诈勒索罪概述

1. 以公开传播为要挟进行恐吓或威胁

（1）恐吓或威胁方式。口头、书面均可，由行为或第三人转告也构成本行为。（2）恐吓或威胁内容。传播型敲诈勒索罪中，行为人相威胁的内容，一般是以传播不利于受害者的名誉、隐私为恐吓或威胁内容。而这些内容的传播，既可由行为人本身实施，也可由第三人实施；如果由第三人实施，行为人必须让被害人知道第三人受行为人控制。

司法实践中，新闻单位主要以强迫对方接受广告宣传服务为目的；自然人通常以在自媒体上进行传播为要挟，强迫对方交付财物，[②]或者强迫对方接受“删帖服务”。

2. 受害者产生恐惧

行为人发出恐吓或威胁的信息后，受害者产生自己的名誉、信用、隐私等可能受到损害的恐惧。对于行为人的行为与受害者恐惧心理之间的因果关系，由受害方提供证明；当然，社会一般标准也是判断这种因果关系的参照。

3. 受害者交付财物或接受“服务”

传播型敲诈勒索罪中，受害者产生恐惧心理的情况下，一般会向行为人交付财物，

---

① 2009 年 12 月至 2014 年 8 月，沈颢和二十一世纪传媒公司统一掌控所属 7 家运营、广告公司以及二十一世纪报系 3 家机构，通过分布在上海、广州、深圳等地的财经公关公司，利用二十一世纪报系登载的负面报道给受害单位施加舆论压力，或向受害单位列举因未投放广告导致上市失败事例，先后迫使 70 家受害单位签订广告等合同，共计强迫交易金额 1,897 万余元。上海市浦东新区法院做出一审宣判：二十一世纪传媒公司以强迫交易罪，被判处罚金人民币 948.5 万元；沈颢犯敲诈勒索罪，判处有期徒刑 3 年 6 个月，并处罚金人民币 4 万元；犯强迫交易罪，判处有期徒刑 2 年，并处罚金人民币 2 万元；犯职务侵占罪，判处有期徒刑 2 年；决定执行有期徒刑 4 年，并处罚金 6 万元。参见上海市浦东新区人民法院（2015）浦刑初字第 3652 号刑事判决书。

② 谢某系《当代商报》记者。2016 年 10 月至 2017 年 5 月期间，谢某和《当代商报》临时聘用人员兰某能（另案处理）以群众在网上举报湘乡市内相关采石场存在环境污染问题为由，联系相关采石场经营者并要求经营者协调处理，勒索红包金额 77,160 元。2017 年 6 月 7 日，谢某在《当代商报》负责人的陪同下向湘乡市公安局投案。法院认为，谢某行为构成敲诈勒索罪；谢某犯罪后自动投案，如实供述犯罪事实，系自首，可减轻处罚；谢某退赔了被害人经济损失，取得了被害人谅解，可酌情从轻处罚。法院判处其有期徒刑一年六个月，并处罚金人民币 20,000 元。参见湘潭市中级人民法院（2018）湘 03 刑终 118 号刑事裁定书。

或被迫接受行为人提供的广告等宣传服务。

4. 财产损害

传播型敲诈勒索罪中，如果受害者在没有接受行为人广告等宣传服务的情况下，向行为人交付财物，则容易证明财产损害；如果在接受合法的广告等宣传服务情况下，则证明财物损害就是一个问题，因为广告等宣传服务在客观上可能有利于被害人——当然，这种情况下可能构成强迫交易罪。

5. 传播型敲诈勒索罪的主观要件

本罪在主观上只能是直接故意，并且以非法占有对方公私财产为目的。

（二）传播型敲诈勒索罪的处罚

根据《刑法》第二百七十四条，构成本罪，数额较大或者多次敲诈勒索的，处三年以下有期徒刑、拘役或者管制，并处或者单处罚金；数额巨大或者有其他严重情节的，处三年以上十年以下有期徒刑，并处罚金；数额特别巨大或者有其他特别严重情节的，处十年以上有期徒刑，并处罚金。

（三）强迫交易罪与传播型敲诈勒索罪的区别

强迫交易罪与传播型敲诈勒索罪的区别有以下几个。（1）客体不同。强迫交易罪侵犯的客体是复杂客体，包括他人的人身权、财产权或其他合法权益，以及市场交易秩序；而敲诈勒索罪侵犯的客体是简单客体，即公私财产所有权。（2）客观要件不同。虽然强迫交易罪与涉传播敲诈勒索罪在行为方式上基本相同，即以可能发生的传播“曝光”进行威胁，但前罪行为人在强迫对方达成交易后会依照合同给付对方一定对价即提供广告等宣传服务，而涉传播敲诈勒索罪的行为人则不支付任何对价，而是无偿占有被害人财物。（3）主体不同。强迫交易罪自然人和单位均可为犯罪主体，而涉传播敲诈勒索罪主体只能由自然人构成。（4）主观要件不同。强迫交易罪行为人实施强迫交易行为主观上是为了达成交易而牟利，而且需准备支付对价；而涉传播敲诈勒索罪行为人主观上则是为了非法占有公私财物。

四、传播型诈骗罪

诈骗罪，指以非法占有为目的，用虚构事实或者隐瞒真相的方法，骗取数额较大的公私财物的行为。传播型诈骗罪，指通过媒体传播途径或手段，对不特定人或多数人实施欺诈行为，使被害人产生错误认识进而处分财产，诈骗行为人从而取得财产的行为。

（一）传播型诈骗罪概述

1. 行为人以传播途径或手段实施欺诈行为

欺诈行为从根本上说包括两类：一是虚构事实，二是隐瞒真相。从手段与途径上讲，它包括多种，但传统的传播型诈骗主要以媒体为工具，而且主要针对不特定人或多数人。根据 2011 年最高人民法院、最高人民检察院《关于办理诈骗刑事案件具体应用法律若干问题的解释》（以下简称《诈骗罪司法解释》）第二条，通过发送短信、拨打电话或者利用互联网、广播电视、报纸杂志等发布虚假信息，对不特定多数人实施诈骗的，诈骗公私财物达到三千元至一万元以上的，可以依照《刑法》第二百六十六条的规定酌情从严惩处。

近年，新型网络诈骗出现，如利用平台漏洞，采取虚假销售、虚假购买的方式即“刷单”行为，骗取电商平台的红包。由于骗取金额巨大，有被判处十年以上有期徒刑者。[①]

2. 被害人产生错误认识

被害人产生错误认识必须是行为人的欺诈行为所致，即使对方在判断上有误，也不妨碍欺诈行为成立；如果被害人的错误认识不是因欺诈行为产生，本罪就不成立。在欺诈行为与对方处分财产之间，必须有被害人的错误认识。另外，被害人不必是财物所有权人或占有人，但必须是有处分财产权利或者处于可以处分财产地位的人。

3. 被害人产生错误认识而处分财产

这必须是被害人基于错误认识而处分财产，如果处分财产不是因欺诈而产生错误认识，不构成本罪。被害人处分财产，必须是“自愿”；被害人处分财产，不要求转移财物所有权，只需转移占有即可。

4. 传播型诈骗罪的主观要件

本罪主观上只能是直接故意，而且是以非法占有为目的。

（二）传播型诈骗罪的处罚

根据《刑法》第二百六十六条，构成本罪，数额较大的，处三年以下有期徒刑、拘役或者管制，并处或者单处罚金；数额巨大或者有其他严重情节的，处三年以上十

① 周瑞平，谢士华，林士娟．虚假交易套取电商平台红包［N］．人民法院报，2023-01-10（4）．

年以下有期徒刑，并处罚金；数额特别巨大或者有其他特别严重情节的，处十年以上有期徒刑或者无期徒刑，并处罚金或者没收财产。

（三）传播型诈骗罪与帮助信息网络犯罪活动罪的竞合问题

司法实践中，传播型诈骗行为人多通过发送短信、拨打电话或者利用互联网、广播电视、报纸杂志等发布虚假信息，对不特定多数人实施诈骗。根据《诈骗罪司法解释》第七条，明知他人实施诈骗犯罪，为其提供信用卡、手机卡、通讯工具、通信传输通道、网络技术支持、费用结算等帮助的，以共同犯罪论处，即以诈骗罪论处。但此类犯罪经常与帮助信息网络犯罪活动罪竞合，这种情况属想象竞合，依刑法适用原则，应择一重罪处罚。

关键词

侮辱罪
诽谤罪
侵害公民个人信息罪
煽动民族仇恨、民族歧视罪
侵犯著作权罪
损害商业信誉、商业声誉罪
强迫交易罪
敲诈勒索罪
诈骗罪

思考题

1. 如何理解传播型侮辱行为必须“公然”进行？
2. 诽谤罪的主要成立条件是什么？
3. 传播型煽动民族仇恨、民族歧视罪的成立条件是什么？
4. 传播型侵害公民个人信息罪的成立条件是什么？
5. 侵犯著作权罪的主要成立条件是什么？
6. 简述侵犯著作权罪的定罪标准。
7. 损害商业信誉、商业声誉罪的成立条件是什么？
8. 传播型强迫交易罪的成立条件是什么？
9. 传播型敲诈勒索罪的成立条件是什么？
10. 传播型诈骗罪的成立条件是什么？

图书在版编目(CIP)数据

传播法教程 / 罗斌著 . -- 北京 : 中国传媒大学出版社 , 2023.8
ISBN 978-7-5657-3445-8

Ⅰ . ①传… Ⅱ . ①罗… Ⅲ . ①新闻学—传播学—法学—中国—教材 Ⅳ . ① D922.161

中国国家版本馆 CIP 数据核字 (2023) 第 126253 号

传播法教程
CHUANBOFA JIAOCHENG

著　　者 罗　斌
策划编辑 曾婧娴
责任编辑 曾婧娴　裴向敏　沈刘红
责任印制 李志鹏
封面设计 拓美设计

出版发行 中国传媒大学出版社
社　　址 北京市朝阳区定福庄东街 1 号　　**邮　　编** 100024
电　　话 86-10-65450528　65450532　　**传　　真** 65779405
网　　址 http://cucp.cuc.edu.cn
经　　销 全国新华书店

印　　刷 北京中科印刷有限公司
开　　本 787mm × 1092mm　1/16
印　　张 28
字　　数 613 千字
版　　次 2023 年 8 月第 1 版
印　　次 2023 年 8 月第 1 次印刷

书　　号 ISBN 978-7-5657-3445-8/D · 3445　　**定　　价** 89.00 元

本社法律顾问：北京嘉润律师事务所　郭建平